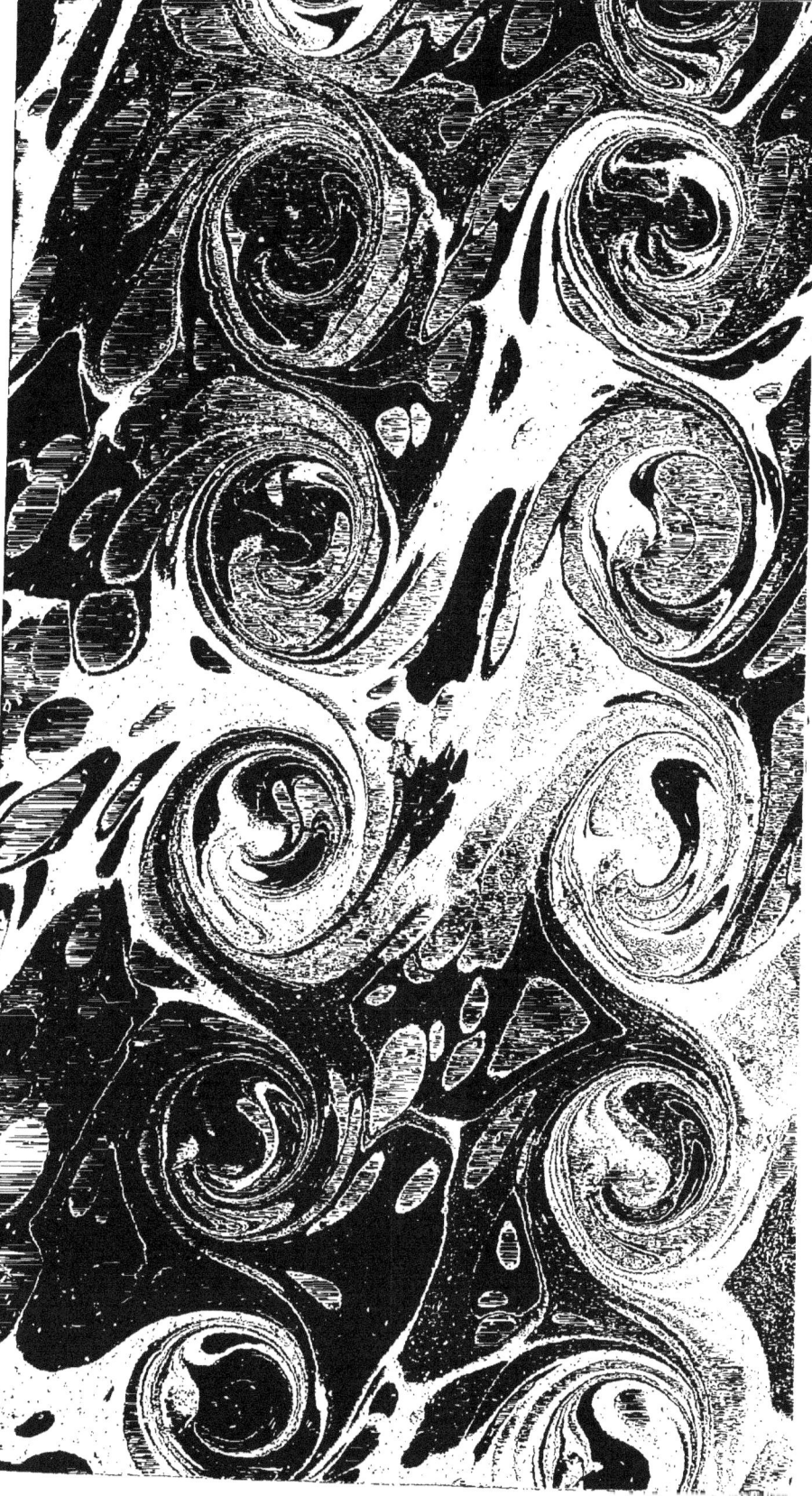

G 494
c.20.

9351

GEOGRAPHIE
DE
BUSCHING,

TOME VI.

GEOGRAPHIE
DE
BUSCHING,

Abrégée dans les objets les moins intéreſſans, &
augmentée dans ceux qui ont paru l'être ;

RETOUCHÉE PAR-TOUT, ET ORNÉE D'UN
PRÉCIS DE L'HISTOIRE DE CHAQUE ÉTAT.

Par Mr. BERENGER.

TOME SIXIEME,

Qui comprend le Portugal, l'Eſpagne, la Suiſſe
& la Savoie.

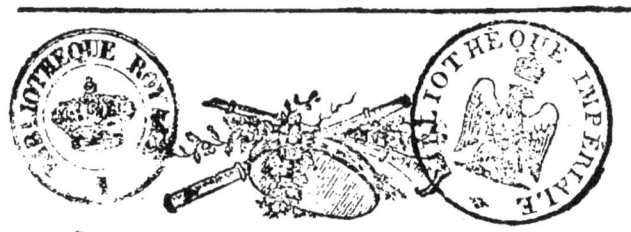

A LAUSANNE,
Chez LA SOCIÉTÉ TYPOGRAPHIQUE.

M. DCC. LXXIX.

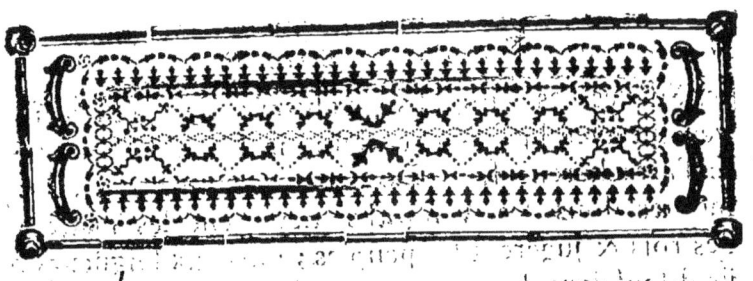

GEOGRAPHIE
DE
BUSCHING.

DU PORTUGAL.

Précis de son histoire.

LE Portugal fut connu sous le nom de Lusitanie ; mais les limites de celle-ci, n'étaient point celles du royaume moderne. La Lusitanie bornée au midi par le Tage, s'étendait sur le royaume de Léon & la province de Galice, qui font partie de l'Espagne. Le Portugal plus resserré au nord & au levant s'étend au midi au-delà du Tage, & comprend l'Alentejo & les Algarves qui faisaient partie de la Bétique. Les peuples de Lusitanie divisés en plusieurs républiques ne cultivaient point les terres ; ils vivaient de rapines ; ils avaient le courage & la férocité qu'ont ordinairement de telles nations : conduits par Viriatus, par Sertorius, ils étonnerent l'empire romain qui les soumit. Les Phéniciens, les Carthaginois les avaient connus avant lui. Les Alains, les Vandales,

Tome VI.   A

les Sueves, les Visigoths envahirent ce pays successivement avec l'Espagne entiere, ils se la disputerent, se l'arracherent successivement. Les évèques, les moines sous les Visigoths devinrent les maîtres des rois & jugerent les peuples ; unis aux seigneurs, ils disposaient de la couronne : le regne des prêtres est rarement celui de la religion & de la vertu. Les révolutions furent cruelles, les crimes fréquens, les rois tombaient sous le fer de l'assassin, la nation était accablée sous le joug de la superstition. L'arianisme, l'orthodoxie furent le prétexte ou la cause des factions. *Leuvigilde* poursuivit son fils jusqu'à la mort, parce qu'il étoit orthodoxe ; bientôt après, l'orthodoxie sur le trône avec *Recaréde*, persécuta les ariens ; la honte, les tourmens se réunirent sur les Juifs ; le sage & courageux *Sisebut* leur ordonna, sous peine de mort, de recevoir le baptême. Pendant que les décrets des conciles donnaient & ôtaient le trône, que *Vitiza* est forcé d'en descendre, pour avoir permis aux prêtres d'avoir une femme, & aux laïques de prendre des concubines, un peuple qui permettait de faire l'un & l'autre avec plus de liberté encore, s'avançait de l'Egypte le long des côtes de l'Afrique. L'Arabe franchit la mer qui le séparoit de l'Espagne, & fit disparaître le royaume des Visigoths. Long-tems il régna sur ces peuples, dont une petite partie reléguée dans les montagnes des Asturies, dut son indépendance au mépris qu'on eut pour elle, & ses succès au tems & à la division de ses vainqueurs.

C'est à ces succès & aux croisades que le Portugal dut son existence. Henri de Bourgogne conduit par sa haine pour les infideles, avait servi avec courage les desseins d'Alphonse VI, roi de Castille, avait aidé à ses victoires ; il en devint le gendre, & en reçut le titre de comte de Portugal. Ce prince avait, dit-on, défait les Maures en dix-sept batailles : il les chaſſa d'une partie du Portugal, & y régna par le teſtament de ſon beau-pere, & par droit de conquête. Son fils Alphonſe ſuccéda à ſon pere, eut ſon courage & ſon bonheur ; il fut proclamé roi par ſes ſoldats, ſur le champ de bataille d'Ourigue où il venait de triompher des Maures en 1139 ; il leur enleva Lisbonne, il conquit les Algarves. Mais les papes alors croiaient ſeuls avoir le droit de faire des rois, & Alphonſe ne put s'en faire reconnaître ſous ce titre, qu'en s'obligeant à leur payer un tribut annuel de deux marcs d'or. Bientôt après, en 1179, ſon royaume fut mis en interdit, pour avoir donné ſa fille à ſon couſin Alphonſe de Caſtille. Ils ſe ſoumirent au decret du pape, & moururent rois. Leurs ſucceſſeurs furent auſſi obéiſſans à l'égliſe, ſans en être plus ſages : leurs diviſions, leurs guerres mutuelles, leur imbecille cruauté auraient fait triompher les Maures, s'ils n'avaient été amollis & diviſés eux-mêmes.

Denis I. fonda l'ordre de Chriſt ; c'était au commencement du xve ſiecle. Le roi, des ſeigneurs en ſont décorés, & partagent cet honneur avec des commis, des chirurgiens, des peintres. Les rois aiment mieux donner des titres qui augmentent leurs tréſors, que d'y puiſer des récompenſes ; car celui qui reçoit l'ordre en paye aſſez cher les proviſions. La croix de l'ordre eſt pendue au cou avec un ruban rouge, une autre croix eſt brodée ſur l'habit. Les biens des templiers payerent les penſions attachées aux dignités du corps. *Dom Pedre*, petit-fils de Denis, fut l'amant, l'époux d'Inès de Caſtro, dont les malheurs intéreſſent encore ſur le théâtre. La ligne maſculine de cette maiſon s'éteignait en *Ferdinand* qui régnait en 1383. Jean I, ſon frere bâtard, lui ſuccéda. Le regne de *Jean* commença l'époque de la gloire des Portugais. Son fils Henri, grand astronome, grand cosmographe, homme de génie, y contribua plus que les rois. De la ville de *Ceuta* qu'il défendit contre les Maures, il forma le projet de connaitre les côtes d'Afrique & d'en faire le tour. Tiré dans le royaume des Algarves, il fit équiper des vaisseaux, instruisit des pilotes, leur inspira son courage. Ils doublerent le cap *Non* qui avait toujours paru une barriere insurmontable aux navigateurs; ils découvrirent l'isle de Port-Saint, celle de Madere. Peu de tems après, le prince Henri étendit ses découvertes jusqu'au cap Bojador, au cap Blanc, au cap Verd & aux isles qui portent son nom. Alphonse V suivit l'exemple heureux que lui avait donné son oncle; ses navigateurs passerent les bornes connues, & il soumit par ses armes des villes de l'empire de Maroc, & des provinces sur les côtes occidentales de l'Afrique. Une idée romanesque lui fit instituer l'ordre de l'épée. Il avait entendu dire qu'une épée gardée par les Maures dans *Fez*, devait être la conquête d'un prince chrétien : il voulut être ce prince. Il avait 27 ans, il créa 27 chevaliers, & leur donna un signe qui pût leur rappeller l'objet de leur institution : l'épée n'a point été conquise & peut-être elle n'exista jamais.

Sous son fils Jean II, Barthelemi Diaz découvrit le cap des Tourmentes que Jean nomma de Bonne-Espérance. Emmanuel qui lui succéda, fit appeller son regne le *regne d'or*. Pasco de Gama doubla le cap de Bonne-Espérance, & parvînt à la presqu'isle de l'Inde, en deçà du Gange. Bientôt de nouvelles flottes partirent, & pour assurer leur commerce, firent des conquêtes. Les Portugais chasserent & nommerent des rois sur les côtes de l'Afrique orientale, & ils le devinrent aux Indes. L'amour de la gloire, l'enthousiasme en fit d'abord des héros, & quand ils furent corrompus, ils ne furent plus que des monstres, ils deshonorerent le nom d'homme plus qu'ils ne l'avaient honoré; ils furent d'abord des conquérans, ils devinrent de riches tyrans, ils finirent par se faire détester; la faiblesse & le mépris suivirent de près la haine qu'ils inspiraient; ils n'eurent plus les vertus qui avaient fondé leur puissance; il ne leur resta que les vices que cette puissance leur avait donnés, & la puissance s'évanouit.

Tandis que les Portugais étendaient leur empire dans les plus riches pays de l'Inde, la terre sembla en vouloir détruire le siége. Jean III régnait après son pere Emmanuel, lorsque la terre agitée & entr'ouverte renversa Lisbonne, & fit périr trente mille de ses habitans, sous les ruines de deux mille maisons. Les eaux du Tage refoulées vers leur source, inonderent les provinces qu'elles arrosaient; la mer franchit ses limites, des pluies extraordinaires aidaient à l'inondation; des vents empestés, des vapeurs infectes portaient la mort dans le sein de ceux que la terre avait épargnés; des bruits souterrains, des hurlemens qu'on sembloit entendre, des météores de feu qui s'élançaient avec fracas, des eaux bouillantes qui s'élevaient & disparaissaient, des lacs qui s'agitaient, débordaient, & faisaient entendre un son lugubre; des montagnes entieres qui s'ébranlaient & dont les masses énormes écrasaient des villages entiers; des forêts déracinées, des précipices comblés, des villes qui disparurent & dont la place fut remplie par des étangs; des isles englouties, de nouvelles qui sortent du sein des eaux; les hommes, les animaux consternés, glacés de terreur, la nature entiere frappée d'effroi: tel fut le spectacle à jamais effrayant qu'offrit le Portugal en 1531.

Ces malheurs se réparerent. Lisbonne reparut aussi riche, aussi belle qu'elle était ; les maux que produit le gouvernement sont plus durables, & le Portugal l'éprouva bientôt. Sébastien succéda à son ayeul ; un esprit ardent, mais peu étendu, par conséquent opiniâtre, avait été échauffé en lui par les instituteurs de sa jeunesse : il vouloit détruire les infideles, étendre son empire & celui de la foi, avant que de savoir gouverner sa maison : il cherchait la gloire, il crut la trouver en rétablissant un souverain de Maroc dépossédé : avec des forces inégales, il combattit contre un prince mourant, & fut vaincu. Il périt, on ne put retrouver son corps, & peut-être il est plus vrai qu'avoué, qu'échappé de cette déroute, honteux de reparaître à Lisbonne après avoir été vaincu, il ait été long-tems errant, puis persécuté par le roi d'Espagne qui le fit enfin disparaître pour toujours. Il n'avait qu'un grand oncle, vieux prêtre infirme, & d'un esprit faible qui lui succéda; divers prétendans s'offraient après lui : *Antoine*, neveu du roi, était préféré des Portugais ; il était le plus proche parent du roi, mais il n'était pas reconnu légitime. Le duc de Bragance par sa femme & par lui-même avait des droits. Philippe, roi d'Espagne, en 1581, avait une armée conduite par le duc d'Albe, & ses droits furent les meilleurs. Ses états furent plus étendus & n'en furent que plus faibles. Il fallait soutenir ses guerres en Europe, l'Asie fut négligée, les Portugais virent leurs conquêtes s'échapper de leurs mains, les Hollandois les leur ravirent. Ces pertes ajouterent, à la haine qu'ils eurent toujours pour les Espagnols, ils ne la cachoient pas. Elle prépara une révolution singuliere. Le Portugal redevint un royaume. L'indolent & timide duc de Bragance menagea une conjuration pendant près d'un an, la laissa former & s'étendre. sans qu'elle fût revélée, & un grand nombre d'hommes de tout état, de tout âge en était instruit ; elle rendit le secret inviolable, l'exécution heureuse & rapide. En un instant la vice-reine fut prisonniere, son ministre massacré, la garde désarmée, les Espagnols chassés, & Jean IV sur le trône. (en 1640.) Les états le lui assurerent, & c'est la derniere fois qu'ils ont été assemblés ; il s'y maintint : homme plus superstitieux que dévot, & plus dévot que superstitieux, il avait été un bon particulier, il fut un roi faible & défiant : sa femme plus courageuse que lui, plus habile, plus instruite, gouverna sous son nom pendant sa vie, & après sa mort, comme régente, elle sut assurer la couronne à son époux, & à ses fils par des succès & une heureuse administration. Son fils Alphonse la força d'abandonner les rênes de l'Etat, & ne sut pas les tenir : faible & furieux, on le destitua comme imbécille, & on lui ôta sa femme comme impuissant : il l'était en effet par ses passions basses & son incapacité : son frere *Pedre* fut régent pendant sa vie, roi après sa mort, & de la femme de son frere fit la sienne. Il sut regner. Son fils Jean V se fit aimer des peuples, il réprima le pouvoir de l'inquisition, elle est devenue l'appui du pouvoir souverain, & ne peut plus être sa rivale : les grands sont sans pouvoir, & ce ne serait pas un mal, si le gouvernement du prince n'était devenu despotique. Les rois de Portugal gouvernent comme ceux de l'Orient, & dispensent arbitrairement l'argent, les recompenses & les coups de bâton sur la plante des pieds à tous leurs sujets, aux grands comme aux petits. Joseph, fils de Jean V, a régné assez long-tems. Son regne est célebre par deux événemens funestes ; le tremblement de terre qui a renversé Lisbonne une seconde fois, & la conspiration formée contre lui, certaine, si l'on ne consulte que les supplices & la révolutions qui la suivirent, mais dont des hommes instruits doutent encore. Ce dernier événement a fourni de nouveaux moyens pour abaisser les grands. Un ministre actif ayant de grandes vues, unies à un grand courage, a corrigé beaucoup d'abus, a étendu l'autorité royale sur des objets qu'elle avait autrefois respectés. Il encouragea les arts, les sciences, tendit à inspirer des mœurs, à corriger les loix; mais l'autorité sans bornes qu'il exerça, qui le rendit assez puissant pour tout mouvoir dans l'état, s'opposa elle-même aux succès de ses desseins. Sous un despote, la premiere vertu est d'être un esclave soumis & fidele, non d'être un citoyen utile. Joseph mort, l'ouvrage de son ministre a été détruit, & dans sa vieillesse abandonnée, il doit craindre que le bien qu'il a fait, ne puisse lui faire pardonner ses injustices. Ce royaume, le plus occidental de l'Europe, jouit d'un climat plus tempéré que l'Espagne, quoique sous les mêmes parallèles, parce que ses diverses parties sont moins éloignées de la mer; l'air y est rafraîchi pendant l'été par un vent de mer qui le rend pur & sain; il pleut dans quelques provinces pendant cinq mois presque continuellement.

L'hyver y est quelquefois rigoureux; on n'y a cependant du feu que dans les cuisines : dans les mois de sécheresse, on éprouve de fréquens ouragans qui élevent des nuages de poussière. Le jour alors est chaud, mais la nuit est fraîche. Le tonnerre s'y fait peu entendre. La terre y est couverte de verdure toute l'année, & on y voit de belles roses dans le mois de décembre. Ses champs fertiles par leur nature demeurent la plupart en friche : ceux qu'on cultive produisent le meilleur bled de l'Europe, & cependant il ne nourrit pas la moitié de ſes habitans. On leur en apporte des isles Açores, de la mer Baltique, de la France, mais ſur-tout de l'Angleterre, qui par là tient cet Etat dans une eſpece de dépendance. On cherche les cauſes de cette diſette annuelle, on croit la trouver dans la multitude de vignes, dans l'émigration des habitans qui vont au Bréſil chercher une fortune rapide, ou une miſere moins profonde.

Elle n'eſt que dans le défaut d'activité des Portugais, dans leur ſuperſtition, dans leur ignorance, dans le défaut d'encouragement, dans des mœurs viles & des ames ſans reſſort. On a ordonné d'arracher les vignes voiſines du Tage, dans le Mondego & la Verga, ſous peine de confiſcation, d'en faire des champs : mais ces moyens violens ne ſont qu'un nouveau mal ; ce ſont des abus du pouvoir, qui annoncent le mal ſans le réparer. Il eſt des moyens plus doux, plus ſages & plus ſûrs ; mais il faut du tems & des ſacrifices.

Ce pays eſt parſemé de montagnes, quelques-unes riches en minéraux, en argent, en cuivre, en étain, en plomb, en fer, en vif-argent, des pierres précieuſes, telles que les turquoiſes, des hyacintes aux environs de Belas, du cryſtal très-pur près de Belas. Les Portugais ſont trop riches pour ſe ſervir de leurs richeſſes, & celles qu'ils tirent du Breſil les dégoutent de celles qu'ils ont chez eux. Ils n'exploitent que les mines de fer, de plomb, d'étain & d'alun. Ils négligent les pierres cianées qu'ils trouvent près de *Boba* dans l'Alentéjo pour les émeraudes qui leur reſſemblent ſans les ſurpaſſer, mais qui viennent de plus loin ; il en eſt de très-beaux dans les montagnes d'Eſtremos : il en eſt dans les environs de Lisbonne qui eſt du plus beau noir, & très-net : près de Cintra, on trouve des aimans, ſur les côtes de Setubal de l'ambre. On y trouve différens marbres, & fur la montagne d'*Alcantora* près de Lisbonne, eft une caverne de falpêtre, aux environs de laquelle on trouve le fatyrion. On voit encore en Portugal une plante dont la fleur de plufieurs couleurs, imite fi bien une mouche, qu'on craint de la cueillir. Les herbes odoriférantes y abondent, ainfi que celles qui fervent à la teinture. Le miel y eft blanc, d'une odeur douce: on en recueille dans les bois, dans les campagnes; celui-ci eft le meilleur; celui-là eft encore plus agréable que dans les autres pays de l'Europe. On connoît les citrons & les orangers de Portugal; elles font originaires de la Chine. On y recueille des figues, des amandes, des dattes, &c. Il y a de bons pâturages; en général le bétail n'y eft pas beau, la laine du mouton y eft belle, quoiqu'inférieure à celle d'Efpagne. Les chevaux font petits, mais courent avec légéreté. On y éleve beaucoup d'ânes.

Ce royaume eft arrofé par un grand nombre de petites rivieres qui viennent groffir les grandes, telles que le *Minho*, la *Lima*, ou *Lethes*, le *Cavado*, le *Douro*, qui après avoir coulé entre des montagnes, devient navigable près de S. Jean de Pefquera. Le Tage fe déborde vers fon embouchure, forme différentes isles & un beau port. C'eft le plus grand fleuve du Portugal, mais il n'eft navigable qu'à quelques lieues de fon embouchure; fes eaux fertilifent les lieux qu'il arrofe, il dépofe de l'or fur fes rivages, ainfi que le Douro & le Mondego: fon or était célebre chez les anciens, & l'on dit que Jean III avait un fceptre d'or maffif de celui qu'on trouve fur fes bords. La *Gouadiana*, ou fleuve *Anas*, car *Guadi* fignifie fleuve dans la langue des Maures. Tous ces fleuves font riches en poiffons. Il y a des bains chauds à *Obidos* & à *Albor* dans les Algarves. Près de *Tentugal*, il est des eaux qu'on nomme *Bouillantes*, & qui attirent ce qui les touche : on en a fait l'expérience, dit-on, sur des animaux vivans, sur des troncs d'arbres ; mais ceux qui l'ont faite, savaient-ils juger ? Le royaume a dix-neuf grandes villes, 527 petites villes ou bourgs, 3343 paroisses, moins de deux millions d'ames : il y en avait quatre millions sous le roi Emmanuel & davantage sous les Romains. La noblesse y est nombreuse, avilie ; il y en a en grande partie de la maison des rois par des fils naturels. Les rois la soutiennent par des pensions. La haute noblesse est celle qui est titrée & composée des grands, divisés en trois classes ; ceux-là prennent le titre de *Don*. La noblesse inférieure ou les fidalgos, ne le prend que quand le roi le leur accorde. L'Espagne fut chrétienne dans le second siecle : les Juifs, ensuite les Maures s'y multiplierent, les premiers y furent toujours persécutés & toujours nombreux, ils accourent s'y enrichir, & se retirent, quand ils le font, pour jouir de leurs richesses ailleurs. C'est contr'eux que l'inquisition exerçait ses plus grandes rigueurs. S'ils étaient convaincus d'être Juifs, ils étaient conduits au bûcher, & ce spectacle, cet *auto-da-fé* reveillait le zele des Portugais ; ils insultaient, ils regardaient comme des ennemis de Dieu, ceux qui jettaient sur les malheureux condamnés ces regards où l'humanité se peint, qui osaient les plaindre : ils exaltaient la clémence du S. Office qui se contentait de brûler des hommes qui se trompaient. Aujourd'hui que l'inquisition ne peut plus exercer cette clémence, qu'elle dépend du conseil du roi où le procès doit s'instruire, elle cesse d'être intéressante pour les dévôts.

Il y a 90 couvens en Portugal qui s'enrichissaient

par la superstition des fideles : on a mis aujourd'hui des bornes aux legs & fondations pieuses. Les Jésuites en ont été bannis à perpétuité, & ça été comme le signal de leur destruction.

Le patriarchat de Lisbonne fut érigé en 1716. Sollicité à grands frais, sa bulle s'obtint avec 75 mille livres ; le roi n'épargna rien pour rendre cette dignité respectable,& rien ne fut plus pompeux que son intronisation. Peut-être y eut-il autant de politique que de dévotion dans la création de cette dignité, & que l'on ne l'acheta du pape que pour se dispenser de consulter le pape à l'avenir, ou pour ne reconnaître que le pape Portugais, non celui de Rome. Le patriarche doit être cardinal, de la maison royale; ses chanoines eurent le quart de tous les revenus ecclésiastiques,mais dans la suite ils ont été restreints. Le patriarche a pour suffragans les évèques de *Leiria*, de *Lamego*, d'*Angra* dans l'isle Tercire,de *Funchal* dans l'isle Madére.

Le Portugal a trois autres archevèques ; celui de *Brague*, primat du royaume, a pour suffragans les évèques de *Porto*, de *Viseu*,de *Coïmbre*, & de *Miranda*. Le second est celui d'*Evora*,qui a pour suffragans les évèques d'*Elvas* & de *Faro*, le troisieme est l'archevèque de *Lisbonne*, dont les suffragans sont les évèques de *Portalégre*,de *Guarde*,d'*An-gola*,du *cap Verd*, & de S. *Thomé*. Les archevèques ont le rang de marquis, les évèques de comte : le roi les nomme, le pape les confirme. Celui-ci taxe & juge le clergé, nomme à diverses charges, ce qui rapporte à la cour de Rome des revenus qui égalent presque ceux du roi.

Il y a une *université* à Coïmbre, une à Evéra, une *Académie royale d'histoire Portugaise* à Lisbonne, une *d'antiquités, d'histoire & de langues* à Santaron, une de *Sciences* à Thomar, dont le roi est protecteur. Il y en avait d'autres qui se distinguaient comme celles d'Italie. C'était les *Singulares*, les *Generafos*, les *Applicados*, les *Eftudiafos*, &c. toutes ces petites académies ont difparues, fans laiffer de regrets. Les univerfités, les académies qui fubfiftent, pourraient s'anéantir, fans que l'Europe favante y perdît. Divers Portugais fe font diftingués dans les belles-lettres & dans quelques fciences : mais ces univerfités ne les ont point formés. Elles font l'afile des pédans encroutés des cathégories d'Ariftote, elles enfeignent à être favans plus qu'à être raifonnables, & chargent les mémoires, fans étendre l'efprit. Il n'y a pas long-tems qu'on eût été traité comme hérétique, en foutenant le mouvement de la terre. En général les Portugais ont de l'efprit, mais ils font ignorans, & croient ne pas l'être ; moyen fûr de l'être long-tems.

Le commerce y a déchu. Autrefois toutes les richeffes du golfe Perfique, de l'Arabie, de l'Indouftan, de la Chine, du Japon, &c. fe réuniffaient à Goa, arrivaient à Lisbonne fur des flottes nombreufes, & de là circulaient dans toute l'Europe. Le commerce fe fait aujourd'hui prefque tout par les étrangers ; ce font les Français, les Hollandais, les Anglais qui commercent à Lisbonne : les Portugais font leur cour, recherchent les emplois, jouiffent de ce qu'ils poffedent ou languiffent dans la mifere. Les fruits que la nature leur donne, la laine, la foie, les productions du Brefil s'échangent contre les grains de l'Angleterre, & l'induftrie de toutes les nations qu'ils ne veulent point imiter & dont ils ne peuvent fe paffer, ils leur vendent leur foie & en achetent les étoffes qu'elles en font.

Il y a cependant une compagnie de commerce pour le Brefil : des particuliers envoient des vaiffeaux pour les côtes d'Afrique, de-là en Afie, mais le Brefil eft leur véritable richeffe : l'or qu'on en apporte à Lisbonne peut s'évaluer à quinze millions d'écus par an. Les étrangers ne font le commerce dans le Brefil que par contrebande. Dépendans des étrangers, ils excufent leur indolence par les égards qu'ils leur doivent : s'ils laiffent dans le fein de la terre le plomb & l'étain que leurs provinces renferment, c'eft pour ne pas nuire aux Anglais : s'ils négligent leur cuivre, c'eft pour plaire aux Suédois dont ils achetent celui qu'ils emploient : s'ils ne font point de falpêtre, c'eft pour faire un compliment aux Hollandais qui le leur fourniffent : des fruits confits, des ouvrages de paille, des toiles, quelques étoffes groffieres, c'eft ce que produit l'induftrie des habitans.

Le *Rei* de Portugal revient à peu près à 1 denier ½ de France. 976 *Reis* valent un écu de 6 livres. La *Croix de change* vaut 400 Reis : elle vaut donc 2 liv. 10 fous. La *Croifade* nouvelle vaut 480 Reis, ou 3 livres 1 fou, ce font des monnayes imaginaires. Les monnayes d'argent font le *Vingtain*, de 20 Reis ou 2 fous 6 deniers ; le demi *Tefton* de 50 reis ; les *Teftons* de 100. La *Réale* vaut 40 Reis, ou 5 fous. Les monnayes d'or font le *Moeda de ouro* de 4800 Reis qui équivaut à 32 livres de France, des demi *Moeda*, des quarts. Le *Dobrar* de 24000 Reis, ou 160 livres. Un autre *Dobrar* de 12800 Reis, ou 84 livres 16 fous ; celui-ci fe divife en moitié, en quart, en huitieme, en feizieme.

Nous avons parlé de l'inftitution de l'ordre de Chrift. Le chef-lieu de l'ordre eft à *St. Thomas* : il a 454 commanderies : une croix patriarchale de gueule chargée d'une autre croix d'argent, diftingue ceux qui le portent. Celui de S. Jaques eft ancien : le grand prieur exerce une autorité épifcopale ; l'ordre poffede 47 bourgs & villes & 150 commanderies. Une épée rouge en eſt la marque. L'ordre d'*Avis* Inſtitué par le Sueno, roi de Portugal : le grand prieur a juriſdiction ſpirituelle & temporelle ; une croix d'or fleurdeliſée de ſinople accompagnée de deux oiſeaux affrontés de ſable. Le roi eſt grand-maître de tous ces ordres.

Le roi de Portugal fait exercer ſon autorité par différens conſeils. Le *Conſeil d'état* eſt la premiere cour ſouveraine. Les évêchés, les gouvernemens & vice-royautés, les ambaſſades, les miniſtres, les alliances, les grands mariages, la paix, la guerre ſont de ſon département. Il eſt compoſé de quatre conſeillers eccléſiaſtiques, de cinq ſéculiers & d'un ſecrétaire, ordinairement miniſtre d'état.

La ſecretairerie d'état, ſe diviſe en deux départemens, celui des graces & celui des expéditions. La nomination aux emplois civils, celle aux offices militaires, du lieutenant-colonel au capitaine, les diſpenſes, les commandeurs, les juges, les graces, les penſions, les legs pieux, les paſſe-ports ſont de ſon reſſort.

Le ſecrétaire de *ſignatures* préſente au roi toutes les patentes, proviſions, arrêts, brevets que les tribunaux diſtinguent & adreſſent au roi pour qu'il les ſigne. Le *Conſeil de guerre* eſt compoſé de quatre conſeillers & d'un ſecrétaire. Ils veillent ſur les fortereſſes, les arſenaux, les hôpitaux, l'artillerie, le logement des gens de guerre, différens officiers de province : la nomination de ſergent juſqu'au capitaine ſont des objets qui lui appartiennent.

Le *Conſeil du palais au Deſambargo de Paco* eſt le premier tribunal du royaume. Les loix, les pragmatiques, les conflicts de juriſdiction s'y décident. Il eſt diviſé en deux chambres, celle de ſupplication qui eſt de 39 magiſtrats, & celle de juſtice civile qui en a 24.

Il y a deux *chambres d'appels*. L'une siège à Lisbonne, & juge en dernier ressort les causes civiles, & criminelles des provinces d'Estramadoure, d'Alenlejo, & d'Algarves; l'autre siege à Porto, sa jurisdiction s'étend sur les provinces d'*entre Douro & Minho*, de *Trazos Monte* & de *Beira*. Les causes qui excedent la somme de 250 mille reis en immeubles (1666 livres), & de 300 mille reis en meubles, (2000 livres) sont portées à la chambre d'appel de Lisbonne.

Le *conseil des finances* a trois départemens: l'un pour les finances du Royaume; l'autre pour l'Afrique; le troisieme pour les Indes, les magasins, les armadilles. Ce conseil en a d'autres qui lui sont subordonnés; ceux-ci sont la chambre des comptes, la douane, la chambre des indes & des mines, le tribunal des amiraux, la cour & l'hôtel des monnoyes, &c.

Les six provinces du royaume sont partagées à *Comarcas*, partagées elles-mêmes en d'autres jurisdictions; on les partage encore en *Corrégidories*, & en *Vigueries*; celles-ci relevent des seigneurs ou d'ecclésiastiques; celles-là dépendent immédiatement du roi, qui nomme le juge qui y siege, & s'appelle *Corrégidor*. Les juges nommés par les particuliers s'appellent *Vigiers*. Dans chaque Corrégidorie ou Viguerie sont un intendant qui veille sur l'exécution des testamens, un juge forain, quelquefois un juge d'orphelins. Les villes ont aussi leurs magistrats particuliers.

On suit en Portugal le droit romain, les ordonnances des rois, les bulles des papes; c'est assez de loix pour permettre aux juges d'être injuste. L'archevêque d'Evora est le chef de la justice dans tout le royaume.

Le roi tire ses revenus de ses biens héréditaires, d'autres domaines dans les pays découverts & conquis par ses sujets, des péages, des impôts de la douane, de la ferme du tabac du Brésil, de la fabrication des monnaies, du trafic des indulgences, que le pape accorde au roi tous les trois ans, des grandes maitrises dont il est revêtu, des dixmes sur le clergé hors du royaume, du cinquieme denier levé sur l'or du Brésil qui monte souvent à deux millions d'écus, de la ferme des diamans du Brésil, des confiscations de biens des criminels.

Avant 1762 les troupes Portugaises étaient méprisables. Dans la guerre de la succession, S. Antoine étoit leur général : sa chasse étoit portée à la tête des troupes, & on lui payoit avec exactitude ses appointemens qui étaient de 300 mille reis. Le comte de la Lippe a succedé à S. Antoine, & a rendu ses soldats plus redoutables. Aujourd'hui l'infanterie est assez bien disciplinée, & est composée de 33 bataillons qui font 26000 hommes. (*a*)

La marine était de 12 vaisseaux de guerre & 4 fregates, la cavalerie l'est de 26 escadrons ou 4000 cavaliers, & de 14 escadrons de cuirassiers ; un régiment de volontaires, à pied & à cheval, trois bataillons d'artillerie & un corps du génie. On ne compte pas un plus grand nombre de paysans qui servent sans paye, sans art & sans subordination. La marine est composée de dix vaisseaux de ligne & de

---

(*a*) Richard Twiss faisait monter les troupes de terre en 1772 à 38 régimens d'infanterie de 821 hommes, & en 12 de cavalerie de 400 chevaux par régiment.

vingt frégates : il n'y a pas de vaisseaux marchands.

Porto & *Calle*, deux villes que Henri de Bourgogne fit bâtir & qu'il réunit ensuite, ont probablement donné le nom au royaume.

Nous ne parlerons pas des possessions que le Portugal possede en différentes parties du monde, on les trouvera dans la description que nous en tracerons ailleurs ; nous en ferons autant quand il s'agira de l'Espagne. Le Portugal se divise en six provinces, *Estramadure*, *Alentejo*, *Algarves*, *Beira*, *entre Douro & Minho*, & *Traz os Montes*.

Estramadure.

Cette province a quarante lieues de long & vingt de large ; elle est arrosée par le Tage que les Portugais appellent le *roi des fleuves*. Le terrein y est peut-être le plus fertile du Portugal ; il produit du bled, du vin, des olives, du millet, des légumes, des oranges : on y voit de vastes plaines couvertes d'oliviers & d'autres arbres fruitiers. La terre y est couverte de fleurs, & les abeilles y produisent beaucoup de miel. On y prépare du sel qui est un objet de commerce. On y compte trois villes, trois bourgs, 400 paroisses, 496760 ames. Elle se partage en dix jurisdictions.

Corrégidorie de Lisbonne.

Lisbonne, capitale du royaume, s'étend du levant au couchant, sur les bords du Tage. Elle est bâtie en forme d'amphithéâtre sur sept grandes collines. Elle est peu large, mais elle a deux lieues & demi de long. Quelques rues ont plus d'une lieue de long & s'étendent au pied des collines. Le patriarche est le chef de toutes les paroisses de la ville. L'église patriarchale est si ornée qu'elle a dû absorber le revenu du Brésil pendant plusieurs années. On remarque que les tuyaux de ses orgues sont placés horizontalement. C'est-là que le patriarche officie avec plus de pompe que le pape même. Depuis 1716, la ville est divisée en orientale & occidentale ; celle-ci est le diocese du patriarche ; celle-là de l'archevêque : les actes publics, les lettres de change annoncent dans laquelle de ces parties elles ont été faites.

Lisbonne est antique ; mais ce qui l'enrichit, ce qui fait sa grandeur, c'est son port vaste & profond, sûr & commode : elle a de beaux édifices, on y compte plus 20000 maisons, quarante églises paroissiales, 32 couvens d'hommes, où sont renfermés 1600 moines, & 18 de femmes habités par environ deux mille filles. La cathédrale placée sur une hauteur est antique & sombre ; mais les richesses des Portugais l'ont rendue magnifique : elle est dédiée à S. Vincent martyrisé près du Cap qui porte son nom, & dont des corbeaux garderent le corps, & en éloignerent les bêtes féroces auxquelles il avoit été exposé ; depuis ce tems, on y nourrit deux corbeaux : un tronc ouvert à la charité des fidelles fournit à leur subsistance, & elle n'a jamais manqué. Dans l'église des Dominicains, la plus belle de toutes, on voyoit sur le portail le nom & les têtes de ceux que la sainte inquisition avait purifié de leurs erreurs, en les condamnant au bucher. Le tremblement de terre a renversé cet édifice & celui de l'inquisition. Parmi les couvens, *Graça*, *S. Vincent*, sont des bâtimens somptueux. L'arsenal qu'on y a élevé est très-considérable. Le palais royal s'offrait à la vue en arrivant par le Tage : d'un pavillon de ce palais, on découvre tout le port, & c'est un spectacle intéressant pour un roi que de voir cette multitude de bâtimens qui sortent, & qui entrent dans un port long de deux lieues, auquel il ne manque qu'un quai. Il a soixante toises de profondeur & la figure d'un demi cercle; il est à couvert des vents par les collines que la ville occupe, & par les bords du Tage qui ne semblent s'élever que pour montrer de plus loin leur riche verdure. Le palais, vaste & magnifique bâtiment, renferme une bibliotheque, amassée à grands frais par *Jean V.* qui ne s'en servait pas. Il y a d'autres palais qui appartiennent au roi, aux infans, aux seigneurs: un grand nombre d'entr'eux ont souffert du tremblement de terre qui engloutit plus de vingt mille hommes dans cette ville malheureuse. On y comptait auparavant 270000 habitans : mais les négres & les mulâtres en faisait à peu près la cinquieme partie. Quelques auteurs lui donnent 600000 habitans & même davantage : c'est une preuve qu'on ignore leur nombre. On y compte jusqu'à 80 mille chiens qui errent la nuit dans les rues.

L'ancien nom de Lisbonne était *Olisippo*, peut-être des mots *Olis ippo* qui chez les Phéniciens, les premiers commerçans qui la connurent, signifiait un golfe agréable, & tel est en effet son port. Les Goths la nommerent *Olisipona*, les Maures *Olisibona*, & de-là est venu le nom de Lisbonne. Enlevée aux Maures en 1147, on l'environna de murs revêtus de 77 tours; elle a 26 portes du côté du Tage, 17 du côté de la campagne. Jean IV. voulut l'environner de hauts remparts; il y employa de grandes sommes, & fit un ouvrage inutile parce qu'il le laissa imparfait. Au milieu de la ville, sur le haut d'une colline, est la citadelle qui la commande, & où sont cazernés quatre régimens d'infanterie : deux forteresses défendent le port; l'une au nord sur un rocher que la mer baigne, s'appelle *S. Julien*, pentagone régulier armé de 205 pieces de canons; l'autre au sud sur un banc de sable est nommée *S. Laurent*. De l'entrée de ce port vers la ville on compte douze châteaux munis d'artillerie. Cette ville incommode par ses monts & ses vallées, par son pavé hérissé de pointes, par son obscurité durant la nuit, & qui l'était par ses rues étroites, couvertes souvent de fange & d'ordure, jouit d'un climat doux, d'un ciel pur & sans nuages pendant sept mois de l'année. L'eau y est excellente & l'on y vit long-tems : pendant cinq mois, il y pleut souvent par déluges, & les rues basses sont changées alors en fleuves bourbeux.

Elle est l'entrepôt du commerce des deux Indes : on y marche encore sur des ruines qui rappellent un événement effrayant. Ses rues ont été rendues en partie plus larges, plus droites; mais plusieurs beaux édifices ont disparus, & l'on ne voit à leur place que des maisons de bois, la plupart apportées de Hollande. (*a*) Nous ne parlerons pas de ce jour de désolation; cet article est déja trop long. La latitude de Lisbonne est de 38 dégrés, 42 minutes, 50 secondes; sa longitude est 26 minutes, 15 secondes.

(*a*) Les maisons de Lisbonne n'ont ordinairement que deux ou trois étages; elles n'ont de cheminées que celle de la cuisine & sont construites en marbres bâtards & garnies de balcons de fer. Celles de la rue *Augusta* ont quatre à cinq étages; cette rue a des marchepieds.

Il n'y a point de promenades publiques dans Lisbonne, (*a*) ni dans ses environs; le jardin des *necessitades* en sert; il est au pié de la colline de buénos-aires & est très-beau : on voit ailleurs des *quintas* ou maisons de campagne bien entretenues; il en est dans lesquelles on a rassemblé des plantes rares de toutes les parties du monde : celles-là appartiennent à des Anglais. Ses environs sont ornés de forêts de citronniers & d'orangers; les grands chemins pavés de larges pierres, y sont bordés d'alpés : la vallée d'*Alcantara* est curieuse par son aqueduc de marbre blanc, qui va d'une colline à l'autre; il a 35 arches, mais celles du milieu sont les plus grandes : l'une a 249 pieds de large, & 332 pieds de haut : il repose sur des piliers quarrés de 33 pieds de base; il conduit ses eaux à un grand réservoir placé à l'extrémité de la ville, construit en 1748; il a résisté au tremblement de terre de 1755.

Dans le territoire de Lisbonne, on trouve encore plus de vingt couvens. Celui de *Bélem*, habité par les hiéronimites, fut fondé par le roi Emmanuel. Sa grande & superbe église s'écroula en 1756 : c'est-là qu'ont été inhumés différens rois & princes du sang; leurs tombeaux sont de marbre rouge & blanc. Un bourg se joint au couvent, & près du rivage est sa tour fortifiée. Des gentilshommes devenus pauvres ou infirmes au service du roi, sont entretenus dans une maison de ce bourg. Le palais qu'y a le roi est petit & bâti en bois.

(*a*) On vient d'en faire une qui voit d'un côté le gibet, & de l'autre le palais de l'inquisition.

Nossa senhora da Luz est un couvent qui appartient à l'ordre de Christ. Celui de *Sanctos o Novo* est à l'ordre de S. Jaques. *Odilevas* est un couvent de 300 religieuses, & qui, dit-on, servait de serrail au roi Jean V. Là furent écrites les *lettres Portugaises*.

Corregidorie de Torres Vedras.

Elle contient 18 bourgs, & environ 40 mille ames. Son nom vient des Romains & c'est le même que *Turres Veteres*.

Cascaes, bourg ou ville fortifiée sur le bord de la mer, près du promontoire de Cintra. Les vaisseaux marchands y ont des facilités pour la contrebande & y abordent. C'est un marquisat.

Bellas a 1240 habitans, *Collares* 1200. *Chileiros*, *Erieira* sont aussi des bourgs.

Maffra est un bourg, un palais, un couvent. Dans une maladie, le dévôt Jean V. fit vœu de bâtir un nouvel escurial dans le lieu où serait le plus pauvre monastere du royaume. Celui de *Maffra* était une chaumiere au milieu d'un désert aride, où vivaient douze pauvres capucins, & c'est là qu'on éleva un palais. Au milieu est une grande église de marbre; derriere le chœur, est une maison riche pour 300 capucins qui regrettent au milieu de l'opulence leur ancienne liberté. A droite est un vaste palais pour le roi & sa cour. A gauche s'éleve celui du patriarche & de son clergé; douze mille ouvriers y travaillerent. Devant le bâtiment regne un perron de 152 pieds: sous le portique sont douze statues de saints en marbre d'Italie. Le couvent a une bibliotheque vaste: tous ces bâtimens contiennent 870 pieces & 5200 croisées:

le haut est terminé par un toit en terrasse où l'on peut se promener. A quelque distance du palais est une maison agréable dans un petit bois. Le palais étonne, la maison rejouit. L'air est humide à Maffra, parce qu'il est voisin de la mer qu'il découvre au loin. Aujourd'hui, on laisse le couvent se dépeupler pour le rendre utile.

Cadaval, *Villa Verde dos Francos*, *Lourinhaâ*, *Alveca*, *Alhandra*, sont des bourgs; le premier est un duché, le dernier a 1380 habitans.

Villa frança de Xira est un bourg de 2900 habitans.

Torres Vedras en a 2200, & est environné de montagnes; son terrein est fertile en fruits, en blés, en huiles, en pâturages. C'est un comté, une habitation très-ancienne près de la petite riviere de Sizandro. Il a quatre églises paroissiales, deux hôpitaux, trois couvens, & un château assez fort & bien bâti.

Oydorie d'Alanguer.

Elle comprend des terres qui appartiennent aux reines de Portugal. On y compte huit bourgs, & 28000 habitans.

Alanguer, est sur un terrein élevé que couvrent de beaux vignobles, & qu'arrose un ruisseau qui se jette dans le Tage. C'est un marquisat; on y trouve cinq églises paroissiales, un hôpital, une maison de charité, trois couvens, 2000 habitans. *Alenker Kana* (temple des Alains) est l'étymologie de son nom; on croit qu'elle fut bâtie par ce peuple: tous aimaient adorer la divinité dans des lieux hauts. De ce bourg, on peut avec succès menacer ou défendre Lisbonne.

Cintra a 1900 habitans, quatre églises paroissiales, un vieux château moresque au pied d'une montagne. C'est-là qu'on respire l'air le plus pur & le plus frais du Portugal. Il est situé entre une vallée grande & belle, & les monts de Cintra, jadis *promontoire de la lune*. La vallée est couverte d'arbres, de champs, de vignes; on y marche toujours à l'ombre: les eaux y sont abondantes & pures. Sur la montagne est un monastere d'Hiéronimites, taillé dans le roc, avec une église où l'on accourt en pélerinage pour faire des neuvaines. De gros cailloux de plus de dix pieds de diametre, entassés sans ordre, paraissent être les ruines d'une forteresse Maure. Ce mont très-élevé, les abimes profonds qui l'entourent, les masses de rochers qui menacent de s'en détacher, & dont les sommets sont couronnés d'arbres majestueux, donnent à ce lieu un air très-romanesque. Les Portugais croyent qu'il y a des trésors gardés par des esprits, & ils les respectent: un vrai trésor; c'est le réservoir vouté qui contient une eau pure, qui ne diminue jamais, & qui a dix pieds de profondeur. Cette montagne renferme des minéraux, des plantes rares, & une veine de pierres d'aimant.

On y jouit d'une vue admirable sur la campagne, le Tage & la mer: c'est-là que fût gardé Alphonse VI, & c'est-là qu'il est mort. Du côté opposé au bourg sont des déserts habités par les bêtes féroces, & où sont répandus quelques troupeaux de chèvres. Le nom de *Cintra* vient, dit-on, de *Cinthia*.

Obidos est un comté. Il a quatre églises, & 2400 habitans. Il est voisin de la mer.

Caldas est un bourg célebre par ses eaux minérales, qui guérissent les maladies vénériennes. Il est près de la mer.

Corregidorie de Leïria.

Elle comprend 21 villes ou bourgs & 56000 habitans.

Leïria, ville dont l'évêché fût érigé en 1545. Elle a une maison de charité, un hôpital, quatre couvens & 3500 habitans. Elle a encore un château antique sur une hauteur, bâti par les Maures, & est dans un vallon agréable où les petites rivieres de Lys & de Lena se réunissent. Il y a une verrerie établie par un Anglais.

Pombal, marquisat, & bourg plus peuplé que la ville de Leira. On y compte 3700 habitans: un grand nombre sont chapeliers.

Soure est un comté. Ce bourg est considérable: il a 3200 habitans.

Alcobaça, bourg situé entre les petites rivieres d'Alcoa & de Baça. On y trouve une abbaye de Cîteaux la plus riche du royaume; elle fut fondée en 1151 par D. Alfonse Henriquez, roi de Portugal: l'église placée au milieu du bâtiment, a 238 pieds de front, & on y monte par un beau perron : 26 colonnes de marbre en portent la voute; ses orgues sont composées de 173 tuyaux horizontaux; des rois y sont ensevelis. Les religieux sont tous nobles & au nombre de 130, qui, avec leurs servans & les domestiques, engloutissent toutes les provisions à plusieurs milles à la ronde. Ses revenus sont de plus de 560000 livres de France. Autour du couvent, on trouve une cour pavée de marbre où l'on tient des milliers de lapins; le pigeonnier renferme plus de 3000 paires de pigeons; les caves y sont spacieuses, fournies de toutes sortes de vins : plusieurs centaines de mules y sont nourries pour promener ces hommes utiles que le laboureur nourrit au prix de ses sueurs. Le bourg a 950 habitans.

Pederneira a plus de 1300 habitans & un assez bon port. *Algibarotta* a 1600 habitans.

Peniche est fortifié, & a un port, 2800 habitans, trois paroisses, une citadelle, un fort. Il est placé dans une presqu'isle environnée de rochers, & qui tient à la terre ferme par un canal rempli par la mer pendant le reflux.

Atouguia, a un château, 1300 habitans, est voisin de la mer & près de Péniche. *Batalha*, bourg de 1800 habitans, où est une abbaye de gentils-hommes. Son église est d'un beau gothique, la voûte en est soutenue par 16 colonnes de marbre. Jean I, sa femme, ses enfans, y ont leurs mausolées : d'autres rois de Portugal y ont aussi le leur. Les religieux sont dominicains.

Corregidorie de Thomar.

On y compte 19 villes ou bourgs, & 37000 ames.

S. Thomar, dans une jolie & vaste plaine, au milieu d'une forêt d'oliviers, près des ruines de Nabancia, dont la Nabar la sépare. Il a 3600 habitans, un hospice, un hôpital, quatre couvens : celui de l'ordre de Christ est sur une montagne : on y voit douze cloîtres d'une belle architecture, & le principal est très-bien bâti & enrichi d'une bibliotheque; son prieur est général de l'ordre. Le chœur de l'église est orné de huit colonnes peintes & dorées qui s'élevent jusqu'à la voûte. Il y a une académie des sciences depuis 1752, protégée par le roi, formée sur celle de Paris, & qui a des fonds considérables. S. Thomar appartenoit aux templiers; leur grand-maître D. Galdim Paez le bâtit vers l'an 1145 : près de deux cents ans, après il passa à l'ordre de Christ. Le prieur jouit du quart des revenus de toutes les commanderies.

Punhète, Maçaon, Villa de Rey, Sovereira, Ter-

mosa, *Pampilhosa*, *Alvares*, *Pedrogaon grande*, *Figueiro dos Vinhos*, *Alvaro*, *Tancos* sur le Tage, sont des bourgs assez considérables.

Abrantes est sur le Tage, dans un lieu élevé, environné de jardins & d'oliviers. Il est ancien, & c'était une ville municipale sous Auguste. De ce bourg jusqu'à Lisbonne les bords du Tage sont rians & fertiles. Il a 3500 habitans, une maison de charité, un hospice, quatre couvens, il est fortifié, a le titre de comté, renferme quatre paroisses & en a quatorze dans son district qui a le titre d'Oydorie. Il serait florissant, si les Portugais navigeaient sur le fleuve qui l'embellit.

Sordoal est un bourg de 1800 ames.

Oydorie d'Ourem.

Ourem, sur une montagne escarpée ; c'est un duché : il a un hospice, un hôpital, un couvent, 1800 habitans. on trouve encore six autres bourgs dans son district.

Corregidorie de Santaren.

On y compte 15 bourgs & 50000 ames.

Santaren, est un bourg ou ville près du Tage, dans une belle plaine bordée de montagnes & de vallons, & couverte d'oliviers ; bâti en demi cercle, ceint d'antiques murs, défendu au nord par une citadelle moderne qu'on nomme *Alcaçova*, qui a un parapet formé dans le roc vif ; il a treize églises paroissiales, une maison de charité, trois hôpitaux ; onze couvens d'hommes, deux de femmes, 8000 habitans, & une académie d'histoire, d'antiquités & de langues, fondée en 1747. Divers rois y résiderent; c'est l'ancienne *Scalabis* ou *Præsidium Julium*, l'un des trois *Conventus* de la Lusitanie; le tombeau de Ste. Irène la fit nommer *Sant berena* & par abbréviation *Santaren*; son territoire est d'une fertilité si prompte qu'on y recueille le froment deux mois après l'avoir semé.

Salvaterra de Magos est un bourg où les rois de Portugal ont un palais, qu'ils habitent depuis le 18 janvier jusqu'au carême.

Torres Novas, est un marquisat situé près du Tage. Le bourg est dans une plaine fertile qu'arrose l'Almonda; il est entouré de fortes murailles, a un château flanqué de sept tours, quatre paroisses, trois couvens, un hôpital, une maison de refuge pour les femmes pénitentes.

Corregidorie d'Almada.

Elle fait partie de la *Comaren* de Setubal, & est formée du bourg d'*Almada* placé dans un petit golfe sur le Tage, vis-à-vis de Lisbonne, dont le château est sur un roc, & des bourgs de *Lavradio* & de *Mouta*.

Oydorie de Setubal.

Sétubal, est un bourg ou une ville située à l'embouchure du Sandao, dans un petit golfe de l'Océan. Son port est un des meilleurs du Portugal; on y fait un grand commerce en huiles, en oranges, en vins excellens, dont les Anglais font une consommation prodigieuse, & sur-tout en sel. Alfonse Henriquez la bâtit après la ruine de la ville de *Cetobriga*, située de l'autre côté du fleuve à l'endroit où est le village de *Troya*. Détruite par les Maures, des cabanes de pécheurs furent d'abord ſes ſeuls édifices. Elle a quatre égliſes paroiſſiales, une maiſon de miſéricorde, un hôpital, dix couvens, une académie. Onze baſtions, deux demi baſtions, des ouvrages extérieurs, la citadelle de *S. Philippe*, la tour d'*Outaon* ſur le port, avec un canal & deux petits forts la défendent. Le tremblement de terre lui a nui; la mer s'éleva dans ſes rues, & ſes maiſons furent ébranlées. La bonté de ſes vins, de ſes fruits, l'abondance de ſes blés, de ſes troupeaux, ſon climat doux, ſon ſol fertile, ſes oranges, ſes fleurs, ſon miel, ſon huile, les poiſſons de ſes rivieres, les pierres précieuſes de ſes montagnes, l'or même du Tage, en feraient la ville la plus riche & la plus heureuſe, ſi ſes habitans étaient indépendans, & avaient d'autres mœurs. Son ancienne enceinte flanquée de tours exiſte encore; elle forme comme une petite ville dans la ville même. *Setubal* peut renfermer 10000 ames.

Huit autres bourgs, parmi leſquels on remarque celui d'*Alcaçar-do-Sal*, ſur le Zadaon, défendu par des murs, un château & où l'on fait un ſel fort blanc, compoſent cette Oydorie. Celle d'*Azeitao* a 5 bourgs qui n'ont rien de remarquable.

BEIRA.

C'eſt la plus grande province du royaume : elle eſt au nord de l'Eſtramadure. Sa longueur eſt de 40 lieues, ſur preſque autant de large. Le haut Beira eſt vers le nord & la mer; le bas ſe rapproche du Tage. La chaîne de monts nommée *Sierra de Eſtrelha* ſépare le premier du ſecond. Le froment, le ſeigle, le millet, les chataignes, le vin, l'huile ſont leurs principales productions. La chaſſe & la pêche y offrent des moyens de subsistance. Les montagnes y rendent l'air froid. La province renferme quatre villes, 234 bourgs, 1094 paroisses & 558000 ames. Elle a le titre de principauté.

Corrégidorie de Coïmbre.

Elle contient 150000 habitans; on y compte vingt-neuf bourgs. Nous ne parlerons que des principaux.

Coïmbre, *Conimbriga*, est une assez grande ville située à six ou sept lieues de la mer, à l'extrèmité d'une plaine, & sur une hauteur dont la pente s'étend jusqu'à la riviere de Mondego, appellée autrefois *Monda*. Elle avait été bâtie par les Romains 300 ans avant notre être: détruite par les Alains, on la releva à quelque distance de son ancienne enceinte où est maintenant le village de *Condexa a Velha*. Coimbre est dans une situation agréable, & ombragée de bois d'oliviers; ses rues & ses places sont ornées de fontaines: elle paraît belle au dehors; au dedans on voit qu'elle a été le séjour des rois; mais qu'elle ne l'est plus. Elle a un évêché, un tribunal de l'inquisition encore redoutable, une université jadis célebre, dirigée par des moines, habitée par des pédans, où il y a sept chaires de théologie, dix de droit civil, sept de droit canon, sept de médecine, une de mathématiques, une de musique; c'est-là que plus de 4000 écoliers libertins parlent un jargon qu'ils croyent du latin & s'occupent à faire des curedents de buis. Cette ville a de grands privileges, un hôpital, une maison de charité, huit couvens, dix-huit colleges, neuf églises, 12000 habitans. Sa cathédrale est magnifique; elle a un beau pont, composé de deux rangs d'arcades l'un sur l'autre, quelques monumens somptueux, & un aqueduc de vingt arches. La propreté n'est pas ce qui distingue ceux qui l'habitent; leurs mœurs sont grossieres; la jalousie est une de leurs vertus. La ville est renommée par sa manufacture de boëtes & de vases travaillés avec art. A quelques lieues est une fontaine qui n'a pas un pied de profondeur, mais qui engloutiroit un bœuf ou un cheval s'il y tomboit : c'est ce que disent les Portugais : l'université de Coïmbre aurait de la peine à démontrer cela. La latitude de Coïmbre est de 40 deg. 30 m. sa longitude de 9 d. 48. m.

Esgueria, est un bourg ancien, d'environ 1600 habitans : l'ordre de Christ y a une commanderie : on y trouve une maison de charité, & un hôpital.

Arganil a 1100 habitans : l'évêque de Coïmbre en est comte.

Miranda de Corvo, sur la riviere de Dueça : il a 2700 habitans.

Buarcos est à l'embouchure du Mondego : il avoit quelques beaux édifices, un tremblement de terre les ruina en 1752.

Oydorie de Montemor o Velho.

Montemor o Velho est situé sur le Mondego. Ce bourg a six églises, une maison de charité, quatre hôpitaux, un couvent, & 4000 habitans. On remarquera qu'il y a peu de bourgs considérables, qui ait plus d'hôpitaux & moins de couvens.

Aveiro, bourg sur un petit golfe à l'embouchure de la Vouga autrefois Vacua, rivieres dont les eaux sont fort limpides : les grands vaisseaux ne peuvent entrer

entrer dans son port, mais quelques travaux le rendraient accessible à tous. Des bancs de sable séparent le golfe de la mer : il renferme de petites isles où sont des salines. Le bourg est divisé en cinq parties, dont l'une est entourée de murs. On y trouve 4400 ames, quatre églises paroissiales, une maison de charité, un hôpital & six cloîtres, dont l'un est de filles nobles, issues de vieux chrétiens. Jean III en fit un duché ; il a été réuni à la couronne en 1759. Il a le privilege d'empêcher un étranger d'y passer la nuit, sans la permission du magistrat. Quelques-uns lui donnent aujourd'hui le nom de nouvelle Bragance ; la fertilité de ses environs, la beauté de sa situation y ont attiré beaucoup de commerçans ; les Anglais y font un grand commerce d'huile. On y fait beaucoup de sel.

Penella est un bourg de 2600 habitans. *Louriçal* & *Angeja* sont deux marquisats.

Oydorie de Feira ou Feria.

Elle contient environ 42000 ames.

Feira est un bourg dans une vallée étendue, agréable & fertile : il n'est pas considérable, a le titre de comté, & fut fondé par les Astures vers l'an 1000.

Ovar est un bourg ou ville de 5800 ames. *Pereira de Susa* en a 2300. *Cambra* 1100.

Corregidorie de Viseu.

Elle renferme 32 bourgs, & 95000 ames.

Viseu ou *Viseo*, près de l'ancienne *Vacca*, dans une plaine riante & fertile, remplie de jardins &

Tome VI. C

d'arbres fruitiers de toute espece, entre le Mondego & le Vouga. Cette ville, fondée par les Romains sous le nom de *Visontium*, est un duché & un évéché. Elle a trois églises paroissiales, un hôpital, une maison de charité & trois couvens. On y voit encore deux tours bâties par les Romains.

Dans l'église de S. Miguel, hors des murs, est enterré *Rodrigue*, dernier roi Goth, qui y mourut sous l'habit de moine : c'est au moins ce que les Portugais assurent. Près de *Viseu* sont de bonnes mines d'étain.

Fereira de Aves a 1600 habitans. A ce bourg, nous joindrons les trois qui portent le nom d'*Oliveira*, distingués par les surnoms de *Conde*, de *Frades* & de *Hospital*.

Cette corrégidorie renferme encore trente districts que les Portugais nomment *Concelhos*; chacun est formé d'un certain nombre de paroisses, celui de *Bestieros* en renferme quinze, celui d'*Azurara* treize, *Tavares* cinq ; *Gulfar* quatre, *Sever* cinq; *Penalva do Castillo* douze, *Alafoens* trente-sept: ce dernier est un duché.

La Corregidorie de Lamego.

Elle a 33 bourgs, 22 concelhos, & environ 60000 habitans.

Lamego, fondée, dit-on, par les Grecs, appellée autrefois *Laconia*, puis *Urbs Lamacenorum*, *Lameca*, enfin *Lamigo*, environnée de montagnes dans une plaine, près du Douro, sur le Balsamao, elle renferme deux églises cathédrales, une maison de charité, un hôpital, quatre couvens, 4500 habitans. Elle a une grande foire de bestiaux chaque année, qui y amene de l'aisance. Les Etats s'y assemblerent pour confirmer l'élection d'Alphonse Henriques, premier roi de Portugal, & y firent des loix fondamentales, aujourd'hui oubliées ; des hauteurs l'environnent ; son territoire produit d'excellens vins. *Tarouca*, *Lumiares*, *Arouca* sont les plus considérables de ses bourgs, & le sont peu. Parmi les Concelhos, *Caria* a huit paroisses, *Ferreiros* trois, *S. Martinho de Mouros* quatre, *Mossaon Paiva* neuf, *Penheiros* & *Resende* chacun trois, *Sanfins* quatre.

Corregidorie de *Pinhel*, de laquelle ressortissent plus de 55 bourgs, & qui contient près de 7000 ames.

Pinhel sur le penchant d'une montagne, il est ceint de murs, revêtus de six tours, & a six églises paroissiales ; 15 à 1600 habitans, une maison de charité, un couvent, un hôpital, est arrosé par le Pinhel.

Almeida, bourg fortifié sur le Coa. Il a tout ce qu'on trouve à Pinhel, & n'a guere plus d'habitans, mais c'est la plus forte place du Portugal : ceinte de six bastions, de six ravelins, & d'un bon fossé ; à son centre s'éleve un château très-fort qui a des magasins à l'épreuve de la bombe, elle a plusieurs puits, deux fontaines, deux portes, des casernes : elle n'a pas un tiers de lieue de tour.

Trancoso a 1300 ames, *Tavora*, marquisat, éteint par le crime. *S. Jean de Pesqueira* comté sur le Douro, a eu le même sort ; *Penedono*, *Marialva*, marquisat ; *Castello Mondo*, *Villar Mayor*, *Castello Rodrigo*, sont les principaux bourgs. Ce dernier n'a qu'une paroisse & environ 250 habitans : il est sur une haute montagne près de l'Aglyar, petite riviere riche en poissons.

Corregidorie de Guarda.

Elle a trente bourgs.

Guarda, jadis *Lancia Oppidana*, est située dans la chaine des montagnes d'Estrelle, près de la source du Mondégo, forte par la nature & par l'art. Sa cathédrale est magnifique : elle a quatre autres églises, une maison de charité, un hôpital, deux couvens, un château, 2300 habitans. Son évèque a une jurisdiction assez étendue, & reside à *Castel-Branco*.

Les montagnes d'*Estrelles*, *Mons Herminius*, sont élevées, remplies de cavités, dans lesquelles on entend le bruit d'un fleuve qui y coule, la terre rétentit sous les pas, comme si l'on marchait sur des abimes ; plus haut, on trouve une carriere d'un très-bel albâtre ; & au sommet, des prairies étendues & fertiles, coupées par les eaux limpides de plusieurs ruisseaux : un lac environné par des rochers, dont l'eau est claire, un peu chaude, les bulles d'air qui viennent crever à la surface, un mouvement de trémulation indiquent que les eaux sortent de la terre, allant vers le centre, mais elles s'échappent à peu de distance, forment des ruisseaux souterrains qui se réunissent au bas, & forment une riviere. Les Portugais prétendent qu'on retrouve dans le lac des vaisseaux perdus dans l'Océan, que les diables se sont fixés dans les cavités ténébreuses qui l'entourent, qu'un pécheur ne peut approcher, sans en devenir la proye. Dans d'autres cavités se forment des amas de neige qui forment la glace dont on se rafraichit à Lisbonne, où l'on ne fait point faire des glacieres. On fait faire à cette neige congelée plus de dix lieues de nuit sur des mulets, & on la vend quinze à seize sous la livre.

Cavilhaon est un bourg où l'on trouve treize églises & 3500 habitans. On y entretient des manufactures de draps, de serges & de bas; mais avec les richesses du Brésil, il convient mieux d'acheter que de fabriquer soi-même, c'est ce que pense la cour de Portugal.

Montegas a 1300 habitans & deux églises. *Celorico* a 1100 habitans & trois églises. *Couvea* est un marquisat. *Linhares*, *Valhelhas* sont les principaux bourgs.

Corregidorie de Castello Branco.

Elle renferme 22 bourgs, & environ 40000 ames.

Castello Branco, sur une hauteur, entre les rivieres de Ponzul & de Véréza. Il a deux églises, deux hôpitaux, une maison de charité, deux couvens, un palais où l'évêque de Guarda vient passer l'hyver, & 3700 ames. Une double enceinte flanquée de sept tours l'environne, un vieux château le défend : il appartient à l'ordre de Christ; ordre le plus riche du Portugal, le seul que le roi porte, & cependant le plus avili. Trois ans de service dans Mazagan en Afrique, où l'on envoye des malfaiteurs, suffisent pour en rendre dignes, & les grands seigneurs recherchent les laquais qui en sont décorés.

Pénamacor, dans une contrée aride, sur les frontieres. Il est fortifié, a un château, trois églises paroissiales, un hospice, un hôpital, un couvent, & 2300 habitans. Il fut fondé par Sanche I, *Belmonte*, *Monsanto*, *Idanha a Velha*, autrefois évêché, & qui s'appelloit sous les Romains *Igadita*, *Idanha a nova*. *San Vicente da Beira*, est un comté, ainsi que

Sarzedor Castel, *Castel novo* un marquisat. *Ataleya Sortelha*, *Salvaterra do extremo* sont sur les frontieres.

ENTRE DOURO E MINHO.

Cette province est la plus septentrionale & la mieux peuplée du royaume. Un territoire fertile, un air pur & sain l'enrichissent; on y voit des vieillards de 100 ans, & il est assez commun que les femmes à 50 ans y soient encore fécondes. Elle a 20 lieues de long, & 14 lieues de large. (*a*) Ses fleuves & ses ports la rendent commerçante. On y voit des seps à l'ombrage desquels on peut se reposer, & qui rendent jusqu'à 50 arobes de vin ; elle a 1460 églises, 963 paroisses, 1130 couvens qui tous sont assez riches, six ports de mer : plusieurs rivieres sur lesquelles sont élevés 200 ponts de pierre, & plus de 5000 fontaines qui ne tarissent jamais, l'arrosent & la fertilisent. C'est la province la plus peuplée du Portugal ; les montagnes du Maron & de Geres la séparent du Tralos montes. Elle produit des blés, du vin, de l'huile, du lin, est riche en troupeaux & en laines, en gibier & en poissons : on y vit à bon marché. Elle se divise en six jurisdictions qui renferment 504000 habitans : le peuple y est aisé, brave, plus laborieux, plus sincere & plus franc que les autres Por-

---

(*a*) L'abbé Langlet ne lui donne que 18 lieues de long & 12 de large, autant que les Portugais lui donnent de leurs lieues ou milles. Mais le mille de Portugal a 2986 toises ; la lieue commune de France n'en a que 2282, & nous ne parlons que des lieues communes.

tugais : les femmes y font belles, les hommes robustes & adroits.

Corregidorie de Guimaraens.

Elle renferme quatre villes ou bourgs, & 120000 ames. Son territoire est étendu & peuplé.

Guimaraens est, dit-on, fort ancien. Un couvent de bénédictins en a fait la prospérité. Le premier roi de Portugal y est né, ses successeurs y résiderent; la chambre des comtes qu'ils y établirent, la salle d'audience, les prisons, la tour qu'ils y firent bâtir, subsistent encore, ses murs défendus par neuf tours, ont 1850 pas de circuit. (*a*) Il est divisé en vieux & nouveau : le premier est sur un sol élevé, le second dans la plaine, fut bâti en 1427. On y trouve six églises, quatre hôpitaux, six couvens. La collégiale de notre dame d'Oliveira, placée, dit-on, sur les ruines d'un temple de Cérès dont le piédestal soutient aujourd'hui une image de notre dame, est si agréable aux rois de Portugal qu'ils ont exempté de tous impôts, les prêtres qui la desservent, leurs domestiques, leurs locataires; les chanoines en sont riches, & ordinairement de grande naissance. Son trésor est immense, & on y étale dans les jours de solemnités pour 800 marcs d'argenterie; on y voit un grand nombre de vases d'or & beaucoup de pierreries.

Guimaraens a quinze places, cinquante-sept rues, huit portes, quatre ponts, 6000 habitans, & un

---

(*a*) D'autres lui en donnent 4000 : peut-être Burching ne parle que du nouveau Guimaraens.

C 4

vieux château élevé sur un mont. On y fabrique des toiles estimées. *Amarante* & *Canavezes* sont deux bourgs. Dans cette corrégidorie sont renfermés vingt Concelhos. *Felguieras* renferme vingt paroisses, ainsi que *Sancta Cruz de Riba Tamega*; *Unhaon* en a dix, *Gouvea de Riba Tamega* 18, *Gestaço* 13, *Cerolica de Barro* 38, *Cabeceiras* 19, *Monte Lego* 14, *Ribeira de Soas* 11 : *Pavoa de Lanhoso* 21, *Ville Pouça de Aguja* 13.

Corregidorie de Vianna.

Elle renferme neuf villes ou bourgs & plus de 90000 habitans.

Vianna, près de l'embouchure de la Lima, est un gros bourg ou une ville bien bâtie, défendue par ses murs & par le château S. Yago, qu'entourent cinq bastions & un fossé taillé dans le roc. Ses environs sont très-agréables. Alphonse III. le fonda : son port se remplit, & ne peut recevoir que des barques. Il a deux églises paroissiales, un hôpital, sept couvens : on y compte environ 7000 ames. Sa latitude, selon le pere Capassi, est de 41 d. 41 l. : elle est la résidence du gouverneur de la province.

Ponte de Lima, deux fois ruiné & rebâti avec soin, dans le lieu occupé jadis par le *Forum Limicorum* des Romains : on prétend que les Grecs le fonderent. Il a une église collégiale, une maison de charité, trois hôpitaux, deux couvens, & 2000 habitans. Il est sur la Lima, & un pont magnifique sur cette riviere lui donna son nom. On y voit un beau palais : ses environs sont très fertiles.

Ponte de Barca, *Prado*, *Pica de Regalados*, *Villa nova de Cerveira*, sont quatre bourgs, le dernier sur le Minho, fût fondé par le roi Denis; il est situé dans un bas fond. Remarquons que d'autres le placent sur une hauteur. Il se peut qu'on ait pris le fort qui le couvre & quelques maisons pour le bourg, environné de murs & de fossés, défendu par le fort *Azevedo*; on y voit une église, un hôpital, une maison de charité, & sur le mont un couvent.

Monçaon est fortifié, sur le Minho, a tout ce qu'on trouve dans celui dont on vient de parler : on n'y compte que 700 habitans. Sa latitude est 42 d. 5. *Arcos de Valdevez* est un comté. Cette corregidorie a douze Concelhos, celui de *Pica de regalados* a 17 paroisses, *entre Hohem & Cavado* 18, *Coura* 20, *Abergaria de Penella* 11.

Corregidorie do Porto.

On y compte une cité, trois bourgs, & plus de 100000 habitans.

Porto ou *Oporto* sur le Douro, à une lieue de la mer. Des bancs de sable & des écueils rendent l'entrée de son port dangereuse, excepté quand les eaux du Douro sont enflées, mais sa rade est spacieuse & peut contenir une grande flotte. Une muraille antique, flanquée de tours, & un fort à quatre bastions furent élevés pour la défendre; sa situation la met en sureté mieux que ces ouvrages : vers la mer, elle est presque inaccessible, & la montagne en éloigne l'ennemi du côté de la terre. Bâtie sur le penchant d'une colline, on y monte, on y descend sans cesse, mais une partie de ses rues sont larges & toutes bien pavées. C'est après Lisbonne la plus riche, la plus commerçante & la mieux peuplée du royaume, & sans exception, c'en est la plus propre : cependant elle ne le paraitrait pas à un Hollandais.

Le Douro n'y a point de ponts; la fonte des neiges le fait déborder de 12 à 14 pieds, & ses eaux sont si rapides qu'elles font près de six lieues par heure. Elle a sept églises, plusieurs hôpitaux, douze couvents dont l'un renferme 130 moines. Sur les murs des églises, on voit des lettres attachées, ce sont des remerciemens faits au Saint pour la guérison qu'on en a obtenue.

Son commerce a crû par le désastre même de Lisbonne, & y attire un grand nombre d'habitans : on n'en comptait guere que 20000 au commencement de ce siecle; elle en a près de 40000 aujourd'hui. Il y a un beau quai où l'on amarre les navires, qui va d'un bout de la ville à l'autre, & que le Douro inonde souvent, un chantier pour les construire, un arsenal pour les armer, des académies d'exercices pour la jeunesse, une compagnie créée pour le commerce des vins de Porto : elle y excita une sédition violente en 1757, que la procession du S. Sacrement pût seule calmer. Ces vins recherchés sont graveleux, & on n'en fait pas d'excès sans danger. La récolte annuelle de ces vins, monte à 80 mille pipes, dont les Anglais exportent le quart, à 10 ou 12 livres sterlings la pipe. La moitié des artisans sont tonneliers. Les commerçans traitent de leurs affaires dans la principale rue où ils sont mis à couvert de l'ardeur du soleil, par des toiles attachées par leurs extrèmités aux maisons opposées. Le bourg de *Cale* de l'autre côté de la riviere a existé avant elle, & n'est plus rien. Son évêché est riche, sa latitude est de 41 d. 20 m. s'alongit 9 d. 34 m.

Villa nova do Porto, sur la rive méridionale du

Douro, près de Cala, fût construit en 1255. L'église, la maison de charité, l'hôpital, le couvent n'ont rien de remarquable : il a 2900 habitans ; les maisons n'y forment qu'une rue, presque toutes bordées par des forges de maréchaux.

Cette corregidorie a encore douze Concelhos. Celui de *Gaya* ou *Calle* a 20 paroisses. *Condomar* 8, *Aguyar de Sousa* 47, *Maya* 54, *Refoyas de Riba de Ave* 21, *Louzada* 12, *Pénafiel de Sousa* 37, *Penaguion* 14, *Bayaon* 18 ; *Bemviver* 16.

Oydorie de Barcellos.

Elle a sept bourgs, & 50000 habitans.

Barcellos, sur le Cavado, est ceint de murailles & de tours ; il renferme deux églises, deux hôpitaux, un couvent, environ 1500 habitans. C'est le premier comté après l'érection du royaume : il est devenu duché.

Espofende sur le Cavado, a son port sur l'Océan défendu par un fort, mais il ne peut recevoir que de petits bâtimens. *Villa de Conde* a aussi un port, défendu par une terrasse garnie d'artillerie : ses habitans sont pêcheurs ; elle est située sur l'Arvès, & sur le bord opposé on voit le petit bourg de *Zurata*. *Melgaço* près du Minho, fut bâti par le roi Alphonse Henriquez en 1170, & entouré de murs par le roi Dénis, il est défendu par un château. Sa latitude est de 42 d. 7 l.

Oydorie de Valence.

Elle renferme trois bourgs & 25000 habitans. *Valence*, situé sur une hauteur dont le pié s'étend jusqu'au bord du Minho qui a la forteresse de *Tuy* aux Espagnols sur le bord opposé. C'est un marquisat : Valence renferme deux églises paroissiales, une maison de charité, un hôpital, deux couvens, & 900 habitans. On dit qu'il fut fondé par les soldats de Viriatus. Ses fortifications sont tombées en ruines, & consistaient en cinq bastions non revêtus.

Caminha est sur le Minho, à son embouchure, qui y forme une isle sur laquelle on a élevé un fort & un couvent. Il a une église paroissiale, une maison de charité, deux hôpitaux, dont l'un est pour les soldats, deux couvens, & 1300 ames ; quelques bastions l'environnent, une garnison veille sur ses murs. Sa latitude est 41 d. 52 l.

Villa nova de Cervera est situé entre les deux bourgs, vis-à-vis du fort de la Conception, élevé par les Espagnols sur l'autre rive du fleuve : de bons murs flanqués de quatre bastions l'environnent : sur une hauteur voisine est encore un fort pentagone qui la commande & la défend.

Oydorie de Braga.

On y compte environ 34000 habitans.

Braga est située dans une plaine agréable, bordée par les rivieres de Cavado & Deste. On la dit ancienne, bâtie par les Grecs, soumise aux Carthaginois, aux Romains qui la nommerent *Augusta* ; aux Sueves qui en firent le siege de leur empire, puis aux Goths, aux Maures, aux rois de Léon. Son archevêque est primat du Portugal, & prétend l'être de l'Espagne, parce que son siege est le plus ancien de cette presqu'isle : il est seigneur de Braga, juge pour le civil & pour le criminel, mais sur ce dernier point, on en peut rappeller à la chambre des appels à Lisbonne. Elle renferme quatre églises & une grande & antique cathédrale, huit couvens, deux hôpitaux, un féminaire, quelques ruines d'antiques & beaux édifices, tels qu'un amphithéâtre, un aqueduc, &c. Dans une bataille où les habitans de *Porto* furent vaincus par les femmes de Braga, on impofa aux mineurs l'obligation de ne parvenir aux emplois dans Braga que lorfqu'ils y feroient portés par le fuffrage d'une femme. Sa latitude eft 41 d. 33 m. Sa longitude 9 d. 40 m. Son diocefe contient 1200 paroiffes, 150 couvens bien fondés, & dont la pareffe eft nourrie par la fuperftition. Il y a une belle bibliotheque dans S. Martin de Tibaens, couvent de bénédictins à trois lieues de la ville.

TRAZ OS MONTES.

Elle eft au levant de la province dont nous venons de parler, & fon nom vient des monts qui l'en féparent. Elle a 36 lieues de long fur 23 de large, montueufe, aride, mal peuplée, on y trouve quelques vallées fertiles & agréables, arrofées par des rivieres bordées de petites plaines, où le feigle, le froment, le vin, tous les fruits viennent avec facilité. En général, elle eft plus riche en huiles & en vins qu'en blés. Ses montagnes font, dit-on, riches en or, & la mine qui eft à *Todon* entre Viane & Beja, eft, difent les Portugais, une des plus abondantes du monde. Elle renferme deux villes, près de cinquante bourgs, cinq-cents-cinquante paroiffes, 145803 ames. On la divife en quatre jurifdictions.

Du Portugal.

Corregidorie da Torre de Moncorvo.

Elle contient 26 bourgs, & environ 45000 habitans.

Torre de Moncorvo, est située dans une belle plaine entre le Douro & le Sabor, environnée de quelques vieux murs, de quelques boulevards, & défendue par un château dont le commandant l'est par héritage. Une maison de charité, un hôpital, un couvent, une belle église & 1300 ames sont dans son enceinte. Ses environs sont fertiles en blés, en vins, en lin, en chanvre & en fruits, abondans en gibier & en poissons.

Mont forte de Rio Livre, *Ancinens*, *Villarinho de Castanheira*, *Pinho Velho*, *Mirandella* sont des bourgs. Ce dernier est fortifié: la Tuela l'arrose. *Alfandega da Fé*, *Castro Vicente*, *Murca de Pannoya*, *Torre de Donna Charma*, *Villa flor*, sont encore des bourgs de cette corrégidorie. Le dernier est joli, & son nom vient d'une fleur de lis qu'il porte sur ses armes: des murs l'entourent, une montagne le défend: on y compte 4 à 500 habitans.

Corregidorie de Miranda.

Elle a treize bourgs & environ 24000 habitans.

Miranda de Douro, ville nommée autrefois *Contium*, située sur les frontieres de l'Espagne, dans un lieu montueux, arrosé par le Tresna & le Douro; c'était une forteresse & c'est encore un évêché. En 1762, lorsque les Espagnols l'assiégerent, son

---

(*a*) On voit dans un voyage moderne que Moncorve n'est qu'un village, sans porte & même sans murs.

magasin à poudre sauta en l'air & la dévasta : sa situation ne permet pas d'en faire une ville forte, & elle demeurera une bicoque délabrée. Sa latitude est 41 d. 31 l. Sa longitude 11 d. 55 m.

Algozo sur le Maças, *Vinhaes*, *Magadoura*, *Vimioso* sont les bourgs les plus considérables de ce district ; le dernier est fortifié.

Oydorie de Bragance.

Elle a dix bourgs, & 60000 habitans.

Bragance, dans une vaste plaine, sur la Fervança, au de-là de laquelle est la montagne S. Barthelemi, est une ville ancienne, fondée par Auguste ; elle a un fauxbourg, quatre couvens, deux hôpitaux, 2700 habitans. Elle n'a que de vieux murs détruits par le tems & les Espagnols, un château qui les joint & un fort à quatre bastions. On y fabrique des étoffes de soie, des velours, & des gourgouran. On sait que son huitieme duc devint roi de Portugal, sous le nom de Jean IV. Sa latitude est 41 d. 47. Sa longitude 11 d. 12 l.

Villa Franca est un marquisat, *Outeiro* a un château fortifié sur une montagne. *Chaves* fondée par l'empereur Trajan sur le Tamega, a deux fauxbourgs, & deux forts, mais ils sont dominés par des hauteurs ; un double mur & un fossé profond le ferment. On y voit des bains & un pont bâti par les Romains. Le pont est long de 460 pieds, large de 15, une église, deux hôpitaux, deux couvens & 2000 habitans. Il conserve des vestiges de son ancienne grandeur. Les Romains le nommaient *Aquæ Tilaviæ*. Sa latitude est 41 d. 46 l. *Monte Alegae* a aussi un château fortifié.

Du Portugal.
Oydorie de Villa Real.

On y compte huit bourgs & environ 10 à 12 mille ames.

Villa Real est le plus grand bourg de la province : les deux petites rivieres de Corgo & de Ribera l'arrosent avant de se jetter dans le Douro. Le plus grand nombre des maisons est hors des murs. Il a deux églises, deux hôpitaux, trois couvens, des murs, trois tours & six portes en ferment l'enceinte. Il fut construit par le roi Dénis. Sa population est de 2400 ames.

ALENTEJO.

Elle est au midi de l'Estrémadure & du Beira. Son nom signifie au-delà du Tage. Elle a 26 lieues dans sa plus grande longueur, 36 dans sa largeur. Son sol est inégal, là plat & d'une grande fertilité, ici montueux, sablonneux, aride & presque désert : le climat y est mal sain pendant l'été, parce qu'il y a beaucoup d'eaux stagnantes & peu de sources & de rivieres ; il produit du froment, de l'orge, du vin, de l'huile, des fruits tels que des citrons & des oranges. Le poisson, le gibier y sont communs. On y trouve des carrieres de marbre blanc, rouge, verd, & de la terre pour les potteries. Elle renferme cinq villes, 87 bourgs, 355 paroisses & 278000 ames.

Corrégidorie d'Elvora.

Elle contient douze villes ou bourgs.

Elvora, ville placée au centre élevé d'une vaste plaine que bornent de petites montagnes. Fondée
par

les Phéniciens, nommée *Ebora* & murée par Sertorius, qui y fit construire un bel aqueduc qu'on y voit encore, appellée ensuite *Liberalitas Juliæ*, à cause des bienfaits de César; elle reprit bientôt après son ancien nom. Douze bastions & deux demi l'environnent ; le fort quarré de *Sancto Antonio* la défend. Paul III. en 1540 l'érigea en archevêché : son premier archevêque y fonda une université. Elle renferme cinq églises, plusieurs hôpitaux, 22 couvens ou colleges, 12000 habitans. Sa latitude est 38 d. 42 l. 28 s. Sa longitude 10 d. 25 l.

Estremos, est une des plus fortes villes du Portugal, ceinte de dix bastions. Un château lui sert de citadelle, & on y trouve trois églises, deux hôpitaux, six couvens & 7500 hommes. Sur les hauteurs voisines sont deux forts déja vieux : on y fait de la belle fayence ; le marbre de ses carrieres lorsqu'il est poli, est aussi beau que l'albâtre. Elle a une grande & belle place au milieu de laquelle est un étang : sa situation est très-agréable, dans une contrée fertile.

Vimieiro, sur une montagne, a 1600 habitans : *Montemor o Novo*, sur le Canha, en a 4000. *Redondo* 2700. *Virna* placée sur un roc en a près de 1500.

Oydorie de Beja.

Beja, ville sur une espece de colline qui domine sur une vaste & fertile campagne. Elle a eu le nom de *Pax Julia*, & de *Pax Augusta*, fut un siege épiscopal, & n'est plus qu'un duché. Elle a quatre églises paroissiales, deux hôpitaux, sept couvens, & plus de 6000 ames. On y remarque les ruines d'un aqueduc Romain : près d'elle est le lac *Bexa*, qui par son mugissement annonce la pluye & la tempête.

Moura est un bourg fortifié à quelque distance de la Guadiana. Il a deux églises paroissiales, une maison de charité, un hôpital, cinq couvens, environ 4000 habitans. *Serpa* fortifiée comme Moura, ayant comme lui deux églises, & le même nombre d'habitans, est sur une hauteur escarpée, hérissée de rocs, environnée d'une campagne couverte d'oliviers & de figuiers. On dit que la sécheresse enflamma les forêts & fit couler les mines de ce mont, il y a environ cent ans : ce fait est sûrement encore une exagération Portugaise. *Alcoutim* est sur la Guadiana dans les Algarves, défendu par un château, ayant titre de comté, & 1000 habitans. *Vidigueira* en a 2300. *Ferreira* est un marquisat. *Odemira* a deux églises paroissiales.

Oydorie de Campo de Ourique.

Elle a quatorze bourgs.

Ourique, bourg de 2000 habitans. C'est là qu'Alphonse Henriqués obtint le titre de roi par une victoire contre les Maures, aidé d'une révélation & d'un crucifix qui parlait. Il est dans les montagnes de Calderaon, près du Zadaon.

Mertola sur la Guadiane renferme 2400 habitans, c'est, dit-on, l'ancien *Myrtilis*. *Almodovar* a 1800 habitans. *Castroverde*, sur le Corbos en a 2700, *Aljustrel* 1500, *Villa nova de mil fontes* est aussi un bourg.

Oydorie de Villa Viçosa.

Elle a douze bourgs.

Villa Viçofa eſt bien bâtie dans une contrée riante & fertile, à laquelle il doit ſon nom ; il eſt défendu par un château. Les ducs de Bragance y réſidoient autrefois. Il a huit couvens, deux égliſes paroiſſiales, 3700 habitans & quelques vieilles fortifications qui ont été reparées à la moderne. Dans ſes fauxbourgs eſt un ancien temple dédié aujourd'hui à S. Jacques, & qui le fut à Proſerpine. Près de-là on trouve du très-beau marbre verd. Les rois y font un voyage tous les ans, & y ont un palais magnifique : leurs portraits ſont dans la ſalle. A deux lieues de-là eſt un parc ſuperbe rempli de bêtes fauves. *Evora Monte* eſt aſſis ſur un roc & contient 800 habitans. *Arragiolas* en a 2000, *Borba* 2700, & eſt placée ſur une montagne. *Monçaras* eſt ſur la Guadiana, il a 1500 habitans. *Portel* en a 1900 & *Souzel* 1300.

Corregidorie d'Elvas.

Elle n'a que ſix bourgs.

Elvas, eſt une ville forte, dominée par le château de Santo Luzia & une autre hauteur. Elle a trois égliſes paroiſſiales, & ſa cathédrale, deux hôpitaux, ſept couvens. On y voit une grande citerne où l'eau eſt conduite l'eſpace de plus d'une lieue par un aqueduc, qui près de la ville eſt élevé ſur trois arches l'une au deſſus de l'autre. On compte dans la ville & ſon territoire 12400 ames. Les maiſons y ſont blanches & propres ; le vin, l'huile ſur-tout que produiſent ſes campagnes, eſt eſtimé. Elle eſt placée ſur un côteau, & fut, dit-on, conſtruite par les Gaulois l'an 3009 du monde. Son évêché ne s'étend que ſur cinquante paroiſſes. Près de cette ville eſt la foltereſſe de *la Lippe*, conſtruite en 1764, fous la direction du comte Erneft de Schoumbourg Lippe.

Olivenza, eft encore une bonne fortereffe dans une belle plaine, environnée de neuf baftions, de huit ravelins, d'un foffé très-profond, défendu par un château & d'autres ouvrages. Son bourg a deux églifes, une maifon de charité, un hôpital, un couvent, & a dans fes murs & fon territoire 5300 habitans.

Campo Mayor eft fortifié à la moderne, & eft défendu par deux châteaux voifins. Il eft fitué dans une belle plaine qui borde une côte, habité par 5300 habitans, chargé de deux couvens. Au refte, ces couvens ne font pas fans utilité : ce font d'honnêtes afyles pour les voyageurs dans un pays où il y a peu d'auberges, & toutes fales, pauvres, & mal pourvues.

Mouraon eft au bord de la Guadiana, fur un mont. Il a un château & 1400 habitans.

Corrégidorie de Portalegre.

Elle a douze bourgs.

Portalegre ville ceinte de murs & de douze tours antiques, eft fituée fur une élévation. C'eft un évêché dont le diocefe eft de quarante-une paroiffes. Elle a quatre églifes, fans compter fa cathédrale, deux hôpitaux, cinq couvens. Elle a 5600 habitans, eft affez jolie, & a de belles fontaines : près d'elle eft une montagne qui la commande. *Arronches*, bourg fortifié à l'antique, au confluent de l'Allegrette & du Caya. C'eft un marquifat qui a 1200 habitans; les premiers rois de Portugal le fonderent. *Allegrette* eft auffi un marquifat, ainfi que *Niza*, bourg de 18 à 1900 ames. *Alpalhaon*, en a 1200. *Caſtello de Vide* en a 5700, & trois égliſes ; il eſt placé ſur une montagne.

Oydorie de Crato.

Elle a douze bourgs diſperſés dans cette province, parce qu'elle en eſt frontiere. *Crato*, eſt le chef-lieu du prieuré de l'ordre de S. Jean, qui comprend 29 paroiſſes. Le prieur n'eſt point ſoumis à aucun évêque, il juge les cauſes civiles & criminelles. Le bourg renferme dans ſon enceinte bâtie à l'antique, un couvent, une maiſon de charité, un hôpital & une égliſe.

Envendos, *Belver*, ſont des bourgs ſur le Tage.

Oydorie d'Aviz.

Elle renferme dix-ſept bourgs.

Aviz, près de la riviere de ce nom, ſur un tertre élevé. Une égliſe, un hôpital, un cloître de l'ordre d'Avis, dont ce bourg eſt le chef-lieu, eſt ce qu'on remarque dans ſes vieilles murailles : hors de ſes murs eſt un fauxbourg. Sa population eſt de 1500 habitans, ſon territoire eſt de ſept lieues.

Fronteira eſt un marquiſat, *Galveas* un comté, *Benavente* & *Curuche* ſont des bourgs.

LES ALGARVES.

Cette petite province a le titre de royaume. Son nom en langue moreſque ſignifie *campagne fertile*, & il le mérite. Il a 27 lieues de long ſur 8 de large. Il s'étendait autrefois ſur une partie du royaume de Grenade, & même ſur la partie de l'Afrique qui l'avoiſine, & où ſont ſituées Ceuta & Tanger. Les rois de Portugal aidés des rois de Caſtille, l'avaient conquis sur les Maures; chacun de ces rois voulurent le posséder seuls, & la guerre suivit ces prétentions opposées. Enfin il resta au Portugal, moyennant un secours de 50 lances qu'il devoit fournir à la Castille, & bientôt après, il fût même exempt de cette imposition. L'Algarve est divisé en trois jurisdictions. On en retire une quantité étonnante de figues, de raisins, d'amandes; l'huile, le vin, le froment y sont fort abondans. La terre, comme en d'autres provinces du Portugal, n'a besoin que de quelques soins pour reproduire tout ce qu'on lui confie. Elle pourrait nourrir quatre fois plus d'habitans. On y compte quatre villes, douze bourgs, soixante-sept paroisses. La pêche du thon est encore une de ses richesses. En 1732 il avait 63588 habitans; aujourd'hui on estime qu'il y en a 65000. On y trouve des bains chauds & diverses sources d'eaux minérales.

Corregidorie de Lagos.

Elle renferme sept bourgs & seize villages.

Lagos, dans un golfe, à l'embouchure d'une petite riviere. On prétend que c'est l'ancienne *Lacobriga*. Sa situation n'a pas permis d'y faire des fortifications régulieres : son port est profond, mais semé de rochers : les forts de *Bandeira*, & de *Pinhao* le défendent; d'autres forts dispersés sur la côte, l'assurent contre les ennemis. Elle a deux églises paroissiales, quatre couvens, 2600 habitans. Le viceroi des Algarves y réside. Le Cap S. Vincent n'en est pas éloigné; c'est l'ancien promontoire sacré.

Villa nova de Portimaon, bourg fortifié sur une riviere qui lui forme un port de demi lieue d'étendue,

& de quinze pieds de profondeur, défendu par les forts S. Catherine & S. Jean ; des bancs de sable en rendent l'entrée difficile. Fondé en 1463, il a deux fauxbourgs, une maison de charité, une église, environ 1600 habitans. C'est un comté.

Sagres, a un beau port, un château situé sur une langue de terre ; il est petit, mais fortifié. *Algezur*, *Paderne*, *Albufeira* sont des bourgs. Ce dernier a 1900 habitans.

Corregidorie de Tavira.

Elle renferme trois bourgs & quinze villages.

Tavira, sur un golfe, dans une situation agréable, partagée par la riviere de Sequa ou Gilaon. On croit qu'elle est bâtie sur les ruines de *Balsa*. Un château placé au dehors de son enceinte la défend : deux forts font la sureté de son port, dont la barre est incertaine & basse. Elle renferme deux églises paroissiales, une maison de charité, un hôpital, cinq couvens, 4700 habitans. Sa latitude est 37 d. 3 m. Sa longitude 10 d. 15 l.

Loulé, dans une belle plaine, près des ruines de *Querteira*, située près de la mer, sur une riviere de son nom. Loulé est environné de murailles antiques, a un château, un riche hôpital, trois couvens, 4400 habitans. *Alcoutim* est le dernier bourg des Algarves vers l'Alentejo & l'Andalousie : il contient 1000 ames.

Cacella, *Castromarim*, deux bourgs fortifiés, l'un sur la mer, le second sur la Guadiana.

Oydorie de Faro.

Elle renferme deux villes, un bourg & 34 villages. *Faro* est fortifiée à la moderne, dans une plaine près d'un golfe qui lui sert de port. Un petit bras de mer la sépare du Cap Ste. Marie, *Prom. Cuneum*. L'évêché fondé à *Ossobona* fût transferé à Sylves, puis à Faro qui dépend de la reine de Portugal. Elle a deux églises, un hôpital, quatre couvens, un château & environ 5000 habitans. Son commerce est considérable, sur-tout en thon, & en sardines : ses environs produisent du vin estimé.

Sylves, au confluent de deux petites rivieres assez près de la mer. Son territoire est si beau qu'on le nomme le *paradis terrestre du Portugal*, il renferme des villages très-peuplés : là sont *Bartholemeu de Missines* qui a 2000 habitans; *Lagon* environ 1300. *Monchique* 1600. Sylves a une église, deux hôpitaux, un convent, 1600 habitans. Elle dépend de la reine. Le seul bourg qui soit dans cette *Oydorie* s'appelle *Alvor* ou *Albor*. C'est un comté; il est placé au fond d'un petit golfe qui a dans son centre une petite isle dont la partie la plus élevée montre les ruines d'une ville bâtie par les Maures, & qui dût être magnifique. *Essoy*, village pauvre au milieu des ruines de l'antique *Ossobona*.

ISLES DE LA MER ATLANTIQUE QUI APPARTIENNENT AU PORTUGAL.

Porto Santo. Elle a six lieues de long, moins de trois de large, & fût découverte en 1419 par Gonzalve Zarco. Elle produit de la cire, du miel, des arbres d'où découle la gomme nommée *sang de dragon*, & assez de bleds pour nourrir ses habitans : souvent des brouillards la couvrent, & les vaisseaux la passent sans la voir. *Porto Santo Farrobo, Ferreira*, font des especes de bourgs : le premier a 1600 habitans, & a un bon port. L'isle a du gibier, & du bétail. Latitude 33 deg. Longitude 2 d. 30 l.

MADERE.

Elle a 40 lieues de tour, 23 lieues de long, 5 à six de large, & fut découverte en 1344 par *Robert Machin*. Il avait enlevé Anne Dorfet de Briftol, s'était embarqué avec elle, & ils furent pouffés par la tempête dans cette isle. Pendant qu'ils étaient à terre, une bourafque poufla fon vaifleau & fes compagnons dans les fers de Maroc, & les deux amants périrent de faim & de mifere. Jean Gonzalés Zarco la retrouva en 1419. *Madera* fignifie *bois* en langue Portugaife : elle en était couverte. On prétend qu'elle a été fertilifée par les cendres d'un incendie qui dura 6 ou 7 ans. Elle a des montagnes élevées & bien cultivées, des vallées d'une grande étendue, arrofées par des rivieres & des ruiffeaux, ornés par des bois & des boccages charmans. On y recueille tous les ans plus de 20 mille pieces de vin de malvoifie; le plan en fût tiré de Candie, & les grappes qu'il produit ont jufqu'à deux pieds de long. On prétend que les animaux vénimeux n'y peuvent vivre. On la divife en deux capitaineries ; celle de *Funchal*, dont la ville de ce nom eft le chef-lieu ; elle eft le fiege d'un archevêque, fituée fur un golfe, au pied d'une montagne d'où coulent trois rivieres, qui forment à leur embouchure une petite isle fté-

---

(*a*) D'autres ne lui donnent encore que le nom d'évêque.

rile: cinq forts, une forterefſe la défendent vers la mer, une ſeconde forterefſe du côté de terre: des confitures & des vins, de la cire, du miel, du ſang-dragon, du ſucre, ſont les objets de ſon commerce. Son nom lui vient d'une eſpece de fenouil qui croît ſur ſes rivages. Sa latitude eſt 32 d. 33 m. 33 ſ. Sa longitude 1 d. 4 m. 45 ſ. L'autre capitainerie eſt celle de *Machico*; une petite ville de 2000 habitans lui donne ſon nom; on y voit encore le bourg de Santa-Crux & ſept villages. Il eſt probable que l'exploſion d'un volcan a formé cette isle, les pierres y ſont brulées, le ſol n'y eſt que cendres. Les bourgs qui ſont dans cette isle ſont aſſez peuplés. *Calhêta* eſt un comté. *Ponta do ſal*, *Santa-Crux*, ſont les moins conſidérables. Toute l'isle a 39 paroiſſes, où ſe trouvent 10500 feux. La dixme que le roi de Portugal leve ſur cette isle, en qualité de grand maître de l'ordre de Chriſt, eſt évaluée annuellement à plus de 100000 cruſades.

ISLES AZORES, OU DE TERCERE.

On les appelle *isles flamandes*, parce qu'elles furent découvertes par les Flamands, preſque dans le même temps que par les Portugais. Elles ſont au nombre de 29. On dit que quand l'on a paſſé les Acores pour aller en Amérique, les matelots ſont délivrés de toute vermine. Les milans, les éperviers qu'on y trouve les ont fait nommer les *Azores*. Voici en général quels ſont les objets du commerce qu'on y fait. Le paſtel eſt leur production la plus recherchée: on en retire encore des blés, des citrons, des limons, des confitures, & des vins ; ce qui n'empêche pas qu'on n'y apporte des vins de Madere & des Canaries. Les négotians y reçoivent aussi des sucres blancs, des moscoüades, du bois de jacarande, du cacao, du girofle, des monnaies d'or du Brésil en échange de ce qu'ils y portent. Les habitans des Azores ou Açores reçoivent de diverses nations, des toiles, de l'huile, du sel, des taffetas, des rabans, des droguets & des bas de soie, des draps, des futaines, du ris, du papier, des chapeaux. Les Anglais y portent diverses étoffes, des laines, du fer, des harangs, des sardines, du fromage, du beurre, des chairs salées. Ces isles sont sous le 39 deg. de latitude, & entre le 346 & le 354 deg. de longitude. Elles sont sujettes aux ouragans & aux tremblemens de terres. Nous suivons l'ordre de leur découverte, en les décrivant.

Sainte Marie.

Sa distance au Cap S. Vincent est de 330 lieues; elle est longue de cinq lieues, large de trois à quatre : & fut découverte par Gonzalve Velho Cabral en 1432. Elle a un port fortifié : le bourg de *Porto* a deux couvens, quelques paroisses & environ 5000 habitans.

Saint Michel.

Elle est distante du Cap S. Vincent de 277 lieues, longue de vingt, large de trois. Elle fut découverte par Gonzales Velho Cabral en 1444, le jour de la S. Michel; ses deux ports sont au midi & sans défense. C'est la plus peuplée des isles Azores & elle renferme une cité, 5 bourgs, 22 villages : elle a plus de 51500 ames, & 1393 ecclésiastiques, moines ou religieuses. C'est aussi la plus fertile en blé

& en vin : quoique mal cultivée, elle produit chaque année 120 mille muids de blé & 5000 pipes de vin. (Le muid vaut 144 boiffeaux, & la pipe, un muid & demi). Cependant les deux tiers de l'isle demeurent en friche. Elle est divisée en trois Oydories, qui renferment, 1°. la ville de *Ponta Delgada*, située sur une plaine, avec un port & un fort. Elle a trois églises paroissiales, sept couvens, & environ 8000 ames. La maison de Ribera-Grande en tire chaque année 40000 cruzades : 2°. les bourgs de *villa Franca*, de *Ribeira grande*, de *Nordesta*, d'*Agua de Pao* & d'*Alagoa*. Le premier est le plus ancien bourg de l'isle; il a un port franc, fortifié, & qui est orné d'une petite isle d'une lieue de circuit. Il a deux églises, deux couvens & près de 4000 ames. Le second est près d'un golfe, au pied d'un mont, a deux églises, deux couvens & plus de 5000 ames : les deux suivans peuvent avoir 13 à 1400 habitans, le dernier en a 2500; on y compte 605 maisons : il a deux églises.

TERCEIRE.

Elle fut découverte la troisieme, & c'est de-là que vient son nom; ou de ce qu'on la trouve la troisieme, en venant de Lisbonne. Elle est longue de quinze lieues, large de sept, fertile, agréable, elle produit du blé, du vin, des fruits. Elle a de belles prairies. Ses bœufs sont beaux & grands. On y commerce en pastel. Les femmes y sont vives & gayes, les hommes galans, jaloux, vindicatifs : l'isle est environnée de rochers escarpés & de forts qui en défendent l'approche. Elle a souffert en 1761 des tremblemens de terre, & de violentes éruptions de feu. Elle se divise en deux capitaineries; celle d'*Angra* eſt au midi de l'isle; deux langues de terre qui s'avancent une demi lieue dans la mer, lui forment un port d'un quart de lieue de large, commode & ſûr. La ville eſt peuplée, bien bâtie: ſes rues ſont larges, droites, propres, bien pavées, ornées de belles fontaines. Elle a ſix égliſes, deux hôpitaux, huit couvens, & on y compte 10000 ames. C'eſt-là que réſident l'évêque des Azores & le gouverneur général. Le château de S. Jean-Baptiſte qui la défend a 160 canons, la plupart de bronze, & eſt ſitué ſur un rocher noir qu'on nomme le *Mono* ou le ſinge; à l'oppoſite eſt le château S. *Sébaſtien*. Elle peut envoyer un député aux Etats qui ne s'aſſemblent plus. Les bourgeois devenus nobles, ſont auſſi devenus fainéans & faſtueux. Ils embelliſſent leur ville & ne peuvent l'enrichir.

Sébaſtien eſt le plus ancien bourg de l'isle; défendu par ſix forts, placé entre des montagnes; il eſt à une demi lieue de la mer. C'eſt-là que s'aſſemble le ſénat de l'isle, quand il doit délibérer ſur des affaires importantes : on y compte 1000 habitans.

Praya, dans une plaine près d'un golfe, à l'abri du vent, muni de murs & de quatre baſtions, il renferme une égliſe, quatre couvens, trois hôpitaux, près de 3000 ames

Entre Terceira & S. Michel eſt une petite isle qu'un tremblement de terre fit ſortir de la mer en 1720.

SANTO JORGE.

Découverte le jour de la fête de S. George. Elle a 12 lieues de long, deux de large. Le terrein en eſt uni & élevé: au nord, elle n'eſt qu'un grand rocher, & le terrein y eſt ſtérile : au ſud, eſt un port pour de petits bâtimens, & cette partie seule est peuplée : elle a trois bourgs. Le premier est placé près du port, c'est *Villa de Velus*: le second est le plus ancien : c'est *Villa do Topo*, le troisieme est la moins considérable, c'est *Villa de Calheta*. On y voit encore quatre villages : le tout ensemble peut renfermer 3000 ames.

GRATIOSA.

Elle a quatre lieues de long, trois de large, elle doit son nom à la beauté & à la fidélité de ses campagnes ; elle a deux bourgs *Santa Crux* & *Praya*. Le premier est grand, près d'un golfe ou port défendu par une forteresse ; il en est de même du second. C'est vers le nord qu'elle est le plus fertile : on y compte 3600 ames.

FAYAL.

Isle de dix lieues de long sur trois de large. Elle paroit d'abord comme une montagne creusée en demi cercle, partagée en quatre ou cinq sommèts couverts d'arbres, qui par une pente douce descendent jusqu'à la mer. Elle est sous un beau ciel, l'air y est toujours doux & pur, l'hiver s'y fait à peine sentir ; l'été, des vents frais y regnent sans cesse. Les ruisseaux qui descendent des montagnes entretiennent la fertilité de la plaine, & leur cime est toujours verte. Les campagnes ressemblent à des jardins séparés par des murs ; tous les fruits d'Europe y viennent, & l'on ne peut trouver ailleurs plus de volaille & plus de troupeaux ; au centre est la montagne la plus haute, elle jetait des torrens de flammes qui se sont éteintes. La derniere éruption fit de la bouche du volcan un vaste bassin relevé par ses bords. Des eaux claires le remplissent aujourd'hui. Son nom lui vient de *l'Arbousico* que les Portugais nomment *Fayal*. La ville ou bourg principal est situé au pié d'un mont ; il fait le tour du port, est environné luimême de jardins disposés les uns sur les autres en amphitéâtre. Il est défendu par cinq forts, & a 5000 habitans, la plupart religieux. Jamais on n'a tant vu de couvens que dans ce lieu : il est orné de plusieurs beaux édifices : les maisons sont propres, boisées, parquetées. Les jésuites étoient seigneurs temporels de l'isle, qui contient dix paroisses. Les Portugais y trouverent quelques familles flamandes, que sans doute un naufrage y avoit jetté. Son meilleur port est *Villa du Horta*.

PICO.

Cette isle a dix-huit lieues de long sur six de large. Le Pic qui lui donne son nom a, dit-on, trois milles Portugaises de hauteur, ou près de 6000 toises ; c'est une exagération que des ignorans se permettent. Le pic de Ténérife n'a que 2070 toises de hauteur, & celui de Pico est moins élevé encore. Fayal est à son couchant, & les habitans de celle-ci ont des maisons à *Pico*. Le vin que l'isle produit est excellent ; mais il l'est moins que celui de Madere ; sa malvoisie est moins liquoreuse, & son vin ordinaire trop violent : on y trouve aussi du bois de cédre, & un bois rouge & très-dur nommé *Teixos*. *Villas das Lagunas* est le bourg principal. Les autres sont *Santo Roque & Horta* : tous ont des ports. Son volcan est éteint depuis 1683. On n'y compte que 2800 habitans.

FLORES.

Elle a treize lieues de long & quatre de large. Elle a trois rades, deux bourgs, & quelques hameaux. *Santa Crux* eſt le bourg principal: celui de *Lagens* eſt le plus peuplé: il a 13 a 1400 habitans.

CORVO.

Située au nord de Flores. Elle a quatre lieues de tour, un petit port, une paroiſſe, 500 habitans, & le village de Notre Dame du Roſaire. Sa côte eſt garnie de rochers. C'eſt par ces deux dernieres isles que les Portugais font paſſer leur premier méridien, parce que l'aiguille aimantée n'y varie point. Les Portugais le diſent, mais ils ont mal obſervé. On trouva dans *Corvo* une ſtatue équeſtre de terre cuite, aſſiſe ſur un roc où l'on apperçut quelques caracteres qu'on ne put déchiffrer. Le cavalier avait la tête nue, un manteau le couvrait de ſa main droite; il montrait l'Occident, ou l'Amérique, comme s'il eût ordonné d'y diriger ſes pas.

Divers géographes rangent ces isles parmi celles de l'Afrique. Elles rapportent à peine au roi ce que lui coute leur entretien. Cet Etat poſſede en Amérique le Bréſil, &c. en Afrique les isles du Cap Verd, le Congo, diverſes isles &c. en Aſie le gouvernement de Goa, l'isle de Macao, & les comptoirs de Chaul, de Daman, & de Bacaim.

DE L'ESPAGNE.

DE L'ESPAGNE.

Précis de son Histoire.

ON croit que l'Espagne a été peuplée au nord par les Celtes & les Gaulois qui pénétrerent dans cette grande presqu'isle, par les monts qui la séparent des Gaules : de-là vient le nom de *Celtiberiens* donnés aux peuples qui habitaient les rivieres de l'Ebre, & celui de *Galæci* donnés à ceux qui s'étaient fixés dans les environs de la province qu'on nomme aujourd'hui la *Galice*. Peut-être fût-elle peuplée à l'Orient par les peuples d'Italie qui navigeaient sur la côte de Ligurie. Au sud, elle le fut par les Turdules ou Turditani, peuples d'Afrique, qui n'eurent que le détroit à traverser pour s'y rendre, & ils lui donnerent leur nom. On croit que les Grecs l'appellerent *Hespérie*, parce qu'elle était à leur couchant, & que les Phéniciens, peuple hardi, avide, grand navigateur, y ayant jeté les fondemens d'un grand commerce, la nommerent *Espana*, de *Sepana*, animal semblable au lapin qu'on y trouvait en grand nombre autrefois. Les Phéniciens y bâtirent *Gades* ou *Cadix*, & la ville qui porta ensuite le nom d'*Asindum*, connue aujourd'hui sous celui de *Medina-Sidonia*. L'Espagne était déja très-peuplée. Le premier roi d'Espagne dont parle l'histoire est *Gargaris*, roi des Cynétes ; car alors ces contrées étaient cultivées par plus de quarante peuples qui avaient différens noms. *Gargaris* enseigna, dit-on, aux Cynetes la maniere de ramaſſer le miel. Son ſucceſſeur fût *Habis*, ou *Abidis*, dont Juſtin raconte des avantures fort extraordinaires. Il ſoumit au joug des loix ſes peuples barbares, les tira de leurs forêts, leur apprit à ſe ſervir de bœufs, à labourer la terre, à quitter leurs mets ſauvages, & les diviſa en ſept villes ; ſa poſtérité régna après lui. C'eſt vers le tems de ſon regne qu'on place une ſechereſſe de dix-ſept ans qui affligea l'Eſpagne, & l'ouverture du détroit qui ſépare l'Europe de l'Afrique. C'eſt dans une autre partie de ce pays que regna *Gerion* au triple corps, & qu'on croit n'avoir été que trois freres étroitement unis.

Quand les Phéniciens eurent fondé *Gades* ou *Gadio*, ils voulurent s'étendre, & s'aiderent de la ſuperſtition ; ils bâtirent un temple à Hercule, dans le lieu où eſt aujourd'hui *Medina-Sidonia*, & les peuples accoururent pour voir la pompe des cérémonies qu'on y obſervait : ils s'y fixerent. Il ſe forma un bourg, puis une grande ville, qui étendit ſa puiſſance ſur la Grenade & l'Andalouſie. Les nations voiſines voulurent arrêter ſes progrès, ils s'armerent, lui firent la guerre, & les Carthaginois deſcendus auſſi des Phéniciens, vinrent au ſecours de ceux qu'ils regardaient comme leurs compatriotes, les vengerent, s'étendirent eux-mêmes dans le pays, & en joignirent une partie à l'Empire de Carthage. Ils y firent valoir de riches mines d'or & d'argent, amenerent des colonies, & fonderent des villes floriſſantes ; les Romains, leurs émules & leurs ennemis, vinrent borner leurs progrès. Après de longs & de ſanglans combats, les Carthaginois furent détruits, les Romains ſuccéderent à leur pouvoir, & ſoumirent toute l'Eſpagne : les *Cantabres* reſiſterent juſques ſous Auguſte.

L'Espagne fit donc alors partie de l'Empire Romain. Ses habitans jouirent des mêmes droits que ceux de Rome, ils lui donnerent des hommes illustres, des poëtes, des orateurs, des consuls, des empereurs mêmes. Une partie des Espagnols devinrent chrétiens. S. Jacques, dit-on, y vint prêcher l'évangile & ne réussit pas : ses disciples furent plus heureux. Après son martyre, son corps y fût apporté de Jérusalem, & c'est lui que l'on vénere dans la capitale de la Galice; au moins c'est ce que disent les moines, hommes qui ne mentent jamais, & qui sont toujours désintéressés : c'est ce que croyent les peuples qui ne peuvent être trompés.

Sous les Romains, l'Espagne était divisée en Espagne citérieure & ultérieure. La premiere appellée aussi *Tarraconensis* était la plus étendue, se divisait en vingt-huit peuples, & comprenait toute la partie du nord, la Galice, la Murcie, l'espace qui les sépare, & s'étendait jusques dans les Gaules. La seconde comprenait le reste de l'Espagne, & se divisait en Lusitanie & en Bétique. Tandis que divers peuples barbares attaquaient, dépeçaient l'empire romain, les Suéves, les Alains, les Vandales envahirent ces belles provinces. Les *Suéves*, peuples courageux de la Germanie, qui avaient soumis leurs voisins, qui réveraient leurs dieux dans de sombres forêts, liés & couchés, le visage contre terre; qui ne se retiraient de leur présence qu'en rampant, & leur sacrifiaient des victimes humaines : leur infanterie était redoutable, leurs chevaux lourds & mal faits se montaient à cru. Les *Vandales* étaient des peuples plus septentrionaux que les Suéves ; les *Alains* une nation Scythe subjuguée par les *Huns*, & incorporée avec eux. Les uns conduits par Hermanric s'emparent de la Galice & de la Castille vieille; les autres sous les ordres de Gondéric, vainqueur des Francs, inondent l'Andalousie. Les Alains conquirent la Lusitanie; Utace était leur chef. Il voulut étendre sa domination sur tous les conquerans de l'Espagne, & ils s'armerent contre lui; aidés des Romains, ils vainquirent Utace, & soumirent les Alains. Les Suéves tranquilles, fonderent des villes, & s'attacherent les vaincus par des bienfaits. Les Vandales irrités & jaloux voulurent détruire ces villes, & ils ne purent y réussir. Alors ils s'allierent avec ceux qu'ils avaient essayé de vaincre, & passerent en Afrique qu'ils soumirent: dans leur absence, les Suéves soumirent l'Espagne presque entiere. Les Visigoths vinrent partager leurs conquêtes, les resserrerent, & enfin s'incorporerent avec eux. Les Visigoths, ou Goths, possesseurs tranquilles de l'Espagne, établirent le siége de leur empire à Toléde. Devenus chrétiens, sans être plus doux ni plus humains, ils conserverent long-tems leurs mœurs féroces. On y vit cependant régner des vertus; mais la superstition les corrompait. Les uns étaient Ariens, les autres Orthodoxes; & cette division des chrétiens fit couler beaucoup de sang. Les prêtres toujours intolérans, ne sachant borner ni leur pouvoir, ni leur vengeance, régnerent despotiquement. Les évèques étaient des especes de vicerois dans leurs dioceses; ils évoquaient à eux tous les jugemens, ils pouvaient interdire & faire fustiger leurs ecclésiastiques; suivis de la dixieme partie de leurs esclaves, ils allaient à la guerre; leurs richesses étaient immenses, & les désordres qu'ils causerent les égalaient. Il y eût cependant quelques prélats vertueux & sages,

DE L'ESPAGNE.

comme il y eut des rois respectables, tel fut *Vamba*; mais il fallut le forcer, le menacer même de la mort pour lui faire prendre les rènes de l'Etat; devenu roi il fût dévôt, bon, mais faible. Jamais trône ne fût plus ensanganté que celui des Goths chrétiens. De trente-cinq rois qui régnerent sur eux, quinze périrent de mort violente, quatre furent déposés; les autres plus heureux vécurent au milieu des conjurations. *Vitiza* pour n'avoir point à les craindre, avait désarmé ses sujets, & par là il les livra sans défense à ceux qui vinrent bientôt les attaquer. Il n'en fût pas moins assassiné par *Rodrigue* qui lui succéda. Les Goths dans leur terre natale n'avaient point de rois, ils n'avaient que des juges : ils eurent en Espagne un grand nombre de tyrans; sous un roi faible, environné de prêtres, les ducs gouvernaient une province, commandaient les troupes, reglaient les finances, dirigeaient les monnaies, & c'est de leur regne en Espagne que vient le nom de ducat dont on s'y sert encore. Les comtes avaient des emplois à la cour, & administraient la justice : leur tribunal était la place publique : les rois, les évèques pouvaient seuls se servir d'avocats : les femmes venaient y plaider leur cause. Quelquefois ces comtes commandaient les troupes. Tel était le gouvernement des Goths, quand les Maures ou Arabes y pénétrerent. Quelques fussent les motifs du comte *Julien* & de l'archevêque *Opas*, que ce fût pour se venger du roi Rodrigue, ou par ambition, toujours est-il vrai, qu'ils se joignirent aux Musulmans, qui vainquirent à Xerès le roi Goth qui fut tué, ou mourut hermite. Les Musulmans d'Afrique qu'on appella Sarrasins, régnerent en Espagne, y introduisirent leur religion, la langue arabe, le goût des arts, &

E 3

les mœurs de l'Orient. Quelques nobles d'entre les Goths, des hommes audacieux & braves, cherchèrent un asyle dans les montagnes des Asturies, ils en sortaient comme des lions de leur antre pour tuer & piller les infidèles. Leurs succès donnèrent naissance à une forme de gouvernement. *Pelage*, parent de Rodrigue, fut élu roi, & les nobles lui prêtèrent serment sur leurs boucliers, en criant à haute voix : *voilà le véritable roi de la nation.* *Pélage* régna 19 ans, & eut des succès dont le plus grand fut de sauver de l'esclavage lui & ceux qui l'avaient élu.

On doit le dire, la puissance des Arabes fut heureuse en général pour les peuples. Les villes & les châteaux payèrent la cinquieme partie de leurs revenus à leurs vainqueurs : celles qui se soumirent volontairement, n'en payèrent que la dixieme. D'ailleurs, ces peuples conquérans laissèrent aux Espagnols, leurs possessions & leur religion ; ils les admirent à tous les emplois civils, rétablirent les anciennes loix, les firent observer, maintinrent les juges nationaux, leur permirent même de tenir des synodes : ils ne leur interdirent que les disputes, & les blasphèmes contre Mahomet. Abderame, roi des Maures, homme doux, humain & juste, instruisit, embellit l'Espagne, & les chrétiens la ravageaient. *Favilla*, *Alphonse* surnommé le catholique, & qui ne mérita que le nom de brigand ; *Froila* son fils qui tua son frere & fut assassiné, n'auraient pas résisté aux Maures, si ceux-ci s'étaient bornés à s'assurer de l'Espagne & ne s'étaient pas divisés. Alphonse appellé le *Chaste*, parce qu'il avoit refusé un tribut de cent filles imposé par les Maures, & parce qu'il s'était privé de femmes, vécut dans l'agitation, chassé deux fois du trône, deux fois rétabli, toujours cruel, il mourut vieux & sans postérité. *Ramire* lui succéda. Sous son regne, les chrétiens formerent diverses principautés ; *Asnar* enleva la Navarre aux Français, & en fut le premier comte. Le gouverneur de Barcelone s'y rendit indépendant, & en devint le souverain sous le nom de comte. Tous ces petits états étaient mal gouvernés ; les peuples étaient grossiers, ignorans, cruels, mais exercés dans les armes ; leurs chefs étaient des tyrans : on les renversait du trône, d'autres tyrans leur succédaient, & ils étaient tour-à-tour opprimés, ou oppresseurs. Les sciences n'étaient cultivées que par les Maures : là regnaient les plaisirs & les arts ; les tournois, les théâtres y inspiraient la politesse & la magnificence, & y firent naitre une sorte de chevalerie qui fut la source de celle qui brilla dans la suite dans les autres Etats de l'Europe. Instruits & galans, le tems de leur domination fut peut-être le tems le plus heureux & le plus glorieux de l'Espagne.

Alphonse le grand, homme perfide & cruel eût la vertu des brigands, il fût guerrier, & vainquit les Maures ; on prostitua le nom de *Grand* en le lui donnant. Sa femme, ses enfans conspirerent contre lui, & lui firent quitter le trône. Ce fût peut-être alors qu'il montra quelque grandeur : il combattit sous son fils avec courage, sans se plaindre. Ainsi la crainte de leurs sujets tourmentait ces rois pendant la paix, autant que la crainte des infideles les inquiétait durant la guerre. Les grands dans leurs châteaux fortifiés s'environnaient d'esclaves, détroussaient les voyageurs, pillaient leurs voisins, brulaient leurs maisons, dévastaient leurs champs. Le laboureur sans cesse vexé devint enfin redoutable comme soldat, & comme brigand. Le crime ne coutait rien, parce qu'on était sûr de l'effacer, en payant aux moines quelques prieres ou ridicules ou atroces. Ces moines étaient les seuls êtres qui jouissaient en paix des maux de leurs compatriotes. Les plaisirs mêmes étaient alors grossiers. On a vu donner en spectacle à une de ces cours, un cochon poursuivi par deux aveugles, le roi, & celui qu'on vouloit élire grand maître, ou Amiraute, s'invitait trois fois à prendre de la soupe dans des coupes de vin. Les assistans criaient vive le *Grand-Maître*, ou vive l'*Amirante*, & dès lors il avait sa banniere, son cri de guerres, ses armes, sa dévise.

Les Maures s'étaient divisés, ils avaient formés six royaumes souvent ennemis. Saragosse, Seville, Toléde, Valence, Murcie, Cordoue, étaient leurs capitales. Sous Sanche III, la Navarre fut unie à la Castille, qui déja possédait une partie de l'Arragon. C'est sous ce prince que parut le *Cid*, qui eut tout le pouvoir d'un roi, & n'en chercha point le titre: il fut plus respecté que les rois mêmes. Il conquit le royaume de Valence, reçut des ambassadeurs de divers rois, & en vit combattre sous lui comme chevaliers; c'est en Espagne que les guerriers venaient consacrer leurs armes, en les trempant dans le sang des infideles, & ces voyages pieux, ces guerres cruelles, cette paix oppressive, fut l'origine des chevaliers errans.

C'est dans ce tems que se forma l'ordre de Calatrava. Cette ville était attaquée par les Maures. Des moines de Citeaux se cottiferent, armerent des écuyers, des freres convers; tous combattirent avec le scapulaire, & de-là se forma cet ordre qui n'est aujourd'hui ni religieux, ni militaire, dans lequel on peut se marier, & dont les travaux qu'il impose, consistent dans la jouissance de quelques commanderies.

L'ordre de St. Jaques se fonda dans ce tems encore. Combattre les Maures, protéger les pélerins, & la tranquillité publique, étaient les premiers devoirs de ces chevaliers : ils faisaient vœu d'obéissance, de chasteté conjugale, & ils devinrent bientôt riches, puissans & débauchés. Les grands maitres étaient les premiers hommes de l'état, ils ne le cédaient qu'aux rois. Ils fournissaient 1000 hommes d'armes, & leurs suivans possédaient 24 commanderies, 200 prieurés, & un grand nombre d'autres bénéfices. Des hommes si puissans étaient redoutables à leurs maitres ; mais quand il n'y eut plus d'infideles à combattre, ils perdirent de la considération dont ils avaient joui, le roi devint leur grand maître, & leur courage se déploya ensuite pour soutenir en public & en particulier, que le péché d'Adam ne s'étoit point étendu jusques sur la mere de Dieu.

Parlons de quelques rois qui mériterent de l'être. *Alphonse X* fut nommé le *sage*, & fut législateur, historien, astronome. On est fâché de le voir désirer d'être empereur, & d'apprendre qu'il a aidé à faire des livres sur la pierre philosophale, en caracteres hieroglyphiques. *Pierre*, si décrié par les historiens & par les moines, fut trop sévere ; il fut courageux, sincere, juste, mais il ne fut pas humain : son frere batard l'assassina, & ce frere a été loué ! Henri IV n'est guere connu que par ses débauches, & par la révolution qu'elles causerent ; la nation fut indignée de ne voir dans son roi qu'un homme lâche, livré aux courtisanes, sans courage, sans sentimens, sans pudeur, & dans la reine une femme qui savait trop bien l'imiter. Les mécontens se révolterent, des évéques se mirent à leur tête ; peut-être le mot de révolte serait mal appliqué ici, s'ils ne fussent allé trop loin. Dans une plaine près des murs d'Avila, fut élevé un théâtre où l'on plaça l'effigie du roi sur son trône, la couronne sur la tête, le sceptre à la main, l'épée de justice à son côté, revêtu des habits royaux : au premier chef d'accusation, l'archevêque de Tolede lui ôta la couronne ; au second, un comte lui arracha le sceptre ; au troisieme, on lui ôta l'épée ; au dernier, on renversa l'effigie. On élut à sa place son frere qui vécut peu. Le roi fut déclaré impuissant, & sa fille batarde.

Le pouvoir législatif résidait dans les *cortès* composés de la noblesse, du clergé & des représentans des villes. Les impôts, les loix, la réformation des abus, étaient en Castille du ressort de cette assemblée. Les cortès d'Arragon avaient plus de pouvoir encore. Ils imposaient les taxes, déclaraient la guerre, faisaient la paix, réglaient les monnaies, veillaient sur l'administration, & quelquefois appellaient à eux les jugemens. Alors le roi était en effet le premier serviteur de la nation. Les Arragonais élisaient un grand justicier, & en prêtant serment à son roi, il lui annonçait qu'on se dispenserait de lui obéir, s'il n'obéissait lui-même aux loix ; son devoir était de protéger le peuple, & d'être l'inspecteur du roi ; interprète des loix, il jugeait le souverain lui-même ; il pouvoit juger, reformer, admettre ou rejetter les ordonnances du prince, & il n'était comptable de l'exercice de son autorité qu'aux états qui la lui donnaient. Là chacun avait le droit de porter des plaintes contre lui, & ses juges pouvaient le priver de ses biens, le dégrader, le punir de mort. On voit l'origine de ce gouvernement chez les anciens Goths ; mais les circonstances, les besoins que les rois eurent des armes des nobles, des secours des villes, le maintinrent & lui donnerent plus de force. L'Espagne en se réunissant sous un seul roi, fit sa puissance, sa sûreté, son indépendance, & elle n'a laissé de ces institutions que des noms & de vains simulacres.

Isabelle de Castille devint le successeur de son frere Henri IV. On lui avait permis de regner encore, à cette condition. Pour soutenir leur ouvrage, les grands unirent Isabelle à Ferdinand roi d'Arragon ; ils firent tout ce qu'ils devaient faire pour assûrer l'exécution d'une volonté passagere, & ce qu'ils devaient craindre, s'ils voulaient conserver les droits des peuples. En effet, l'union de la Castille avec l'Arragon, fut le terme de la liberté espagnole. Elle eut d'abord des suites heureuses. Grenade le seul royaume des Maures qui se défendit encore, fut soumis ; toute l'Espagne fut chrétienne & réunie. Ferdinand se servit des bulles du Pape pour s'emparer de la Navarre ; du prétexte de défendre un parent pour sécourir, partager, & se saisir du royaume de Naples, tandis que les soins & la générosité d'Isabelle, soutenaient Colomb, & lui firent découvrir un nouveau monde & des trésors immenses. Toutes ces vastes possessions tomberent avec l'empire, dans les mains de leur petit fils Charles-Quint. Il fut le plus grand roi du monde, par l'étendue des pays qu'il posséda, & il cessa de l'être par ennui : il renonça à tout encore plein de vie, s'enferma dans le petit monastere de St. Just, & ne s'occupa plus qu'à cultiver des plantes, à faire des montres & des pantins : on peut dire qu'il en fit mouvoir toute sa vie. Il finit par chanter le missel, par assister à ses funerailles, qui le remplirent d'idées tristes, lui donnerent la fievre & la mort. Philippe II avoit hérité de ses immenses domaines, il travailla sans cesse à les augmenter.

& ne se refusa à aucun moyen pour y parvenir : il semait la division autour de lui, & opprimait tout ce qui ne sut pas se défendre, ainsi qu'un oiseau de proye ; il cherchait sans cesse des états à poursuivre, des peuples à rendre assez malheureux pour se donner à lui ; mais ses ailes trop pesantes, trop difficiles à mouvoir, ne purent servir son avidité, & il s'épuisa en de vains efforts. Pour avoir voulu opprimer la Hollande, il en fit une république florissante : pour avoir voulu régner sur la France, il lui donna un roi formé par l'adversité, accoutumé à voir les obstacles & à les vaincre, à mépriser les méchans, à faire le bien malgré eux. C'est à cela seulement que les tyrans sont utiles, & *Philippe* le fut. Sous son fils *Philippe III*, sous son petit fils *Philippe IV*, la monarchie s'affaiblit sans cesse ; les loix furent sans vigueur, la volonté des ministres toute puissante, le luxe rongea tous les états, fit naître la paresse, la misere, & avec tous les trésors du Mexique & du Pérou, on manqua souvent de pain. La superstition regna seule sur cet empire, appuyée sur une ignorance profonde : l'inquisition fondée sous *Ferdinand* pour qui l'on renouvella le surnom de catholique, donné déja au roi Goth *Reccarede*, exerça ses rigueurs odieuses ; on offrit à Dieu en Espagne plus de 7000 victimes humaines ; & si les féroces inquisiteurs ne les mangeaient pas, ils en dévoraient les biens. Ce que Charles II fit de plus mémorable, fut son testament ; il fit naître une guerre de 13 ans, & donna un Bourbon pour roi à l'Espagne. *Philippe V* ne regna que sur l'Espagne & l'Amérique ; il ne posséda rien en Flandres, en Italie ; mais pendant le cours de son regne, il vit un de ses fils roi à Naples, & un autre devint Duc de Parme & de Plaisance. Il céda le trône à son fils *Louis* qui ne regna qu'un an ;

Philippe reprit les rênes de l'état, & ne les quitta qu'à sa mort. Il eut pour successeur Ferdinand VI. Ce roi s'occupa des moyens de faciliter le commerce dans ses états, il voulut le bien de ses sujets, mais il manqua de génie, d'activité, de forces. Son successeur & son frere Charles III cherche à redonner à son royaume la force qu'il a eue, & l'influence qu'il doit avoir en Europe, à augmenter sa marine & ses troupes, à faire regner l'ordre dans l'intérieur, à le repeupler, & déja l'on sent les effets de ses soins.

Les états, ou *Las Cortès*, ont perdu tout leur pouvoir. Ils n'étaient plus rien quand *Philippe V* les convoqua, pour y faire reconnaitre son fils Ferdinand pour successeur, & depuis ce tems, ils ne l'ont plus été : ces états s'assemblaient d'abord à Burgos, puis dans l'église de St. Laurent à Madrid : il fallait un consentement unanime, pour faire passer une proposition ; ils étaient convoqués & rompus par le roi ; mais il restait toujours à la cour un comité secret, composé de huit membres, pris dans l'assemblée générale. Charles-Quint les anéantit plus qu'aucun de ses prédécesseurs. Aujourd'hui toute l'autorité est dans les mains du monarque, de ses conseils, de ses ministres. Les diverses parties de l'Espagne ne sont pas également fertiles ; dans quelques provinces au centre du royaume, l'air est pur & rarement obscurci par les nuages ; vers le midi, la chaleur de l'été est presqu'insupportable pendant le jour ; mais les nuits sont toujours fraiches : l'hyver y est peu rigoureux, la glace y est rare, & la neige ne se voit guere que sur les montagnes. Vers la mer, l'air est humide ; la pluye en général y est rare ; des montagnes de Galice, s'éleve un vent froid qu'on nomme Gallego, qui peut être funeste aux voyageurs imprudens. Des monts pyrenées qui la féparent de la France, partent différentes chaînes qui s'étendent dans toute l'Espagne : telles font les *Sierras de Andia* & le *Jura*, qui partagent la Navarre ; les *Jaca* & le *Canfranc*, qui s'étendent en Arragon ; le *Puycerda*, le *Seny*, qui s'avancent en Catalogne ; les *Montes Diftercios* en Rieja. Des environs de Roncevaux, part une chaîne de monts qui partagent la Galice, & fe terminent au cap Finifteria. De cette chaîne, en naît une autre près des fources de l'Ebre, qui, fous le nom d'*Idubeda* ou *Voca*, fe termine vers Tortofe : de cette derniere, fort l'*Orofpeda*; de celui-ci, le *Cuença*, le *Molina*, &c. fur-tout la *Sierra Morena*. Il y a plus de 120 ans que durant 14 ans on ne vit point tomber de pluie fur cette derniere : toutes les fources y tarirent, la terre s'entr'ouvrit, les forêts furent defféchées, & le feu qui bientôt les dévora, fondit de l'or & de l'argent, que la terre renfermait dans fon fein. On vit longtems après encore les fentes & les crevaffes qui fe firent alors. Ces montagnes font riches en or & en argent ; mais les Efpagnols n'exploitent les mines qu'en Amérique. On y trouve des minieres de fer, de plomb, de l'étain, du vif argent, de l'alun, du verd de montagne, du criftal, des diamans, de l'amethifte, &c. On y trouve les plantes qui croiffent dans la Paleftine, & même des plantes d'Amérique. Il y croît des arbres propres à conftruire des vaiffeaux, qu'on tranfporte à la mer par les fleuves qui arrofent l'Espagne, & qu'on prétend être au nombre de 250 : un auteur moderne n'en compte que 150.

Le *Minho* fort de la Galice, près du bourg de Caftro del Rey, & il fépare cette province du Portugal. Le minium ou vermillon qu'on trouve fur fes bords, lui a donné fon nom : il fe jette dans l'Océan, près de Tuy. Le *Douro*, fort de l'Orbion, montagne de la vieille Castille, sur laquelle est un lac où l'on ne remarque ni sources, ni mouvement: c'est là cependant que naît le fleuve qui reçoit du *Duraton*, près de Pénafiel, des truites & des barbeaux, & de la Pisuerga, un volume d'eau égal au sien : il se perd dans la mer au-dessous de Porto. Le *Tage* naît dans la petite vallée de *las Veguillas*, près des montagnes de Cuença, dans l'Arragon, & qui est le lieu le plus élevé de l'Espagne. Il serpente en sortant de sa source appellée la fontaine d'*Abréga*. On y trouve dès lors d'excellentes truites : il pénètre au travers deux montagnes de marbre, coupées perpendiculairement de 400 pieds d'élévation. On trouve près de-là, la *Sierra Blanca* couronnée de rocs calcaires, qui renferment des filons de bois bitumineux, de grandes cornes d'Ammon, & des veines de plomb. Le Tage reçoit ensuite les eaux de la *Guediela* plus grande qu'il ne l'est encore, celles de la *Xamara*, &c. C'est de tous les fleuves d'Espagne, celui qui a le plus long cours; ses eaux qui sont mauvaises à Aranjues, parce qu'elles y sont mêlées au plâtre & au sel de ses collines, sont bonnes à Tolede. La *Guadiana* autrefois *Anas*, sort des marais de Montiel, ses sources perpétuelles y forment plusieurs étangs; elle a d'abord le nom de *Roidera*, disparaît l'espace d'une lieue, dans des prairies près d'Alcazar de St. Jean, se remontre & sort d'un marais qu'on nomme *les yeux de la Guadiana*, marais rempli d'herbes aquatiques; de-là vint que le peuple a cru que cette riviere avait un pont sur lequel on pouvait faire paître des milliers de moutons. Son eau se perd dans des tas de pierres calcaires, brisées & fendues à une grande profondeur qui composent son lit; elle s'imbibe, pour ainsi dire, peu-à-peu, sans qu'on y connaisse ni caverne, ni cavité, ni terre spongieuse:

elle sépare les Algarves de l'Andalousie, & a peu d'eau en été, mais elle est forte en hyver. Le *Guadalquivir* des mots arabes *Vadi 'lKabir, grand fleuve*, est l'ancien *Betis*, le *Tarteſſus*, le *Circius*, il sort des frontieres de Murcie, au nord-ouest de la *Sierra Segura*. Il reçoit un grand nombre de rivieres, coule d'abord vers la sud, puis au couchant, & reprend sa premiere direction pour se jetter dans la mer. Son embouchure orientale est fermée : les Espagnols lui donnent la propriété de faciliter la teinture de leurs laines en rouge.

L'*Ebre*, *Iberus*, sort des montagnes de Santillane vers les frontieres des Asturies : une double source lui donne la naissance, & l'une d'elles est voisine du bourg & d'une tour, à laquelle il donne son nom *Fontibre*. A quelques pas de sa source, il fait tourner un moulin, & on y trouve une quantité prodigieuse d'excellentes truites & des écrevisses. Près de là est un petit lac fongueux & salé, couvert de canards & d'autres oiseaux aquatiques. On peut tirer par évaporation sept livres de sel par quintal de son eau. Enflé par les rivieres qui s'y jettent, il devient navigable vers Tudela, & cesse de l'être à Tordosa par les rochers qui sont dans son lit : ses eaux sont très-bonnes : on devrait le rendre navigable jusqu'à la mer, où il se jette avec rapidité & forme les isles *d'Alfacques*. (*)

(*) Près de Fontibre on voit le village d'Olea ; là commence le canal de Castille, qui doit passer par *Comeſa Cabria*, *Villa eſcuſa*, *Mave*, *Herrera de Piſuerga*, *Oſorno*, le couvent de *Calahorra*, *Grijota*, où il se joindra à celui de *Campos*, qui vient de *Medina de Rioſeco*, & continuer par *Salence*, *Duegnas* & la *Viruela*, pour se jetter au-dessous de Valladolid, dans la Puiserga, qui communique au *Duero*, où vient encore aboutir un canal qui commence à Segovie. Ce plan est beau.

On

On trouve aussi en Espagne des eaux minérales : il en est dans la Galice, dans le Guipuscoa, dans l'Estramadure : quelques-unes sont chaudes. " L'Espagne, dit Justin, est recommandable par le bled, le vin, le miel & l'huile qu'on y recueille, elle l'est encore par ses mines de fer, par ses haras féconds, par le lin & le genêt qu'elle produit : des rivieres douces & fécondes l'arrosent, & les Espagnols s'en servent pour arroser leurs champs ". Alors l'Espagne était plus peuplée qu'aujourd'hui, elle se suffisait, elle envoyait même des bleds à l'étranger. Aujourd'hui, elle ne peut nourrir ses habitans : on dit que la sécheresse de la terre, la chaleur du jour, la fraicheur de la nuit s'opposent à la culture du froment. Ces obstacles subsistaient autrefois, mais on savait les vaincre. Le transport du bled est défendu d'une province à l'autre, d'ailleurs point de rivieres, point de chemins pour en faciliter le transport. On proposa sous Charles II, de rendre navigable le Mançanarés & le Tage, pour faciliter le commerce entre Madrid, les provinces voisines, & Lisbonne & la mer. Le conseil de Castille répondit, que si le ciel avait voulu qu'il le fût, il l'aurait fait ; mais que ce serait violer ses decrets, que de changer son ouvrage. Avec de telles idées, on s'étonne moins de voir l'Espagne déserte, & sans culture. Les terres que l'on cultive le sont avec négligence ; on gratte leur surface, on les laisse reposer quelques jours, on les seme, puis on ne les regarde que lorsqu'il s'agit de moissonner. Si malgré cette maniere de cultiver, les terres recompensent le laboureur, combien ne seraient-elles pas plus fertiles, si l'agriculture y devenait un art ? Elles produisent en abondance les plus beaux fruits ; on y trouve des bois entiers de citronniers, d'orangers, de grenadiers : la Manche, l'Andalousie peuvent fournir de leur safran toute l'Europe. On connait les vins d'Espagne, ses raisins de Corinthe, ses cannes de sucre, son miel. Le ris est cultivé dans la Catalogne, le coton dans la province d'*Ecija* : la soie peut y être abondante dans toutes ses parties ; celle de Grenade est célèbre ; mais c'est dans les royaumes de Valence & de Murcie qu'on en recueille le plus ; elles auraient du chanvre, du lin, puisqu'il en faut pour l'usage des habitans, s'ils savaient travailler l'un & l'autre. On cuit le sel sur les côtes, le soleil le sépare de l'eau dans les isles de Majorque, d'Yviça, de Formentera. La plus abondante saline est celle de Mata dans le royaume de Valence; celles de Murcie suffiraient à la consommation de l'Espagne. Le sel qu'on tire de *la Soude*, dont on se sert pour faire le savon & le verre, est un grand objet de commerce. On en exporte plus de 4882624 liv. Celui qu'on tire des environs d'Alicante est le meilleur, & d'une espece un peu différente. Les prairies d'Espagne sont couvertes de nombreux troupeaux de moutons, même pendant l'hiver : tel seigneur possede 30 mille de ces animaux, & le paysan, quoique pauvre, en a quelquefois cent. En été ils habitent les montagnes, & c'est alors qu'ils donnent la meilleure laine. Celle d'Espagne surpasse en douceur celle des autres lieux de l'Europe, & la laine de la Castille vieille surpasse celle qu'on recueille dans les autres provinces. On appelle *refine* celle qu'on tire du dos ; fine, celle des flancs, & la laine d'agneaux. *Pierre IV*. roi de Castille, fit venir un grand nombre des plus beaux moutons d'Afrique, pour en perpétuer la race. *Ximénès* imita son exemple, & ses soins ne furent pas sans succès pour rendre la laine d'Espagne supérieure à ce qu'elle était. On connaît les chevaux Andalous, & des Asturies. On trouve en Espagne beaucoup de mulets, peu de bêtes à cornes, & on profite mal de celles qu'on a : les taureaux destinés pour les combats se prennent dans l'Andalousie. Entre les productions particulieres à ce pays, est le chêne verd, dont une espece produit un gland doux & nourrissant, & une autre sur lequel se nourrit le *Kermés*, insecte utile pour la médecine & pour la teinture. On y trouve encore beaucoup de liege : on en connaît l'usage. La pêche du corail est abondante à l'embouchure de l'Ebre. On a compté dans toute l'Espagne & les isles Canaries 23175 villes, bourgs ou villages; & 1987811 familles, 19683 paroisses, 2146 couvens d'hommes, 1023 de femmes, 294 colleges, 1912 hopitaux; le savant Ustariz estime que le nombre des habitans de l'Espagne est de sept millions & demi; & celui des ecclésiastiques & de leurs servans de 250 mille (*). Ce royaume pourrait nourrir un nombre double d'habitans, si ses terres étaient cultivées, si les manufactures y rendaient le commerce intérieur florissant, & l'extérieur plus avantageux. On dit que du tems des Goths, l'Espagne

---

(*) En 1764, on fit un dénombrement général des habitans de l'Espagne, des isles Canaries, de Majorque, d'Oran & de Ceuta : en voici le précis. On y compta 21221 villes, bourgs ou villages, 108 églises cathédrales, 2052 couvens d'hommes qui renferment 67777 religieux, 1028 couvens de femmes qui renferment 34651 religieuses, 312 colleges, 2008 hopitaux, 6350196 habitans en âge de recevoir les sacremens : les enfans des deux sexes peuvent approcher de ce nombre.

avait de vingt à trente millions d'habitans, & du tems de Jules César cinquante millions : on a pu exagérer ce nombre ; car comment le fixer avec certitude ? Les causes de la dépopulation de l'Espagne sont attribuées à l'expulsion des Maures, aux transmigrations en Amérique, au grand nombre de couvens, à l'inquisition. Ces causes n'ont pas été sans influence, & nous les croyons même considérables, parce que l'ignorance, la superstition, l'indolence, le peu de communication entre les diverses parties du royaume, en ont été les suites, ou ont été augmentées par elles. Les mœurs du peuple, la difficulté qu'éprouvent les cultivateurs d'échanger leur superflu, la défense de porter dans une province ce que produit l'autre, le peu de fabriques qu'on a dans le pays ; les droits excessifs qu'on exige sur ce qu'on porte à l'étranger, & sur ce qu'on en retire, jettent un engourdissement léthargique sur ce vaste état : le feu récélé dans le poivre, dans les vins, dans les liqueurs y déséchent les corps, que la subtilité de l'air aide encore à maigrir, & joint au venin presque général que l'Amérique a répandu dans le sang, ils affaiblissent ou détruisent les principes de la génération. Quand les causes particulieres de la dépopulation de l'Espagne seraient enlevées, elle se repeuplerait avec plus de difficulté que les autres pays. Il est encore des causes de dépopulation communes à tous les états de l'Europe, ce sont les loix pénales toujours sanglantes, c'est le célibat des troupes, les guerres fréquentes, le luxe, &c. Elles ne font pas une impression profonde ; mais elle est constante & sûre : elles doivent agir d'autant plus en Espagne, qu'elles se joignent à d'autres qui lui sont particulieres. Malgré la richesse du fol & de celle de l'Amérique, les habitans font pauvres. On a tiré peut-être plus de vingt mille millions de piaftres d'Amérique, & on ne trouverait pas cent millions, foit en or, foit en argent monnoyé dans toute Efpagne, en y comprenant même ce que poffédent les couvens & les particuliers (*) : mais comment cet argent pourrait-il refter dans cet état ? On y a des befoins de nécef-fité & de luxe, & pour les fatisfaire, il faut tout acheter de l'étranger & tout payer cher. On y eft fuperftitieux, & il faut payer les tributs que la fuperftition s'eft impofée, aux couvens, & à la cour de Rome.

La plupart des ouvriers des manufactures qui exiftent en Efpagne font Français. Depuis quelques tems, on y travaille la foie, la laine, l'or, l'argent. En Catalogne, en Arragon, on travaille le coton; ailleurs le fer & la fonte ; mais ces établiffemens ne fuffifent pas aux befoins de l'état : les impôts fur les objets qu'on fabrique, font regarder l'oifi-veté comme un avantage ; & chaque année il fort du royaume pour dix millions de piaftres, en argent comptant, & cinq millions en laine, huiles, vins, raifins ou paffarilles, &c. (**). Les canaux, les chemins manquent au commerce intérieur, & malgré les avantages de la fituation, la crainte

---

(*) Ce fait était vrai, lorfque Bufching, ou ceux qu'il a confulté, écrivaient, mais il ne l'eft plus, au moins qu'en partie.

(**) Les foins du gouvernement ont diminué fans doute cette fomme ; il ne fort plus aujourd'hui autant d'argent du royaume. On y a fait quelques grands chemins, on y a creufé des canaux ; tel eft celui de Caftille, & tel eft encore celui de Murcie.

des pirates permet à peine de paſſer d'un port à un autre.

L'étranger ne peut commercer en Amérique; mais il ſait éluder la défenſe en ſe ſervant de vaiſſeaux Eſpagnols; en multipliant les dangers de la contrebande, on l'a diminuée ſans l'anéantir: les monnaies ſortent moins du royaume, parce qu'on a permis la ſortie de l'argent, moyennant le droit de quatre pour cent. Le commerce d'Amérique ſe fit durant quelques tems par des vaiſſeaux de regiſtres, que chaque négociant pouvait envoyer avec la permiſſion du conſeil des Indes. Ces vaiſſeaux allaient directement à *Callao* port de Lima, & revenaient en abordant à *Buénos Aires*, à Maracaïbo, à Carthagene, à Honduras, à Campêche & à la Vera-Crux. Aujourd'hui, il ſe fait encore par des flottes & des gallions qui appartiennent en partie au roi, en partie à des particuliers. La raiſon qu'on a eue pour rétablir cette maniere de négocier avec l'Amérique, eſt que l'avidité avait ſurchargé de marchandiſes européenes les provinces des Indes Occidentales, & que divers négocians s'étaient ruinés. L'Eſpagne envoie tous les ans quarante vaiſſeaux en Amérique. Les deux vaiſſeaux royaux appellés *Aſſognes* ſont deſtinés au commerce du vif-argent qu'on y porte.

Une compagnie de commerce fixée à St. Sébaſtien commerce ſur les côtes de *Caracos*. Il part tous les ans pour ces mêmes lieux un vaiſſeau des isles Canaries, chargé de leurs productions. Une nouvelle compagnie qui a ſes comptoirs à Madrid, à Cadix, à Barcelonne, commerce avec Hiſpaniola, Porto-Rico, St. Marguerite, & peut envoyer tous les ans dix vaiſſeaux à Honduras & dans les ports de la province de Guatimala. Son fond eſt divisé en actions : le commerce des deux Indes se fait par les gallions ; un de ces vaisseaux, & rarement deux, sont chargés, sur-tout par les couvens, d'épiceries, de soie crue & travaillée, d'étoffes des Indes, de l'orfévrerie : ils rapportent d'Acapulco où ils se rendent, cinq ou six millions de piastres en argent comptant.

Les poids & les mesures varient sans cesse d'une province d'Espagne à l'autre. Dans l'une ils sont Romains, dans celle qui est voisine, ils sont Gothiques ou Arabes. La barre a en Castille deux pieds & demi ; mais ailleurs elle varie, & delà vient la difficulté d'évaluer la lieue Espagnole. Les monnaies d'or sont la *pistole*, le *doublon*, le *quadruple*, la *demi pistole*. La pistole vaut 19 liv. 19 s. 10 d. de France. Les monnaies d'argent ou de platte, sont la piastre forte, la piécette, la réale : la piastre vaut 10 réaux & 10 quartos de platte ou 5 liv. 8 s. 11 d. & ⅔ de France. La réale de platte vaut un peu moins de dix sols. Celle de *veillon* ou de cuivre vaut environ la moitié de la précédente. La maravedis est la 34me partie du réale ; c'est une monnaie de cuivre ainsi que l'octava, le *quarto*, &c. l'octave vaut deux maravedis, le quarto en vaut quatre, &c.

L'ordre de la *toison d'or* est né en Bourgogne. Il passa à la maison d'Autriche par le mariage de la fille de Charles le Téméraire avec l'empereur Maximilien, qui le transmit aux rois d'Espagne : aujourd'hui les empereurs créent aussi des chevaliers de la toison d'or, parce que Charles VI fût quelques tems roi d'Espagne, & en conserva cette prérogative. Pendue auparavant à une chaine d'or dont les chaînons étaient alternativement d'acier & de pierre à fusil, elle l'est aujourd'hui à un ruban d'or ou ponceau. La légende est *autre n'aurai*

Autour de la toison sont ces mots, *pretium non vile laborum*. Dans les jours solemnels, ceux qui en sont décorés, portent une robe de toile d'argent, un manteau de velours cramoisi rouge & le chaperon de velours violet.

L'ordre de *St. Jacques de Compostelle* institué en 1170 par Ferdinand II, roi de Léon, a pour marque distinctive une croix rouge en forme d'épée. Il a possédé 85 commanderies partagées inégalement entre trois langues : leur revenu monte à 1926547 réaux de veillon. Il a encore quatre couvens de moines, sept de religieuses, & deux prieurés. Le roi en est grand-maître : sous lui sont deux prieurs & trois commandeurs dont le revenu peut aller à 580077 réaux de veillon. Les chevaliers sont soumis à la régle de *St. Augustin*. Il doit son origine à la dévotion qui engagea à élever des hopitaux pour les pélerins qui visitaient St. Jacques, & arma 13 gentilshommes pour les défendre des Maures.

Nous avons parlé de l'origine de l'ordre de *Calatrava* : une croix rouge distingue ceux qui le portent. Le revenu du grand commandeur est de 111576 réaux de veillon, ses 52 commanderies rapportent 1073509 de ces réaux. L'ordre possede deux couvens de moines, trois de religieuses, & treize prieurés. La régle de St. Benoit est celle que cet ordre a adopté.

Celui d'*Alcantara* suit la même régle, on le nomma d'abord de *Julian del Pereyro*. Il a cinq dignités qui rapportent à ceux qui les possédent 194369 réaux : 36 commanderies dont le revenu annuel est 816459 réaux, deux couvens de moines, deux de religieuses, deux prieurés. Les chevaliers portent une croix en forme de lys.

L'ordre de *Notre Dame de Montesa* a six dignités, 15 commanderies dont le revenu annuel est de 233934 réaux, deux couvens d'hommes & sept prieurés. Il fut institué à Montesa, ou Montesia, ville de Valence, par Jacques II roi d'Arragon, lors de la destruction des templiers. Les chevaliers portent une croix de gueule sur la poitrine.

Celui de *St. Jean de Jérusalem* a en Espagne six dignités, dont le revenu annuel est de 1169452 réaux, 113 commanderies qui rapportent 225971 réaux, cinq couvens de moines, huit de religieuses.

Charles III institua en 1771, le jour de la naissance de son petit fils, un ordre qui porte son nom; il a 46 chevaliers grands croix, qui portent un large ruban bleu de ciel, & une étoile d'argent brodée sur le côté gauche; sur la croix est l'image de la vierge en émail avec la devise *virtuti & merito*.

Onze conseils supérieurs dirigent la monarchie. Le *conseil d'état* veille sur les autres & le monarque y préside, l'archevêque de Tolede en est assesseur. La justice, la guerre, la marine, les Indes, les finances sont soumises à son inspection.

Le *suprême conseil de guerre* a pour objet les armées de terre & de mer; il est formé d'officiers distingués dans le service, & de trois assesseurs membres du conseil de Castille.

Le *conseil royal suprême de Castille* fût érigé en 1245, pour juger des appels des tribunaux inférieurs; il est divisé en cinq chambres, auxquelles ressortissent différens objets. Toutes réunies, sont les dépositaires des loix du royaume. Ce conseil juge par appel des sentences de cours souveraines; il nomme aux chaires des universités, examine les avocats, & leur fait jurer de défendre l'Immaculée conception: il nomme tous les juges, est composé d'un président, de 14 conseillers, de deux fiscaux ou procureurs généraux, de trois substituts, de sept référendaires, & de sept secretaires : dans les requêtes, on lui donne le titre *d'Altesse*, quelquefois celui de *Majesté* ; ses membres reçoivent celui de *Monseigneur*, ils sont très-respectés. La chambre royale de Castille est réunie à ce conseil.

Le *conseil général de l'Inquisition* est composé du grand inquisiteur, de six conseillers, dont un est toujours dominicain, deux membres du conseil de Castille ; le quatrieme est un secretaire du roi, le cinquieme un fiscal, & le dernier un *Alguazil Mayor* ; il a encore deux secretaires, deux référendaires, un agent général, divers commis. Le roi nomme le grand inquisiteur & le pape le confirme : il conseille, lorsqu'il s'agit de nommer les membres du conseil auquel il préside : il nomme les officiers inférieurs. Ce tribunal connait de l'hérésie du judaïsme, du mahométisme, juge des livres, maintient le pouvoir despotique du roi. Les tribunaux d'inquisition établis dans les divers lieux de la monarchie d'Espagne relevent de lui. Tous les mois, ils doivent lui rendre compte de ses prisonniers, des affaires à juger, des biens confisqués : ceux qui sont situés hors du royaume le lui rendent tous les ans. Il n'est plus redoutable, ni indépendant des rois ; il n'agit que par eux, & que pour eux. L'abus le plus criant qui existe encore dans ce tribunal, est le tems souvent très-long pendant lequel l'accusé gémit dans les prisons, avant de pouvoir prouver son innocence.

Le *conseil royal suprème des Indes* exerce sa jurisdiction sur mer, sur les colonies, sur les provinces de terre ferme de l'Amérique.

Le *conseil royal des ordres*, juge dans toutes les affaires qui concernent les trois ordres de St. Jacques, de Calatrava, & d'Alcantara.

Le *conseil royal des finances*, le *college royal* qui veille sur les bois, les forêts & les bâtimens, la *junte générale du commerce, des monnaies & des mines*, celle *du tabac*, n'ont pas besoin de grands détails. Le *conseil de la croisade* regarde les indulgences accordées par des bulles. L'une pour deux réaux donne indulgence pour un an, & absout les mourans de tous leurs péchés; l'autre pour une certaine somme permet de ne pas observer le carême: une troisieme assure la propriété équivoque, moyennant une rétribution: une quatrieme ordonne à la piété de donner un tribut à l'état pour faire la guerre aux infidéles. On est obligé d'acheter des indulgences, le roi l'ordonne, & il perdrait à ne pas l'ordonner. Ce conseil de croisade a inspection sur les livres, ainsi que l'inquisition & le conseil de Castille.

Les premiers tribunaux provinciaux sont la *chancellerie royale* de Valladolid; celle de Grenade, le *conseil royal & chambre des comptes* de Navarre; l'*audience royale* de la Corogne, celles de Séville, d'Oviedo, des isles Canaries, d'Arragon, de Valence, &c. Les magistrats des villes sont nommés par elles ou par le roi, ils administrent les affaires civiles & œconomiques, jugent en premier ressort, ont différens noms, sont plus ou moins nombreux, selon la grandeur & les privileges des villes. Les capitales ont le droit de faire des changemens dans la police, dans leur administration. Les bourgs, les villages dépendent des villes; quelques bourgs se sont rendus indépendans, en payant une certaine somme au roi. Il n'y a de vice-roi qu'en Navarre:

celui qui veille fur une province s'appelle capitaine général; fur une ville c'eft un gouverneur: ceux-ci dépendent des autres: la juftice, la police, la guerre font du reffort de tous.

Les fimples gentilshommes s'appellent *Cavaleros*, *Hidalgos*: ils font peu confidérés. Les ducs, les comtes, les marquis forment la nobleffe titrée: parmi eux fe diftinguent les grands, mais à différens degrés. La principale prérogative de la grandeffe eft de fe couvrir devant le roi qui les crée: s'il leur dit *vous, un tel, couvrez vous*, c'eft un grand à vie: s'il leur dit, *vous marquis ou comte de, couvrez vous*, c'eft un noble à race, & la fille d'un tel grand donne cette prérogative à fon époux. Il eft encore d'autres différences entre les grands; celui-là fe couvre avant de parler au roi, ceux-ci après qu'ils lui ont parlé, d'autres enfin ne fe couvrent que lorfqu'ils ont parlé & reçu la réponfe du roi. Les cardinaux, les nonces, les archevèques, les généraux des ordres de St. François, de St. Dominique, les grands prieurs de la Caftille, de l'ordre de Malthe, &c. ont les mêmes prérogatives. Ce n'était pas autrefois un fimple titre honorable; il donnait le pouvoir de lever des foldats, de les commander, de s'en fervir pour eux & pour le roi; tels étoient les *Magnates*, *Proceres* ou *Optimates*: ces titres étaient d'autant plus recherchés qu'on en était avare: aujourd'hui il s'avilit, parce qu'il n'eft qu'un titre & qu'il eft prodigué, comme celui de *don* qu'on ne donnait qu'aux grands & aux *Ricos honbres*.

En général l'Efpagnol eft conftant & courageux, fidele, fobre; il aime les armes, eft heureux dans la négociation; mais il aime plus encore le plaifir, l'indolence, & la vengeance. Leur pieté s'allie avec l'amour; leur rendez-vous se donnent dans les églises; ils ne deviennent époux que lorsqu'ils ne peuvent plus être amans, & mettent quelquefois leurs femmes hors d'état de former des hommes robustes & sains, leur inspirent, par leur épuisement, le désir d'imiter ce qu'ils furent, & d'oublier ce qu'elles sont. Tous aiment la danse, la comédie, & sans la superstition qui semble avoir teint de ses couleurs toutes les idées qu'ils forment, peut-être auraient-ils fait des découvertes intéressantes dans les arts & les sciences : elle étouffe leur génie, l'accable sous ses entraves : un livre ne paraît point sans avoir subi six censures, & ce ne sont pas des philosophes qui en jugent. Il y a en Espagne 16 universités, & quelques académies des sciences, mais elles sont modernes. L'une d'elles a pour emblême un creuset sur le feu, avec ces mots : *il épure, il fixe & donne de l'éclat*. Son but est de donner à la langue Espagnole, Cantabre dans son origine, mêlée du Latin, du Goth, &c. la pureté & l'élégance : formée sur l'académie Française, mais mieux formée qu'elle, elle est plus utile. Il y a de plus deux académies, l'une d'histoire, l'autre de médecine, & une de beaux arts. C'est sous Philippe V, que se sont élevés la plupart de ces établissemens.

Les Espagnols sont inférieurs à leurs voisins pour les sciences & les arts en général : ils ont eu cependant des peintres fameux : tel est *Juan Galvane*, Arragonnais, distingué par son goût, les graces & la force de son coloris; *François Camille, Jean Careno, Moralès, Ximenès, François Garro, Cuques* & un grand nombre d'autres. Les statuaires & les sculpteurs y ont peu de mérite. On y a fait peu de progrès dans la physique : on y remarque cependant le cabinet d'histoire naturelle de *don Joseph Salvador* il est à Barcelonne, on y voit de superbes coquillages des Indes, une écorce d'arbre Américain semblable à une dentelle, de la toile d'araignée filée & tissue, beaucoup d'antiques & de raretés.

Le corps des loix est composé en Espagne du droit Romain, des édits royaux de la coutume, de quelques loix Gothiques, & de *Las Partidas*, espece de code formé des additions que les jurisconsultes ont faites aux loix : les jurisconsultes Espagnols sont estimés, leurs avocats le sont peu.

Les revenus du roi consistent dans la ferme générale des péages, les droits de l'amirauté, les droits sur la laine, l'eau-de-vie, le plomb, la poudre à tirer, le vif argent, & les cartes qui rapportent. Escudos 12772650.

Les fermes, les diverses contributions payées par les sujets, principalement sur les vivres. . . . . . . 11798000.

Le tabac. . . . . 10996399.

Les postes . . . . 3317592.

Les Indes fournissent un revenu annuel de . . . . 8000000.

Escudos 46884641.

Or, comme l'escudos varie de valeur entre 5 liv. & 5 liv. 5 sols, cette somme peut aller entre celle de 234423205 livres, ou celle de 293029006.

Les forces de l'Espagne sont partagées en armée de terre & de mer. La premiere est de près de cent mille hommes, & est composée de 70 bataillons Espagnols, de deux régimens Italiens, de trois Wallons, de trois Irlandois, de trois régimens Suisses, de quatre d'Invalides, & de 33 de milice nationale. Les miquelets, couverts d'une veste, d'une rédingote, ayant des souliers de corde, sont des troupes légeres bonnes pour les défilés, & pour placer dans les bois : ils se battent avec courage, mais ils sont cruels. Les gardes Espagnoles forment le corps militaire le plus estimé. Les gardes Wallones sont la meilleure infanterie de l'Europe. La cavalerie est d'environ 10000 hommes, elle est excellente : c'est aux chevaux Andalous que Philippe V dût sa couronne. L'entretien de ces troupes monte à dix millions d'escudos de Veillon. (*). Cette armée est moins utile qu'une flotte, parce que les Pyrénées & sa situation, ses productions, ses redoutes défendent l'Espagne.

La flotte était composée en 1754 de 26 vaisseaux de guerre de 114 jusqu'à 50 canons : de 13 frégates de 30 jusqu'à 20 canons, de 2 paquebots de 18 canons, de 8 chebecs de 24 canons, de 4 frégates à bombes de 12 canons : 19 mille hommes sont employés sur cette flotte. En 1778, la marine d'Espagne consistait en 7 vaisseaux du premier rang, 41 du second, 11 du troisieme ; 32 frégates, 12 chebecs, 3 brigantins, 4 galiotes à bombes, 7 demi galeres, 8 hourques & 2 goaletes.

(*) En 1773, ces forces consistaient en 3 compagnies de gardes du corps, une de hallebardiers, un régiment de gardes Espagnoles, un de gardes Valonnes, chacun de six bataillons, une brigade de quatre escadrons de carabiniers royaux, 46 régimens d'infanterie de deux bataillons, dont 33 sont Espagnols, 3 Irlandais, 2 Italiens, 4 Wallons, 4 Suisses. Il y avait encore un régiment d'artillerie de 4 bataillons & un d'ingénieurs. On doit joindre à ceux-là 42 régimens de milice nationnale qui n'ont qu'un bataillon ; 46 compagnies d'invalides & 129 compagnies de milice des villes.

La cavalerie du roi consistait en 14 régimens, de quatre escadrons chacun & en huit régimens de dragons.

En 1773 elle ne confiftait qu'en 106 bâtimens: les dépenfes du roi pour la marine montent à près de fept millions.

On divife l'Efpagne en diverfes provinces qui formaient autrefois le royaume de Caftille & celui d'Arragon ; nous parlerons d'abord de celles qui forment la Caftille.

DES PROVINCES DE LA CASTILLE.

Nouvelle Caftille.

Elle eft au centre de l'Efpagne, & on lui donne quelquefois le nom de royaume de Tolede. Elle a 100 lieues dans fa plus grande longueur, 80 dans fa plus grande largeur (*). La chaîne des monts Carpentins la fépare de la vieille Caftille & de l'Eftramadoure. La *Guadarrama* fait partie de cette chaîne ; c'eft un mont formé d'une efpece de granite. Sur fon fommet eft un lion de marbre ; la fougere rare par-tout ailleurs y eft abondante ; delà on voit la vieille Caftille unie comme une vafte mer ; fon fol eft beaucoup plus élevé que celui de la nouvelle. Le fol de cette province eft montueux, riche en mines, produit du bled, du vin & manque d'eau ; le terroir eft ordinairement bon. Entre le Tage & le Guadiana qui l'arrofent, font les montagnes de Tolede. La Sierra Morena la fépare de Cordoue & de Jaen. Ferdinand le faint en fit la conquête en 1085. Le nom de Caftille n'eft pas

___

(*) Nous réduifons les petites lieues d'Efpagne de 3022 toifes en lieues communes de France.

ancien

ancien : les petits châteaux qu'on opposait aux courses des Maures, fit nommer ainsi la vieille Castille dans le xe. siecle. La nouvelle est composée de trois Provinces, l'Alcarria, la Sierra & la Manche. On y a joint aussi l'Estramadoure, dont nous parlerons séparément.

L'ALCARRIA.

Elle occupe la partie du nord de la nouvelle Castille : des auteurs y placent les mines de mercure d'Almaden, que d'autres placent dans la Manche : nous suivons ceux-ci. Les campagnes de cette contrée sont couvertes de fleurs ; & c'est ce qui la rend abondante en miel excellent par le goût, & suave par l'odeur qu'il répand : sa couleur est celle du crystal le plus net & le plus transparent : sur 25 livres de miel, il y a à peine une livre de cire.

Madrid n'est qu'un bourg. Charles-Quint y guérit de la fievre, il s'y plut ; ses successeurs l'imiterent, & par-là elle devint la capitale de l'Espagne. Elle est située au centre de l'Espagne, sur des collines basses, & d'un sable grossier ; ses environs sont sans bois, sans rivieres ; car le Mançanarés n'est qu'un ruisseau tortueux que la fonte des neiges des montagnes qui environnent la plaine où la ville est située, enfle & fait déborder, mais que l'été desséche, & alors on peut dire comme un plaisant, qu'il faut vendre le pont pour acheter une riviere. Ce Mançanarés a deux ponts : celui de Ségovie long de 1100 pas (*), large de 22, couta 200000 ducats à Philippe II, c'est

---

* Un voyageur Anglois ne lui donne que 695 pieds de long & 36 de large.

plus d'un million de livres de France. Celui *de Tolede* est plus magnifique encore, mais il n'a que 385 pieds de long sur 36 de large. De hautes montagnes dont le sommet est souvent couvert de neige, environnent Madrid qui n'a ni fossés, ni murs; ceux des jardins de quelques propriétaires lui servent d'enceinte. On y voit de belles places, des fontaines d'une eau pure & légère, dont la meilleure est celle du Berro : des maisons & des églises magnifiques. On y compte 600 rues : la plupart sont aujourd'hui larges, longues, droites, pavées avec soin, les plus belles, d'un silex taillé, les autres de cailloux arrondis. En 1760, il y avait encore plusieurs rues sales & mal pavées. La place majeure est assez réguliere, bâtie d'édifices uniformes, soutenus par des pilastres qui forment des portiques commodes, & dont les fenetres sont ornées de balcon. Elle est au centre de la ville, & son aspect en impose : elle a 1536 pieds de circuit. C'est-là que s'élevent les petites boutiques où l'on vend les vivres; là que se donnent les combats de taureaux. En général les maisons de Madrid sont peu solides, mal bâties, & elles le sont ordinairement en granite, briques, bois & caillou : les façades en sont peintes. De grands appartemens vuides, 2 ou 3 chambres habitées, les unes pour l'hiver, les autres pour l'été, c'est ce que les Espagnols veulent avoir chez eux. On loue des maisons, souvent on les trouve sans vitres, & les loyers sont très-chers; si l'on bâtit une maison, le premier étage est au roi de qui on le rachète. Un des plus beaux bâtimens de Madrid, est la prison des grands : le portique d'entrée est orné par les armes d'Espagne en relief; au sommet du bâtiment, sont 3 statues, & celle du milieu représente la justice. A l'occident de la ville, est un chemin élevé garni d'ormes, qui sert de promenade : près d'elle est l'église de Notre Dame d'*Atocha*, magnifique édifice, éclairé par cent lampes d'or ou d'argent, & où l'on voit une image révérée de la vierge, habillée en veuve les jours ordinaires, mais chargée de pierreries les jours de fêtes. Dans l'église du couvent de l'incarnation, on expose toutes les années, le 27 juillet, une phiole pleine du sang de St. Pantaleon, qui se liquéfie ce seul jour; c'est un pendant du miracle de St. Janvier à Naples. Madrid a 18 paroisses, 69 couvens, 22 hôpitaux : le principal est celui des enfans trouvés qui deviennent tous bourgeois de Madrid &, dit-on, gentilhommes. L'amphithéâtre destiné aux combats de taureaux, fut bâti en bois l'année 1746. L'aire a 160 pieds de diametre, il a des loges couvertes; le produit de la recette est pour les hôpitaux. La douane bâtie en 1769, est un des plus beaux bâtimens de Madrid : elle est construite en pierres blanches. Sa face a 17 croisées, 5 portes & 4 étages. Le palais royal est à l'occident de la ville, sur une éminence. On y arrive par la grande rue ou *Calle Major*, bordée des deux côtés de maisons superbes : au devant de la façade est une belle place; l'intérieur présente plusieurs cours environnées de colonnes, occupées par des merciers. Les jardins ne sont pas magnifiques, il y a d'assez belles avenues, & une terrasse qui donne sur le Mançanarez. C'est dans ce palais que s'assemblent les divers conseils, & les tribunaux de justice. On y voit de belles salles : l'une d'elle longue de 100 pas, est tapissée de débris d'armes; on y remarque celles de Charles-Quint & de ses trois successeurs du nom de Philippe, la botte d'un duc de Saxe presqu'aussi haute qu'un homme, l'épée de Roland, six hommes à cheval, armés de toutes pieces, ornés d'émeraude, des armes chinoises de fer émaillé, &c. Les appartemens sont beaux, les galeries ornées de statues rares, & de bustes travaillés avec art: les plafonds en sont peints avec goût & délicatesse. On y trouve une bibliotheque nombreuse à l'usage du public. Elle occupe plusieurs appartemens : on y voit en relief d'argent une ville avec ses fortifications, ses défenses & ses attaques. Madrid est aujourd'hui fort propre : autrefois, sa puanteur se répandoit à une lieue à la ronde, & le peuple la regrette : c'était pour lui, & pour les seigneurs Espagnols mêmes, ce qu'ils appelloient l'air natal, ils trouvaient des raisons pour le croire utile & nécessaire. L'air y est pur : pendant l'hyver les vents du nord y regnent ; ils y sont très froids, très-secs & très-pénétrans : ceux d'ouest y sont chauds & pluvieux. Cette ville ou bourg a 13100 (*) maisons, la plupart de briques, & sous le regne de Ferdinand VI, on y comptait 26043 habitans, de 18 jusqu'à 60 ans, 10676 domestiques, 735 pauvres, 207 ouvriers de journée, n'ayant pas de maisons, 5660 veuves, 42168 femmes & enfans de différens âges. On y compte 140 églises : le nombre des carosses est entre 4 & 5000. La maison de ville ou *Casa del Ayuta-miento*, est un des plus beaux édifices de Madrid. Son portail est superbe : il a 3 portes ; celle du milieu est couronnée d'un balcon soutenu par 4 rangs de colonnes chargées d'un second ordre au-dessus : toutes les fenêtres en sont fermées de barreaux de fer doré. Parmi les promenades, on remarque le *Prado nuovo*. C'est un grand & large quai, haut de 9 pieds, large de 40, bâti en briques, au bord du Mançanarez, qui présente diverses allées d'arbres bien alignées. Les environs de Madrid ont de gran-

---

* Bowles n'y en compte que 9 à 10000.

des couches de caillou, de roches, de bancs de terre ou noirâtre ou gypseuse, & on y trouve beaucoup de crystal de roche. Si vous regardez ses environs d'un lieu élevé, ils paraissent unis & ondés, quand on les parcourt, on les trouve coupés de ravins. Plus de 200 villages y sont répandus, l'intervalle qui les sépare est couvert de champs de bled & d'orge ; on y voit peu de vignes, peu d'arbres & d'arbustes, mais ils eurent autrefois des bois célebres, dont on les a dépouillés pour faire prospérer des champs qu'ils auraient défendus de l'ardente chaleur du soleil, & de l'aride sécheresse qui souvent les défole. Les champs d'orge servent particulierement à nourrir des chêvres dont il entre chaque jour de grands troupeaux à Madrid, pour distribuer leur lait à ses habitans. On croit que cette ville est la *Mantua Carpetanoru* des anciens : sa latitude est 40 degrés 26, sa longitude 13 degrés 50. m.

Tolede, Toletum, ville où siege le premier archevêque d'Espagne : elle fut une colonie des Romains, & bâtie, dit-on, par une colonie de Juifs échapés de la captivité de Babylone. Les rois Wisigots & les rois Maures y résiderent, & elle était encore la capitale du royaume sous Charles-Quint : elle est située au confluent du Tage & du Xarama, sur un rocher de pierre grise de trois lieues de circuit, dans une pente inégale & souvent rapide : le Tage qu'on y passe sur deux ponts antiques, y coule au travers des rocs & l'environne de deux côtés de son lit profond : ailleurs elle est fermée par des vieux murs flanqués de 150 tours bâties par les Maures ou par le roi Goth Wamba. Elle n'a pas de fontaine, des ânes transportent avec peine toute l'eau dont on y a besoin. Les rues sont étroites & mal pavées d'un grais rond ; ses maisons furent belles, mais aujourd'hui leurs débris embarrassent la moitié de ses rues. On y voit encore quelques édifices magnifiques : telle est le grand & vaste château d'*Alcaçar*, dont le sol est de 500 pieds plus haut que le fleuve, que des pompes forçaient à y répandre une partie de ses eaux : il fut bâti par Charles-Quint, & commande à la ville & aux environs : c'est un quarré dont chaque côté a 256 pieds de long : sa vaste cour est embellie d'un portique à douze arches, & deux étages, l'un d'ordre corinthien, l'autre composite : le grand escalier est très-beau ; large d'abord de 50 pieds, il se divise, & une partie va à droite, l'autre à gauche. La grande porte d'entrée est ornée de chaque côté de deux colonnes d'ordre ionique ; ses offices commodes sont souterrains ; ses écuries le sont aussi, & peuvent loger 5000 chevaux : dans l'une de ses chambres est un écho singulier : le plafond & les galeries sont gâtés, la chapelle tombe en ruines ; on n'y trouve plus que quelques chambres inhabitables ; son toit plat est entouré d'une balustrade. Le palais de l'archevêque est beau : ce prince ecclésiastique est le primat du royaume, grand chancelier de Castille, seigneur de dix-sept villes, de beaucoup de bourgs & de villages, d'un grand nombre de maisons qu'on distingue par une grande brique, sur laquelle sont écrits ces mots ; *la Sainte Vierge a été conçue sans péché.* Il a 1200 milles livres de revenus, sur lesquels le prince Louis s'est réservé une pension : il a pour suffragans les évêques de *Cordoue*, de *Cuença*, de *Siguença*, de *Jaën*, de *Ségovie*, de *Cartagene*, d'*Osma* & de *Valladolid*. Sa cathédrale est l'église la plus considérable de l'Espagne, & une des plus riches de l'Europe : elle fut bâtie en 587, dans le même stile que le dôme de Milan, elle a 384 pieds de long, 191 de large, 107 de haut: 85 colonnes soutiennent sa voute, & sa tour est une belle pyramide. Ses autels, les gradins par lesquels on y monte, sont de vermeil. On trouve dans la sacristie quatre grandes figures représentant les quatre parties du monde, montées sur deux glaces portées sur des piédestaux, & ornées de toutes les pierreries qui se trouvent dans les pays qu'elles représentent. Figures, globes, piédestaux, tout est en argent massif. Un nombre infini de pierres précieuses, de reliquaires, de vases, de lampes, d'encensoirs, de croix, de chandeliers, de couronnes d'or, d'argent & de vermeil est renfermé dans une chapelle. Des colonnes de jaspe séparent les places des chanoines ; une porte est de bronze * : le tabernacle est d'argent doré, & peut se séparer en 7000 pieces : il faut trente hommes pour le porter. Au dedans est encore un tabernacle d'or fin, le premier qu'on apporta des Indes. On y voit la statue d'argent de la Vierge, de grandeur naturelle, éclairée par quatorze grosses lampes d'argent, environnée d'une balustrade d'argent encore. Un ministre proposa de se servir de ces trésors pour les besoins de l'état, & les moines le firent exiler. Ces moines rassemblés en chapitre ont environ 1300 mille livres de rente ; mais le roi qui est un d'entr'eux, ainsi que le pape, perçoit une partie de ces revenus : comme ces deux chanoines sont toujours absens la veille de noël, lorsqu'on les appelle tous, on leur impose une amende de 2000 mara-

---

(*) Masson de Morvilliers dit qu'il y en a plusieurs.

G iv

vedis. Une des chapelles sert de tombeau aux archevêques.

Le cardinal Ximenès y a fondé une chapelle des *Mosarabes*, & on s'y sert encore de ce missel, malgré les représentations de la cour de Rome. L'église de Sainte Marie la Blanche fut autrefois une sinagogue.

Tolede a un tribunal d'inquisition, vingt-sept paroisses, trente-neuf couvens, vingt-huit hôpitaux, beaucoup de colleges, une université qui avait, en 1760, onze professeurs & seize étudians. Il y a une riche bibliothéque quelquefois visitée & admirée, mais peu consultée : celle de l'archevêché contient 1714 manuscrits. Cette ville eut 200 mille habitans dans le quinzieme siecle, & n'en a pas 25000 aujourd'hui ; on y commerce en soie, en draps, en laine : son ancienne manufacture d'épées a laissé des ouvrages très-recherchés de nos jours ; celle d'aujourd'hui lui est bien inférieure ; on y fabrique les lames, les poignards, les ceinturons qui servent aux troupes & pour le compte du roi. Dans un fauxbourg ou nord de la ville, on voit les restes d'un amphithéâtre romain, & près de là celles d'un cirque. Ses environs sont secs & stériles, excepté les lieux qu'arrose le fleuve ; il y pleut rarement ; l'air y est pur. Martial nous parle des bords ombrés du Tage, mais l'on n'y voit plus d'arbres aujourd'hui. Sa longitude est 13 dég. 50 m. sa lat. 39, 50 min.

Alcala de Henarès, *Complutum*, ville située sur les bords de l'Henarès ; sa forme est ovale, ses rues sont assez droites, ses maisons petites, noires, mal bâties. L'archevêque de Tolede y a un palais ; on y voit une église collégiale, deux paroissiales, dix-neuf couvens de moines, neuf de religieuses, vingt-quatre colleges, quatre hôpitaux, dont l'un pour les étudians malades, un autre pour ceux qui sont pauvres. Son université est la seconde du royaume, & fut fondée par le cardinal Ximenès qui voulut y être inhumé, & y établit quarante-six chaires de professeurs: il en fit son héritiere, & lui laissa soixante mille livres de rente. Dans les solemnités, le recteur marche après le roi & avant le premier ministre. La ville est exempte d'impôts, parce qu'elle vit naître Ferdinand, frere de Charles-Quint, & l'on y conserve encore son berceau; la grande rue qui traverse la ville est la plus belle; on y voit un college magnifique où enseignerent les jésuites. La grande place est toute décorée de portiques: là est le grand college dont le portail, soutenu par des colonnes de marbre, porte la figure de Philippe II: l'entrée en est défendue par des chaines de fer tendues entre des colonnes. On trouve quelques inscriptions antiques dans cette ville: son territoire est fertile, agréable, bien cultivé: c'est dehors ses murs qu'est la fontaine dont les rois ont voulu seuls avoir la jouissance, parce qu'elle est, dit-on, très-pure & très-légere: on en transporte l'eau à Madrid, ou peut-être on l'y transportait, car ces ordres peu sensés n'ont pas un effet éternel.

Guadalaxaro, ville sur le Henarès. Elle a un palais dont les peintures à fresque se sont bien conservées, sans qu'on en prenne aucun soin. On y compte neuf églises paroissiales, quatorze couvens, plusieurs hôpitaux, & cependant elle n'a que 2600 habitans. Le duc de Riperda y établit une manufacture de draps, qui n'ont pas le corps de ceux de Hollande; mais le teint en est bon.

Buen-Retiro, maison royale à l'orient de Madrid,

bâtie par Philippe IV, ou plutôt par le comte-duc d'Olivarès, composée de quatre grands corps de logis, flanquée d'un pareil nombre de pavillons. On y a une très-belle vue ; l'air y est sain, les appartemens n'en sont pas grands ; les meubles en sont superbes & précieux, mais négligés : les plafonds en sont peints & dorés : le parc en est beau & a plus d'une lieue de tour ; le théâtre qu'on y voit est bien entendu, & d'une exécution admirable. Les jardins sont sans symmétrie : au milieu du parterre est une statue qui jette de l'eau & arrose les fleurs. Ailleurs sont des fontaines, des étangs, des grottes, des cascades, des napes d'eaux, des cabinets, des allées d'arbres terminées par les solitudes de St. Antoine & de St. Paul, où l'on a rassemblé tout ce que l'art & la nature ont de plus varié : on y remarque la statue équestre de Philippe IV, & dans l'intérieur divers tableaux des plus grands maîtres, un orgue singulier & très ingénieux, des ouvrages d'une porcelaine rare.

Casa del Campo, palais situé vis-à-vis de celui que le roi occupe à Madrid ; il est de l'autre côté du Mançanarès : il est négligé & mérite peu de l'être. Philippe III le fit bâtir pour y loger sa maîtresse, & ses boquets servent encore au même usage, mais non pour des rois. Son parc est fort peuplé : on peut aller en gondole sur ses étangs.

La Floride, maison royale peu éloignée de Buen-Retiro, embellie des statues des meilleurs maîtres d'Italie, & d'un grand nombre de fontaines jaillissantes.

Elpardo, maison bâtie par Charles-Quint, à deux lieues de Madrid, au bord du Mançanarès, c'est un bâtiment quarré & lourd, où l'on voit les portraits des rois d'Espagne, & des tableaux estimés. Son parc enferme une forêt montueuse de chênes, & a près de deux lieues de tour : plusieurs maisons de chasse y sont dispersées ; à l'orient est un couvent de capucins où un crucifix miraculeux attire les pelerins.

Sensuela, est une maison où l'on laisse tout faire à la nature ; les bâtimens, le parc, les jardins en sont négligés, mais on y jouit d'une vue charmante.

Villa-viciosa est un ancien château royal.

L'*Escurial* est un bâtiment superbe, construit sur un dessein sans élégance, dans un lieu où étoient des mines de fer : là s'était formé un village auquel les scories des forges avaient donné le nom de *Scoria*, & le palais en a pris le nom d'Escurial. Un vœu à St. Laurent, que la bataille de St. Quentin fit faire à Philippe II, porta ce prince à lui donner la figure d'un gril *, & a fait multiplier cette figure en bois, en fer, en marbre, en pierre, en stuc peinte ou sculptée sur les portes, sur les fenêtres, dans les cours & les corridors. Bâti dans un lieu aride, il est environné de montagnes pelées, dont la pierre, semblable au granite par sa couleur, au marbre par sa dureté, a servi pour le palais, & l'y fit placer. Les barres de cette énorme gril sont autant de cours, le manche forme les appartemens du palais ; le gril même renferme un monastere de 200 Hyéronimites, 17 portiques, une église, un college pour la jeunesse, une vaste bibliothéque, des boutiques d'artisans, des loge-

---

* On sait que Sr. Laurent souffrit le martyr sur un gril.

mens pour la maison du roi : il fallut vingt-trois ans pour l'élever, & on y consuma six millions de piastres. Sa principale façade a près de 700 pieds ; sa profondeur est de 500, les tours qui s'élevent aux angles en ont 200. On y compte 12000 croisées & portes. La façade principale est opposée à la montagne qui en est à 100 pas., & lui ôte le jour, tandis que les autres parties en jouissent encore. Là est placée la statue de St. Laurent, haute de 45 pieds, tenant un livre & un gril, habillé en diacre : la tête, les pieds, les mains sont de marbre ; le reste est du granite que fournit la montagne : elle est d'un travail exquis. Après avoir traversé un superbe vestibule, on trouve une vaste cour : aux deux côtés sont le monastere & le college, au fond est l'église dont la coupole est bâtie sur le modele de St. Pierre de Rome : cinq portes décorent la façade, & sur elles sont six statues de rois juifs de 17 pieds de hauteur, moitié marbre & moitié granite. Le chœur rend l'église obscure, & renferme 216 missels de parchemins ornés de très-belles miniatures. Là est le plus beau crucifix de l'univers, de grandeur naturelle ; c'est l'ouvrage de *Cellini* ; le corps est de marbre blanc, la croix de marbre noir. Là encore est la statue de St. Laurent, de grandeur naturelle, & dans le goût antique. L'église est soutenue par quatre rangs de colonnes, & est couronnée par un dôme : les voutes en sont peintes & dorées par les mains les mieux exercées, & partout on y voit des tableaux des plus grands maîtres : elle est pavée de marbre noir, & renferme 40 chapelles & 48 autels ; le grand autel est orné de 15 statues de bronze ; on y monte par dix-sept marches de jaspe rouge : il est tout de porphyre, & a sur les côtés deux oratoires où l'on voit Charles-Quint & Philippe en habits royaux, à genoux, environnés de leurs enfans & de leurs armes : les statues sont de grandeur naturelle & de bronze doré. Huit orgues, dont l'un est d'argent, & les deux cents religieux y chantent l'office sur de grands & magnifiques pulpitres de bronze doré. Les ornemens des autels, les habits des prêtres sont brillans d'or, de diamans, de perles ; les vases, les calices sont de pierres précieuses ; les lampes, les chandeliers, les encensoirs sont d'argent fin ou d'or pur : on y voit une émeraude grosse comme un œuf : cette chapelle seule vaut, dit-on, cinq millions. Là sont aussi onze mille reliques, parmi lesquelles on remarque un poil de la barbe adorable du Sauveur, des pieces de la croix où il mourut, de la colonne où il fut fustigé, de la créche où il naquit, treize épines de sa couronne, des pieces de la robe de sa mere, de son mouchoir, un des cheveux qui flottaient sur son cou d'yvoire, cent trois têtes de saints, plus de 1200 bras & jambes, 346 veines, 1400 dents ou doigts, &c. On a dispersé quelques membres grillés de St. Laurent, pour éloigner la foudre de ce bâtiment immense. Sous le grand autel est le tombeau des rois & des reines qui ont eu des fils : ce mausolée superbe est ce que l'Escurial a de plus grand & de plus frappant. Il est pratiqué sous terre, de figure octogone, bâti en dôme, & a le nom de *Pantheon* sans qu'on sache pourquoi. On y descend par 58 marches de marbre & de jaspe ; il a 36 pieds de diamètre, 38 pieds de haut, est composé de marbres rares, travaillés avec art, chargés d'ornemens en bronze doré : 16 colonnes de jaspes le soutiennent, d'autres forment derriere une sombre perspective, leurs bases & leurs chapiteaux sont de bronze doré :

dans les intervalles font 24 farcophages de marbre, longs de fept pieds, placés dans des niches; chacun d'eux repofe fur * quatre lions de bronze doré: on lit fur chacun le nom qu'eut le roi ou la reine dont les reftes y font dépofés. La coupole eft de marbre orné de feuillage de bronze doré; c'eft encore de cette matiere qu'eft faite le candelabre qui y eft fufpendu, & où huit anges portent chacun une lampe pour éclairer ce lieu, qui ne reçoit de jour que par une croifée. Dans une chapelle voifine font dépofés les enfans des rois, & les reines qui n'ont point laiffé de poftérité: 40 niches en font pleines, onze attendent ceux qui vivent encore.

La bibliothéque eft une falle longue de 194 pas, large de 32, haute de 56, partagée en quatre galeries attachées à la muraille qu'elles entourent: les tablettes font faites de plufieurs fortes de bois des Indes. Le parquet eft de marbre & de fayence fine peinte en bleu; vingt grandes fenêtres l'éclairent: on y voit 21000 volumes, dont 577 font des manufcrits grecs, 67 hébreux, 1800 arabes, 1820 en latin & langues vulgaires; elle était plus nombreufe avant l'incendie de 1661, qui confuma 1200 manufcrits arabes. On dit qu'il y a des fragmens de Tite-Live & de Diodore de Sicile, qui n'ont pas été imprimés: on y voit cinq tables de marbre, fur l'une defquelles eft la ftatue équeftre de Philippe II, haute de quatre pieds, en argent maffif, ainfi que les quatre efclaves qui l'environnent. Les autres tables ont auffi des ftatues d'argent. On remarque autour une foule de tableaux des plus grands maî-

---

* Ou quatre griffes de lion, comme le dit le pere Caimo.

tres, de statues, de globes, d'inſtrumens de mathématiques, une ſphere de bronze, un aimant qui peſe ſept livres & en ſoutient vingt-ſix, tiré des montagnes voiſines, & qui, s'il étoit armé, en porteroit plus de ſept cents. Dans une petite chambre eſt un petit autel d'or qui ſervait à Charles-Quint; la croix de ſon crucifix eſt orné d'une topaze grande comme un œuf de poule, d'un diamant & d'un rubis, chacun de la groſſeur d'une fève. Tout le palais renferme 1600 tableaux peints en huile; le plus eſtimé eſt dans la vieille égliſe: on le nomme la *Madone du poiſſon*; il eſt de Raphaël. Les jardins & le parc ont une lieue de tour: là ſont de belles promenades & un grand nombre de fontaines: ſes environs ſont riches en quartz blanc ſingulier, en granite bleu & rouge, en ſpath, en mines de cuivre verd & bleu, & de plomb; on y trouve des pyrites, du jais, de l'émeri, des eaux minérales bouillantes, des ſources d'eaux pures qui fertiliſent des champs & de vaſtes prairies, & ſortent de montagnes de roches ou de granite. Nous nous arrêtons ici, en avertiſſant que la néceſſité d'abréger la deſcription de ce vaſte palais, nous a forcé d'omettre beaucoup de choſes qui méritent l'attention de l'homme de goût & du ſavant.

Eſcalona ville ou grand bourg, duché créé par Henri l'impuiſſant: il eſt placé ſur une hauteur, & eſt environné de murs: il a quatre fauxbourgs, autant d'égliſes, deux couvens, un château. Ses environs ſont fertiles en huiles, vins & fruits.

Chinchilla, bourg ſur un roc eſcarpé de toutes parts. *Mançanarès* eſt au pied des monts de Gadarama; il eſt riche en beſtiaux & en gibier. *Vieux Colmenar* n'eſt qu'un village, mais il a une riche mine de cuivre. *Cahadalſo*, *Orpaz* bourgs qui n'ont rien de remarquable. *Maquedo* a le titre de duché, & est situé dans une presqu'isle formée par deux petites rivieres; ses environs sont couverts de vignes & d'oliviers. On y compte trois paroisses, deux couvens, un hôpital & un beau château. *Puente del Arcobispo*, est situé sur le Tage, & les archevêques de Tolede, qui en sont seigneurs, y ont fait élever un beau pont : autour de ce bourg sont plusieurs verreries.

Talaveira de la Reyna, ville ou bourg qui fut l'appanage des reines de Castille, située au confluent de l'Alberche & du Tage : ce dernier la rend commerçante. Située dans une large vallée, ceinte de murs flanqués de 17 tours, ses rues sont larges, ses maisons agréables, sa forteresse antique, son terroir abondant en blés, vins délicieux, huiles, fruits, légumes, poisson, bétail, volaille & miel. On y fait de la belle fayance, des étamines, d'autres étoffes, des ouvrages peints & vernissés, & on y découvrit en 1735 une mine d'or. Sa population n'est gueres que de 4000 habitans : mais elle a sept paroisses, douze couvens, sept hôpitaux & hermitages.

Almagro, petite ville située dans une plaine fertile en grains, vins & fruits : près d'elle sont des sources d'eaux thermales estimées.

Deux églises, quatre couvens, une centaine de maisons forment le bourg d'*Yepas*. Celui d'*Occana* est plus grand & fort ancien, a de bons murs, quatre églises & dix couvens, est dans une belle & fertile plaine : le gibier & la volaille y sont abondans. On y fabrique de la vaisselle très-blanche & recherchée : près d'elle est une belle source d'eaux minérales; la fontaine parait être un ouvrage des Romains. On arrive à la source par une gallerie souterraine,

assez

DE L'ESPAGNE.

affez élevée pour qu'on puiffe y marcher debout : l'eau eft conduite par deux tuyaux à un grand réfervoir qui abbreuve tout le bourg.

Aranjuez, maifon de plaifance plus belle par fa fituation que par fon architecture, fituée dans une isle formée par le Tage & le Xamara, joints par un canal. L'étendue de fes jardins, l'abondance de fes eaux, fes fept fontaines ornées de ftatues, fes grottes, fes cafcades, fes bofquets où l'on refpire la fraicheur, fes perfpectives riantes en font un des plus beaux lieux de l'univers. On remarque dans fes jardins un grand baffin, au milieu duquel eft un Cupidon armé d'un carquois rempli de flèches, dont chacune forme un jet d'eau : plus bas font les trois graces : aux quatre coins du baffin font des arbres, & de chacun s'élève un jet d'eau qui s'élance à 70 pieds. Les figures font de marbre. Autour du palais eft une plaine de 4 ou 5 lieues, où l'on trouve du fel d'Epfom, & qui eft environnée de petites collines & d'épaiffes forêts. C'eft dans cette plaine qu'eft bâtie la ville de ce nom, commencée vers l'an 1760. Le Tage l'arrofe; fes rues font larges, droites, coupées à angles droits; le roi fait donner une fomme à celui qui y élève une maifon; mais il doit fe conformer au plan général : ces maifons ont deux étages & font peintes en blanc; les portes & les contrevents le font en verd. On y compte 5000 habitans; mais quand le roi y vient, il y en a environ 15000. Cette ville reffemble à Potzdam; des lanternes l'éclairent pendant la nuit; elle a trois églifes, & la principale, entourée d'un périftile, eft fituée dans une grande place quarrée, environnée de portiques, où l'on entre par quatre grands arcs, & qui dans fon centre a une belle fontaine. On y voit un des

Tome VI. H

quatre amphithéâtres permanens qu'il y ait en Espagne : il est bâti de briques, de forme circulaire, & peut renfermer 5000 personnes : il sert aux combats des taureaux. Les sangliers y sont privés & courent les rues : les chameaux portent du bois, les charettes y sont traînées par des buffles transportés de Naples, & gouvernés par des anneaux passés dans leurs narines : tout le gibier appartient au roi. Trois grandes promenades, ombragées par quatre rangs d'ormes élevés, sont en face du palais ; de petits canaux les traversent & y entretiennent l'humidité & la fraîcheur.

Villa-rubia, *Anover*, *Leganès*, *Zurita*, *Hita*, *Cogolludo*, *Buytrago*, sont des bourgs ; les trois derniers sont ceints de murs, presque tous ont des couvens. *Brihuega* est aussi un grand bourg, de même qu'*Illescas* : le premier renferme cinq paroisses & trois couvens ; on y fait un grand commerce en laines ; ses murs qui furent beaux autrefois, tombent en ruines : le second a trois paroisses, & deux couvens.

Lupiana, est un bourg qui appartient à un monastère situé sur une montagne voisine.

Carascal n'est qu'un village, mais son territoire est cultivé avec soin ; il touche à une plaine inculte que couvrent le chêne verd, le ciste qui produit le labdanum, le thymelée, le troesne, le romarin, l'auronne & le genêt à fleurs blanches.

II. LA SIERRA.

C'est la partie orientale de la nouvelle Castille : les monts dont elle est hérissée lui ont fait donner ce nom qui vient du mot arabe *Sfiri* ou *Sera*, qui signifie montagne. On y trouve d'excellens pâturages couverts de troupeaux, composés la plûpart de brebis dont la laine est estimée par sa finesse. Cependant le pays est peu peuplé. On remarque qu'une partie des rocs qui la couvrent sont de la couleur & de la nature de la pierre à fusil.

Cuença, ville située sur une colline entre deux montagnes élevées, au bord du Xucar. Elle est connue par ses belles laines. Son évêque a plus de cinquante mille ducats de rente. On y compte quatorze églises paroissiales, & quatorze couvens : son tribunal de l'inquisition cesse d'être redoutable.

Huette ou *Guete*, autrefois *Julia opta*, est une ville peu peuplée, & où l'on compte dix paroisses, sept couvens, trois hôpitaux : elle a une jurisdiction étendue, & reçut le nom de cité du roi Jean II.

Alcaraz, petite ville sur un tertre, aux bords du Guadarmena. Un château, 5 paroisses, 7 couvens, environ 4000 habitans la composent : près d'elle est une montagne qui renferme une mine de calamine connue des Romains : on place quelquefois cette ville dans la Manche.

Valès est un bourg muré, donné à l'ordre de St. Jacques en 1174 : il renferme 3 couvens.

Alarcòn a 5 églises, & est environné de murs. *Noya* contient un château, six églises, deux couvens, un hôpital ; il est ceint de murs. *Valera* jadis ville & évêché, n'est plus qu'un mauvais bourg. *Segura de la Sierra*, riche commanderie de l'ordre de St. Jacques. *Caracena*, bourg & marquisat ainsi que *Villena*, &c.

San Clemente, petite ville qu'on trouve aussi placée dans la Manche : son zele infatigable pour Philippe V, lui fit donner le nom de très-noble, très-fidele & très-royale : ces grands titres ne l'empêchent pas d'être pauvre, quoiqu'elle ait un marché franc toutes les semaines, & une foire franche toutes les années. Elle a le droit de ne pouvoir être aliénée du domaine, & est située dans une plaine très-étendue, où l'on ne trouve ni arbres ni arbustes, ni fontaines. Les habitans font du feu avec le thim, l'aurône & l'absynthe.

III. LA MANCHE.

Elle est située au midi de la Sierra : des montagnes l'environnent, excepté vers le nord : la Guadiana coule dans sa partie septentrionale, ainsi que la Ségura. Sur les bords de cette derniere est une mine à la superficie de la terre qui répand une odeur de soufre, & renferme un peu d'or, de l'argent, du cuivre, du plomb, du zinc, du vitriol verd & blanc; on y trouve des morceaux où le fer, le mercure & le soufre sont mêlés : elle est connue & négligée. C'est là encore que sont les mines de mercure d'Almaden. Ce bourg & son église sont bâtis sur le cinabre : il a 300 maisons. Le monticule d'où l'on tire le mercure va du nord est au sud-ouest; il a 120 pieds d'élévation, 108 toises de long & environ 600 de large : il nourrit diverses plantes, est formé de deux plans inclinés, dont le sommet commun est couronné d'une crête de pierres coupées à pic. Dans l'intérieur sont d'énormes pierres de sable, inclinées de 14 dégrés à l'horison, mêlées à des morceaux de quartz blanc, à du spath léger, à des pyrites martiales, & traversées par des bandes d'ardoise noire & pourrie, le cinabre pénétre celle-ci, & enveloppe celles-là. On tire aujourd'hui de ces mines 18000 quintaux de mercure par an; elles ont plus de 1400 pieds de profondeur. On les exploitait sous les Romains, elles se fermaient à clé, & ne s'ouvraient que par un ordre de l'empereur.

La Manche est séparée de l'Extramadoure par des montagnes d'un grais fin & de quartz. La terre y est couverte de romarin, d'arbousiers, de troesne, de thim, de quelques espèces d'héliantheme, & de différens cistes : elles sont riches en miel.

Ciudad-Real, *Philipopolis*, ville placée dans un fond, au milieu d'une plaine fertile en vins excellens, qui nourrit beaucoup de bestiaux, & où l'on recueille du bon miel. Elle est à une lieue de la Guadiana, qui dans ses débordemens s'avance près de ses murs. C'est dans cette ville qu'on apprête le mieux les peaux pour les gants ; son enceinte est grande ; elle a été riche & peuplée, mais elle est fort déchue. On y compte trois églises, sept couvens & trois hôpitaux.

Almodovar del campo, bourg voisin de la chaîne de montagnes nommées *Sierra Moréna*, dans une une vallée agréable, couronnée par des monts où l'on trouve des mines de plomb.

Calatrava, petite ville voisine de la Guadiana, dans une plaine fertile : c'est le chef-lieu de l'ordre militaire de ce nom. *Almagro* est un grand bourg où l'on compte deux églises, neuf couvens, une université fondée en 1552, & une fontaine d'eaux minérales. *Consuegra* fut autrefois une ville, est située au pied d'une montagne, a deux paroisses, trois couvens, deux châteaux tombés en ruines : il appartient aux chevaliers de Malthe. *Mora*, *Orgaz* sont des bourgs qui ont le titre de comté : devant le premier est une belle plaine bien cultivée, terminée par une petite chaîne de montagnes de granite : près de lui sont des ardoises. *Quista-*

mar. *Toboso*; deux villages à une lieue l'un de l'autre, connus par le héros Don-Quichotte. *Mingranilla*, village dont les environs sont riches en salines. Les pluies les ont découvertes: dans un circuit de demi lieue, on trouve d'abord une couche de plâtre, puis un banc solide de sel gemme dont on ne connaît pas la profondeur; cette masse énorme de sel est quelquefois mêlée à de la terre gypseuse; quelquefois elle est pure, rougeâtre, cryftallifée en partie, friable comme le spath, fragile, plus salée que le sel marin, n'attirant que peu ou point d'humidité. Les pierres à plâtre qui la couvrent sont semblables au marbre: on y trouve des hyacinthes à deux pointes, travaillées à six faces régulieres, ce qui fait préfumer que ce sont des cryftaux couleur d'orange. On y trouve aussi des cryftaux gros comme des œufs de pigeon, calcaires & applatis aux extrémités comme les émeraudes du Pérou.

LA VIEILLE CASTILLE.

Elle est située au nord de la nouvelle, est moins étendue qu'elle, moins fertile, auffi dépeuplée, & cependant plus commerçante: fes habitans font affables, affez propres, ils connaiffent le commerce & les fabriques. Son nom vient du grand nombre de châteaux qu'on y bâtit au dixieme fiecle pour fe défendre contre les Maures. Son terroir montueux, femé de collines percées par les pholades, eft médiocrement cultivé, le vin y eft excellent. Le canton de *Tierra de campo* eft celui où fe recueille le meilleur: c'eft auffi là qu'on trouve les plus belles laines. La province de *Rioxa* eft la plus fertile en grains; les plaines y font couvertes de troupeaux, & l'abeille y fait une récolte abondante: l'air y est très-sain, mais un peu froid : c'est le pays des perdrix, des lapins, des poules, des pigeons, des moutons, &c. L'*Ebre* & le *Duero* y prennent leur source, & y reçoivent le *Pisverga*, l'*Arlançon*, l'*Arlança*, l'*Eresma*, le *Duraton*, l'*Adaja* & l'*Arevalillo*. Deux chaînes de monts s'étendent, l'une vers la mer de Cantabre, & c'est la plus élevée, l'autre vers Burgos. C'est là qu'est le point le plus élevé de l'Espagne, & ce lieu est probablement Reynosa; ses côteaux sont couverts de neige toute l'année, & l'Ebre, la Pisverga qui y prennent leur source, coulent, le premier dans la méditerranée, la seconde dans l'océan. Sur ces monts croissent les meilleurs rouvres de l'Espagne & peut-être de l'Europe, parce qu'ils y croissent avec lenteur dans des terres séches & légeres. Il y a des forges dans ces montagnes, une fonderie royale de canons de fer, des pierres d'aigle, creuses, remplies de crystallisation, & grosses comme la tête d'un homme. Cette province ne fut d'abord qu'un comté soumis au royaume de Leon; elle devint royaume en 1016. On la partage en huit mérindales.

Burgos, ville qui de la pente d'une montagne s'étend jusques dans la plaine, jusqu'aux bords de l'Arlanzon, ou Arlençon, riviere resserrée & rapide. Elle est assez grande, peu de ses rues sont larges & droites; son enceinte a la forme d'un croissant, elle a de belles places publiques, ornées de statues & de fontaines : on remarque sur-tout la place *Mayor*, au centre de la ville, entourée de belles maisons soutenues par des pilastres qui forment des portiques. Une de ses portes est ornée de statues des rois d'Espagne, placées dans de superbes niches dorées. Un vieux château sur la montagne, fort par sa situation, la défend. Son archevêque a pour suffragans les évêques de Pampelune, de Calahorra, de Palentia, de Santander, & il jouit de 200000 liv. de rente : son palais est beau : son église métropolitaine passe pour la plus réguliere & la plus belle de l'Espagne : elle est riche, bâtie en forme de croix, & si vaste qu'on y célebre cinq grandes messes à la fois, sans que l'un des officians interrompe l'autre : sa principale entrée est ornée de deux grandes tours avec de belles statues ; au centre est un grand dôme orné encore de deux grandes tours; deux autres sont sur le derriere : le grand autel, les chapelles sont sculptées & dorées. Dans un couvent d'Augustins est un crucifix de grandeur naturelle, élevé sur l'autel, fait, dit-on, par le Nicodême dont parle l'évangile, ou apporté du ciel par un ange : il est assez bien fait, renfermé dans une chapelle sombre, que deux ou trois cents lampes d'or & d'argent éclairent : aux deux côtés de l'autel sont 60 chandeliers hauts de 6 à 7 pieds, & tous d'argent ; sur l'autel, il y en a un d'or massif : des pierreries, des couronnes garnies de perles & de gros diamans, différens tableaux embellissent encore ce lieu, où du moins l'enrichissent : pour être digne de le voir, il faut entendre deux messes ; toutes les cloches sonnent, on se prosterne, trois rideaux de satin brodés de pierreries se tirent l'un après l'autre : on voit enfin l'image sacrée dont les cheveux, la barbe, les ongles croissent, & qui fait un grand nombre de miracles.

On visite aussi à Burgos le vieux palais des rois & des anciens comtes. Cette ville a un fauxbourg au-delà de l'Arlanzon que trois beaux ponts de pierres joignent à elle, que des jardins environnent, que divers ruisseaux arrosent, & que des fontaines embelissent. Au-delà est un parc & des promenades. C'est dans un autre fauxbourg appellé *Brega* que sont la plûpart des couvens & des hôpitaux : on compte 18 des premiers, dont dix sont habités par des religieuses ; parmi les seconds, au nombre de 5, est celui qu'on a fondé pour les pélerins que la dévotion conduit à St. Jacques de Compostelle : 800000 livres de rente y sont attachées. Burgos a 16 paroisses : ses environs sont très-agréables, semés de côteaux abondans en blés & en lin : les rivieres qui les arrosent, nourrissent des truites, des anguilles, des écrevisses : dans une plaine voisine est un bois de hêtre & de cystes qui produisent le labdanum & le stœchas. La longitude de cette ville est de 14 deg. 20 min. sa latitude de 42 deg. 20 min.

Las Huelgas, abbaye fameuse, habitée par 150 religieuses, filles de princes ou de grands seigneurs ; l'abbesse préside sur 17 autres couvens, possede 14 villes & 50 bourgs ou villages, dispose de 12 commanderies. Le monastere a le titre de *noble*, & fut fondé par Alphonse IX, roi de Castille, qui prodigua l'or, l'argent, les riches broderies pour l'embellir.

Alfaro, petite ville dans la province de Rioxa : on y compte 4 couvens.

Arnedo est dans le duché de Frias : c'est une ville peu considérable.

Avila, ville, évêché suffragant de Compostelle : ses murs antiques sont flanqués de tours : on y compte 8 paroisses, 17 couvens, dont dix sont occupés par des moines, 9 hôpitaux, une université, 3000 maisons. Elle est située dans une belle & large plaine environnée de montagnes couvertes d'arbres fruitiers & de vignobles, arrosée par l'Adaja. Ses manufactures de draps sont connues; ils égalent ceux de Ségovie par la finesse & la bonté. Elle se glorifie d'avoir vu naître Ste. Thérèse, & de posséder un portrait de la Ste. Vierge, qu'on a trouvé miraculeusement empreint sur le rocher. Son évêque jouit de 120000 livres de rente.

Calahorra, jadis *Calaguris*, placée sur une hauteur, dont le Cidazo arrose le pied: elle est peu éloignée de l'Ebre. Son évêque a 90000 mille liv. de rente: sa cathédrale est remarquable par son architecture; son chapitre nombreux & riche. Cette ville renferme trois paroisses & trois couvens; ses habitans étaient connus autrefois par leur fidélité: ses environs sont abondans en tout ce qui est nécessaire à la vie.

Frias, ville capitale d'un duché, située sur une hauteur près de l'Ebre.

Logrono, ville fortifiée & voisine de l'Ebre: elle est située dans un pays découvert, très-fertile en fruits, légumes, blés, lin, chanvres & vins excellens: son huile est recherchée par sa délicatesse; on y éleve beaucoup de vers à soie, & ses pâturages nourrissent de nombreux troupeaux. Elle renferme un tribunal d'inquisition, 5 paroisses, 8 couvens, 5000 habitans. Elle jouit de divers priviléges que lui accorda Charles-Quint.

Naxera, chef lieu d'un duché, ville défendue par un fort, & qui renferme trois églises & trois couvens.

San Domingo-de-la-Calzada, ville qu'arrose la petite riviere d'Aglera ou de Glera, & située dans une plaine environnée de montagnes; elle est petite & ne renferme que deux églises & deux couvens: elle porte le nom d'un Saint du onzieme siecle, & eut un évêché réuni ensuite à celui de Calahora.

Osma, ville épiscopale au bord du Duero, près de l'Ucero qui coule entre elle & Burgos, dans une plaine fertile, au pied d'une colline : elle fut connue des Romains qui la nommoient *Uxama*: elle est presque ruinée : on n'y compte que 60 feux ; mais à quelque distance, dans la vallée, est située *Burgo d'Osma*, entouré d'un mur, percé par quatre portes, & habité par environ 200 familles. Il a trois places, onze rues, un couvent de carmes. Là est la cathédrale, une université, le palais de l'évêque qui jouit de 130 mille livres de revenus ; il faut que les chanoines de son chapitre prouvent qu'ils ne descendent que de chrétiens très-orthodoxes, & que l'inquisition n'a jamais notés. C'est la patrie de Saint Dominique, selon les uns, d'autres le font naître à *Calaroga*, petit bourg voisin d'Osma.

Ségovie est située sur l'Erasma, au sommet rocailleux d'un mont qui éleve à ses côtés deux grandes collines : ceinte d'un mur flanqué de tours, environnée d'un rempart, défendue par un château ; elle est ornée de beaux édifices, renferme 27 églises, 16 couvens de moines, 8 de religieuses, plusieurs hôpitaux, & environ 8000 maisons. Son évêque suffragant de Toléde jouit de 120000 livres de rente. L'église cathédrale, batiment gothique, n'est remarquable que par une statue de la vierge d'argent massif, placée sur le grand autel, & par les guenilles des juifs que l'inquisition a miséricordieusement livrés au feu. L'*Alcazar* fut un palais royal bâti par les Maures, dans le huitieme siecle ; les rois de Castille l'habiterent ; aujourd'hui, il l'est par des prisonniers d'état, mais une partie sert d'école militaire pour 80 cadets. Il est assis sur un rocher, qu'un fossé profond sépare de la ville avec laquelle il communique par un pont de pierre : il est construit avec des pierres à chaux ; à son centre s'éleve une haute tour, que de plus petites environnent, ses toits sont couverts de plomb ; ses chambres sont richement tapissées, sa chapelle est riche, dorée, peinte avec goût ; le sallon royal est décoré de 52 statues de bois peintes ; ce sont des hommes illustres, ou des rois & reines de Castille représentés de grandeur naturelle, assis sur leurs trônes couverts d'un dais, & chacun a son inscription : son plafond doré, il y a plus de sept siecles, paraît neuf encore. Ses canons menacent la ville & la campagne ; mais l'objet le plus intéressant que Ségovie présente à la curiosité, c'est son célebre aqueduc : les eaux de l'Eresma sont sales & malsaines, elles causent, dit-on, la paralysie, & les Romains amenerent une eau excellente dans la ville par cet aqueduc qu'ils construisirent ; cette eau vient des montagnes, elle est fraîche en été & paraît tiede en hyver, elle se distribue en différens réservoirs, & delà dans les maisons : l'aqueduc qui l'y amene joint une montagne à l'autre dans un espace de 3000 pas : il est construit à l'extérieur de pierres de granite, jointes sans chaux ni ciment, & l'intérieur est formé d'un massif de pierres minces & mêlangées, disposées sans ordre, & qui forment aujourd'hui un ensemble plus dur & plus ferme que le granite même : il commence par des petites arcades & finit enfin par en avoir deux rangs l'un sur l'autre : on en compte 125 au premier rang, & 52 au second : sa plus grande élévation est de 103 pieds ; sa structure est hardie & noble ; les savans Espagnols l'attribuent à Hercule, ou à Trajan, le peuple au diable, & ni les uns, ni l'autre ne le savent bien : le tems l'a respecté, les princes l'admirent & ne l'imitent pas.

DE L'ESPAGNE.

L'hôtel des monnaies de Ségovie fut un tems le seul de l'Espague : aujourd'hui il en est un autre à Séville : l'Eresma fait mouvoir la machine qui les frappe, & dans un moment la matiere est fondue, pesée, rognée, battue, marquée comme elle doit l'être; en un jour on en frappe plus qu'on n'en ferait dans un mois par les machines ordinaires : l'invention de celle-ci vient d'Inspruck. On fait à Ségovie de très-belles couvertures de lit, de beaux draps qu'on y teint en noir, & estimés par leur finesse & leur teinture qui ne s'affaiblit jamais, du papier très-fin, de la fayance ; son territoire est fertile ; on y trouve des promenades charmantes ombragées par des ormeaux : de nombreux troupeaux couvrent ses campagnes & donnent des laines recherchées de toute l'Europe. On les doit moins au climat qu'aux soins qu'on prend des moutons, & au mépris de l'agriculture qui permet de négliger le fumier, donne des déserts, & laisse des monts incultes où on les mène voyager pendant le jour & la nuit. *Voyez* pour les détails l'ouvrage de M. Bowles, page 468.

Siguenza, ville ancienne, bâtie sur le penchant d'un mont qu'arrose l'Hénarès qui prend sa source au nord, & à quelque distance de ses murs : elle a un château fort, un arsenal, trois églises, trois couvens, deux hôpitaux, une université, & 7 à 800 feux. Son évêque, suffragant de Tolede, a plus de 300000 livres de rente : la cathédrale est l'édifice le plus considérable qu'on y voit ; c'est un batiment gothique distribué avec goût : le palais épiscopal est grand & laid ; l'université fondée en 1441 par le cardinal Ximenès, a trois colleges : on y enseigne encore l'art de disputer sur des questions aussi importantes que celle-ci : est-il avantageux ou nuisible de commencer, quand on se rogne les ongles, par le pouce ou le petit doigt? quel avantage ou quel inconvénient résulterait-il pour l'homme, s'il avait un doigt de plus ou un de moins? mais la réformation approche. Les environs de Siguenza sont couverts de bois & d'arbres fruitiers; il y croît des vins excellens: à quelques lieues de là est une source minérale qu'on nomme la *Fontaine chaude.*

Soria, ville bâtie près des ruines de l'ancienne Numance *, & de la source du Duero. On y compte 13 paroisses sans doute peu étendues, 7 couvens de moines, 4 de religieuses & 4 hôpitaux. Les laines de ses environs sont très-estimées.

Valladolid est une grande ville, bien bâtie, située dans une vaste plaine, ceinte de bons murs, arrosée par le Pisverga, & peu éloignée du Duero. On y compte 10 à 11 mille maisons; les rues en sont belles, longues & larges, autrefois animées, aujourd'hui tristes & solitaires. On y remarque deux belles places: celle d'el Campo a près de 700 pas de circuit, & est entourée de couvens ou d'églises: on y entre par une voute spacieuse & belle: au centre est une promenade & une fontaine: c'est là que l'inquisition brûlait les hérétiques, là qu'elle fit expirer Augustin Cacalla, prédicateur de Charles-Quint. La place *mayor* est entourée de portiques, de maisons de trois étages d'une architecture uniforme & peu agréable. L'une des portes de la ville est majestueuse, & on y passe

---

* Sur ses ruines mêmes, on a bâti le bourg de *Garay*, ou Puente de Garay: autour on voit encore les masures de cette ville célebre & malheureuse.

le Pisverga sur un pont magnifique. On y compte 70 couvens, parmi lesquels on remarque celui des dominicains, enrichi de la dépouille des malheureux condamnés par le saint office, & habité par 80 religieux : l'église est d'un bon gothique, la façade en est belle, ornée d'aiguilles & de statues : un enclos de pillers entrelassés de chaînes la ferme & sert d'asyle aux meurtriers : l'intérieur est doré, orné de tableaux estimés, & de deux belles statues de bronze, représentant le duc de Lerme & son épouse, bienfaiteurs du couvent ; le cloître paraît un portique destiné à des rois, non une promenade pour des moines : la voûte en est dorée & azurée, les murs sont décorés de statues & de tableaux superbes. Le trésor est très-riche. La ville est divisée en 16 paroisses ; elle a 150 églises en y comprenant celles des couvens. Le vaste palais des rois fut magnifique ; mais il est bâti dans un mauvais goût, & est aujourd'hui fort délabré & désert. L'université est plus ancienne qu'utile ; la faculté de droit y est la plus estimée ; c'est de là que sort un essaim de procureurs, d'avocats, de juges, qui se répand sur l'Espagne & en dévore les habitans. Sa bibliothéque est nombreuse ; mais la poussiere & les toiles d'araignées en couvrent les livres. On y compte 500 étudians.

Valladolid a un tribunal d'inquisition, & une chancellerie royale qui y fut transférée de Medina del Campo : cette cour siége dans un grand & beau batiment d'ordre Toscan ; sa façade magnifique est d'ordre Corinthien : elle contribue à soutenir la ville par les plaideurs qu'elle y amene. L'évêque est un prélat respecté, mais ce n'est pas le plus riche de l'Espagne, comme on l'a eu dit : la cathédrale a trois nefs & un beau portail ; elle est encore imparfaite. Les manufactures, le commerce y feraient florissans, si les chemins étaient ouverts & entretenus avec soin, comme ils commencent à l'être. Il y a dans cette ville, depuis 1752, une académie des sciences & belles-lettres. Dans l'église de St. Dominique on voit le portrait de frere Bourgoing, placé au rang des martyrs. L'air de cette ville serait très-sain & très-pur, si les brouillards incommodes qui s'élevent de la riviere, ne le troublaient: les campagnes qui l'environnent sont charmantes, fertiles en blés, fruits, jardinages & en excellens vins; les alimens y sont bons, les habitans pleins de cordialité: on y compte 4000 familles.

Saint-Ildefonse: ce palais fut le favori sans mérite de Philippe V, comme Versailles le fut de son ayeul: il est peu de situation plus ingrate, & où l'art ait eu plus de difficultés à surmonter: on est parvenu enfin à en faire une magnifique solitude; ses pieces d'eaux; ses ruisseaux dont l'eau est mille fois plus claire & plus limpide que celle de Versailles, la variété d'arbres étrangers qu'on a fait venir de tous les lieux de l'univers, pour orner un sol très-stérile par sa nature ; l'orangerie, la faisanderie, les fleurs, les fruits, tout ce que l'industrie fait naître dans ce lieu *intempéré* prouve les ressources de l'art & les richesses d'un souverain ; mais, osons le dire, il ne prouve pas sa sagesse.

Ce palais est situé sur des rocs qui étoient inaccessibles ; & des rocs le dominent. On y entre par une grille de fer majestueuse : une grande place ovale se présente : à droite sont les écuries du roi, à gauche les maisons des habitans du lieu qui s'appellait autrefois *Balzain*: ils sont au nombre de 6000. On avance, on découvre deux belles files de de bâtimens, où logent là les gardes espagnoles & vallones, ici les gardes du corps, plus loin sont les cuisines du roi, les maisons des ambassadeurs & des grands officiers de la maison royale. Au haut de la place, est la chapelle desservie par douze chanoines, décorée de beaux tableaux, & de quatre tribunes pour le roi, sa famille & ses principaux seigneurs. Le palais a deux étages, & est partagé en quatre appartemens, deux pour l'été, deux pour l'hyver : tous sont ornés des ouvrages des plus grands peintres, de meubles superbes & précieux, de tables de marbre, de glaces, de vases de la Chine, &c. Dans celui d'enbas on voit plus de 60 statues antiques, des bustes, des médailles, des urnes sépulchrales, des *dorpies*, des colonnes d'agathe & de différens marbres, travaillées avec art, placées avec goût. On y voit 14 idoles des Egyptiens en basalte, celle des 8 muses de Venus, de Castor & Pollux, &c. Le palais est bâti de briques, plâtré & peint; le côté des jardins a 31 croisées & 12 chambres de front. Les fenêtres sont des glaces encadrées de plomb doré: les plafonds sont peints à fresque, les parquets sont du plus beau marbre du pays, disposés en marqueterie. Les jardins sont situés sur une colline, au sommet de laquelle est un grand réservoir d'eau, entretenu par les torrens qui descendent des montagnes : il porte des barques & fournit de l'eau à toutes les fontaines, & aux bassins inférieurs : l'enclos de ces jardins a 1500 toises de circonférence ; il est formé de granite gris & rouge tiré de l'endroit même. On compte dans leur enceinte 27 fontaines, dont les bassins sont de marbre blanc, ornés de belles statues de plomb bronzé & doré, & deux belles cascades qui, descendant & s'étendant par dégrés, paraissent au loin une large toile d'argent, 61 statues de marbre blanc, de grandeur naturelle, 28 vases de marbre, 20 de plomb doré, un mail de 580 pas, & un labyrinthe.

Parmi ces fontaines, on remarque celles d'*Andromède* & de *Latone* : l'eau vient dans la premiere de cent pas de distance par une large chute, & se resserrant au bas, se cache dans six tuyaux, par lesquels elle s'éleve à 122 pieds de haut, d'où elle retombe dans un bassin magnifique : dans la seconde elle se partage en 64 tuyaux d'un pouce de diametre, qui formant autant de jets qui s'élancent avec impétuosité, & se croisant en mille manieres, font un effet charmant. Le *Buisson* est un bel ouvrage de marbre sculpté en fleurs & en fruits de diverses especes, qui jettent l'eau à plusieurs reprises par des petits tuyaux, en trois manieres différentes. Le bain de Diane est un prodige de l'art en fait de sculpture & d'hydraulique : l'eau sortant de plus de 20 tuyaux & de divers côtés, coule & jaillit de toutes parts, & fait une espece de concert harmonieux: sur les côtés sont les lions, dans le haut sont des vases d'où l'eau sort en flots, & tombe impétueusement dans le bassin où se baignent Diane & ses nymphes. La fontaine de la Renommée est plus étonnante encore : elle est sur le sommet d'un rocher, au penchant duquel sont attachés les trophées de Philippe V: les eaux y sortent de toutes parts avec un doux murmure, & celle que jette la trompette de la renommée montée sur le Pégase, s'élance à 120 pieds de haut. On compte dans ces vastes jardins 25000 tuyaux de fer, dont chacun coute 4 pistoles. Les allées sont très-longues, toutes de charmilles épaisses & élevées, dont l'ombrage est orné de statues très-bien faites.

Les monts qui couronnent ce palais sont presque toujours couverts de neige; l'air qu'on y respire est subtil & dangereux : toutes les productions y sont tardives; les pêches n'y sont pas mûres dans le mois d'août; les groseilles, les fraises, les framboises ne le sont qu'en septembre, la rose à cent feuilles, le bel œillet s'épanouissent au mois d'août. Ces jardins, ces bâtimens ont coûté 70 millions de pieces, & leur entretien annuel monte à 60 mille. Il y avait des choses plus utiles à faire dans cette monarchie.

On fabrique dans la ville de St. Ildefonse des couteaux, des rasoirs, des ciseaux, des lames d'épée, &c. Cette manufacture y a été établie par un Irlandois, qui a inventé une machine qui polit 48 glaces à la fois, & les ouvriers en sont Anglais. La manufacture des glaces est une des plus célebres de l'univers; on y en fait qui ont 120 pouces de roi de hauteur, & 72 de large; toutes sont destinées pour le roi. Il y a six autres verreries pour les usages communs.

Padraça, ou *Pedraça-de-la-Sierra*, bourg auprès du Duraton : il a un château où furent détenus comme otages les fils de François I : ce lieu vit naître Trajan.

Villa-Castin renferme deux couvens : ses laines le font mieux connaître que ses moines.

Sépulveda, bourg sur une montagne, fut florissant, & a déchu. *Arebalo*, situé entre l'Adaja & l'Arebalillo, renferme huit églises paroissiales & neuf couvens. *Santa Maria la réal di nieva* est ceint de murs : une image de la vierge le rend célebre, il devrait l'être par ses belles femmes. *Olmedo* contient sept églises, deux couvens de moines, six de religieuses, deux hôpitaux & des maisons petites, étroites, délabrées, ne pouvant défendre ceux qui les habitent de la chaleur & du froid excessifs qui s'y font sentir.

Penafiel, chef-lieu d'un marquisat, & situé sur la rive du Duero & du Duraton au pied d'une montagne : on y voit un beau palais des ducs d'Offune, & un château fortifié par l'art & la nature. Son terroir est fertile, & l'on y fait les meilleurs fromages d'Espagne.

Coca fut une ville célebre : Lucullus la détruisit ; le Grand Théodose y naquit : ce n'est aujourd'hui qu'un bourg sur une hauteur, près de l'Eresma : il a deux églises & un couvent.

Cuellar a un château, onze paroisses & six couvens. *Almazara* a huit églises, deux couvens & deux hôpitaux : le Duero l'arrose ; il est ceint de murs & a le titre de comté. *Monde-Agudo* est muré, & a des sources salées. *Atienza* est placé sur la montagne de son nom : on y trouve des fontaines qui lui donnent du sel, ses champs sont fertiles, ses pâturages abondans. *Medina-Celi* est ancien, & le chef-lieu d'un duché qui renferme 80 villages : il est sur le Xalon qui prend sa source au bourg de *Fuencaliente*. *Aranda de Duero* est grand, assez beau ; on le croit la *Randa* des anciens : le Duero baigne ses murs, & souvent dévaste ses campagnes.

Cruna est un petit bourg. *Roa* est plus grand, entouré de doubles murs, & situé près du Duero, dans une vaste campagne fertile en vins, en blés & abondante en bétail. On y voit le palais des comtes de Siruela, & on y compte trois paroisses. Les habitans ayant égorgé les François qui s'étaient répandus dans le pays en 1439, le roi de Castille les affranchit d'impôts pendant sept ans, & en exempta pendant leur vie les nourrices qui en auraient allaité les gentilshommes. *Lerma* a le titre de duché, est arrosé par l'Arlanza; son château bâti sur la hauteur est une grande masse quarrée, dont le dedans est orné de deux rangs de portiques. *Castro-Xerés* est ceint de murs, est bâti sur une hauteur & a le titre de comté : on y compte cinq églises paroissiales & une collégiale. *Paracès* petit bourg qui n'est remarquable que par une chaire d'agathe, faite de six grandes pieces, dont une soutient les cinq autres : sa couleur, son poli, sa transparence annoncent une agathe véritable : on y voit encore une urne & un Christ de cette même pierre. *Fromista* est sur les bords du Carion : il renferme quatre paroisses. *Vivar* est célebre par la naissance du Cid. *Malgar de Ramental* est au bord de la Pisverga. *Aguilar del campo* est ceint de murs que l'Ebre baigne : il contient trois paroisses & deux couvens. *Espinosa* est dans une vallée où la Trueva serpente. *Amaya*, situé au pied d'un roc, eut le nom de *Natricia*, puis celui de *Varegia*.

Miranda de Ebro, nommé autrefois *Deo-Briga*, est traversé par l'Ebre ; sa situation est heureuse : sa grande place, ornée de fontaines, est ce qu'elle a de plus remarquable. Son château situé sur le haut d'un mont couvert de vignes dont le vin est recherché, est flanqué de plusieurs tours : au-dessous du rocher sort une source abondante qui fait mouvoir plusieurs moulins : il a deux paroisses & un couvent.

Haro, bourg ceint de bons murs, & arrosé par l'Ebre : son terroir produit des grains, des vins & beaucoup de légumes ; la pêche, la chasse y sont abondantes : on y compte 700 familles, trois paroisses, un couvent : il a le titre de comté. *Sancorbo*, *Briviesca*, *Lara* sont de petits bourgs. *No-*

varette est sur une colline ; il est muré & a un château, un couvent, deux paroisses. *San Pedro d'Arlanza* est connu par une image miraculeuse conservée par un couvent de bénédictins. *Verlanga* est sur la rive du Duero ; il est ceint de murs & renferme deux paroisses. *Valencia de Dom-Juan* compte dix chetives paroisses dans son enceinte : l'Eria l'arrose. *Agreda* est célebre par cette Ste. Marie qui rêva, écrivit, brûla, recrivit la vie de la Vierge mere de Dieu, à la grande édification des fideles : cette petite ville ou bourg est située sur les ruines de l'ancienne *Gracuris*, au pied du Moncayo, une des plus hautes montagnes de l'Espagne, dont les roches se décomposent en terre ; ce qui rend son sol un des plus abondans en végétaux qu'il y ait sur la terre : *Agreda* renferme six églises & trois couvens. *Saldanna*, bourg muré, situé au pied du mont *Peua de San Roman*, a un château, un couvent & deux paroisses. *Pancorvo*, village dans un vallon resserré par deux montagnes très-élevées, arrosé par un ruisseau où l'on pêche des truites excellentes : près de là est une gorge de trente pas de large, & d'un quart de lieue de long, où les rochers menacent sans cesse d'écraser les passans c'est l'endroit le plus horrible de l'Espagne.

San Domingo-de-Silos, grand bourg où est une ancienne abbaye de bénédictins, qui doit son nom à un abbé Dominique qu'on y venere, mais qui n'est pas St. Dominique. *Medina-del-Pomar*, bourg orné d'un château, situé entre l'Ebre & les frontieres de Biscaye. *Madrigal* est situé dans une plaine fertile en blés & en vins excellens,

DE L'ESPAGNE.
LEON.

Cette province est au couchant de la précédente : elle a 50 lieues de long & 40 de large, produit tout ce qui est nécessaire pour nourrir ses habitans ; mais il a peu de vins : le *Duero*, le *Pisverga*, le *Carion*, le *Tormes*, l'*Orbego*, l'*Esta*, la *Tora* l'arrosent : les cantons les plus fertiles sont ceux de *Vierzo* & de l'*Edesma* : on trouve des mines de turquoises près de Zamora. Ses habitans sont regardés comme les Normands de l'Espagne.

Dans cette province, qui eut autrefois ses rois particuliers, entre Salamanque & Coria, sont des montagnes inaccessibles qui couvrent une vallée habitée par un peuple grossier & barbare. Il fut ignoré jusqu'au commencement du dernier siecle, & n'en fut que plus tranquille : le duc d'Albe les découvrit. On les croit un reste des anciens Goths, ou plutôt des Iberes fuyant l'invasion des Goths : on leur envoya des missionnaires qui en ont fait des especes de chrétiens. On appelle cette vallée *Batuecas*. Au nord de la province est une isle à qui la multitude de cerfs qu'elle nourrit a fait donner le nom de *Cabrera* : elle est montueuse & presque inhabitée : c'est un lieu d'exil pour les Espagnols. On y voit un château gardé par une petite garnison : il défend le seul bon port qu'on y trouve.

Leon, ville très-ancienne, située à l'extrêmité d'une vaste plaine qui se termine aux montagnes des Asturies, & entre les deux sources de l'Esta ou Erla. Elle renferme huit églises paroissiales, sept couvens de moines, six de religieuses, quatre hôpitaux, & environ 12000 habitans : elle a été plus riche & plus peuplée ; son évêque, du tems des Goths, & encore aujourd'hui, ne releve que du saint-siege ; ses revenus annuels sont d'environ 70000 livres. Sa cathédrale est belle & riche en reliques : la grandeur de celle de Séville, la richesse de celle de Tolede, la solidité de celle de St. Jacques, la délicatesse de l'ouvrage & la finesse des ornemens de celle de Leon, ont formé un proverbe espagnol. On y voit des tombeaux de trente-sept rois & d'un empereur. Le roi est le premier chanoine de son chapitre, & quand il assiste au chœur, il reçoit la rétribution comme les autres. Ce fut la premiere place importante reprise sur les Maures ; les rois y résiderent jusqu'en 1037. On y voit encore le palais que bâtit, au commencement du treizieme siecle, la femme d'Alphonse IX. Son ancien nom est *Legio septima germanica*. Sa longitude est 12 degrés : sa latitude de 42 d. 45 min.

Astorga, ville ancienne, fortifiée par l'art & la nature, dans une plaine agréable, arrosée par le Juerto, qu'on appelle aussi Tuerta, riviere abondante en poissons, & sur-tout en truites très-délicates : avant l'invasion des Maures, elle fut la capitale des Asturies. On y compte trois églises, quatre couvens, neuf hôpitaux, une belle place publique ; un évêque qui jouit de 50000 livres de rente. Son nom ancien est *Asturia Augusta*.

Ciudad-Rodrigo, ville forte sur la petite riviere d'Agueda, dans une campagne fertile en denrées : on y compte deux hôpitaux, neuf couvens, huit paroisses, environ 6000 habitans. Les revenus de son évêque sont de 80000 livres ; sa cathédrale est gothique, sa façade est ornée de 17 statues de saints, le clocher est moderne. On croit que Ciudad-Rodrigo est l'ancienne *Merobriga* : elle est jolie & a trois portes ; ses maisons sont de pierres, sa promenade le long de la riviere est fort belle, ses environs sont bien cultivés: on y fait un grand commerce de cuivre.

Medina del Rio-seco, est située dans une large vallée, abondante en pâturages; elle est le chef-lieu d'un duché: son nom ancien est *Forum Egurrorum*: elle est riche & florissante: on y compte trois paroisses, cinq couvens, trois hôpitaux, un château antique.

Zamora, *Sentica*, ville sur une haute colline que le Duero arrose: son nom en espagnol est celui de la turquoise, pierre qu'on trouve dans son territoire: elle est fortifiée, a vingt-quatre églises paroissiales, six couvens de moines, huit de religieuses, & un pont magnifique. On y vénere le corps de St. Ildefonse, archevèque de Tolede: son évèché fut fondé en 1124, & une rente de 140000 livres est attachée à celui qui le possede. Son église cathédrale a un beau portique moderne; près d'elle sont les ruines d'un château Maure, autour sont des champs fertiles, & des collines couvertes de sapins.

Toro est située sur une colline fertile en vins excellens & qu'arrose le Duero: son enceinte est flanquée de tours, & percée de sept portes; elle a un pont de 22 arches; du haut de la hauteur où elle est bâtie, on jouit d'une vue brillante & pittoresque: on en descend par un chemin qui forme treize zigzag: une tète de taureau de pierre, antiquité romaine trouvée dans son enceinte, lui donna son nom: on l'appellait auparavant *Champ gothique*. On y voit les ruines d'un vaste château maure; il est quarré & à chaque coin est une tour. Elle a été épiscopale, & sur la porte de son ancienne cathédrale on voit divers reliefs en pierre, parmi lesquels on remarque deux anges, dont l'un touche les clefs d'une vielle, & l'autre en tourne la manivelle. Ses environs sont abondans en blés, en vins & en fruits ; les femmes y sont belles, leur taille est noble, leur port majestueux. C'est ici que fut rédigé le code appellé *Las leyes de Toro*.

Tordesillas, ville ou bourg sur une hauteur, au bord du Duero qu'on y passe sur un pont de dix arches. Elle est ancienne, est ceinte de murs, a un château où mourut la reine Jeanne la Folle, six paroisses, quatre couvens, un hôpital. Ses maisons sont bien bâties, & ses environs sablonneux sont fertiles en vins & en blés.

Salamanque, ville située sur le Tormes, placée en partie sur une plaine, en partie sur trois collines, environnée de murs, & qui renferme vingt-cinq églises paroissiales, vingt couvens de moines, onze de religieuses, vingt-cinq colleges, six hôpitaux, environ 7000 feux. Ses rues sont étroites & sâles : sa chaussée & son pont bâtis par les Romains subsistent encore : ce pont long de 300 pas, formé de 25 arches, est si solide qu'il parait neuf, comparé aux ruines des ouvrages modernes dont on a voulu l'étayer. La cathédrale est belle & gothique ; on se promene autour de son clocher sur une gallerie qui l'entoure, il y a dans l'intérieur des sculptures estimées : près d'elle en est une plus ancienne, dans laquelle on adore le crucifix de bataille. Le couvent de St. Dominique renferme 200 * religieux ; celui de St. François en nourrit autant : on admire les peintures qui ornent l'église des premiers qui sont tous docteurs : celle qui appartint aux jésuites est d'ordre dorique ; le plan en est

---

* Richat Twis réduit ce nombre à 150.

magnifique, la coupole jolie, le portail superbe. L'escalier du couvent de St. Bernard a 100 marches de cinq pas de long, & elles sont soutenues comme en l'air, & ornées de statues dorées. L'évêque a 120000 livres de rentes. L'université fut célebre, elle n'a pas mille écoliers aujourd'hui, & en aura toujours moins si elle ne se reforme : c'est cependant la plus célebre de l'Espagne, & on l'y appelle *la mere des sciences, des vertus & des arts*, mais cette mere est fille d'Aristote & de Scot : on y enseigne les cathégories du premier & les subtilités du second. Elle est formée de seize colléges ; son bâtiment est très-beau, très-vaste, selon Masson de Morvilliers ; il est serré selon le pere Caimo, les portiques en sont bruts, les écoles obscures, & peu propres. La bibliothéque est spacieuse, très-riche en livres, où les seuls docteurs de Salamanque prétendent entendre quelque chose. On y a vu 10 à 15000 écoliers en robe longue & noire, en bonnet quarré, la tête tondue, écoutant cent professeurs armés de lunettes & de sillogismes : sa gloire a déchu ; parmi ses professeurs, il en est qui sont payés par l'espérance, d'autres ont 3000 livres de pension. Le recteur en est respecté, il est élu par les professeurs en théologie : dans les cérémonies il marche ou est assis sous un dais, & il ne reconnaît personne au-dessus de lui : ses revenus sont de 8000 ducats ; ceux de l'université sont de 90 mille écus ; elle fut d'abord fondée à Palencia : outre cette université, il y a plusieurs colleges particuliers. L'aspect de la ville est triste ; ce qu'elle a de plus beau est sa grande place, environnée de maisons symétriques, à deux étages, ornées de balcons, & dont les toits le sont aussi de balustrades de pierres : chaque côté bordé de portiques a

293 pieds de long : là se donnent les combats de taureaux. Salamanque a quelque commerce, beaucoup de nobles l'habitent, ses environs fertiles en blés sont dépouillés d'arbres, mais ils nourrissent une multitude d'ânes.

Palencia est située sur le Carion : quelques-uns de ses édifices montrent son ancienne splendeur : elle renferme cinq églises paroissiales, onze couvens & deux hôpitaux : son évêché rapporte 120 mille livres de rentes à son possesseur : on y remarque sur-tout l'église de St. Antoine, bâtie par Sanche le Grand, en mémoire, dit-on, d'un miracle qu'il vit faire à ce saint : les environs de la ville sont féconds & agréables.

Benavente, grand bourg qui a le titre de comté : l'Esla l'arrose, & il renferme dans ses murs sept paroisses, six couvens, deux hôpitaux, 4000 habitans. On y voit un château fort & un palais magnifique. *Carion de los Conde* est placé sur une colline élevée, près du fleuve qui lui donne son nom ; on y compte dix paroisses, six couvens, deux hôpitaux : ce bourg jouit de grands priviléges. *Simencas* est un bourg situé sur une éminence : le Pisverga coule auprès, & on l'y passe sur un pont de dix-sept arches : ce lieu est environné de tours & de murs très-forts ; près de lui est un château qu'entoure un fossé sec, & qui fut bâti sur les ruines d'un bâtiment maure ; c'est là qu'est le dépôt des archives royales de l'Espagne depuis Philippe II.

Medina del Campo, ville ou bourg sur le torrent de Zarpadiel. Elle est ancienne, on y tient trois grandes foires par année, & ses priviléges sont considérables : ses citoyens nomment à tous les offices vacans, militaires, civils, ecclésiastiques,

& abusent quelquefois de cette apparente liberté : elle est ornée d'une grande place publique, au milieu de laquelle est une fontaine superbe. Elle renferme quatorze paroisses, neuf couvens de moines, six de religieuses, quatre hôpitaux : malgré tant de moines, elle est commerçante, & souvent détruite, elle s'est bientôt relevée de ses pertes : son territoire est abondant en blés estimés & en vins excellens : on dit qu'on y fait le meilleur pain de l'Espagne.

Alva de Tormes a le titre de duché : on y voit un palais magnifique, neuf paroisses & cinq couvens : c'est ici que nâquit le duc d'Albe.

Ledesma, jadis *Bletisa*, situé sur le Tormes, est un bourg ancien, & fortifié par la nature & l'art. Sa jurisdiction s'étend sur 389 villages, & il renferme six paroisses, deux couvens, trois hôpitaux : au bord de la riviere est un bain d'eau chaude utile pour diverses maladies, sur-tout pour la galle : l'eau est renfermée dans un vaste bassin construit par un Maure qu'elle avait guéri ; sa chaleur est modérée.

Villalobos, bourg ceint de murs, qui renferme trois paroisses & un couvent : c'est un comté.

Pontferrada situé dans le district fertile du Vierzo, entre le Sil & le Boeza, a un vieux fort, deux paroisses & deux couvens.

Mayorga, bourg sur une colline, au milieu d'une plaine vaste, agréable & fertile : il est ceint de murs, & a le titre de comté, *Sahagum* est sur la rive de Cea : c'est un bourg muré où l'on compte neuf paroisses & trois couvens. Dans celui des bénédictins sont les restes de plusieurs personnes du sang royal. *Cea, Duenas, Penaranda, Villa Franca del Vierzo* sont des bourgs peu considérables. *Cabezon* est sur une hauteur, sous un fort, près de la Pisverga. *Villal-Pando* est bâti dans une plaine agréable & fertile en vins, blés & pâturages: on y voit un arsenal, & les connétables de Castille y ont un beau palais. *Alva-de-Alisle* est un comté voisin de Zamora, il fut érigé en 1454 pour honorer le mérite & le courage de Henri Enriquez, premier amirante de Castille de cette maison.

ESTREMADURE.

Cette province est au sud de celle de Leon: on l'appella *Betonie*. Son nom moderne parait venir de sa situation bornée par le Duero. Elle a environ 70 lieues de long & 45 de large; elle est entrecoupée de montagnes; l'air y est brulant en été, il est sain pour ceux qui y naissent, & insupportable aux étrangers: l'eau manque dans les plaines, & on y boit de l'eau de mare. C'est l'unique province d'Espagne qui n'ait pas d'eau salubre, ni de mine de sel gemme & de salpêtre. Le terrein y est fertile en vins, grains & fruits; on y voit d'excellens pâturages, quelquefois dévorés par des sauterelles grandes & robustes, qui font des nids ou tuyaux où elles déposent leurs œufs: elles se nourrissent d'herbes, de linges, de tapisseries, des plantes même les plus vénimeuses; elles ne respectent que les pommes d'amour. Ses bestiaux & ses laines très-fines font son principal commerce; ses collines couvertes de chênes nourrissent un grand nombre de cochons qui sont tous noirs: le revenu des seigneurs y consiste en pâturages, en glands & en cire: quelques-uns font élever des chevaux & des vaches qui y sont toutes rousses ou blanchâtres. Ses habitans sont un peu grossiers, mais bons, affables, sinceres, robustes, courageux. Une partie de cette province a été assignée à la nouvelle Castille, l'autre à la vieille ; mais elle a encore un capitaine général qui commande aux troupes, & veille sur la police.

Badajox est située sur les bords de la Guadiana, c'est une ville de guerre ; ses fortifications antiques sont appuyées par quelques ouvrages modernes : le château fort de St. Michel, bâti à la moderne, la défend du côté de l'Andalousie : celui de St. Christophe la couvre au couchant : au sommet de la haute ville est un troisieme fort vieux, bâti sur un roc massif & calcaire, au-dessus duquel est une jolie place, dont les maisons sont décorées de beaux balcons. Ces châteaux sont munis de canons & commandent les environs. Les Romains éleverent sur le fleuve un pont qui existe encore : il est long de 700 pas, est large de 14, très-droit, & repose sur 30 arches. La ville est divisée en haute & basse ; les maisons sont assez bien bâties, & ses rues larges. Parmi ses trois églises paroissiales, on remarque la cathédrale, on la dit magnifique, & elle est bâtie sur une belle place, où est encore le palais du gouverneur : on y compte encore cinq couvens de moines, sept de religieuses, trois hôpitaux & environ 6000 habitans. Son évêque jouit de 90000 livres de rente : ses campagnes fécondes sont couvertes de vignes, de figuiers, d'oliviers, de citronniers & d'orangers : les lieux les plus incultes le sont par le tamarisc & le laurier rose : le gibier & la volaille y sont abondans ; les pâturages y sont excellens ; les brebis y portent une laine très-fine : c'est dommage qu'on n'y puisse boire que les eaux limoneuses de la Guadiana, ou celles de citerne : près d'elle la Caya forme l'isle de *Begon*, où se sont réunis les rois d'Espagne & de Portugal. L'ancien nom de

Badajox est *Pax Augusta* : sa longitude est de 10 dégrés 50 min. sa lat. de 38 deg. 35 min.

Merida, *Emerita Augusta*, ville qui mérite la curiosité d'un antiquaire : Auguste l'avait embellie de grands édifices & d'un magnifique pont sur la Guadiana, emporté en 1610 par une inondation de deux aqueducs & d'un grand chemin qui conduisait à Cadix : ils sont ruinés ; mais il y reste encore un arc de triomphe qui parait avoir été l'entrée d'un cirque ou d'un théâtre. Ce qui reste de cette ville célebre occupe une colline basse, & s'étend sur une espace de demi lieue de circuit au bord du fleuve ; on y compte trois paroisses, six couvens & un hôpital. Ses ruines sont beaucoup plus étendues : elle a été fortifiée par quelques ouvrages & par un château : on vante l'agrément & la fertilité de ses campagnes, la bonté de ses fruits, l'abondance des grains, ses pâturages, ses troupeaux, & sur-tout l'extrème piété de ses habitans. L'herbe qui sert à la teinture d'écarlate, & que les anciens nommaient *Coceum Emeritense*, y est commune. On y trouve une pierre anomale, qui n'est semblable à aucune de celles que l'on connait, & qui parait être une mere de porphyre unie à du quartz.

Xérès qui fut surnommée *de los Cavalleros*, parce qu'elle appartint aux Templiers, reçut de Charles-Quint le titre de cité. Elle est assez grande, a de belles maisons, une place fort vaste, & est arrosée par l'Ardilla. On y compte quatre paroisses & neuf couvens : ses pâturages sont sa plus grande richesse : on y nourrit de si nombreux troupeaux qu'il en sort annuellement 50000 bêtes à corne.

Talavera, *la Vera*, fort petite ville, située près du Tage, à sept lieues de Mereda.

Ellerena est située dans une vallée : l'ordre de St. Jacques la fonda, & elle lui appartient. On y compte deux paroisses, sept couvens, un tribunal d'inquisition.

Truxillo, *Turris Julia*, ville située dans les montagnes, au bord de l'Almonte, sur le penchant d'une colline, dont le haut est occupé par une citadelle fondée sur le roc. Elle a six paroisses, dix couvens, & deux foires annuelles. C'est la patrie de François Pizarre, conquérant & tyran du Pérou. Ses environs produisent beaucoup de blés, ses prairies nourrissent de grands troupeaux dont la laine est très-estimée. Elle n'a le nom de cité que depuis 1437. Autrefois les villes épiscopales avaient seules ce titre, auquel étoit attaché le droit de députer aux états généraux : ce droit a été quelque chose autrefois.

Coria, petite ville, siege d'un riche évêché : il donne 120000 livres de rente à celui qui le posséde. Sa cathédrale mérite d'être vue : un tremblement de terre y fit changer de lit à l'Allagon, & delà vient qu'elle a encore une riviere sans pont & un pont sans riviere. Deux églises, deux couvens, deux hôpitaux sont ses bâtimens principaux ; elle est située dans une plaine fertile, & a le titre de marquisat.

Au nord de cette ville sont deux fontaines, dont les eaux guérissent de diverses maladies, les unes en s'y baignant, les autres en les buvant ; & un lac qui annonce, dit-on, le mauvais tems par un bruit qui se fait entendre à cinq lieues à la ronde.

Plasenzia, ville située dans une belle plaine, elle est bien bâtie, défendue par un château fort, & arrosée par le Xerté. Elle renferme sept églises paroissiales, sept couvens, cinq hôpitaux, deux colléges, & est le siege d'un évêché qui a 50000 ducats de rentes. Le blé qu'on recueille dans ses campagnes donne un pain très-blanc & d'un excellent goût. Elle a de grands priviléges, & donne son nom à deux vallées, dont l'une longue de 15 lieues, large de 4, produit de beaux fruits, d'excellens légumes, a de belles prairies, des sources, des rivieres où sont des poissons d'un goût délicat. C'est-là qu'est situé le monastere de *Saint-Just*, asyle de Charles-Quint; là encore est *Belvis*, bourg que des collines dominent : elle est cultivée par 5000 habitans, & on l'appelle le *jardin fruitier de Plasenzia* : l'autre est située près de la montagne de Bejar, le Xerté la traverse; elle est fertile, très-agréable, assez peuplée.

Bejar, bourg considérable, situé dans une vallée, au pied de la montagne qui porte son nom. Il a trois paroisses & trois couvens; mais ce qui vaut mieux que des couvens, on y fait de bons draps, & on y trouve deux sources d'eaux, l'une froide, pure & agréable; l'autre d'une chaleur temperée.

Almaraz n'est guere connu que par son pont bâti par les Romains, sur le Tage.

Acantara est sur la rive gauche du Tage : c'est le chef-lieu de l'ordre militaire qui porte son nom, & qui porta celui de St. Julian de Pereyro, ou du Poirier. Cette ville ou bourg a 2 paroisses & 4 couvens : son pont la fit rebâtir par les Maures, & c'est de lui encore qu'elle prend son nom : il fut bâti sous Trajan, au frais de plusieurs villes de Lusitanie, dont on voyait les noms dans des cadres de marbre, dont un seul subsiste. Ce pont a six arcades, il est élevé de 200 pieds, sur le fleuve qui coule sur un lit profond entre des rochers escarpés : il a 670 pieds de long, sur 28 de large : à l'entrée est une petite chapelle antique taillée dans le roc, dédiée d'abord à Trajan, puis à St. Julien.

Valencia d'Alcantara, bourg ceint d'un mur antique, défendu par six petits bastions taillés dans le roc, & par quelques tours : au-dedans est un château bâti sur le roc.

Caceres, bourg considérable, & qui renferme quatre églises paroissiales, sept couvens, un hôpital : il appartient à l'ordre de St Jacques ; le Salor l'arrose.

Albuquerque, ville ou bourg qui a le titre de duché : elle fut fondée dans le treizieme siecle, a un château fort sur la montagne qui la domine, deux paroisses, deux couvens, & est commerçante en laine & en draperies. Elle est située près du torrent de Gérora.

Feria fut érigé en duché par Philippe II : ce bourg est sur une montagne escarpée dans le Guadaxira baigne le pied. *Guadalupe* est située sur un ruisseau qui lui donne son nom : cette ville petite & assez bien bâtie appartient à un couvent de St. Jérome, bâti en forme de citadelle, au milieu de la ville. Il est magnifique & très-riche ; on y compte 120 moines qui vivent d'un revenu de 20 mille ducats de rente, qu'ils augmentent encore par la dévotion qu'ils inspirent pour une image de la Vierge à qui ils ont fait faire des miracles. Ce couvent a une infirmerie pour les malades, un hospice pour les étrangers, une apoticairerie, deux colleges & plusieurs cloîtres : des jardins, des fontaines l'embellissent ; la ville est dans une belle situation : une vallée fertile en vins, oranges, figues, & autres fruits délicieux l'environne ; quatre petites rivieres y serpentent, lui donnent de la fraicheur & de la fécondité. Le bâtiment le plus remarquable est l'église du couvent. On y trouva, il y a mille ans, l'image de la Vierge dont nous avons parlé, faite d'un bois corruptible, on trouve le moyen de la faire paraître toujours saine & entiere: les murs & les colonnes de l'édifice sont couvertes d'*ex-voto* & de présens de toute espèce: cent lampes d'argent en éclairent le grand autel.

Medellin est sur la rive du Guadiana, au pied d'une colline ronde; on la croit fondée par le consul Quintus Cœcilius Metellus qui lui donna son nom: ses maisons sont toutes petites, basses, & n'ont qu'un étage; on y voit un château, quatre paroisses, trois couvens, deux hôpitaux: là nâquit Fernand Cortez, dans une chaumiere qu'on montre encore: le linteau de la porte est de granite. *Medina de las Torrès* est situé au pied d'une montagne, & défendu par un château. Philippe IV l'érigea en duché pour son favori le comte d'Olivarès. *Villa-nueva de la Serena*, petit bourg dans une plaine sablonneuse abondante en blés, vins, pois chiches, poires, figues, &c. le terroir y rend, sans beaucoup de peine, trente pour un. *Zafra* a un château, sept couvens, 2000 habitans: ses environs sont fertiles & bien cultivés; les terres & les roches y sont calcaires, & l'on y trouve des marbres de différentes couleurs. *Zalamea de la Serena* est sur une montagne, & son nom ancien est *Julipa*: près d'elle est une mine de plomb, & une autre d'argent: ses environs sont fertiles en blés: à quelque distance est une plaine de onze lieues, dont une partie est couverte de petits arbres, tels que des térebinthes, des cistes, des thimelea, de yeuses. *Segura* n'a plus rien de remarquable. *Alcocer*, bourg peu étendu, voisin d'une plaine traversée par un banc de pierres calcaires & d'ardoise où est une mine de plomb négligée. Plus loin est la montagne de *Lares* couronnée des débris d'une forteresse maure, & qui renferme une mine d'émeril mêlée à de l'or. *Orellana* est un bourg, *Logrosan* un village dont les maisons sont bâties avec le granite, & près duquel on trouve des pierres phosphoriques; vers le nord est une montagne qui renferme une mine d'argent. *Almendralejo*, bourg qui n'a qu'une paroisse & deux couvens, mais placé dans une des plus fertiles contrées de la province. *Montigo* est sur la Guadiana: il a le titre de comté. *Calavera la Real* est sur le même fleuve. *Valverde* est dans une riante vallée. *Barcoreta* est le chef-lieu d'un marquisat: on y voit deux églises paroissiales & un couvent. *Azuaga* est défendu par un château fortifié. *La Reyna* a comme lui un château, & comme lui encore appartient à l'ordre de St. Jacques. Il y a encore un grand nombre de petits bourgs dont on ne peut dire que les noms: tels sont *Miravel*, *Granadilla* sur une colline, *Lobon* sur la Guadiana, ainsi que *Villa de don Alvaro*, &c.

ANDALOUSIE.

Cette province est située au midi de l'Estremadure & de la Castille vieille: elle a 90 lieues de long & 60 de large. Le Gualdaquivir la traverse dans sa longueur, & lui donna son ancien nom *Bætis*, *Tartesus*. D'autres rivieres l'arrosent, tels sont le *Xenil*, l'*Odiel*, le *Guadiamal*, la *Guadalete*, la *Guadarmena*, la *Chanca*, le *Rio-Tinto* ou l'*Azoche* dont l'eau nuit aux plantes qu'il arrose, & qui ne nourrit dans son sein aucune espèce d'animaux. On cherche l'origine de son nom dans celui de *Vandalitia* que les Vandales lui donnerent: les Maures la nommaient *Andalous*, & désignerent ainsi toute l'Espagne. C'est la province la plus riche de l'Europe, & celle où la nature est plus prodigue de ses trésors: la mer qui la baigne y appelle & y favorise le commerce; elle abonde en blés, les vins y font exquis, son miel, ses fruits sont excellens; on y voit des fleurs au commencement de l'année; elle produit de la soie, du sucre, de l'huile estimée, mais qui mériterait plus de l'être, si on la faisait avec plus de soin, & si on ne laissait pourrir les olives avant de les piler. Elle nourrit beaucoup de troupeaux, renferme des mines de plomb, d'aimant, de vif argent, d'argent, d'antimoine. Près de Moron il y en a une d'hyacintes, de cornalines, d'agates, de rubis & autres pierres précieuses. On fait du sel sur ses côtes; le poisson y est abondant. Les bœufs sauvages dont on se sert en Espagne pour les combats de taureaux, y sont en grand nombre: les chevaux y sont les meilleurs & les plus fins du royaume. Ses diverses richesses l'ont fait appeler l'*écurie*, la *cave* & le *grenier* de l'Espagne. L'été y est brûlant; le vent d'Afrique y cause des vertiges & y enflamme le sang. On y travaille & on y voyage la nuit, on y dort le jour: un vent doux & frais y régne quelquefois; l'air y est pur: elle était les champs élisées d'Homère, & c'est en effet un pays favorisé du ciel, un des plus rians & des plus majestueux tableaux de la nature; mais ce ne sont pas seulement des héros & des justes qui l'habitent. La *Sierra-Morena* la sépare de la Castille. Elle renferme les royaumes de Cordoue, de Jaen & de Séville.

I. ROYAUME DE SEVILLE.

Seville, *Hispalis*, ville célebre qu'on croit bâtie par les Phéniciens, & où les Romains avaient construit des temples, des académies, des théâtres, des fontaines: les Goths détruisirent presque tout. Les Maures la rétablirent, & l'embellirent: elle avait

600 mille habitans, lorsque St. Ferdinand l'enleva aux Musulmans, & depuis ce tems elle a déchu : elle avait un port, le sable aujourd'hui en défend l'approche aux gros vaisseaux. Une audience royale de commerce y répandait de l'activité ; elle a été transférée à Cadix : elle eut sous Ferdinand & Isabelle 6000 métiers battans ; on ne parle plus de ceux qu'elle a : elle a eu 16000 ouvriers en soie & en laine, & aujourd'hui à peine en a-t-elle 400 : c'est un simulacre de ce qu'elle fut, mais c'est encore un beau simulacre.

Seville est grande, située dans une vaste plaine, de figure circulaire, ceinte de murs flanqués de tours, & fermée de douze portes *. Elle est divisée en vieille & nouvelle : celle-ci a des rues larges & bien alignées, celle-là n'en a que d'étroites ; elles sont circulaires pour avoir de l'ombre à différentes heures du jour ; c'est l'usage des Maures qui en ont élevé les maisons généralement belles & bien bâties : ses rues ne sont point pavées ou le sont mal, & l'hyver elles sont fort sales. On y compte 28000 maisons ** & environ 90000 habitans. Elle a plusieurs fauxbourgs, dont le plus considérable a obtenu le titre de ville ; c'est *Triana*, séparée de *Seville* par le Gualdaquivir : elle y est jointe par un pont de bâteaux, de figure circulaire, & couvert de planches : le sable ne permet pas d'y en bâtir un de pierres. Cette ville, la plus grande de l'Espagne peut-être, renferme 29 paroisses, 39 couvens d'hommes,

---

* Selon R. Twiss, elle en a 15.
** Busching n'y compte qu'environ 18000 habitans. R. Twiss lui en donne plus de 120 mille. Busching peut-être entendait par habitant un pere de famille.

38 de femmes, 24 hôpitaux *, 24 places publiques, une université fondée en 1504, une académie de belles lettres qui le fut en 1730. Son archevêque a pour suffragans les évêques de *Malaga*, de *Cadix*, des *Isles Canaries*, de *Ceuta*, & a 140 mille livres de revenus. Sa cathédrale est le plus grand bâtiment gothique de l'Espagne, elle est belle, réguliere, & imprime une forte de respect & d'admiration par son air de majesté & de grandeur. Sa voûte est très-haute, soutenue par 40 piliers disposés en deux rangs, formant cinq nefs séparées, & ayant chacun 16 pieds de diamètre : cette voûte est longue de 175 pas, large de 80. Le grand autel est très-riche, & parmi ses chapelles très ornées, on distingue celle de *N. Dame des Rois* où sont les tombeaux de St. Ferdinand, d'Alphonse le Sage son fils, de Beatrix sa femme & de ses deux enfans, du fils de Christophe Colomb. Les vitraux sont enrichis des plus belles peintures : son clocher construit de briques est percé de grandes fenêtres, qui donnent du jour à un escalier par lequel on peut monter à cheval, & en voiture au sommet, quoiqu'il soit très-haut: ce clocher est formé de trois grandes tours posées l'une sur l'autre, entourées de galleries & de balcons peints & dorés : il finit en dôme, surmonté d'une statue de la Foi en bronze, haute de 14 pieds, tenant une branche de palme & un guidon, lequel indique le vent qui régne : il a plus de 350 pieds de haut. Le custode ou soleil sur lequel on

---

* Masson de Morvilliers lui en donne 120 : R. Twiss seulement 11. Que conclure de ces contrariétés ? Ils étaient mal instruits, ou l'un compte pour hôpital ce qui n'en est pas pour l'autre.

porte le St. Sacrement dans les grandes fêtes, est d'argent massif, travaillé avec goût, & pese 1750 livres : il faut vingt hommes pour le porter. Chaque jour on dit 300 messes dans cette église ; un perron de sept marches l'environne. Parmi les couvens, le plus beau est celui des cordeliers ; il est orné de jardins & d'un portique plus beau que celui de l'Escurial, d'une place publique, d'une fontaine ; 300 personnes l'habitent. Celui de la Merci est remarquable par son portique, par les peintures qui le décorent, par son église & son image de la Vierge. Celui des chartreux est vaste, très-riche, très-inutile. Le palais des rois construit par les Maures, achevé assez mesquinement par Pierre le Cruel, est digne de l'attention des voyageurs : son nom *Alcassar* ou *Alcazar* signifie *demeure du roi*; il couvre un mille de terrain, & est flanqué de tours bâties de gros quarrés de pierres remplies d'inscriptions en langue arabe : sa grande cour est entourrée d'un portique dont les piliers sont ouvragés à jour : les chambres ont leurs plafonds dorés ; une de ses sales sert de chapelle, & sa frise est composée de portraits des rois d'Espagne : les appartemens d'en-haut sont incrustés de marbre : derriere sont de grands jardins remplis d'orangers & de citronniers, avec des terrasses & des fontaines. La bourse ou l'exchange, bâtiment quarré d'ordre toscan, est l'ouvrage de 60 ans : chaque face a 200 pieds, ses murs sont de briques & ont deux étages ; son grand escalier est magnifique : au-devant est une grande place & une gallerie en forme de promenade ; une balustrade l'environne. C'est le plus beau bâtiment de la ville, & peut-être le plus inutile : il est fermé & l'herbe y croît. On remarque encore le palais antique de l'inquisition, voisin d'un cours où l'on va prendre le frais, & la maison de ville, ornée au-dehors de statues, d'une belle place & d'une fontaine magnifique: vieux bâtiment où les conseils s'assemblent dans des chambres couvertes de drap d'or, & dont les plafonds sont dorés. Son théâtre a trois rangs de loges & vingt loges par rang : le mail a près de 300 toises de long : cinq rangées d'arbres le partagent en quatre allées, des bancs de pierres, des canaux pleins d'eaux, & six fontaines l'embellissent. A l'une de ses extrémités sont deux hautes colonnes de granite, placées autrefois dans un temple antique d'Hercule : elles sont surmontées de la statue d'Hercule & de César ; deux lions décorent les colonnes modernes qui sont à l'autre extrémité. La fabrique royale de tabac est située aux portes de la ville, bâtie en quarré & de pierres blanches, elle a 742 pieds en quarré, deux étages, 100 croisées de tour : 1500 personnes y fabriquent des segars & du tabac rapé, 190 chevaux font mouvoir les moulins destinés à cet usage : l'établissement a couté plus de 9 millions de livres, & le profit qu'il rapporte est très-grand * : c'est la seule fabrique de tabac qu'ait l'Espagne & elle appartient au roi.

Seville a plusieurs collèges : dans celui de St. Elme 160 jeunes gens reçoivent des leçons de marine & des sciences qui y ont rapport. L'hôpital de la Sangre fut commencé il y a un siecle & n'est pas encore achevé : il a 33 croisées de face & est destiné aux femmes malades. Le plus beau monument qui y reste des Maures est un aqueduc

---

* Twiss le fait monter à un million de livres sterlings par an ; c'est plus du double de ce qu'aurait couté l'établissement.

long de six lieues qui rassemble les eaux des campagnes voisines & en fournit à toute la ville : l'hôtel des monnaies n'a rien de particulier. Hors de la ville est un grand bois d'oliviers qui a 30 milles d'étendue ; les excellentes olives qu'on recueille dans ses fertiles campagnes étaient connues du tems de Ciceron. La marée y fait refluer dans la Guadalquivir, fleuve peu large & peu rapide, mais fort profond, beaucoup d'aloses, d'esturgeons & autres poissons estimés. Ses habitans sont en partie des esclaves marqués au nez & à la joue, la populace y est mutine & débauchée ; ceux qui s'élèvent au dessus d'elle sont bons & honnêtes. La longitude de Seville est de douze degrés : sa latitude est de 37 degrés 36 min.

Remarquons encore que le tremblement de terre qui renversa Lisbonne, endommagea beaucoup Seville ; qu'on ne voit aucune pierre dans son territoire ; qu'on fait venir de loin le caillou dont ses rues sont pavées, & que les Romains y avaient fait des murs de terre ou d'un mortier si bien préparé, qu'il est aujourd'hui semblable à la pierre.

San Lucar la Mayor, ville qu'arrose le Guadiamar, située dans une plaine riante & fertile, qu'on nomme *Ajarafe*. Philippe IV en fit un duché pour le comte d'Olivarès.

Ayamonté, petite ville sur une colline, à l'embouchure de la Guadiana qui lui forme un port sur le golfe de Cadix : elle est fortifiée, & un château élevé sur un rocher la défend : c'est un marquisat.

Moguer devint une cité en 1642 : elle n'a qu'une paroisse & deux couvens : le Tinto ou Azoche l'arrose.

San-Lucar de Barrameda, ville à l'embouchure du Guadalquivir : c'est aujourd'hui le port & la clef de Seville, qui en est éloignée de quinze lieues : un écueil caché sous l'eau en rend l'entrée difficile : on y décharge les vaisseaux, & des barques en transportent les marchandises à la capitale. La rade est grande & assez sûre ; une terrasse munie de canons la défend : la ville renferme une paroisse, un hôpital, 11 couvens & 3 châteaux : les rues en sont larges & belles, les églises agréables & ornées : celle de *N. Senora de Caridad* est célébre ; entre 17 lampes d'argent qui l'éclairent, on voit suspendu un petit navire de même métal ; devant l'église est une belle place, avec une fontaine d'eau douce, avantage rare le long de ces côtes ; près de son port s'élève une belle maison de commerce. A trois lieues de San-Lucar est une tour que le tremblement de terre de 1755 renversa de haut en bas, & elle est encore dans la même situation.

Arcos de la Frontera, jadis *Arrobriga*, ville ancienne, située sur un rocher élevé dont la Guadalete baigne le pié. Elle contient trois paroisses, cinq couvens, & est fortifiée, mais plus par la nature que par l'art : de là on jouit d'une perspective étendue sur les campagnes & les villes voisines. C'est un duché, & celui qui le possede y nomme un gouverneur qui réside dans un vieux château. L'une de ses églises est fort ornée & l'on y voit les portraits de tous les hérétiques brulés par l'inquisition : c'est l'Iroquois qui compte ses chevelures.

Le Brixa, ville ancienne qui fut autrefois sur le bord du Guadalquivir, & qui s'en trouve aujourd'hui à deux lieues. Rien de plus beau que ses déhors, les grains y sont excellens; le vin recherché, l'huile estimée une des meilleures de l'Espagne. Un château qui subsiste encore annonce ce qu'il a été.

Xerès de la Frontera, ville sur une éminence qui domine une plaine à deux lieues de la mer, au bord du Guadelete, autrefois Lethès : elle est assez grande, peuplée, bien bâtie, ceinte de murs : ses rues sont bien percées, mais sans pavé : elle est ornée d'une belle place que décore un portique à 22 arches : on y entre par un double portail construit par les Maures, & on y lit une inscription arabe. Ses vins sont recherchés, & l'on en fait un grand commerce pour l'Angleterre & dans les Indes. De ses murs on jouit d'une belle vue sur des campagnes couvertes d'oliviers, d'orangers, de citronniers & de différens fruits, entremêlées de cabanes enduites de plâtre. Sur la baye de Cadix il est peu de lieux sur la terre mieux cultivé que le sien : c'est là qu'on nourrit & dresse ces genêts d'Andalousie si estimés : là que les fruits & les grains se conservent plusieurs années dans des caves profondes, dont ils ne sortent que lorsqu'un magistrat le permet: c'est près de là encore que Rodrigue fut vaincu. On compte à Xerès huit paroisses, neuf couvens d'hommes & cinq de femmes : près d'elle est un vaste couvent où de tranquilles chartreux consument leur inutile vie : son portail passe pour un chef-d'œuvre d'architecture.

Cadix, *Gades*, *Augusta Julia Gaditana*, ville considérable dans une isle ou presque isle sablonneuse, de figure irrégulière, longue de cinq lieues, large de trois. Cette isle était plus grande autrefois, la mer l'a rongée ; elle a même englouti une partie de la ville, & dans les marées basses on découvre encore les restes des temples d'Hercule & des maisons qui firent partie de l'ancien Cadix. Elle n'est jointe à la terre ferme que par le pont de Suazo, presque stérile, sans arbres, n'ayant que quelques prairies maigres, & des vignes riches qui donnent d'excellens vins. On y fait le sel, & on y pêche des thons. La ville n'est pas étendue, mais les maisons en sont fort hautes : ses rues sont étroites, irrégulieres, mal pavées & sales ; ses maisons propres & bien bâties, ses habitans fastueux, on y en compte 60000*. Elle occupe la largeur de la langue de terre où elle est bâtie, est environnée de la mer, excepté d'un seul côté, revêtue de bons murs de bastions réguliers, & de quelques autres ouvrages : au midi, le rivage est escarpé & inaccessible, au nord des écueils & des bancs de sable la défendent ; son port est à l'Orient entre l'isle & la terre-ferme ; il est formé par une vaste baye qui a trois lieues de diametre, & est défendu par trois forts : celui de St. Philippe est le plus considérable : l'entrée a une lieue de large & deux forts la commandent. Dans le tems du reflux une partie de ce port est à sec ; mais les vaisseaux enfoncent dans la vase sans danger & le flot les soulève bientôt. C'est autour de ce port qu'est bâtie la ville qu'il rendit toujours commerçante & riche : il est peu de villes où l'argent soit plus commun & la circulation plus vivante ; c'est là que se rassemblent les négotians de toute l'Europe, leurs agens, leurs commissionnaires

---

* Busching n'en compte que 15 à 20000 ; mais c'est quand il n'y a pas de flotte : nous avons suivi R. Twiss

elle est le centre du commerce des Indes occidentales : la flotte Espagnole, les vaisseaux de régistres, les gallions se réunissent dans son port. Sur ces bâtimens on transporte en Amérique tout ce que l'Europe produit de meilleur en tout genre. L'Espagne y envoye des vins qui avec les droits de courtage, les taxes, les impositions pour les rois, sont les seuls avantages qu'elle retira longtemps de ce commerce : elle n'a été jusqu'ici qu'un prête-nom ; mais il semble qu'elle cesse de l'être. Ces vaisseaux vont à la Vera-Crux, ou dans le Mexique, & rapportent de l'or, de l'argent, des pierreries, de la cochenille, de l'indigo, du caffé, du sucre, du tabac, differens bois, du chocolat, des laines de Vigogne, &c. qui se repandent ensuite en Europe.

Le séjour de Cadix ne peut être agréable que pour des commerçans : la nature y est muette ; on y manque d'eaux pures, & les vivres y sont très-chers, l'argent seul n'y est pas rare. Son évêque jouit de 100000 livres de rente. La cathédrale est très-belle ; elle est ornée d'un tabernacle qui a couté cent mille écus. On en bâtit une nouvelle qui sera magnifique, toute en marbre blanc & ornée de très-grandes colonnes cannelées, d'ordre corrinthien : sous elle des souterrains spacieux serviront de sépulture. On croit qu'elle coutera environ 30 millions de réale de veillon, & presque toute cette somme est prise sur le produit des douanes. Elle a encore d'autres églises où l'on remarque quelques beaux tableaux. On y compte 15 couvens. Des écrivains prétendent qu'Archelaüs la bâtit du tems de Josué, & la nomma *Gadir* qui signifie *baie*, *rempart* ; elle fut d'abord habitée par les Phéniciens, puis par les Carthaginois, ensuite par les Romains qui recherchaient les filles de ce lieu, parce qu'elles étaient gaies, libertines & chantaient bien ; il y avoit jusqu'à 500 chevaliers Romains, les simples citoyens y étaient en bien plus grand nombre. Sa latitude est de 36 deg. 31 min. 20 sec. Le roc sur lequel elle est assise, est composé de marbre, de quartz, de spath, de cailloux & de coquillages amalgamés avec le sable & le bitume de la mer : tel est l'effet de ses vagues que les décombres, la brique, le plâtre, le sable, &c. qu'on y jette, sont dans quelque tems unis, & ne présentent qu'un bloc de pierre.

A peu de distance de Cadix sont diverses petites villes : telle est *Chiclana*, bâtie presque entiere par des habitans de Cadix qui viennent y passer l'été : ses maisons sont blanchies de plâtre ; leurs portes & contrevents sont peints en verd & leurs toits sont plats. Dans la partie de l'isle opposée à Cadix est une langue de terre qu'on nomme aussi l'isle de *Leon*; là est aussi une petite ville qui porte le même nom, mais que le peuple nomme *Ysla* : c'est une ville nouvelle, assez grande & semblable à Chiclana : c'est un lieu de plaisir pour les commerçans : il y a une académie pour les gardes marines où 160 jeunes gentils-hommes sont élevés aux frais du roi, aprennent l'art nautique, les langues anglaise & française, & y font leurs exercices : à plus d'une lieue de là est le village de *la Carraca* où mouillent de grands vaisseaux de guerre.

Port Sainte-Marie, ville au nord de Cadix, dont elle est éloignée de deux lieues & demie, plus belle qu'elle, & presque aussi grande, mais moins peuplée, une belle plaine, à l'embouchure
du

du Guadelete : nul ouvrage ne la défend ; ses rues sont tirées au cordeau, ses maisons sont jolies. On n'y compte qu'une paroisse, un hôpital, cinq couvens ; & 8 à 10000 habitans. On y prépare le sel fossile : il y est très-blanc, & on en exporte beaucoup en Hollande & en Angleterre. Le Capitaine général de l'Andalousie y réside : le palais du gouverneur est élégant, a un beau jardin, une fontaine, des grottes, une voliere & une menagerie : ses environs sont couverts de jardins remplis d'orangers : son port n'a pas de fond, & n'est ouvert qu'à des barques exposées encore à des vents assez violens : l'entrée de la riviere est dangereuse ; à son entrée est une chapelle, une tour, & quelques fortifications.

Port-royal, petite ville près du golfe de Cadix : elle a un château, & reçut de Philippe IV. le droit de Cité.

Medina-Sidonia, *Asido*, est assise sur une montagne : elle est ancienne, d'une grandeur médiocre, assez bien bâtie : l'évêque de Cadix y siegea d'abord : elle a deux paroisses & cinq couvens ; autour d'elle est une campagne fertile en orges, en blés, en vins, en figues & en oranges ; plus loin sont des déserts, auxquels la main de l'homme pourrait donner une nouvelle vie. Le duché de son nom est connu.

Tarifa, *Julia-Joza* ; qu'on croit aussi être *Julia Traducta* par l'analogie du nom, & par sa situation, quoique Pline la place sur la côte d'Afrique : on y a trouvé des médailles. Cette ville est située sur une petite hauteur qui lui donne une perspective riante : elle a deux ports *

---

* Masson de Morvilliers dit qu'elle n'a ni baye ni ports.

quatre paroisses & un couvent. Les Phéniciens la fonderent; elle fut rétablie par les Maures & elle porte le nom de leur général Tarif; les murs, les tours qui l'environnent font ceux qu'il y fit élever: son château existe encore. Les maisons ont des toits plats; les rues sont étroites, circulaires, & mal pavées: assez étendue, elle n'a que 800 habitans, parce qu'elle est sans commerce: elle jouit cependant d'un sol fertile, que divers ruisseaux arrosent, d'un beau ciel, d'un climat doux & tempéré: l'hyver y est presque inconnu; le figuier, le citronnier, l'oranger, en pleine terre & négligés, y rapportent cependant d'excellens fruits: les côteaux sont dans la plus belle exposition & rapportent des vins recherchés. Au devant d'elle est l'isle de son nom, sur laquelle est une tour ronde.

Algeziras est située encore sur le détroit, & doit son nom à deux petits rochers qui sont devant son port; elle était composée autrefois de deux villes: presque détruite aujourd'hui, on a fait de vains efforts pour la rétablir. On y voit le château du comte Julien dans les caves duquel se forment des cryftallisations qui pendent aux voûtes; il en est que quatre hommes ne pourraient porter. *Algeziras* a aussi le nom de vieux Gibraltar; elle est dans une petite isle, & n'est plus qu'un village dont le mouillage est sûr, mais la côte occidentale dangereuse. C'est là que les Maures descendirent en Espagne: autour on voit beaucoup de ruines; mais on n'y trouve ni marbres, ni inscription, ni médaille; ce qui n'annonce pas une ville romaine.

Gibraltar, nom d'une montagne, d'un détroit & d'une ville qui appartient aux Anglais depuis

1704. La montagne fut appellée *Calpé* par les anciens ; elle forme un promontoire qui s'avance de trois quarts de lieues dans la mer, & ne tient à la terre que par une langue de terre fort étroite & longue de 200 pas : elle est élevée de 1400 pieds au dessus du niveau de la mer & longue de 2000 toises : elle est célèbre par sa situation, & on y jouit d'une vue très-étendue, elle s'étend des monts *Alpuxarra* couverts de neige, jusqu'aux côtes de Barbarie, dans une étendue de 40 lieues. Inaccessible dans sa partie orientale, des singes habitent les gouffres & les cavernes formées par ses rocs calcaires, où l'on trouve des os & des dents incorporés à la pierre. Vers la mer, elle est si escarpée qu'on est effrayé de voir la mer sous ses pieds ; sur son penchant il croît des plantes salutaires. Vers le couchant est la grotte de St. Michel à 1100 pieds au dessus de la mer : des flambeaux permettent d'y pénétrer plus de 200 pas ; on y voit des piliers dont les plus petits sont de la grosseur d'une plume d'oye, & les plus grands ont deux pieds de diamètre : ce sont des stalactites très-blanches, & qui grossissent chaque année : au fond est un trou de 6 pieds de diamètre dont on ignore la profondeur ; cette grotte est la demeure des chauve-souris. On peut monter dans une heure au sommet du mont par le sentier nommé la *crevasse du diable*, formé par 600 marches : là est une esplanade & la tour élevée *Del Acho*, d'où l'on découvre les vaisseaux qui entrent dans le détroit, & d'où on en indique le nombre par des feux.

Au pié de la montagne est *Gibraltar* : elle est au levant du Golphe qui, au couchant, est séparé d'Algeziras par une montagne. Elle n'est ni grande, ni belle * ; mais elle est forte, la montegne lui sert de rempart, & lui permet de ne craindre que la famine ou la trahison. Ce gros rocher, l'une des colonnes d'Hercule, se partage en plusieurs branches entre lesquelles pénêtrent les eaux de la mer, & leurs sommités sont hérissées de murs, de tours & de canons ; c'est là qu'était située l'ancienne Héraclée. Sa garnison est de 3 à 4000 hommes, son artillerie montée est de 340 pieces de bronze ou de fer : à l'extrèmité du rocher qui s'avance dans la mer est un grand fort qui couvre un môle fait en forme de port, & long de 300 pieds pour faciliter le mouillage des vaisseaux : vers la terre est un autre môle avec un port, & plus loin deux petits ouvrages avancés la baye a deux lieues d'ouverture & près de trois de profondeur. La ville a plusieurs rues une bien pavée, & les autres étroites, tortues & sales : elle a trois portes, une église Anglaise, une Espagnole, une synagogue. On y compte 2000 Anglais sans la garnison, 300 Espagnols ou Portugais, presque tous marchands, 700 Génois, la plûpart marins, & 600 Juifs ; quelques centaines de Maures y vont & viennent continuellement des côtes de Barbarie pour commercer en bétail, gibier, poisson & fruit : ces peuples appellent cette ville *Dgebel-Tharek*, ou *mont-Tharec*, du nom d'un général arabe qui y débarqua en 712 ; on peut croire que de ce nom est venu celui de Gibraltar.

A l'extrèmité de la baye de Gibraltar est le village de *Rocadillo* ; il est formé de quelques

---

* M. de Morvillers dit qu'elle est fort jolie.

chaumieres & d'une tour quarrée conftruite des ruines d'un bâtiment plus ancien; là fut probablement une ville qui parait avoir eu 1500 toifes de circonference; on trouve dans cette enceinte des marbres très-beaux, des fragmens de vaiffeaux de terre rouge, des reftes de ftatues, & d'un édifice en demi cercle & repofant fur des arcades: on y déterre des médailles, & fur la plupart on lit le mot *Carteia*, ville dont les anciens parlent, & qui fut fondée par les Phéniciens: fa fituation était agréable; elle avait une baye d'un côté, de l'autre une riviere qui arrofe un pays fertile; cette riviere eft le Guadarranque qui eft fort profond & prend fa fource quatre heues plus loin: placée fur une éminence, elle était forte; l'air y était pur & l'afpect riant.

St. Roch, ou *Roque*, petite ville à une lieue de Gibraltar: près d'elle étaient des mines d'or: fes environs font fablonneux & ftériles.

Ecija, *Aftigis*, ou *Aftyr*, ou *Augufta Firma*, ville fur le Xénil qu'on y paffe fur un beau pont de pierres, & dont les eaux font très-propres au lavage des laines & du chanvre qui font la principale richeffe de fes habitans. La ville a fix paroiffes, douze couvens de moines, huit de religieufes, fix hôpitaux, huit à 9000 ames: elle a été épifcopale: on y voit une belle place ornée de portiques, un théatre de bois, & près du pont une promenade de peupliers, terminée par des colonnes ornées de mauvaifes ftatues: c'eft l'endroit le plus chaud de l'Andaloufie: elle eft entourée de collines peu élevées, la terre y eft calcaire & fertile; il y a furtout de beaux paturages qui nourriffent beaucoup de brebis, de chevaux & de bœufs. Elle a été autrefois plus opulente.

Carlotta, village que le roi a fait bâtir en 1769. qu'habitent des familles allemandes & italiennes exemptes d'impôts, & qu'environnent des champs entremêlés d'oliviers & de vignes : le chemin y est bordé d'aloès & de myrthes.

Carmona, *Carmo*, petite ville très-ancienne : Jules Céfar en parle : une partie des murs & la porte qui regarde Seville font des ouvrages des Romains, la grandeur des pierres & le genre d'architecture le prouvent : la porte est entiere, & c'est une antiquité remarquable, mais ses murs autrefois très-forts sont renversés en partie : chaque fois qu'on y fouille, on trouve des morceaux de statues, de colonnes de marbre avec des inscriptions qu'on emploie souvent dans les fondemens des nouvelles maisons qu'on y éleve : son terroir est très-fertile, sur-tout en blés.

Paymago, bourg situé au bord de la mer, près des frontieres du Portugal. *Xerès* ou *Kerès de la Guadiana*, est au bord de la Chanza qui se perd dans la Guadiana. *Lépé*, bourg qui, ainsi que le précédent, est connu par ses raisins, ses vins secs & ses figues.

San-Lucar de Guadiana est située aux frontieres des Algarves, sur une montagne, défendue par trois tours du côté du fleuve, & par deux bastions vers la campagne : la marée qui y remonte y fait un port où navigent les barques.

Niebla, grand bourg sur le Tinto ; il a un couvent, un palais, trois paroisses, environ 3000 habitans : c'est un comté. *Huelva*, jadis *Onuba*, compte dans son enceinte un hôpital, deux paroisses & cinq couvens ; l'Odiel qui l'arrose forme au-dessous de ses murs l'isle de *Salté*. *Gibraleon*, bourg, marquisat ;

sur la rive de l'Odiel. *Palos*, petite ville à l'embouchure du Tinto ; son port est médiocre, mais fameux, & c'est d'où sortit Christophe Colomb pour découvrir l'Amérique. *Guadalcanal*, bourg dans la Sierra Morena : près de lui sont d'abondantes mines de vif argent *. *Utrera* a un château, deux paroisses, huit couvens, quatre hôpitaux, & une source d'eau salée. *Alcala del Rio*, ou Seville la vieille, grand bourg à deux lieues au nord de Seville, sur le Guadalquivir : on croit que c'est l'ancienne *Italica*, colonie romaine, & depuis ville épiscopale.

Conil, bourg sur le rivage de la mer, connu par la pêche du thon, poisson massif, qui n'a pour défense qu'une queue large formée en croissant, craintif, paisible, nageant en troupe comme les moutons, & aussi facile à conduire qu'eux ; il a le goût & la chair du veau, & pese jusqu'à 150 livres. Cette pêche ne rapporte pas la dixieme partie de ce qu'elle rapporta autrefois, & cependant les ducs de Medina Sidonia qui la possédent, en retirent annuellement plus de 200 mille liv. selon R. Twiss, Busching dit seulement 8000 ducats. *Veger*, bourg

---

* Ce bourg est ceint de murs, il renferme 800 habitans : des monts dont les cimes sont arrondies & d'une égale élévation l'environnent : son terroir est très-sec, deux ruisseaux desséchés en été, l'arrosent. La mine est à une lieue de là, dans un creux entouré de collines, & est composée de quartz, de spath mou, d'ardoise ferrugineuse, de *hornstein*, de pyrithes, d'un peu de plomb & de beaucoup d'argent. Un auteur assure qu'on en tirait pour 60 mille ducats d'argent toutes les semaines : cependant après l'avoir longtems abandonnée, on l'a reprise, & on y a déja dépensé en vain plus de deux millions de livres. On ne dit point qu'on y ait trouvé du vif-argent ; Busching a été mal informé.

voisin du cap de *Trafalgar*, autrefois *Promontorium Junonis*, où l'on voit des ruines qu'on croit celles de l'ancien *Bæsippo*, & du détroit de Gibraltar, sur le Barbate. On y voit un château, deux églises, trois couvens : c'est le lieu de ces parages d'où l'on a la plus belle vue sur l'Afrique & la mer. *Estepa* est situé sur le sommet d'une colline arrondie, & est entouré d'oliviers & de champs fertiles; ses olives sont petites, mais l'huile en est fort claire & délicate : ce bourg a deux paroisses & deux couvens ; quelques géographes le placent dans le royaume de Grenade.

Zahara, bourg considérable, placé autour d'une colline, sur le sommet de laquelle est un château qu'on dit imprenable : la Guadalete prend sa source près de ses murs : c'est un marquisat possédé par les ducs d'Arcos. Ses habitans sont complaisans, industrieux, honnêtes, estiment leur noblesse, ne s'allient guere qu'entr'eux, cultivent leurs terres ; recueillent un vin agréable dont ils usent sobrement, & n'en donnent point à leurs enfans : les femmes n'en boivent pas. *Vegal*, bourg sur le sommet d'un mont.

Pennaflor, autrefois *Ilipa*, bourg chef-lieu d'un marquisat : le Guadalquivir l'arrose.

Rota, bourg fameux par ses vins recherchés dans toute l'Europe.

Moron, bourg près des frontieres de Grenade : il a le titre de duché, est situé dans une plaine féconde & riante, & est voisin d'une mine où l'on trouve diverses pierres précieuses.

Ossuna jadis *Urso*, *Orsona*, ville assez grande, peuplée, bien bâtie : elle a le titre de duché : on y compte dix couvens de moines & cinq de religieuses, fondés pour la plûpart par Jean Tellez de

Girons & sa femme, gens plus dévots encore que bons citoyens. Jean Tellez éleva aussi en l'honneur de la Vierge une église magnifique, construite en marbre blanc, enrichie de vaisselle d'or, & d'ornemens somptueux : un hôpital pour les pauvres & les enfans trouvés, une université furent aussi deux de ses bienfaits. Une seule fontaine est la ressource de ses habitans, & des campagnes voisines ont suppléé à cette disette d'eau par des citernes.

Marchena, bourg qui a le titre de duché, & est situé sur une colline qui s'éleve dans une plaine : elle a un fauxbourg plus grand qu'il n'est lui-même, & qui a l'unique fontaine qui soit dans son territoire, fertile cependant & sur-tout en olives : les ducs d'Arcos y résiderent, & l'ont embelli ; on y trouve de belles rues, des édifices superbes & six couvens. C'est l'ancienne *Martia Colonia*. *Cantillana* est sur le Guadalquivir. *Constantina* est dans la Sierra Morena : il a un château & trois couvens. *Alcala de Guadaira* est sur une hauteur & à deux lieues de Seville : il y a un château, quatre paroisses & trois couvens. *Lebrija*, jadis *Nebrissa* est dans une jolie vallée ; il a une paroisse & trois couvens. *Gelves* est petit, placé sur la rive du Guadalquivir : il a le titre de comté. *Estepona* est sur une éminence près de la mer : la pêche fait sa principale richesse. *Espera*, *Dar Hermanas*, deux petits bourgs, ainsi que *Hardalès*.

Alcala de les Ganzules ou *de les Gazules*, bourg très-ancien sur les frontieres de Grenade, sur un mont d'où l'on voit autour de soi une campagne riante & fertile en blés.

Bormos est situé au milieu d'un territoire abondant, entouré de montagnes arides.

Alanis a une mine d'argent dont on découvre le filon au milieu d'un champ, mêlé à de l'ardoise & à des pierres calcaires: les anciens y travaillerent, les modernes y travaillent aussi, & ne s'y enrichissent pas: on croit qu'au bas, on ne trouvera plus que du plomb.

Cazalla, petite ville, a aussi une mine où l'on trouve de l'argent vierge dans du spath, & de l'argent minéralisé dans des pyrites de cuivre mêlées de quartz, & d'un peu de fer: c'est là qu'on trouve pour la premiere fois l'espece de grand aloës qu'on nomme *pitt*, & dont on fait des haies de jardins & de vignes dans l'Andalousie.

Alcantarilla, bourg près du Guadalquivir: les Romains y avaient fait un pont grand & élevé pour passer les marais causés par les débordemens du fleuve: on le fermait à ses extrèmités.

II. ROYAUME DE CORDOUE.

L'hyver y est court, & l'été chaud; composé des montagnes de la Sierra Morena, & de plaines unies & vastes, on y voit des rochers escarpés, nuds, qui s'élèvent vers le ciel, & forment entr'eux de profondes vallées, de petites plaines où sont des jardins fertiles, des vignobles, des oliviers, des figuiers dont les fruits sont recherchés par leur bonté, leur goût, leur grosseur. De là viennent les *Damasquinas*, citron oblong, d'une odeur agréable, & fort sain. Le mirthe, le lentisque, le pin, l'olivier sauvage, le caroubier, le micacoulier s'y élevent sans soin: le gibier y est abondant, on y nourrit beaucoup de chèvres & de grands troupeaux de moutons dont la laine est excellente, on y prépare le maroquin, on y fabrique des tapisseries peintes & dorées. *La Sierra-Morena*, montagne noire, obscure, longue de 24 lieues, est presque déserte ; on a pensé à la repeupler en y appellant des étrangers, en leur présentant des encouragemens ; mais l'œil du prince est éloigné, & la jalousie, les petites rivalités veillent & travaillent sans cesse pour leur rendre amer le fruit de leurs travaux, & leur inspirer du dégoût.

Cordoue, autrefois *Corduba*, est une ville riche, ancienne, située sur le Guadalquivir à une lieue de la Sierra Morena : ses maisons sont belles & on en compte 3300 ; on fait monter le nombre de ses habitans à 20 ou 25000 ames : la multitude de ses jardins, la fertilité de son territoire, l'affabilité de ses habitans en font le séjour le plus charmant qu'il y ait en Espagne. Déja célèbre sous les Romains, les deux Sénéques, Lucain y naquirent : on dit qu'elle fut fondée par Marcellus : d'autres la croyent plus ancienne encore. Son pont bâti par les Maures, a 130 toises de long & est soutenu par 16 arches : à la tête est la statue de l'ange Raphaël qui assure que la ville est sous sa protection, du milieu se lève la tour de Caraola destinée à le défendre. Un vieux mur l'entoure, un autre la partage du Sud au Nord. La place mayor, ou *Corradera* est environnée de jolies maisons à trois étages, ornées de balcons & de portiques. L'ancien palais des rois Maures est vaste & beau, son jardin est spacieux ; il touche à un bois d'orangers. Le palais royal est une espèce de citadelle très-vaste : les écuries en sont superbes, on y entretient avec beaucoup de soin un grand nombre de chevaux pour le roi. L'évêque a 600 mille francs de revenus ; il hérite de ses chanoines qui chacun ont de 10000 jusqu'à 27000 livres de rentes. L'église cathédrale fut bâtie par les Maures : c'était leur mosquée, & on la nomme encore *Mesquita* : on y entre par 24 portes ornées de sculptures : la voûte peinte & dorée est soutenue par plus de 500 colonnes (*) toutes d'une seule piece, hautes de dix pieds ; leur diametre est d'un pied & demi, elles sont de marbre, ou de jaspe, ou de porphyre, ou d'albâtre, ou de verd antique, &c. : les unes sont unies, d'autres sont canelées jusques aux deux tiers, d'autres enfin le sont spiralement : quelques-unes ont des chapiteaux corinthiens : elles ont été prises dans les carrieres du pays, & en partie dans de plus anciens édifices. Les uns donnent à cette église 29 nefs, d'autres ne lui en donnent que 19 **, & il est difficile de s'en assurer parce que c'est un vrai labyrinthe : les chrétiens l'ont défigurée par les croix, les autels, les chœurs qu'ils y ont ménagés. On y voit un mauvais crucifix fait avec les ongles par un Espagnol, prisonnier des Maures. La longueur de cette église est de 600 pieds ; sa largeur est de 250 : elle fut bâtie sur les ruines d'un temple dédié à Auguste, d'autres disent à Janus. Sa chapelle neuve revêtue de marbre noir, embellie d'une riche dorure, peut passer pour une église.

---

* R. Twiss dit qu'il y en a plus de 590, & Bowles plus de 1000.

** Masson de Morvillers lui en donne 29 dans sa longueur, 19 dans sa largeur, & cela peut être : par-là les différentes opinions sont conciliées.

Dans une petite chapelle voisine est la statue équestre de Louis IX roi de France. D'un endroit on voit cinq portiques qui conduisent à un jardin de 5 arpens plantés d'orangers d'une grandeur & d'une hauteur extraordinaires, au milieu duquel est un étang rempli de tanches, & dont chaque côté est orné d'une fontaine jaillissante entourée de cyprès & de palmiers.

Cordoue a seize paroisses, seize couvens de moines, vingt de religieuses, seize hôpitaux, deux collèges où l'on enseigne l'ancienne philosophie; ses faux-bourgs sont très-beaux & si grands qu'on les prendrait pour des villes; on n'a point compris leurs maisons dans le nombre de celles de la ville : sa situation, la pureté de l'air qu'on y respire y attirent beaucoup de nobles : au midi, elle a une plaine immense; au nord des monts qui, quoique escarpés, ont sur leur pente des jardins charmans, des vignes, & sont entrecoupés de vallées riantes, arrosées d'une multitude de ruisseaux & de fontaines, couvertes d'orangers, qui lorsqu'ils sont en fleurs embaument la campagne; l'on s'y promene la nuit pour recueillir cet agréable parfum.

A une lieue au nord de la ville est un parc entouré de murs qui porte le nom de *vieille-Cordoue*, sans qu'on en sache la raison ; des debris d'un château que le roi Maure Abderame III avait bâti dans une agréable vallée voisine, on a fait un couvent d'Hieronimites : près de là on trouve des carrieres de porphyre, & deux mines de cuivre bleu & verd : le Guadalquivir fait mouvoir un grand nombre de moulins construits sur des batardeaux qui traversent la riviere. Sa longitude est de 13 deg. 5 min. sa latit. 37 deg. & 42 min.

Bajulance, ville de 4500 habitans, qui a cinq couvens, une paroisse, & un hôpital : son territoire est fertile en blés, vins & huiles.

Lucena possède les mêmes richesses, fournit de bons chevaux, jouit des salines de Jaralès, & n'est pas peuplée : elle a dix couvens, est située dans une grande plaine, & comme si elle était pauvre des biens de la nature, elle se glorifie d'avoir donné le jour à Sever de Tobar, premier fondateur des Capucins dans la Castille. A demi lieue d'elle est un lac dont les eaux sont amères.

Montilla, ville dans une jolie vallée : on y compte 4000 habitans, deux paroisses, cinq couvens de moines, deux de religieuses ; c'est le chef-lieu d'un marquisat.

Sur les bords du Genil ; on trouve *Palma*, près de sa jonction avec le Guadalquivir ; il a le titre de comté, trois couvens, une paroisse : *Isnagar* petit bourg ; *Puente de Don Gonzalo* & *Miragenil* ; ce dernier a un pont sur cette riviere.

Entre le Genil & le Guadajos, on trouve *Rute* situé au pié d'un mont ; on y voit deux couvens de moines, & on y cuit du sel : *Cabra*, autrefois *Egabro*, grand bourg au pié d'une montagne, près de la source du Cabra ; il a une paroisse, six couvens, & un college où l'on enseigne la philosophie & la théologie : *Monturque* en est voisin. *Aguilar*, bourg près de la Cabra ; il a une paroisse, cinq couvens, deux hôpitaux, & le titre de marquisat : *Monte-mayor* est l'ancienne *Vlia-Rambla*, il a une abbaye de chanoines réguliers, & deux couvens : *Baena* ou *Vaena*, grand bourg entouré de murs : il a quatre paroisses, cinq couvens, deux mines de sel abondantes : ses pommes de grenade sont estimées. *Priego* est grand, situé au pié d'un mont, & n'a qu'une paroisse, mais on y compte cinq couvens : c'est un marquisat. Les bourgs de *Guadalcazar*, de *Frenannuez*, de *Montalvan*, de *Zuheros*, de *Donna Mencia de Luque*, de *Carcabuey*, n'ont rien de remarquable.

Sur les bords du Guadajos, on voit *Castro del rio*, autrefois *Castra portumia*, bourg connu par ses pommes de grenade, qui a deux couvens & un college où l'on enseigne la grammaire. *Espejo*, autrefois *Claritas julia*, dans le district duquel sont les salines de *Duernas*; près de là fut située *Altegua* : *Santa-Cruz* petit bourg.

Entre le Guadajos & le Guadalquivir sont le bourg de *Caneté* & le marquisat de *Carpio*, qui s'étend sur les bourgs de *Morente*, de *Perabad*, de *Montoro-et-Adamuz*, placés sur la rive orientale du Guadalquivir.

A l'orient du Guadalquivir, dans la partie montueuse du royaume, il y a un grand nombre de bourgs peu considérables : nous ne nommerons que ceux de *Villa-Franca* sur le bord du fleuve, de *Fuenté-Ovejuna*, jadis *Melaria*, *Vermez* & *Hornacuelos* près du Benbazar, qui près de là se joint au Guadalquivir.

III. ROYAUME DE JAEN.

Il est environné de montagnes : le Guadalquivir le sépare de celui de Seville : il a 28 lieues de long, sur 25 de large : le centre est une plaine d'une lieue de long, qui est la plus élevée de toutes celles qu'il renferme; autour s'élevent des collines stériles qui forment des vallons creusés par les eaux : aucun terrain n'y est disposé par couches : en plusieurs endroits les collines sont criblées par les puits que les Maures y ont creusé en exploitant des mines, qui fournissaient aux pays voisins du plomb, du cuivre & de l'argent qu'on y trouve encore : il est un grand nombre de ces mines, & aucune ne se trouve dans la pierre calcaire : on y voit une mine de plomb qui est un vrai galena mêlé à l'argille dans un granite gris-brun : on y trouva un morceau de 60 pieds de long & de large, & de 70 de profondeur, qui rendit plus de métal que les mines de Freyberg en Saxe n'en rendent en douze ans : elle ne donne que trois quarts d'once d'argent sur un quintal de plomb. On trouve ailleurs des bois de chêne, des pins, &c. la plante la plus commune est la camomille, & cependant elle est assez rare dans les pays méridionaux. On y trouve une multitude de perdrix, & dans l'hyver la becasse & la becassine y sont fort communes. Il y a des haras dans cette province ; mais ils dépérissent. On n'y compte que 42000 habitans, & il a 1400 ecclésiastiques.

Jaen, Aurgi, ville située au pied d'un mont, sur lequel est un château : des murs flanqués de tours & des remparts l'environnent : le Guadalquivir coule au nord de ses murailles ; son enceinte est assez grande, & l'on n'y compte que 5000 habitans, dont un grand nombre sont des nobles. Son évêque a 100 mille livres de rente : on y compte onze hôpitaux, douze églises, quinze couvens, & presque tous très-beaux. Elle est agréable, sa place publique est grande & décorée de belles maisons. Parmi ses fontaines, il en est une très-abondante : elle sort d'un rocher, forme un ruisseau, est entourée

rée d'un ouvrage en maçonnerie, & fermée d'un treillis. C'est dans Jaen qu'on garde & vénere le voile de Ste. Véronique : elle en essuya le visage de J. C. portant sa croix, & ce visage y demeura empreint & brillant de lumiere. Sa chasse est magnifique & se ferme à sept clefs, qui demeurent en dépôt chez sept personnes différentes ; la sacristie où on le fait voir est une des plus belles de l'Espagne. On n'examine point comment il a été transporté dans ce lieu ; il faut bien que chaque ville ait son saint & ses reliques. Le chapitre est nombreux, huit dignitaires en sont les chefs ; s'ils meurent sans tester, leur bien est à l'évêque, & ils n'obtiennent du pape le droit de faire leur testament qu'à force de sollicitations & à prix d'argent. S'ils réussissent, l'évêque ne recueille qu'une petite portion nommée la *luctuosa* ou la *pleureuse*. Jaen est située près d'une campagne que les Espagnols appellent *Las navas de Tolosa* ; son territoire est très-abondant en fruits, & riche en soie qui fait le principal objet de son commerce. Sa longitude de 14 deg. 20 m. sa latit. 37 deg. 38 m.

Andújar, ville dans une grande plaine près du Guadalquivir, médiocrement grande & riche : un chateau la défend, de belles églises l'ornent, douze couvens la dépeuplent, car à peine a-t-elle 3000 habitans divisés en cinq paroisses : il y a beaucoup de nobles : ses fauxbourgs sont plus grands qu'elle. Elle est commerçante en vins, blés, huiles, miel, &c. qu'elle recueille dans ses campagnes, & sur-tout en soie : ses environs sont riches en gibier, & en une argille blanche dont on fait des cruches qui rafraichissent l'eau, en y causant une légere évaporation : elle fut bâtie en partie des ruines d'*Illurgis*, *Iliatargis* ou *Forum Julium*, qui est à une lieue de là,

Tome VI. M

& qu'on nomme aujourd'hui *Andujar-el-Viejo* : on y voit encore quelques maisons & des ruines.

Baezia, *Vitia*, est située sur une colline, que termine une plaine assez belle : elle étoit épiscopale, avant que Jaen le fut, & n'a plus qu'une université ou petite académie : on y compte quinze couvens & onze paroisses, mais le nombre de ses habitans ne répond pas à ses couvens & ses églises, à peine en a-t-elle 3000 : sa situation semblerait devoir en faire une ville plus considérable.

Ubeda est bâtie dans une campagne très-fertile en vins, blés, huiles & fruits, sur-tout en figues : ses habitans sont exempts d'impôts, excepté dans les provinces de Castille, de Seville & de Murcie : leurs murs élevés à leurs dépens dans le treizieme siecle leur acquirent ce privilege. On y compte dix paroisses, huit couvens, 2900 habitans. A une lieue de là est *Ubeda-la-Veja*, à une lieue de l'embouchure du Guadalquivir : on la croit l'ancienne *Betula*.

Alcala la Real est située sur une montagne d'un accès difficile : telle est son élévation qu'elle partage ses eaux entre l'océan & la méditerranée, par le Genil & le Guadalquivir. La montagne est fertile en vins & en fruits exquis. Elle appartient à une Abbaye qui a 15000 ducats de rente : on y voit six autres couvens, & l'on y compte 2200 habitans. Sur les montagnes voisines on trouve du gypse blanc & veiné.

Alcaudete est un grand bourg bâti en marbre noir, situé dans des montagnes calcaires cultivées & couvertes d'oliviers. Un château le défend ; on y compte deux paroisses, & il a le titre de comté.

Cette province a divers petits bourgs : nous ne parlerons que de quelques-uns. *Porcuna* autrefois

Obulconense, est grand, arrosé par le Salado, & a trois couvens: *Martos*, *Tucci*, & sous les Romains *Colonia Augusta*, grand bourg, chef-lieu d'une commanderie de l'ordre de Calatrava, qui rapporte 30000 pesos par an, situé dans une vallée que forme la montagne de *Penna de Martos*, au haut de laquelle est un château, il a trois paroisses & quatre couvens: des antiquités romaines prouvent qu'il a été bien plus considérable. *Arjona*, autrefois *Augusto Albense*, ou *Argayonense*, grand bourg qui a trois paroisses, voisin du petit bourg d'Arjonilla. *Espelui* anciennement *Osigi*, qui a été la capitale de la partie de l'Espagne qui est au midi du Guadalquivir. *Mancha-real* est au pied d'une haute montagne, & appartient au roi. *Cazorta* est grand, a deux paroisses, cinq couvens, & donne son nom à une chaîne de montagnes. Ces endroits sont au midi du Guadalquivir: au nord sont divers bourgs qui appartiennent ou à l'archevêque de Tolède, ou au roi, ou au duc d'Arcos: parmi les premiers est *Arzobispo*, parmi les seconds *Santi Estevan del Puerto*, chef-lieu d'un comté, *Linarès*, grand bourg connu par sa mine de plomb: enfin dans les derniers est *Javalquinto* qui a titre de marquisat.

GRENADE.

C'est un pays admirable pour le climat & pour le sol. Au midi de l'Espagne & sur les bords de la Méditerranée, l'air y est tempéré & sain: des sources d'eaux vives, des rivieres, des ruisseaux s'y partagent, s'y réunissent, en font un jardin, y forment des labirinthes bordés de fleurs, & toujours décorés de la plus belle verdure. Des bains salutaires y soulagent les maux dont l'humanité est afligée. Il y reste un grand nombre de villes autrefois florissantes, & dont quelques unes sont encore jolies, triste débris du brillant Empire des Maures qui s'étendait sur 33 villes & plus de 100 bourgs. Au midi sont de vastes plaines & des montagnes très-hautes, couronnées de rochers hérissés, & recouverts d'une terre feconde. La paresse y voit ses besoins & ses désirs remplis ; elle peut encore abandonner à l'étranger une partie des richesses que la nature y prodigue ; tout y vient presque sans culture, cependant on s'apperçoit qu'on la néglige. Sous les Maures c'était le pays le plus peuplé & le plus riche de l'Espagne : les collines étaient couvertes de vignes & d'arbres fruitiers ; la plaine était un vaste parterre : aujourd'hui malgré les dons d'un ciel doux & propice, & d'une terre feconde, la misere rampe, se montre & s'étend : il semble qu'on ne devrait pas craindre d'en voir les haillons dans un pays abondant en blés, vins, huile, sucre, grenades, citrons, limons, oranges, olives, figues, amandes, dattes, raisins qu'on nomme passarilles, miel & cire ; où les meuriers nourrissent des vers qui donnent la plus belle soie, où les forêts produisent un gland plus agréable que la noix, & que les grands seigneurs regardent comme un mets délicat ; mais quels maux ne peuvent naître d'un mauvais gouvernement !

Les montagnes de Grenade renferment des pierres précieuses : on y trouve l'hyacinthe & le grenat : on y trouve aussi de belles pierres à bâtir, & une pierre blanche qui sert de plâtre, dont on fait une colle pour fortifier les murs, & enduire les vases de terre & de bois qui servent à porter aux Indes diverses liqueurs : le *Sumac* y est commun, & il est d'un grand usage pour les autres nations qui savent aprêter & épaissir les peaux de bouc, de chevres, & le maroquin. Le *Xenil*, le *Guadalentin*, le *Guadalquivir*, le *Rio-frio* sont les principaux fleuves qui arrosent ces fertiles contrées. Le vent d'Est est le fléau qu'on y craint le plus ; il brûle les plantes, il desseche le grain encore tendre. Les habitans fument beaucoup ; des vins recherchés se recueillent autour de leurs demeures, & ils les dédaignent : ils n'en donnent point à leurs enfans : ils boivent des liqueurs qui ne paraissent point leur nuire : ils sont agiles, actifs, intelligens, robustes : les femmes y ont le teint blanc, frais & délicat, leurs traits sont fins, leurs yeux vifs & pleins de feu.

Cette province a 70 lieues de long & de sept à 30 de large : il a 80 lieues de côtes : là est le cap de *Gate* qu'on croit le promontoire le plus méridional de l'Espagne : il a huit lieues de circuit, & cinq de diametre : rien de calcaire n'entre dans sa vaste masse, qui est une roche argilleuse unique en Espagne, & de même nature que celle du *Chimborazo* : le premier objet qui frape en y entrant est un roc à 50 pas de la mer, & de 200 pieds de haut, crystallisé en pierres grosses comme la cuisse : à quatre ou cinq feuilles encaissées les unes dans les autres, couleur de cendre, ayant de huit à quatorze pouces de haut, dont les extrêmités sont applaties, le grain gros, mais susceptible du plus beau poli. Parmi les monts de ce cap est celui de *Bujo* où est une caverne dans un roc vitrifiable, dont l'ouverture a vingt pieds de haut, & quinze à seize de large où les vagues entrent avec fureur : on croit qu'il y a des pierres précieuses

& l'on se trompe ; mais on trouve aux extrèmités de ce cap du jaspe à fond blanc, veiné de rouge, & des couches de cornalines blanches : à son centre sont quatre montagnes : au-delà est le port *d'argent* où les pirates afriquains attendent leur proie : auprès est le mont *des gardes* riche en amethistes, dont la forme est celle d'une pyramide renversée, & en crystal de roche de couleurs diverses, & à six faces ; entre ces monts sont des plaines & des vallons couverts de plantes, surtout de lentisques & d'orseilles : on appelle proprement cap de Gate, une pointe d'un roc blanc qui sert à guider les mariniers, & qu'ils appellent *voile-blanche* : la masse dont elle fait partie renferme probablement des diamans : des indices l'annoncent, & on y trouve des saphirs blancs, des agates, des grenats, &c. C'est le pays des pierres dures, & l'on croit qu'il n'a été nommé *Gate* que par corruption d'Agate.

Les montagnes d'Antequerra fournissent du bon sel, l'eau de pluie & des fontaines s'en charge, l'entraine dans les lieux bas, où le soleil la faisant évaporer, lui fait déposer une croute de sel qui est un des bons objets du commerce de la province.

Grenade, ville située au pié des montagnes escarpées, appellées *Sierra Nevada*, parce que leur sommet est toujours couvert de neige : c'est peutêtre la plus élevée & la plus étendue de l'Espagne ; elle borde en amphithéatre & de deux côtés, une plaine immense couverte de jardins & de villages. La ville a 12000 pas de tour, & douze portes qu'on ne ferme jamais : elle fut ceinte de murs hérissés de mille & trente tours : sa forme est circulaire. A l'Orient on voit une vallée proonde d'où fort le Daro, ou la riviere d'or, qui arrose la ville, dépose sur ses rives des paillettes d'or & d'argent, & rend la santé aux troupeaux languissans qui viennent s'y abreuver : non loin de là elle se jette dans le Xenil ou **Genil** formé des sources qui sortent de la montagne.

Grenade est divisée en quatre quartiers : celui qui porte son nom est le principal. C'est là qu'habitent la noblesse, le clergé, les commerçans, les plus riches bourgeois : il est orné de belles maisons, de places publiques, de fontaines jaillissantes. L'eau s'y répand dans les maisons par des voûtes bâties sous les rues, & par cette raison, les carosses n'y sont pas permis. C'est là qu'est la cathédrale ; elle n'est pas remarquable par son étendue, mais par son beau dôme : sa voûte est dorée & soutenue de douze grands piliers près desquels sont les statues des douzes apôtres en bronze doré. Ces piliers supportent des arcades sur lesquelles regnent deux rangs de balcons : dans une chapelle près du grand autel sont les tombeaux de Ferdinand V & d'Isabelle, de leur fille Jeanne, de son époux Philippe d'Autriche : d'autres Rois y sont inhumés dans des cercueils de plomb. Dans la sacristie on montre la couronne de ce même Ferdinand : l'intérieur a été revêtu en 1760 des plus précieux marbres & d'ornemens de bronze doré de mauvais goût. Près de là est un ancien édifice tout bâti en portiques & soutenu par des piliers de marbre : c'était une mosquée. Là encore est le palais de la chancellerie, au devant duquel est une grande place ornée d'une fontaine de jaspe.

Le second quartier est celui d'*Alhambra* : il est placé sur des hauteurs & habité par les descendans des maures, & par de vieux chrétiens. Le palais des anciens rois Maures, ses murs, ses tours lui donnent l'air d'une citadelle, il présente un aspect majestueux : c'est le bâtiment le plus entier & le plus magnifique qui nous reste de ce peuple : il fut bâti en 1280 par le second roi Musulman & situé sur une colline où l'on monte par un chemin bordé de mirthes & de rangées d'ormes : les parois & les plafonds sont de stuc, de jaspe ou de porphyre, & sont sculptés, peints ou dorés, semés de sentences arabes, & d'hyéroglyphes : les parquets sont de marbre ou de briques, & l'un d'eux est composé de deux tables de marbre blanc, chacune de plus de treize pieds de long, & de sept de large : les voûtes sont découpées à jour. La premiere cour a quatre fontaines de marbre dans les coins dont l'eau remplit un canal large & profond incrusté de marbre : par d'autres canaux, on remplissait des bains d'albâtre ou de marbre blanc dont les rois se servaient. Les colonnes qui les ornent sont aussi de marbre blanc ; elles ont un pied de diamètre sur huit pieds de haut : leurs chapiteaux sont diversifiés. La cour quarrée, ou des Lions, est pavée de marbre blanc, & entourée d'un portique soutenu de 126 colonnes grêles d'albâtre, jointes ensemble deux à deux, ou trois à trois. Au milieu est un bassin porté par douze lions de grandeur naturelle qui jettent de l'eau par la gueule & forment autant de fontaines qui ne tarissent jamais. Du centre du bassin s'éleve un piédestal qui porte un second bassin, ayant un tube d'où s'éleve un jet d'eau : tout y est de marbre blanc : la salle des bains, les fontaines, les chambres des rois & de leurs femmes étonnent & plaisent par leur structure. On voit enfin dans ce palais ce qu'inventa la molesse, & le désir de jouir joint au pouvoir; tout ce qui attache à la vie & fait craindre de la quitter. Au delà du palais est une vallée charmante: des jardins, des promenades, une forêt d'orangers, de grenadiers, de myrthes.

Le palais que fit construire Charles-Quint est quarré, & bâti en pierres jaunes: son portail est de jaspe, & orné de bas reliefs figurés; au dedans est une grande cour environnée de deux rangs de portiques, l'un d'ordre toscan, l'autre d'ordre dorique, soutenus par 64 colonnes de marbre.

Plus haut est une maison ornée par la nature, conduite par la main de l'art, qui, au milieu de ses appartemens, a des réservoirs d'eau vive: c'est là que les rois venaient au printems: on l'appelle *Ginaraliph*: depuis ses balcons on a une des plus belles vues de l'Europe; elle s'étend sur les plaines fertiles de Grenade & sur les monts couverts de neige qui les terminent: à l'entrée sont deux cyprès d'une grandeur énorme qui ont plus de cinq siecles.

Plus haut encore est un couvent autrefois mosquée, où l'on trouve une citerne ouvrage des Romains, où l'eau acquiert, dit-on, la vertu de guérir la colique. Toute la colline est entrecoupée de cavernes spacieuses: on dit que les Maures y enfermaient les Chrétiens & y firent mourir 10 évêques dont on pense bien qu'on a rassemblé les reliques dans l'église: on appelle ce lieu *Sacro-Monte*; les moines y ont une vaste cave remplie d'excellens vins.

Le troisieme quartier s'appelle *Albaycin*: c'était autrefois un faux-bourg bâti par les Arabes: il s'étend fur deux collines, & renferme 5000 habitans defcendus des Maures, & qui font peu riches. On y compte 984 maifons.

Le quatrieme eft celui d'*Antiquérula*, nommé ainfi parce qu'il fut habité par des hommes d'Antiquerra : prefque tous travaillent la foie, & font du fatin, du taffetas, du damas; une partie teint en pourpre, en écarlate, ou autres couleurs.

Les rues de Grenade font étroites, inégales, mal pavées; il n'y a pas de maifons qui méritent le nom de palais : une rue entiere eft compofée de boutiques où l'on vend des tabatieres, tablettes, boucles, pendans d'oreille, &c. d'un marbre demi tranfparent comme l'agathe, poli avec l'ocre rouge, & tiré des carrieres voifines: fon principal commerce eft en foie eftimée la meilleure de l'Efpagne. On y compte 24 églifes paroiffiales, vingt couvens de moines, dix-huit de religieufes, treize hôpitaux, environ 90 mille ames, une univerfité, un amphithéâtre pour les combats de taureaux, un tribunal d'inquifition. Ximenès, après la prife de Grenade fit bruler 5000 volumes arabes: cette action eft digne du fanatique qui ne favait que donner l'option entre la mort & le batême : fon archevêque jouit de 20000 livres de revenus. On y remarque une confrerie fingulière compofée de gentilshommes: on la nomme *Real Maeftranza*: fon but eft de dreffer & d'exercer les chevaux; on ne s'attendait pas qu'avec un tel objet elle eut pris pour patron la *fainte Vierge dans le faint myftere de fon immaculée conception*, & qu'elle fit jurer à ceux qu'elle reçoit de croire ce myftere, d'aider de tout son pouvoir à le faire devenir un [ar-]ticle de foi. Devant la ville, au midi & au couchant [s']étend une plaine inclinée de 12 lieues de contour, [ar]rosée par des ruisseaux qui y répandent une fraî-cheur agréable: au milieu est un bois long d'une [g]rande lieue, large de la moitié, rempli d'or[-m]eaux, de peupliers blancs, de frêne, entremêlées [d]e métairies, & de terres cultivées qui compo-[se]nt la maison royale du *Soto de Roma*, où l'on [e]ntretient des faisans, où l'on sème du blé, de [l']orge, des fèves, du chanvre, du lin, des me-[l]ons de diverses espèces, des coins, des poires, [d]es pommes, des prunes, &c. sa fertilité est pro-[di]gieuse. La montagne composée d'un bloc énor-[m]e de roche, a des creux où la pierre s'est con-[v]ertie en terre fertile: on y élève des porcs & [de] là viennent des jambons estimés: le sommet [a] dans quelques endroits des glacieres utiles aux [h]abitans dans l'été. A deux lieues de la ville est [u]ne carriere de serpentine verte, pleine de blende, [su]sceptible d'un beau poli, & préférable au verd [a]ntique. En fouillant dans un champ en 1755 [o]n découvrit près de Grenade des ruines qu'on [c]roit être celles de l'ancienne *Illeberis* ou *Elleberis*: [o]n y a découvert des manuscrits grecs, latins, [a]rabes, en une langue inconnue, & diverses ins-[c]riptions. A ses portes sont deux hôpitaux ma-[g]nifiques, & un couvent fondé par Ferdinand Gonsalve, surnommé le grand capitaine. La longi-tude de Grenade est de 14 deg. 42 min. sa latit. 37 deg. 10 min.

Santa-Fé, petite ville dans une plaine défendue par un château, près du Xenil & de la fontaine de *Los-ojos de Guescar*, bâtie par Ferdinand V pendant le siège de Grenade, elle est quarrée, ceinte de murs flanqués de tours, & d'un fossé profond. Ses deux principales rues se coupent en croix : elle n'a qu'une paroisse & un couvent. Son territoire est riche en blés, vins & fruits : le gibier, la volaille y sont abondantes, & la soie qu'on y fait est très-fine.

Loxa ou *Loja*, située en partie sur une fort haute colline de pierres arrondies & conglutinées en partie au pié des montagnes, & arrosée par le Xénil, au milieu d'un bois d'oliviers : ses environs sont plantés de beaux jardins, & de vergers où l'on recueille des légumes & des fruits de toute espèce, & du bon safran : les monts voisins sont couverts de troupeaux qui donnent une laine fine, un lait excellent dont on fait du beurre & des fromages très délicats : ils sont remplis de gibier : c'est un des lieux les plus agréables de la province : près d'elle est une saline royale & une forge où l'on travaille le cuivre ; Abulfeda la nomme Luschah : elle renferme trois paroisses & quatre couvens.

Alhama, jolie ville vers la source de l'Alhama ou Rio-Frilo, que la froideur de ses eaux a fait nommer ainsi, dans une vallée étroite formée par des montagnes hautes & escarpées. La vieille ville tombe en ruines ; mais son fauxbourg prospere : son territoire suffit aux besoins & aux plaisirs des habitans. Ses bains les plus beaux de l'Espagne sont entretenus avec soin ; plusieurs sources d'une eau limpide & pure les remplissent, & sa chaleur est si modérée qu'on s'y baigne avec délices : ils sont utiles pour diverses maladies extérieures ou intérieures, & fortifient les nerfs foulés : on les prend au printems & dans l'automne : les bains sont de pierre de tailles fort commoles, renfermés dans un vaste bâtiment que les rois ont fait élever. Au dessus sont des rochers affreux où Alhama forme avec grand bruit plusieurs cascades. De ces rochers à la ville, les Maures avaient construit un aqueduc utile pour rassembler les eaux qui s'y trouvent, & il existe encore.

Ronda, ville médiocre, sur la frontiere de l'Andalousie, au sommet d'une montagne escarpée d'un côté comme un mur, & qu'on dit avoir 900 pieds de haut, sur la riviere de Tajo, ou de Guadajara, que la Croix nomme *Rio-Verde* : ce redoutable précipice ne peut être considéré de sang froid, & il n'y a ni parapet, ni barriere. On descend de la ville à la riviere par un escalier de 400 marches taillé par les Maures : forte par elle-même, on y a élevé encore des remparts : un pont joint la vieille à la nouvelle ville séparée d'elle par l'effrayant abîme dont nous venons de parler : il a trois arches l'une sur l'autre. Elle a quatre paroisses & six couvens : ses environs ont de bons pâturages couverts de troupeaux, la campagne est semée d'alisiers, de liéges, de chênes verds ; on y fait d'excellens jambons, le gibier & les fruits y abondent, & elle en approvisionne Cadix ; la soie qu'on y recueille donne des étoffes très-fines.

Sur une montagne à deux lieues de Ronda se voyent les ruines d'*Acinipo*, bâtie par les Romains : on la nomme *Ronda la vieja* : le sommet de la montagne est plat & couvert d'une terre noire & fertile : la vue y est admirable. A quatre lieues de Ronda est une fabrique de fer blanc sur un mont : le Guadiero en fait mouvoir les

machines : plufieurs mines de fer font entr'ell[es]
& la ville.

Marbella, petite ville au bord de la mer : fes r[i]
vages abondent en poiffons, fur-tout en fardine[s]
fon port commode eft formé par le promontoire éle[vé]
de *Mijas* qui le défend du vent d'orient : fon châtea[u]
eft quarré, fortifié, muni de quelques canons : l[es]
monts voifins ont des mines d'argent fin.

Malaga, ville au pied de la montagne de G[i-]
bralfaro, fur le bord de la mer qui y reçoit le Gu[a-]
daimedina : fon port eft un des meilleurs de la m[é-]
diterranée, & il a un môle long d'environ une lieu[e]
revêtu d'un quai de 700 pas, large, accompagné [de]
piliers de pierres où l'on attache les navires dont o[n]
voit prefque toujours 2 ou 300 à l'ancre, défend[u]
autrefois par deux forts qui font tombés en ru[i-]
nes, & aujourd'hui par le fort *San-Lorenzo* : elle e[ft]
peuplée & riche ; on y compte 4 paroiffes, 22 cou[-]
vens, 2 colleges, 5 hôpitaux, un évêque dont le[s]
revenus font de 6000 ducats : elle eft le fiege d[u]
capitaine général de la province. Toutes les année[s]
les Anglais, les Hollandais & autres nations vien[-]
nent y chercher des citrons, des oranges, des olive[s]
des figues, des raifins & des amandes, fon vin de Se[c]
& de Tinto dont on tranfporte annuellement 50000
arobes, (l'arobe eft une mefure de poids qui équi[-]
vaut à 21 livres 14 onces de France). Elle a de très
beaux bâtimens ; fa cathédrale eft bâtie à la modern[e]
de pierres blanches, & c'eft l'une des plus belle[s]
d'Efpagne. Elle a des murs & des remparts ; fe[s]
habitans font honnêtes, fobres, guerriers, & le[s]
plus laborieux du royaume : on l'appelle auffi *Mà[la-]*
gue, les arabes *Malekab*, les anciens *Malacca* : le[s]
Phœniciens la fonderent 800 ans avant Jefus-Chri[ft]
Ses environs font montueux, très-fertiles, embelli[s]

par les vues les plus riantes, par des jardins entourés d'aloës & de figuiers des Indes. Sous ces deux plantes croissent des mauves, le geranion, le souci, la buglosse, la pariétaire, le faux dictame, la mercuriale, la chardon-marie, l'immortelle dorée, la lavande à feuilles découpées, l'asperge blanche, &c. dont plusieurs croissent sur le sable brûlant de la mer, & sont en fleurs & en fruits au commencement de Janvier. A deux lieues de Malaga est une caverne où se forment d'énormes masses d'albâtre calcaire, blanc, veiné de couleurs différentes, ou d'un gris agréable mêlé de veines blanches : la caverne est sous un grand banc de roches de chaux, & près de montagnes calcaires.

Cartama ou *Cartime*, petite & ancienne ville, voisine d'une haute montagne qui, au midi est fertile & cultivée, au nord aride & déserte. On y découvrit en 1750, à 30 pieds sous terre, un temple antique, des statues, des inscriptions, des médailles, une colonne de marbre rouge d'un seul morceau, de 24 pieds de haut, & de 6 de diamètre : sur une colline voisine on voit les restes d'un château maure.

Velez-Malaga, ville située dans une grande plaine, arrosée par le Velez, & à quelque distance de la mer, défendue par un château élevé sur une haute colline. Elle a deux paroisses & cinq couvens. La vieille ville est presque abandonnée, ses habitans se retirent dans la nouvelle : elle recueille de riches moissons dans ses campagnes, & ses vignobles lui donnent d'excellens raisins qui s'embarquent à Malaga. Le capitaine-général de la province doit résider dans son antique château.

Almuneçar, bourg qui a un port, défendu par un château où les rois maures faisaient enfermer leurs enfans & leurs freres pour regner en paix : on y cultive la canne à sucre.

Motril, autrefois *Firmium Julium*, petite ville à demi heure de la mer & de la riviere de Riogrande. Elle renferme une paroisse, un hôpital & quatre couvens. On y cultive aussi la canne à sucre : son terroir est riche en bons vins, & la mer voisine en poissons.

Almerie, qu'Abulfeda nomme *Al-Marijah*, ville située à la pointe d'un grand golfe, à l'entrée d'une plaine assez stérile, & à l'embouchure de la petite riviere de son nom, qu'on appelle aussi *Boledux*. Son évêque a 6000 ducats de rente. Elle a quatre paroisses, quatre couvens ; à quelques lieues d'elle est le cap de Gates, autrefois Charideme. Son terroir, arrosé par des sources d'eaux pures, est abondant en fruits : on y fait beaucoup d'huile, & on y fabrique du salpêtre. A quelque distance est une plaine semée de grenats ; on en trouve sur-tout abondamment dans le lit d'un torrent, au pied d'une petite colline. La mer rejette quelquefois sur ses rivages des vers longs de cinq pouces, larges d'un : c'est un des trois animaux qui donnent la couleur pourpre si estimée des anciens. Il croit dans ses campagnes une espèce d'acacia dont on fait de l'encre. De cette ville on distingue deux montagnes, l'une est celle de *Filabres*, l'autre celle de *Gador* : la premiere est un bloc de marbre blanc d'une lieue de tour & de 2000 pieds de haut, plate à son sommet, & ne se décomposant point : la seconde est encore un bloc de marbre prodigieux qui donne la meilleure chaux du monde.

Près de là encore s'élevent les *monts Alpujarras*, situés entre Almeria, Motril & Grenade : ils ont 20 lieues de long & 14 de large, élevés & de difficile tile accès : ils renferment cependant des plaines & des vallées fertiles en grains, vins, fruits & pâturages : ses infatigables habitans, restes des anciens maures, y font prospérer le ver à soie, & nul pays n'en produit plus que ces monts hérissés : hommes laborieux, simples dans leurs mœurs, moitié chrétiens, moitié musulmans, parlant un mélange d'arabe & de Castillan ; ils haïssent les Espagnols, se mêlent peu avec eux, & souvent résistent aux nouveaux impôts. On y trouve 124 villes, bourgs ou villages. Telle est leur élévation que de leurs cimes toujours couvertes de neige, on découvre Gibraltar ; une longue étendue des côtes d'Afrique, & les villes de Tanger & de Ceuta : on les compte parmi les plus hautes montagnes de l'Europe. Mr. Plüer qui monta du village de Portugos à ces hauts sommets, y trouva de la neige le 27 août, & mesura leur hauteur qu'il trouva de 1450 toises au-dessus du niveau de la mer. Elles payent en proportion de leurs parties cultivées plus qu'aucune autre province, car elles font entrer annuellement 800000 réales dans la caisse du roi. Sous les Maures elles étaient divisées en onze *Tahas* ou districts, & cette division subsiste encore à quelques égards. Dans ces Tahas on remarque *Uxixar* ou *Ugijar*, bourg qui a le nom de ville, situé au pied des montagnes & à leur centre : il a une église collégiale, & est regardé comme le chef-lieu de toutes les Alpujarra : *Orgiva* est aussi un bourg, & est situé dans une vallée fertile, au bord du Rio-grande : *Pitres*, grand village : *Portugos*, au-dessous duquel est une fontaine minérale très-salutaire : *Torbiscon*, petit bourg, voisin de la mer, dont les côtes sont défendues par le fort de *Castil de ferro* : *Adra*, bourg situé sur les bords de la méditerranée, défendu par un fort, &

où l'on cultive la canne de sucre : la Penixa l'arrose, son évêché a été transféré à Almerie : *Berja* ou *Verja* est un bourg considérable, ainsi que *Dalias* situé dans une plaine bornée par la mer. *Calahorra*, *Benizalon*, &c. sont encore des bourgs.

Mujacra ou *Mujacar*, autrefois *Murgis*, petite ville sur une montagne près de la mer : elle a été fortifiée : ses habitans sont cultivateurs ou pêcheurs. *Vera* autrefois *Vergi* ou *Verga* petite ville voisine de la mer, qui se soutient du produit de ses campagnes, & de la pêche qu'elle fait sur ses côtes.

Purchena, petite ville sur la riviere d'Amanzora: l'agriculture est sa seule richesse.

Huescar est l'ancienne *Osca* : près d'elle est le mont Sagra, à ses côtés coulent le Guardadar & le Bravasse; une petite plaine l'environne, & elle renferme deux paroisses & quatre couvens.

Baza, qu'Albulfeda nomme *Bagah*, est située dans une vallée qui prend son nom : elle a un château, trois paroisses, six couvens, un hôpital; on y remarque une *N. D. de piété* qui, dit-on, fait encore de tems en tems des miracles.

Guadix, autrefois *Colonia Accitana*, est au bord d'une riviere qui porte son nom, ou celui de Fardes, & qui se jette dans le Guadalentin. La ville est sur le penchant d'une colline qu'entoure une plaine bordée par des monts, arrosée par quatre torrens : ses maisons sont mal bâties, son église cathédrale, ses six couvens en sont les édifices les plus remarquables : une place publique décorée d'une fontaine en est le principal ornement : devant elle est la *Sierra Novadas*, derriere les monts Alpujarra, & ces montagnes toujours blanchies de neige ne lui permettent pas de cultiver l'orange & l'olive ; mais ses environs très agréables sont abondans en autres fruits délicats, en ons vins, en blés, en gras pâturages. Elle a trois paroisses, & son évêque 8000 ducats de rente.

Salobrena, ville ou bourg, situé sur un rocher élevé, au bord de la mer, défendu par un château fort, où les rois maures déposaient leurs trésors, & où l'on tient une garnison sous les ordres du gouverneur: son port est médiocre.

Settenil, bourg muré, situé sur un mont: une partie de ses murs & de ses maisons sont taillées dans le roc: ses environs sont incultes & ne produisent que des pâturages.

Munda, bourg très-ancien, sur le penchant d'une colline, à la source du Guadalquivirejos, connue par la victoire de César sur les fils de Pompée: il n'est qu'un reste de ce qu'il a été: d'un côté son terroir est marécageux; de l'autre il offre une plaine riante & fertile.

Torrox & *Nerja* sont des lieux voisins de la mer & d'Almuneçar, protégés par un château, & plantés de cannes de sucre.

L'lora ou *Alora*, petite ville entre des monts, protégée par un château: ses campagnes sont bordées d'aloës, de grenadiers, de romarins, de thims, de geranium, &c. près d'elle est un château maure & les restes d'un aqueduc qui avoit 55 arches.

Molina, petite ville très-ancienne, qui eut autrefois, dit-on, le nom de *Sael*. *Porto de Torres*, petit port où l'on n'est en sûreté que contre les vents de terre: il est protégé par un château flanqué de quatre tours, il en a une au milieu qui est quarrée. *Albaurin* est un grand village dont les environs sont fertiles & embellis par le prospect le plus riant. *Elvire* est une ancienne ville qui n'existe plus que dans l'histoire: il s'y forma un concile célèbre. *Valle de Lecrin* est le nom d'une vallée soumise à la jurisdic-

tion de la ville de Grenade : on y compte dix-hui[t]
villages.

Antéquera, *Antiquaria* n'appartient à aucune de[s] provinces de l'Espagne : cette ville est située en pa[r]tie dans une plaine, & en partie sur des collines au pied de montagnes escarpées : la haute ville ren[ferme] le château & les maisons des nobles : les mau[res] la bâtirent sur les ruines de *Singilia*, & en firen[t] une place forte : dans l'enceinte du château est u[n] arsenal riche en armes antiques, comme casques cuirasses, brassarts, boucliers, piques, zagaies arcs d'un bois très-élastique, flèches, instrumen[s] d'os & d'écaille dont ils serraient leurs manches pou[r] n'en point être embarrassés en tirant de l'arc, &[c.] La ville basse est occupée par des laboureurs & de[s] artistes. En général elle est bien bâtie ; ses rues [&] ses maisons sont propres : elle renferme quatre pa[r]roisses, dix-neuf couvens, plusieurs hôpitaux [&] 13000 habitans : son territoire a 7 lieues de lon[g] sur 6 de large : au nord est une grande plaine ; de trois autres côtés sont des montagnes ; il est fertil[e] en blés, orge, seigle, fèves, vesces, pois, lenti[l]les, en oliviers & vignes, en poires, pommes grenades, coins, melons, noix, prunes, abricots figues, dont il y a une espèce qui meurit deux foi[s] l'année, toutes sortes de légumes ; du poivre roug[e] ou poivre de Guinée, des tomates ou pommes d'a[]mour, &c. un grand nombre de ruisseaux l'arrosen[t] on y trouve des carrieres de plâtre. Nous avon[s] parlé du sel que les eaux rassemblent dans les lieu[x] bas qui forment un étang d'une lieue de tour, [&] que le soleil durcit : il suffit à la consommation d[e] la province de Grenade.

DE L'ESPAGNE.
MURCIE.

Il est situé à l'orient & au nord du royaume de Grenade : il a 26 lieues de long sur 24 de large : l'air y est pur & sain ; la culture du vin & du blé y est pénible, parce que le terroir y est fort sec & montagneux, & elle est négligée ; mais tout ce qu'elle donne y est excellent. La richesse de ce pays consiste en oranges, limons, &c. en légumes, comme pois, ris & autres, en sucre, miel & cire, en soie, dont le roi d'Espagne retire par an pour un million d'écus. La soude y est un grand objet de commerce : c'est une plante dont la tige, de près de deux pieds, se divise en rameaux qui s'étendent au large : ses feuilles sont longues, étroites, charnues, succulentes ; ses fleurs ont plusieurs pétales ; ses fruits noirâtres, luisans ont la forme de serpens tournés en spirales. On coupe la plante, on la sèche, on la met dans un trou, on la couvre & on y met le feu : elle se convertit en cendres, & la cendre en pierre assez dure, dont on se sert pour faire le savon & le verre. On y trouve encore une espèce de jonc nommé *Sparto* ou *Esparte*, qui sert à faire des nates, des cordes, une espèce de chaussure, & dans les fabriques de salpêtre. On y voit aussi des roches d'alun fossile blanc, mêlé à la terre, des améthistes de la couleur de la pensée : on y remarque cinq cavernes très-profondes qu'on croit être des ouvertures de volcans éteints. Les principales rivieres qui l'arrosent sont le *Segura*, autrefois *Terebus* & *Sorabis* qui vient de la nouvelle Castille, coule du couchant au levant, & va se jeter dans la mer au royaume de Valence ; & le *Guadalentin* qui vient du royaume de Grenade, & se perd dans la mer près d'Almazarron. Les Bastilains habiterent autrefois ce pays.

L'air y est très-sain : le canal qu'on y fait, y rendra, sans doute, l'agriculture plus florissante.

Murcie, ville située dans une plaine agréable sur les bords de la Segura qui la traverse, & sur laquelle est un beau pont de pierres : le long de la riviere est une belle promenade : il en est une autre encore formée par quatre rangs d'ormes, ornée de mauvaises statues. Les rues de Murcie sont droites, mais étroites, les maisons assez belles ; on y compte onze églises paroissiales, huit couvens, deux colleges, un tribunal d'inquisition, deux hôpitaux, dont l'un sert pour recevoir les enfans des pauvres qui ne peuvent les nourrir, un magasin de blés comme dans toutes les grandes villes d'Espagne, un château sur une hauteur qui peut la défendre, & 18000 habitans. Le couvent des cordeliers est remarquable par son architecture & par sa grandeur ; il a trois grandes cours, deux portiques l'un sur l'autre, une vaste bibliothéque ornée de portraits d'hommes illustres, & meublée de livres scholastiques. Le college qui fut aux jésuites est beau : la cathédrale bâtie en pierres blanches, & chargée de sculpture d'un beau travail, a un clocher où l'on peut aller en carosse. Là est le tombeau d'Alphonse X, qui forcé de chercher un asyle, n'en trouva un que dans sa *bonne ville* de Murcie. Si le peuple était instruit, il se glorifierait davantage d'avoir été aimé d'un prince qui l'était, chose plus rare dans ce rang que d'y voir des héros. Tout se pese à Murcie, la police y est très-sévere ; celui qui vend à un prix plus haut que le magistrat ne l'a fixé, est promené sur un âne, & reçoit un certain nombre de coups de fouet. Il y a un amphithéâtre pour les combats de taureaux : l'évêque de Carthagene y réside, Richard Twiss dit qu'elle a un archevêque. Ses envions sont agréables, bien arrosés & très-fertiles : on y recueille du vin, du miel & toutes sortes de fruits ; on y fait beaucoup d'huiles & on y cultive le sucre ; on y compte près de 400000 pieds de muriers ; les pâturages y sont abondans, le gibier y abonde, & diverses plantes medicinales y prosperent. La longitude de cette ville est de 16 deg. 20 m. sa latit. de 37 deg. 48 min.

Carthagene, *Cartago-nova*, ville bâtie par Asdrubal ou Annibal, détruite par les Goths, rétablie par Philippe II : son évêque jouit de près de 300000 livres de rente ; nous avons dit qu'il résidait à Murcie ; la ville ressemble à celle de Plimouth, & est peuplée de soldats en uniforme. Son port est le meilleur de l'Espagne, & André Doria disait qu'il ne connoissait que trois bons ports, Juin, Juillet & Carthagene : on en dit autant de Port-Mahon : celui-ci est au fond d'une petite baie qui a 300 pas de long, & près de 700 d'ouverture : il est commandé par des montagnes, a un vaste arsenal entouré de murs, & défendu par un fort élevé sur une colline. On y voit deux chantiers, où travaillent sans cesse 2000 esclaves, la plûpart maures : on pêche dans la baie beaucoup de macreuses, & de-là est venu le nom de *Sombraria* donné a l'isle qui est à l'entrée du port. La ville est au fond du port dans une plaine, dont la terre rougeâtre rend du 30 à 100 pour un, & a deux belles promenades. Son territoire est sec & aride ; il est semé de cette espèce de jonc ou de jenêt nommé sparte, & il en a pris son nom *Spartarius Campus* ; ces joncs lui rapportent moins que sa mine où l'on trouve des diamans, des rubis, des améthistes & autres pierres précieuses ; mais sa plus grande richesse est son port. Elle est le siege d'un des trois départemens de la marine.

d'Espagne; les deux autres sont Cadix & le Ferrol. Elle est loin encore de son ancienne grandeur, quoiqu'elle prospère: du tems de Mariana on n'y comptait que 600 familles.

Chinchilla a un vieux château, & a une jurisdiction étendue.

Lorca, ville assez grande, mais qui déchoit, quoique située dans une contrée très-fertile: elle est à six lieues de la mer, sur une hauteur, au pied de laquelle coule le Guadalentin. Ses habitans, presque tous descendus des anciens Maures, sont méprisés des Espagnols, & ce sot mépris les rend grossiers & peu accueillans. La ville a sept paroisses, cinq couvens & environ 2000 hommes: son évêché a été transféré à Carthagene. Près d'elle on trouve deux anciennes mines de plomb & de cuivre.

Villena, nommée autrefois *Arbacala*, est le chef-lieu d'un marquisat: elle renferme deux paroisses & deux couvens. Près d'elle est un marais de deux lieues de tour, d'où l'on tire du sel, & plus loin est un côteau de sel gemme couvert de plâtre.

Ricote, bourg dans une vallée dont il est le chef-lieu. *Sta. Crux de Caravaca*, grand bourg sur la Segura, ceint de murs, qui a un château, une paroisse & six couvens, connu par son crucifix, qui servait à un prêtre pour aller dire la messe à un roi Maure, & par les croix qu'on y fabrique, préservatifs certains de la foudre: il est situé au milieu des montagnes qui confinent à l'Andalousie & à la nouvelle Castille. *Mula*, bourg muré, a un château, deux paroisses & deux couvens: près de lui sont des bains salutaires. *Molina* a des sources salées. *Totana* est grand & peuplé; c'est le bourg le plus considérable du royaume;

il renferme une commanderie de l'ordre de St. Jacques. *Almanza*, autrefois *Almantica*, bourg sur les frontieres de Valence: on y compte 1600 habitans, une église construite avec goût & huit couvens : à demi mille de la plaine, où il est situé, est un obélisque quarré de 30 pieds de haut, posé sur un piédestal à trois marches, sur lequel des inscriptions latines & espagnoles annoncent la victoire que remporta le maréchal de Berwick en 1709. Philippe V fit dire 50 mille messes pour le repos de ceux qui étaient morts en combattant pour lui.

Mazarron, ou *Almaçaren*, forteresse au bord de la mer, à l'embouchure du Guadalentin, qui lui forme un port : dans ses environs sont des carrieres d'alun d'un grand revenu.

Lorqui, *Cieza*, *Lebrilla*, *Lanquera*, *Portilla*, &c. sont des bourgs peu considérables ; le dernier est voisin de la mer, & près du promontoire de *Cope*.

Albacete, ville dans un terrain sec, qui renferme deux paroisses & 5000 habitans, & où l'on compte dix-huit fabriques de couteaux & de ciseaux peu estimés.

VALENCE.

Ce royaume est situé au nord de celui que nous venons de décrire : il a 66 lieues de long, & sa largeur varie de six à vingt lieues. La mer y forme les deux golfes d'Alicante & de Valence : ses soixante lieues de côtes sont comme celles de Grenade hérissées de tours, défense souvent insuffisante contre les pirates. On n'y compte que quatre ports, & les orages y sont fréquens. Des montagnes élevées n'y préfentent que des pâturages ; en s'approchant des côtes on trouve de magnifiques plaines. L'air y eft doux ; le printems femble y être la feule faifon de l'année ; une multitude de ruiffeaux & de rivieres y rendent la terre fertile , & elle eft fans ceffe couverte de fleurs & de fruits : les vallées font couvertes d'oliviers, de grenadiers, de figuiers, d'amandiers, de palmiers, de mûriers, d'orangers, de citroniers, de caroubiers *, de cédrats, &c. quelques-uns de ces derniers pefent fix livres, & l'arbre qui les porte n'eft haut que de deux ou trois pieds : l'odeur de ces fruits parfume l'athmofphere. Des feps élevés y donnent d'excellens raifins gros comme des noix mufcades , & dont des grappes pefent 14 livres : les plaines font en tout tems chargées de fruits & parées de fleurs. Le blé n'y eft pas commun : le ris, le fucre, les dattes, le lin, le chanvre y font abondans ; le jardinage y eft très bon, les mélons y font d'un goût exquis & fe gardent toute l'année. Les hommes y naiffent bien faits & robuftes; les femmes aimables, belles, amies du plaifir : c'eft le féjour des richeffes, de l'induftrie & du commerce : ce ferait celui du bonheur, fi le gouvernement & la fuperftition ne corrompaient les dons de la nature. La foie y forme le plus grand objet du commerce. On trouve dans fes montagnes des mines de fer, & quelques-unes d'or & d'argent, des

---

* On l'appelle auffi Algarroba, arbre aux fauterelles : il eft toujours verd, fes feuilles font foncées & rangées dix à dix, le fruit eft femblable au haricot, long de 9 à 10 pouces, & croit en grappes, fes gouffes font épaiffes, farineufes, douces au goût : on le nomme auffi *Locufta* ; & peut-être c'eft la fauterelle que mangeait Jean Baptifte.

carrieres d'albâtre, de chaux, de plâtre, de calamine, d'argille, dont on fait de beaux vases, & de pierres de lapis. La mer l'enrichit des poissons qu'elle nourrit, & lui fournit sur-tout le thon & l'alose: on prend une multitude d'oiseaux aquatiques dans le lac de *Valence*; il a 4 ou 5 lieues de tour, le Xucar & différentes sources viennent s'y rendre sans l'augmenter: elles ne font que lui rendre ce que l'évaporation lui fait perdre: sa profondeur est de deux à trois pieds: le fond est d'argille pure; on y pêche beaucoup d'anguilles, qui ont jusqu'à deux pouces de diamètre.

Ce beau pays est arrosé par plusieurs rivieres: nous avons parlé de la *Segura*, le *Guadeleviar* ou *Turia*, qui naît dans l'Arragon, y roule ses ondes pures sur un rivage bordé de saules, de planes & de pins: le *Guadalerte* sort de la vallée de son nom, & prend le nom de Rio de Altea, en se jetant dans la mer près de la ville de ce nom: l'*Alcoi* prend son nom d'une ville, arrose le territoire de Gandie, & se perd dans la mer: l'*Iucar* porta le nom de *Sucro*; il descend de la nouvelle Castille, reçoit dans son sein le *Cabriel*, l'*Iativa*, le *Sieteaguas*, & passe près de Cullera avant de se perdre. Le *Murviedro* coule sous la ville de ce nom. Le *Mijarès* sous celle de Burriano avant de se joindre à la mer. Les Celtiberiens, les Contestains, les Lusons furent les premiers habitans connus de ces contrées où l'on compte sept cités ou villes, 64 bourgs murés ou petites villes, & 1000 villages; cette province & celle de Galice & de Catalogne sont les plus peuplées de l'Espagne: les mosquites, les lézards, les serpens y sont nombreux, mais sont plus incommodes que dangereux; une multitude de papillons y charment les yeux par la beauté de leurs nuances

Valence est située à une petite lieue de la mer, sur les bords du Guadalaviar, qu'on y passe sur cinq beaux ponts, au milieu d'une riche plaine qui ressemble à un vaste parterre toujours fleuri, & d'une plantation immense de meuriers: son sol est traversé par une bande de terre argilleuse d'où suinte le mercure vierge: entourée de murs & en quelques endroits de fossés, elle a cinq portes * & une citadelle élevée au-delà du fleuve, si l'on peut donner ce nom à l'antique palais qu'habite le viceroi ou capitaine général, bâti par les Maures, armé de tours & de crenaux. On y compte 12000 feux, & ses fauxbourgs, ses maisons de campagnes montent à un pareil nombre. Les rues y sont bien pavées, quoiqu'étroites & tortues; ses maisons ressemblent à des palais, aussi est-elle appellée *Valencia la hermosa*, la *belle*. Son archevêque a un revenu de 200000 livres: les évêques de Segorbe, d'Orihuela, de Majorque sont ses suffragans: il a droit, dans les jours de cérémonie, de porter l'habit des cardinaux, & ses chanoines celui des évêques. Valence a une université célebre, une académie des beaux arts, établie en 1768, un tribunal de l'inquisition & une audience royale. Tous les ordres y ont des couvens, & la ville y fourmille de prêtres & de moines, espèce d'hommes qui s'attachent à l'opulence: on y compte 14 paroisses, 41 couvens, 7 colleges, 10 mille puits ou fontaines d'eaux vives. On y trouve beaucoup d'antiquités, son église cathédrale est belle; l'un des côtés du

---

° D'autres auteurs lui en donnent douze.

chœur est incrusté d'albâtre, orné de peintures, enrichi d'un trésor & de reliques, telles que les cheveux de la Ste. Vierge, la chemise sans couture qu'elle avait faite pour son fils, deux grains de la myrrhe présentée par les trois rois, un morceau de la peau de St. Barthélemi, trois doigts de St. George, &c. La maison de ville, le palais de la *Ciuta*, celui de la députation sont très-beaux : la bourse a une sale soutenue de plusieurs hautes colonnes, très-bien travaillées : l'église qui appartint aux jésuites est une des plus belles : on admire encore celles de Ste. Catherine & de St. François. Dans le college *del Patriarcha* est une fontaine qui passe pour la plus belle de l'Espagne, au milieu est une statue de femme en marbre blanc dont la draperie sur-tout est excellente. Ses cinq ponts sont longs de 300 pas, larges de 15. On y travaille la soie, & on en tient marché dans une place qu'occupait autrefois une église ; on y fait aussi des draps : un grand nombre de nobles & d'étudians l'habitent ; le commerce y est très actif. Elle fut bâtie par les soldats qui avaient servi sous Viriatus, détruite par Pompée, relevée ensuite dans le voisinage de ses ruines, elle subsiste encore avec éclat ; ses fondateurs lui firent donner le nom de *Veteres* ou *Veterani*. Elle a la forme d'un demi cercle : près d'elle est une chartreuse dans la plus belle situation, en face de la mer, de la ville & des beaux jardins de Valence ; on y trouve deux mines de cuivre. A deux lieues de ses murs on voit les ruines de l'ancienne cité : à la même distance est un beau village qui a quatre rues, & dont presque tous les habitans sont potiers & fabriquent une espèce de fayence qui a la couleur du cuivre, elle est très-belle, & ne sert qu'aux laboureurs, qui encore en ornent leurs maisons. La longitude de cette ville est de 16 deg. 46 m. 18 secondes : sa latitude 39 deg. 30 m.

Alicante, autrefois *Lucentum*, ville peu considérable par son étendue, mais qui l'est par son commerce & la bonté de son port : bâtie sur la pente d'une montagne dont le fond est un roc calcaire, dont la forme est conique, qui a dix mille pieds de haut, & au sommet duquel on trouve des coquilles à demi pétrifiées : les flots viennent se briser à son pied : un château plus élevé qu'elle, & quelques bastions la défendent : son port est ouvert & vaste, mais l'ancrage en est sûr, & il est orné d'un beau môle : en tems de paix il est rempli de vaisseaux de toutes les nations, qui y viennent charger du vin, du beril ou aigue marine, des passarilles, & diverses autres marchandises : sa côte est semée de tours pour découvrir au loin les pirates. Cette ville est bien bâtie & habitée par de riches négocians : on y compte 18000 habitans divisés en trois paroisses, l'une de ses églises est collégiale : elle a six couvens d'hommes & trois de femmes, cinq portes, & sur ses remparts sont braqués 58 canons; sa garnison est de 2000 hommes. Ses jardins sont à 2 lieues de ses murs vers le nord, dans une plaine qui a 2 lieues de long, 1 de large : là sont ses vignes qu'on est quelquefois forcé d'arroser : les jardins sont couverts d'amandiers, de grenadiers, de myrthes impériaux à doubles feuilles, d'orangers & de limoniers : toutes sortes de légumes y prosperent. On y voit un caroubier immense qui rapporte chaque année 3400 livres pesant de fruits. Autour de la ville se cultive le barilla & la soude ; plus loin sont des montagnes, dont quelques-unes sont de plâtre, & les autres de rocs calcaires : le plâtre est ordinairement à leur pied : on trouve à deux lieues de a ville un souterrain naturel rempli d'albâtre blanc, formé par les eaux qui suintent au travers des roches calcaires ; & la montagne d'*Acorai*, escarpée, calcaire, couverte en quelques endroits d'un plâtre rouge, de corps marins pétrifiés, de morceaux de madrepores minéralisés avec du fer : dans son sein on trouve des pétrifications, de l'ambre & un sable roux, dont on peut retirer beaucoup de mercure. On connaît ses vins estimés, le rouge est préférable au blanc : il faut qu'il ait quinze ans pour avoir toutes ses qualités ; mais il est rare qu'on l'y garde si longtems : il fait son plus grand objet du commerce. Le savon & l'anis en font encore de fortes branches.

Denia, ville ancienne, fondée quelques siécles avant J. C. par les Marseillois qui l'appellerent *Artemisium*, nom qu'ils donnaient à Diane ; les Latins lui donnerent par cette raison celui de *Dianeum* d'où son nom actuel est formé : on l'a appellée aussi *Hemeroscopium* d'un fanal qu'on y avait élevé : elle est au pied d'un mont dont le sommet est occupé par un château : l'entrée de son port est dangereuse : des raisins, des amandes sont les objets de son commerce. Elle a le titre de marquisat.

Gandia, ville qu'on ne fait connaître dans diverses géographies que par la maison de Borgia qui la posséde sous le titre de duché, & par son université fondée en 1549, par François Borgia, qui devint général des jésuites, & fut canonisé cent ans après sa mort : elle mérite cependant d'être connue par elle-même : elle est à demi lieue de la mer, & dans un tems serein on y découvre l'isle d'Iviça : elle renferme environ 1000 maisons bâties en pierres à chaux : l'Alcoi l'arrose ; de son église principale on découvre plus de vingt villages autour d'elle, au milieu de prairies & d'arbres, qui présentent un spectacle très-agréable; son territoire est des plus fertiles & des plus beaux de l'Espagne : & c'est peut-être l'endroit de l'Europe le plus riant, & le plus riche des dons de la nature. Une petite chaîne presque circulaire de montagnes basses, borde ce jardin qui a une lieue & demi de diamètre; dans les fentes de leurs rocs croît le figuier d'Inde, dont le fruit appartient au premier qui le cueille : au sommet de la chaîne est une plaine assez vaste : vers la mer, la partie de ce jardin qui y touche est basse & marécageuse; elle s'étend à quelques lieues, & n'est pas cultivée, parce qu'elle est souvent inondée : tous les arbres, les cannes à sucre, les plantes des provinces méridionales de l'Espagne se trouvent réunies dans cet heureux canton; sa terre noire & fertile produit sans cesse, & on la cultive avec un soin extrème : ses habitans riches par leur travail, vivent dans l'aisance, & sur leur visage on voit l'empreinte du bonheur dont ils jouissent : ils portent des bonnets de velours sur leur tête, des mouchoirs de soie à leur cou; l'intérieur de leurs maisons est propre, & tout y annonce l'abondance.

Orihuela ou *Otiquela*, nommée par les Arabes *Ariulats*, dans une situation forte par sa nature, au milieu d'une plaine si fertile, qu'on dit en proverbe, *qu'il pleuve ou non*, il y a toujours du blé à Orihuela : elle est dominée par une chaîne de montagnes, entourée de beaux jardins. Son université fut fondée en 1550; elle est dirigée par les dominicains, & par conséquent elle est très-orthodoxe : son évêque jouit de 50000 livres de rente : son territoire est fertile en blés, vins, lin, chanvre, miel, soie, légumes, fruits, &c. On y trouve du sel, & sur un roc, un souterrain dont on n'a pu encore voir le fond. Sa jurisdiction indépendante du gouvernement

ment de Valence s'étend sur un espace de 12 lieues de long sur six de large.

Peniscola, petite ville sur une pointe de terre élevée qu'on appelle Cap Forbat ; elle est forte parce que la mer l'environne de trois côtés ; inaccessible par elle, elle est d'un accès difficile par terre : là est une petite forteresse où se retira Benoit XIII, qui voulut être pape malgré l'église qui les fait. Sa situation dans une péninsule lui a fait donner son nom.

San Felipe ou *St Philippe*, ville bâtie sous Philippe V, au pied de la colline sur laquelle était *Xativa*, ville malheureuse que son attachement à l'Autriche fit assiéger par les généraux de Philippe, qui la prirent, la ravagerent, la détruisirent, en firent un exemple des excès où se peut porter l'inhumanité & la vengeance, plutôt qu'un exemple de justice, comme la colonne qu'on éleva sur ses ruines l'annonce. *Xativa* était l'ancienne *Sœtabis*, mot qu'on croit venir de *Ssithiouths*, toile de lin : en effet elle fut fameuse par celles qu'on y fabriquait. Son territoire est planté de meuriers & ressemble à un jardin ; son sol profond & calcaire donne trois récoltes par an : à six ou huit pieds de profondeur, on y trouve par-tout de l'eau, & on peut l'arroser facilement par l'eau des ruisseaux ou rivieres qui y coulent. On y cultive le riz ; on le laboure trois fois, & on le seme au milieu des féves, dont les racines abreuvées ont pénétré le terrein & l'ont échauffé : dans quinze jours le riz a cinq pouces de haut, on l'arrache alors, on en fait des bottes d'un pied d'épaisseur, qu'on transporte dans un champ bien préparé & couvert de quatre doigts d'eau : on l'y plante par poignées dans la terre boueuse, & on l'aligne à un pied de distance : ces poignées repoussent des

Tome VI. O

tiges, de maniere que les plantes se touchent, & bientôt le champ est couvert d'épis. On dit ce riz est plus sain & moins blanc que celui du levant. La ville de *San-Felipe* est loin encore de ce qu'était Xativa: on y voit une église collégiale & deux châteaux: on voit près d'elle les ruines d'un château maure.

Segorbe, ville ancienne sur le penchant d'un mont, arrosée par le Murviedro: elle a un château, le titre de duché, & un évêque qui a 50000 livres de rente. La ville est agréable, son terroir est fertile en froment, vin & fruits; on y trouve des carrieres d'un marbre si beau que les Romains en faisaient porter chez eux pour en orner leurs édifices.

Gijona, petite ville dans les montagnes, défendue par un château; il y croît un vin estimé.

Guardamar, que les Grecs nommaient *Alona* petite ville ou bourg qui a un port à l'embouchure de la Ségura, où l'on embarque beaucoup de sel très-commun dans cette contrée, où l'on voit encore le port de *St. Paul*: là les vaisseaux se rassemblent pour charger le sel qui se fait dans *la Mata*, grand marais au bord de la mer, avec laquelle il ne parait pas communiquer: le soleil en fait évaporer les eaux qui s'y rassemblent de diverses sources salées, le sel s'y cryftallise, & on en fait d'énormes monceaux que les Hollandais achetent, on y a vu à la fois 50 à 60 de leurs vaisseaux: ils nomment ce lieu *Alimatte*. Le village de St Paul est protégé par un fort: près de là on a trouvé des ruines romaines & des monnaies antiques. A une lieue dans la mer est l'isle de *Nueva Tabarca*; elle est sans eau, sans arbres, & n'a qu'une lieue de tour: 400 Espagnols rachetés des barbares d'Afrique l'habitent: le comte d'Aranda leur y a bâti une église & une ville, dont les maisons sont petites & ont des toits plats ; les rues font droites : ces hommes exempts d'impôts, recevant neuf deniers chaque jour du gouvernement, y regrettent l'efclavage dont on les délivra, parce qu'ils ne font point libres, ne peuvent aller fur le continent, & fouvent manquent de tout dans leur isle. Ils fabriquent des cordes. Cette colonie fut fondée en 1771 ; mais pourquoi vouloir forcer des hommes d'habiter ce qui n'eft point fait pour l'être ?

Ninerola, bourg, près duquel eft une carriere d'un très-bel albâtre blanc.

Afpe, autrefois *Afpis*, eft un bourg. *Villa joyofa*, bourg auprès de la mer, fur le penchant d'un mont. *Bocairente*, *Alevi*, font encore des bourgs. *Biar*, jadis *Apiarium*, petite ville qui a un château, & dont le territoire eft riche en miel. *Huntiniente* a dans l'enceinte de fes murs diverfes fources qui arrofent fes campagnes. *Carcagente* eft connu par fes belles pommes de grenade. *Alcire* ou *Alzir*, petite ville très-ancienne & qui eut le nom de *Sucro*: elle eft fort jolie, fituée dans une petite isle que forme le Jucar ; on y fait un grand commerce de foie. *Valdigna*, couvent de l'ordre de cîteaux, fondé par Jacques II, roi d'Arragon : l'abbé eft feigneur de plufieurs villages, & a de grands revenus.

Murviedro, village fitué au pied d'une montagne de marbre prefque noir, avec des veines blanchâtres, difpofé en couches : au fommet on en trouve de jaune, de roux & de bleuâtre ; diverfes plantes y croiffent : Sagunte était bâtie fur ce mont, & fes ruines exiftent encore : d'anciennes cîternes, les décombres de fon amphithéâtre, parmi lefquels croît aujourd'hui le figuier d'inde, celles de fon cirque, des reftes de ftatues, un pavé fingulier, fes murs qui ont une vafte enceinte, en annoncent l'ancienne grandeur : l'amphithéâtre avait 260 pieds de diamètre, il était conftruit de cailloux femblables à la pierre à fufil, chacun de 9 pouces de diamètre, joints avec du mortier : il avait 22 rangs de fiéges; les voûtes en font très-épaiffes & maffives. De Morviedro à la mer eft une plaine longue d'une lieue, où l'on trouve tous les jours des ruines d'édifices romains. *Villa-Real*, bourg prefque détruit fur le Millas. *Caftello de la plana*, eft au bord de la mer, & eft le fiége d'un gouvernement militaire : on y cultive beaucoup de chanvre. *Morella*, bourg fortifié où demeure un gouverneur : c'eft ici que le froid fe fait fentir plus vivement que dans tout autre lieu du royaume de Valence. *Onda* a un château fur un rocher.

Montefa, ou *Monteffa* eft une ville forte : elle a donné fon nom à un ordre religieux & militaire qui avait fon couvent fur un rocher voifin; un tremblement de terre, en 1748, ouvrit & renverfa ce roc, & détruifit l'édifice : un homme voulut fe fauver par la crevaffe qui venait de fe faire, le rocher fe rapprocha, & on a pu à peine y diftinguer les veftiges de fon crâne : ces tremblemens de terre font fréquens dans le royaume de Valence: cependant fur la montagne oppofée à Montefa eft un rocher élevé & efcarpé, fur lequel on voit les ruines d'un château maure qui n'en a point fouffert, peut-être parce que cette roche élevée eft d'un feul bloc, au lieu que celui de Montefa eft formé de couches horifontales. Cette ville appartient au grand-maître de l'ordre, qui eft le roi d'Efpagne : il en eft de même de huit autres petites villes, parmi lefquelles on remarque *Vallada*, qui près d'elle a des fources falées, *San Matheo* qui eft le chef-lieu des poffeffions de l'ordre, *Arvera* qui a un château, les cinq autres font fituées le long du fleuve Jucar. Plusieurs autres bourgs appartiennent à l'ordre : le grand commandeur réside dans celui de *Las Cuebas de Abinroma* : le porte-clefs dans *Silla* : on en compte douze autres en Espagne qui forment dix commanderies : nous ne nommerons que ceux de *Vinaroz*, de *Benicarlo* remarquables par l'excellent vin qu'on y recueille, & celui d'*Adzenata* situé sur le mont de *Pegna-golosa*, abondant en plantes médicinales. L'ordre a encore deux commanderies dans cette province, l'une dans le bourg de *Burriana*, situé au bord de la mer, l'autre dans celui d'*Alpuerte*.

Valence renferme plusieurs duchés, marquisats & comtés : parmi les premiers est *Liria* donné à la maison de Fitz-James ; c'est le prix de la victoire du maréchal de Berwick à Almansa. Le duché renferme la ville d'*Egerica. Liria* est un bourg.

Villa-Hermosa, bourg, chef-lieu d'un duché : près de ses murs est une fontaine qui a la vertu d'arrêter le sang comme l'agaric du chêne.

Elche, est le chef-lieu d'un marquisat : son nom ancien est *Ilici* : on la nomme aussi *Elda*, c'est un bourg agréable, situé au milieu d'une forêt de palmiers & d'oliviers très-élevés : son territoire est abondant en vins & nourrit beaucoup de bestiaux : l'eau qu'on y trouve est mauvaise & salée : celle qu'on y boit vient de loin : ses dehors sont charmans par les jardins remplis de fruits qu'on y voit : son église, ancien siège de l'évêque d'Orihuela, est bâtie en pierres blanches, a une belle coupole, & une façade ornée de belles sculptures : à chaque côté de son portail sont trois colonnes, l'une unie, l'autre cannelée, la troisieme torse : son grand autel est sous un tabernacle orné de huit belles colonnes de marbre.

Lombai, *Nulas*, *Almonacir* sont des bourgs & des marquisats : *Guadalest* n'est qu'un château dans une belle vallée, & il a le même titre. *Albaida* a des fabriques de savon : *Albaterra* est un comté ; son église est belle & remarquable par sa coupole & ses deux tours.

Oliva, bourg au bord de la mer : on y cultivait la canne à sucre, & l'on voit encore les ruines du moulin où on l'écrasait ; il a le titre de comté : nous ne parlerons pas des autres ; ils n'ont rien d'intéressant.

Altea, petite ville maritime dont les environs sont abondans en vins, soie & lin : on y commerce en miel & en verre. *Doveno*, petit bourg, près duquel est une montagne de gipse roux, bleuâtre & blanc : il est près de Chelvar & du Guadalaviar. *Tuejar*, village au milieu de montagne de pierres à plâtre noir. *Tutuegas* est environné de montagnes de pierres à chaux & de sable, couvertes de pins, de genievre & de romarin : près de lui on trouve du charbon de pierre. Richard Twiss nomme encore parmi les villes de ce pays, *Sax*, qui sur le haut d'une colline montre les ruines d'un château maure, d'où l'on découvre un paysage très-intéressant.

CATALOGNE.

Elle est située au nord du royaume de Valence : elle a 62 lieues de long & 30 de large. Le Roussillon, une partie de la Cerdagne, les comtés de Foix & de Conflans en firent autrefois partie ; ils appartiennent aujourd'hui à la France, & les Pyrenées l'en séparent. C'est la plus riche, la mieux cultivée, & peut-être la plus peuplée de l'Espagne. Elle est montueuse, mais ses montagnes ne sont point stériles ;

elles sont couvertes de hauts arbres & de simples salutaires : de ces monts coulent une multitude de ruisseaux qui se réunissent, & forment des rivieres qui arrosant & partageant la plaine, repandent partout la fraîcheur & la fertilité. Le blé, le vin, les légumes, toutes sortes de fruits y abondent : l'huile, le lin, le chanvre, tout ce qui sert à construire un vaisseau se trouvent dans son enceinte. Elle a des carrieres de marbre de toutes couleurs, du crystal, de l'albâtre, des topases, des rubis, du jaspe ou lapis, &c. On y voit un mont de sel coloré, une fontaine qui donne la couleur de l'or, à l'argent & à l'étain qu'on y jette. Près de Girone sont deux montagnes pyramidales d'égale hauteur, & qui se touchent par la base : tout y démontre qu'ils furent des volcans ; mais ce qui prouve qu'ils sont éteints depuis longtems, ce sont les trous remplis de coquillages pétrifiés qu'on trouve à leur base. Les pailletes d'or & d'argent que la Ségre & d'autres rivieres déposent sur leurs rives, prouvent qu'elle a des mines de ces métaux, comme elle en a de plomb, d'étain, de fer, d'alun, de vitriol & de sel : elle en a peu de cuivre. On pêche du corail sur ses côtes. La viande & tout ce qui sert à la nourriture de l'homme y est excellent. Le climat y est doux dans les plaines, le froid est suportable dans ses montagnes, & l'air y est pur : le pays est rempli de villes, de places fortes, de ports de mer ; il fournit enfin toutes les productions de la nature, & peut se passer de l'Espagne & de l'Univers. Son principal commerce consiste en étoffes & en eau de vie. Elle renferme un archevêché, sept évêchés, 38 grandes abbayes, une principauté, deux duchés, cinq marquisats, dix-sept comtés, quatorze vicomtés & un grand nombre de baronies ; ces titres ne prouvent pas son bonheur, mais les richesses, & servent à faire connaître son gouvernement. Parmi ses rivieres on remarque la *Segre*, *Sicoris*, la plus grande qu'il y ait dans le pays, qui naît en Cerdagne, reçoit la *Noguera Pallaresa*, la *Noguera Ribagorzana*, la *Cervera*, s'unit au *Cinea* & se perd enfin dans l'Ebre près de Mequinencia. Le *Corp* se jette dans la Cervera ; la *Noya* dans le Llobregat. L'*Ebre* la traverse : la *Francoli* l'arrose & se perd dans la mer près de Tarragone. Le *Llobregat*, nommé anciennement *Rubriacum* sort du mont Penis, & se précipite dans la mer sous Barcelone : le *Besos*, autrefois *Betulus* se joint aussi à la mer non loin de cette même ville. Le *Ter*, *Thicis*, *Thiceris* a sa source entre le mont Canigou & le col de Nuria, & tombe dans la mer près de Torella : le *Fluvia*, *Cluvianus*, coule dans la mer près d'Empurias, le petit *Llobregat* a son embouchure près de Roses.

Le nom de cette province vient, ou de celui de *Gothalanie* ou *Catalanie*, qu'on lui donnait lorsque les Goths & les Alains s'y retirerent ; ou de *Castellani*, nom d'un de ses anciens peuples dont parle Ptolomée. Les peuples qui l'habitent sont fiers, amoureux de la liberté, actifs, laborieux, courageux, opiniâtres, gais & caressans. Le desir de vivre libre, de former une république leur a couté bien du sang & bien des malheurs au commencement de ce siécle : ils sont traités de rebelles, parce qu'ils furent forcés de se soumettre : nous les admirerions s'ils avaient été vainqueurs : on peut regretter qu'ils n'aient pas obtenu le prix de leur courage & de leurs sacrifices. Elle a longtems formé une province indépendante : leur comte devint roi d'Arragon, & c'est ainsi que la Catalogne devint une province des rois d'Espagne. On la divise en quinze vigueries.

Viguerie de Barcelone.

Barcelone est une grande ville, bâtie en demi cercle sur le rivage de la mer, dans une vaste plaine : la vieille ville est entourée de murs & la nouvelle l'environne ; défendue par des murs épais, par des bastions, des ouvrages à corne, par de grands & de hauts remparts & des fossés profonds, elle l'est encore par une citadelle bâtie sur une montagne, & que l'on nomme *Montjoui*. Ses rues sont assez larges, pavées de grandes pierres quarrées & plattes ; elle est plus propre qu'aucune ville d'Espagne. L'église cathédrale est grande & a de hautes tours : on y voit un soleil d'or pur, enrichi de diamans, de rubis & d'émeraudes, & tel est son poids que quatre prêtres très-robustes le portent à peine le jour de la Fête-Dieu. L'église de *N. D. del Pino* est belle, bâtie à l'italienne, proportionnée dans toutes ses parties, & d'un aspect majestueux. Les palais du viceroi, de l'évêque, de l'inquisition attirent l'attention : l'arsenal & la bourse la méritent ainsi que la *Tersana* ou *Dersine*, bâtie pour construire les galères. La maison de la députation est digne de la curiosité des voyageurs : au-dessus de son escalier est une fontaine couverte, & une salle magnifique décorée d'un beau portique, d'un plafond doré, & des portraits de tous les comtes de Barcelone : les places publiques y sont belles, & parmi elles on remarque celle de St. Michel, où les plus belles rues viennent aboutir : la nouvelle ville qu'on nomme *Barcelonette*, s'agrandit tous les jours ; ses édifices sont gais, peints de diverses couleurs, alignés avec soin : ses rues sont larges : on y trouve diverses bibliothéques ; mais du grand nombre de livres qu'on y voit, aucun n'a été mis à l'*index* par le pape, & presque tous le font à celui du bon sens.

Le port de Barcelone est large, spacieux, défendu d'un côté par un grand môle revêtu d'un très-beau quai de 750 pas de long, au bout duquel est un fanal & un petit fort, de l'autre, le *Mont-joui* le met à couvert des vents du couchant, en formant un promontoire : à son pied sont des ouvrages garnis de canons, au sommet est une citadelle qu'on pourrait rendre plus forte encore. Ce port est commode pour le commerce, mais il n'a pas assez de fond pour les vaisseaux de guerre.

La ville, bâtie par *Amilcar Barca*, en reçut son ancien nom de *Barcino*, elle renferme neuf paroisses, dix-neuf couvens d'hommes, quinze de femmes, six colléges, six hôpitaux, & plus de 15000 familles. Elle est le siége d'une audience royale, d'un capitaine-général, d'une académie de belles-lettres fondée en 1752. Son évêque a 100000 livres de revenu, & le roi d'Espagne, comme comte de Barcelone, est le premier chanoine de son chapitre. Le commerce y consiste en eaux-de-vie, & dans les productions de ses manufactures, qui sont divers ouvrages de verre, des couteaux, rasoirs & ciseaux estimés, & des couvertures de laine qu'on nomme *catalognes*. En 1715, on y bâtit une citadelle pour contenir l'esprit remuant de ses laborieux habitans : c'est un pentagone régulier ; on abbatit 500 maisons pour la construire. Sa longitude est de 19 deg. 44 min. 33 sec. sa latitude de 41 deg. 26 min.

Mataro, petite ville au bord de la mer, où elle a un port : elle renferme un hôpital & cinq couvens, & n'est remarquable que par ses verreries.

Tea, bourg & port de mer, *Badalona*, autrefois *Baetulo*, bourg au bord de la mer, près du

Besos ; il a un château fort. *Roca*, bourg ainsi que *Centellas*, situé dans une vallée, entouré de murs, orné d'un château. *Martorell* a une paroisse, deux couvens, est arrosé par le Llobregat qui y reçoit la Noya. *Castel de Fellis*, bourg à une grande lieue de la mer.

Viguerie de Manrese.

Manrese, *Minorisa*, ville sur le Cardenet qui s'y unit avec le Llobregat : elle a un château, une paroisse & cinq couvens.

Notre-Dame de Montserrat, abbaye de bénédictins, sur une haute montagne de sept lieues de circuit, que des collines joignent aux Pyrenées : cette montagne est formée d'énormes masses de pierres calcaires différemment colorées, conglutinées avec une terre jaune, mêlées avec du grais, de quartz blanc veiné de rouge & des pierres de touche enchassées ; le bas de la montagne est décomposé & réduit en terre fertile en blés & en vins : là où cette terre n'est pas cultivée, elle nourrit plus de 200 espèces d'arbres, d'arbustes & de plantes : on y trouve deux espèces de chênes, trois de genevrier ; l'alaternoïdes, le filaria, l'émerus, le séséli d'Ethiopie, le romarin, la lavande, &c. Plus on monte, plus le roc devient dur & les plantes rares : au sommet est le treffle odorant des rives de la mer à Valence, ainsi que la squine d'Andalousie : le haut se forme en pyramides pelées, de 150 pieds de haut, formé du même mélange de pierres calcaires, de quartz veiné & de pierres de touche, productions de volcans. Plusieurs cellules sont dispersées dans la montagne, & des solitaires les habitent : la derniere est élevée de 4500 * pas au-

---

* Ce nombre paraît exageré.

deſſus du monaſtere & ſa vue en eſt ſuperbe : on y découvre au loin dans la mer, c'eſt le plus jeune des hermites qui y demeure : le monaſtere les nourrit tous. Ce monaſtere eſt célebre : les étrangers y ſont logés, mais ils achetent les alimens qu'ils y prennent; ils les trouvent à l'entrée du couvent, vis-à-vis d'une autre boutique où l'on étale des roſaires, des chapelets, des agnus &c. marchandiſes d'une autre eſpèce : l'égliſe eſt vaſte & chargée de dorures : elle a trois jeux d'orgues, douze chapelles, un chœur très-grand, dont les ſtalles ſont d'un bois rare & orné de bas reliefs qui repréſentent toute la vie de Jeſus-Chriſt : le ſanctuaire eſt magnifique : on monte au grand autel par ſix degrés de jaſpe ; il eſt d'argent fin, ſes cinq gradins, tous ſes ornemens ſont du même métal, 74 lampes travaillées avec art l'éclairent : dans ſon tréſor on trouve des ſtatues, des buſtes, des croix, des reliquaires, des chandeliers magnifiques tout d'or & d'argent ; des couronnes précieuſes, dont on orne de tems en tems la ſtatue de la Vierge placée dans une niche ſur l'autel, environnée d'un treillis de fer doré : elle eſt d'un bois brun, on l'attribue à St. Luc, & elle eſt aſſez mal faite pour qu'il importe peu d'en connaître le ſculpteur : l'une de ſes couronnes eſt d'or très-fin, enrichie de diamans, d'émeraudes, de rubis, de perles, & on l'évalue un million de livres : un de ſes habillemens eſt tiſſu d'or & d'argent, ſemé de 1260 diamans, dont pluſieurs ſont fort gros. Tant de richeſſes très-inutiles, très-déplacées, ſervent à nourrir l'orgueil de 50 moines, & de leurs nombreux ſervans, la ſottiſe des pélerins & du peuple qui les admirent & les vénerent. Une inſcription fait ſouvenir que St. Ignace y a vécu quelque tems. Remarquons encore que placé ſous un roc élevé & roide, on y dit tous les jours une messe, pour qu'il plaise à la Ste. Vierge d'en empêcher la chûte.

Sallent, *Bergas*, *Bagos*, bourgs sur les bords du Lobregat.

Viguerie de Cervera.

Cervera, petite ville bâtie en quarré sur une colline inégale, arrosée par le Cerveta, qui naît près de Pallerols & se perd dans la Ségre. On y compte deux commanderies, sept portes, un hôpital, une paroisse & cinq couvens: ses trois places & ses rues sont bien pavées: près d'elle sont les ruines d'une ancienne forteresse. Toujours attachée à Philippe V, ce roi en fit une ville, & y fonda une université, à laquelle il réunit les sept qui étaient répandues dans la province, & lui donna de grands priviléges: le bâtiment de cette université est magnifique; quatre tours sont aux angles, trois cours spacieuses en séparent l'intérieur; les appartemens en sont bien distribués: il y a 46 chaires de professeurs thomistes, scotistes ou suaristes, & une centaine d'écoliers qui consument tristement leur vie à ces subtiles & vaines études. Philippe V a voulu encore que Cervera fut une des six villes qui ont voix à la cour pour tout le comté de Barcelone.

Solsona, *Celsona*, petite ville sur un rocher, dominé par une colline: elle a deux châteaux, dont l'un est vieux, deux couvens, une paroisse, un évêque qui a 20000 livres de revenus.

Cardona, bourg situé sur une hauteur, & au pied d'un rocher de sel, dont le Cardonero baigne le pied, & qui parait coupé presqu'à pic: ce bloc de sel massif s'éleve d'environ 500 pieds, sans crevasses, sans fentes, sans couches, éloigné de tout gypse, ayant une lieue de circuit : on ignore sa profondeur & quelle est sa base : le sel en est blanc en général, mais il en est aussi de roux & d'un bleu clair, couleurs qui s'effacent quand on le lave : ce mont est unique dans son espèce en Europe : son sel est fort dur ; on en fait des petits autels, des images de la Vierge, des chandeliers, des salieres transparentes comme le cryſtal : ou peut les tremper dans l'eau sans leur nuire : la pluie ne paraît point diminuer ce mont de sel, la riviere qui baigne ses bords est salée, & le devient davantage quand il pleut : les poissons y meurent dans une étendue de trois lieues ; au-delà on n'y trouve plus de sel, ni par l'évaporation, ni par la diſtillation, ni d'aucune autre maniere : sans doute qu'il se décompose par le mouvement. Lorsque le soleil darde ses rayons contre cette montagne, elle présente le plus beau spectacle. Le sommet a une couche de terre où on cultive la vigne, & elle donne d'excellens vins. Le bourg a titre de duché & se divise en deux paroisses.

Prat-del-Rey, *Terrega*, *Taladell* sont des bourgs : le dernier est une commanderie de Malthe.

Viguerie de Villa-franca de Panades.

Villa-franca de Panades est un bourg bien bâti, ceint de murs : il est voisin de la mer. *Senno* en est peu éloigné. *Iqualada* a trois couvens, les églises en sont ridiculement ornées. *Torre de Barra* est peu de chose.

Viguerie de Tarragone.

Tarragona, qu'Abulfeda nomme *Tarracunah*, &

les anciens *Tarraco*, ville ancienne, ceinte de murs, sur un mont que baigne la mer qui y reçoit le Francoli. Elle a été plus grande, plus riche & plus peuplée : & sous les Romains elle fut la capitale d'une province qui portait son nom, *Provincia Tarraconensis*. Elle est cependant encore le siége d'un archevêque qui a pour suffragans les évêques de Barcelone, de Lerida, de Girone, de Tortose, d'Urgel, de Vique & de Solsona, qui est seigneur des deux tiers de la ville, & jouit de 110000 livres de rente. Le roi est seigneur de l'autre tiers. La puissance de cette ville n'est plus, elle est presque déserte, & on n'y compte que 500 maisons. L'église métropolitaine est l'unique paroisse de la ville : il y a un couvent de moines qui prennent le nom de *freres du sang très-pur de Christ & de Marie* : leur habit est semblable à celui des capucins. Elle avait une université ; elle a encore dix couvens, un hôpital & diverses antiquités romaines : son commerce consiste en productions de son terroir fertile en grains, vins estimés, huile & lin. A une grande lieue de ses murs est le port de *Salen*.

Constanti, bourg qui renferme une paroisse & quatre couvens. *Valls*, grand bourg entouré de murs, qui a une paroisse, un hôpital, cinq couvens, une commanderie de l'ordre de St. Antoine. On y vénére l'image de Notre-Dame de Liron dans un couvent de capucins : ce bourg fait partie de la jurisdiction de l'évêque. *Falconnera* est un port fortifié. *Miramar*, *Tamarit*, *Poblu* sont des lieux peu considérables.

Viguerie de Monblanc & de Tarrega

Monblanc, bourg sur la rive du Francoli, & qui fut un duché, près de lui est une carriere d'albâtre.

sur le mont Prades est *Siurana*, bourg entouré de murs.

Tarrega, bourg situé sur une hauteur : il est agréable, bien peuplé, & porte aussi le nom de ville.

Anglesola est un bourg tout ouvert.

Viguerie de Tortose.

Tortose, *Dertosa*, nommée par les Arabes *Torthuschah*, est une ville fortifiée que défend encore le château de *Zuda* : située sur une montagne près de l'Ebre divisée en vieille & nouvelle ville, elle a un grand fauxbourg qu'on nomme *San Blas*. Elle a quatre paroisses, neuf couvens, un hôpital, un évêque qui jouit de 75000 livres de rente ; elle eut une université, & a encore dans ses environs des métaux du plâtre, de l'albâtre, de l'alun, du jaspe, & des sources d'eaux salées. On y est riche en poissons, les femmes y ont diverses prérogatives, récompense de leur courage contre les Maures : on recueille dans ses campagnes beaucoup de soie & d'huile : on y fabrique une porcelaine fine, & divers ouvrages faits au tour.

Amposta est un bourg sur le bord de l'Ebre, & peu éloigné de la mer. *Ripita*, à l'embouchure du même fleuve qui forme le vaste port d'*Alfagues* & quelques isles. *Valdecona*, bourg muré sur le Cenia. *Pinel*, bourg auquel Charles-Quint a donné, en 1566, le nom de très-fidele *, & à ses habitans le droit de porter l'épée, ainsi que d'autres franchises.

---

* Dans Busching & dans sa traduction on dit que c'est en 1766, & c'est une erreur évidente.

comme des armes augmentées de nouveaux symboles, & un marché libre de tous droits les jeudis de chaque semaine. *Mora*, *Berra*, deux bourgs dont le premier est sur l'Ebre. *Flix*, petit bourg fortifié par nature & par l'art, environné par l'Ebre de trois côtés, & couvert par une montagne, un fort & autres ouvrages, dans la partie que l'Ebre n'arrose pas : ce fleuve fait une cascade près de Flix.

Vigueries de Balaguer & de Lerida.

Balaguer, *Bergusia*, petite ville au bord de la Ségre, au pied d'une colline escarpée, dans une plaine fertile, & qui a un château, une paroisse & quatre couvens. *Termens*, bourg sur la même riviere. *Ager* est bâti dans une vallée : la Ségre l'arrose encore.

Lerida, *Herda*, nommée par les Arabes *Laridah*, ville sur le penchant d'une hauteur, dont la Ségre baigne le pied : ses murs sont bons ; dans l'enceinte de son château sont les restes d'un palais des rois d'Arragon : elle a peu de beaux édifices : selon le pere *Caimo*, la cathédrale est grande, mais mal ordonnée & mal construite : un roc qui couronne la colline sert à la défendre : on y compte six paroisses, onze couvens & un hôpital : son évêque a 60000 livres de rente, elle eut dans le siecle passé une université. Son terroir est fertile en grains, vins, huiles, poissons, bestiaux & gibier de toute espèce. Les brouillards qui s'élevent de la Ségre, & les débordemens de cette riviere sont ses fléaux.

Alcaroz, autrefois *Orcia*, est un petit bourg. *Aytona* est sur la Ségre, & est le chef-lieu d'un marquisat.

Albeça, *Labaroh*, *Carmaça*, *Gerri* sont des lieux peu considérables.

Tome VI. P

Vigueries d'Agramont & de Puycerda.

Agramont, *Guisona*, sont des bourgs ceints de murs : le premier a souvent le nom de ville, mais elle est petite, pauvre & assez laide. *Oliona* est encore un bourg.

Puycerda, grand bourg ou ville que des murs & des bastions environnent, voisin des sources de la Ségre, arrosé par le Carol, & chef-lieu du comté de Cerdagne : il est défendu par un château ; dans ses environs on trouve des eaux minérales ; ses habitans sont forts & courageux, ses environs fertiles en fruits, & abondans en gibier, sur-tout en perdrix blanches. *Lybia* autrefois *Julia Libica*, est situé au pied d'un mont, près des Pyrenées & du lieu d'où sort la Ségre.

Urgel ou *Seo de Urgel*, petite ville resserrée d'un côté par des montagnes plantées de vignes, & de l'autre par la Ségre, défendue par un château fort : elle a deux paroisses, trois couvens & un évêque, qui a 45000 livres de rente : elle fut capitale d'un comté. *Orgama* est un petit bourg. *Noguera Palleresa* est un marquisat : *Castellbo*, un vicomté.

Vigueries de Campredon & de Vique.

Campredon est sur le bord du Ter, dans une situation avantageuse ; c'est un bourg défendu par un château, au pied des Pyrenées & sur un roc : il y a une abbaye de bénédictins. *Ripoll* ou *Ripoull*, bourg au confluent du Fresero & du Ter : il a une abbaye de bénédictins non reformés. *Aulot* arrosée par le Fluvia, a été une ville épiscopale.

Vique ou *Vich*, autrefois *Vicus Ausonensis*, ville

ur la Gurre, au pied d'une colline, dans une plaine fertile : elle n'a qu'une paroisse, qu'un hôpital ; mais dix couvens & un évêque qui jouit de 30000 livres de rentes. A deux petite lieues d'elle est la montagne de *Montsenny*, la plus haute de la Catalogne, couverte de neige presque toute l'année, & où l'on trouve des améthistes, des topases & des crystaux colorés.

Roda, sur le Terno, & *Vespella* sont des bourgs.

Viguerie de Girone.

Girone ou *Gerone*, autrefois *Gerunda*, ville près du Ter & sur l'Onha, qui réunies baignent ses fossés, sur un mont, dans une situation avantageuse, fortifiée, défendue par le fort Montjui placé sur une hauteur, & par d'autres forts. Elle est riche & commerçante, & est la capitale de l'Ampurdan ; son évêque a 40000 livres de rentes, & on y compte trois paroisses, neuf couvens d'hommes, quatre de femmes & un hôpital. Sa cathédrale est richement ornée : son grand autel est brillant d'or & de pierreries ; l'image de la Vierge y est d'argent massif.

Pelarada, bourg sur le Llobregat, chef-lieu d'un comté : il a une paroisse & deux couvens. *Lers* a un château fort. *Pradès* est un bourg chef-lieu d'un comté, & près duquel est la magnifique abbaye de cîteaux de *Poblet*, où les rois d'Arragon avaient leurs tombeaux : d'autres géographes la placent dans la viguerie de Monblanc.

Bannolas, petit bourg qui eut le nom d'*Aquæ Voconis*.

Ampurias ou *Empurias*, port & bourg, à l'embouchure du Fluvia ou Clodiano : il est ancien &

donna son nom à l'Ampurdan, pays peu fertile; il fut bâti par les Grecs, & devint fort confidérable: on y avait élevé un temple à l'honneur de Diane d'Ephefe. Près de lui eft *Caftellon de Empurias*.

Rofes, petit bourg fortifié, défendu par deux châteaux, au fond d'un golfe qui porte fon nom. Il a un bon port protégé par un fort placé fur un rocher. Il eft très-ancien: au levant de Rofes eft le *Cap de Creus*, où eft un port & un village fortifié qui fe nomme *Cadaques*.

Figueras, bourg dans une plaine: Ferdinand VI en a fait une place forte.

Palamos, bourg fortifié, défendu par une citadelle, fitué en partie dans la plaine, en partie le long d'une colline fort roide qui s'avance dans la mer. Son port eft très-fûr: les vaiffeaux n'y ont à craindre que le fud-oueft.

Oftalric, bourg ceint de murs, placé fur une hauteur qui domine tout ce qui l'environne, au bord du Tordera: fon château qui n'était acceffible que du côté de la ville, fut ruiné en 1694.

Palafugel donne fon nom à un Promontoire. *San Felice de Quixolls*, bourg voifin du Promontoire de *Tofa*, autrefois *Promontorium Lunarium*. Tofa eft un village. *Blanes* autrefois *Blandæ*, eft un bourg fur le rivage de la mer, à l'embouchure de Tordera: il a un port protégé par un château.

ARRAGON.

Il eft fitué au couchant de la Catalogne, & a 55 lieues de long fur 50 de large. C'eft un pays fec & pierreux, dont les rocs innombrables ne font la plûpart, & fur-tout vers les Pyrenées, ni argilleux ni calcaires: réduits en poudre, ils ne fe durciffent, ni ne fe calcinent: les acides ne peuvent les diffoudre. Ce fut d'abord un comté : une petite riviere lui donna fon nom : fon chef n'était qu'un protecteur de la liberté. Don Sanche, roi de Navarre, en fit un royaume, & fa ftérilité fit que fes peuples purent défendre plus longtems leurs droits ; mais enfin ils les ont perdus, & au commencement de ce fiecle, en protégeant l'un des princes qui fe combattaient pour devenir leur maitre, ils s'attirerent l'indignation de l'autre qui fut le vainqueur : il les foumit aux loix & au confeil de Caftille dont ils haïffent même le nom, & fon rival en faifant la paix, les oublia : tel eft le fort des peuples. Plufieurs rivieres arrofent l'Arragon : l'Ebre eft la plus célebre, il le partage en deux parties égales, mais il n'y naît pas. Le *Cinea* prend fa fource dans la vallée de Giftau, au pied du mont *Bielfa*, un des lieux les plus élevés des Pyrenées, & traverfe enfuite une gorge entre deux rocs coupés perpendiculairement à plus de 1000 pieds d'élévation, qui paraiffent avoir été féparés par la riviere qui va fe perdre dans l'Ebre, au point le plus bas de l'Arragon : le *Gallego* vient du mont Gavas près du comté de Bigorre ; l'*Ifuera* naît au-deffous de Huefca, & reçoit le *Xalon* ou *Salo* qui vient de la nouvelle Caftille : le *Martin*, le *Xiloca*, le *Rio de Aguar* font encore fes principales rivieres : par-tout où le pays n'eft pas arrofé, il eft ftérile ; mais dans ceux où les rivieres coulent on recueille les grains, du vin, de l'huile, de chanvre, des fruits, & dans quelques lieux, du fafran. Ses monts enferment diverfes mines : il en eft d'or & de fer à Catalajud : on en trouve une de cuivre vert & deux de fer à Molina ; du cobalt & du plomb près de la vallée de Giftau, de l'alun très-pur à Alcagnitz, du falpêtre & du fel en divers endroits. On y voit

P iij

des cèdres de quatre pieds de diamètre, quelques monts en font couverts, ainſi que de romarins, de ſtœchas, de labdanum & de genevriers : quelques autres minés par les eaux ſont tombés en pièces. On l'a diviſait autrefois en comté d'Arragon, & en pays de Sobrarbe : nous ſuivrons notre diviſion ordinaire, en décrivant d'abord les cités, puis les bourgs ou petites villes. Au reſte, Naples, la Sicile, Majorque, &c. étaient des annexes de l'Arragon.

Saragoſſe, Zaragoza, nommée *Céſar-Auguſta* par les Romains, & *Salduba*, par les Phéniciens qui la fondèrent, grande ville au confluent du Gallego & de la Guerva avec l'Ebre qui arroſe en ſerpentant la plaine où elle eſt ſituée. On y entre par quatre portes qui répondent aux quatre points du monde. Elle eſt belle & ornée de beaux édifices, ſes rues ſont droites & larges * : la rue ſainte ſur-tout, nommée ainſi, parce qu'on dit qu'un grand nombre de chrétiens y ſouffrirent le martyre, eſt magnifique par les palais qui la décorent, par ſa longueur & ſa largeur : c'eſt là qu'eſt le palais du viceroi. Elle eſt le ſiége d'un archevêché, d'un tribunal de l'inquiſition & d'une univerſité : L'ancien palais des rois y tient lieu aujourd'hui de citadelle, il eſt entouré d'un mur & de foſſés : la ville n'a ni l'un ni l'autre. Les bords de l'Ebre dont le cours eſt hériſſé de rochers, ſont revêtus de quais : on le traverſe ſur deux ponts, l'un de pierres, l'autre de bois ; ce dernier, dit-on, n'a pas ſon pareil en Europe, & il ſe peut que cela

---

* Buſching les dit très-mal propres & mal pavées. Lenglet & d'autres diſent que ſes rues ſont très-propres & bien pavées : cependant il n'eſt rien de ſi facile à voir que cela.

ait été vrai. Sa cathédrale est un édifice vaste, somptueux & bisarre, bâti à l'antique. Le chœur est de marbre blanc, mis en œuvre avec art: on y voit le tombeau magnifique du premier inquisiteur *Arbuès* tué par les juifs qu'il persécutait avec cruauté: au-dessus on voit six maures suspendus à des colonnes: c'est un trophée, mais il n'est élevé ni à la raison ni à l'humanité. L'église de N. Dame du Pilier est célèbre par le concours de pélerins que la superstition y conduit: simple dans sa structure & sans proportion, elle est fort longue & partagée en trois nefs: sous une coupole de figure ovale est une petite chapelle de 16 pieds de long sur 8 de large, bâtie sous terre par les anges, disent les Arragonnois; dans laquelle il y a une colonne de jaspe d'un pied de diamètre sur six de haut: au sommet est une petite image de la Vierge donnée par elle-même à St. Jacques, & entourée d'une balustrade d'argent, éclairée par des anges d'argent massif, qui tiennent des flambeaux, par 60 lampes d'argent, par des chandeliers de ce métal d'une hauteur extraordinaire: sa niche, sa robe, sa couronne sont chargées de diamans & de pierres précieuses. Les murs sont tapissés de membres de corps humain, que les fidèles qui les portaient lui ont offerts en cire, en argent, en or, pour la remercier de les avoir guéris. Ces deux églises sont également métropolitaines, le chapitre se partage, & chacune de ces moitiés alternes pour les habiter. L'église du couvent de St. Jérôme a un portail d'albâtre d'une architecture noble: on en admire le chœur, la bibliothéque, & sur-tout le réfectoire. Auprès du grand autel est un Panthéon: c'est le nom qu'on donne ici au lieu qui recele un tas de reliques de martyrs: neuf à dix lampes y brûlent sans cesse, & sans fumée, à ce qu'assurent

P iv

les prêtres. La maison de ville est un bel édifice, mais il est effacé par le palais de la députation où s'assembiaient les états. L'hôpital est très-riche. L'archevêque a 250000 liv. de rente, & a pour suffragans les évêques de Huesca, de Balbastro, de Xaca, de Tarraçona, d'Albaracin & de Teruel; la ville est partagée en quatorze grandes paroisses & en trois petites; elle renferme vingt-trois couvens d'hommes, treize de femmes & plus de trente mille habitans: beaucoup de nobles l'habitent; de riches banquiers y font fleurir le commerce: l'air y est sain, les dehors très-beaux, ornés de jardins & de vergers à trois lieues à la ronde, au milieu desquels s'élevent de jolies maisons de campagne; mais elle manque de fontaines: le peuple y est plus honnête que dans les autres lieux de l'Arragon. Sa longitude est de 16 deg. sa latitude de 42 deg. & 2 min.

Tarraçona, *Turiaso*, ville dans les montagnes de Monçapo, sur la petite riviere de Queille, partagée en ville haute bâtie sur le roc, & en basse bâtie dans la plaine: ses murs sont forts & sont ceints d'un fossé: elle est bien bâtie, mal peuplée, assez commerçante: ses habitans ont différens privileges; elle renferme trois paroisses, sept couvens, un hôpital: son évêque jouit de 100 mille livres de rentes: son territoire s'étend sur 25 bourgs ou villages, & est fertile en blés, vins, huiles & fruits, abondant en poissons, bétail, volaille & gibier.

Borja, ville au pied de la petite montagne de Çajo, & qui a donné son nom à une famille célebre: on y voit un château, trois églises paroissiales dont l'une est collégiale, trois couvens & un hôpital. Son territoire est un des plus beaux de l'Arragon: le blé, le raisin, l'olive, le chanvre & le lin y prospèrent ; il y a de belles prairies ; & on y compte 27 bourgs ou villages.

Calatayud, ville au pied d'une haute colline, au confluent du Xalon & du Xiloca. Elle est belle, assez grande, a un château fort placé sur un roc. Les églises de *Santa Maria*, celle de *Il Sepulforo* sont belles : la premiere est couverte d'un dôme, la seconde est ornée de peintures estimées, & d'un portail de bon goût. Les rues en sont droites, & toutes aboutissent à une grande place : près d'elle est une vallée riante qu'on croit le meilleur terrein de l'Arragon ; elle est couverte de champs & d'oliviers : plus loin sont des vallons charmans où serpentent de petits ruisseaux, des plaines fertiles en blés, & des prairies où bondissent des troupeaux. Ce territoire s'étend sur 83 bourgs ou villages : elle renferme treize paroisses, quinze couvens & une commanderie de l'ordre de Malthe. On la croit l'ancienne *Augusta Bibilis* ; mais il y a plus de vraisemblance à croire qu'elle était située sur la montagne voisine, & que Calatayud fut bâtie en partie de ses ruines.

Daroca, ville dans la vallée dont nous venons de parler, & arrosée par le Xiloca : située dans un fond entre deux collines, d'où descendent des torrens qui pourraient l'inonder, si l'on n'y avait pratiqué un égout qui les rassemble : on y compte sept églises paroissiales, dont une est collégiale & cinq couvens : son territoire s'étend sur 125 endroits.

Albarracin, bâtie sur un mont terminé par un profond vallon, entourée par les autres côtés de monts ou collines calcaires, fendues de toutes parts, qui ne laissent entr'elles que l'espace où coule le Guadalaviar : elle est très-ancienne & ceinte d'antiques murs, mais mal peuplée : les laines qu'on tire de ses environs passent pour être les meilleures de l'Arragon : c'est un des lieux les plus élevés de l'Espagne. Elle a trois paroisses, deux couvens, & un évèque qui a 30000 liv. de rentes ; devant elle sont des monts de grais & d'ardoise, où se forment des pyrites ou rondes ou plattes : un courant d'eau salée la fournit de sel, ainsi que son district de 28 villages.

Teruel, ville arrosée par le Guadalaviar qui y reçoit l'Alhambra : elle est sur une hauteur entourée d'une plaine vaste & fertile : elle est commerçante, & cependant n'est pas peuplée : l'air y est doux, l'hyver même y ressemble au printems ; ses campagnes sont arrosées par un grand nombre de fontaines ; elles sont embellies par des jardins, & par les fleurs & fruits exquis qu'elle produit. On y compte huit paroisses, cinq couvens, un hôpital riche & célèbre, une citadelle ; son évèque a 60000 livres de revenus : son territoire s'étend sur 94 bourgs ou villages : parmi ces derniers on connait celui de *Concud*, au-dessus duquel est un ravin profond de 80 pas, formé par un ruisseau : le haut des deux collines qui le bornent est un rocher calcaire, rempli de coquilles terrestres & fluviatiles calcinés, des os de bœufs & d'autres animaux domestiques ou calcinés ou durcis, & de différentes couleurs : on y trouve des cuisses d'hommes dont les cavités sont remplies de matiere cryftalline : quelques-uns de ces os encaissés dans une pierre dure, peuvent être polis, & alors ils ressemblent au marbre : on prétend y avoir découvert un squelete entier : près de Teruel on trouve aussi des pétrifications.

Balbastro fut connue autrefois sous le nom de *Bergidune* ; elle est au bord du Vero, qui près de là se perd dans la Cinca. Son évèque jouit de 40000 liv. de rentes ; sa cathédrale est l'unique paroisse de la ville ; elle a cinq couvens, un hôpital, une commanderie de l'ordre de Malthe : elle est le chef-lieu d'un district qui renferme 157 bourgs ou villages ; l'air y est doux, & son terroir abondant en vins recherchés & en huiles.

Huesca, autrefois *Faventia Hosca*, ville ancienne sur les bords de l'Issuela. Sertorius y avait fondé une académie ; elle a une université établie en 1354, quatre paroisses, cinq couvens & un évêque qui jouit de 65000 liv. de rentes : son territoire est fertile, sur-tout en vins ; & sa jurisdiction s'étend sur 148 bourgs ou villages.

Jacca, ville au pied des Pyrenées, sur la petite riviere d'Arragon : elle a une citadelle, bâtie en 1592, quatre couvens, un bon hôpital, une église paroissiale qui est en même tems la cathédrale d'un évêque qui n'a que 20000 livres de rentes : elle a eu été capitale du comté d'Arragon ; aujourd'hui elle l'est d'un district qui renferme 197 bourgs ou villages.

Fuentes est un bourg sur l'Ebre ; il a un château & le titre de comté. *Gurrea*, petit bourg sur le Gallego. *Belchite*, bourg muré, chef-lieu d'un comté. *Xijar*, bourg près de la riviere Martin, au pied d'une colline, défendu par un château, & chef-lieu d'un duché.

Quinto a un château fortifié ; il est sur l'Ebre, & voisin de *Velilla*, dont la grosse cloche, disent les auteurs Espagnols, sonne d'elle-même toutes les fois qu'il doit arriver quelque malheur à l'Espagne : elle est, disent-ils encore, l'ouvrage des Goths, qui y ont fondu une des 30 pieces d'argent données à Judas pour prix de sa trahison. Elle tinte d'abord, puis sonne dans le calme & sans qu'on la touche. Il est bon de savoir les absurdités qu'on a cru & qu'on croit encore, afin de se défier de son imagination, de ses instituteurs, de ses préjugés.

Cœspes, grand bourg qui a un vieux château situé sur l'Ebre qui y reçoit la Guadelope ; c'est là que Ferdinand IV fut élu roi d'Arragon : il est ceint de murs, & renferme une commanderie de Malthe : son territoire est fertile en grains, vins, huiles & safran : on y fait de la soie.

Alcaniz, sur la Guadalope ou Guadalof, a un château qui appartient à l'ordre de Calatrava : près de lui sont des collines, au pied desquelles est une terre noire & alumineuse, qui depuis très-longtems est la ressource de quatre villages : leurs habitans en tirent l'alun, le vendent brut & à bas prix aux François qui l'achetent & le revendent ensuite en partie aux teinturiers Espagnols : cet alun est un des meilleurs que l'on connaisse. Alcaniz est le chef-lieu d'un district où l'on compte 85 bourgs ou villages.

Canta-viéga, bourg ceint de murs, situé sur une hauteur ; c'est une commanderie de Malthe.

Montalvan, bourg muré qu'arrose le Martin, il est situé entre deux rocs : il a un château, une église collégiale, un couvent : c'est une grande commanderie de l'ordre de St. Jacques : on trouve du sel dans ses environs.

Monréal, bourg à la source du Xiloca, sur la rive duquel est le bourg muré de *Burbaguena*.

Ariza est sur le Xalon ; il est ceint de murs, a un château sur le mont voisin, trois paroisses, un couvent & deux hôpitaux ; il est le chef-lieu d'un marquisat.

Alama est connu par ses bains chauds ; il est au pied d'un haut rocher, sur le Xalon qui arrose aussi les environs des bourgs de *Ricla*, d'*Epila* & d'*Alagon*.

La *Puebla de Valverde*, petit bourg sur l'Ebre

insi que *Mallen* : ce dernier est une commanderie de Malthe.

Zuera, bourg muré au bord du Gallego. *Luna* a titre de comté. *Verdum* est voisin du confluent de Arragon & du Veral. *Acomuer*, petit bourg sur Aruin, appartient au bourg royal de *San Jean de Penna* qui y exerce la jurisdiction civile & criminelle.

Tiermas, village sur l'Arragon, au pied des Pyrénées : il a des bains chauds. *Salvatierra* est sur même riviere. *Loarre* est ceint de murs, a un château fort, est au pied des Pyrénées où est aussi situé *yerve*, autrefois *Ebillinum*, qui a le titre de Baronnie.

Almudevar, bourg au milieu d'une belle plaine. *Iguezar* est au pied d'une montagne. *Ossera* est sur Ebre.

Miquinenza, autrefois *Octogesa*, petite ville au confluent de l'Ebre, de la Ségre & de la Cinca : elle a un château, est fort ancienne, fut jadis grande, brillante & le siege d'un évêque : les rivieres qui environnent la rendent forte : autour est une campagne riante & fertile.

Tarinnena, bourg ceint de murs, où l'on voit une église paroissiale & trois couvens : le Flumen l'arrose.

Monzon, bourg fortifié, défendu par un château, situé sur le penchant d'une colline : la Cinca l'arrose, il a deux paroisses & trois couvens.

Benabarre, bourg qui donne son nom à une vallée qui s'étend dans les monts Pyrenées, chef-lieu du comté de Ribagorza qui renferme 189 bourgs ou villages.

Ainza, bourg défendu par un château : il est le chef-lieu du *Sobrarbe*, district qui prend son nom de la montagne d'*Arbe*. *Ainza* est situé au confluen[t] de la Lava avec la Cinca, dans une plaine agréable[.]

Le district des cinq bourgs d'Arragon forme u[n] canton assez étendu où l'on compte 74 bourgs o[u] villages: parmi les premiers sont *Tauste*, *Exca d[e] los Cavalleros*, *Sadava*, *Sos* & *Uncastillo*, qui on[t] donné leur nom à cette partie du royaume: les troi[s] derniers sont ceints de murs: *Sos* & *Uncastillo* son[t] situés sur des hauteurs.

De *Fraga* à *Velilla* est une contrée qu'on nomm[e] le désert d'Arragon: *Fraga* autrefois *Flavia-gallica* bourg sur un roc escarpé que baigne le Cinca, e[st] défendu par un château, de hautes montagnes l'environnent: deux églises paroissiales & deux couven[s] sont dans son enceinte.

La vallée de *Tena*, formée par les monts Pyrenées renferme onze villages: celui de *Sallent* est le plu[s] considérable. Là aussi est *Notre-Dame de bon secours* chapelle située aux frontieres de France, & visité[e] par les pélerins.

Masson de Morvilliers place encore dans l'Arrago[n] *Venasque*, place frontiere, située dans le comté d[e] *Ribagorce*, pays long, étroit & mal peuplé: un châ[teau], défend cette petite ville, & sur ses murs il y [a] de grosses pierres en place de canons: le vin, le[s] truites de l'Issera qui passe auprès, des chevaux [&] d'autres bestiaux sont la richesse de ses environs: [&] *Puente de la Reyna*, bourg sur l'Arga, dont les rive[s] couvertes de vignobles rapportent d'excellens vin[s] rouges: Busching le place avec plus de fonde[ment] dans la Navarre: il est dans une plaine su[r] l'Arga, & a deux paroisses & trois couvens.

Molina d'Arragon, petit bourg, chef-lieu d'un[e] seigneurie: c'est un des lieux les plus élevés de l'E[s]pagne, & peut-être le plus remarquable pour u[n] naturaliste. Il est arrosé par le Gallo qui abonde en truites saumonées qui pesent jusqu'à quatre livres : près de lui est un côteau où l'on voit un rocher semé de petites cornalines, & couvert d'une couche de cette espece de pierres précieuses : autour sont des rocs de marbre blanc & couleur de chair, d'autres qui sont rouges ou jaunes ; le gypse y est abondant, & on y trouve plus de 50 carrieres de plâtre dont quelques-unes ont plus de 50 couches : le marbre s'y décompose en sable, le gypse en terre calcaire, le grais en argille : plus loin est un côteau de rocher de chaux, rempli de terebratules rondes, à stries égales ou inégales, sphériques, triangulaires ou concaves, de cœurs de bœufs, des cames, des tellines, d'huitres striées ou unies, ou raboteuses, des belemnites. A un quart de lieue de Molina est une fontaine dont les eaux sont impregnées de soufre & d'alkali, & qui exhalent une odeur d'œuf pourri : elles sont propres pour les maladies de la peau : le terrein autour du bourg est propre à faire du salpètre : dans les montagnes sont deux mines de fer ; l'une dans un mont calcaire donne un fer si malléable qu'on peut le travailler à froid : on y descend par une rampe bien dirigée, revêtue de cryftaux de roche de différentes grosseurs : la seconde plus abondante est dans une roche de quartz qui ne donne qu'un fer aigre : auprès sont des mines de cuivre dans des rochers de quartz très-blanc & très-fin : on y voit aussi une mine de mauvais fer qui se dégrade & se change en safran de mars, que les habitans prennent pour du cinnabre.

Aranda de Ebro est sur les frontieres de Castille : cette petite ville a le titre de comté.

Arcos, village sur une colline de gypse, au pied de laquelle on trouve une fontaine salée dont l'eau s'éleve par une pompe à roue, confervée pendant l'hyver, mife dans des marais durant l'été pour que le foleil y forme le fel : l'eau y eft plus abondante en été qu'en hyver.

NAVARRE.

Elle eft fituée au couchant & au midi de l'Arragon, & fe divife en haute & baffe : il ne s'agit ici que de la premiere qui feule appartient à l'Efpagne.

La Navarre a 32 lieues de long fur 25 de large : les Grecs & les Romains l'appellaient *Rufonia*; fon nom actuel paraît venir de la langue bafque & du mot *nave* qui fignifie plaine. L'*Ebre*, l'*Arragon*, l'*Arga* & l'*Elba* font fes principales rivieres : c'eft un pays montueux, fitué ou dans les Pyrenées, ou à leur pied : les monts d'*Andia* & de *Bardena del Rey* qui s'avancent dans le pays en font des branches : les principales vallées font celle de *Baztan*, longue de neuf lieues, large de quatre & demi, & dont les habitations difperfées forment 14 paroiffes réunies fous une même jurifdiction : celle de *Roncevaux* eft moins étendue; elle eft marécageufe, & de fréquens brouillards la couvrent : on y trouve des champs, des prairies, des bois de chêne & des broffailles : celle de *Roncal* s'étend du levant au couchant, entre les frontieres de France & d'Efpagne; les autres moins confidérables font celles de *Linzoayn*, *Arce*, *Longueda*, *Ariacoyty*, *Efteribar*, *Gueo*, *Alzcoa*, *Salazar*, *Urraul* & la *Thierra de los Almaradios*. Deux routes conduifent en France depuis Pampelune : l'une conduit à Bayonne, l'autre à St. Jean de pié de port. Cette province ou royaume eft affez fertile : il produit du blé, du vin, des olives, diverfes fortes de fruits, parmi lefquels on

diftingue

distingue les poires & les pêches ; du miel, de bons pâturages : près de *Salinas de Oro* on compte 600 sources salées, on en trouve ailleurs encore, ainsi que des bains salutaires : les sangliers y sont en grand nombre ; les chevreuils, les lievres, les loups, les renards, les perdrix, les becasses y sont communes : ses monts renferment des mines de fer abondantes : il y en a d'or, d'argent, de plomb qui ne sont pas exploitées.

Cet état a conservé ses loix particulieres : son conseil souverain subsiste encore, & la jurisprudence & les formules n'y sont pas les mêmes que dans les autres provinces d'Espagne : les juges n'y sont en charge que trois ans ; quelquefois on les confirme pour trois ans encore. Les états y accordent les impôts.

L'air de la Navarre est sain ; la langue des habitans est originairement celle de Biscaye ; on y respecte beaucoup les dames : le Navarrois est adroit, laborieux, poli, galant & jaloux : ils entendent le commerce, & il n'y est pas sans activité. Cette province se divise en cinq Merindales.

Merindale de Pampelune.

Pampelune ou *Pamplona*, ville fondée par Pompée, qui fut appellée *Pompeyopolis* ensuite *Pampelo*, située au pied des Pyrénées, sur une hauteur bordée de prairies riantes qui s'étendent dans une grande plaine qu'arrose l'*Arga* : assez bien fortifiée, elle est encore défendue par une citadelle bâtie par Philippe II, forte par sa situation, flanquée de cinq bastions revêtus de pierres, avec de bons fossés. Au milieu de cette citadelle est une place d'armes circulaire, d'où partent cinq rues dirigées vers les cinq bastions ; vers la ville elle a une belle promenade, de l'autre côté ell[e] est ceinte d'un marais: on y voit un moulin à bras qu[i] fait agir cinq meules & autant de tremies ; chacun[e] moud 24 charges de grains par jour. La ville a deu[x] belles places ; celle qu'on nomme *Mayor* est un d[e] ses plus grands ornemens : elle est quarrée, vaste[,] entourée de portiques, ornée d'une maison très bell[e] qu'on appelle la *Maison de conversation*, où l'on [se] rassemble, où l'on cause, où l'on joue. Pampelun[e] a 5000 habitans, trois églises paroissiales, huit cou[-]vens de moines, neuf de religieuses & quatre hôp[i-]taux. Elle est le siége d'une audience royale, d'un[e] université fondée en 1608, d'un évêché auquel e[st] attaché un revenu annuel de 140000 livres de ren[-]tes : devant elle s'ouvre un beau vallon formé pa[r] des côteaux élevés, couverts de vignes & de champs[;] le vallon est arrosé par un ruisseau, dont les eau[x] coulent sur des grais arrondis & couleur de pourpr[e;] il est ombragé par un bois de chênes, de buis[,] d'épine-vinette, de pruniers sauvages, de rosiers[,] &c. Sa longitude est de 16 degrés 10 min. sa latit[ude] de 42 deg. 42 min.

Vera, *Puente de la Reyna*, & dix autres bourg[s] sont dispersés dans cette Merindale.

Merindale d'Estelle.

Estelle, ville sur l'Ega qui y reçoit le torrent d'U[-]reder, & l'environne de deux côtés : elle est envi[-]ronnée d'une plaine agréable, est bien bâtie, défen[-]due par un château, renferme six églises paroissiales[,] six couvens, un riche hôpital & une université fon[-]dée en 1565.

Arlajona, bourg environné d'un vignoble trè[s] fertile.

Viana, ville sur l'Ebre, capitale d'une principauté dont les fils aînés des rois de Navarre portaient le titre : Philippe IV lui donna le nom de ville : elle a un château, deux paroisses, un couvent & un hôpital bien renté : ses environs sont abondans en blés, en vins, en fruits, en légumes, en troupeaux & en gibier.

Maraston, petit bourg sur une montagne. *Nage*, chef-lieu d'un comté : nous avons parlé de *Salinas de Oro* ; 21 autres bourgs & 106 villages forment ce district.

Merindale de Tudele.

Tudela, ville sur les bords de l'Ebre, à l'endroit où il reçoit la Queilles : elle est grande, entourée de murs, mieux bâtie que Pampelune, a de beaux édifices, un vieux château, dix églises paroissiales, six couvens de moines, deux de religieuses & un hôpital bien entretenu. C'est la demeure de plusieurs nobles : son pont sur l'Ebre est beau ; son terroir est sur-tout fertile en bons vins.

Corella, ville sur les frontieres de la Castille, au bord de l'Ahlania ; elle n'a qu'une paroisse, mais on y compte trois couvens.

Cascante, petite ville dans une plaine qu'arrose la Queilles : elle a une paroisse & deux couvens. Vingt-trois bourgs & un plus grand nombre de villages composent avec ces trois villes la Merindale.

Merindale d'Olite.

Olite, ville sur le Cidazo, fort ancienne & presque ruinée, quoiqu'elle n'ait eu le nom de ville qu'en 1630 : elle a été le séjour des rois & en montre encore le palais. Elle a quatre églises paroissiales & deux couvens ; son territoire est très-fertile & arrosé par de belles sources d'eaux vives.

Tafala, petite & jolie ville, fermée de murs, défendue par un château, arrosée par le Cidazo : on y parvient par un vallon : près d'elle est une grande plaine couverte, ou d'oliviers ou de vignes ou de blés ; & une abbaye de filles nobles. Elle a deux églises paroissiales, trois couvens, un palais royal & le titre de comté : les Espagnols l'appellent la *fleur de la Navarre*, parce qu'elle a une université où la jeunesse Navarroise vient faire ses études.

Peralta, bourg sur un ruisseau qui se jette dans l'Arga : on y recueille de bons vins. *Milagro*, bourg au confluent de l'Arragon & de l'Arga. Dix-sept autres bourgs & vingt-six villages composent ce district.

Merindale de Sanguessa.

Sanguessa, autrefois Ituriffa, ou *Sueftafium*, ville sur la riviere d'Arragon qui y reçoit l'Irate : elle a trois églises & quatre couvens.

Xavier, bourg qui donna son nom à l'Apôtre des Indes qui y était né. *Ahibas* est dans une plaine. *Ronce Valles* est le chef lieu de la vallée de ce nom : il n'a de remarquable qu'un couvent d'augustins. On compte encore dans cette Merindale 10 bourgs, 268 villages ou hameaux.

LE GUIPUSCOA.

Alphonse IX unit cette seigneurie à la Castille en 1200 : c'est un pays montueux ; ses montagnes sont belles & couvertes d'arbres, & il y a lieu de croire qu'ils couvraient autrefois tout le pays. Il y a beaucoup de chataignes, de chênes, de ouvres, de noiers, de noisetiers, un grand nombre d'arbres à fruits, & une quantité étonnante de pommes à cidre; les forêts commencent à y dépérir par la multitude des forges qu'on y a établies, & il aurait fallu déja en abandonner une grande partie, si l'industrie des habitans n'y avait suppléé: les monts sont riches en mines de fer, reputé le meilleur de l'Europe. Les lieux que les arbres & les arbustes n'ombragent pas, sont divisés en champs & vergers: les fruits, les légumes, le bled de Turquie, les navets & le lin, &c. y sont les principales richesses de la terre cultivée: le peuple y est humain & accueillant; il entend mieux la culture des arbres que celui d'aucune autre province d'Espagne.

San Sebastian, ville forte & célebre port de mer, à l'embouchure de l'Urumen ou Gurumea, située au pied d'une montagne qui sert d'un côté comme de digue à la mer, & y forme un bassin où les vaisseaux viennent se mettre à l'abri des orages qui y sont très-violens: sur la montagne est une citadelle munie de canons qui commande à la ville: un peu plus loin est un joli couvent de religieuses. Charles-Quint l'environna d'un triple mur de 22 pieds de large: vers la mer ils sont flanqués d'autres ouvrages. Le commandant général de cette province, de celles d'Alava & de Biscaye y réside. Son port est un bassin large, profond & sûr, défendu par deux môles qui ne laissent qu'une entrée étroite; il est défendu par une haute tour. Les rues de la ville sont longues, larges, fort droites, pavées d'une grande pierre blanche, & toujours propres; ses maisons sont assez belles, les églises bien décorées, ses dehors très-agréables. Elle a 2 paroisses & 5 couvens: on y travaille le fer, on y fabrique beaucoup de lames d'épées & d'autres armes; on y commerce aussi beaucoup en laines qu'on tire de la Castille vieille, & en cacao. Lorsque le roi traite avec ses habitans, par un ancien privilege, il doit se découvrir. Il y a une compagnie de commerce. Sa longit. est 15 deg. 36 m. Sa latit. 43 deg. 20 min.

Fuente-rabia, ou *Fontarabie*, *Fons rapidus*, ville petite, mais forte, située près de la mer sur le Bidassao ou Vidouza, dont le lit forme une limite commune à la France & à l'Espagne, & dont l'embouchure forme son port qui est assez bon. Elle devint ville en 1638, & est bâtie en amphithéâtre: elle touche à la partie des Pyrenées qu'on nomme *Sierras de Jasquivel*; la riviere qui y est large, y forme l'isle des Faisans, ou de la Conference, qui n'appartient ni à la France, ni à l'Espagne, & qui est déserte. Le territoire de la ville s'étend sur le grand bourg d'*Yrun-Vrancy*, arrosé par un ruisseau, & situé dans les Pyrenées sur le val d'*Oyarcum* ou *Byarso*, & le château de Veloaga.

Cette province a plusieurs bourgs au bord de la mer: tel est le *Passage*, qui a un port profond & sûr, *Vsurbil*, situé sur une colline, & où l'on construit des vaisseaux; *Orio* est ceint de murs: & placé à l'embouchure de la riviere de ce nom, torrent large & impétueux qui court dans un lit hérissé de rochers, qui est abondant en bons poissons, sur-tout en truites d'un goût délicat: il reçoit l'Araxe.

Guetaria, ou *Guetoria*, bourg voisin de l'embouchure de l'Orio sur un mont: il a un bon port derriere une isle défendue par un château: c'est la patrie de Sebastien Cano qui le premier fit le tour du monde. *Zumaya* est peu considérable. *Deva*, située à l'embouchure de la riviere de son nom, a un port ; il est remarquable par les navires qu'il envoye à la pêche de la Baleine. *Motrico* a aussi un port, & est ceint de murs. Dans l'intérieur du pays, on trouva *Tolosa* ou *Tolosetta*, petite ville sur l'Araxe & l'Orio, dans une vallée fertile : elle est riante, & jolie ; on y fabrique des lames d'épée fort renommées : là sont gardées les archives de la province : elle a une paroisse & deux couvens ; son terroir est abondant en millet & en pommes ; il a peu de froment : la riviere a d'excellens poissons. Sa place publique & ses rues sont belles, ses maisons bien bâties ; ses murs sont environnés de fossés : son pont sur l'Orio, défendu par une forte tour, mérite d'être vu. *Ville-franche*, bourg assez joli, sur l'Araxe, dans une vallée. Le long de la Deva, on trouve *Gaza* ou *Salinas*, bourg situé sur une montagne où la riviere prend sa source : on y voit une fontaine salée, située dans le lieu élevé, comme toutes les salines d'Espagne. *Mondragon* est sur une colline ; près du lieu est une mine de fer vernissé, appellé par les mineurs *fer gelé* : placée dans une argille rouge, elle produit un acier naturel ; c'est avec ce métal qu'on travaillait des épées fameuses. Le bourg a des sources minérales, son terroir est abondant en pommes à cidre : on y commerce beaucoup en fer. *Placentia* est situé dans la vallée de Marquirra, qu'arrose la Deva : il est peuplé ; ses environs sont beaux, ses mines de fer abondantes. *Heibar* ou *Helgvybar*, bourg où l'on fabrique des armes blanches. *Vergara*, bourg sur la Deva, dans une vallée que forment deux montagnes : il a

Q iv

deux paroisses & deux couvens. Sur l'*Urola* on trouve *Azpeytia* dans une vallée agréable : sa jurisdiction s'étendait sur *Loyola*, château où nâquit Ignace, pere d'une société que son éclat a fait dissoudre. *Azcoytia* est aussi dans une vallée. Près du mont Adrian, *Mons Edulius*, qu'on croit le plus haut des Pyrenées sont placés les bourgs d'*Alegria de Dulanci*, & de *Segura*. Dans ce mont, on a percé un roc dans une espace long de 50 pas pour communiquer avec facilité du Guipuscoa, à la province d'Alava : on trouve sur ce mont quelques cabanes de bergers qui en sont les seuls habitans. *Ognate*, bourg peuplé & riche sur la riviere de son nom : son église, la colonnade du collège, ses statues & ses bustes sont de grais remplis de mica : ses terres sont argilleuses & fortes : on les fertilise avec de la marne mêlée à la chaux. Il a une université qu'on honorerait peut-être en lui donnant le nom de college : Busching place ce bourg dans la province d'Alava.

ALAVA.

Petite province au couchant de Guipuscoa. Elle est montueuse, fertile en seigles, & orge, en fruits & vins ; elle a des mines de fer & d'acier qui font sa richesse, & les fondemens de ses manufactures & de son commerce : cette province a fait pratiquer un magnifique chemin pour communiquer avec le Guipuscoa : il commence à Miranda : elle a sept lieues de long & cinq de large. Le mont Adrian la sépare de la Biscaya, c'est sur son sommet qu'est le roc percé dont nous avons parlé, la voute a trois toises de haut & huit de large : d'un côté est une porte & une hôtellerie; de l'autre un hôpital : le haut de la montagne est couvert de bois.

Vittoria, autrefois *Bisantio*, ville située dans une belle plaine cultivée avec soin d'où l'on découvre les montagnes en perspective : une double enceinte de murs l'environne : l'une antique, l'autre nouvelle. Elle a une belle place bordée par l'hôtel de ville, par deux couvens, & plusieurs maisons bien bâties, ayant à son centre une fort belle fontaine : les grandes rues y sont formées de deux rangs d'arbres : partagée en vieille & neuve, celle-ci est la plus habitée. On y compte cinq paroisses, quatre couvens, trois hôpitaux, un collège, elle fut fondée par Sanche de Navarre qui venait de vaincre les Maures. On y commerce en laines, vins, ouvrages de fer comme épées, poignards, couteaux, &c. Sa longit. est de 14. deg. 3 m. Sa lat. de 42 deg. 52. m.

Salvatierra, petite ville au pied du mont St. Adrien.

On trouve dans cette province plusieurs bourgs : les plus considérables sont *Mendoça*, qui est ceint de vieux murs. *Murga*, situé sur la montagne de Gordea; *Trevisto*, chef-lieu d'un Comté, situé sur une colline, au bord du fleuve Auguda : il a un château & trois paroisses. *Penna Cartada*, petit bourg, ceint de murs, défendu par un château. *San Vicente de Son Sierra*, bourg muré aux bords de l'Hebro. *Gargançon* est voisin d'antiques châteaux. *Vantacibay* n'a rien de remarquable, non-plus que la *Guardia*, & *Lancugo*.

BISCAYE.

Le nom de cette seigneurie enveloppe souvent les deux provinces dont nous venons de parler: elle est au nord de la seconde, au couchant de la premiere. L'air y est doux, la terre fertile, excepté dans quelques parties montueuses. Il y croît du vin, mais il est âpre, parce qu'on ne laisse pas meurir le raisin : & beaucoup de fruits dont on fait un cidre excellent: sur les côtes, on recueille des oranges & des citrons. Le terroir est couvert de montagnes inégales, séparées par des vallons assez étroits; l'ensemble du pays présente un aspect singulier; le sol y repose sur des carrieres de marbre, d'autres pierres calcaires, sur du grais, sur des mines de fer: on y voit plusieurs montagnes posées les unes sur les autres ; telle est celle de *Corveya*, qu'on ne monte que dans cinq heures; sur son sommet est une plaine où de nombreux troupeaux se nourrissent pendant quelques mois: là est *l'épine noire*, ou *Cassis*, & c'est le seul endroit où il croisse en Espagne. *Serantes* est une montagne simple, qui paraît avoir été un Volcan, & qui s'éleve en pyramide: on y voit beaucoup de montagnes basses, couvertes de champs & de métairies jusqu'au sommet; de toutes il sort de petites rivieres ; la terre y est pesante, & on la laboure d'une maniere particuliere ; on tire beaucoup de résine de ses forêts ; excepté les champs & les monts pelés, tout y est planté d'arbres & de taillis; le rouvre blanc, le tilleul, le chataignier, les pommiers sur-tout y prosperent: les cerisiers & les ormes y réussissent: l'espèce de pêches qu'on nomme la *Pavie* y sont exquises; les noix, les figues, les groseilles, les fraises y sont estimées: les légumes y sont bons & multipliés : les oignons gros & doux, les navets de diverses sortes; les bêtes à cornes y sont petites, mais fortes: il y a peu de moutons. La vigne y donne un fruit aussi recherché que celui de Languedoc : des treilles élevées bordent les chemins, d'autres forment des berceaux. Les Biscayens tirent de l'étranger des vins, du blé, des bestiaux même; le pays serait abondant en gibier, s'il y avait moins de chasseurs; le loup, le sanglier, l'ours y sont rares; il y a beaucoup de belettes & de renards. La mer y abonde en poissons excellens : les sardines en sont estimées : parmi cinq espèces d'oiseaux de passage qu'on y connait, nous remarquons les *Chimbos*; ils vivent de fruits & de fourmis, aiment l'ombre des bruyeres, sont toujours altérés: leur odorat est d'une sensibilité étonnante : lorsqu'ils partent, ils tiennent comme un grand conseil, & prennent ensemble leur vol pendant la nuit. On y trouve beaucoup de bécasses. Les mines de fer sont une de ses principales richesses: celle de *Somorrostro* est dans une colline surmontée par de hautes montagnes : le minéral y forme une couche interrompue de trois à dix pieds d'épaisseur; il est d'un rouge de sang de bœuf, composé de lamelles très-minces, & parait se former de l'assemblage de matieres chariées par le mouvement imperceptible des eaux : il y a beaucoup d'autres mines de fer en Biscaye, en couches, en blocs, en filons, & une partie seulement sont exploitées ; quelques-unes sont remplies de vitriol, & on y voit des ématites très-pesantes, plus grosses que la tête. Le pays est divisé en jurisdictions que les habitans nomment République : on y voit une ville & quelques bourgs; le reste n'est composé que de maisons dispersées : ces maisons sont de pierres ; au rez de chaussée sont les écuries, le célier & le four ; les hommes occupent le premier étage : on dépose les grains & les fruits au-dessus : on n'en voit aucune qui soit ruinée ou inhabitée ; autour d'elles sont leurs jardins & leurs vergers : elles semblent de loin former une vaste ville séparée par des arbres ; elles changent peu de possesseurs: les lieux élevés ont d'antiques châteaux : c'est dans ces montagnes qu'il faut aller chercher la simplicité, la vigueur, la gaîté ; les habitans y sont aisés, indépendans de leurs seigneurs, l'égalité regne entr'eux, l'âge & les talens utiles s'y attirent seuls des égards ; celui qui mandie y est déshonoré : les laboureurs y portent l'habillement antique, une culotte longue & ample, un surtout long & large, un bonnet applati sur les côtés & terminé en pointe : en hyver ils portent encore un manteau : leurs souliers sont de cuir non tanné entrelassé de courroies ; ils fument beaucoup, sont tranquilles & sociables, mais coleriques ; les femmes s'habillent comme en Castille, sont fieres, courageuses, & travaillent dans les champs avec vigueur. tous regardent leur pays comme le meilleur du monde, & ils lui sont très-attachés : ils vont en pélerinage, comme à des parties de plaisir, se régalent & se divertissent sur la route, dansent dans les champs au son du tambourin, & souvent se battent à coups de bâton qu'ils manient avec adresse : les femmes y sont chastes, elles ne répondent aux galanteries qu'on leur adresse qu'en avertissant qu'elles sont mariées. leur langue n'a aucun rapport avec les autres langues de l'Europe, ce qui fait conclure qu'elle est fort ancienne.

Les ports de cette seigneurie, (car le roi ne peut s'appeller que seigneur des Biscayens,) son voisinage de la France y rendent le commerce florissant : & il n'y est point chargé d'impôts : chaque jurisdiction se gouverne par ses loix, & distribue sa capitation, elles se gardent eux-mêmes, leurs milices ne sortent point de leur province, & ne reçoivent point de paie. Les Biscayens sont d'excellens hommes de mer ; leur pays est l'ancienne Cantabrie.

Bilbao ou *Vilvao* sur l'Ybai Chatval, navigable jusqu'au delà du Bilbao, dans une plaine couronnée de très-hautes montagnes : elle a environ 800 maisons toutes fort habitées, & bâties en partie sur pilotis ; les eaux de la riviere qui, jointes à celles de la marée, lui forment un bon port, y sont retenues par une digue magnifique qui s'étend au loin le long de la promenade de l'arcenal, bordée d'un côté par des maisons, des magasins & des jardins : les maisons sont peintes, bordées de tilleuls ou de rouvres ; les rues pavées de petits cailloux, & dans lesquelles aucune voiture ne peut passer, coupées de canaux, lavées avec soin comme les maisons, y sont toujours très-propres : le pauvre n'y est pas insulté ou couvert de boue par l'opulence : les toits s'avancent & servent de parapluie aux passans ; un canal magnifique rempli par la riviere y donne une promenade fraîche & fort gaie : l'air y est humide ; il gâte les meubles, rouille le fer & le cuivre, & multiplie les insectes. Cependant *Bilbao* est sain : ses habitans sont forts & robustes, vivent longtems, connaissent peu les maladies & la tristesse : la ville est très-peuplée, & il y a peu de malades dans l'hôpital : les fievres y sont rares ; on peut croire que le voisinage des montagnes, les pluies fréquentes, & sur-tout les courans d'air variés sont les causes de cette salubrité : delà vient la vigueur de ses habitans : les femmes sur-tout y sont extrêmement laborieuses : elles ont les jambes & les bras découverts, & portent sur la tête des fardeaux tels que deux hommes ont de la peine à les charger : elles reviennent du travail en dansant au son d'une flûte & d'un tambourin entretenus par la ville pour divertir le peuple : elles ont cependant le teint frais & coloré ; leurs cheveux sont longs & de la plus grande beauté.

La boucherie de *Bilbao* est un édifice toscan, situé au centre de la ville dans un enclos découvert, près d'une fontaine abondante : tout s'y tient avec la plus grande propreté ; tous les vivres y sont excellens : le poisson y est très abondant, parmi ses diverses espèces les habitans préferent l'anguille en hyver, & la sèche en été. La situation de la ville est charmante; son territoire est fécond en légumes & en fruits, son commerce consiste en laines & en fer. Elle a ses propres loix, & il en est une contre l'ingratitude : ces avantages & le caractere aimable des habitans en font un asyle heureux pour l'homme indépendant qui peut le choisir. Elle fut fondée en 1300 par *Don Diego Lobez de Haro*, & renferme cinq paroisses, cinq couvens d'hommes & sept de femmes. Sa longitude est de 14 degrés 30 min. sa latit. de 43 deg. 23 min.

Orduna, ville bâtie en 1256, dans le centre du pays, au milieu d'un vallon agréable, environné de montagnes escarpées : elle a deux paroisses, deux couvens, un college, & des privileges qui lui furent accordés par Alfonse le Sage, roi de Castille.

Portugalete, bourg à l'embouchure de l'Ybaychalval. *Garnica* est situé au pied d'une montagne peu éloignée de la mer, sur une petite riviere ; il a deux couvens. *Bermeo*, ou *Querto-Vermejo*, bourg ceint de murs, situé au bord de la mer : il a un port, & fut autrefois plus considérable. *Durango*, bourg peuplé, dans une vallée agréable arrosée par un ruisseau : ses habitans travaillent le fer & l'acier, & c'est leur principal commerce. *Helloria* est dans un joli vallon.

Dans la partie du pays qu'on nomme *la côte des montagnes de Burgos*, on remarque quatre bourgs : le principal est *Larédo*, siége de leur Corrégidor commun : il fut bâti par les Goths, est environné de rochers, & bâti sur une hauteur au bord d'un golfe qui forme son port : on y commerce beaucoup en poissons. *Santander*, bourg ceint de murs, sur une colline & sur la rive d'un golfe : il a un bon port protégé par quatre châteaux : il est le siége d'un évêque; sa richesse est le poisson qu'on y sale. Voyez l'artic des Asturies. *Castro de Urdiales*, bourg muré défendu par un château, qui a un arsenal bien fourni, une paroisse, deux couvens & deux hôpitaux. *San Vincente de la Barquera* est aussi sur la mer : il a un port & un fort.

LES ASTURIES.

Elles sont situées au couchant de la province que nous venons de décrire : c'est une principauté, & on lui donne 56 lieues de long, sur 26 de large. L'air y est bon, le terrein inégal, semé de montagnes hérissées de bois. Elle produit du blé, du vin estimé & des fruits : la vitesse & la force des chevaux qu'elle nourrit a été célèbre : elle est mal peuplée; sa noblesse est indigente & fiere, parce qu'elle descend des anciens Goths, peuple barbare dont on pourrait rougir de descendre, s'il y avait de la honte à naître de peres ignorans & féroces : son nom vient de la riviere *Astura*, non des Astures qui n'habitaient point ce pays. Le fils aîné des rois d'Espagne en porte le nom, parce qu'elle fut l'asyle des chrétiens après la défaite de Rodrigue, ils s'y conserverent, s'y fortifierent, s'y accrurent & parvinrent d'abord à repousser les maures, puis à les vaincre, enfin à les chasser. Un antre profond & vaste dans la montagne d'*Aufeua*, fut la premiere habitation des fugitifs, & peut être regardé comme le berceau de la monarchie Espagnole : on y a bâti un couvent sous le nom de *Ste. Marie de Cobagunda* : ceux qui habitent cette montagne jouissent encore de priviléges particuliers, & ils en sentent le prix ; car ils méprisent les Espagnols des autres provinces, & se croiraient insultés, si on ne leur donnait pas le nom de Goths : ce sont en effet des hommes assez gothiques. En général ces peuples sont laborieux, sinceres, courageux : leurs monts renferment des mines d'or, de cobolt, de chrysocolle & de vermillon.

On divise cette province en *Asturies d'Oviedo*, & Asturies de Santillane ; celle-là est au couchant de celle-ci.

I. *Asturies de Santillane.*

Santillane, *Sanctæ Julianæ Fanum*, bourg ou petite ville, située dans une vallée qu'arrose une petite riviere, & près de la mer. Elle a une collégiale & un couvent : elle est le chef-lieu d'un marquisat. Les Arabes la nommaient *Schantarin*.

Près de la mer, on trouve les bourgs de *St. Martin* & de *Kiva de Sella* : ce dernier a un petit port.

Nous avons placé *San-Ander* dans la Biscaye comme Busching ; mais ce bourg dépend aujourd'hui des Asturies. Nous ajouterons ici, que son port est défendu par un môle, sur lequel est une grue pour charger & décharger les vaisseaux : à l'entrée

…ée de ce port est l'écueil de *Penna de Mogron*, salle à éviter, parce qu'on le voit de loin : le bourg est assez bien bâti & fortifié ; l'air y est fort pur, & on y voit six fontaines dont l'eau est excellente ; son fauxbourg n'est presqu'habité que par des pêcheurs. On y compte sept portes & deux couvens : a une église collégiale : ses environs sont féconds en fruits excellens, & en vins estimés.

Le canton de *Liebana* a douze lieues de long & six de large : il est formé par des montagnes élevées, que les habitans ont nommé les *Montagnes de l'Europe* à cause de leur hauteur : elles sont fertiles en grains, vins, fruits & paturages ; elles forment les cinq vallées de *Cillorigo*, *Valdeprado*, *Valhebaro*, *Cerecida*, & *Polanes*, toutes fort habitées : leur chef-lieu commun est *Potes*, bourg arrosé par la riviere de Deva.

II. *Asturies d'Oviedo.*

C'est la partie la plus étendue de la province.

Oviedo, *Ovetum*, ville ancienne, située dans une plaine élevée, entre les rivieres de Deva & d'Ove, qui réunies prennent le nom d'Asta : elle est défendue par un château, & est le siege d'une audience royale, d'un évêque qui jouit de 80000 liv. de rentes, & ne dépend que du St. Siege & d'une université, fondée en 1580. La cathédrale, fondée par Froila, est enrichie d'une multitude de reliques ; elle en fut l'asyle comme la province le fut de ceux qui les vénerent. On y voit une croix d'or, fabriquée de la main des anges, un morceau du manteau d'Elie, un quartier du mont Sinaï, une arche de bois incorruptible, ouvrage des apôtres, transportée dans l'air de Jérusalem en

Tome VI. R

Afrique, d'Afrique à Carthagene, de Carthage[ne]
à Seville, de Seville à Tolede, & de Tolede [à]
Oviedo où elle a enfin fixé sa course vagabonde
& où elle a fait des miracles. La ville est médio[-]
crement belle ; l'église de San-Salvador est env[i-]
ronnée de maisons régulieres, soutenues par d[es]
portiques. La grande place mérite quelqu'attention[:]
toutes les rues de la ville &viennent y abouti[r.]
Cette ville renferme trois paroisses, deux couven[s,]
quatre hôpitaux & sept mille habitans. Sa long[i-]
tude est de 11 deg. 18 min. Sa latitude de 43 de[g.]
23 min.

Navia, bourg ceint de murs, est au bord de [la]
mer : il a un port. *Aviles*, bourg ou petite vil[le]
près de l'embouchure du Nalon : il déchoit tou[s]
les jours, & aujourd'hui il est petit & mal peupl[é.]
Il a un port, & donne son nom à un promontoir[e.]
Gijon ou *Gyon*, bourg voisin de la mer avec u[n]
port : il est ceint de murs, est dans une pres[-]
qu'isle, & défendu par un vieux château : il fu[t]
l'asyle de Pelage, & le siege de son petit état : o[n]
y voit encore des marques du séjour qu'y firent se[s]
premiers successeurs, qui s'appellaient *rois de Gijo[n.]*
Alfonse le Chaste, prit le premier le nom de r[oi]
d'Oviedo. *Villa Viciosa*, bourg au fond du gol[fe]
où se jette l'Asta : son port est bon & y fait vivr[e]
le commerce. *Castropol* touche aux frontieres de [la]
Galice. *Manceres* n'est qu'une grande ville.

GALICE.

Elle est située au couchant des Asturies & a 5[0]
lieues de long sur 45 de large : elle doit son nom[ ]
aux *Calaici*, peuple barbare, uniquement occupé d[e]
la chasse & de la guerre, chez qui l'on retrouvai[t]

DE L'ESPAGNE. 259

coutume des Caraïbes qui se mettent au lit quand leurs femmes accouchent, sont servis par elles, & visités par leurs amis : cette conformité de mœurs peut servir à un pere Lafiteau, pour prouver que les premiers habitans des Antilles descendent des Galiciens. Le sol de cette province est inégal, montueux, & on n'y voit que de petites plaines baignées de deux côtés par la mer. Elle a d'excellens ports, & cependant peu de commerce ; l'industrie n'y est point excitée, & le Galicien est plus laborieux qu'actif. L'air y est humide en général ; tempéré sur les côtes, plus froid dans l'intérieur. On y recueille peu de bled, beaucoup de vins, de seigle, de lin, de citrons : elle a de beaux pâturages : la mer y est très-abondante en poissons, sur-tout en sardines, en anchois, en saumons, & en une espece particuliere, qu'on nomme *bezugos* : les forêts y donnent des bois de construction : son principal commerce consiste en bestiaux, sur-tout en chevaux & mulets estimés : on y trouve des mines d'or, de cuivre, de fer, de plomb, de vermillon : on y compte 75 rivieres, & le plus grand nombre y ont leur source : les plus remarquables sont l'*Ulla* qui sort du district de ce nom, presqu'au milieu de la province, & tombe dans la mer, sous la ville de Padrona : le *Tambra*, ou *Tamaris* s'y jette près de Muros : le *Mandeo* qui sort près d'Ulla, & se perd dans la mer près de Betanzos. On doit remarquer encore le *Lours*, dont la source éloignée de la mer de vingt lieues, a comme elle son flux & son reflux, qui est plus abondant en été, & dont les eaux sont tantôt froides & tantôt chaudes : c'est du moins ce qu'en rapporte Me. d'*Aunoi*. Le *Lima*, le *Rio-Mayor*, & le *Vallimadares* y coulent encore. Parmi ses ports, les

R ij

plus célebres sont ceux de la *Corogne*, & le *Ferol*: parmi les caps, c'est celui de *Finisterre*, *Promontorium Artabrum*, ou *Celticum*. Morvillers assure qu'elle est la moins peuplée de l'Espagne; Busching dit précisément le contraire. On y compte 7 villes, 60 bourgs, 242264 familles, 11 cathédrales, 3242 paroisses, 12637 religieux, 34 hôpitaux, 14 colleges, 79 couvens de moines, & 24 de religieuses; & par cette énumération, on peut juger lequel de ces deux auteurs a raison. Le Galicien est constant & courageux. Sa pauvreté le plie aux ouvrages les plus vils, & le fait mépriser des autres Espagnols; sa frugalité est très-grande: il fut longtems vexé par de petits tyrans, qui ne craignaient point l'autorité d'un roi éloigné, ni celle d'un gouverneur qui quelquefois leur faisait la cour. Ferdinand le Catholique les força de respecter son pouvoir & celui de ses successeurs.

La Corugna a le titre de capitale, parce qu'elle est le siège de l'Audience royale, du gouverneur-général, & de l'intendant de la province. La ville est partagée en haute & basse; la premiere est sur le penchant d'une haute colline, ceinte de murs, défendue par un château; la seconde appellée aussi *Pexaria*, est au pied du mont sur une langue de terre que la mer baigne de trois côtés; des murs la joignent à la ville haute; son port très-vaste & très-sûr, terminé au nord par le cap de Prior, au couchant par l'isle de Sizarga, est défendu par les deux châteaux de *Santa-Cruce* & de *San-Martin*: une petite isle en retrécit l'entrée. La ville est de forme circulaire, fortifiée à l'antique, & renferme quatre églises paroissiales, une collégiale, quatre couvens, un hôtel des monnaies. On y voit une tour bâtie par les Romains, d'une structure solide

& si hardie qu'on ne la voit pas sans étonnement.

St. Jacques de Compostelle est la ville la plus considérable de la Galice : c'est l'ancien *Brigantium* ; elle est située dans une belle plaine entourée d'agréables côteaux, entre le Sar & le Sarela *, qui s'approchent & s'unissent à une demi-lieue de là. Elle a de belles places, des églises magnifiques, une université, un tribunal d'inquisition, un archevêque qui a pour suffragans les évêques de Salamanque, de Tui, d'Avila, de Coria, de Phasentia, d'Astorga, de Zamora, d'Orense, de Badajos, de Mondonnedo, de Lugo & de Ciudad-Rodrigo ; il jouit de 400 mille livres de revenus : l'église métropolitaine prétend avoir les restes de St. Jacques, que d'autres églises possedent aussi : les Espagnols en ont fait leur patron : son nom est leur cri de guerre, & il fut, disent-ils, l'instrument de leurs anciennes victoires. On dit que sur son tombeau, un cliquetis d'armes annonce les malheurs de l'Espagne. De tous les lieux de l'Europe on vient en visiter l'image, petit buste de bois placé sur l'autel, éclairé par 50 cierges ; on le baise trois fois, & autant de fois les pélérins lui mettent respectueusement leur chapeau sur la tête. De-là passant par un trou étroit sous une croix de fer, ils gagnent des indulgences : St. Jacques doit une partie de ces richesses à cette superstition *des pélérins* ; leurs processions sont extravagantes ; on y voit des mascarades d'anges, de démons, de saints & d'apôtres. Quelquefois des hommes payés pour cette

---

* Morvilliers dit entre la *Tambra* & l'*Ulla*, il a raison aussi ; mais cette presqu'isle plus grande enveloppe l'autre.

opération, se promenent couverts d'un linceuil qu'ils arrosent de leur sang en se sustigeant, & il est un art pour le faire avec grace : autrefois on avoit des maîtres dans cet art. Compostelle succéda en 1124 à Iria pour devenir métropole. L'église est en partie sous terre ; c'est-là que sont ses plus grandes richesses ; on y voit des tombeaux superbes. Son palais archiépiscopal est vaste & antique. Son chapitre compte parmi ses membres sept cardinaux prêtres, qui seuls ont le privilege de dire la messe à l'autel du saint.

Cette ville est le berceau de l'ordre de St. Jacques, ordre riche, qui possede 87 commanderies, qui valent 200,072 ducats de rente : elle compte 12 églises paroissiales dans ses murs, 7 couvens de moines, 7 de religieuses, 4 hôpitaux, dont l'un destiné pour les pélerins est beau & très-considérable. Sa longitude est de 8 deg. 50 min. Sa latitude de 42 deg. 54 min.

Betanzos, autrefois *Flavium Brigantium*, ville située au bord de la mer entre les rivieres de Mandeo & de Cascas : elle a un port, 2 paroisses, 2 couvens.

Mondonnedo, petite ville sur le Vallinadarès & le Sixto ou Migno, près de la source du dernier, dans une belle exposition, au pied des montagnes, à l'extrémité d'une campagne fertile : on y jouit d'un air pur & sain, avantage rare dans la province : son évêque est en même tems son seigneur & jouit de 40000 liv. de rentes.

Lugo, autrefois *Lucus Augusti*, ville ancienne, arrosée par le Minho, & voisine de sa source ; elle renferme 3 paroisses, 4 couvens, un séminaire, 2 hôpitaux & un évêque, dont les revenus sont de 140000 liv. Elle était la métropole de l'Espagne, lorsque les Sueves y régnaient : on voit encore par l'enceinte de ses murs qu'elle a été bien plus considérable, & ses murs ont 12 à 15 pieds d'épaisseur : elle a diverses sources minérales, les unes chaudes, les autres tempérées : il en est qui paraissent bouillantes.

Orense, jadis *Aquæ Calidæ Auria*, ville sur la rive gauche du Minho, & qui renferme 4 paroisses, 2 couvens, un riche hôpital : son évêque jouit de 50000 liv. de revenus, & a un chapitre nombreux : située au pied d'une montagne, une partie de cette ville éprouve un hiver long & rigoureux, tandis que l'autre jouit des douceurs du printems ; des sources chaudes sont la cause de ce phénomene ; elles sont dans cette derniere partie ; quelques-unes sont tempérées ; on ne peut soutenir la chaleur des autres : elles sont salutaires pour diverses maladies. Les environs d'Orense sont agréables, & très-fertiles ; on y recueille d'excellens vins & des fruits délicieux.

Tuy, *Tude*, ville dans une vallée, sur la rive droite du Minho ; sa situation est agréable & élevée ; elle est voisine de la mer, est défendue par de bons remparts, de fortes murailles, & une nombreuse artillerie. Elle renferme 2 paroisses, 3 couvens, un hôpital, & est le siege d'un évêque qui jouit de 50000 liv. de revenu annuel ; il est seigneur de la ville : les environs sont fertiles & bien cultivés ; ils rapportent du vin & des fruits excellens : l'air y est tempéré : de l'autre côté du fleuve est Valence en Portugal.

La Galice a quelques bourgs aussi grands que des villes, & quelques autres qui ressemblent à des vilages : nous parlerons des principaux. *Bayonne* est à l'occident de Tuy, sur un petit golfe voisin de l'embouchure du Minho, a un port commode, défendu par un château & une côte abondante en poissons, semée de quelques isles qu'on nommait autrefois *Insulæ cicæ*: ses environs fertiles sont arrosés par un grand nombre de fontaines: ils sont surtout abondans en fruits. *Gondomar* est le chef-lieu d'un comté. *Vigo* est ceint de murs, a un très bon port, & est peu capable de défense; il a un château, un fort à quatre bastions, trois paroisses, & deux couvens. *Redondela*, ou *Redondillo* est au fond d'un petit golfe: il renferme une paroisse & deux couvens: la mer y est riche en poissons, sur-tout en anchoix; les côteaux voisins ont d'assez bons vignobles. *Ponte-Vedra*, situé sur un golfe qui reçoit le Loriz: il est grand, sans fortification, mal peuplé, commerçant en sardines dont la pêche est abondante sur ses côtes, & dont on charge tous les ans plusieurs bâtimens: on y voit une place publique très-vaste & décorée d'une belle fontaine, deux églises paroissiales, trois couvens, un hôpital célèbre: on y compte environ 1500 feux. *El Padron*, autrefois *Iria Flavia*, est un bourg ceint de murs sur un golfe où se jettent l'Ulla & le Sar: il a une église collegiale & une paroissiale, & fut le siege d'un évêque transféré à Compostelle en 835; *Noya* est sur la rive méridionale d'un golfe formé par la Thamar & le *San-Justo* qui s'y jettent dans la mer: il est situé à l'extrèmité d'une plaine très-fertile; on y construit un grand nombre de vaisseaux. *Loyo* est dans le territoire de Compostelle: on y voit le couvent d'augustins où l'ordre de St. Jacques s'est institué, & il en a été le chef-lieu. *Muros* est sur un golfe & a un port. *Santa-Maria* fut autrefois une ville peuplée; il est près du cap Finisterre, & c'est sans doute

trats qu'on élit annuellement, & dont le premier doit être noble. Un *procureur-général* y sert de second au capitaine-général ; un *chancelier* y décide lorsqu'il y a conflict de jurisdiction ; un *juge de police* pour les poids & mesures ; des *consuls* qui jugent sommairement des affaires de commerce, &c. Une partie de ces magistrats sont élus par le peuple. La longitude de Maljorque ou Majorque, est de 21 deg. 40 min. Sa latitude de 39 deg. 35 min. *Alcudia*, ville maritime, située entre les promontoires de *Formentour* & de *Piedra* : elle n'a qu'une paroisse, un couvent & 1000 habitans : on pêche dans son port beaucoup de corail pendant les mois de Juillet & d'Auguste. Charles-Quint lui donna le nom de ville.

Lluchmayor est un bourg de 1500 habitans. *Zanda* est située dans une plaine semée d'hermitages.

Porreras est riche par le saffran qu'on recueille dans ses campagnes. *Feneliche* est défendu par un château fort. *Arta* est à une lieue d'une montagne escarpée, où l'on trouve une caverne remarquable par les différentes figures de stalactites dont elle est ornée. *Alaron* a un château fortifié. *Villa Selva* est située sur une montagne. *Pollenza*, autrefois *Pollentia*, est connu par la malvoisie qu'on y recueille : il fut originairement une colonie Romaine. *Inca* renferme 2000 habitans : on compte encore 23 bourgs dans cette isle ; tous sont peu considérables, & l'on n'en pourrait dire que leur nom. On y remarque encore sur une montagne élevée, un college & une église, où l'on vénere une image de la Vierge.

De petites isles sont dispersées autour de celle-ci ; nous devons en dire un mot.

Cabrera, isle qui doit son nom aux cerfs qu'elle

nourrit : elle eſt montueuſe & deſerte. Elle a un port grand & ſûr, dont l'entrée eſt oppoſée à Majorque, & qu'un château défend : cette isle eſt un lieu d'exil.

Las Bledes, isle peu éloignée du port d'Olla : elle était autrefois très-peuplée, & l'eſt peu aujourd'hui : ſon étendue n'eſt pas d'une lieue : on y trouve une carriere de marbre.

Formentor, petite isle, ſituée près d'une eſpece de cap, nommé *Albaeux*. *Colomer* eſt encore une petite isle près de Caboſiguera.

Foradada n'eſt pas plus conſidérable : le fils de Jacques, roi d'Arragon, y fit bâtir un college ſur un mont, pour enſeigner l'arabe aux Franciſcains, afin de les rendre propres à convertir les Maures : de tels inſtrumens ſont plus analogues à un tel ouvrage que le fer & les bourreaux ; mais ils agiſſent plus lentement, & l'homme, & ſur-tout les rois aiment jouir.

Pantaleu, petite isle où aborda Jacques, lorſqu'il vint conquérir les isles Baleares.

Dragonera a environ 1000 pas de long & 900 de large : un détroit de 1200 pas la ſépare de Majorque ; elle eſt inculte, & on n'y remarque que l'oiſeau de proie nommé Eſpagnol, & qui eſt bon à manger. On y a élevé une fortereſſe ſur le mont de Poppia. Son nom lui vient d'une eſpece de ſerpent.

Mijana, *Moraſſa*, &c. petites voiſines de la derniere.

ISLE MINORQUE.

Elle eſt moins grande que la précédente ; ſa ſurface est de 236 milles quarrés d'Angleterre *; sa longueur est de 12 lieues; sa largeur très-inégale: la mer diminue autour d'elle, & y forme de petits islots qu'on change en jardins. L'air y est humide, & le terroir sec & stérile dans la plaine, est assez fertile dans les montagnes : celui des vallées est argilleux, & il n'y croit guere que des joncs dans la plupart; mais celles où les pluies ont amené une couche de terre des monts qui les forment, sont cultivées avec succès : l'eau y donne la pierre. On y trouve des mines de plomb & de fer; des carrieres d'un plâtre excellent, des coquillages pétrifiés, des grottes qui pourraient renfermer tous les habitans de l'isle, & dans lesquelles on trouve des lampes sépulcrales : l'argille y est abondante; elle est bleue ou jaune; celle-ci seule est employée à faire des tuiles, des cruches, des tasses & des plats. Le crystal de roche y est très-rare; mais cette espece de verre de Moscovie qui incruste les plantes & les végétaux y est assez commun : la pierre de taille y est bonne & abondante: la pierre à chaux est grise, dure & luisante; elle renferme des échinites & des fossiles. L'ardoise y est unie, luisante, d'un bleu foncé, coupé de veines blanches : le marbre y est commun, & l'albâtre, les pyrites, les stalactites n'y sont pas rares. La surface de la terre est parsemée de mines de fer, & on y en rencontre des masses plattes de dix pouces de diamètre; mais on le néglige : le fond est semé de coquillages, de parties de poissons, de glossopètres. La *crapaudine* y passe pour une pierre précieuse : son nom vient de ce qu'on la prétendait

---

* C'est environ 28 lieues quarrées.

formée dans la tête du crapaud; on en fait des bagues & des boutons. Dans quelques endroits on trouve des petoncles, des cornes d'ammon, des buccins, des cylindres & des entroques. Cette isle nourrit des chevaux sans force & sans vigueur, des mulets forts & vigoureux, qui marchent sûrement, & se dirigent sur les rocs avec beaucoup de sagacité; des ânes couverts de harnais superbes y portent les hommes; ils sont grands, & on leur fend les naseaux: les porcs y sont gras & recherchés. On y compte environ 20000 chèvres, 7000 bêtes à cornes, 60000 moutons, & 4000 porcs: les trois premieres espèces y sont plus petites que dans le continent: le hérisson y est regardé comme vénimeux, parce que lorsqu'il est en chaleur, il corrompt l'eau où il se plonge: les tortues y sont communes, l'aigle redoutable, la vipère, le scorpion & l'araignée dangereux. On y trouve beaucoup de corbeaux blancs, des perdrix rouges, des pigeons, des cailles, des chauve-souris: la nuit y est troublée par le cri des grenouilles, des hiboux & des chiens. Les lapins y étaient autrefois en si grand nombre que les habitans demanderent un secours de troupes à Auguste contre de tels ennemis: la vigne est leur richesse; elle leur rapporte annuellement 27000 liv. sterlings. Les pauvres vivent de légumes, de poissons, d'escargots, d'opuntia ou nopal & de glands: ils font eux-mêmes le sel dont ils ont besoin avec l'eau de la mer, dont ils remplissent le creux des rochers, & le soleil fait toute l'opération: ils pêchent sur leurs côtes, la dorade, l'anchois, le phylis, la lamproye, le congre, l'anguille, le cheval marin, l'aous, la sardine; mais le plus commun y est le *poisson de rocher*, brillant par ses couleurs, & qui a dix pouces de long. On y tire de la *seche* un noir
égall

gal à celui de l'encre à la chine. Le *bernard l'hermite*, le hérisson de mer & plusieurs autres coquillages y sont abondans : on y trouve la moule *Pholade* dans le centre des rochers, & elle s'y nourrit par un conduit qui se dérobe à la vue : la *pourpre* se trouve aux environs de Minorque : on n'y seme que le froment, l'orge & le mays, & ils y prosperent médiocrement ; les haricots y sont excellens ; les choux & sur-tout les choux-fleurs y viennent bien ; le navet & la laitue n'y sont pas bons, les melons musqués y sont délicieux, ainsi que le melon d'eau ; les porreaux & les concombres y sont meilleurs qu'en aucun autre endroit de l'Europe : l'asperge y réussit peu ; le caprier y couvre tous les murs & rendrait davantage si on en prenait quelque soin : le poivre de Guinée & diverses herbes médicinales y végetent avec force : le raisin est un des meilleurs fruits du pays : le palmier n'y est qu'un vain ornement : les monts y sont couverts de pins, & les plaines d'oliviers.

Les Minorquains font de bons fromages & les exportent en Italie ; ils commercent avec la laine, les capres, les olives, le cotton qu'ils recueillent : à peine leur récolte peut-elle les nourrir pendant les deux tiers de l'année. Obligés d'acheter des œufs, des brebis, de l'huile, de la volaille, de la toile & d'autres étoffes, leur commerce est ruineux pour eux, parce qu'ils ont peu d'industrie, & qu'ils sont ignorans & paresseux. Si l'on en excepte la vigne, ils ne savent ce que c'est que tailler les arbres : *Dieu en fait plus que nous*, disent-ils. Ils sont robustes, excellens frondeurs encore ; très-sobres, serviles, querelleurs, vindicatifs, jaloux ; ils ne s'imaginent pas qu'un homme aspire à une charge sans le desir de nuire à son voisin ; leur éducation est misérable ; leur clergé ignorant, livré à la ⟨dé⟩bauche ; il semble renfermer les seuls yvrognes ⟨du⟩ pays : la noblesse y vit d'une maniere honnête, m⟨ais⟩ trop œconome : les femmes sont modestes & ré⟨ser⟩vées ; tous aiment la danse & la poésie. L'isle ⟨fut⟩ autrefois plus peuplée. On y compte 3089 maiso⟨ns,⟩ 12000 femmes ou filles, 15000 hommes ou g⟨ar⟩çons, 85 religieuses, 140 moines, 75 prêtre⟨s :⟩ c'est beaucoup de ces derniers pour une isle a⟨ussi⟩ pauvre. Elle se divise en quatre terminos ou p⟨ro⟩vinces ; *Mahon*, *Alajor*, *Citadella*, *Mercadal* ; ⟨ce⟩ dernier est uni à Fererias. En se soumettant à la ⟨do⟩mination anglaise, les habitans ont voulu conser⟨ver⟩ leur gouvernement : chaque terminos a ses ma⟨gis⟩trats annuellement élus par le peuple ; un pour ⟨la⟩ noblesse, un pour les bourgeois, un pour les p⟨ay⟩sans : ils portent au gouverneur les plaintes & ⟨les⟩ représentations du peuple : s'ils sont mécontens ⟨de⟩ sa réponse, ils députent un syndic en Angleter⟨re.⟩

Nous avons placé ici la description de cette i⟨sle,⟩ quoique soumise aux Anglais, par la même rais⟨on⟩ qui nous a fait placer Gibraltar dans la descripti⟨on⟩ de l'Espagne.

Terminos de Mahon.

Il est situé dans la partie méridionale de l'isle.

Port-Mahon est regardé aujourd'hui comme la ⟨ca⟩pitale de l'isle : elle fut bâtie par le Carthagin⟨ois⟩ Magon, sur une hauteur, au fond d'un des m⟨eil⟩leurs ports de la méditerranée : il est étroit à ⟨son⟩ entrée ; mais il a une lieue de profondeur : la v⟨ille⟩ n'est pas grande, mais le commerce la rend rich⟨e :⟩ ses rues sont étroites & sans pavé ; un roc inc⟨ulte⟩ s'y fait voir presque par-tout. Ses fauxbourgs so⟨nt⟩ beaux, & leurs rues sont régulieres. Les mais⟨ons⟩

font bâties en pierres de taille, la plûpart avec des toits plats, & presque toutes, au lieu de plancher, ont des voutes faites de ce plâtre liant & dur dont l'isle renferme des carrieres ; par là on épargne le bois & l'on ne craint pas les incendies. Elle a de beaux édifices publics : la principale église est fort grande & d'un gothique bien proportionné ; mais en général les églises sont obscures, & le jour n'y pénètre que par une ou deux croisées élevées : de petites lampes placées dans des lustres y répandent une lumiere sombre. Les couvens sont plus vastes que beaux, & on n'y en compte que trois. La maison du gouverneur est un assemblage baroque d'édifices bâtis les uns après les autres, & de divers ordres d'architecture : les édifices en sont grands & ornés avec magnificence : un régiment en forme la garnison : les officiers ont leurs maisons, les soldats sont logés chez les bourgeois : au pied de la hauteur où elle est bâtie, le long de la mer, est un beau quai, très-long & très-large, où les vaisseaux peuvent aborder. A son extrêmité occidentale sont les magasins de marine : la partie orientale est réservée pour les marchands : au nord, il y a des lacs d'eau salée remplis de poissons : on les appelle les *Buferas*. Le chemin qui conduit au port est rude & pénible. Ce port est partagé par l'*Isle Sanglante*, ou l'*Isle du Sang* où est un hôpital pour les marins ; vis-à-vis, & du côté de la ville où le port est le plus profond, est une caverne où l'on pêche les huîtres à la profondeur de dix à douze coudées ; non loin de là est la *Englische-cove*, grotte où les vaisseaux vont se pourvoir d'eau douce : en allant au port St. Philippe, on voit à droite l'*Isle de la Quarantaine* où abordent & demeurent les vaisseaux qui viennent de Barbarie & du Levant. *St. Philippe* est situé à l'entrée du port & il en est la clef: il est bâti sur une langue de terre qui d'un côté touche au port, de l'autre au golfe St. Etienne ; ses fortifications minées, creusées dans le roc s'étendent sur les rivages; il a quatre bastions & ses fossés sont profonds ; au couchant de ce fort est situé celui de *Charles* : plus avant dans l'isle, on voit la redoute de la reine & deux autres ouvrages ; sur la rive opposée du golfe de St. Etienne est le fort de Marborough. St. Philippe a un fauxbourg. La longitude de Port Mahon est de 21 deg. 28 min. sa latit. de 39 deg. 50 min. 46 secondes.

Terminos de Ciudadella.

Il est situé au couchant.

Citadella, ou *Ciudadella*, ville de 600 maisons elle est entourée de fortes murailles & par des bastions, a un assez bon port, quelques édifices bien construits, deux églises & quatre couvens : les tribunaux n'y résident plus, & la décadence a suivi de près : l'une de ses églises fut autrefois cathédrale elle est aujourd'hui du diocèse de Majorque : divers nobles l'habitent encore, & ses habitans sont les plus polis des Minorquains. C'est à une grande lieue au midi qu'est située la Caverne *Cova perella*, où l'on trouve des stalactites de diverses espèces, & différemment figurées : il en est qui ont la couleur du sucre candis *.

---

* Buschingh dit: *in welcher der Tropfstein allerley Figuren gebildet hat, welche die Farbe des braunen Kandiszuckers haben.* Son traducteur rend ainsi cette phrase : *dans laquelle on trouve de l'ambre diversement figuré & ayant*

Terminos d'Alajor.

On y trouve un petit lac de 1000 pas de long, séparé de la mer par un banc de sable de 300 pieds de large, que la mer & le lac couvrent dans les pluies & les orages.

Alajor, ou *Leor*, est un bourg sur une hauteur; les maisons n'en sont pas laides, les rues en sont étroites & sans pavé, couvertes de débris de roc. Sa grande église est gothique, ornée d'une tour quarrée, au haut de laquelle s'éleve une fléche légere qu'on voit de fort loin. Dans une autre église simple au dehors, on trouve beaucoup de peintures & de sculptures, chef-d'œuvre de Minorquains : il en est parmi ceux-ci qui ne sont pas sans mérite, & elles sont l'ouvrage d'un homme qui n'eut de maître que son génie : il a fait des statues en bois estimées; & ses chapiteaux de colonnes sont faits avec beaucoup d'art. *Alajor* a un couvent de cordeliers, dont la bibliothéque est farcie de rêves scholastiques. On remarque que quoique ce bourg soit situé sur une hauteur, si l'on creuse au-delà d'une ardoise jaunâtre qui en fait le fond, l'eau jaillit avec une violence extrême. A l'orient de ce lieu, on voit une espèce de pyramide construite de grandes pierres brutes, amoncelées les unes sur les autres, sans mortier ; sa hauteur est égale à son diamètre qui est de 30 verges : tout autour est un chemin de trois pieds de large qui conduit jusqu'au sommet d'où l'on décou-

---

la couleur de sucre candis. Il ne nous paraît point qu'on parle ici d'ambre, mais de stalactites, de pierres formées goute à goute *Tropfstein*.

vre une vaste étendue de pays : des autels formés de grandes pierres de taille qui ont 16 pieds de long, 7 de large, 2 d'épaisseur l'environnent : cette pyramide n'a pas toujours été la seule qui fut dans l'isle : peut-être étaient-ce des tombeaux, peut-être y plaçait-on des gardes pour découvrir l'ennemi & y allumer des signaux.

San Puig, maison près de laquelle sont des mines de plomb : elles rapportaient beaucoup autrefois.

Terminos de Mercadal & de Férerias.

Ils sont les plus pauvres, les plus mal cultivés de l'isle, mais ils sont riches en gibier.

Mercadal, ou *Mercadi*, bourg mal bâti au pied du mont *Tauro*, le plus élevé de l'isle, & dont le sommet est chargé d'un couvent d'augustins : l'église tombe en ruines : ses habitans sont pâles & difformes, ce qu'on attribue à l'eau de puits & d'une citerne qui suffit à leurs besoins.

Férerias, bourg chétif & pauvre : les ecclésiastiques sont les seuls hommes riches de ce Terminos : près de là est un fort qui défend un port spacieux mais dont le fond est inégal. *Adala* nom d'une maison & d'un port : le port est beau à la vue, & inutile par ses écueils & ses bancs de sable.

Tels sont les lieux habités de cette isle. Parmi les curiosités qu'elle renferme, on peut compter le *Mont Agathon*, plus haut, dit-on, que le Tauro, environné d'autres monts tous stériles, & dont les pluies ont mis à découvert le roc : leur intérieur est entr'ouvert, & ils semblent n'être qu'un amas de débris & de rochers fracassés. Non loin de là est la caverne dont nous avons parlé à l'article de *Ciudadella* ; ses stalactites sont un peu transparentes, & on en trouve plus de vingt variétés. Elles se lient ensemble & forment des colonnes singulieres qui semblent soutenir la voûte : l'aire est couverte de pétrifications : une caverne voisine renferme un étang salé : ce canton est riche en fossiles.

IVIÇA.

Cette isle a six lieues de long, & quatre à cinq de large : elle est fertile en blé, en vins, en figues & autres fruits ; mais elle est mal cultivée & montueuse : elle a beaucoup d'oliviers sauvages, très féconds : on n'y voit point d'animaux nuisibles, & si on y en porte, ils y meurent : cette vertu qu'on attribue à d'autres lieux encore, n'est pas bien démontrée, & il est très-permis d'en douter. Le commerce & la préparation d'un sel fort blanc occupent ses habitans : ses salines appartiennent à l'archevêque de Tarragone : elle est environnée d'écueils qui en rendent l'approche dangereuse : les pins qui la couvraient & dont on voit encore quelques bois, ainsi que dans l'isle Formentera, leur firent donner le nom d'*Ophiuses*, comme nous l'avons dit.

Yviça, petite ville fortifiée à la moderne : elle a été florissante, & n'est plus qu'une forteresse : sa garnison sans être nombreuse, l'est plus que ses habitans. Son port est bon : on appelle à Majorque des jugemens qui s'y rendent. *San Hilario*, *Puerto-magno*, *San Anton* sont des villages & des ports ; d'autres petites isles entourent celle d'Yviça.

FORMENTERA.

Elle a été peuplée & fertile : la crainte des corfaires l'a rendue déferte & inculte : des ânes qui fe cachent & vivent dans des brouffailles, c'est tout ce qu'elle préfente.

MONCOLOBRER.

C'eſt la plus petite des cinq iſles qui formaient le royaume de Majorque, & elle eſt ſur les côtes de Valence. C'eſt elle que les anciens appellaient *Orphiuſa* & *Colubraria*, à cauſe des ſerpens qui l'habitaient, & qu'on y trouve encore : elle eſt inhabitée : quelques géographes l'ont confondue avec celle de *Fermentaria* ou *Frymentaria*.

DE LA SUISSE*.

PRECIS DE SON HISTOIRE.

LEs anciens Helvétiens font peu connus: les uns les font defcendre des anciens Germains auxquels ils reffemblaient par leurs mœurs; d'autres les croyent Celtes ou Gaulois d'origine: Céfar les regarde comme tels; fuivant Tacite, ils habiterent autrefois entre le Rhin & la Forêt noire. Les noms des villes méridionales de la Suiffe paraiffent annoncer que les Gaulois méridionaux les avaient bâties; cependant les Helvétiens étaient plus liés aux Germains qu'aux Gaulois: & il eft probable au moins que la partie feptentrionale fut peuplée par les Germains: ces peuples donnerent leur nom au pays qu'ils fe fixerent. La peinture qu'on nous en fait a encore quelques traits communs avec les Suiffes modernes: ils étaient, dit-on, d'une taille & d'une force prefque gigantefque, d'une bonne foi inaltérable, attachés à

---

* Cet article eft un peu long, mais la defcription d'un pays qui renferme tant d'états différens par les mœurs, les gouvernemens, fur lefquels on a tant de mémoires, peut être très-difficilement courte.

leurs usages, peu sobres dans leurs festins, chastes dans leurs mariages, promts & colères, difficiles à persuader, aimant la liberté avec transport, mais peu attachés à leur pays, cultivant peu la terre, & moins riches par ce qu'ils lui arrachaient à force de travail, que par les bestiaux qui en couvraient les nombreuses vallées.

L'Helvétie ancienne se divisait en quatre districts ou *Gaw* dont les principales villes sont probablement Zurich, Zug, Orbe & Avanches : ces quatre cantons ne formaient qu'un seul corps d'état : chaque année il se formait une assemblée générale, où l'on élisait deux chefs, l'un chargé du dépôt des loix, l'autre de la conduite de l'armée : leur pouvoir n'était point absolu ; mais dans toutes les affaires auxquelles étaient attachées la liberté & la sureté de la nation, ils devaient consulter les anciens : l'année de leur administration écoulée, ils rentraient dans la classe des simples citoyens : César comptoit 12 villes & 400 villages dans l'Helvétie : un si grand nombre d'habitans se trouva trop resserré dans un pays peu fertile ; ils firent diverses émigrations redoutables à leurs voisins, dont la derniere fut celle que César réprima. Orgetorix, Helvétien accredité, en inspira le desir pour en devenir le chef : ses desseins furent découverts, & il se donna la mort : mais l'impulsion qu'il avait donnée ne cessa point avec lui ; & l'entreprise qu'il avait proposée fut résolue ; toute la nation se rassembla, & se mit en marche, après avoir brulé les cabanes qu'elle habitait. César l'arrêta sur les bords du Rhône ; elle traversa le Jura, & César la suivit : vaincue par les Romains, affaiblie par divers combats, elle fut forcée de retourner dans

DE LA SUISSE. 283

son ancienne demeure, & de relever les habitations qu'elle avait détruites. Dès lors elle fut soumise aux Romains qui y bâtirent des villes florissantes : parmi elles, on compte Avenches & Vindonissa, qui ne montrent plus aujourd'hui que des traces de leur ancienne grandeur.

L'Helvétie perdit son nom sous la domination de ces conquerans ; une partie fut jointe par eux avec la province des Sequanois, l'autre avec la Rhétie supérieure. Ses peuples souffrirent des discordes civiles qui agiterent souvent cet Empire, & furent engloutis avant lui sous ces hordes inépuisables de brigands du Nord : abandonnés de Rome, ils se rassemblaient dans des especes de camp dont il reste encore des traces, avec leurs familles, leurs provisions & leurs troupeaux ; inquiétés, souvent poussés d'un lieu à un autre, ils abandonnerent l'agriculture dont les productions leur devenaient incertaines, & ne furent presque plus qu'un peuple de pasteurs. Aetius, après avoir vaincu les Bourguignons, leur permit de s'établir dans la Bourgogne & la Franche-Comté ; bientôt, ils s'étendirent entre le Mont-Jura, & le lac de Genève jusqu'aux bords de la Reuss, & on donna à ce district le nom de *Bourgogne Transjurane*. Les empereurs Constance Chlore & Gratien permirent aux Allemands d'occuper les terres abandonnées sur la rive gauche du Rhin, & ils s'étendirent à leur tour du Rhin à la Reuss. Des colons étrangers pénétrerent dans des vallées écartées, où l'on retrouve des usages & des mots qui annoncent que leur origine vient des colonies de Frisons & de Suédois : d'anciennes traditions font descendre de ce dernier peuple une partie des habitans de la vallée de Hasli & du

Schwitz, qui peut-être leur doit son nom, lui qui l'a donné à la Suisse entière.

Quelque temps après l'Helvétie fut soumise aux successeurs de Clovis, sous lesquels il s'y forma de petits Etats sous des chefs Bourguignons ou Français : ils laissèrent aux villes leur constitution municipale, & se bornerent à l'autorité que leur donnaient leurs charges : les rois prenaient le titre de patriciens & de lieutenans des empereurs : sous eux, des ducs commandaient dans chaque province & présidaient sur le militaire & le civil ; des comtes avaient un ressort marqué & présidaient dans les justices des districts : ces espèces de grands magistrats se rendirent indépendans, & devinrent des despotes puissans ou foibles, selon les circonstances où ils se trouverent placés. Ils conserverent pour l'empire une subordination apparente : tout devint fief sous leur gouvernement : ces vassaux de l'empire eurent des vassaux à leur tour, & ces tyrans subalternes opprimaient un peuple de serfs désarmés ; les terres, les bestiaux, les hommes furent accablés de charges & de servitude : on aurait pu fuir l'oppression & la misère ; les tyrans en firent un crime, ils s'accorderent entr'eux pour conserver la proie dont ils se nourrissaient : réunis contre le peuple, ils se déchiraient l'un l'autre ; tous les monts furent hérissés de châteaux, espèces de prisons dont les possesseurs étaient les premiers géoliers, & dont on voit encore les ruines au milieu des tannieres des loups & des repaires des vautours. On en comptait 5000 dans l'étendue de la Suisse : les hommes alors n'étaient distingués des Sauvages qu'en ce qu'ils avaient plus qu'eux multipliés les moyens de nuire : il n'y avait nul commerce de province à province, nulle liaison entre les chefs & les peuples, c'est de ces temps malheureux qu'est née la noblesse: le brigand armé qui s'était soumis des serfs, fut un noble: telle devint par des faits qui conduiraient aujourd'hui à l'échaffaut;& les seuls hommes utiles parmi eux, attachés à la glèbe, étaient condamnés au mépris.

Avant les ravages de ces conquérans du nord, le christianisme s'y était répandu, & ils l'adopterent. L'établissement des monasteres qui est regardé comme un mal aujourd'hui, fut un bien dans ces tems barbares: l'industrie asservie y trouva un asyle; les terres qui environnaient les retraites de ces solitaires furent mieux cultivées; & des colons laborieux s'y rassemblerent; ils formerent des villes où siegerent des évèques lesquels protegerent les artisans, & les bourgeois qui les habitaient. Tandis que les barons du haut de leurs repaires, opprimaient leurs serfs, les moines faisaient fleurir l'agriculture sur des monts jusqu'alors inaccessibles. Mais bientôt ces moines devenus riches, devinrent eux-mêmes des tyrans.

Pour le bonheur de ce peuple, il redevint une portion immédiate de l'Empire: le dernier roi du second royaume de Bourgogne fit héritier de ses états: l'empereur Henri II son grand père avait pour épouse la reine Berthe, fameuse par les couvens qu'elle fonda, & à qui le vulgaire attribue l'origine de tous les châteaux antiques. Ces rois ne possedaient que la partie de l'Helvétie où l'on parle la langue romance; les Allemands possédaient déja l'autre. En dépendant des empereurs, l'Helvétie souffrit de leurs querelles; mais ces princes pressés par leurs besoins, vendirent la liberté aux villes & à de petits cantons, qui ne relevans plus que d'eux, devinrent floriſſans. La petite nobleſſe ſe joignit ſouvent à eux pour réſiſter aux grands vaſſaux; la rivalité de ces hommes puiſſans les rendit faibles, le clergé, le bourgeois ſe ſoutinrent contr'eux, les officiers des empereurs cherchaient à protéger ceux-ci contre des vaſſaux qu'ils craignaient; les villes s'accrurent ſe peuplerent d'hommes qui échapaient à la ſervitude & de nobles mêmes vexés par d'autres

Autour d'un lac reſſerré par de hautes montagnes, ſont les trois cantons d'Uri, de Schwitz & d'Underwalden : leur ſituation y avait conſervé la paix, tandis que les troubles nés de l'abus du pouvoir déſolaient les pays voiſins : depuis long tems ils ne relevaient que de l'Empire; la juſtice & la police s'y exerçaient par des magiſtrats élus à leur choix : on y trouvait quelques hommes liges, quelques fiefs, mais aucun baron; un grand juge ou baillif, nommé par l'empereur y exerçait la haute juriſdiction, & ſouvent même, elle l'était par les chefs du peuple. Pour maintenir la paix au milieu d'eux, ils ſe lierent intimement, jouirent du même bonheur, & partagerent les mêmes dangers. En 1115, en 1291. ces trois petits pays s'unirent pour ſe défendre mutuellement, & pour ſe maintenir en paix. Ces traités convenus ſimplement de vive voix, furent le modèle de ceux qui ſuivirent, & ont formé les cantons. Enfin, en 1240, Fréderic II les reconnut des peuples libres ſous la protection de l'Empire.

Telle était leur ſituation, lorſque Rodolphe de Habſbourg parvint à l'Empire. Juſqu'alors il avait l'ami & le défenſeur des peuples libres & des villes de l'Helvétie; il continua même de les favoriſer encore, mais il flattait les nobles oppreſſeurs, comme les villes opprimées ; il cherchait à se faire rendre hommage par les peuples libres, à engager les monastères à le choisir pour leur protecteur, à se faire reconnaître des nobles pour leur suzerain, il achetait les droits que l'abbaye de Murbach avait en divers lieux ; son fils Albert dit-on, le sollicitait de faire un duché de l'Helvétie, & d'en faire un appanage pour sa maison. Les obstacles qu'Albert trouva, pour parvenir à son dessein, l'attachement que les Suisses montrerent pour l'empereur Adolphe de Nassau son concurrent, irriterent ce prince : la victoire le fit empereur, dès lors il chercha à se venger & à rendre sa vengeance utile à sa grandeur. Il éluda la confirmation de leurs privilèges, & leur donna pour baillifs des hommes durs & despotiques, afin que lassés de leur tyrannie, ils se soulevassent & lui fournissent un prétexte de les soumettre à son pouvoir. Les trois cantons étaient foulés par leur avarice : leurs jugemens arbitraires, la hauteur qu'ils mettaient dans toutes leurs actions, irriterent ces peuples simples. *Landenberg*, un de ces baillifs fit enlever les bœufs de Henri de *Melchtal*, parce *qu'un vilain tel que lui, pouvait bien traîner sa charrue :* son fils le secourut & batit les satellites du tyran : il s'enfuit, & le tyran fit crever les yeux à son pere.

Le jeune *Melchtal* s'était refugié dans les montagnes d'Uri, chez Gautier *Furst*, ami de sa famille, il y vit arriver bientôt *Werner de Stauffach*, à qui le baillif *Gyssler* avait reproché durement que sa maison était trop belle pour un villageois ; ils penserent à chasser de chez eux ces juges insolens, s'unirent à quelques amis, & formerent un plan d'attaque. Alors arriva l'aventure de Guillaume Tell ; aventure contestée, mais que d'anciennes chroniques, des titres respectables, d'antiques chansons & deux chapelles érigées à l'honneur de cet homme adroit & courageux, ne permettent pas de rejetter. Elle ne changea rien aux projets des conjurés : ils se saisissent des châteaux de leurs tyrans, les conduisent hors de leurs territoires avec leurs satellites, leur font jurer de n'y pas remettre le pied, & les laissent aller en paix. Les trois cantons s'assemblent ensuite dans le village de *Brunne*, territoire de Schweitz, se jurent réciproquement de s'entresecourir fidelement de corps & de biens, de conseils & d'effets, pendant l'espace de dix ans : ce traité ne fut point écrit sur du papier, il l'était dans les cœurs, & l'amour de la liberté le rendit inaltérable.

Albert s'avançait pour tirer une prompte vengeance de ce qu'il appellait une rebellion, lorsque Jean de Habsbourg son neveu l'assassina au passage de la Reuss, parce qu'il lui retenait le patrimoine de ses peres. Ses fils s'occuperent à venger sa mort & laisserent les trois cantons jouir du fruit de leur courage. Un différend de *Schweitz* avec l'abbaye d'*Einsiedeln* fit renaître la guerre : les terres de l'abbaye confinaient à celles du canton ; & ce voisinage fit naître de longues disputes sur les limites communes ; les ducs devenus protecteurs du monastere, interdirent aux trois cantons tout commerce avec les terres voisines qui dépendaient d'eux : des moines avaient sollicité cette défense, & ceux de Schweitz irrités, pillerent le couvent & firent prisonniers leurs ennemis. Fréderic, duc d'Autriche à cette nouvelle arme son frere Leopold, & l'envoie à la tête d'une noblesse nombreuse punir ceux qui osaient le braver. Cette armée s'a-

vance

DE LA SUISSE. 289

vance entre le petit lac d'*Egeri*, & une montagne rapide, dans un lieu nommé *Morgarten*. 1400 hommes armés de haches à deux tranchans & de massues, attendaient là ces chevaliers couverts d'épaisses cuirasses. Cinquante expatriés qu'on n'avoit pas voulu recevoir parmi les alliés, résolurent de mériter leur grace en combattant pour leurs compatriotes; ils roulerent des masses de pierres & des troncs d'arbres sur les Autrichiens engagés dans le défilé; ils les mirent en désordre; & les alliés les attaquant de front, n'eurent que la peine de les assommer : 1500 cavaliers de Souabe ou d'Autriche y périrent; les trois cantons ne perdirent que quatorze hommes. Déjà fatigués de leur victoire, ils apprennent qu'une petite armée ennemie a pénétré par l'Entlibuch dans le pays d'Unterwald; ils y envoient un détachement, qui après une marche forcée, arrive, combat & triomphe, c'était en 1315. Ce succès leur donna de la confiance : ils se lierent par un traité perpétuel, qui avait pour but la défense commune, & où l'on réservait les droits de l'empereur & ceux de chacun d'eux, les ennemis de la patrie seuls exceptés. On s'y engageait à ne s'unir à d'autres, à ne reconnaître de maîtres, que du consentement de tous. L'empereur Louis de Baviere approuva leur union, & confirma leurs privileges. Ce fut à cette union perpétuelle que les autres cantons accéderent en divers tems; Lucerne en 1332; ces quatre cantons devaient se secourir, si-tôt qu'un d'entr'eux, à la pluralité des voix, avait réclamé du secours. Zurich y accéda en 1352. Lucerne avait réservé ses privileges & les droits légitimes de l'Autriche. Zurich se réserva non-seulement ses privileges, mais ses anciennes alliances, & la liberté d'en

Tome VI.   T

contracter de nouvelles, pourvu qu'elles ne dérogeassent point au traité d'union : les alliés dans ce dernier traité devaient apporter du secours, même avant que d'être appellés, dans le cas d'une attaque subite : l'ennemi de l'un des confédérés devait être saisi également dans le territoire de chacum d'eux ; les différends qui pouvaient s'élever entre les contractans, se décider dans l'abbaye des Hermites, dans le canton de Schweitz ; & le traité même se renouveller tous les dix ans ; mais on pouvait négliger ce renouvellement, sans que le traité cessât d'exister. C'est depuis lors que Zurich tient le premier rang parmi les cantons, & qu'elle est comme le dépôt des actes qui les intéressent tous.

Pendant la guerre qui suivit, les cantons alliés délivrerent le pays de *Glaris* du joug Autrichien ; son ancien gouvernement fut rétabli, & il se joignit à ses libérateurs. Ils soumirent la ville de *Zug*, & par faiblesse ou par modération, ils en firent un nouvel allié, non un sujet comme ils auraient pu le faire. *Berne* déjà liée aux trois cantons en 1325, entra dans l'alliance générale en 1353. Dans tous ces traités, on réservait les droits légitimes des ducs d'Autriche ; & en effet, ils en jouirent. Contens de leur sûreté, ils ne chercherent d'abord, ni à se venger, ni à s'aggrandir ; mais sans cesse inquiétés par les nobles, forcés d'avoir sans cesse les armes à la main, excités par les ennemis de l'Autriche, ils se lierent plus intimément, & firent la guerre avec succès à la fin du quatorzieme siecle : ils firent de petites conquêtes qui accrurent leurs forces ; ils remporterent des victoires qui les leur firent connaitre. C'est le concile de Constance qui les excita à ne plus se borner à une simple défense ; c'est sur les exhortations de l'église qu'ils s'emparerent des bailliages libres & du *comté de Baden*, & ils les possederent en commun ; mais alors l'ambition les divisa : *Zurich* voulut étendre sa propriété sur le Toggenbourg : *Schweitz* & *Glaris* avaient le même but : ils se brouillerent, & le premier canton pour se soutenir contre les autres s'unit à leur ennemi commun, à l'Autriche, & en reçut une garnison. Les autres cantons l'assiégerent. Louis, qui fut dans la suite Louis XI, vint avec une puissante armée, pour disperser le concile de Bâle, & faire lever le siege de Zurich : alors se donna le combat de St. Jacques, où 1200 Suisses attaquerent l'armée française, & y périrent. Louis admira leur courage, & rechercha ensuite leur alliance. Zurich bientôt après se reconcilia avec ses alliés, rentra dans ses anciennes possessions, & rompit son traité avec l'Autriche, que leurs succès forcerent de se lier au duc de Bourgogne : celui-ci entreprit de les soumettre ; il fut vaincu trois fois & y périt. Ces victoires firent faire un traité de paix & d'union perpétuelle avec l'Autriche. C'était dans le fond un traité d'alliance défensive, qui a été souvent renouvellé, & a pris une nouvelle force par la jonction du Milanais aux Etats héréditaires de cette maison : le traité de paix, de commerce & de franchises de la Suisse avec le Milanais a subsisté sous les derniers souverains.

En 1393, Fribourg & Soleurre s'unirent aux cantons : en 1501, les villes de Bâle & de Schaffouse s'y joignirent : le pays d'Apenzell y fut reçu en 1513 ; il forma le treizieme canton, & fut le dernier. Les Suisses s'étaient étendus à l'orient & au nord aux dépends de l'Autriche & de ses vasfaux ; au midi, elle étendit fa domination fur les terres que poſſédaient les ducs de Savoye ; mais depuis deux ſiecles, ils n'ont plus fait de conquêtes ; ils ſe ſont bornés à maintenir leurs poſſeſſions, à perfectionner leur gouvernement, à augmenter leurs reſſources & leurs richeſſes.

L'ambition, les richeſſes que la réputation militaire des Suiſſes fit répandre parmi eux, des intérêts divers, la religion, diviſerent quelquefois ces alliés ; ils s'armerent & ſe combattirent ; mais des intérêts mieux entendus, des victoires, ou la modération ramenerent la paix au milieu d'eux. nous paſſons ſur ces tems de diſcorde : nous ne pouvons les rendre inſtructifs, ſans nous étendre plus que notre ſujet ne le demande, & il eſt affligeant d'en parler ſans utilité.

Ces 13 cantons ont différens alliés, plus ou moins libres, unis plus ou moins étroitement avec tous ou quelques-uns d'eux, & nous en parlerons dans l'article qui les concerne. Nous bornerons auſſi le précis de l'hiſtoire de la Suiſſe à ce que nous venons d'en dire ; & nous le faiſons d'autant plus volontiers, que nous y reviendrons dans la deſcription particuliere de chaque canton.

Nous devons jeter un coup d'œil ſur le ſyſtême fédératif des Suiſſes. Il n'eut dans ſon origine que le but unique de conſerver la ſûreté perſonnelle & les franchiſes municipales des peuples confédérés : il a encore aujourd'hui pour objet la garantie mutuelle de leurs poſſeſſions territoriales, accrues par des achats & des conquêtes mais l'obligation de ſe ſécourir n'eſt pas la même pour tous les cantons : les huit anciens peuvent appeller les ſecours de leurs alliés, ſans rendre compte du ſujet qui leur en fait un beſoin : les cinq autres, ne peuvent armer fans l'avis de leurs confédérés, qui peuvent être leurs arbitres & leurs juges; ils ne fécourent les anciens cantons que comme médiateurs, ou comme auxiliaires.

La ligue des cantons a aussi pour objet la garantie de la forme du gouvernement établi, & des constitutions civiles de chacun d'eux; & si cette forme & ces constitutions sont les meilleures, rélativement à la situation de chaque état, cette garantie est un très-grand bien. Ils ont encore un intérêt commun à maintenir dans la subordination leurs sujets.

Cette association est perpétuelle : elle le fut dans son origine, & son renouvellement qui se devait faire tous les cinq ans, ne portait point atteinte à cette perpétuité, soit qu'on le négligeât, soit qu'on l'exécutât. Aujourd'hui il n'est plus d'usage; mais il est remplacé par la salutation que les députés des cantons prononcent à huis ouverts à l'ouverture de chaque diette, & par laquelle ils annoncent que leurs constituans sont attachés constamment à l'union étroite & perpétuelle, formée par leurs ancêtres.

En laissant à chaque canton le pouvoir de contracter des alliances particulieres, il fallait convenir que celle qui les lie entr'eux l'emporterait sur toutes les autres; & en effet, cette condition est exprimée d'une maniere expresse dans divers traités.

Dans les premiers traités, ils réservaient toujours, comme nous l'avons dit, les droits de l'Autriche & ceux de l'Empire qui les comptait parmi ses membres. En 1497, les états de l'Empire sommerent les Suisses de rompre leur alliance avec la France, de payer le commun denier, & de se soumettre à la jurifdiction de la chambre Impériale; les cantons ne répondirent qu'en renouvellant leur alliance avec la France, & par-là donnerent encore un prétexte à la guerre que l'Empereur Maximilien leur fit deux ans après. En moins d'un an, fes troupes livrerent huit batailles rangées aux Suiffes, & furent toujours vaincues; cependant ils ne furent déclarés libres & indépendans qu'à la paix de Weftphalie en 1648.

Dans tout ce qui ne bleffe point la liberté des autres membres, chaque canton forme un état indépendant & fouverain : il a fes principes, fes intérêts, fes loix qui lui font particuliers : il prohibe les monnaies & les productions de fes alliés, fait des alliances, fournit des troupes, fait en un mot tout ce qu'il croit lui convenir, excepté dans les cas fpécifiés dans les traités, fans confulter ni fans être foumis à la pluralité des autres cantons. Ceux-ci ont cependant le droit de juger fi telle alliance eft compatible avec l'union générale. Ils fentent bien qu'il y auroit plus de fûreté pour tous de s'unir plus étroitement; mais d'anciennes préventions, la religion, la rivalité qui exifte entre les petits cantons & les plus puiffans s'y font toujours oppofés; quelquesunes de ces caufes de féparation s'affaibliffent; mais il en eft qui fubfifteront auffi longtems que l'état de chofes d'où elles naiffent. Par le droit public des cantons, les différends qui s'élevent entr'eux doivent être décidés par les cantons neutres, qui peuvent employer les armes pour faire refpecter leurs fentences.

En 1481 l'ordre de préféance entre ces cantons fut réglé comme il s'obferve encore aujourd'hui. Zurich a le premier rang parmi les cantons : elle le doit à la profpérité dont elle jouiffait quand elle s'unit à ceux de Schwitz, d'Uri & d'Underwalden. On verra dans le petit dessein que nous joignons ici *, l'ordre dans lequel ils siégent aux diettes nommées en allemand *Tagsazung* ou *Tagleistung*. Elles sont ou générales ou particulieres, d'abord elles furent peu fréquentes : on en indiquait le lieu par des traités ; là se rendaient les députés des cantons avec ceux de leurs alliés, pour régler ce qui concernait leurs intérêts réciproques, ou prononcer comme arbitre sur les différends qui les divisaient. Quand les Suisses furent devenus riches & puissans, elles devinrent fréquentes & tumultueuses ; des intrigues avilissaient ces assemblées de peuples libres qui se tenaient ordinairement à Bade ; mais qui depuis 1712 se tiennent à *Frauenfeld* dans la Turggovie. Toutes les diettes générales, ordinaires ou extraordinaires sont convoquées par le canton de Zurich qui en fixe le tems & le lieu. Les conférences particulieres sur des objets qui n'intéressent pas Zurich, ou lorsqu'elle est partie dans les différends, sont convoquées par le plus ancien d'entr'eux. Les cantons envoyent toujours deux députés aux diettes : ceux d'Unterwalden, de Glaris & d'Appenzel en envoyent chacun quatre, parce qu'ils sont divisés en deux districts. Les députés du canton qui préside proposent les sujets à traiter ; les affaires générales sont les premieres qu'on y traite, à moins que la diette n'ait un objet déterminé, tel que la demande d'une puissance étrangere. Dans celle de

---

* Nous le devons à Mr. *Schnider*, curé de Schüpfen dans l'Entlibuch, canton de Lucerne. Cette homme aussi instruit qu'honnête, nous a aussi fourni divers secours, sur tout pour la description des cantons de Lucerne, de Schwitz d'Uri & d'Unterwalden.

Frauenfeld, c'est le baillif de Turgovie qui invite succeffivement les députés à opiner, & il y a une voix prépondérante quand on y décide, ce qui eft très-rare, parce que prefque toujours les affaires doivent être rapportées aux confeils de chaque canton. Quand les affaires générales font réglées, on s'occupe des particulieres ; les baillifs des pays communs y rendent compte de leur geftion ; on y examine l'état des revenus, les jugemens qu'ils ont rendus, &c. & c'eft ce qu'on appelle *Jahrrechnung*. Chaque député prononce fur ces objets comme juge, mais leur décifion n'eft pas fouveraine ; on peut appeller aux cantons mêmes, & la fentence que rendent les tribunaux fupérieurs devient un nouveau fuffrage dont la pluralité décide.

Il fe tient encore diverfes affemblées rélatives aux fujets des divers cantons. Uri, Schwitz & le bas Unterwalden en tiennent une pour quatre vallées qu'ils poffédent dans le Milanois ; Zurich, Berne & Glaris en forment une à Bade, pour l'adminiftration des bailliages de ce comté, & de la partie inférieure des bailliages libres. Il s'en fait une à Locarno, au mois d'août, où douze cantons envoyent chacun un député. Morat eft le fiege de l'affemblée des députés de Berne & Fribourg pour quatre bailliages qu'ils poffédent en commun, &c. Il fe forme encore diverfes conférences entre quelques cantons, quand les circonftances l'exigent : les proteftans & les catholiques réglent auffi par leurs députés tout ce qui concerne les églifes, les uns à Arau, les autres à Lucerne, Brunnik ou autres lieux. Lorfqu'il s'éleve des différends entre les cantons, il fe forme un congrès d'arbitres.

Les puiffances de l'Europe donnent aux treize cantons différens titres que nous pafferons fous filence :

elles ont avec eux diverses alliances ; mais presque toutes sont particulieres : celle avec la France est devenue générale & plus intime en 1777. elle est un traité défensif par lequel on promet réciproquement de se secourir, d'éloigner les dangers qui peuvent menacer & la France & le Corps Helvétique, de ne faire de paix avec les ennemis communs que d'un consentement commun, de ne faire aucun traité qui puisse être contraire à celui-là, d'entretenir la plus étroite correspondance, de veiller sur l'avantage commun des deux nations, & de maintenir leurs possessions actuelles : le nombre de soldats que la France s'engage d'employer pour la défense des Suisses n'y est point limité ; celui que cette puissance pourra lever en Suisse est fixé à 6000 hommes. Ce traité qui doit être stable pendant cinquante ans, regle encore différens objets qu'il serait trop long de détailler ici. Les cantons n'ont point de troupes réglées chez eux, excepté les villes de Berne, de Lucerne & de Genève, qui ont chacune leur garnison ; mais tout bourgeois, paysan, sujet, doit avoir ses armes & s'y exercer ; ils sont partagés en régimens, en compagnies, ont leurs officiers, leurs assemblées à des tems fixés : les uns sont fantassins, les autres dragons ou cavaliers. Par une constitution nationale formée en 1668, confirmée en 1673, les cantons & quelques associés de leur ligue formerent un plan de défense, où les contingens de chacun sont réglés en cas d'attaque, pour former un corps de 13,400 hommes, & lorsque ce corps ne suffirait pas, on suivrait la même proportion pour l'augmenter. Comme il renferme une estimation assez exacte de leurs forces, nous le placerons ici.

DE LA SUISSE.

Zurich devra fournir	1400
Berne	2000
Lucerne	1200
Uri	400
Schwitz	600
Unterwalden	400
Zug	400
Glaris	400
Bâle	400
Fribourg	800
Soleurre	600
Schaffouse	400
Appenzell	600
L'Abbé de St. Gall	1000
La ville de St. Gall	200
Biel ou Bienne	200

Les Sujets communs ou Provinces sujettes.

Bade	200
Lugano	400
Locarno	200
Mendris	100
Wal-Maggio	100
Les bailliages libres	300
Sargans	300
La Tourgovie	600
Rhinthal	200

Chaque canton ou allié fournit une piece de canon de six livres & toutes les munitions nécessaires.

Cette armée réunie doit être sous les ordres de deux généraux.

Il y a peu de forteresses en Suisse. Soleurre, Zurich, Berne, Bâle, Genève, Arbourg sont les seules villes fortifiées : on trouve en différens lieux de beaux arsenaux ; on remarque sur-tout celui de Berne. Sur des hauteurs sont placés des signaux pour répandre avec rapidité la nouvelle du danger : on croit qu'en 24 heures l'Helvétie peut être en armes & prête à se défendre contre l'ennemi que ces signaux annoncent. On s'y exerce à tirer au blanc avec justesse, exercice utile, sur-tout dans un pays semé de monts, de gorges & de défilés. Les Suisses qui reviennent dans leur patrie après avoir servi dans les armées de princes inquiets ou ambitieux, deviennent les instituteurs & les modeles de ceux qui demeurent occupés dans leurs champs, ou sur les monts à garder d'utiles bestiaux, & font la force de leurs pacifiques demeures. La longueur seule de la guerre ferait la faiblesse des Suisses. Les mêmes mains qui doivent les défendre, ne pourraient travailler à les nourrir, & leurs champs deviendraient peu-à-peu incultes.

La plus grande étendue de la Suisse est d'environ 75 lieues, sa largeur est de 50 : on la croit une des parties les plus élevées de l'Europe : aucun fleuve n'y entre, & un grand nombre en sortent. A l'orient & au midi, dans les deux tiers de sa surface, elle est hérissée de montagnes coupées par des vallons plus ou moins larges & profonds : elles forment une vaste chaîne de cimes qui élancent vers le ciel des rocs nuds ou couverts de neiges éternelles, sous des formes variées & bisarres : à leurs pieds sont des champs cultivés, sur leurs pentes sont des pâturages riants, couverts de bestiaux, ombragés par les noires forêts qui les dominent, surmontées elles-mêmes par d'énormes amas de glaces permanentes qui étendent des branches jusqu'au bas des vallons.

A l'occident, la Suisse est ceinte par le mont Jura, moins élevé que les Alpes, formant quelques branches plus basses encore, renfermant de riantes vallées, montrant des sommets couverts de neige pendant huit mois de l'année. Entre le Jura & les Alpes est un pays ouvert & fertile, semé de collines, de monts peu élevés, baigné par de beaux lacs, arrosé d'un grand nombre de rivieres dont les plus grandes sont navigables, ornées de champs, de vignobles & de prairies, terminé par le Rhin.

C'est du *S. Gothard*, comme d'un centre commun, que descendent un grand nombre de rivieres, & là que se réunissent différentes chaînes de monts : là aboutissent les deux chaînes qui bordent le Vallais, & le canton de Berne : là viennent se joindre les monts des Grisons & du canton d'Uri : des frontieres de Savoie à celles du Tyrol : les Alpes occupent un espace de 70 lieues : les plus élevés, entourés de neige & de glace ; sont colorés par le soleil dans un tems serein ; d'une blancheur éblouissante pendant le jour, une teinte de pourpre & de rose les embellit lorsqu'il se leve ou se couche. Ce sont ces monts auxquels les Romains donnaient différens noms, comme *Alpes summæ*, *Alpes rheticæ*, *Alpes lepontiæ*, *Alpes penninæ*, &c. Dans des espèces de vallons qu'on y trouve sont des glaciers, dont quelques-uns forment comme des monts isolés : leur profondeur est quelquefois de 100 toises, leur longueur est quelquefois très-grande : entre le canton de Berne & le Valais est une vallée de glace qui a près de 30 lieues de long. Ces glaces s'accroissent sans cesse en de certains lieux ; mais en général la neige & la glace se fondent durant l'été dans les Alpes, quand elles ne sont élevées que de 1500 toises au-dessus du niveau de la mer. Des fleurs, telles que le laurier rose, la companule, brillent à côté de la glace. Là, elle semble suspendue sur des abîmes profonds, des rochers bouleversés & d'immenses solitudes où l'on ne voit que l'agile chamois, ou le rapace vautour, dont le cri aigu se fait entendre au milieu du bruit des torrens. Souvent couvertes d'épais nuages que la foudre sillonne, & dont les échos multiplient les éclats effrayans, une sombre obscurité régne dans les vallées qui bientôt sont inondées d'eau ou frappées par la grêle, ou cachées sous un vaste & uniforme tapis de neige. Rarement les nuées couvrent les pointes les plus élevées ; environné d'une ceinture de nuages, le voyageur qui y parvient voit les flots obscurs rouler les uns sur les autres, & le tonnerre se former à ses pieds. La base de ces monts est d'un roc solide d'une espèce spateuse & vitrifiable, semé de grès & de cailloux, le gyps & le marbre y sont rares : les sources sont abondantes, & il n'est point de vallon qui n'en soit arrosé.

La région moyenne de ces Alpes présente ces mêmes phénomenes, mais affaiblis. L'hyver y est long, le printems tardif ; on y voit des bouleversemens de montagnes, des rocs de cent toises de diamètre qui, après des bonds effrayans, se sont réposés dans le plus creux des vallées, où l'eau des torrens réunis les frappe & les couvre d'écume ; & des amas effrayans de neige qui se sont écroulés du sommet des Alpes les plus élevées ; celles-ci ont le leur orné de buissons & de forêts d'arbres conifères, tel que le sapin ; sur leur pente adoucie brille une douce verdure : l'érable se couvre de feuilles sur leurs parties élevées, le tilleul, l'ormeau, le pin prosperent vers le bas de leur pente, y répandent l'ombre & une fraîcheur que l'ardeur du soleil ne dissipe point. Des torrens y forment des cascades variées que le soleil fait briller de l'éclat du diamant ou des couleurs de l'arc-en-ciel. Plus loin sont de beaux lacs, dont la surface tranquille peint un paysage charmant couronné de monts renversés : des demeures solitaires, des villages agréables en embellissent les bords. On trouve en divers lieux des crevasses d'où sortent des courans d'air plus ou moins violens. Les montagnes basses qui terminent dans leurs diverses directions les vastes racines du tronc immense des hautes Alpes, sont formées par des rocs moins élevés & couverts en partie de terre, ou par des éboulemens arrivés par une longue succession de siècles dans la chaîne des monts qui les dominent : on en voit encore de tems à autre des exemples effrayans : elles ont d'abord un aspect sauvage & solitaire ; mais bientôt, & sur-tout dans les lieux les plus exposés au soleil, se voyent des champs environnés de haies, des habitations sur des terrasses formées par des rochers, & près d'elle des prairies riantes que rafraîchissent des ruisseaux qui y naissent. Plusieurs de leurs vallons viennent se réunir à la plaine qui termine les bases des montagnes, & y amenent des fleuves formés & nourris par l'eau des torrens qui descendent des petits vallons plus élevés, & qui paraissent avoir été creusés par eux. Quelquefois ces vallons s'élargissent en s'approchant de la plaine, quelquefois ils ne la touchent que par une gorge étroite formée par des monts qui semblent se réunir. Ces vallons divers par leur température, par les mœurs de leurs habitans, par leurs productions, offrent le spectacle le plus intéressant des montagnes : quelques-uns ne produisent que de l'orge & des arbres petits & tortueux ; quelques autres sont enrichis de moissons diverses, & le raisin, la figue, la pêche y mûrissent. Sur le sommet des monts qui les couronnent, croissent les plantes de la Laponie; dans leur centre prosperent des plantes indigenes des pays chauds. Quelques-unes sont serpentantes, la plûpart rassemblant par leur situation les rayons du soleil, éprouvent une chaleur extraordinaire. Le lendemain le ciel se couvre, le vent souffle, l'hyver renait pour être suivi encore de l'ardeur de l'été; tel est leur printems & leur automne. Des inondations subites sont un de leurs plus grands maux; souvent les maisons, les champs & les jardins qui les ornent, disparaissent sous les eaux qui ne laissent que des débris d'un lit de torrens à la place qu'elles occuperent. En plusieurs endroits on voit de petits lacs qui sont comme le dépôt où les eaux troubles des montagnes déposent leur limon, & d'où elles sortent claires & pures. Tel est le tableau général du pays occupé par les Vallaisans & les Grisons, & de ceux que possédent les Suisses des confins du Milanais jusqu'à une grande partie des cantons de Fribourg, de Berne, de Lucerne, de Schwitz, de Glaris & d'Appenzell. Le Mont Jura s'étend des bords du Rhône qui le sépare de la Savoie jusques dans le Sundgau, au-dessus de Bâle, où il se termine par des collines basses qui touchent le pied des Vôges : leur situation est presque parallele aux Alpes, mais ils different par leur nature. Leur base est de pierre calcaire, leurs sommets les plus élevés sont de la hauteur moyenne des Alpes, mais ils ont moins de terre végétable. La neige y disparait durant le printems : en général les pâturages y sont moins abondans, les arbres y croissent avec plus de lenteur : ils sont riches en pétrifications & en coquillages marins : leurs chaînes de rocs interrompus, leur couche dérangée, ici verticale, là circulaire, en divers lieux brisée &

inégale, y annonce un bouleverfement général : le[s] pluies & les neiges fondues s'y perdent dans des cré[vasses], & s'engoufrent dans des cavernes profonde[s] qu'ils recélent dans leur fein : les fources y fon[t] par conféquent rares & rendent néceffaires les citer[nes] : l'eau raffemblée dans les rocs s'y écoule dan[s] des entonnoirs naturels, & l'homme va bâtir quelque[s]fois des moulins dans ces crevaffes fouterraines, q[ui] loin de là forment au pied des monts des fource[s] abondantes dès leur origine.

Les Monts du Jura, dans l'évêché de Bâle & dan[s] les cantons de Bâle & de Soleure, ne montrent plu[s] que des montagnes fendues dès leur fommet pou[r] ouvrir paffage à des torrens; leur couche de ro[c] y forme communément des voûtes élevées les un[es] au-deffus des autres.

La partie la plus fertile de la Suiffe s'étend de G[e]nève au Rhin au pied du Jura, & du comté [de] Neufchâtel, du canton de Soleurre au bord du la[c] de Conftance. Là, on voit des fites agréables, u[ne] culture floriffante, une population nombreufe : ell[e] eft femée de collines & de monts peu élevés, do[nt] le fommet eft couvert de bois épais & noirs : leu[r] plus grande hauteur eft de 450 toifes. On vo[it] entr'elles de larges vallons bien cultivés & trè[s] abondans : le fol y eft varié & les productions d[i]verfes. On y voit de vaftes prairies arrofées par d[es] ruiffeaux d'eaux pures, des vignes fur les côteau[x] voifins des lacs, expofées au foleil levant & au midi & un grand nombre de champs labourés. Les frui[ts] y font petits, mais favoureux; ceux des terrei[ns] pierreux font les meilleurs & les plus hâtifs. L[es] nuages n'y defcendent fur les monts qu'on y voi[t] ou au printems & dans l'automne : leur fommet [a] des pâturages affez maigres; & l'on n'y admire

DE LA SUISSE. 305

les augustes cataractes, ni les rochers élancés, ni les précipices affreux des Alpes ; ses larges fleuves & ses beaux lacs en font un des plus beaux ornemens.

Peu de pays ont un climat plus varié que la Suisse. Ces monts & ces vallées énormes toujours couvertes de neige & de glace, y rendent le froid très-vif dans une grande partie de sa surface ; rarement au bord des lacs voit-on pendant l'hyver la neige se conserver quinze jours. Son élévation, son voisinage des pays chauds y rendent les saisons inconstantes & les variations subites. La direction des montagnes fait qu'il n'y règne guère que deux vents qui s'y succèdent ; l'un est la *bise* ou le nord-est, l'autre le sud-ouest : le premier, en passant sur des monts glacés s'y charge de parties nitreuses, ramene quelquefois l'hyver à la fin du printems, & précipite son retour dès le commencement de l'automne. Le second, venant des pays méridionaux se charge de l'air échauffé des plaines, porte sa tiédeur humide jusques dans les hautes Alpes, & fond les neiges des Alpes dans le milieu de l'hyver. Ordinairement la neige disparait dans les plaines dans le mois de février, & des montagnes basses aux mois de mars & d'avril ; c'est dans le mois de juillet qu'arrive la fonte la plus forte des glaciers ; & c'est alors que les torrens & les rivieres qui les reçoivent sont pleins & rapides. Le Rhône alors fait hausser la surface du lac de Geneve de 10 pieds *.

---

* On estime que sa surface peut être d'environ 30 lieues quarrées : c'est donc environ 56,241,259,200 pieds cubes d'eau que le lac renferme de plus en été qu'en hyver : cependant de longues pluies & la fonte des neiges au printems le font à

Tome VI.   V

La progression du dégel s'oppose aux inondations & entretient le cours des fleuves : peu de pays fournissent des météores & des phénomènes plus variés. Souvent on voit le même vent qui enleve les brouillards & les vapeurs d'une vallée des Alpes, les déposer dans une autre, & tandis qu'il donne à l'une un ciel pur & serein, il couvre l'autre d'une couche ténébreuse & y répand un air froid & humide : un vent opposé produira dans les mêmes lieux un effet contraire : une chaîne de monts sépare quelquefois une vallée qui jouit du plus beau tems, d'une autre où régne une pluie constante : deux courans d'air dirigés par la direction diverse des vallées, pressent quelquefois encore vers l'angle de leur contact les nuages qu'ils chassent, & y causent pendant plusieurs jours une pluie abondante, tandis qu'à une petite distance on jouit d'un ciel pur : cette variété de phénomènes & de climats ne permet pas d'établir des régles générales pour prévoir les changemens de tems : une longue expérience a donné sur ce sujet une sagacité singuliere aux montagnards. On voit diverses plantes croître sur les Alpes à 12000 pieds de hauteur au-dessus de la mer ; il en est de salutaires, il en est de vénéneuses. M. Haller a fait une liste de 2490 plantes naturelles à l'Helvétie. Dans les campagnes enrichies aujourd'hui de tant de productions, il ne devait croître autrefois que des forêts, des arbres aquatiques, des arbustes, des bruyeres, des pâturages ; les différens blés, les plantes pota-

---

peine hausser sensiblement. Il faut avoir vu ces immenses réservoirs d'eau glacée, pour n'être pas étonné de l'eau qui en découle. Plus un pays est élevé, plus il reçoit des eaux du ciel, & c'est aux pluies & aux rosées abondantes des Alpes qu'on doit le fourrage qui en fait la richesse.

eres, les fruits des arbres y sont des dons d'un sol & d'un climat étrangers, & c'est à un gouvernement modéré que la Suisse doit sa fertilité. L'orge se cultive & prospere dans les champs voisins des glaces: l'avoine demande plus de chaleur, le seigle plus encore, & l'épeautre, le froment, ne viennent que dans les lieux les plus chauds. Rarement les blés y rapportent plus de cinq pour un. Le plus grand obstacle à la culture des grains, paraît être l'utilité & la richesse des pâturages & la multitude des laiteries: d'ailleurs les prés demandent peu de soins & de frais de culture; & les champs en exigent beaucoup: les forêts y occupent encore de vastes enceintes, & nuisent à la culture des blés: il est vrai que le bois y est un objet de commerce, mais il n'y peut être un objet d'échange lucratif, par la lenteur de son accroissement, & la disproportion de son volume & de son poids avec son prix. Sans ces obstacles à la culture, peut-être la Suisse pourrait suffire à ses besoins; mais dans sa situation actuelle elle est obligée de faire venir des blés de Souabe, de France & d'Italie; elle en a établi des magasins nombreux & considérables. On y cultive beaucoup de lin & de chanvre, sans qu'il suffise à la consommation: on y trouve des plantations de tabac, & dans le Valais, on cultive le safran. On recueille du vin estimé dans le pays de Vaud, dans le Vallais & dans le territoire de Schaffouse: un arpent de terrein vignobles dont la surface est de 32000 pieds, & dont la situation est avantageuse, coûte dix à douze mille francs de France. Les poires, les pommes y prosperent, & l'on en fait un vin médiocre: on y cueille aussi des noix, des cerises, des prunes, des châtaignes, des pêches, des abricots, des mûres, des amandes, des figues & même des ci-

V ij

trons, des grenades & autres fruits d'Italie. Le bois y est très commun en quelques lieux, très-rare en d'autres; en quelques-uns, on n'y en trouve presque point; telle est la vallée d'Urferen: voyez sa description.

Parmi les fleuves qui naissent en Suisse, on remarque le Rhin, le Rhône, la Reuss, l'Aar, le Tessin &c. le premier naît dans les monts de la Rhétie, & se forme de la réunion de trois sources appellées haute, basse, & du milieu. Le haut Rhin sort d'un lac poissonneux qu'on voit derriere l'*Oberalp* mont voisin du *Crispali*, mais moins élevé, & qui reçoit les eaux qui en découlent. La hauteur où est ce lac se nomme *Cima del Badaz*. Le Rhin du milieu sort de la haute montagne de *Luckmanier* qui fait une partie du mont *Adula*: il coule pendant six lieues le long de la vallée de Medelser, & s'unit au premier près du monastère de *Disenti*. Le bas Rhin naît trois lieues au-dessus du village de *Hinterheim* ou *Zum-Rhein*: il sort du mont *Vogel* (Avicula) nommé par les Grisons *Colme* ou *Montel de Uccello*, connu encore sous le nom de St. *Bernard*; il va s'unir au haut Rhin près de *Bonaduz* & de *Reichenau*. Le mont Adule s'étend dans tout le *Rhinwald*, & il est le nom général des monts particuliers d'où découle le Rhin. Ce fleuve est profond, rapide; son lit est semé d'un gros gravier mêlé de cailloux; il inonde souvent les lieux qui l'avoisinent; son cours entrecoupé d'isles couvertes de broussailles épaisses, est d'une navigation difficile: il ne commence à être navigable qu'à Coire: il est poissonneux, & reçoit un grand nombre de rivieres qui le sont aussi: il entre dans le lac de Constance au-dessous de Rheineck, en sort à Stein, forme à *Lauffen* au-dessous de Schaffouse une c taracte de plus de 150 pieds de hauteur, & un autre moins confidérable à Lauffenbourg : il fépare enfuite la France de l'Allemagne. Le *Rhône*, *Rhotten*, *Rhodanus*, naît au pied de la *Furca*, ou la *Fourche* (Bicornis), montagne qui joint le St. Gothard au mont Grimfel : fes deux pointes élevées lui donnerent fon nom : là fe termine le Vallais : au bas de ces deux cornes ou dents eft un vafte glacier *, fous lequel un ruiffeau qui tombe du mont Grimfel fe fraie un paffage & fort par une embouchure magnifique, formée au bas du glacier, & embellie par une belle teinte bleue : près de là, ce ruiffeau d'eau trouble fe joint à un ruiffeau d'eau pure, formé par trois fources voifines qui fortent d'un lieu marécageux : celle du milieu eft chaude d'environ 14 degrés au deffus de la congélation : elles font proprement les fources du Rhône, parce qu'elles coulent fans ceffe, & que le ruiffeau qui defcend fous les glaces tarit pendant l'hyver. De là le Rhône defcend rapidement, paffe fous une efpèce de pont de glace & de neige, fe précipite au travers des rochers, tombe, mugit, écume dans une vallée étroite, déferte & fauvage, qu'il couvre d'une pouf-fiere d'eau, reçoit le long du Vallais différens ruif-feaux & diverfes rivieres, & après avoir arrofé fes rives fouvent marécageufes, il tombe dans le lac de Geneve, en fort à Geneve, arrofe une partie de fon territoire, fépare le pays de Gex de la Savoie, &

---

* Cette defcription eft un peu différente de celles qu'on trouve dans les auteurs ; nous les avons lu, mais nous avons auffi vu cette fource, & de là vient la différence qu'on re-marquera dans cette defcription & dans quelques-unes des fuivantes.

entre en France dont il ne fort que pour fe jeter dans la Méditerranée. La *Reufs* eft formée par trois ruiffeaux qui fe réuniffent dans la vallée d'Urferen : l'un qui eft proprement la Reufs, fe forme de l'eau des glaciers qui font dans une partie du St. Gothard : elle tombe dans un baffin profond, & forme un lac long d'environ * 700 toifes, où elle fe repofe & devient limpide : c'eft ce qu'on appelle le lac *di Lucendro* : elle en fort, defcend avec rapidité le long du St. Gothard, & fait de belles chûtes d'eau jufqu'au village de l'Hofpital, où elle fe joint à un ruiffeau affez confidérable, qui vient des glaciers qui font derriere la Fourche, & traverfe toute la vallée : près d'*An der Matt* elle reçoit encore un ruiffeau qui vient du lac d'Oberalp dont nous avons parlé ; elle s'avance vers deux montagnes efcarpées qui peut-être n'en firent qu'une autrefois, s'élance avec un bruit effrayant dans le précipice qu'elle forme, paffe en écumant fous le pont du diable, & parvient de chûte en chûte par une étroite & profonde vallée jufques à *Sillinen* où fon cours devient plus paifible : elle fe jette dans le lac des quatre cantons, en fort en Lucerne, reçoit la petite *Emmat* & fe perd dans l'Aar au-deffous de Windifch. L'*Aar, Aren*, (Aroal) prend fa fource non loin de Grindewald, coule au levant pendant neuf lieues dans une vallée élevée & fauvage, reçoit près de Spital, fur le Grimfel, un ruiffeau, prend fon cours vers le nord-oueft, traverfe les lacs de Brientz & de Thun, reçoit la Sanen, la grande Emmat ou Emmen, la Reufs & la Limmat, il coule avec rapidité ; fon cours eft tor-

---

* Le Dictionnaire Géographique de la Suiffe lui donne une lieue de long.

tueux, son lit hérissé de rochers, & profond en divers lieux; ses bords sont rians; mais il les ravage quelquefois: il se jette dans le Rhin près de Coblentz ou de Zurzac. Le *Tessin*, *Tesino*, (Ticinus) a sa source sur le mont St. Gothard, assez exactement décrite dans Strabon. Près de l'Hospice des capucins sont plusieurs lacs, dont le plus grand est presque quarré, & a un quart de lieue de long: de ces lacs sort un ruisseau, origine du Tessin; bientôt il se grossit de celui qui sort du lac *del Pettine* sur la montagne de ce nom; d'un second qui sort du petit lac d'*Uasalla*; d'un troisieme qui descend de la montagne de *Luckmanier*, d'où sort aussi le Rhin du milieu; d'un quatrieme qui sort du *Lago de Bedretto*, il arrose la vallée de Lidiner, reçoit le *Breun* & se jette dans le *Lago-maggiore*: il en sort pour arroser le duché de Milan & se perdre dans le Po. La *Limmat* sort du *Limmieren Alpe*, dans le canton de Glaris, près des Grisons: elle a d'abord le nom de la montagne d'où elle sort, prend en recevant le Sundbac le nom de *Lint*, qu'elle conserve jusqu'au lac de Zurich, où elle arrive grossie par plusieurs torrens qui s'y jettent: elle en sort à Zurich sous le nom de *Limmat*, est navigable de là jusqu'à Baden, & se perd dans l'Aar près de *Vogelsang*. La plus navigable des rivieres de Suisse est la *Thiel* ou *Biel* qui joint le lac de Neufchâtel à celui de Bienne: son cours est paisible comme celui des canaux de Hollande; mais elle nuit aux lieux qu'elle arrose, lorsqu'elle est grossie par les torrens.

On compte un grand nombre de lacs dans la Suisse: il en est plusieurs petits sur les montagnes mêmes: les grands sont dans les vallées ou la plaine: nous en parlerons en décrivant les lieux où ils sont situés: ils font utiles par la riche pêche qu'on y fait & pour la navigation.

Les pays qui renferment de hautes montagnes, des vallées profondes, des climats & des expositions variées, offrent au naturaliste une riche récolte en minérais, en fossiles, plantes & insectes. On trouve en Suisse de la chaux argilleuse, propre à être travaillée, diverses sortes d'argille dont on fait toutes sortes de vaisselles, de la terre sigillée, de la craie, du lait de lune, de l'ardoise. Le marbre blanc y est rare; mais il en est du noir veiné de raies rouges, du gris mêlé de veines blanches, du gris nuancé de rouge & de jaune, du verd & d'une couleur de chair. Près des monts de glace, on voit des éclats de porphire rouge & blanc. Le gyps commun, l'albâtre s'y trouvent aussi: le plus bel albâtre est dans le Vallais, & les sculpteurs l'y recherchent: la pierre à aiguiser y est brune & luisante; elle y est commune. On y remarque beaucoup de spath, du talc cryftallin flexible, dont on fait des tables & des clairons, du quartz, des cryftaux dont on a trouvé des morceaux de sept à huit quintaux, de la pierre de grais ou de sable, diverses autres espèces de pierres, du salpêtre, & des sources d'eaux salées, des terres à tourbe, du charbon de pierre, du soufre pur & transparent, du soufre en cailloux, riche & par tas, mais qu'on néglige par ignorance, de l'antimoine, &c. Dans le sable de quelques fleuves, comme le Rhin, l'Emmat, l'Aar, la Reufs, l'Adda, & sur les bords de quelques ruisseaux, on trouve des paillettes d'or très-fin. Il y a aussi de l'argent, du cuivre, du plomb & des mines de bon fer: mais en général on accuse les métaux de la Suisse d'être réfractaires, & l'on fait de vains essais pour les mettre en usage. On dit que dans la haute montagne de *Gunzen*, au comté de Sargans, on trouve de trois sortes de métaux, qui fondus ensemble donnent un véritable acier. On ne travaille guère le fer que dans l'évêché de Bâle. Il y a des eaux minérales & acidules à *Ruswil*, &c. On y manque de sel: celui de France & de Savoie supplée au peu qu'on en fait dans le gouvernement d'Aigle.

La plus grande richesse de la Suisse est dans ses monts & ses pâturages; & en effet, elle est considérable: des prairies arrosées ajoutent au prix des campagnes: elles sont préférables à la vigne qui ne nourrit pas, tandis que le lait est la nourriture ordinaire des habitans des montagnes, & en sert aussi dans les campagnes & les villes. C'est au mois de juin que les troupeaux vont sur les montagnes, conduits & soignés par des hommes, nommés dans le pays *Sennen*: ils tirent le lait, font le beurre, le fromage, & le *zieger*, fromage secondaire nommé *ceret* dans la Suisse Romande & en Savoie: on prépare ce dernier de diverses manières, en le mêlant à des herbes & du sel pour le conserver; les bergers le broient dans leur lait, ou leur petit lait & s'en nourrissent: ils l'appellent alors *suffi*. Le petit lait qu'on nomme *schotten* est une eau acide, que laisse le lait quand on en a fait les différens fromages: les bergers boivent le petit lait & en font boire aux porcs qu'ils engraissent. Avant que le *zieger* soit entièrement séparé de la liqueur qui le forme, le lait déja clair s'appelle *Sirten*: on fait encore dans les Alpes du mélange du lait & du petit lait, une substance nommée *milch-zuker*, (*sucre de lait*), dont les médecins font usage, comme salutaire à la santé: le fromage est un objet important de commerce pour la Suisse, parce qu'il est un des plus estimé de l'Europe: le meilleur est celui de *Gruieres*.

Les Alpes nourriſſent des bêtes à cornes d'une grandeur extraordinaire : en 1682, on tua un bœuf qui peſoit environ 3000 livres, poids de 16 onces. Le cuir fait encore une branche de commerce, & on le prépare en divers lieux : on éleve auſſi des chevaux en diverſes parties de la Suiſſe, & on les recherche en France pour la cavalerie. On y nourrit peu de moutons, parce que le gros bétail conſumant beaucoup de fourrage, on en manquerait l'hyver pour eux.

 La Suiſſe renferme une grande variété dans les eſpèces des animaux & des oiſeaux, ou habitués dans le pays, ou paſſagers ; mais les progrès de la culture y détruiſent inſenſiblement celle des animaux carnaſſiers, les ours y furent communs & y deviennent rares : il en eſt de même des loups & des linx ; ceux qu'on y voit viennent preſque tous de la Savoie & de la France, parce que le payſan déſarmé les y laiſſe multiplier. Ici tout payſan eſt chaſſeur, & c'eſt ce qui rend le fauve rare, le chamois même ne ſe conſerve qu'à la faveur des rocs inacceſſibles où il ſe retire : on en voit de deux eſpèces : l'une plus petite, & de la couleur d'un brun clair, demeure conſtamment ſur le ſommet des monts les plus élevés & les plus ſauvages ; c'eſt ce qui lui a fait donner le nom de *gratthiere* : l'autre d'une taille plus élevée & d'un brun plus foncé, eſt diſtinguée par le nom de *Waldthiere*, parce qu'elle deſcend de ſes précipices alpins, pour habiter les bois & les broſſailles.

 La *Marmotte*, (mus-alpinus) eſpèce de blereau que des naturaliſtes rangent dans l'eſpèce des porcs, & que M. Haller place parmi celle des ſouris, à cauſe de ſes dents tranchantes, fait ſa demeure dans la terre qu'elle creuſe, ou dans les crevaſſes des rochers. On en fait la chaſſe en hyver, parce qu'alors elle eſt fort graffe; elle pefe alors de 16 à 20 livres. On trouve fur les Alpes une efpèce de lievre nommée *berghafen*, qui femblable aux autres pendant l'été, devient blanche en hyver; les plus vieux demeurent toujours blancs. Le renard fe raffemble l'hyver dans les vallées, fa couleur eft mêlée de jaune & de blanc. Prefque toutes les efpèces d'oifeaux connus en Europe fe trouvent en Suiffe. L'aigle, le tetras, la gelinotte, la perdrix rouge, la poule de neige, &c. vivent dans les Alpes. Le *lammergeyer*, (vautour de moutons) fait fa demeure fur les plus hauts rochers, dévore les bêtes fauvages & les privées, attaque les enfans : fes aîles étendues ont 15 pieds d'envergure.

On fait monter le nombre des habitans de la Suiffe à deux millions d'ames, d'autres n'y en comptent que 1847,500. Si l'on pouvait fe repofer fur le calcul qui fixe à moins de 400 mille les habitans du canton de Berne, qui s'étend fur plus d'un tiers de la Suiffe, & qu'on jugeât des autres par analogie, ce dernier nombre ferait trop grand encore. Quoiqu'il y ait un grand nombre de montagnes incultes & défertes, il eft certain que ce pays pourrait être plus peuplé qu'il ne l'eft. Le peuple y eft partagé en trois claffes, habitans de la campagne, nobles ou poffeffeurs de fiefs, & bourgeois. Ils font en partie catholiques romains & en partie réformés; on peut voir par la table fuivante, le genre du gouvernement de chaque canton & de leurs alliés, leur religion & celle des fujets : elle eft tirée en partie des tables politiques de Faber, corrigée & perfectionnée par M. Schnider.

La plus grande partie des Suiffes parlent la langue allemande; c'eft celle dont ils fe fervent pour les affaires générales. On parle ou françois, ou le patois roman, dans une partie du territoire des cantons de Berne & de Fribourg, à Genève, dans le bas Vallais & les dixains de Sion & de Siders, dans la principauté de Neufchâtel; chez les Grisons, on parle le welche ou le roman qui differe selon les lieux: il approche du latin dans la vallée d'Engadine, de l'italien dans le Pregel & le Pufelaw; en d'autres lieux on parle un italien corrompu. Les Suiffes catholiques dépendent des évêques de Laufanne, de Conftance de Coire, de Sion, de Côme & de Bâle; les diocèfes des 5 premiers fe terminent tous près du S. Gothard quelques montagnes dépendent de l'archevêché de Milan. On compte dans les pays catholiques 119 cloîtres & 3500 religieux: ces moines & un commerce foible rendent ces pays moins riches que ceux qui font proteftans.

Les Suiffes font braves; mais leur gloire dans les armes fut plus brillante autrefois qu'elle ne l'eft aujourd'hui, peut-être parce que le luxe a pénétré chez eux, peut être auffi parce que l'intérêt de leurs voifins & la maniere de faire la guerre a changé. Généralement ils ont l'efprit fain, font honnêtes & francs grands, forts & robuftes. Les eaux diftillées, furtout celles de prunes & de cerifes qu'ils recherchent nuifent à leur fanté: ils accroiffent leurs befoins en fe rendant néceffaires le vin & le caffé, efpèce de luxe chez eux, qui des villes fe répand dans les campagnes. On compte parmi eux des favans illuftres On trouve à Schaffoufe, à St. Galles & Neufchâtel des gymnafes: celui de Coire eft difperfé: Berne, Zurich, Genève, ont des académies célébres; Bâle une univerfité. Les catholiques ont l'inftitut Boromée à Milan, ou un collége helvétique pour 40 étudians, & des gymnafes à Rofchaph, Sion & Lucerne.

Mais ceux-ci se sont moins distingués dans les sciences que les reformés : il y a parmi ces derniers des sociétés de sciences : à Zurich, à Basle pour les progrès de la langue allemande, à Genève pour l'œconomie & les arts, à Berne pour l'œconomie, à Zurich encore pour la physique. Quelques Suisses se sont distingués dans les beaux arts. Parmi les Zurichois *J. B. Keller* s'est distingué pour avoir jetté en fonte la grande statue de Louis XIV; *Dietrich Meyer* pour avoir inventé une nouvelle maniere de graver en bosse, & facilité la gravure à l'eau forte *Matthieu Merian* par la gravure en taille douce. On a imprimé à Zurich en 1756 une histoire des peintres de la Suisse avec leurs portraits. Plusieurs Neuchâtelois se sont fait une réputation brillante dans les méchaniques : nous passons sous silence plusieurs autres artistes, cette énumération nous meneroit trop loin.

 Diverses manufactures & fabriques y sont florissantes : dans les lieux où l'on cultive le tabac, on l'y prépare : on y fait du fil de lin & de chanvre plus ou moins fin, on y tisse différentes toiles ; la manufacture de toiles la plus ancienne est celle de St. Gall, & elle a donné son nom dans l'étranger à toutes celles de la Suisse. On en fabrique beaucoup dans l'Emmethal & dans le canton de Soleurre : la plûpart se tissent avec le chanvre d'Alsace & du lin des pays voisins : on en fait de glacées, de fines, de moiennes, de grossieres; on y fabrique des rubans, des bas de fil, des dentelles, des basins, des coutils, des limoges & des trieges : on y file & trame le cotton, on en fait des toiles, des mousselines qui se vendent blanches où s'impriment des plus belles couleurs : on en fait des mouchoirs façon des indes, des bas & des gans. On y file la soie, & on en fait des toiles d'Organcin, des étoffes, des mouchoirs, &

des bas mi-foie, des étoffes de foie, ou travaillées avec l'or & l'argent, des velours, des rubans. Avec la laine on fait des droguets, des kalamandes, des camelots, de la flanelle, de la ratine, des couvertures, des bas, des gans, &c. On fait des étoffes diverfes avec la laine, le cotton & la foie enfemble, ou avec la laine & le chanvre ou le lin. On les blanchit & les teint. Les indiennes en toiles de cotton imprimées font un objet confidérable de commerce parmi les réformés. Les chapeaux, le papier, les cuirs qui fervent à divers ufages s'y fabriquent de diverfes manieres. C'eft à Neufchâtel que font les principales fabriques de cuirs; là auffi font des gantiers habiles; les peaux de chamois, de veau, &c. qui fe préparent en Suiffe, font recherchés. On y prépare & travaille la corne, on y fait de la fauffe porcelaine, on y fcie & polit le marbre, travaille l'or & l'argent dont on fait auffi des treffes, des dentelles, &c. Il y a d'habiles tireurs d'or à Bâle: l'acier y prend diverfes formes: les fondeurs & l'imprimerie y profperent; une multitude de pendules & de montres de poche s'y fabrique.

La fituation de la Suiffe entre l'Allemagne, l'Italie & la France, fes fleuves & fes lacs qui la font communiquer avec la mer du nord & la Méditerranée, les belles chauffées qui s'y font faites depuis 1740 y rendent le commerce affez actif. Il fe fait avec l'Italie par des chevaux ou des mules à caufe des Alpes qui l'en féparent: les objets du commerce qui en fortent font le fromage, le beurre, le bétail à cornes, les chevaux, les moutons, du vin & divers objets des manufactures & des fabriques dont nous avons parlé. Ceux qui y entrent font des grains, du chanvre & du lin, des vins, des laines, du fel, divers objets de fabriques, & des marchandises asiatiques & américaines.

Les monnaies sont diverses selon les lieux. Zurich, Bâle, Schaffouse, St. Gall frappent leurs monnaies selon le pied de l'Empire : Berne, Lucerne, Uri, Schwitz, Unterwalden, Zug, Fribourg, Soleurre, Genève, Neufchâtel & le Vallais suivent l'ancien pied bourguignon. La plus petite monnaie est un *hœller* ou *haller* dont deux font un *angsten* ou un *pfenning* ; deux *angsten* font un *rappen* ; trois *rappen* un *schilling*, ou *luzer* (sol de Lucerne) égal à un sol de France ; trois *schillings* font un *batz* de Berne. En ajoutant à un batz de Berne un rappen, on a le bon batz, ou *guten batzen*, ou batz de l'Empire, tels que ceux qui se frappent à Zurich. Un *reutzer* est la quatrieme partie du batz : un *vierer* la huitieme. Quarante sols de Lucerne font un *oulde* de Suisse, monnaie imaginaire, égale à treize batzs & un tiers de Berne, ou à douze batzs d'Empire, ou à deux livres de France : quinze batzs d'Empire font un florin. Les monnaies les plus générales, soit en or, soit en argent, sont celles de France. Nous renvoyons les monnaies particulieres à la description de chaque canton, dans laquelle nous suivrons l'ordre du rang ; mais pour leurs alliés, nous suivrons celui de leur situation.

Les treize Cantons avec leurs Villes & leurs Bailliages.

VILLE ET CANTON DE ZURICH.

Ce canton est borné au nord par la Souabe, & canton de Schaffouse ; à l'orient par le Thourgau, le Toggenbourg & Ussnach ; au sud, par la ville de Rapperschweil & les cantons de Zug & de Schwitz ; à l'occident par les bailliages libres & le comté de Bade.

Ce canton rassemble les avantages & les divers aspects de l'Helvétie entiere. On y voit des montagnes, des vallées, des campagnes unies, des champs, des vignobles, des lacs, des fleuves, diverses sources & l'on y recueille tout ce qui est nécessaire à l'entretien des hommes. On cultive des grains dans toute l'étendue de ce canton ; mais dans les lieux montagneux & froids, ils meurissent plus tard que dans les plaines & les vallées exposées au midi. Au levant, au couchant, au midi, sont des montagnes riches en pâturages, où l'on nourrit beaucoup de bestiaux, d'où l'on tire abondamment du lait, du beurre & du fromage. La vigne prospere dans les lieux voisins du territoire de Schaffouse & du Thurgaw ; mais le vin n'en est pas également bon. On estime celui qui a meuri sur les collines orientales du lac, celui d'Eglisaw, de Martelan, de Rorbas & quelques autres lieux. Apre dans sa premiere année, s'adoucit, devient sain & agréable en vieillissant. Partout on y recueille de bons fruits. Les minéraux qu'on y remarque, sont la craie blanche, l'argille, une terre rouge dont on fait de la vaisselle verte, & une terre roussâtre qui sert pour la vernisser, une terre de couleur cendrée qui sert au même usage que le tripoli, une terre de porcelaine dont on fait de la fayence, & quelques autres qu'on rend ou qu'on peut rendre utiles. En divers endroits du canton on trouve de la tourbe : près des rives du lac on trouve du charbon de pierre, une fontaine d'eau souffrée & ailleurs des sources périodiques. Le lac de Zurich est le plus grand du canton, & un des plus grands de la Suisse entiere : il est long de dix grandes lieues mais la largeur ne va jamais au-delà d'une. Sa profondeur est inégale ; ici elle est de 80 toises, là, ses eaux sont très-basses, & sous le pont de Rapperschwyl, on a été obligé de creuser un canal pour le passage des barques qui y navigent & qui peuvent être du port de 250 quintaux. Il facilite le commerce ; mais dans les hyvers rigoureux, il gèle, & alors on en sent mieux l'utilité, sur-tout pour le commerce d'Italie. Il a été le théâtre de combats sanglans, & on y a observé des trombes. Il est très-poissonneux sur-tout en truites & en lottes. Ceux qui y navigent jouissent d'une perspective admirable : ses eaux paraissent vertes, couleur du sol qu'elles couvrent ; sur les rives sont des champs, des prairies, des villages, de belles maisons, des vignobles bien cultivés ; au-delà des côteaux qu'ils couvrent, s'élèvent insensiblement des montagnes qui semblent s'échapper peu à peu à la vue ; & plus loin encore on découvre celles de Glaris, de Schwitz & des Grisons constamment couvertes de neiges & de glaces : le pont de Raperschwyl le divise en haut & en bas. Il n'a d'écoulement que par la Limmat, qui ne prend ce nom qu'au-dessous de la ville de Zurich. Après ce lac, le plus considérable du canton est celui de *Griffensée*, que suit de près celui de *Pfeffikersée*. Il en est de petits encore, tels que ceux de *Tutler* & de *Hütter*. Le Rhin coule au nord du canton, & y reçoit une partie des rivieres qui l'arrosent ; telles sont la *Thur*, la *Thoss* & la *Glat*.

On a fait avec assez de précision le dénombrement de ses habitans. On y compte 28000 personnes mâles de l'âge d'un an jusqu'à seize, 46000 de seize à 64, 15000 de 64 & au-dessus ; c'est en tout 89000 : on y compte 86000 personnes du sexe, dont 25000 font d'un jusqu'à seize ans, 44000 de 16 à 64, & 17000 de 64 & au-dessus.

La réformation s'y fit connaître en 1519 par les prédications de Zwingle, appellé par le chapitre de cette ville pour être prédicateur de la grande église : elle fut entièrement établie dans tout le canton en 1524. Un consistoire formé de quinze personnes nommés *examinateurs*, & dont onze sont ecclésiastiques, y règlent tout ce qui appartient au service divin; au-dessus de lui est un synode formé par les chefs de 150 paroisses.

Ce canton forme la plus grande partie du *Pagi Tigurini*, qui s'étendait entre le Rhin & la Limmat, depuis les Alpes jusqu'à l'embouchure de l'Aar dans le Rhin. Zurich maintenant capitale du canton, en était alors le chef-lieu ; mais les peuples qui l'habitaient la brûlerent, lorsqu'ils résolurent de chercher d'autres demeures du tems de César. Lorsqu'elle entra dans la confédération des quatre cantons d'Uri, de Schwitz, d'Unterwalden & de Lucerne, ils lui donnèrent la préséance, parce qu'elle était déja alors une ville riche & puissante, & elle l'a conservée. Ses envoyés président aux dietes; mais cet honneur est plus onéreux qu'utile. Elle a soin des affaires qui regardent tous les autres cantons : elles leur sont communiquées par sa chancellerie. Son gouvernement est aristocratique, mais tempéré de quelques institutions démocratiques. Ce canton est le plus grand & le plus puissant après celui de Berne. Sa milice est divisée en quatre brigades ou inspections générales ; chacune d'elles renferme cinq régimens ; chaque régiment dix compagnies, & chaque compagnie est formée de 80, de 100, ou 120 hommes. Elle a encore quatorze compagnies de cavalerie, &

& chacune d'elles a 60, 80, ou 100 hommes. Zurich a de plus un corps d'artillerie.

Le *zürcher-schilling* ou sol de Zurich vaut un sol & un neuvieme de France : il faut trois *rappen* pour un sol : l'*oertlein* vaut 25 sols ; il y a des *demi-oertlein*. Ce sont ses monnaies communes : on y frappe des ducats, des *thaler* dont un vaut 4 liv. 10 sols de France, mais ils ont cours pour 5.

Zurich s'appella anciennement *Thuricum* & non *Tigurum*. Les auteurs du moyen âge lui donnent le nom de Turgau ou Durgau ; on lui donnait aussi celui de *Turige*, & par un changement assez ordinaire dans la langue teutonique, elle s'est appellée *Zurig* ou *Zurich*. Sa situation est avantageuse, dans une contrée agréable & fertile, à l'extrémité septentrionale de son lac, sur deux collines qui forment à leur pied un canal, par lequel le lac se décharge. Ce courant d'eau se nomme dans de vieux tittes *Aa*; au-dessous de la ville il reçoit la riviere de *Sil* & prend le nom de Limmat : il partage la ville en deux parties inégales, jointes par deux ponts de bois ; l'un fort large sert de promenade & de marché pour les fruits & le jardinage, l'autre est tout couvert, & l'on y est à l'abri des injures de l'air. On y compte environ 1300 maisons, & près de 12000 habitans. Ses rues sont propres, ses maisons simples, mais bien bâties, ses fortifications sont modernes, & ses larges fossés revêtus de pierres de taille ; elle a au-dedans de ses murs 4220 pas de tour. On y compte quatre églises, celle de *Gross Münster* ou le Temple de St. Felix & de St. Regula, deux martyrs de la légion Thébéenne, dont les os, disait-on, y étaient ensevelis, & qu'on y vénerait, est dans la grande partie de la ville ; sa structure est simple, & l'un de ses deux clochers est couvert de cuivre, & a au-dehors la figure à cheval de *Rupert*, duc de Souabe, fondateur de l'église, l'autre présente la statue de Charlemagne avec une couronne d'or: cet empereur avait enrichi l'église. Elle fit partie d'un college de chanoines fondé par Clovis III, & qui existe toujours: il posséde encore les biens qu'il possédait avant la réformation; mais ses chanoines n'en jouissent plus dans une sainte oisiveté; il est rare que chacun ne prêche pas une fois par jour, & assez souvent ils prêchent trois fois. Les uns sont de simples pasteurs, les autres professeurs, quelques-uns administrateurs de l'église & des pauvres. Une grande église encore est celle de *Frauen-Munster*; elle est dans la petite partie de Zurich. Elle était l'église d'une abbaye de dames nobles, fondée par Louis le Germanique, dont l'abbesse avait le titre de princesse, le droit de battre monnaie, une jurisdiction assez étendue sur la ville, & nommait les membres de son tribunal de justice. Elle posséda même une grande partie du canton d'Uri. Le monastere a été converti en collège, où des écoliers sont nourris, vêtus, instruits gratuitement. Dans le temple on voit encore la statue de Hildegarde sa premiere abbesse, & de Berold son chapelain. A l'extrémité de la ville est un vaste arsenal divisé en cinq autres tous bien pourvus; dans l'un on voit la figure de *Guillaume Tell*, habillé & armé comme les Suisses l'étaient de son tems; là aussi est son arbalètre. On y montre encore l'épée de ce chef* de paysans qui battit les murs de Berne avec des canons de bois. Cet arsenal est de toute la Suisse le mieux rempli & le plus grand.

L'académie de Zurich, ou son gymnase académi-

---

* Lewemberg.

que est formé par quinze professeurs, & a deux collèges. Cette académie a une bibliothéque particuliere assez riche en manuscrits. La bibliothéque publique est dans l'église de l'eau (Wasser-Kirch), sa situation au bord de l'eau lui a donné ce nom. Au-dessus est une salle qui tient toute la longueur & la largeur du temple, & où l'on a rassemblé une multitude de choses rares ou données par la nature, ou créées par l'art ; elles sont distribuées dans de grandes armoires, & rangées avec un grand ordre. La bibliothéque du chapitre a beaucoup de manuscrits rares. L'hôtel de ville est magnifique, il fut élevé en 1604 sur les fondemens de l'ancien, & il fut fini en 1699. Cet édifice simmétrique est bâti en belles pierres de taille ; le portail est de marbre noir, & ses colonnes reposent sur des bases de fonte : l'intérieur est orné de peintures & de sculptures estimées, & parmi les premieres on remarque deux grands tableaux qui représentent toutes les espèces de poissons de la Limmat & du lac, dont quelques-unes lui sont particulieres : parmi les dernieres, on aime à voir les figures des héros de la Suisse & des Républiques anciennes. Une place publique environnée d'une longue allée de tilleuls, & la cour des tilleuls, placée sur une hauteur, d'où l'on a une belle perspective, sont de belles & d'agréables promenades.

La bourgeoisie y est partagée en treize tribus, ou corps de métiers ; il n'en est point qui ne posséde 100 mille gouldes, & quelques-uns en ont un milion. C'est dans la premiere tribu que sont renfermés les nobles, & on la nomme *Constaffel*. Le gouvernement de l'état est formé par ces tribus : chacune d'elles choisit dans son sein douze membres du grand conseil & trois du petit. Ces conseils ont dans leurs mains le souverain pouvoir, & veillent sur les affai-

X iij

res de l'état pendant la paix, comme pendant la guerre. Le petit conseil est formé de 50 membres dont aucun ne peut avoir moins de 36 ans. Partagé en deux divisions, le pouvoir actif réside dans l'une d'elles pendant six mois, & passe à l'autre durant le reste de l'année. Pour entrer dans le grand conseil, formé de 162 membres, il faut avoir 30 ans. Les chefs de l'état sont deux bourguemestres choisis par les tribus dans le petit ou dans le grand conseil : leur charge est à vie, & chacun d'eux préside pendant six mois au gouvernement. Quatre *Statthalter* ou tribuns & deux trésoriers les suivent pour le rang & le pouvoir : ils sont en charge pendant douze ans & alternent chaque année pour l'exercice de leur emploi. L'*Obmann* est l'inspecteur & le juge des terres & revenus qui appartenaient autrefois aux cloîtres dans la ville & le pays. Ces neuf magistrats joints à trois autres choisis dans les conseils, forment le conseil secret, qui traite provisionnellement des affaires qui intéressent le canton, & les porte aux conseils, lorsqu'il est nécessaire : les deux bourguemestres, les trésoriers, un statthalter, l'obmann trois membres du petit conseil, trois du grand, composent la chambre de comptes : elle a l'inspection sur les matieres féodales, sur les revenus de la ville, & elle examine les comptes de dépense des trésoriers & du contrôleur des bâtimens. Six & quelquefois sept membres du petit conseil, six du grand, composent le tribunal de la réforme. Ce sont les censeurs de la république, ils veillent sur l'observation des loix relatives aux mœurs, & sévissent contre le jeu, les juremens, l'inobservation du dimanche, &c. Les affaires matrimoniales sont décidées par un conseil de huit membres : il a inspection sur les mariages divisés, décerne des peines contre le libertinage & la prostitution, & porte au petit conseil la décision sur le châtiment dû aux adultères & les mariages contraires aux loix. La justice libre de la ville décide sur les dettes & les prétentions relatives à elle. La cour des censes juge des causes qu'un tel objet fait naître.

Zurich a des manufactures & des fabriques florissantes. On y fait diverses sortes d'étoffes & de crépons, des kalamandes, du crépon mi-soie & mi-laine très-recherché, des mouchoirs de soie, des indiennes, des étoffes de soie, des fils de soie pour broder & pour coudre, du fil d'or & d'argent, des galons, du nankin, &c. Elle tire ses soies d'Italie, & le produit de ses manufactures se répand avec facilité par la Limmat & le Rhin. On y fond des canons, des cloches, &c. Ses greniers publics sont pourvus avec soin *, ses hôpitaux sont riches, non magnifiques; leur but fut de secourir l'indigence & le malheur, & non d'étaler une charité fastueuse. Les Zurichois sont simples, francs, humains, actifs, industrieux; ils se partagent entre le commerce & l'étude. C'est chez eux qu'on peut le mieux s'instruire de l'histoire des Suisses.

L'ancienne *Thuricum* exista au lieu où est Zurich, ou dans ses environs: elle fut détruite par les Allemands. Sous l'empereur Otton I, Zurich fut entourée de murs: le gouvernement était partagé entre un comte & l'abbesse dont nous avons parlé: elle avait le pas sur lui dans les affaires ecclésiastiques; il l'avait sur elle dans les séculieres. L'empereur Otton le Grand donna à cette ville la seigneurie sur le lac & sa pêche. Fréderic II la prit sous la protection de l'Empire, & la déclara inaliénable. Rodolphe de Habsbourg, devenu empereur, aidé de la noblesse qui y avait douze bourgs ou maisons fortes, voulut

---

* Dans l'un de ces greniers on conserve du blé de l'an 1540 où il fit des chaleurs excessives; trempé dans l'eau pendant 24 heures, on en peut faire encore du bon pain.

l'engager à se soumettre à sa domination; son fils Albert suivit ce même projet avec bien plus d'ardeur, mais la ville s'y refusa toujours. Albert l'assiégea; mais en vain: nous avons vu comment elle s'unit aux cantons d'Uri, de Schwitz, d'Unterwald & de Lucerne. Sa longitude est de 26 deg. 20 min. sa latit. de 47 deg. 28 min.

Le pays qui forme ce canton a 15 lieues de long sur presque autant de large. On y compte 20 jurisdictions ou bailliages sur les couvens sécularisés, mais ils n'ont pas de territoire; & 19 bailliages internes dont les chefs demeurent dans Zurich même, & y ont leur cour de justice; mais à des tems marqués ils doivent se rendre dans leur bailliage, pour y rendre la justice: la décision des causes criminelles appartient au conseil. Dix-huit de ces bailliages ont chacun deux baillifs, (*Obervogts*,) qui alternent comme le conseil même, & dont l'emploi est à vie. Le dix-neuvieme bailliage n'a qu'un chef pris dans le conseil.

Wollishofen, bailliage à l'occident du lac, qui doit son nom à un village paroissial. Il parvint à cette ville en 1428. Dans son enceinte est la forteresse détruite de Baldern. *A Selnau* était autrefois un couvent de bernardines fondé en 1178, & converti aujourd'hui en lazaret.

Horgen, bailliage situé entre le lac & la riviere de Sil; il est étendu, riche en forêts, entretenues avec soin, en tourbe & houille: on y fait beaucoup de tuiles. Il appartint à la seigneurie de Schnadelbourg, & fut vendu au canton en 1406. On y remarque plusieurs lieux. *Horgen*, grand bourg à marché où fut autrefois un couvent de Citeaux, transféré dans la suite à Lucerne: on y voit un beau port, une douane spacieuse, un bureau de péages. *Käpf-*

uch, village au bord du lac, où l'on trouve du charbon de pierre. *Hirzel* est connu par une bataille. *Shoren* & *Kilchberg*, villages paroissiaux, où sont des fabriques de fayance. Entre *Kilchberg* & *Ruschlikon* sont des sources d'eaux soufrées très fréquentées autrefois, abandonnées ensuite, sans raison pour l'être, & qu'on visite aujourd'hui peut-être pour se mettre à la mode : près de ce dernier village est le *Nitelbad* dont les eaux sont soufrées & salutaires.

Wettschwyl & *Bonstetten*, bailliage : Zurich acquit le château de Wettschwyl, le village paroissial de *Stallikon* & quelques autres en 1535 *; & *Bonstetten* qui donna jadis son nom à une famille noble, quatre ans après. On y voit le château de *Seldenburen*.

Birmenstorf & *Urdorf*, bailliage sur la Respisch. Le village paroissial de *Birmenstorf* a eu différens noms: Zurich en acquit la basse jurisdiction en différens tems & de différentes personnes : elle la partage encore avec l'abbaye de St. Blaise dans la forêt noire. Ce bailliage n'offre rien de remarquable.

Wiedikon sur la Sil, est un bailliage acquis en 1387. Il touche à la ville, & ses habitans sont de la paroisse de St. Pierre à Zurich, & sont appellés à l'élection du ministre, du diacre, &c. A St. Jacques, au bord de la Sil, est un hôpital pour des citoyens pauvres de la ville. L'abbaye de Wettingen a bâti un beau pont sur la riviere. Le *Silfeld* est étendu & fertile.

Alstetten, bailliage sur la Limmat, qui appartint à une famille noble, dont l'héritier Jean Thum, bourgeois de Zurich, le vendit à la ville vers l'an 1430, & que les deux trésoriers y régissent tour-à-tour.

---

* Le Dictionnaire Géog. de la Suisse dit en 1466.

Ce petit pays a droit de haute & basse justice ; mais l'exécution de ses jugemens criminels se fait à Bade dans une enceinte fixée, où un sous-baillif a la jurisdiction criminelle. *Alstetten*, est un village paroissial sur les frontieres du comté de Bade.

Hong, bailliage acheté en 1384, où le chapitre de Zurich exerçait la basse jurisdiction, qu'il vendit aussi en 1525. *Hong* est un village paroissial très-étendu: on ne cultive guère que des vignes dans ses environs.

Regensdorf, ou *Alt-Regensberg*, bailliage qui appartint aux barons de Regensberg, & doit son nom au château qu'ils habitaient, placé sur une montagne; il parvint dans le commencement du quinzieme siècle aux nobles de Landenberg, & fut brûlé par les Suisses en 1443. Le pays qui en dépendait fut acheté par Zurich en 1469. On y voit le village paroissial de *Regensdorf*, & le *Ratzensée*, formé par deux petits lacs joints par un canal artificiel ; ils sont poissonneux, & abondans sur-tout en carpes, mais ses poissons ne peuvent ou ne pouvaient être vendus qu'à l'abbaye de Wettingen.

Neu-Amt, bailliage qui appartint aux comtes de Kybourg ; mais Zurich ayant abandonné ce comté à l'empereur Frédéric III en 1442, elle retint la partie située au-delà du Glat, & en fit un bailliage. On y voit de beaux villages : ceux de *haut* & *bas Glat* sont situés sur les deux rives du fleuve, dont l'orientale appartient au canton, & l'autre au comté de Kybourg. On y voit *Hasle*, vieux château détruit, qui donne son nom à trois villages, le *Haut*, le *Bas*, & le *Moyen* Hasle. *Stadel* & *Weslach* sont deux paroisses.

Bulach, bailliage qui, des barons de Tengen, passa aux margraves de Hochberg, & de ceux-ci aux ducs d'Autriche qui l'engagerent à la ville de Zurich.

& ne le rachetèrent pas. On y voit la petite ville de Bulach qui fut d'abord l'alliée de celle dont elle est aujourd'hui sujette. Le Glat la partage en deux parties égales, dont celle du sud appartient au *Neu-Amt* : elle a conservé ses droits, & se choisit un avoyer & un conseil qui a l'inspection des affaires civiles.

Rumlang, bailliage qui fut une seigneurie : Zurich l'acheta en 1424 : il en avait démoli le château 37 ans auparavant. *Rumlang* ou *Rumlingen* est un village paroissial.

Schwammendingen & *Dubendorf*, deux anciens bailliages qui n'en font qu'un depuis 1615 ; le Glat l'arrose. *Dubendorf* est un village paroissial : près de lui est le château fort de *Dubelstein* ou *Diebolstein*. & à *Oerliken*, village, est une source d'eau minérale très-abondante, & cependant négligée.

Wipkingen, bailliage qui touche aux murs de Zurich : il renferme les quatre villages de *Fluntern*, de *Hottingen*, d'*Ober* & *Unterstrass*, qui lui donnent le nom de Wierwächtein, parce qu'ils sont élevés : deux membres du grand conseil le gouvernent, il est très-peuplé, renferme de très-belles campagnes, des eaux minérales, & la montagne de Zurich cultivée avec soin.

Kussnacht, bailliage qui des murs de la ville s'étend le long du lac : il était autrefois une seigneurie particuliere des nobles de Kussnacht. Le village paroissial de ce nom renfermait une commanderie de St. Jean, dont les revenus sont recueillis par un bailif particulier qui y réside, il est pris dans le grand conseil, & exerce son emploi pendant six ans. *Zollikon*, *Herliberg*, *Witikon* sont des villages paroissiaux : ce bailliage est très-peuplé, fort bien cultivé & on y recueille beaucoup de vin.

Ehrlibach, bailliage qui, des comtes de Habsbourg, parvint à ceux de Toggenbourg, desquels Zurich l'acheta en 1400 : il est situé au bord du lac. Il y avait à *Ehrlibach* une prévôté dépendante de l'abbaye d'Einsiden : autour du village on recueille des vins rouges les meilleurs du canton, près de lui encore le ruisseau de son nom fait une belle chûte de 40 pieds de haut.

Meilen, bailliage qui touche au lac. Zurich acheta en 1410 les droits des héritiers des nobles de Meilen, & en 1424 ceux de la haute & basse jurisdiction qu'y avait le chapitre de cette ville. *Meilen* est un bourg partagé en haut & bas : ses environs sont fertiles en vins, dont le rouge est le plus estimé.

Mannedorf, touche encore aux rives du lac : ce bailliage fut acquis par Zurich en 1405 : l'abbaye de N. D. des Hermites y a encore des revenus considérables. Le village paroissial de ce nom est très-étendu, & se divise en quatre parties, le *Haut* & le *Bas*, *Attenberg* & *Buhlen*.

Stäfa, ou *Stäfen*, bailliage sur la rive septentrionale du lac, fut acheté en 1408 des nobles de Gruningen. Son chef-lieu est une paroisse qui renferme 4000 ames ; on trouve quelquefois dans son enceinte quelques médailles romaines. *Oetikon* est un bourg au bord du lac, où l'on voit un grand magasin de blé. Sur la montagne qui le domine est un bain d'eau soufrée nommé Wannenbad. *Oetweil* est un grand village.

Ebmatingen, bailliage qui ne renferme qu'une partie du village de ce nom.

Zurich possede encore treize bailliages extérieurs ; les baillifs doivent y résider ; le terme le plus court de leur préfecture est 6 ans, le plus long est 15.

Kybourg, bailliage, (Lang vogtey) qui forma la plus grande partie du comté de ce nom.

Les Comtes de Kibourg étaient autrefois puissans, car ils possédaient encore les comtés de Lenzbourg, de Bade, de Thun, & Berthou, le pays de Zug, les landgraviats de Thurgau & de Bourgogne; leur race s'éteignit, leur héritage parvint à Rodolphe de Habsbourg, qui le transmit aux Ducs d'Autriche : l'un d'eux fut mis au ban de l'empire, & Zurich acheta cette partie de sa dépouille ; elle la rendit en 1442, & l'acquit enfin pour toujours en 1452. Ce bailliage est le plus étendu de la Suisse après celui de Tourgovie. Il a dix lieues de long, & presqu'autant de large ; il s'étend jusqu'au Rhin & est divisé en six parties, renferme 47 paroisses & 27 seigneuries, est peuplé, fertile, a de beaux champs, de vastes prairies, des vignes, produit beaucoup de légumes & de fruits : il abonde sur-tout en cerises, dont on fait une liqueur trop recherchée en Suisse. Le peuple y a sa propre justice, & n'est jugé que par ses loix : l'appel des causes civiles se porte à Zurich ; il n'en est pas de même pour les causes criminelles, mais le baillif a le droit de faire grace : il y siège six ans. *Kybourg* est un château sur une montagne & c'est là que demeure le baillif, là que demeurerent les comtes. Un long pont le joint à un bourg de 20 à 30 maisons dans l'enceinte duquel s'exerce la basse justice ; il a divers privileges, ses avoyers & ses juges. *Pfeffikon* grand bourg à marché situé au lieu où le lac de son nom se dégorge : il appartient à une maison noble. *Altorff* village paroissial, qui uni à la commune voisine a une justice particuliere, ainsi que *Basserstorf*. *Kloten*, village paroissial, où l'on trouva en 1714 quelques antiquités romaines. *Embrach*, grand village paroissial, dans une plaine fertile. Il y eut un chapitre antique de chanoines, nommé de St. Pierre & de St. Paul, dont l'églife fut enrichie en 1189 de quelques reliques des prétendus martyrs de la légion Thébéenne. Son dernier prévôt céda volontairement fes droits à Zurich, & depuis ce temps le baillif de Kybourg exerce la baffe jurifdiction fur cinq villages qui en dependaient. Les revenus en font adminiftrés par un baillif particulier, choifi dans le grand-confeil, & qui y fiège fix ans : ils font employés en faveur des pauvres & des églifes. Entre *Embrach* & *Rorbas*, fe voit une grande forêt de fapins dont un tourbillon de vent emporta plus du tiers en 1739. *Dâtlikon*, village paroiffial, fur un hauteur au pié du mont *Irchel*. *Toff*, grand village fur la riviere de ce nom: près de lui était un couvent de dominicaines, dont les revenus font adminiftrés par un baillif particulier, & font employés à l'entretien des pafteurs & des pauvres leurs voifins. Ce couvent fut très-opulent, la fille d'André III, roi de Hongrie y prit le voile; fes religieufes ne donnaient pas un exemple de bonnes mœurs, parce qu'elles étaient trop riches. La ville de Winterthur entretient un pont fur la riviere fouvent changée en torrent dangereux. *Ely* ou *Helligau*, grand bourg, près duquel, fur une colline, eft un château embelli dans ce fiècle; ce bourg fut une feigneurie immédiate de l'empire, & il a encore fon confeil & fes juges dont on appelle au petit-confeil de Zurich. *Breiten-Landenberg*, château voifin du village de *Turbenthal* : il appartint à la famille de Landenberg, qui poffedait encore 30 autres châteaux & feigneuries. On remarque encore dans ce pays les *auffer-Geirenbad*, bains fréquentés & dont les eaux font reftaurantes & confolidantes. Là encore font les ruines d'*Ober-Winterthour*, ou *Vitodurum*, ville détruite par les Allemans.

Neu-Regensberg, bailliage qui fut autrefois une baronnie qui tomba sous la domination des ducs d'Autriche, desquels Zurich l'a achetée : son bailli change tous les six ans ; le pays est fertile, abondant en pâturages. Il renferme le *Wenthal*, district dont le sol est excellent, & qui renferme de la bonne marne & des pétrifications. *Regensberg* est une petite ville souvent ruinée, située sur le sommet d'une montagne, environnée de murs en 1687, dont les habitans exercent la basse jurisdiction, nomment leurs deux avoyers & leur conseil. Le château est fort, & on y remarque une belle fontaine & un puits taillé dans le roc, profond de 16 piés. Dans l'enceinte de ce bailliage commence le *Jurapus* ou *Læberberg*, longue chaîne de montagnes qui est une branche du Jura, où l'on trouve des pierres singulières, & où l'on soupçonne des mines de fer. *Otelfingen*, village où l'on cultive du vin rouge estimé. *Buchs*, village paroissial où on découvrit en 1759 un parc à la mosaïque très-bien fait, des bains, des aqueducs & autres monumens antiques. On ne sait ce que ce lieu fut sous les Romains, mais il renferma une ancienne abbaye de Citeaux.

Eglisau, bailliage arrosé par le Rhin qui le partage. Il appartint presque tout entier aux comtes de Tenghen, qui le vendirent à Zurich : il fut augmenté par quelques villages achetés en 1651 du comte de Sutz : son bailli change tous les six ans. Il est fertile en grains & en vins, est divisé en 4 paroisses ; c'est le pays de la Suisse le plus sujet aux tremblemens de terre. La petite ville qui lui donne son nom, est située sur la rive septentrionale

du Rhin; son château, où demeure le bailli, e[st]
sur la rive opposée; un long pont les joint : c'est u[n]
grand passage pour l'Allemagne. Le conseil de
ville, présidé par le bailli, élit son chef.

Flaach, bailliage ou seigneurie, achetée par Zuri[ch]
en 1694 : il fait une partie de celui d'Andelfinge[n]
dont le chef & celui de Kybourg y exercent
haute justice : le bailli de Flaach exerce la bas[se.]
Ce district est petit & l'on n'y remarque qu'u[ne]
fontaine, qui, dit-on, cause les gouettres.

Lauffen, bailliage (*Obervogtey*) situé sur [le]
Rhin, vis-à-vis de Schafhouse. Il fut une ancien[ne]
seigneurie, que Zurich acheta en 1544. Le châte[au]
est situé sur le Rhin, qui tombant là sur un roch[er,]
le fait trembler sans cesse. Cette cataracte célebre [a]
80 piés de haut, & forme une pluie circulaire q[ui]
donne les couleurs de l'arc-en-ciel : on en enten[d]
le bruit à 4 lieues de-là. Plus haut est un autre li[eu]
nommé *Lauffen*, & aussi *Lâchen* près de Schafhou[se]
où le fleuve court rapidement, resserré par [un]
rocher, & s'oppose à la navigation : entre ces de[ux]
lieux, son cours est doux & tranquille. On rechar[ge]
les marchandises que le saut du Rhin a fait déba[r]
quer, près du petit chateau de *Währt*. Les paroiss[es]
de *Benken*, d'*Uhwiesen* & de *Feuerthalen* dépende[nt]
de ce bailliage: le dernier village est joint à Schafhou[se]
par un pont de bois. Le pays produit du bon v[in]
rouge; on y fait une riche pêche de saumons.

Andelfingen, bailliage qu'arrose la Thur, & do[nt]
dépend la vallée de Flaach, abondante en vins & [en]
fruits, située entre le Rhin & le mont Urgel : [il]
fit partie du comté de Kybourg. Zurich l'acheta [en]
1434, & y joignit dans la suite quelques autr[es]
villages. Depuis 1482, le bailli y réside & chan[ge]
tous les six ans. *Andelfingen*, est un bourg
march[and]

marché, sur une hauteur, au bord de la Thur, sur laquelle il y a un pont couvert, & un péage. C'est dans son château que réside le baillif. Schafhouse a des droits & des revenus dans ce pays : on peut y remarquer encore le lac de *Widen* où l'on trouve de petites tortues dont la chair est de bon goût., & l'écaille propre à faire de jolis ouvrages.

Altikon, bailliage acheté par Zurich en 1696 : son administrateur y siège 15 ans. Un château & un village paroissial, non loin des rives de la Thur, lui donne son nom.

Hegi, ancienne baronnie, voisine de Winterthur, qui l'acheta en 1587 de la maison de Hallweil; mais le canton usa de son droit pour la retirer à lui. Le baillif y siège neuf ans; de lui dépendent encore les villages de *Wiesendangen* & de *Gundetschweil*. *Hegi* est un village orné d'un château.

Greifensée, bailliage situé au bord du lac de ce nom; il est très-fertile en paturages, en grains & en fruits; mais les habitans trop adonnés aux fabriques, y négligent l'agriculture. Le lac est long de 5000 pas, large de 2000; il est poissonneux : la carpe & le brochet y sont communs. Le baillif y siège six ans : les Zurichois acheterent ce pays en 1370, d'un comte de Toggenbourg à qui il était parvenu. *Greiffensée*, petite ville au bord du lac, fut brulée par les Suisses avec son château en 1444. *Uster*, *Mour* sont des villages paroissiaux très-anciens.

Grüningen, seigneurie, devenue un bailliage en 1408 que Zurich l'acheta de la maison de Gesler. Il a cinq lieues de long, trois de large, renferme 13 grandes paroisses, est fertile en paturages, en

Tome VI. Y

fruits & en grains. On y comptait autrefois 38 châteaux, anciens afyles de nobles plus avides de butin que de gloire : il n'en refte plus que 3. Le baillif y fiège fix ans. *Grüningen*, eft une petite ville, jolie, dans une fituation agréable : elle a un chateau où réfide le baillif. *Bubikon*, village paroiffial où fut une riche commanderie de laquelle dépendent plufieurs biens de terre, des fiefs, des dimes, &c. *Ruthi*, village paroiffial dans lequel était un couvent de prémontrés : il fut fondé en 1 2 6., devint très-opulent, acquit la bourgeoifie de Zurich, fut réformé & changé en bailliage particulier en 1525. On trouve dans fes environs de la tourbe dont on fe fert à Zurich. *Greifenberg*, eft un château détruit : c'étoit autrefois une feigneurie, ainfi que *Wetzikon* dont le vieux château fubfifte encore. On compte encore dans ce bailliage neuf villages paroiffiaux ; celui de *Hinweil* a dans fon voifinage des eaux impregnées d'alun & de foufre, utiles pour purifier le fang & diffiper les obftructions ; elles fortent d'une belle prairie, au pié du mont Allman, d'où l'on a une vue très-vafte: ces bains s'appellent *Geizenbad*. Les chefs de famille, font les juges criminels du bailliage : ils forment le tribunal qu'on nomme *Landgericht*.

Wædenfchweil, bailliage fitué fur les bords du lac de Zurich. C'était une baronnie, qui devint une commanderie de l'ordre de St. Jean : cet ordre la vendit au canton en 1549. Il prend fon nom du bourg & du château de Wâdenfchweil ; fon baillif change tous les fix ans : il régit auffi au nom de Zurich & Berne. *Hurden*, fitué fur une langue de terre de 500 toifes, qui s'avance dans le lac, vis-à-vis de Rapperfchweil : ce diftrict fut cédé aux deux cantons par la paix d'Aarau en 1712 ; le bailliage est très-peuplé : on y compte 2000 ames par lieue quarrée, ses habitans sont grands & robustes, son terroir très-fertile en pâturages, en grains, en fruits & en vins. On en exporte du vin, du cidre, de l'eau de cerises, du fromage, du beurre : on y travaille la soie & le cotton ; & on y fabrique des indiennes & des mousselines. *Richtenschwyl*, est un grand village au bord du lac ; il a un beau port, un entrepôt de marchandises, & une fabrique de couteaux.

Knonau, ou le *bailliage libre*, est situé entre la Reuss & la montagne *Albis*, qui s'élève des bords de la Sil, sur les frontieres du pays de Zug, & s'étend jusqu'au village d'Albisrieden durant l'espace d'environ cinq lieues ; ses flancs sont chargés de forêts, mais au sud elle a de riantes prairies : sur son sommet elle a deux signaux élevés. Le bailliage est étendu ; il renferme onze paroisses : son sol est très-fertile : on y trouve des pommes de terre, des grains, une multitude de fruits, & sur-tout des poires dont on fait de la poirée : ses belles prairies sont couvertes de nombreux troupeaux, ses habitans sont grands & forts ; on y trouve du tuf, des pétrifications, différentes marnes. Les Zurichois le conquirent sur les ducs d'Autriche, qui l'avaient enlevé aux meurtriers de l'Empereur Albert : le baillif change tous les six ans. On y voit l'ancien monastere de Cappel de l'ordre de Citeaux, & c'est là que réside le baillif. *Wengi-Bad*, près du village paroissial d'*Augst*, a des eaux utiles pour les coliques & les maux d'estomac ; elles sont déterfives & emmenagogues. Près du village de *Nieder-Lunner*, on a trouvé les ruines d'un temple, des tombes, des statues, des instrumens, des squelettes, l'attelier d'un potier, des bains & des

Y ij

médailles. Près d'Ottenbach, sur l'Ifenberg, font encore les ruines d'un temple, long de 45 pieds, large de 44, où l'on croit qu'Ifis était adorée. On croit qu'il y eut autrefois une ville entre le village de *Maſchwanden*, & celui de *Lunner*. *Steinhauſen* eſt une paroiſſe Catholique, à laquelle le canton de Zug a part.

Sax ou *Forſteck*, bailliage ſitué dans le Rhinthal. Cette ancienne ſeigneurie donna autrefois ſon nom à une famille noble, qui s'éteignit en 1633, après avoir vendu ce diſtrict au canton de Zurich. Son baillif ſiège neuf ans, & habite le chateau de Forſteck, ſitué ſur un haut rocher. Entre les ruines du château de Sax & le Rhin, eſt le village paroiſſial de ce nom. *Salez*, eſt la principale bourgade de ce diſtrict : elle eſt ſur le bord du Rhin. Près de *Sax*, eſt une ſource ſoufrée : il en eſt une autre dans le bois de Forſteck, qui environne le château où eſt un puits profond, où l'on n'entrait qu'avec une échelle : aujourd'hui il eſt plus commode & mieux fortifié.

Le *Keller-Amt*, n'appartient ni aux bailliages intérieurs, ni aux extérieurs : il eſt dans le nombre de ceux-ci par ſa ſituation ; mais comme dans les intérieurs, il a deux baillifs qui alternent, ſont pris dans le petit-conſeil, & ne ſont pas obligés d'y réſider. Il fit partie du *bailliage libre* : Zurich le reçut en engagement de l'empereur Sigiſmond : ſes habitans ſont catholiques, & la haute juriſdiction appartient en partie au baillif de Knonau, en partie aux deux baillifs. La ville de *Bremgarten* qui y eſt renfermée y a conſervé différens droits ; mais Zurich en eſt ſouveraine, & y exerce la haute juriſdiction & le droit du glaive depuis 1712, car auparavant les autres anciens cantons y avaient part : aujourd'hui

Berne & Glaris sont seuls associés à Zurich pour l'exercice de ces droits. Bremgarten a un petit & un grand-conseil, deux avoyers, & divers officiers municipaux nommés par la ville. Elle exerce la justice civile, mais on appelle de ses jugemens au sindicat des trois cantons : elle décide dans les affaires criminelles, & les baillifs font grace : située sur la Reuss, elle y a un beau pont. Les principaux autres lieux de ce pays sont *Ober-Berken*, *Zuffikon*, *Oberweil*, & *Lunkhofen*.

Le canton de Zurich est encore le protecteur des deux villes libres Stein, & Winterthur.

Stein sur le Rhin, est située sur la rive septentrionale du Rhin, près du lieu où il sort du lac de Zeller, qui fait partie de celui de Constance, c'est une ville assez grande, bien située & bien bâtie : elle a un bel arsenal, un château fort, & un pont sur le Rhin. Deux bourguemestres, un petit & un grand-conseil la gouvernent. Le chef de la justice, l'avoyer, est choisi parmi ses citoyens par le canton de Zurich. Elle a le droit du glaive & juge sans appel, à moins qu'un étranger ne soit une des parties. On trouve les ruines d'un fort près de la place du château, & on croit que c'était la ville celtique de *Ganodurum* : elle fut environnée de murs en 966 par Burkhard, onzieme duc de Souabe, fut soumise à des seigneurs, s'en racheta en 1457, mais trop faible pour oser être libre, elle reconnut la souveraineté de Zurich pour en être protégée. Elle devint reformée en 1525. Dans son enceinte est l'abbaye de St. George, ordre de St. Benoit, qui eut le droit de se choisir un avoyer & de battre monnaie. Fondé à *Hohentwiel*, transportée à Stein en 1005, sécularisée en 1524, le canton de Zurich fait administrer ses revenus par un bailli qui n'a

d'autres droits dans la ville que celui d'y vendre vix
trois fois l'année durant 15 jours. Ses revenus font
aujourd'hui employés à l'entretien des pasteurs,
des maîtres d'école & des pauvres. Stein posséda la
seigneurie de *Wagenhausen* dans le landgraviat de
Thurgau, celle de *Ramsen* dans celui de Nellenbourg, le village de *Hemishofen* & celui de *Burg*.

Winterthur, ville du comté de Kybourg, au bord
de l'Eulach, dans une plaine charmante & fertile;
elle fut bâtie par les comtes de ce nom, qui étaient
une branche de ceux de Kybourg. Elle tomba sous
la puissance des ducs d'Autriche, qui lui donnerent
de grands privileges : l'archiduc Sigismond l'engagea en 1467 au canton de Zurich, & la lui céda
dix ans après. Elle est gouvernée par un bourguemaître & deux conseils ; tous les citoyens élisent
le premier, les deux conseils réunis choisissent les
membres du petit, & celui-ci choisit ceux du
grand. Elle a encore une justice intérieure, une
chambre des comptes, un consistoire, le droit de
nommer à 4 cures, celui de jurisdiction sur les
villages de *Hettlingen*, de *Pfungen*, sur le bourg
d'*Ober-Winterthur*, sur les châteaux de Mörspurg
& de Wyden. Le petit conseil régit les affaires
civiles, ecclésiastiques & de police : pour les premieres on en appelle au grand : les étrangers seuls
peuvent en appeller à Zurich : les deux réunis,
jugent sans appel pour les causes criminelles. Ses écoles
sont bien réglées, son hôpital est riche ; elle a une
bibliothéque & un médailler considérable. Le
commerce y fleurit, & on y trouve plusieurs fabriques. Ses environs sont cultivés, & on y trouve du
bon vin. Près d'elle, en 1709, on trouva des
antiquités Romaines. Des eaux restaurantes &
purifiantes, sortent par trois sources à *Lœrlibad* :

des eaux diffolvantes coulent à *Goldbach*. La ville fournit 200 hommes à Zurich en temps de guerre. Il y avait autrefois à Winterthur deux colleges de chanoines; l'un nommé *Heiligenberg*, l'autre *Beerenberg*. Réformés en 1530, leurs revenus font depuis adminiftrés par un baillif, qui change tous les fix ans, réfide à Winterthur, mais n'y a d'autres prérogatives, que celle d'affifter au ferment de fidélité que la ville prête annuellement à Zurich, le jour de la St. Alban. Il exerce la baffe jurifdiction à *Neftenbach*, recueille quelques dixmes & autres revenus.

Dans le *vieux Winterthour*, village à une lieue de la ville, on voit encore des reftes de l'ancienne *Vitodurum*, bâtie par les Romains, & où ils logeaient une partie de leurs troupes : on y a trouvé quelques antiquités mal travaillées, des médailles, & les reftes d'un grand chemin.

Nous parlerons ailleurs des fujets que Zurich poffeda en commun avec les autres cantons, & du landgraviat de Tourgau.

VILLE ET CANTON DE BERNE.

Cet état confine à l'eft à ceux d'Uri, d'Unterwald & de Lucerne, à l'abbaye d'Engelberg, au comté de Bade & aux bailliages libres; vers le nord aux villes foreftieres, aux cantons de Bâle & de Soleurre, vers l'ouest au canton de Soleurre, au territoire de Bienne, à la principauté de Neufchatel, au comté de Bourgogne, à la baronnie de Gex; vers le fud à la Savoie & au Vallais. Le canton de Fribourg eft renfermé dans cette enceinte. Sa longueur eft de 60 lieues, fa largeur de 30; il comprend le tiers de la Suisse entiere, & c'est le plus grand des cantons.

Les plaines y sont fertiles en blés & en fruits; ses hautes Alpes sont abondantes en pâturages excellens, & là sont de nombreux troupeaux qui donnent du lait, du beurre, du fromage exquis. Les lieux les plus beaux, les plus fertiles sont les bords des lacs de Genève & de Neufchatel, & c'est là que croissent les meilleurs fruits & se recueillent les vins les plus recherchés. On trouva près de Berne de l'argille blanche, plus loin de la terre rouge, de la blanche, de la noire, de la bleue. Près de Grandson est de l'argille bleue, dont on fait de la vaisselle, ailleurs des pierres de différentes sortes, du gyps, du cryftal, des sources salées, du charbon de pierre, du soufre en cailloux, des minieres de fer, de cuivre & de plomb, d'argent même ; sur les rives de la grande Emmat & de l'Aar, on trouve de l'or, ailleurs des bains salutaires, & dans la longue chaine des Alpes qui le borne & le sépare du Vallais, on voit des sommets toujours couverts de neige & des glaces perpétuelles. L'*Aar*, ou *Aren* est la plus grande riviere qui l'arrose : nous en avons décrit la source & le cours. Elle se grossit par le *Sanen* ou *Senfen* qui vient comme elle des Alpes, de la grande *Emmat* ou *Emmen*, qui sort d'entre les monts de Rothorn, de Schlalten & de Nessetstock, au canton de Lucerne, torrent singulier par sa course, & par ses productions, redoutable par ses ravages; il jette sur ses bords du marbre & du jaspe très-beaux, & sur-tout du marbre d'un vert antique, & des dendrites de la plus grande finesse, la *Wigger*, l'*Aa*, la *Reuss* & la *Limmat*. Le *Kandel* ou *Kaltder*, est un torrent impétueux, qui prend sa source dans une petite vallée nommée

Gaster, & reçoit l'*Alp*, l'*Engstligen*, la *Simmen*; un canal long de 3000 pieds, percé au travers d'une hauteur de 26 toises, qu'il a fallu abbattre, le conduit dans le lac de Thun, d'où il se joint à l'Aar : ce canal garantit des inondations qu'il causait par sa rapidité, lorsqu'il se joignait immédiatement à l'Aar, mais a fait tarir des sources qui arrosaient plusieurs campagnes.

Parmi les lacs du pays, le plus grand & le plus remarquable est le *lac de Genève*. Son nom ancien est le *lac Leman* : dans les tables de Peutinger, il a celui de *Losanete* : quelques-uns nomment lac de Genève la partie qui s'étend de Morges à Genève, & lac de Lausanne celle de Morges à Villeneuve. Il est mal peint dans plusieurs cartes ; car il s'étend plus vers le midi, & moins à l'orient. Sa forme est celle d'un croissant dont les cornes sont émoussées : situé entre le 25 deg. & le 24 deg. 10 m. de longitude, entre le 46 2 m. & le 46 31 m. de lat. sa longueur est d'environ 17 lieues, sa plus grande largeur est de trois : sa surface de vingt-six lieues quarrées ; sa profondeur est très-inégale, & en quelques endroits de la Savoie, vers la Meillerie, on l'estime de 400 brasses : on y a observé des *trombes* : ce sont des vapeurs épaisses qui s'en élevent ; occupent 15 à 20 toises de haut & autant de large, dont le mouvement est bruiant & rapide, & qui se dissipent dans un instant. Il a une sorte de flux & de reflux, qui se remarque sur-tout à ses deux extrêmités, & dont la cause attribuée d'abord au vent, puis à la fonte des neiges, demeure encore incertaine : le Rhône s'y jette avec impétuosité, il y entre trouble & jaunâtre, & en sort clair & pur. A demi lieue de son embouchure, on ne peut plus en distinguer les eaux de celles du lac. Cette petite mer décroit en hyver & croit en été ; c'est l'effet de la fonte des neiges sur les Alpes ; il ne gèle point, seulement on l'a vu dans les plus grands froids, l'être jusqu'à un quart de lieue de Genève : il abonde en sources vives. Sa belle situation, les côteaux rians & fertiles, les villes, villages & campagnes qui l'entourent, ses poissons excellens, tels que la truite, dont quelques-unes pesent 50 livres, la *ferrat* qui lui est particuliere, le brochet, la perche, &c. sa profondeur, son étendue, ses eaux pures, légeres, argentines, en font un des plus beaux lacs de l'Univers. Le plus considérable après celui-là, est le *lac de Neufchâtel*, appellé quelquefois lac d'*Yverdon*. Il a 8 lieues de long, 2 dans sa plus grande largeur, est dangereux par ses tempêtes, n'est pas profond, se gèle quelquefois, & est très riche en poissons. Quelques cartes le représentent communiquant au lac de Genève par la jonction de l'Orbe qui tombe dans le premier, avec la Venoge qui se jette dans le second : mais cette jonction n'est qu'un projet. En 1640 on fit un canal de l'Orbe à un lieu nommé Entreroches, qui présenta des difficultés qu'on n'a point vaincues, & qu'on devrait tenter encore de vaincre. Le lac de Neufchâtel paraît avoir été plus étendu à ses extrémités : du côté d'Yverdon sur-tout, il semble avoir couvert une vallée de deux lieues & demi, basse, unie, fertile, qui n'est en aucun endroit élevée de plus de 27 pieds au-dessus du niveau du lac, & dont le terrein est mêlé de couches de limon & de feuilles, mêlés de coquillages semblables à ceux qu'on trouve dans le lac, dont l'étendue diminue sensiblement encore de nos jours. Le *lac de Bienne* ou de *Nidau* est long de trois lieues & demi, large d'une, entretenu par la *Thiele*, qui n'en sort que pour se jetter dans l'Aar qui coule à quelque distance

DE LA SUISSE.

il est fort poissonneux, sur-tout en un petit poisson nommé *heurling*, (locataire). Ses rives sont fertiles, ornées de côteaux couverts de vignobles ; il a, presque dans son milieu, deux isles : l'une appellée *St. Pierre*, (& c'est la plus grande) renferme un bois charmant, des vignobles & des prairies. Les lacs de *Morat*, de *Thun*, de *Brientz* & de *Halwyler* sont après ceux-là les plus considérables. Les *Alpes* bordent ce canton dans une étendue de plus de 30 lieues ; ce nom celtique signifie probablement *hautes montagnes*, ou *montagnes entassées* : telles sont leur hauteur que du centre du pays de Vaud, on voit encore leurs cimes dorées par le soleil, trois quarts d'heures après son coucher ; là on trouve des vallées profondes, & des chûtes d'eaux surprenantes ; on y sort d'un lieu charmant où les moissons & les vignes prosperent, & dans un instant on se trouve au milieu d'affreux abîmes ; d'une main on peut cueillir des fleurs, & de l'autre de la neige & de la glace : sur leur penchant, à leur sommet, on trouve de petits lacs agréables & remplis de poissons. Les vents y sont rapides & changeans, les tonnerres affreux ; sur leur sommet on voit des volcans, à leur pied des carrieres, des mines, des forêts qui s'élevent & les couvrent : les pâturages y font produire un lait semblable à la crême qu'il donne ailleurs. Leurs habitans ont des mœurs pures & attrayantes pour l'homme sensible : là, on s'exerce encore à la lutte, à la course, à différens jeux ; là, on entend des concerts intéressans, & on donne des festins champêtres. Parmi les phénomènes effrayans que ces montagnes présentent, on doit compter les avalanches que les habitans distinguent en *Windlauen* & en *Schlaglauwen*, selon qu'elles sont formées par le vent, ou l'effet insensible de la chaleur & du tems. Les premieres sont moins dangereuses, parce qu'elles sont plus légeres : les dernieres s'accroissant dans leurs pesantes chûtes, s'avancent avec un bruit effrayant, semblable à un tonnerre éloigné, absorbent & entraînent dans une course précipitée des rochers, des maisons, des troupeaux & leurs pasteurs des forêts quelquefois entieres : l'homme qui ne peut leur échapper se jette à terre, la masse passe quelquefois sur lui sans le toucher ; quelquefois il y demeure enseveli, & souvent on le retrouve vivant encore cinq ou six jours après. Si l'on veut atteindre le haut de ces monts, on marche longtems, bientôt on se flatte d'avoir atteint le sommet quand de nouvelles terrasses entassées les unes sur les autres ou des vallées serpentantes se présentent à nos yeux : ici, les rayons du soleil rassemblés par les rochers ou même par les glaces, font éprouver une chaleur extraordinaire ; là un air vif & froid vous glace. L'hyver & l'été s'y succédent rapidement d'un jour à l'autre.

Nous avons parlé du *Jura* : il se divise en deux branches, dont l'une se termine dans le Frickthal près de Rhinfelden, & l'autre s'étend entre la Lorraine & l'Alsace jusqu'au Luxembourg. Diverses parties de cette chaîne ont des noms particuliers. Celle qui a le nom de *Bossberg* se termine par des collines dans le comté de Bade, après avoir suivi le cours de l'Aar. Les anciens historiens font du Jura la borne qui sépare les Helvétiens des Séquaniens. Le *Jurat* ou *Jorat* qu'il ne faut pas confondre avec le Jura, naît près des Alpes au-dessus de Vevey, & se termine à l'embouchure de la Broye dans le lac de Neufchâtel.

Ce pays est bien cultivé, & le serait davantage s'il était aussi peuplé qu'il peut l'etre. On y compte 31 villes grandes ou petites, & 1300 bourgs ou villages

ges, sans y comprendre ceux que Berne possede en commun avec Fribourg. Le nombre de ses habitans est estimé, selon les uns à 340000, selon les autres à 400000. On parle françois dans le pays de Vaud, ou pays Roman, qui fait partie de ce canton. Par-tout ailleurs l'allemand est la langue naturelle. Les chevaux, le fromage, la toile de lin, de chanvre & de cotton, des étoffes de laine sont les objets qu'il envoie au-dehors. Il sort annuellement du canton 10000 pieces de toiles de lin, & 3000 de chanvre, dont la plus grande partie va à Lyon, mais on en achete la matiere. Il y a aussi à Berne des manufactures de soie, & principalement en étoffes & bas de couleur; on y fait de la vaisselle de terre blanche & des fourneaux: dans la partie occidentale de ses montagnes, on travaille en horlogerie & en pierres fausses. L'on frappe des ducats à Berne, & des pieces d'argent, les plus communes sont des *zehen*-batzner ou 10 batzs, des *funf*-batzner ou 5 batzs, & des *halbe-funf* batz, ou 10 creutz. La premiere équivaut à 30 s. de France: le *bern-crone* vaut 25 batz, ou 3 livres 3 quarts de France. Le *bern-pfund* ou livre de Berne équivaut à 7 batz & demi, ou 1 livre 2 s. 6 d. de France.

Tout le canton est de la religion réformée; on n'y trouve de catholiques romains que dans le Trickthal. Dans le pays Allemand, les églises sont divisées en huit chapitres ou synodes, qui sont Berne, Thun, Burgdorf, Nydau, Büren, Largenthal, Arau & Bruck ou Lenzberg, qui chacun ont un doyen élu par le sénat, & d'autres officiers qui s'assemblent annuellement pour regler les objets qui les intéressent. Dans le pays de Vaux, les églises sont partagées en cinq classes qui sont Morges, Lausanne, Yverdon, Payerne & Orbe.

Le canton s'unit à ceux d'Uri, de Schwitz, d'Unterwalden, en 1353, & c'est dès-lors qu'il est compté parmi les membres de cette ligue. Sa puissance l'y fait tenir le second rang; l'étendue du pays soumis à sa domination s'est accru insensiblement par des achats, des conventions & des conquêtes: son gouvernement est aristocratique. Ses revenus proviennent des rentes des sommes placées chez les autres nations: par exemple, en 1764, l'Angleterre lui devait 460000 livres sterlings, la Saxe 860000 livres; ce que le Dannemark, la Sardaigne, Vienne & le Wurtemberg lui redevaient, montait à des sommes considérables; en 1770, on estimait toutes ces sommes à quatre millions & 750 mille rixd. Ces revenus sont formés encore du produit des péages, qui dans le seul pays de Vaud monte à environ 30 mille rixd., dans ceux du commerce du sel dont il se débite 85000 quintaux dans le pays, dans les dixmes, censes, lods, biens domaniaux, & quelques autres impôts, principalement sur la vente du vin, les admodiations, les postes, &c. On estime que le trésor public monte à 2,300,000 rixd. Berne, non-seulement n'a point de dettes, mais s'est fait une loi de n'en point contracter: ses dépenses sont à-peu-près égales à ses revenus.

Un conseil de guerre qui siège dans la capitale y ordonne les revues annuelles; elles sont composées de tous les habitans du pays, depuis l'âge de 16 jusqu'à 60, qui chaque année s'assemblent & s'exercent. La milice forme 21 régimens d'infanterie de 2400 hommes chacun, divisés en deux bataillons de six compagnies, & quatre régimens de dragons, chacun de dix compagnies ou cinq escadrons. Les compagnies sont formées de 218 hom-

DE LA SUISSE. 351

es : chaque habitant doit avoir ses armes & son
quipage. Parmi la cavalerie est encore un regiment
e cuirassiers entretenus par les vassaux : chacun
oit leur fournir les chevaux & les armes ; toutes
es troupes ont leurs enseignes, leurs officiers,
urs devoirs déterminés, & leurs lieux d'assemblée.
es chefs, les colonels, sont choisis dans le grand conseil
e Berne. En temps de paix, il n'y a point de général
ésigné ; mais le premier des officiers est alors le
résident du conseil de guerre. Il y a encore trois
ompagnies de canonniers & une de bombardiers,
hacune de 100 hommes : l'arsenal de Berne est
ès-bien pourvu de petites armes & d'artillerie, &
en est beaucoup encore dispersée dans les bailliages.
n temps de paix, Berne n'a point de troupes sur
ied, excepté 360 hommes avec leurs officiers qui
eillent aux portes de la ville, & 100 hommes sous
s ordres d'un lieutenant & de trois bas officiers
ans la forteresse d'Arbourg.

Une chambre de recrues formées de deux mem-
res du petit-conseil & de cinq du grand-conseil a
nspection des levées de guerre pour les puissances
trangeres, & sur leur licentiement pour en prévenir
s abus.

Les baillifs qui gouvernent les sujets de l'état,
ivent dans leurs bailliages aussi long-temps que
ur office dure, & ils y ont un lieutenant, des
sesseurs, un sécretaire ; le terme de leur office est
e six ans. Ils rendent la justice, ils veillent à ce
ue les loix soient observées, & à ce que personne
e soit lésé : ils sont les chefs militaires du district
ui leur est confié, & les œconomes des rentes du
sc : ils sont choisis par le sort, ils rendent compte
haque année des finances, qui est la chambre des
annerets.

1. BERNE, *Arctopolis*, est située au bord de l'Aar qui l'environne de trois côtés, & en fait une presqu'île : vers le pont de pierre sur lequel on passe le fleuve, elle est étroite & ne forme qu'une rue qui monte ; mais elle s'élargit ensuite & s'applanit, forme deux rues, puis trois, & enfin en a cinq dans sa largeur. Sur la hauteur est une belle plaine d'où, des deux côtés on voit couler l'Aar dans un lit profond & rapide : au couchant elle est fortifiée par des murs, des fossés & des remparts. Les rues y sont larges ; celle qui va d'une porte à l'autre, est arrosée par un ruisseau, qui nettoie & présente des secours pour les incendies. Ses maisons sont bâties en pierres, excepté celles de quelques quartiers reculés, d'une architecture assez uniforme, bordées de portiques trop écrasés pavés de grandes pierres plattes, ornés de boutiques, sous lesquels on va d'une extrémité de la ville à l'autre, à couvert de la pluie & de la neige. Les rues mêmes sont pavées de cailloux, & ornées de fontaines : sa grande église, fondée en 1421, a un beau clocher demeuré imparfait, d'où la vue s'étend au loin dans la campagne : sa grande porte a un large vestibule, où le dernier jugement est représenté en relief : à côté est une terrasse, la plus belle de Berne, ornée de plusieurs rangs d'arbres & de deux pavillons : près de là était autrefois un chapitre de chanoines. L'église des dominicains près de laquelle était un couvent de cet ordre rappelle l'histoire des jacobins, qui furent brulés dans son voisinage en 1509 : ce couvent a été changé partie en un hôpital, partie en une maison de correction ; dans le cloitre de l'église, on a fait une espèce de collège de musique : on l'appelle aussi l'église Françaife, parce que la communauté Française

çaife s'y affemble. L'églife de Nydeck eft à une extrêmité de la ville, & eft devenue paroiffiale en 1721. L'églife des Cordeliers a été abattue, mais leur couvent reparé, a été changé en un gymnafe académique, où huit profeffeurs enfeignent les langues & les fciences néceffaires à des pafteurs. Là eft la bibliothéque, enrichie de différens manufcrits, d'un cabinet de raretés, & des tableaux de plufieurs grands hommes; on y conferve des tapis magnifiques, brodés en or, avec les armoiries de Charles le Hardi, duc de Bourgogne: ce font les reftes de fa tente. Berne a une fociété œconomique, une école latine dans laquelle demeurent 16 jeunes gens fous la conduite d'un inftituteur. L'arfenal eft un très-grand bâtiment, où l'on peut armer plufieurs milliers d'hommes: l'hôpital a été rebâti à neuf en 1742, il eft confidérable, riche, & a fon églife: le magafin des blés eft très-vafte, bâti tout en pierres, & fut élevé de 1711 à 1716. La ville eft partagée en 4 quartiers, qui font ceux des boulangers, maréchaux, bouchers & tanneurs, dont les abbayes & communautés font préfidées par les quatre bannerets; chacun des bourgeois de Berne eft obligé de fe faire infcrire dans un corps ou communauté de métiers, qui font au nombre de treize, quatre intérieures, neuf extérieures. En 1764, Berne avait encore 274 familles patriciennes, & 1692 bourgeois.

C'eft le grand-confeil, qui y jouit du fouverain pouvoir: tous les collèges de l'état font réunis en lui, fous le nom de *petit & grand-confeil*; ou *d'avoyer, confeil & bourgeois de la ville & république de Berne*. Il fait les loix & les revoque, juge de toutes les affaires intérieures évoquées devant lui, donne aux autres tribunaux leurs pouvoirs, forme des alliances & les renouvelle, fait la paix & la guerre, & juge de la vie ou de la mort. Dans le 13ᵉ. siécle, il était déjà de 200 personnes. Une loi a fixé ce nombre à 299; on attend pour le recrutter, qu'il y ait plus de 80 places vacantes, afin de contenter plus de prétendans, qui doivent avoir 29 ans accomplis pour l'être. Le sénat ou petit-conseil avec les seizeniers l'élisent : l'avoyer préside dans ce conseil assemblé, & les sénateurs y ont des places distinguées; chaque membre peut y faire des propositions, & toute proposition doit être soumise aux suffrages.

Le grand-conseil s'assemble assez souvent trois fois par semaine; le sénat l'est presque tous les jours : tout ce qui se porte dans le premier, a déjà été examiné dans le second : celui-ci pourvoit aux affaires de la police, dispose des charges ecclésiastiques, des places subalternes de justice & de police, juge en derniere instance des procès criminels de tous les sujets. Pour en être membre, il faut l'avoir été dix ans du grand-conseil; ils s'élisent par un mélange combiné du choix & du sort, qui s'oppose aux brigues. Il est composé des deux avoyers, des deux tréforiers, des quatre bannerets ou tribuns, de 17 conseillers, & de deux conseillers secrets, qui selon la date de leur élection succédent aux places vacantes dans le sénat : ces deux conseillers veillent dans les délibérations des conseils, pour qu'il ne s'y passe rien de contraire à la constitution du gouvernement. S'il s'éleve quelque abus, c'est par eux que le grand-conseil en fait proposer la reformation : tous ces membres des conseils, & les premiers magistrats, comme les charges subalternes, sont soumis à un examen, à une réélection, qui se fait dans la semaine sainte de pâques. Le sénat nouvellement confirmé demande au grand-conseil une nouvelle lettre de protection, & c'est par cette démarche, que le premier reconnait qu'il doit son pouvoir au second.

Deux avoyers président dans les conseils; cette charge est à vie par le fait, mais le conseil souverain peut cependant les déposer : ils alternent tous les ans, dans les fonctions de leur dignité. L'avoyer regnant siège avec un habit particulier, sur un trône élevé : il n'a point de voix, mais il décide quand les voix sont également partagées. Des deux trésoriers ou questeurs, l'un est pour le pays allemand; c'est la troisieme personne de l'état par son rang, & il ne peut l'être que pendant six ans : l'autre pour le pays de Vaud, suit par son rang les banerets, qui sont au nombre de quatre, & ne sont en charge que pour quatre ans : ils forment la chambre économique ou conseil des finances, & sont présidés par l'un ou l'autre trésorier, suivant le département auquel se rapportent les affaires. Joints aux deux conseillers secrets, & présidés par l'avoyer hors de charge, ils forment le conseil secret.

Les principaux collèges de l'administration qui suivent ceux-là, sont le conseil de guerre, formé par l'avoyer hors de charge, quatre membres du petit, & huit membres du grand-conseil; la chambre des appellations Allemandes, qui juge tout appel civil en derniere instance, quand l'objet du procès n'excéde pas la valeur de 2250 livres de France; si l'objet va au-delà de cette valeur, c'est le deux-cent qui décide : la chambre des appellations romandes juge en dernier ressort pour le pays de Vaud. La direction des blés, des forêts, de la ferme des sels, l'intendance de la police, celle des bâtimens, celle des péages & chemins, le conseil de commerce, celui de santé, tous ces départemen[s] & d'autres encore, forment des commissions séparées, présidées par un membre du sénat, & chargée[s] d'exécuter les ordres souverains dans leur ressort ou de discuter les matieres qui leur sont proposées pour rapporter aux conseils supérieurs leurs avis & les motifs qui les fondent. Cette méthode d'examiner les objets est lente, mais sûre.

Nous ne devons pas nous étendre davantage su[r] ce sujet; nous nous bornerons à parler d'une institution singuliere & particuliere à cet état. C'es[t] l'assemblée des jeunes citoyens, qui peuvent aspire[r] dans les conseils, mais qui n'y sont point encor[e] parvenus. Ils forment un petit & un grand-conseil[,] ont des avoyers, des trésoriers, des bannerets qui sont comme une image de ceux qui gouvernent[:] en effet ils distribuent des bailliages, qui prennen[t] leur nom d'anciens châteaux détruits, dont le plu[s] considérable est celui de Habsbourg. Ils ont leur[s] jours d'assemblée, leur élection, leur réélection[,] leurs droits, leur garnison comme les magistrat[s] réels; ils ont l'espérance de parvenir un jour au[x] emplois, & ils se forment à les exercer. C'est c[e] qu'on appelle l'*état extérieur*.

Les voisins des Bernois leur reproche de la hauteur, ils les accusent d'oublier quelquefois que l[a] grandeur d'une république, est dans son union ave[c] toutes celles qui forment la confédération, no[n] dans elle-même; mais ils leur accordent des grande[s] vertus, & sur-tout beaucoup de patriotisme.

Le sol sur lequel Berthold V. duc de Zeringuen bâtit Berne en 1191, était un fief immédiat d[e] l'empire : destinée à servir de retraite à la petit[e] noblesse, que les grands vassaux de l'empire opprimaient, il eut plus d'égard à la force naturelle[,] qu'à la beauté de la situation : elle n'est pas dans un pays abondant, il n'est fertile qu'à force d'industrie & de travail; c'était une colline dont il fit une espèce d'île, en coupant d'un ravin profond, l'espace que l'Aar ne baignait pas de ses eaux. Une forêt la couvrait, & à son extrêmité orientale, il y avait une maison de chasse nommée *Nydeck* : c'est là qu'il plaça sa colonie d'abord faible & isolée; mais qui devint bientôt par sa sagesse & des victoires une république puissante. L'empereur Frédéric I, lui donna des priviléges considérables : en 1528 la réformation s'y établit. L'ambassadeur d'Angleterre demeure à Berne.

Autour d'elle sont les quatre paroisses de *Bolligen*, *Stettlin*, *Vechingen*, & *Muri*, les premieres & les plus anciennes sur lesquelles Berne ait étendu sa jurisdiction. C'est pour cette raison, qu'ils dépendent des cours de justice de la ville, & du banneret de l'abbaye des bouchers : chacune a un bourguemestre. Dans la ville & ses environs, il y a peu de manufactures : on ne s'occupe qu'à y former des militaires, ou des magistrats. Les commerçans qu'on y trouve, sont presque tous étrangers; le luxe y fait de grands progrès : on y est plus frivole, mais on y est aussi plus tolérant.

II *La jurisdiction des quatre Bannerets composée de quatre bailliages intérieurs.*

Seftingen, bailliage, (Landgericht) qu'administre le banneret établi sur l'abbaye ou tribu des boulangers. Il doit son nom à un village où l'on voit un château. On y compte huit paroisses & huit seigneuries. Dans les premières, nous remarquerons *Gerfensée*, village & château au pied du mont de Belp,

& au bord d'un petit lac poiſſonneux ; les bains de Blumenſtein, les carrieres de tuf remplies de végétaux incruſtés qui ſont à Toſſen : dans les ſecondes celles de *Ruggisberg*, parce qu'elle eſt libre. Il y avait un prieuré de l'ordre de Clugni.

Sternenberg, bailliage adminiſtré par le banneret de l'abbaye des maréchaux. Son nom vient d'un château ruiné : il renferme ſix paroiſſes & la ſeigneurie de *Buinplir*, où l'on a trouvé un pavé à la moſaïque. Dans ſon enceinte était le château de *Bubenberg*, ſitué ſur une montagne, & qui fut le berceau d'une ancienne famille noble qui n'exiſte plus.

Zol'ikofen, ſoumis à l'adminiſtration du banneret de l'abbaye des tanneurs, prend ſon nom d'un village près de l'Aar ; on y compte quatre ſeigneuries & dix paroiſſes, dont l'une eſt celle de *Bremgarten*, ſituée ſur l'Aar, auprès de laquelle eſt un château. A *Himdelbank*, on admire le tombeau de Jerôme d'Erlach & celui de Me. Langhans, chef-d'œuvre du ſculpteur Nahl.

Conolfingen dépend du banneret de l'abbaye des bouchers, renferme huit paroiſſes & pluſieurs ſeigneuries. Le village de *Manſigen* fut autrefois une petite ville. *Enggiſten* a des bains fréquentés.

III. LE PAYS ALLEMAND.

C'eſt la partie de l'état de Berne où l'on parle allemand : quelques-uns des bailliages qui le compoſent appartenaient à des couvens ; les autres furent toujours ſoumis à des magiſtrats ſéculiers.

Schenkenberg & *Wildenſten*, bailliage formé de deux ſeigneuries. La premiere fut conquiſe par les Bernois en 1460, & elle leur fut cédée en 1499. La ſeconde fut achetée en 1720. Depuis ce tems le bailli lif réside dans le château de Wildenften. Ce petit pays eſt ſitué dans l'Argau, ſur la rive ſeptentrionale de l'Aar; le *Boſsberg* y eſt renfermé, & il touche au canton de Bâle & au Frickthal. Il eſt aride, ſemé de mines de fer qu'on nomme *bohnerzt*, mine de fer en grains qui eſt excellent. On y trouve encore, dans le rocher près de Mandach, une multitude de pierres figurées, de belemnites, de cornes d'ammon, &c. On y cultive du grain, & recueille du vin: on eſtime celui de *Thalheim*, joli village au pied de la hauteur où eſt ſitué le château: les payſans y ſont pauvres, & c'eſt une des contrées que poſſede le canton la moins favoriſée de la nature.

Caſtelen eſt ſitué au-deſſous du précédent, & comme lui dans l'Argau. C'eſt une ancienne ſeigneurie achetée par les Bernois en 1732. Le château qui lui donna ſon nom eſt ſitué dans une vallée: on y compte quatre villages; il ne faut pas confondre celui de *Schinznach* avec un autre de ce nom dans le bailliage de Kœnigsfelden. Ce pays eſt peu fertile.

Biberſten, bailliage acheté en 1535 de l'ordre de St. Jean dont il était une commanderie. On y compte deux villages paroiſſiaux, & le bourg qui lui donne ſon nom: il a un château où réſide le baillif: les campagnes ſont peu fertiles en grains; elles donnent un vin très-médiocre; mais elles renferment d'excellentes mines de fer, de l'albâtre & du marbre.

Konigsfelden, bailliage où furent autrefois deux couvens, l'un de freres mineurs, l'autre de Ste. Claire, qui furent enrichis, ſur-tout par la confiſcation des biens des aſſaſſins d'Albert I. Le dernier ſur-tout acquit différens biens. Tous les deux furent ſécularifés en 1528; & leurs revenus ſont employés à nourrir des pauvres & des imbéciles, à payer des paſteurs, à aider les paſſans. Dans l'égliſe de l'ancien

Z iv

cloître étaient des tombeaux de diverses personnes de la maison d'Autriche, dont les ossemens ont été transportés dans l'abbaye de St. Blaise. Dans l'enceinte de ce bailliage, on voit *Windisch*, village au confluent de la Reuss & de l'Aar, rivieres rapides & profondes : il conserve le souvenir de l'ancienne *Windonissa*, ville grande & florissante, rempart des Romains contre les Allemands, placée sur une hauteur, qui eut un évêque, & fut détruite par Théodebert, roi d'Austrasie, en 611. Les ruines qu'on y trouve attestent son ancienne grandeur : tout l'espace entre *Windisch* & *Altembourg* en est semé : on y a trouvé des inscriptions, des médailles, des restes d'aqueduc : l'eau qui est conduite à *Kœnigsfelden* l'est par des restes d'un ouvrage romain qui passe par le vaste champ de *Birnfeld*. *Altembourg* est un château sur l'Aar qui donna son nom à des comtes. *Bruneck*, ruines d'un château qui donna son nom à une famille noble, & qui sert aujourd'hui de signal : *Habsbourg*, vieux château sur une hauteur près de l'Aar, à une lieue de *Bruck* : il a encore une haute tour sur laquelle on monte par 75 degrés, où un concierge entretient un signal, & d'où la vue s'étend au loin sur les bailliages libres, la Forêt noire, &c. Vers l'an 1027 Werner, évêque de Strasbourg le bâtit. Son neveu Werner fut le premier comte de Habsbourg, & devint la tige de la maison d'Autriche. Au pied de ce château sont les bains de *Schinznach*; leurs eaux sont salubres, leur situation très-agréable ; on s'en sert avec succès pour les rhumatismes, les blessures, les vieux ulceres : leur chaleur est de 28 degrés au-dessus du terme de la glace dans le thermomètre de Reaumur. On prétend que la source de ces eaux fut autrefois dans le milieu de la montagne de Habsbourg, & qu'alors elles étaient bouillantes ;

deux fois perdues, autant de fois retrouvées, elles le furent en 1692 dans le lit même de l'Aar, dont aujourd'hui une digue seule les sépare. On trouve dans ces eaux un acide volatil, un autre plus fixe, du sel lixivieux, du sel commun, du sel de glauber, de la terre, du fer & du soufre.

Lenzbourg est le plus grand bailliage du canton. Ce fut autrefois un comté qui passa par héritage à la maison d'Autriche sur laquelle les Bernois la conquirent. Elle le leur céda en 1418. On y compte vingt paroisses, six seigneuries & quatorze justices inférieures. Le baillif réside dans le château de Lenzbourg. On a trouvé près du village de *Culm* des antiquités qui persuadent qu'il y eut autrefois une ville.

Gundischweil, dans la vallée de Culm, ayant jadis des eaux minérales très-recherchées qui se sont perdues. La baronnie de *Hallweiler* était autrefois presqu'indépendante; elle a cessé de l'être, mais elle est toujours considérable: le lac de ce nom lui appartenait pour la plus grande partie; & il a deux lieues de long, une de large, il reçoit l'Aar & le laisse ensuite échapper, il est très-poissonneux, & abonde sur-tout en *hœglinge*, poisson recherché. Ce bailliage n'est presque qu'une vaste plaine, & embrasse la moitié la plus riche de l'Argau: elle est fertile en grains, abondante en pâturages, & produit encore du vin. Après la moisson, on sème des raves pour les bestiaux, & on y cultive le colsat pour en exprimer l'huile qui sert pour l'usage des fabriques. La population y est considérable; les familles pauvres s'entretiennent de la filature du coton; mais ce commerce trop sujet aux révolutions, y occasionne souvent la misère, & dégoûte cependant de l'agriculture. On y travaille aussi des toiles de lin & de chanvre; d'autres fabriques encore y prospèrent. *Lenzbourg* est une ville libre dont nous parlerons ailleurs.

Zoffingen, bailliage formé des biens d'un collège de chanoines, fondé en 1242, dans la ville de Zoffingen. Il fut sécularisé en 1528, & ses revenus employés à l'entretien des pasteurs & des pauvres. Le baillif a le titre de gouverneur; il l'est des bailliages libres quand Berne y nomme : il réside à Zoffingen, mais n'y a aucune jurisdiction. Ce bailliage renferme une grande forêt de sapins, dont quelques-uns ont plus de 200 pieds de haut.

Aarbourg, bailliage situé encore dans l'Argau. Il fut acheté en 1415 de Jean de Kriegg à qui la maison d'Autriche l'avait engagé. Le canton est là resserré entre ceux de Lucerne & de Soleurre, & n'a qu'une lieue de large. La ville est petite & sur la rive droite de l'Aar qui y reçoit le Wiger. Le château élevé sur un roc, a des casemates à l'abri des bombes, un bon puits & des remparts élevés. Le chef de sa petite garnison est le baillif. Sur l'autre rive de l'Aar est un grand rocher escarpé, très-haut & couvert de bois & de broussailles : de là, on jouit, sur-tout vers le sud, d'une vue admirable : on y découvre une longue chaîne des Alpes, & c'est de là qu'en mesura la hauteur un citoyen de Geneve, aussi célèbre que malheureux*. La ville sépare le bas Argau du haut. Son bailliage renferme encore quatre villages.

Bipp, était autrefois un comté nommé dans de vieux titres de l'abbaye de Munster, *Comitatus Pipensis*, & on prétend que Pepin, maire du palais, bâtit le château & lui donna son nom. Différentes maisons le possèderent. *Ego de Kybourg* céda ses droits & sa part de ce pays aux cantons de Berne & de Soleurre. Léopold d'Autriche leur céda les siens

---

* *Micheli du Crest.*

un an après. Les deux cantons se partagerent le pays en 1463 ; Soleurre eut Bechbourg, Berne eut Bipp, & l'aggrandit par un achat en 1508. On y voit quelques monts riches en pâturages & beaucoup de bestiaux : on y fait des fromages. *Bipp* est un château sur un roc élevé & là réside le baillif. *Wietlisbach* est une petite ville : le haut & le bas *Bipp* sont deux villages paroissiaux.

Wangen fut aussi un comté, que la famille Grimm de Grunenberg vendit à Berne en 1407. Il prend son nom d'une petite ville, au bord de l'Aar, où était un prieuré avant la réformation. A *Herzogenbuchsée* était un demi collège de chanoines qui dépendait de l'abbaye de St. Pierre dans la Forêt-noire, abbaye qui a vendu tous ses droits à Berne en 1557. Ce village est beau, grand, & parait ancien ; car on y a trouvé plusieurs antiquités romaines & un pavé à la mosaïque. *Langenthal*, grand bourg arrosé par le ruisseau de *Langethen* ; ses environs sont fertiles, & sa situation belle & commode pour le commerce avec la France & l'Allemagne : il a trois foires très-fréquentées, & on y commerce en toileries & en fromages. Il s'y vend annuellement beaucoup de fil, & 10 à 11000 pieces de toiles, dont environ 8000 y sont blanchies : ces toiles se répandent même en Espagne & en Amérique. Les toiles peintes, les rubans de fil, les étoffes coton & soie, le chanvre, le lin, les bêtes à cornes, les chevaux, les grains sont encore les objets de son commerce : on y vend chaque année environ 1400 quintaux du fromage de l'Emmenthal : il y a de belles tanneries ; on y teint, on y fabrique des étoffes ; un de ses artistes a inventé un microscope solaire qu'on estime. Le monastere de St. Urbain a des droits sur ce bourg qui parait être fort ancien. Des ruines de murs, d'aqueducs faits à l'antique, des médailles romaines qu'on y trouve le prouvent. Près de lui font des sources minérales soufrées.

Arwangen, donna son nom à une famille éteinte. Berne l'acheta en 1432 de Walter de Grunenberg. Il reçoit son nom d'un château où réside le baillif, & d'un village paroissial; l'un & l'autre au bord de l'Aar, sur lequel est un pont couvert. Ce district renferme cinq paroisses, près de celle de *Melchnau* est un signal sur une tour. A *Wygnau* sur l'Aar, on voit une espece de marais d'où l'on voit sourdre le pétrole.

Landshut, bailliage qui appartient aux comtes de Kybourg, d'où par différens possesseurs, il est parvenu aux Bernois, qui l'acheterent en 1510. Il doit son nom à un château, au bord de l'Emmat, où demeure le baillif: deux villages paroissiaux & trois seigneuries la composent. Le sol est abondant en blés, en pâturages, en bois, & le pays serait riche, si l'agriculteur était moins chargé de censes & de corvées.

Büren, bailliage, ou avoyerie. Il est arrosé par l'Aar, appartient aux comtes de Neufchâtel, puis aux comtes de Nydau, d'où il passa dans la maison de Kybourg, & de celle-ci aux ducs d'Autriche, sur qui Berne & Soleurre le conquirent. Dans le partage, Berne eut la ville de Büren & six paroisses, qui composent le bailliage actuel. *Büren* ou *Byrhon*, qu'on croit être l'ancienne *Pyrenesca*, est petite, jolie, & sur l'Aar qu'on y passe sur un pont, fort haut & couvert: sa situation est agréable; mais ses environs sont souvent ravagés par les débordemens de l'Aar, le Zil est un autre torrent. Le lit du fleuve est si tortueux entre *Dozingen* & *Meyenrier*, que les bateaux employent une heure & demi à venir de l'un de ces lieux à l'autre, espace que les gens de pied franchissent dans un quart d'heure. Le sol y est fertile, & nourrit de bons chevaux.

Nydau, bailliage considérable par son étendue, sa situation & ses productions : on y compte une ville, dix paroisses, & quatre justices inférieures : c'était un démembrement du comté de Neufchâtel, hypothéqué aux ducs d'Autriche, sur lesquels Soleurre & Berne le conquirent en 1388. Le sol est fertile en blés, pâturages, fruits & légumes; les vignes y rapportent beaucoup, mais du vin médiocre. On y éleve des chevaux petits, mais vigoureux; on y trouve de belles carrieres : la Thiele, qui y est navigable, le lac de Bienne, la beauté des chemins, y favorisent le commerce. L'on a joint au bailliage les seigneuries de Gleresse & de Douanne achetées par Berne, mais sur lesquelles Bienne a encore des droits considérables : il renferme dans son enceinte la montagne de *Diesse* ou de *Tessen*, assez haute, & qui forme un vallon long de deux lieues & demie, large de deux; les habitans sont protestans, forment deux paroisses & parlent français : les affaires ecclésiastiques, les criminelles, & une partie des civiles dépendent de Berne; les militaires de Bienne, & l'évêque de Bâle y juge différentes affaires civiles. *Nydau*, est une petite ville, mais jolie : elle a un château, & est sur les bords du lac de Bienne, dans un lieu bas, sujet aux inondations, assez mal sain : ses rues sont larges & propres, ornées de belles maisons, bâties sur pilotis d'un bois incorruptible; au moins, c'est ainsi que le dit Busching. Les villages ont deux noms, l'un Français, l'autre Allemand; *Worben*, a des eaux minerales. *Bellmont*, *Siselen*, *Gottstalt* autrefois *Stadholz*, eurent des couvens. A *Fribey*, l'on a trouvé des antiquités romaines & des médailles l'on croit que c'est l'ancien *Petinesca.* On y trouve encore des restes d'un chemin qui conduisait à Avenches.

Gottstatt, bailliage enfermé dans celui de Nydau formé des biens de deux monastères de Citeaux l'un d'hommes, l'autre de femmes, fondés en 1247 & protégés d'abord par les abbés de Reichenau, & ensuite par ceux de Bellelay. Ils furent sécularisés en 1528 ; le baillif n'a qu'une petite jurisdiction qu'exerçait autrefois celui de Nydau.

Erlach ou *Cerlier*, bailliage sur les bords du lac de Bienne. Il appartint aux comtes de Neufchâtel : les Bernois en conquirent une partie sur la maison de Châlons, parce qu'elle favorisait le duc de Bourgogne, & ils ont acheté le reste de la maison d'Orange. Le sol en est fertile ; on y recueille beaucoup de vins, assez médiocres, disent les Suisses, mais bons, selon Busching : il faut en croire les Suisses : il y a de belles prairies artificielles. *Erlach* ou *Cerlier*, est une petite ville, au pied du Jolimont, sur la rive du lac qui y reçoit le Zyl. Elle a de beaux priviléges, & élit son avoyer & son conseil. Le baillif demeure dans un château sur la montagne. On compte encore trois paroisses dans ce district : on a fait des bains en 1737 dans le village de *Bruttelen.*

Isle St. Jean, (Johannesinsel) fut une abbaye de bénédictins, fondée en 1090 par Ulric de Fenu, entre les lacs de Neufchâtel & de Bienne : sécularisé en 1528, un baillif en administre les revenus, qui sont considérables ; il habite l'ancien cloître situé à l'embouchure du Zyl, dans le lac de Bienne.

Aarberg, bailliage arrosé par l'Aar ; il fut un comté qui parvint au comte Ulrich de Neufchâtel, dont le pere avait fondé la ville d'Aarberg en 1220.

tte maison s'éteignit, & Berne acquit les droits
les héritiers : un bailli le gouverne depuis 1397.
est fertile & agréable. La petite ville qui lui
nna son nom, est dans une île formée par l'Aar :
y entre par deux ponts couverts ; c'est un pas-
ge fréquenté : autour d'elle sont six paroisses.
Traubrunnen, bailliage dont le siège est dans la
le de ce nom, (fons beatæ virginis) sur le grand
emin qui conduit de Berne à Soleurre. C'était
trefois un couvent de femmes de Citeaux, fondé
1246 par des comtes de Kybourg : en 1527 il
changé en bailliage. Là fut battue l'armée de
nuci composée de Normands, de Picards, d'An-
iis, de Français, & une colonne l'atteste : à
nenried, on a découvert en 1605, un vase rempli
1500 médailles d'empereurs & d'impératrices
maines, depuis Galba & Dioclétien : la plupart
it dans la bibliothéque de Berne.
Burgdorf ou *Berthoud*, fut un comté ; mais dans
commencement du douzieme siécle, c'était un
f de l'empire, possédé par les ducs de Zœringuen :
parvint aux comtes de Kybourg, dont les héri-
rs le vendirent à la ville de Berne, qui le fait
uverner par un avoyer pris dans son grand-conseil.
ans ce district on compte six justices inférieures,
17 à 18 villages. *Burgdorf*, est une ville médiocre
ès de l'Emmen, & assez bien bâtie : l'avoyer
meure dans un château élevé sur un roc : du côté
posé sur une hauteur, est une église paroissiale.
ville a de grands priviléges, exerce la justice
iminelle & civile, jouit de revenus fixes, d'utiles
mes & de belles forêts. Elle a un petit & un
and-conseil, sur lesquels l'avoyer préside, & deux
tits bailliages qui exercent la basse justice. On y
it deux hôpitaux & une maison de douanne. Il y

a deux sources minérales dans ce bailliage : l'une [à] *Oberbourg*, l'autre à *Lochbad*. Près de la ville l'Emme tombe du pied d'un rocher d'une haute[ur] prodigieuse.

Ce district joint aux quatre bailliages qui suiven[t] forment la province d'*Emmethal*, occupée par d[es] chaînes de monts & de collines, qui s'abaissent [en] s'approchant de l'Aargau : leurs sommets couver[ts] de neige en hyver, laissent voir les bois qui [les] couronnent : leurs pâturages en été donnent [du] beurre & du fromage excellens : les côteaux so[nt] cultivés, le fond des vallons est embelli par les pr[o-] ductions d'une culture florissante. Le commerce d[es] toiles & des rubans y amene aussi des richesse[s;] c'est là que le paysan est aisé, & qu'il est heureu[x;] on y en trouve qui ont jusqu'à 600,000 livres ; [ce] n'est pas cependant ce qui fait leur bonheur : l[es] maisons sont de bois, mais grandes, commodes[,] propres en-dedans, simples & agréables en-dehor[s,] mais le luxe s'y glisse, & avec lui des mœurs dépr[a-] vées : on y éleve beaucoup de chevaux & de béta[il.]

Brandis, seigneurie qui donna son nom à u[ne] famille noble : Berne l'acheta en 1607. Le châte[au] de ce nom, est sur le penchant d'une montag[ne] d'une hauteur médiocre, & c'est là que demeure [le] baillif. On y compte deux paroisses, & deux justic[es] inférieures. A *Lutzelfluh*, est un pont couvert [sur] l'Emme.

Summiswald, seigneurie que ses possesseurs do[n-] nerent à l'ordre teutonique, à condition d'y entr[e-] tenir un hôpital pour les pauvres & les passans, & [de] le faire desservir par deux prêtres. Berne l'acheta [en] 1698. On y compte deux paroisses : le village [de] Summiswald est grand ; c'est dans le château que [le] baillif demeure.

Trachselwal[d,

Trachfelwald, appartint à des nobles de ce nom : cette seigneurie fut vendue en 1384 ou 1398 à l'ordre teutonique de qui Berne l'acheta en 1408 : elle en fit un bailliage, qu'elle aggrandit dans la suite par différens achats : il est aujourd'hui fort étendu, fertile en pâturages, & riche par l'industrie : on y commerce en bestiaux, on y fait des toiles très-fines de chanvre & de lin. *Trachfelwald*, est un château & un village paroissial. *Hutweil*, est une petite ville, qui jouit de divers droits utiles, a un avoyer, un conseil, des foires de bestiaux : le grand chemin de Berne & de Soleurre à Lucerne y passe & la rend encore commerçante. Elle eut autrefois ses seigneurs particuliers, ses maisons sont de bois; mais elles sont commodes. *Langnau*, est un beau village, qui a des foires très-considérables en chevaux : c'est là que sur une hauteur qui domine sur le village demeure Michel *Schuppach*, homme qui a des connoissances en médecine, qui est humain, juste, qui recherché par des princes, tend avant tout des secours aux pauvres & aux paysans ; mais il faut dire qu'il doit une grande partie de sa réputation, à la singularité de son caractere, & à celle du lieu qu'il habite : la mode étend son empire jusques sur l'art de réparer la santé détruite. *Auf-ltern*, village où est une cour de justice, dont la jurisdiction s'étend sur onze paroisses. *Erifweil*, est dans une vallée étroite. *Trub*, eut un monastère de bénédictins. A *Trubfchachen*, est une manufacture de rubans. A *Tfchangnau*, une fabrique de verre. *Signau*, eut des seigneurs particuliers : cette seigneurie parvint aux comtes de Kybourg. Berne l'acheta en 1399. Il y eut autrefois un prieuré dans le village de Signau : au-dessus est une montagne, sur laquelle est un château où réside le bailif. Ce

pays paraît sauvage, mais il est riche & fertile, &
la culture y est florissante.

Konitz ou *Kunitz*, seigneurie voisine de Berne,
achetée en 1729 de l'ordre teutonique. Le village
de *Konitz* a un château : son église fut d'abord la
paroisse de Berne, qui n'obtint qu'en 1232 le droit
d'en former une particuliere. Le sol y serait peu
fertile, si les besoins & les richesses de la capitale
n'y faisaient prospérer la culture.

Laupen, est le premier bailliage qu'ait possédé les
Bernois. En 1308 ils en acquirent le droit d'avoyerie, & en 1324 tous les droits qui appartenaient
encore à la maison de Strasberg. Ce bailliage s'est
aggrandi par plusieurs achats, tels que la baronnie
d'*Oltingen*, achetée en 1413, la seigneurie de
Biberach en 1502, celle de *Mulliberg* en 1579. À
Munchenweiler, était un prieuré noble. *Laupen*, est
une petite ville, au confluent de la Sannen & de la
Senfe : sur celle-ci, est un pont couvert ; sur celle-là
un pont de bateaux assez curieux. Elle a été une ville
immédiate de l'empire, & jouit encore du privilége
d'élire son magistrat : elle en aurait d'autres encores
si les citoyens savaient lire les actes qui les leur
donnent, ou voulaient les confier à ceux qui le
savent lire.

Frienisberg, appartint à une ancienne abbaye
d'hommes de l'ordre de Citeaux, sécularisée à
réformation. On l'appellait *mons auroræ* : de loin
ses bâtimens paroissent une petite ville. On en a fait
un bailliage ; ses revenus sont employés à payer les
pasteurs, à des fondations pieuses, à des aumônes.
On y compte quatre justices inférieures.

Thorberg, appartint d'abord à des seigneurs de
nom, qui y fonderent une chartreuse, à laquelle
donnerent les revenus de leur seigneurie : elle devi

très-riche des dons de la piété de ses voisins, & fut sécularisée en 1528. Ses revenus servent à nourrir des pauvres, & à la paye de quelques pasteurs. Le château est beau, & situé dans un lieu sauvage : quelques villages en dépendent ; le territoire est fertile en blés.

Buchsée, seigneurie dont les possesseurs fonderent un riche hopital, qui devint une commanderie de l'ordre de St. Jean, selon Busching, & une commanderie de l'ordre teutonique, selon d'autres. Elle fut sécularisée en 1527, & changée en bailliage, dont les revenus sont employés aux mêmes usages que les précédens. Son territoire renferme le village de *Seedorf*, sur les bords d'un petit lac, qui porte son nom.

Thun, comté qui des ducs de Zœringuen, passa aux comtés de Kybourg. Berne le posséda tout entier en 1384 : son baillif a le titre d'avoyer. Le château, & la ville que l'Aar partage, sont dans une situation charmante, près d'un beau bassin formé par un lac de cinq lieues, large d'une, profond, environné des deux côtés d'une chaîne de montagnes, les tempêtes y sont rares ; il est riche en poissons, comme truites, brochets, &c. l'*Alboeh* y était très-commun avant la construction du canal de la Kander, il y diminue tous les jours. Les bords de ce lac sont embellis par des villages, des châteaux, des maisons de campagne, des jardins, des vignobles dont le vin est médiocre. On y voit la caverne de S. Béat, remplie de stalactites & d'autres incrustations ; c'est un antre profond élevé de 100 pieds au-dessus du lac, & divisé en plusieurs chambres : on y jouit d'une vue riante, de beaux arbres en ornent l'entrée ; un ruisseau d'une eau limpide en sort & fait des cascades agréables. Près du lac on soupçonne

A a ij

qu'il y a des mines de mercure : les monts qui l'entourent s'élevent en amphithéâtre : leur sommet est couvert de sapins & de pâturages, & ils laissent entrevoir ceux des Alpes. *Thun* élit son banneret & son grand conseil ; mais les membres du petit sont choisis par le sénat de Berne. Elle a de grands revenus. A *Amsoldingen*, était un college de chanoines, fondé, dit-on, par la reine Berthe. Près de *Steffisbourg*, sont les bains de *Schneitweyer*, dont les eaux sont alumineuses, ils sont négligés aujourd'hui.

Oberhofen, bailliage qui appartint aux ducs d'Autriche ; Berne l'acheta, le vendit, & le racheta en 1551. On y recueille beaucoup de vins, mais médiocres. Le village & le château de ce nom, sont dans une contrée agréable ; ils sont anciens & près de la rive septentrionale du lac. *Stratlingen*, fut une seigneurie dont les Bernois détruisirent le château en 1332 ; il en existe encore une tour : on la croit l'origine de la seconde maison des rois de Bourgogne.

Près de-là, sur le bord du lac, est la ville de *Spietz* c'est une baronnie qui depuis 1516 appartient à la maison d'Erlach. La ville est jolie, a un château de beaux jardins : quelques villages en dépendent. Le ruisseau de Siedemansbach qui y coule, annonce dit-on, aux habitans l'abondance ou la stérilité qui doit suivre.

Unterseen, petit bailliage qui appartint à différentes familles : les Bernois l'acheterent en 140 des comtes de Hohenzollern : la ville est située dans une plaine fertile, entre le lac de Thun & celui de Brientz, & c'est de-là qu'elle prend son nom : elle jouit de divers privileges parmi lesquels est celui de se choisir un pasteur : le climat y tempéré, & y rassemble durant l'hyver les habitans des Alpes. Dans l'enceinte de ce bailliage, est la seigneurie d'*Unspunnen*, & la vallée de *Habkeren*, vallée isolée, étroite, qui appartint à l'abbaye d'*Interlacken* : elle renferme des mines d'argent, de cuivre & de vitriol, différentes terres minérales, grasses & colorées, du spatz & du quartz, des cornes d'ammon minéralisées, &c. On y a établi une fabrique de verre.

Interlachen ou *Interlappen*, bailliage qui fut autrefois un monastere d'augustins, fondé en 1130, & qui acquit des possessions immenses. Berne s'en empara peu-à-peu. L'abbaye fut sécularisée en 1528 & ses revenus employés à l'entretiens des pasteurs, des écoles & des pauvres, dont quelques-uns vivent dans le couvent. La ville est entre deux rochers élevés, dans un beau vallon, entre les lacs de Thun & de Brientz : ce dernier a trois lieues de long, sur un de large : l'Aar le traverse & le joint au lac de Thun ; il est poissonneux, & on y trouve une espèce de harengs nommés *Brientzling*, qu'on vend desséchés à la fumée : il est environné de montagnes escarpées & sauvages. Le village de *Brientz* donne son nom à des fromages qui viennent pour la plupart de la vallée de Hassli : ce bailliage renferme aussi le *Kienholz*, lieu où Berne s'allia aux trois cantons, & où doivent se décider les contestations élevées entre les confédérés. Là s'étend à droite la longue vallée de *Lauterbrunn*, célebre par la beauté de ses glaciers, par les mines de fer qui y sont établies, & par une terre noire si fine qu'on peut s'en servir comme d'encre de la Chine : elle se termine au pied des vastes glaciers de la pucelle (*Jung-frau*) une des pointes les plus élevées des Alpes, plus élevée même que le St. Gothard, que Michely du Crest a fait bien plus haut qu'il n'est. C'est dans ce vallon qu'est le *Staubach*, ruisseau que les pluies changent en torrent, & qui forme une chute perpendiculaire de 1100 pieds. A gauche, est le vallon élevé du *Grindelwald*, d'où l'on voit s'élever les cimes blanchies du *Schreckhorn*, du *Wetterhorn*, du *Viescherhorn*, du *Mettenberg*, de l'*Eiger*, du *Nadlen* : il offre au milieu des horreurs d'un desert, une colonie d'hommes simples & qui paroissent heureux ; placée dans un bassin ouvert, entourée d'un sol fertile & cultivé. On y trouve des marbres d'une grande beauté, de l'ardoise, d'autres minéraux ; des masses énormes de glace, parmi lesquelles est un glacier, qui porte son nom : il forme une vallée large de 500 pas, qui présente entre des montagnes bleues, des glaces azurées, que les étrangers viennent admirer : vis-à-vis est l'église, entourée d'une petite plaine, qu'arrose le blanc *Lutschenen* qui se joint à d'autres ruisseaux, & va se jetter dans le lac de Brientz. La richesse de ce lieu est dans ses pâturages : on y nourrit annuellement 4590 pieces de bétail. A l'extrémité du lac de Brientz, s'étend un vallon jusqu'au Grimsel qui le termine : il a environ dix lieues de long : c'est ce qu'on appelle le pays de *Hassli*. L'Aar & d'autres ruisseaux l'arrosent & le ravagent, l'air y est froid, le sol peu fertile, les habitans assez pauvres ; mais ils ont des mœurs & un idiome qui leur sont particuliers ; ils prétendent descendre des anciens Goths : soumis à différens maîtres dont ils eurent peu à se louer, ils se donnerent aux Bernois, qui leur conserverent ou leur donnerent différens priviléges. Ils sont nombreux, robustes, bien faits & pleins de courage : le laitage est leur nourriture commune ; la viande & le pain ne sont que pour ceux qui vivent dans l'aisance : la laine de leurs brebis les habillent ; ils commercent en fromages, en chevaux & porcs, cultivent un peu de froment, d'orge, de chanvre, recueillent quelques fruits & des racines : il leur faudrait du sel, plus d'industrie, moins de luxe, & ils feraient heureux. Leur *Landamman*, est élu par le conseil souverain de Berne, mais il est pris parmi eux; quoiqu'il soit soumis à l'inspection du bailli d'Interlaken, il a lui-même l'autorité d'un bailli. Ce pays renferme de beaux pâturages, & on y trouve des ardoises, une terre à porcelaine, des spats colorés, des mines de fer, mais sulfureuses, remplies de cornes d'ammon, une terre bolaire très fine utile aux peintres, des mines de cryftal très-riches, & on y en a vu une piece du poids de près de 700 livres, dont on estima la valeur à 30000 rixd. On y voit de belles cascades : le chamois vit dans ses montagnes, & divers oiseaux de proie y font leur nid. Le Grimsel ou Grimslen, la sépare du Valais, qui ainsi que la Furka, faisait partie des Alpes Lépontines, & sur lequel est un chemin escarpé, praticable en été, mais toujours dangereux; taillé en serpentant dans le rocher, muni de petits murs; il est joint d'un rocher à l'autre par de petits ponts que le peuple du Hafsli entretient à ses frais; il envoye aussi dans l'hospice qu'on y a rétabli quelques hommes, qui prennent soin des voyageurs, les guident, & n'en reçoivent que ce qu'ils veulent donner; ils y laissent quelques provisions lorsque les neiges de Novembre les forcent de se retirer de leur demeure : la Suisse entiere contribue pour cet établissement. De l'hospice ou hôpital, vers le sud, s'étend une vallée de glace de deux lieues, qui tournant avec la montagne, en forme une autre longue de six, qui se termine au Schreckhorn. C'est de-là, que sort l'Aar, qui traverse trois vastes glaciers, dont le dernier est un long pont de glace, qui remplit une vallée de sept lieues, & sous lequel coule l'Aar avec un grand bruit. Parmi les villages de cette vallée, on peut remarquer celui de *Hassli*, qui lui donne son nom; *Guttanen*, traversé par l'Aar, où est un péage pour servir à l'entretien des chemins & des ponts : de ce village près duquel est une mine de plomb, à l'hospice du Grimsel, il y a quatre lieues dans un pays absolument désert. Ce lieu paraît devoir son nom aux forêts de sapin qu'on y trouve, & qui reçoivent de grands dommages des avalanches de neiges, qui y sont assez fréquentes. *Meyringen*, est un bourg, où demeure le premier magistrat du pays ; il a un arsenal. *Bruningen*, village sur la montagne de Brunig, sur le chemin qui conduit à Unterwald. Sur la haute & sauvage montagne d'*Engstlen*, est un petit lac qui en a pris son nom, d'où coule l'*Engstlenbach* ou le *Gentelbach* qui se rend dans l'Aar. Près du lac sort de dessous le rocher, une eau limpide & chaude ; c'est l'*Engistlenbrun* : elle coule vers le soir & s'arrête le matin.

Froutiguen, bailliage ou châtellenie ; c'est un vallon large & fertile, vers la partie voisine de Thun mais qui se resserre & devient sauvage en s'élevant vers les montagnes : il a la forme d'un Y, la branche qui est vers la gauche, est arrosée par la Kander ou Kandel ; celle à droite l'est par l'*Engstlen* ; les deux torrens se réunissent près du bourg de *Froutiguen* : il est beau & ancien. Sur une hauteur voisine, est le château de Tellenbourg ; entre lui & le bourg, sont des bains d'eaux soufrées. *Adelboden* est un village paroissial dans une vallée sauvage mais riche en pâturages, où l'on trouve une fontaine d'eaux sulphureuses, & une mine de cuivre assez abondante. *Mullinen*, fut une ville, & n'est plus qu'un grand village, qui dépend de la paroisse de *Reichenbach*. Ce pays a eu ses barons ; Antoine de la Tour & Chatillon, le vendirent à Berne en 1400; les sujets payerent le prix d'achat, & obtinrent divers priviléges. Ils ont de belles prairies & peu de blés : pendant l'hyver, ils travaillent la laine : leurs monts renferment encore des mines de plomb, & de l'alun. Parmi ses vallons, est le *Gasterthal* : il est presque séparé du reste du monde ; un seul sentier y conduit, il est très-étroit & la Kander le rend quelquefois dangereux ; elle sort du vallon même, qui a près de quatre lieues de long, couvert de belles prairies ; il y a aussi quelques vergers & des champs ; on y seme du lin & de l'orge.

Les frontieres de l'Oberland, sont formées de ce côté, par une chaîne de monts couverts de neige, entrecoupée par d'énormes glaciers, qui font admirer la magnificence stérile & effrayante de la nature ; vers le sud, on voit la *Gemmi*, une des hauteurs qui dominent sur cette chaîne. Un chemin y conduit aux bains de Leuck : ce chemin est superbe jusqu'à l'extrémité de la vallée où coule la Kander : mais là se présente un pays sauvage, une montagne escarpée ; on n'a pu rendre le chemin que praticable, aux gens de pied & aux mulets, pendant l'espace de cinq lieues : au milieu de cet espace est un hospice, voisin d'un lac très-profond, long de demie lieue, sur une largeur moindre de moitié, & gelé pendant neuf mois de l'année : quand il est couvert de neige, on y passe sans s'en appercevoir : tout autour ce n'est que pierres & rochers amoncelés. Le point le plus élevé, est la *Touben*, & de-là on jouit d'un aspect singulier. A droite, est un grand glacier uni, qui s'étend par une pente douce jusqu'au *Weissehorn*. A gauche, sont deux pointes d'une hauteur prodigieuse, très-ressemblantes, coniques, toujours couvertes de neige. Devant soi on découvre les montagnes énormes, qui séparent le Vallais de l'Italie : à ses pieds, à une profondeur immense est le village où sont les bains de Leuck : on y pourrait jetter une pierre; mais l'on n'y parvient qu'après deux heures de marche, par un chemin en zigzag, taillé dans le roc qui le couvre; on trouve sur cette route des indices de minéraux, des pyrites sulfureuses, des marcassites; avant d'arriver à l'hospice, on trouve dans une pyrite vitriolique, une mine d'argent, des pierres tendres, calcaires qui renferment des cochlites & des térébratulites, qui annoncent que les eaux de la mer ont eu couvert ces lieux.

Simmenthal ou *Siebenthal*, forme une vallée longue de 12 à 13 lieues, mais fort étroite, resserrée par deux chaînes de montagnes, dont quelques-unes sont stériles & semées de rochers nuds : elles commencent près de Wimmis, & s'étendent le long du Vallais jusqu'au bailliage de Gessenai. La Simmen qui coule le long de la vallée, venait autrefois de sept sources différentes, & de-là vient son nom : sa principale source sort d'un glacier du *Razlisberg*. L'entrée de cette vallée est dangereuse, à cause d'un énorme rocher, dont il se détache de grandes masses qui tombent sur le chemin, principalement au printemps que la glace & la neige fondues pénétrent ses fentes & les séparent. Le ruisseau divise la vallée en haute & basse : celle-ci est longue de sept lieues : les habitans sément du seigle, du froment, de l'avoine, mais ils ne peuvent s'en entretenir; le laitage & les pommes de terre font leur principale nourriture : leur richesse est dans des pâturages gras & nourrissans, leurs travaux sont le soin du bétail, faire le beurre & le fromage, principaux objets de leur commerce : ils recueillent beaucoup de fruits, pêchent d'excellens poissons, tel que la truite rougeâtre, & trouvent dans leurs montagnes, des chamois, des daims, des faisans, des gélinotes, & autre gibier. Bien faits, industrieux, instruits, bienfaisants, leur commerce est agréable; ils connaissent leurs loix, & souvent celle des autres. Cette contrée est divisée en deux châtellenies.

La *bas Simmenthal*, fut acquis par les Bernois en 1439 & 1449. Wimmis en est le chef-lieu, c'est un bourg qui fut une ville, il est presque à l'entrée de la vallée; au-dessus est le château, dans une situation agréable, le châtelain y demeure. Non loin du bourg, sont les hautes montagnes du *Stockhorn* & le *Nisen*, la premiere, terminée par un rocher droit & presque rond, qui a plus de 2000 pieds de hauteur, & au-dessus encore un roc gris, qui n'a aucune liaison avec le roc même. Le *Nisen*, est une énorme pyramide, plus haute que le Stockhorn : toutes deux sont cultivées & fertiles, mais la derniere, est celle qui l'est davantage. *Reutigen*, *Erlenbach*, sont des villages paroissiaux, dont les marchés à chevaux, font entrer dans le pays plus de deux millions de livres par an. *Därstelten*, est un village où fut un prieuré d'augustins. *Diemtigem*, a des sources impregnées d'une matiere savonneuse. *Weissenburg*, est un château détruit; mais ses bains situés dans un antre affreux, sont très-fréquentés; leurs sources voisines des terres de Fribourg, sont chaudes au quatorzieme degré de Fahrenheit : les eaux sont limpides, balsamiques, vulneraires, dissolvantes, grasses au goût, un peu vitrioliques à l'odorat. Dans les environs on trouve du pétrole, de l'asphalte, du soufre, du vitriol & du *lac lunæ*.

Le *haut Simmenthal*, appartint autrefois aux comtes de Gruiere. Berne l'acquit en 1555 : cette châtellenie est plus étendue & plus peuplée que l'autre. Il y a de beaux glaciers vers le village paroissial de *Lenk* : ceux de la montagne de *Rätzlisberg*, sont plus éloignés : le côté qui leur est opposé est fertile, & on y ressent de grandes chaleurs ; elle touche à la *Gemmi*, & renferme diverses curiosités naturelles. *Zwey-Simmen*, est un village paroissial, situé dans la partie la plus large & la plus agréable de la vallée : il doit son nom à l'union des deux *Simmen* : à droite du village, est la seule issue de la vallée. On instruit les orphelins dans une de ses maisons, & on y nourrit les vieillards devenus inutiles. *Blankenbourg*, ancien château sur un mont est la demeure du châtelain. *Boltingen*, & *Sanct Steffen*, sont deux grands villages.

Sanen ou *Gessenai*, bailliage formé par une vallée longue de dix lieues, mais étroite. La *Sana*, qui sort dans le voisinage du village paroissial de *Gesteig* donna son nom au chef-lieu de ce pays, qui appartint autrefois aux comtes de Gruieres. Il est fertile en pâturages, & on y fait beaucoup de fromages ; ils sont égaux en bonté à ceux de Gruieres, & se vendent sous ce nom. Il se divise en deux parties, l'une Allemande, l'autre Française, différentes par les mœurs, les loix, le caractère de ses habitans, comme par le langage. La premiere est presque exempte de toutes redevances, la seconde est sujette aux lods & à d'autres charges. Dans celle-là la nature est plus agreste, plus variée ; elle présente plus d'objets à la curiosité de l'homme : elle renferme le bourg de *Sanen*, le grand village de *Geisteg*, au pied du Sart. Le *Sanetsch*, est si élevé, dit-on, que dans l'hyver, il cache le soleil au pays pendant six maines. Il est très-curieux, & l'on y a fait un chemin qui conduit à Sion. *Ablentschen*, village paroissial composé de maisons dispersées, dans une vallée étroite où l'on ne peut pénétrer durant l'hyver. *Lauwinen*, village dans une vallée qui porte son nom: on y voit le *Geltenberg*, & d'autres glaciers, des terres marneuses, des cryftaux, des aigles, des marmottes, &c. Presque toutes ces montagnes sont de pierres calcaires. La principale nourriture des hommes est le lait, dans lequel ils mêlent des morceaux de gateaux, dont ils font provision pour six mois: souvent ils mangent le fromage en place de pain.

La partie Française renferme quatre paroisses. Le chef-lieu est *Château d'Oex*, bourg sur la Saanen. *Rothberg* ou *Rougemont*, est arrosé par la même riviere, a un château où le baillif réside, & eut un prieuré de l'ordre de Clugni, où l'on cultivait les sciences, & où s'établit une des premieres imprimeries de la Suisse. *Etivaz*, paroisse dans l'enceinte de laquelle sortent d'utiles eaux soufrées.

Le *gouvernement d'Aigle* appartient à cette partie du canton où l'on parle français, mais le gouvernement est reglé, comme le sont ceux du pays Allemand. Ce pays est une ancienne seigneurie, ou un comté, qui avec les pays voisins, faisait partie du royaume de Bourgogne. L'empereur Henri IV, le donna ainsi que le Valais & d'autres pays à la maison de Savoye, sous laquelle il appartint comme fief à la maison de Torrens, qui l'abandonna à l'état de Berne en 1534. Ce pays est divisé en plaines & en montagnes: la premiere est abondante en blés de printemps, en chataignes, en vins excellens, qui croissent sur des côteaux aux pieds des monts. La végétation y est forte, les orages fréquens, l'air humide, des torrens d'eau y descendent des montagnes, & souvent l'inondent & la ravagent. L'aspect du pays a quelque chose de sauvage, les hommes paroissent pâles, & sont d'un esprit pesant ; & l'on commence à voir des cretins, espece de créatures dégradées, communes en Vallais. Les montagnes sont couvertes de riches pâturages, leur penchant l'est en partie de sapins : c'est dans ces monts, dans une espace de deux lieues, qu'on trouve diverses sources salées, qui sortent du rocher : ce sont les seules de la Suisse. Ce gouvernement est divisé en quatre mandemens.

Le *mandement d'Aigle* renferme trois paroisses: *Aelen* ou *Aigle*, (Halcydes) est un bourg; le gouverneur demeure dans le château, orné d'une tour de marbre, & placé sur une hauteur. Près du bourg, on rafine le sel qui se tire de Roche, village où réside le directeur des salines, & où regne un vent périodique.

Noville ou *Neuville*, est un village paroissial, près du lieu où le Rhône se jette dans le lac; le sol y est marécageux, & l'air mal sain : c'est une des deux paroisses, dont les pasteurs recueillent encore les dixmes. *Yvorne*, village connu par ses vins ; il fut enseveli par un éboulement de terre en 1584 : celui qui existe aujourd'hui fut rebâti dans le voisinage de l'ancien.

Le *mandement d'Olon* ou *Oulon*, ne renferme qu'une paroisse, mais elle est étendue; le village de ce nom, est au pied d'un côteau : il a devant lui de vastes champs. *St. Triphon*, est au pied d'un mont singulier de marbre noir, sur lequel étaient deux châteaux, dont il ne reste que des ruines. **Panney**, vers le levant, a au-dessus de lui des sources de sel; mais on ne l'y cuit pas : l'eau salée est conduite des tuyaux à Aigle, & s'unit en chemin à celle la source *Chamosaire*. Des montagnes entieres y nt formées de très-beaux gyps, ou plâtre.

Le *mandement de Bex* renferme deux paroisses. x, autrefois *Bacca*, près duquel, est une forêt châtaigniers, & un château sur une colline : il a s halles, des foires, & des marchés. Le village t dans une plaine fertile. *Crion*, où est un château truit. *Bevieux*, est un petit village, où l'on cuit sel, qui se tire des sources salées du Fondement u Finalete, & du Bouliet, qu'on y fait venir ar de longs & nombreux tuyaux : ces sources ne onnent que 8000 liv. par an. Au *Sublin*, on ouve du soufre vierge & pur, incrusté dans le roc, ais dont on peut le détacher avec facilité.

Le *mandement d'Ormont*, est partagé en haut & as : dans celui-ci est *Sapey*, village paroissial, dans celui-là est *Chapelle* ou *Ormont*, jadis *Aurimontanum*, ou *Ursimontanum*.

V. LE PAYS DE VAUD OU LE PAYS ROMAN.

C'est la partie du canton de Berne, où l'on parle français : il s'étend de Morat à Lausanne, dans une étendue de douze lieues, qui peut être regardée comme la hauteur de l'espece de triangle qu'il forme ; la base repose sur les bords du lac de Genève, dans une étendue d'environ quinze lieues. C'est une des parties les plus agréables de la Suisse, mais le sol, ni la température de l'air, n'y sont pas égaux par-tout. Il parait avoir les mêmes bornes que l'ancien *Pagus Urbigenus*, dont Orbe était la capitale ; il fit partie de la Bourgogne Transjurane, devint une possession des empereurs, qui le donnerent aux ducs de Zœringuen : après l'extinction de ces derniers, la plus grande partie de ce pays parvint à la maison de Savoye, sur laquelle les cantons de Berne & de Fribourg le conquirent en 1536. Pour jouir d'une des vues les plus riantes de l'univers, il faut contempler ce pays depuis le milieu du lac de Genève : des villes, des villages nombreux, des campagnes florissantes ornent les rives de cette plaine liquide d'une eau pure comme le cryftal : le fol s'éleve, toujours également peuplé & cultivé, mêlé de prairies, de champs & de riches vignobles : les monts du Jura terminent la perspective, en l'ornant encore par leur pente variée, couvertes d'arbres & de troupeaux. On le divife en plufieurs bailliages.

Nion ou *Nyon*, en allemand *Neuws*, bailliage affez étendu, mais médiocrement fertile : les montagnes y fourniffent du bois, d'excellens pâturages, des châtaignes; les environs du lac, & la plaine donnent des grains & du vin. Il renferme diverfes feigneuries, telles font les baronnies de *Prangin* & de *Coppet* : la premiere prend fon nom, d'un village devenu floriffant par la bénéficence de fon feigneur ; fon château eft beau, fa fituation eft magnifique : près delà font des eaux foufrées. *Coppet* eft un bourg, fur les bords du lac ; la pêche & la culture y font la richeffe des habitans : fon château eft vafte, & bien fitué. *Nyon* eft l'ancienne *colonia equeftris*, *Noiodunum*: on y a trouvé quelques inscriptions, & quelques antiquités ; on montre encore au-dehors de fes murs, les reftes d'un pavé à la mofaïque. Elle eft en partie fituée fur une hauteur, & en partie fur les bords du lac : on y compte environ deux mille ames : on y prépare des cuirs, & y commerce en bois; il s'y fait un peu d'horlogerie,

gerie, & un assez grand commerce de commission : l'air y est pur, & le terroir assez maigre. Elle a conservé divers priviléges, a un petit & un grand conseil & un château élevé & antique où réside le baillif. *Bassing*, village où fut un prieuré. *St. Cergues*, sur le chemin qui conduit de Nion dans la Franche-Comté. C'est un village paroissial situé dans une vallée, presque au sommet du Jura : le froid y est vif, les vents fréquens, & c'est peut-être un des endroits du pays où il tombe le plus de pluie. On y seme cependant des graines du printems : il y a là un des péages du pays de Vaud qui rapportent le plus.

Bonmont, bailliage au couchant de Nyon. Ce sont les biens d'un couvent de Cîteaux qui le forment : il fut fondé par un comte de Genévois, au commencement du douzieme siecle : ce bailliage fut augmenté en 1711 ; ses parties sont dispersées, mais il s'étend principalement dans le mont Jura, & est occupé par des forêts & des pâturages d'été inférieurs à ceux des Alpes. Le château où réside le baillif & qui fut l'ancien couvent, est au pied de la montagne. *Gingins* est un grand & joli village. *Trelez*, la *Ripe*, &c. tous ces lieux sont riches en bois. Ce bailliage peut enrichir un économe instruit, mais il est peu agréable pour un homme du monde.

Aubonne, bailliage au nord des précédens. Il est presque environné de celui de Morges. C'était une baronnie que possèderent les comtes de Gruyeres, & qu'acheta le voyageur Tavernier en 1670, pour y vivre en paix & en homme libre. Il voulait donner à son château la forme & les ornemens des palais orientaux ; mais il ne put exécuter ce plan qu'en partie. Le dernier baron d'Aubonne fut Henri du Quesne, fils de l'Amiral, & on voit encore dans l'é-

Tome VI.   B b glife le monument qu'il éleva à la gloire de son pere. Il vendit ses terres aux Bernois pour 70000 écus, qui en firent un bailliage en 1701. Il est riche en bois, en pâturages, en vins. *Aubonne*, *Aula bona*, situé au bord du torrent qui lui donna son nom, est bâtie sur un terrein inégal; elle a quelques belles maisons, mais en général elle est laide: sa situation est agreste; on y compte environ 1300 ames: elle est peuplée de cultivateurs, & le commerce de ses vins en fait la principale richesse. Eloignée des grandes routes, placée sur une hauteur, son abord est difficile, & en éloigne le commerce & l'industrie. On y jouit d'une magnifique vue sur le pays, le lac & la Savoye; *Gimel* & *Lavigny* sont les principaux villages qui en dépendent.

Morges, bailliage étendu au levant & au nord de celui d'Aubonne. Il s'étend dans le mont Jura, sur les bords du lac de Genève, & renferme la côte, vignoble de trois lieues de long: la perspective qu'il présente, semée de villes, de villages, de châteaux en amphithéâtre, paraissait unique au voyageur Tavernier, qui ne lui comparait qu'un canton de l'Arménie, situé aussi sur le bord d'un lac. Le vin qu'on y recueille moins fort que celui de la Vaux, se garde davantage, il peut l'être plus de vingt ans. Au nord de Morges, il y a de vastes champs fertiles & de belles prairies. On compte dans l'enceinte de ce bailliage quarante seigneuries & plusieurs prieurés sécularisés. *Morges* est un ville bien bâtie, sur les bords du lac: on y compte environ 2500 ames; ses rues sont larges, son église très-ornée est un bel édifice; mais il a un air massif. Elle a un port, un quai, des halles, qui y font fleurir le commerce: elle prospererait davantage encore si un grand chemin y favorisait le passage des marchandis de là à Yverdon : le terrain y est un peu marécageux & l'air humide ; mais le climat y est doux : ie possède les seigneuries de *Romanel* & d'*Aclens*.

Prex, au bord du lac, est un bourg environné e vieux murs ; il a des eaux minérales ; son église asse pour être la plus ancienne du pays de Vaud : fut autrefois une ville & l'on y a trouvé des ntiquités ; elle appartint au chapitre de Lausanne.

olle, beau bourg tout ouvert, formé d'une longue e, au bord du lac qui fait là un enfoncement nsidérable : il est environné de vignobles & de rdins, fut fondé en 1261 par les barons de Mont, un château avec de vieilles tours, & des eaux inérales férugineuses dont on fait usage avec ccès.

Cossonai, petite ville, anciennement baronnie, uée sur une hauteur d'où l'on voit à ses pieds ouler la Venoge : elle fut une des 14 villes qui députaient aux états du pays ; mais elle a déchu. Elle it un prieuré de bénédictins, & a encore un hôpital fondé par ses anciens barons. *L'Isle*, bourg sur penchant du mont Jura : joint aux villages de ilars & la Coudre il forme une baronnie : son château est assez beau. *Montricher*, grand village au ied du Jura : il a des foires assez considérables : son lâteau est antique & vaste.

Romain-Môtier, *Romani-Monasterium*, bailliage endu & montagneux, au nord de celui de Morges : a été formé des possessions de l'abbaye de son nom, de celle du lac de Joux : il renferme diverses vallées, & des curiosités naturelles. Telle est la vallée u lac de Joux, longue de quatre lieues, large de eux, d'abord la retraite d'un hermite, où se fonda nsuite une abbaye, qui appella & répandit autour elle des colons divisés aujourd'hui en trois paroi ſes, l'*Abbaye*, le *Chenil* & le *Lieu*. Le *Mont-Joux*, *Mons-Jovius*, s'élargit dans cette partie de ſa chaîne, y forme trois vallées qui ſe communiquent par des gorges ; ce ſont celles de *Joux* la plus grande & la plus élevée, celles de *Vauillon* & de *Valorbes* : dans la premiere eſt un lac, long de deux lieues, large d'une demi, & dont l'eau eſt limpide & légere ; ſon élévation eſt d'environ 440 toiſes au-deſſus du niveau de la mer : à une de ſes extrêmités un mont forme un étranglement ſur lequel on a jetté un long pont de bois, qui diviſe le lac en grand & en petit. Ce mont forme une autre vallée où eſt le village de *Lieu*, près d'un petit lac ou étang nommé *Lacter*, qu'on croit communiquer au lac de Joux par des ſouterrains : celui-ci reçoit une riviere qui vient du lac des Rouſſes * en Franche-Comté, divers ruiſſeaux, & près de l'Abbaye, le plus grand village de la vallée, on voit ſortir du pied d'un rocher une riviere rapide, large de 10 pieds, profonde de deux, cependant rien ne parait en ſortir : mais dans ſon lit on voit des bouches ou *entonnoirs* où l'eau s'engouffre & ſe perd : à l'extrêmité du lac en eſt un qui fait tourner pluſieurs moulins conſtruits dans les rochers au-deſſous du niveau du lac. Ces eaux engouffrées paraiſſent traverſer les montagnes caverneuſes, & ſortent du côté du bailliage de Morges, celle qui fait tourner les moulins forme l'Orbe, à ce qu'on prétend. La vallée ne produit aucun fruit, & cependant elle eſt riante & agréable en été ; l'orge, l'avoine y proſperent, les paturages y ſont bons, le poiſſon y eſt abondant & de bon gout, mille plantes l'ornent, un grand nombre d'habitans la cultivent ; ils ſont ingénieux & actifs, ſont

---

* Buſching a confondu ces deux lacs.

horlogers, ferruriers, couteliers, armuriers, lapidaires, ou font divers utenciles de bois ; au haut du lac eft un marais d'où fort une fource férugineufe: les monts voifins ont des mines ; on y trouve des pyrites globuleufes, des marcaffites, des terébratules, des cornes d'ammon, des mufculites, des gloffopêtres & de l'ardoife. La vallée de Vauillon eft petite & peu confidérable : celle de Valorbe eft très-agréable ; on y travaille le fer, on y cultive la terre. L'Orbe y fait tourner un grand nombre de martinets : elle y fort d'un roc, l'ouverture de fa fource a feize pieds de large, fur trois pieds de profondeur: demi lieue plus bas eft le village paroiffial de Valorbe ; il eft grand & fes habitans font aifés. Il y eut autrefois un prieuré de l'ordre de Cluny. *Romain-Môtier* eft une fort petite ville, preffée dans une vallée étroite que le Nofon arrofe. Son églife eft jolie, elle doit fon nom à un hermite qui y vécut, & dont Grégoire de Tours a écrit la vie : un hofpice fuccéda à fon hermitage, & une opulente abbaye de Cluny à l'hofpice. Ses biens forment aujourd'hui le plus riche bailliage du pays de Vaud : il comprend la baronnie de la *Sarra*, qui était confidérable, & qui forme aujourd'hui plufieurs feigneuries : la ville de ce nom eft fur une hauteur rocailleufe, elle eft fort petite, fes maifons affez bien bâties, fon château antique & fort laid : autour font des carrieres de marbre & des eaux minérales & foufrées, bonnes pour les nerfs foulés, elles fortent d'un rocher fur lequel était l'hermitage de St. Lupicin ou St. Loup, frere de St. Romain.

Laufanne, bailliage confidérable. Il s'étend des bords de la *Vevaife*, qui était autrefois la borne commune entre les évêchés de Laufanne & de Sion, jufqu'à la Venoge, dans une étendue de cinq lieues en longueur, sur environ deux lieues de large. Le baillif a succédé à l'évêque, habite son château, exerce ses droits & recueille ses revenus dans toute cette étendue. Il renferme la *Vaux*, chaîne raboteuse de collines, qui borde le lac, & a trois lieues de long sur moins d'une de large, ce n'est qu'un seul vignoble planté sur une côte rapide, soutenu d'espace en espace par des murs, & qui porte le meilleur vin du canton. Il est partagé en quatre paroisses, *Corsier*, *Chardonne*, *Chaivre*, grands villages paroissiaux, à demi lieue de Vevey. *St. Saphorin*, village ou bourg, à quelque distance du lac de Genève, avait autrefois une abbaye, & donne son nom à une famille noble: ses fruits & ses jardins placés sur le roc, ses fleurs sont précoces, & lui donnent quelque avantage. Dans son temple est une colonne antique avec une inscription en l'honneur de l'empereur Claude. *Cully* est sur les bords du lac: c'est une petite ville bien bâtie; entourée de murs & de fossés en 1440: il paraît par une inscription à Bacchus qu'on y a trouvée, qu'elle est ancienne. *Lutry*, petite ville dont le lac Leman baigne les murs: des côteaux de vignes s'élèvent en amphithéâtre sur le derrière, une petite plaine agréable est à son couchant; ses rues sont étroites, mais ses maisons assez bien bâties; elle a été plus considérable autrefois, & dans ses environs sont des ruines dont on admire la force & la solidité. *Villette* est un village situé sur la pente de la colline entre les deux dernières villes, au-delà de la Vaux. Près de Lausanne est *Pulli*, village entouré de vignes, de champs & de vergers: sur la rive du lac est *Ouchi*, port de Lausanne, qui y a fait élever un beau bâtiment: il y a des halles, quelques maisons, une haute & antique tour où demeurent ceux qui reçoivent les droits que Berne y fait percevoir. Plus loin est *St. Sulpi*, village au bord du lac, environné par ses eaux & de vastes champs ; il y eut autrefois un abbaye : au nord de Lausanne est *Preilli*, où est une jolie église & dont la situation est agréable. *Chefeaux* est connu par les savans de ce nom. *Monteron* où fut autrefois une abbaye. La ville qui donne son nom à ce bailliage est située sur trois collines & dans les vallons qu'elles forment, arrosés par deux ruisseaux qui s'y rendent par deux ravins profonds, s'y réunissent, & s'échappent par un troisieme. Sa situation est très-incommode pour le commerce : cependant il parait y avoir de l'activité : sa population est de 8 à 9000 ames : elle est entourée de murs à l'antique, & a quelques belles rues, mais le plus grand nombre sont rapides, étroites; l'hôpital est un bâtiment neuf, assez beau; la grande église a des ornemens gothiques bien travaillés : au-dedans sont des tombeaux, parmi lesquels est celui de l'antipape Felix V, qu'on prétend cependant avoir été enseveli en Savoye ; au-dehors est une terrasse d'où l'on a une vue magnifique. Sa promenade publique est agréable : son collège fut élevé en 1540, & a six régens. Berne y donne des pensions annuelles à 45 pauvres étudians. Au-dessus d'elle le pays est montueux, peu fertile, froid, semé de bois de sapins, & a un air sauvage : au-dessous, & vers le bailliage de Morges, le pays offre un coup d'œil charmant : de beaux jardins, de jolies maisons de campagne, le mélange des prairies, des vignes & des champs, annoncent l'abondance, & y présentent une vue pittoresque : les vins qui y croissent sont bons, mais inférieurs à ceux de son voisinage.

Lausanne eut un évêque dont le diocèse s'étendait sur les pays que possédent Berne, Fribourg, Soleurre, sur la principauté de Neufchâtel & l'état de Bienne:

sur une partie de la Franche-Comté: son premier siege fut Avanches, son siege actuel est Fribourg : il lui reste le titre de prince du St. Empire, & la jurisdiction sur le canton de Fribourg, une partie de celui de Soleurre, deux villages de Neufchâtel, deux petites villes dans la Franche-Comté & le bailliage d'Echalens, communs à Berne & Fribourg. La réformation lui fit quitter Lausanne, qui devint l'alliée de Berne, & joignit ses soldats aux siens pour conquérir le pays de Vaud : elle se soumit volontairement à elle, conserva & reçut des droits qui en font une ville presque libre. Elle établit son propre magistrat consistant en un bourguemaitre, un trésorier, cinq bannerets, un petit conseil, un conseil de soixante & un de deux cents citoyens : ils jugent souverainement des procès dont l'objet n'excéde pas la valeur de 1200 fl. Tous les bourgeois qui possédent une maison dans la rue de bourg, forment un tribunal qui juge des affaires criminelles. L'usage lui donnait quelques droits civils & militaires qu'elle perdit en 1747. Son académie est formée par sept professeurs, deux pasteurs & deux places honoraires. Elle est sous la jurisdiction du baillif qui réside dans le château qu'habitait autrefois l'évêque. Berne n'exerce de droits à Lausanne que ceux de la souveraineté, tels que celui de faire grace, de régir le militaire, de battre monnaie, &c.

Lausanne est une ville ancienne : on croit qu'elle occupa autrefois le lieu appellé aujourd'hui * *Vidi*, situation plus agréable & plus commode que la sienne.

---

* Busching appelle *Vidi* un village paroissial : ce n'est pas même un hameau.

Vevey, bailliage qui renferme cinq paroisses. Il est fertile en vins, a de belles prairies & des champs féconds. *Vevey* est une jolie ville : sa situation est agréable, sur une pente douce qui se termine aux bords du lac : ses maisons sont bien bâties, & ses rues propres ; le torrent de la Vevaise qui passe près d'elle y devient quelquefois redoutable: on y compte 3000 ames : le commerce y a de l'activité & y répand de l'aisance : presque entourée de vignobles, le pays s'éleve au-delà, & ferme une vallée qui se termine par des monts escarpés & rapides. Les pluyes sont plus fréquentes à Vevey que dans que dans les autres villes du pays : elle doit cette avantage ou cette incommodité à la direction des montagnes qui y amenent & y concentrent les nuages; l'air y est plus doux que dans les lieux qui l'environnent à quelque distance. Cette ville est ancienne & on la croit la *Viviseum* des Romains : son collège est assez considérable : on y commerce en fromages, & il y a plusieurs tanneries : on y fait des montres, de la jouaillerie & des chapeaux recherchés. Elle a divers priviléges, & depuis 1733 le bailif y réside. Près d'elle est la Tour de *Peil*, bourg sur la rive du lac, qui forme une même paroisse avec Vevey : *Chillon* (Zilium) est un château fort, aussi sur un rocher, entouré des eaux du lac, & joint à la terre par un pont : on dit qu'il couvre sept arpens de terre, & qu'autour le lac a plus de 1500 brasses de profondeur ; l'un & l'autre fait est une exagération. Il fut bâti en 1238 pour commander le passage étroit qui est entre le lac & les montagnes. Le bailif y résida d'abord ; on en a fait un arsenal & un magasin à blé. *Chatelard* est une baronie : le château bâti sur une colline élevée, est entouré de trois côtés par des vignes qui donnent un excellent vin, il jouit d'une perspective étendue & riante. Des bords du lac, un beau chemin y conduit en serpentant au travers des rochers : on a trouvé aux environs des antiquités, telles qu'un reste de collonnades & de pavés à la mosaïque. *Blonay*, appartint à une très-ancienne famille ; le château est situé sur une hauteur : deux communautés forment la paroisse de ce nom ; au-dessus est une fontaine utile d'eaux soufrées. *Hauteville*, baronnie, a un château très-beau & très-orné. *Montreux* ou *Motru*, grand village situé sur une colline escarpée, à quelque distance du lac & au pied des montagnes : on y trouve beaucoup de lauriers. La commune est très-riche ; on y commerce en fromages, en vacherins, en vins & en bois : sur les hauteurs est un rocher creux où il se forme des stalactites très-blanches & très-dures : plus haut on trouve du tuf & des incrustations curieuses. *Buriez* fut un ancien prieuré ; c'est aujourd'hui un hôpital. *Villeneuve*, petite & vieille ville ou bourg, à une des extrèmités du lac, dans un terrein marécageux : on la croit le *Pennilocus* des anciens : on y a trouvé des inscriptions. Près d'elle s'élevent des monts de marbre blanc, veiné de rouge qu'on y travaille : cette ville a un riche hôpital, & une pêche abondante de truites.

Oron, bailliage au nord de Vevey : il appartint aux comtes de Gruyeres, & renferme l'abbaye de *Haut-Crest*, (*Alta crista*) de l'ordre de Citeaux, qui fut fondée en 1134. Le terrein y est montueux & assez aride : on n'y cultive pas la vigne : on n'y a que des champs & des prés médiocres, on y trouve du charbon de terre. *Oron* est un château sur une hauteur, & c'est là que le baillif demeure : au-dessous est un petit village, & non loin de là un bourg assez grand qu'on nomme *Oron la ville*. *Palai-*

ſeux, *Chatillon* ſont des villages paroiſſiaux. La Broye arroſe ce bailliage, qui eſt borné par le canton de Fribourg. Entre ce bailliage & celui de Lauſanne eſt un lac long d'un quart de lieue, large d'environ 150 toiſes, on l'appelle lac de *Bré* : environné de monts, ſur ſes bords ſont des prairies ; aucun ruiſſeau ne s'y jette, il en ſort un lent & faible : ſans doute des ſources ſouterraines l'entretiennent : ſes bords ſont garnis de roſeaux ; vers le midi il eſt fort profond, il renferme des écreviſſes, & des truites d'une couleur foncée : ſa pêche eſt une ferme, & celui qui l'a eſt obligé de fournir de poiſſons les baillifs de Lauſanne & d'Oron.

Moudon, bailliage de quatre lieues de long ſur trois de large, montagneux, fertile en grains en des endroits, aride & ſemé de bois en d'autres. La ville qui lui donne ſon nom eſt ſituée à l'entrée d'une étroite vallée, qui offre des prairies & des côteaux bien cultivés. Elle fut la capitale du pays ſous les ducs de Savoye, déchut enſuite & ſemble devoir ſe relever par le commerce qui y naît. On y a trouvé des antiquités curieuſes & des médailles antiques. Son nom latin eſt *Minnodunum* ; ſon nom allemand *Milden* : on y compte environ 2000 ames. *Villarzel l'Evêque* n'eſt qu'un village & fut une petite ville. *Montprevaire*, *Mons-prebiterii*, village ſur le Jurat, où fut un prieuré dépendant du couvent de St. Bernard. *Bettens*, ſeigneurie, en avait auſſi un. *Lucens*, village paroiſſial dominé par un château où réſide le baillif.

Payerne, ville municipale ſur la Broye, dont les environs ſont fertiles, ſur-tout en grains, mais qui languit faute d'induſtrie. Une inſcription qu'on y a trouvée, fait ſoupçonner qu'elle eſt ancienne : elle fut une ville immédiate de l'Empire ; les ducs de

Savoye en étaient les protecteurs ; elle fut longtems l'alliée de Berne, à laquelle elle se soumit en 1536 ; elle conserva tous ses priviléges ; son monastère de bénédictins, fondé en 960 par Berthe, reine de Bourgogne, fut sécularisé ; une partie de ses biens fut cédée à Fribourg ; une autre à Payerne, le reste est sous l'administration d'un baillif Bernois, qui demeure dans l'ancienne abbaye, & n'a aucune jurisdiction dans la ville, qui a son avoyer qu'elle élit pour trois ans & que Berne confirme, son banneret, son conseil, sa justice inférieure & ses propres loix qui sont imprimées. Son nom est en latin *Paterniacum*, & en allemand *Petterlingen*.

Avanches, Aventicum, ville chétive à laquelle il reste un grand nom. Cette ville qui sous les Romains était si florissante, dont l'étendue embrassait plus d'une lieue, n'a laissé que des inscriptions, des marbres sculptés, des mosaïques, des médailles, & une image de ville qui occupe un petit tertre. Vespasien fut son principal bienfaiteur ; mais l'on ignore le tems où elle fut détruite : son enceinte est changée en champs cultivés & fertiles. Les évèques de Lausanne y résidaient souvent, & c'est peut-être ce qui a fait croire qu'elle fut leur premier siege. Le lac de Morat était voisin autrefois de ses murs : aujourd'hui elle en est à demi-lieue. L'air y est pur, & sa situation est riante. Elle a un château où réside le baillif. Son nom allemand est *Wieflisbourg*. *Cudrefin*, petite ville sur la rive du lac de Neufchâtel, dans une situation agréable. Elle fut une des quatorze villes qui députaient aux états du pays, & il lui reste beaucoup de priviléges. *Grandcourt*, petite ville sur une hauteur, au bas de laquelle coule la Broye, environnée d'une campagne riante & fertile. Elle a un grand château, & avec deux autres villages elle forme une baronnie.

Yverdun, *Ebrodunum*, en allemand *Ifferten*, ville située dans une plaine marécageuse sur les bords du lac de Neufchâtel, qui parait s'en éloigner insensiblement. La Thiele, l'Orbe, qui s'y partage en deux bras, l'environnent: ses environs sont agréables, coupés par des fossés qui ont desséché les marais, ont épuré l'air, & formé des prairies verdoyantes; elle a de riantes promenades, une d'elles entre la ville & le lac, ombragée de beaux arbres, jouit d'un beau coup d'œil sur le lac. Elle est ancienne, & des fondemens presque indestructibles, semblent prouver qu'elle fut autrefois plus étendue. Ce fut la seule ville qui soutint un siège contre les Bernois, lorsqu'ils envahirent le pays de Vaud. Le commerce y revit, & on y compte aujourd'hui 2200 habitans. Un banneret, un petit & un grand-conseil, composés de 36 membres y administrent la police : un temple, une maison de ville, d'autres édifices de bon goût la décorent : elle a un bon collège, un ancien hôpital, des magasins, une bibliothéque publique. Dans son château antique & flanqué de quatre tours, réside le baillif. Près d'elle est une source abondante d'eau minérale, tiède, qui renferme un foye de soufre, un sel alcali fin, une terre absorbante très-fine, un sel neutre, ou sel commun, & un principe sulfureux volatil. On s'y baigne & on la boit, elle est utile pour les maladies de la peau, pour les playes; à une lieue delà est une terre à foulon utile pour les draps : des eaux bonnes pour les foulons, y rendent les toiles de coton d'une blancheur éclatante. *Esclées* ou les *Clées*, fort petite ville au pied du Jura, sur les rives de l'Orbe. C'est un passage pour la Bourgogne : on voit encore les ruines de son château. *Champvent*, village paroissial, château, seigneurie. **Ste. Croix**, *Chavorney* font de grands villages. *Bavois*, a deux châteaux sur une hauteur; la vue en est étendue & riante. *Bercher*, est une baronnie. *Ursin*, petit village aux environs duquel on a trouvé un grand nombre de médailles.

Nous croyons devoir placer ici, les bailliages communs à Fribourg & à Berne: la situation des lieux nous y oblige. Ces bailliages ont été conquis comme les précédens; ils sont au nombre de quatre, & tous ensemble renferment environ * 40000 personnes. Les deux cantons en nomment alternativement les baillifs; & les appellations se portent à Berne, quand le baillif est Fribourgeois, à Fribourg quand il est Bernois.

Grandson, bailliage sur le bord du lac de Neufchâtel, environné par la principauté de ce nom, & le territoire de Berne. Il appartint d'abord à une maison illustre & passa dans celle de Châlons, à laquelle les Suisses l'enlevèrent, pour la punir de son attachement à Charles de Bourgogne: le sol y est fertile en grains, & en vins; ses habitans sont généralement aisés; ils sont de la religion réformée, & parlent un mauvais français. Les baillifs, comme dans les trois autres bailliages communs, changent tous les cinq ans. *Grandson*, *Grandsée*, paraît être ancienne; elle est petite, sa situation est agréable sur la rive du lac, qui le long de ce district, est riante, champêtre, cultivée, peuplée, embellie de campagnes, jusqu'au sommet du Jura, qui y forme différentes sommités: la plus élevée est le Thevenon, dont la

---

* Le Dictionnaire de la Suisse donne ce nombre d'habitans aux bailliages d'Orbe & Echallens seuls; ce qui paraît une exagération.

hauteur est d'un peu moins de 700 toises au-dessus de la méditerranée. La chartreuse de la *Lance*, fondée en 1320 est dans cet espace : elle fut sécularisée lors de la réformation. *Provence*, *Montagny*, *Bonvillars*, sont d'assez beaux villages. A *Yvonans*, vis-à-vis de Grandson, sur l'autre côté du lac, on a trouvé un pavé à la mosaïque.

Orbe & Echallens ou *Tscherliss*, bailliage environné du canton de Berne, & formé de deux bailliages unis : ses habitans sont protestans, ou catholiques; mais ceux-ci sont le petit nombre : il avait le même possesseur que *Grandson*, & eut le même sort. Son terroir est fertile en blés ; mais il n'est pas si bien cultivé qu'il peut l'être. Son baillif y réside sous le nom de châtelain : il est président de la justice, a douze assesseurs dont six sont protestans, & juge sans appel pour les objets de police, les grands chemins, les pâturages, les communes, les droits de bourgeoisie : pour toutes les autres affaires civiles, il ne peut décider que celles dont la valeur n'excede pas neuf francs de France : ici par une loi, qui serait funeste, & qui commence à n'être plus en usage, l'homme accusé de vol, peut s'en purger par le serment : s'il le fait, on est obligé de lui payer sa journée. Chacun des deux cultes a un consistoire ; & la même église leur sert tour à tour à Echallens & *Assens*. *Echallens* fut fondé en 1351, & eut les mêmes droits que Moudon : c'est un bourg assez grand, orné d'un château. *Assens*, n'est qu'un village paroissial. La seigneurie de *Goumoens* est ancienne & assez considérable.

Orbe, ville d'environ 2000 ames, qui eut autrefois son seigneur particulier. Elle n'a de commun avec Echallens, que d'avoir les mêmes souverains & le même baillif. *Orbe* est très-ancienne, c'est l'*Urba* des Romains, capitale du *Pagus Urbigenus*: on y a trouvé beaucoup d'antiquités: elle fut floriſſante ſous les rois Francs, & ceux de la premiere & de la ſeconde race y avaient un palais. Aujourd'hui, elle a ſon propre magiſtrat & pluſieurs priviléges. Sa ſituation eſt agréable: devant elle eſt une vaſte plaine, terminée par le lac de Neufchâtel, & une longue colline riante & peuplée: derriere eſt un mont, qui la couvre & la fait paraître dans un fond: quoique placée ſur un tertre élevé, que l'Orbe baigne dans une partie de ſon enceinte: elle y roule ſur un lit profond, & y fait une caſcade aſſez belle: autour d'elle ſont des côteaux couverts de vignes qui donnent du bon vin: elle a de riantes prairies, des champs fertiles, des bois aſſez étendus. Le baillif tient un châtelain dans ſon antique château. Ses habitans ſont réformés, & autrefois on comptait ſept égliſes.

Morat, en allemand, *Murten*, bailliage dont le ſol eſt très-fertile en blés, en vins, en fruits & en prairies, ce fut un fief de l'empire qui appartenait à un prince de Savoye, allié de Charles, duc de Bourgogne, & qui par cette raiſon en fut dépouillé par les Suiſſes qu'il attaquait. Les deux cantons qui les Suiſſes le céderent, y envoyent tour-à-tour un baillif qui y a le nom d'avoyer. On y parle un mauvais allemand, & un mauvais français; les habitans ſont réformés & Berne en nomme les paſteurs. Il comprend le lac de Morat, long de deux lieues, large d'une, profond d'environ 25 toiſes, qui communique à celui de Neufchâtel par Broye, nourrit de bons poiſſons, & fut probablement autrefois plus étendu. La ville qui lui donne ſon nom, eſt ſur une hauteur qui le domine, & juriſdiction lui en appartient. Sa ſituation eſt riante des monticules couverts de bois & de verdure, font auprès d'elle, & varient l'aspect dont on y jouit : mais elle languit sans commerce, & se dépeuple, peut-être parce que l'étendue de ses biens publics y favorise l'indolence : son château est grand & a été fort. Près d'elle est une chapelle remplie des ossemens des Bourguignons, qui périrent au siège & à la bataille de son nom : des inscriptions en latin & en allemand, rappellent cet événement.

Lugnorre, seigneurie qui renferme le vignoble du Vully ; son vin est estimé : on le voit s'élever sur la rive du lac à l'opposite de Morat : cette rive est très-peuplée, & son plus grand village est celui de *Motiers*, mais il est plus grand qu'agréable. *Villars le moine*, ou *Münchenweiler*, & *Claveleire*, font une seigneurie dans l'enceinte de laquelle on a trouvé des antiquités romaines, & une inscription qui fait croire qu'il y eut un temple élevé à la déesse *Aventia*, & que Villars le moine fut un fauxbourg d'*Aventicum*. *Kerzers*, *Chietres*, (ad carceres) est un village paroissial. Les députés des deux cantons s'assemblent à Morat tous les deux ans, pour y régler leurs affaires communes.

Schwarzenbourg, bailliage vendu par la Savoye, situé entre le canton de Berne & de Fribourg, qui tous les cinq ans y nomment alternativement un baillif, qui dépend pendant sa gestion du canton dont il n'est pas membre : mais les Bernois ont ici différentes prérogatives que les Fribourgeois n'ont pas. La Sense & le Schwarzwasser en marquent la limite des deux côtés. Il est très-fertile en pâturages, & la volaille y est un très-grand objet de commerce. C'est un fort ancien fief de l'empire, possédé par la Savoye, qui le vendit aux deux cantons : on y parle allemand ; la religion eft la réformée : déja dans le treizieme fiécle plufieurs habitans rejettaient quelques dogmes des catholiques : c'étaient fans doute des fectateurs de cet *Henri* hermite de Touloufe, eftimé du peuple par fes mœurs féveres, décrié par les favans, parce qu'il ne l'était pas, détefté par les prêtres, dont il ébranlait le pouvoir, mais qui avait plus de fens que les uns n'avaient de fcience & les autres de piété. *Schwarzenburg*, eft un château où le baillif réfide ; près de lui eft un bourg très-peuplé. *Grafsburg*, eft un château prefque détruit, affis fur un rocher fur la Senfe : le baillif y demeurait autrefois. *Albligen*, village paroiffial où la Schwarzwaffer fe jette dans la Senfe.

Berne poffède quatre villes dans l'Argau, qui ont le nom de libres, & qui le font, fi on peut l'être quand on a un fouverain, quelque léger qu'y foit le poids de fon pouvoir. Elles fe foumirent à Berne en 1415, & conferverent la forme de leur gouvernement. Elles ne dépendent d'aucun baillif, ne relevent que de Berne, à laquelle tous les deux ans, leurs avoyers viennent prêter ferment de fidélité.

I. *Brugg*, *Bruck*, (*pons Arulæ*), petite ville au bord de l'Aar, qui y coule entre deux rochers, & fur laquelle eft un pont d'une voute très-forte qui lui donna fon nom. Elle appartint aux comtes de Habsbourg, & c'eft de la maifon d'Autriche, qu'elle paffa fous la domination de Berne. Elle eft bien bâtie, fur une colline inégale ; fa maifon de ville eft ornée de peintures, & fon collège a une bibliothéque publique : on y donne encore le prix à la courfe. Elle eut fes magiftrats, a un petit-confeil de neuf membres, auxquels fe joint un chancelier, un grand-confeil de douze membres, & un troifieme de trente, fur lefquels deux avoyers préfident alternativement d'un an à un autre. Du petit-conseil les appellations vont à Berne : elle a le tiers de la justice de Vilnachern. Elle embrassa la réformation en 1529.

II. *Lenzbourg*, formait autrefois avec les pays voisins un comté; celui-ci forme le bailliage dont la ville est indépendante : située au pied d'un mont, elle a devant elle une belle plaine, un château est dans un lieu escarpé, & a un puits taillé dans le roc profond de trente toises. Elle est gouvernée par deux avoyers, un petit & un grand-conseil qu'elle choisit à son gré, a haute & basse jurisdiction sur sa banniere, & le droit de nommer ses pasteurs. Le commerce y fleurit; le plus considérable a pour objet les toiles & le tabac : il y a plusieurs fabriques de toiles peintes.

III. *Arau*, *Aravia*, ville sur l'Aar qu'on y passe sur un pont couvert. Elle est bien bâtie, ses environs sont rians, un ruisseau poissonneux l'arrose, avant de se jetter dans le fleuve qui y facilite le commerce : dans son enceinte & ses environs, on fabrique des étoffes de coton & mi-coton, des toiles imprimées, des rubans, des bonnets & des bas de laine. La coutellerie & la tannerie y fleurissent : les habitans sont actifs & aisés, la police y est exacte : parmi ses bâtimens, on remarque le temple, la forteresse d'*Alter Thurn* bâtie en cailloux, & la maison de ville. On y compte 1800 ames. Son origine est incertaine : les ducs d'Autriche lui donnerent des privileges considérables, qu'elle conserve sous la domination de Berne. Neuf conseillers y forment le petit-conseil dans lequel on choisit les deux avoyers, mais par le suffrage des bourgeois : on joint à celui-là 16 autres conseillers pour former un second-conseil, lequel joint à 18 citoyens, forme le grand-conseil de la ville : les appels en matieres civiles se portent à Berne. Elle exerce la haute & la basse jurisdiction sur son territoire, qui est fort resserré & dans lequel on ne trouve aucun village.

IV. *Zoffingen*, *Tobinium*, ville ancienne, sur la riviere de Wigger, environnée de belles prairies, de champs très-fertiles, qui a le droit de glaive, & de juger sans appel. Elle élit ses avoyers, son petit & son grand-conseil, forme différens tribunaux, a des écoles bien réglées, & une jolie bibliothéque, avec un médailler riche sur-tout en monnaies Suisses; son église a de belles orgues, & un clocher remarquable. Son commerce est florissant : elle a des fabriques d'indiennes, de rubans, de soie & de fleuret, d'étoffes mi-cotons, &c. On y battait monnaie dans le neuvieme siécle : Berne s'y est reservé le petit péage, le militaire & le droit d'y mettre garnison. Son territoire très-abondant, s'étend à une lieue à la ronde; devant elle est une jolie plaine, qui sert de promenade. Ces quatre villes sont dans un pays fertile : des ruisseaux poissonneux qui descendent du canton de Lucerne y vivifient les prairies : les blés & les vins y prosperent : tel est en général l'Argau.

Nous parlerons ailleurs des bailliages que Berne posséde avec les autres cantons.

VILLE ET CANTON DE LUCERNE.

Vers le levant, ce canton confine aux bailliages libres & aux cantons de Zug & de Schwitz, vers le sud au canton d'Unterwalden, par-tout ailleurs au canton de Berne. Il peut avoir douze lieues dans sa plus grande longueur, & dans sa plus grande largeur : on y compte trois villes, & on estime la nombre de ses habitans environ à 100,000 : c'est le plus grand, & le premier en rang parmi les cantons catholiques, & le troisieme entre tous. Son territoire est fertile, mais inégalement : ici l'on n'a que des pâturages & des fruits ; là, on recueille des blés ; ailleurs, on trouve toutes les productions réunies de l'Europe. Le vin qu'on y recueille ne suffit pas à la consommation de ses habitans : on en tire tous les ans de l'Alsace & du marquisat de Bade pour environ 200,000 écus : le sel y vient de la France & de la Baviere. Le blé qu'on y recueille peut nourrir ses habitans ; mais il en vend à Schwitz & Unterwald, & en achete de Souabe & d'Alsace. L'exportation de ses fromages lui suffirait pour se procurer ce que son sol lui refuse, si le luxe n'y inspirait le goût des choses inutiles, & si on y faisait un usage plus modéré du vin, du tabac, du caffé, &c. La nourriture ordinaire du cultivateur, sont les pommes de terre, les fruits, les légumes, le pain & le lait. On y trouve encore de beaux & grands bois ; mais leur administration est négligée, ils se dégradent, & annoncent une disette prochaine sur cet objet à l'homme prévoyant. On y trouve çà & là diverses curiosités naturelles : des coquillages pétrifiés, du lac lunæ, des métaux, des eaux minérales, du charbon de terre ; plusieurs rivieres charient de l'or : on a cru long-temps que quelques-unes de ces montagnes renfermaient du sel. La chasse serait abondante, s'il y avait moins de chasseurs ; on pense à réprimer ce goût qui nuit à l'agriculture, quand on en abuse, & l'on se propose de ne la permettre qu'à ceux qui seront aggrégés dans un corps de fantassins, qui seront obligés de se rassembler deux fois par an, dans un camp près de Lucerne, pour s'y exercer aux évolutions militaires.

Le chamois, le daim, le cerf se trouvent dans ses montagnes; elles nourrissent beaucoup de lievres blancs ou gris, quelques renards noirs, des blaireaux, un grand nombre de bellettes, de martres, &c. La partie méridionale du pays est montueuse, sans renfermer cependant des glacièrs: on y voit peu de chaînes de rocs nuds & stériles; les montagnes y sont couvertes de forèts, de pâturages & de bestiaux. Les rivieres qui l'arrosent sont la *Reuss*, dont nous avons parlé ailleurs; elle reçoit la petite *Emmen*, qui sort d'un petit lac sur une montagne du canton d'Unterwalden, reçoit la *Weiss-Emmen* & d'autres ruisseaux; elle est très-poissonneuse: on a frappé des médailles de l'or qu'on trouve sur ses bords, ainsi que sur ceux du torrent de *Luthern* ou *Goldzyten*. L'*Entlen*, la *Fontane*, la *Wigger*, la *Suz*, la *Wina* sont les principales rivieres après celles-là. Nous parlerons des lacs qu'on y trouve en décrivant les lieux où ils se trouvent; mais nous jetterons un coup d'œil sur celui de Lucerne, ou *Vier-Waldstädtersée*: c'est un des plus grands lacs de la Suisse: du canton d'Uri où il reçoit la Reuss à Lucerne où elle en sort, on compte 8 à 9 lieues; sa figure est irréguliere: à *Fluelen* où l'on s'embarque, il présente un aspect agréable, mais un détroit en cache une grande partie: au-delà de ce détroit, c'est une perspective différente, qui n'est pas moins riante & belle. Près de Lucerne son aspect change encore: ses différents golfes prennent leur nom des lieux qui sont sur ses bords. De hautes montagnes s'élevent sur ses rives & en annoncent la profondeur: le lieu le plus profond est en même temps le plus large, & on le nomme là *Triechter*: ses eaux sont belles, & nourrissent différentes sortes de poissons. Parmi les montagnes de ce canton, on remarque le *mont Pilate* ou *Fracmunt*, *montus fractus*. On y monte par deux chemins, qui conduisent à ses deux pointes les plus élevées : son premier nom lui vient sans doute de ce que les nuées se rassemblent à son sommet, & y prennent la forme d'un chapeau qui le couvre ; l'ignorance en cherche l'origine dans *Pilate*, gouverneur de Judée, qu'elle prétend s'être précipité dans le lac qu'on y trouve au nord ; il n'a que 38 pieds de tour, & trois de profondeur, il est souvent à sec en été, mais des fables l'ont rendu célèbre : de-là sortaient des tempêtes, quand on y lançait une pierre. Un auteur a écrit, il y a vingt-ans, que lorsqu'un orage se prépare, il s'élève du lac une vapeur légere, qui s'attache à un roc fort haut, & dont le pied touche à ses rives, qu'il s'y étend, & devient plus grand à vue d'œil ; que lorsqu'il est enfin une nuée épaisse & étendue, il s'en élance quelquefois d'affreux tonnerres, & qu'il pousse l'air devant lui avec violence : comment attribuer des effets si singuliers à un marais que l'été desséche ? On dit encore, que ses habitans descendus d'une troupe de déserteurs Romains, qui s'y retirerent, sont spirituels & gais ; qu'ils méprisent ceux qui habitent dans la plaine ; qu'honnêtes & justes entr'eux, ils aiment à tromper ceux qui demeurent dans les champs. Ceux qui habitent son sommet en descendent aux approches de l'hyver ; mais sur sa pente il en est qui y demeurent toujours, sous des maisons simples & tristes ; plusieurs se répandent dans les paroisses voisines, & y attendent les beaux jours. Cette montagne presqu'au centre de la Suisse, forme une chaîne de quatorze lieues : il en est de plus hautes dans les Alpes, mais assises sur d'autres montagnes, qui forment comme leur base, elles ne le paraissent pas comme celle-ci, &

offrent une vue moins étendue & moins riche qu'elle : sa pointe la plus élevée est le *Tomlis-horn*, elle a 1426 toises au-dessus du niveau de la mer. Le *Pilate* est très-escarpé ; on y enseigne à s'élancer de rochers en rochers, ayant aux pieds des semelles d'un bois léger, armées de clous qui les débordent, & attachées avec des lanieres de cuir. On y trouve des coquillages pétrifiés, des dents, des arrêtes de poissons, & une source pétrifiante : celle du torrent de *Sumlingue* roule de l'or avec son sable : sur les sommets d'*Oberalp* & de *Widemfeld*, se trouvent des fleurs rares & curieuses. Près de-là est le *Munloch*, antre dont l'entrée est étroite, d'où s'exhale un brouillard humide, que les bergers croyent un excellent remede. L'antre perce la montagne, & à l'autre bout est une apparence de statue de pierre, blanche & de hauteur colossale qu'on nomme *Dominique*. Parmi les animaux qui y vivent, on remarque le coq de bruyeres, le chamois, le chevreuil & le bouquetin.

Ce canton a toujours été fort attaché à la religion catholique ; des sujets protestans n'y pourraient vivre en paix, & ceux qu'on y connût furent opprimés : il est sous la jurisdiction de l'évêque de Constance : l'industrie y fait peu de progrès en général ; & les sciences y ont moins d'activité que dans les cantons protestans. Il y a un gymnase à Lucerne divisé en cinq classes, où l'on enseigne les sciences les plus utiles ; & un lycée où l'on enseigne la philosophie & la théologie : on y enseignait aussi les mathématiques, mais elles ont été abandonnées.

Les monnaies qu'on y frappe sont les *ducats*, qui valent dix livres dix sous de France ; des *thalers*, cinq livres ; des *diken*, une livre ; des *funfbatz* ou livres de Lucerne, qui valent quinze sous de France ;

des *biesli* ou *funfschillinger*, quinze sous; des doubles biesli, dix sous; des *batz*, trois sous; le *halbe batzes*, un sol six deniers; des *luzer* ou *schilling*, un sol; des *rappen*, quatre deniers; des *ingster*, deux deniers.

Le militaire est réglé à-peu-près comme à Berne: tout paysan, tout bourgeois y doivent être soldats. La milice y forme onze régimens de deux bataillons, & chaque bataillon est d'environ 600 hommes. Ces onze régimens composent cinq brigades, dont chacune a son artillerie & son corps de canonniers: cette milice est moins brillante que celle de Berne par les habits; mais elle est forte & courageuse. La cavalerie ne consiste qu'en trois compagnies de dragons: il n'y a de troupes sur pied dans tout le canton que 150 hommes, qui veillent pour la sûreté du gouvernement depuis 1764, que des murmures & des projets forcèrent les magistrats à sévir. Les revenus de l'état sont fort modiques: les familles patriciennes elles-mêmes ont peu de ressources; celle du service étranger est peut-être la plus considérable; mais le peuple aime son pays & n'aime point à en sortir: soumis à une aristocratie absolue, qui rend son poids très-léger, elle gouverne seule, mais laisse le peuple libre, & sçait rendre justice avec impartialité: le Lucernois sent bientôt que l'on est moins heureux ailleurs, qu'il ne l'est chez lui; il devient mélancolique, il languit & desséche lorsqu'il s'en éloigne.

Lucerne est située au lieu où la Reuss sort du lac des quatre cantons, & cette riviere la divise en deux parties réunies par des ponts; ses rues sont propres, ses maisons assez régulieres, sa situation agréable & commode. Elle était depuis long-tems un lieu connu, lorsqu'on y fonda une abbaye de bénédictins à la fin du septieme siécle. Elle renferme environ 3200 ames; son commerce est peu actif; la filature de la soie & du coton, sont les seules manufactures du pays; mais elle est sur le passage de celui qui se fait en Italie par le St. Gothard. Ses principaux édifices sont l'arsenal, qui est bien pourvu; la grande église en est fort belle, & les orgues sont fort estimées: c'était l'église de l'abbaye qui fut changée en college de chanoines réguliers en 1456. Elle est dans le fauxbourg *in Hof*, & le prévôt ou le premier de ses onze chanoines, jouit, dit-on, de 20000 liv. de rente. Le couvent des urselines est beau par son architecture & sa situation. C'est dans l'église de celui des cordeliers que sont déposés les drapeaux pris sur l'ennemi par ce canton; l'ancien collège des jésuites est le plus bel édifice de Lucerne: là est la bibliothéque de la ville, là aussi sont logés les professeurs & quelques éleves. Le *Wafferthurm* est une tour antique au milieu de l'eau, dans laquelle est déposé le trésor de la république: dans ce lieu fut un fanal qui dit-on, donna son nom à la ville. La maison de ville & sa tour n'ont rien de remarquable: dans ses fauxbourgs sont deux hôpitaux avec leurs églises au-dehors encore sont des moulins, des magasins à poudre; les casernes sont dans la fonderie des canons. Cette ville est ceinte de murs & de tours antiques: parmi ses quatre ponts, celui qui joint la ville à l'ancienne abbaye est le plus long: il a 500 pas géométriques d'étendue, est couvert, orné de tableaux pris dans l'histoire sainte. Celui qui joint la grande ville à la petite a 316 pas de long, est couvert comme le premier, & est comme lui orné de tableaux, mais ceux-ci sont pris dans l'histoire des Suisses. Un troisieme joint encore les deux parties de la ville il est destiné pour les chars, & n'est point couvert

DE LA SUISSE. 411

Le quatrieme est couvert, & peint par Mellinguer, peintre Lucernois : c'est une *Todtentanz* ou danse des morts.

Dans le moyen âge, cette ville eût un conseil de commune, des corps de métiers qui avaient des priviléges, des bourgeois qui obtinrent des immunités : toute jurisdiction & la haute police s'exerçaient au nom de l'abbaye de Murbach en Alsace ; elle choisissait les juges, & les nobles du voisinage étaient ses vassaux. L'abbaye ne pouvait aliéner les droits de la bourgeoisie sans son consentement ; cependant elle vendit sa jurisdiction à l'empereur Rodolphe : les Lucernois furent mécontens : l'exemple des trois cantons leurs voisins qui repoussaient avec gloire la tyrannie, les excitait ; ils firent une trève avec eux qui déplut aux Autrichiens & qui voulurent les en punir : ils le furent, ils entrerent en 1332 dans la ligue d'Uri, Schwitz & Underwalden, & furent heureux & libres comme eux. C'est en 1389 qu'elle fut affranchie entiérement de toute domination étrangere. On remarque qu'elle eut autrefois un grand nombre d'anciennes familles nobles, & que presque toutes ont disparues aujourd'hui. Le pouvoir souverain est dans un conseil de cent personnes, choisies parmi les citoyens, dont 36 forment le sénat partagé en deux parties, qui alternent tous les six mois pour l'administration ; la division qui sort de charge peut siéger si elle le veut ; celle qui y entre le doit, & s'y oblige par serment. Ces consuls se réélisent, mais ces réélections ne sont ordinairement qu'une cérémonie : les bourgeois prêtent serment de fidélité après cette réélection. Le pere & le fils, ni deux freres ne peuvent être à la fois dans le même conseil : ordinairement le fils succéde au pere, ou le frere à son frere dans le sénat, usage commode, mais souvent dangereux : à vingt ans, on est éligible. Deux avoyers président dans ces conseils pendant leur vie. Le conseiller le plus âgé dans chaque division porte le nom de *Statthalter*; après lui siège le trésorier que suivent les deux portes-bannieres qui précédent le banneret. Le grand-conseil juge des crimes en dernier ressort; la justice civile & les autres branches du gouvernement sont confiées à des comités subordonnés aux conseils. La bourgeoisie est divisée en corps de métiers, & en sept quartiers militaires; mais cette division n'a rien de commun avec le gouvernement; elle n'est pas nombreuse, & il ne lui reste que le droit d'ordonner sur la guerre, sur la paix, sur les alliances, sur les aliénations ou acquisitions de territoire. En devenant sénateur on devient patricien, & la famille acquiert la même illustration, qui sert de titre de noblesse dans l'ordre de Malthe. Le clergé du canton est divisé en quatre chapitres ruraux, qui sont ceux de *Sourfée*, de *Willisau*, de *Hochdorf* & de *Mellingue*.

Lucerne a diverses foires fréquentées; le torrent de *Krienbach* & le feu la ravageaient souvent : des digues repriment l'un, un ordre sévere arrête les progrès de l'autre. Sa longitude est de 25 degrés 51 minutes; sa latitude de 47 degrés 5 minutes. Le nonce du pape y réside; mais on sçait l'arrêter quand il veut diriger le gouvernement. Le territoire qui l'environne, est sous le gouvernement immédiat des conseils : on l'appelle *Stadtkirchgand* : sa paroisse est plus étendue que le territoire : c'est un passage riant, un sol fertile, que couvraient autrefois des châteaux forts, qu'ornent aujourd'hui de jolies maisons de campagne : on remarque sur-tout celle de *Steinhof* : ce territoire renferme le mont *Burgen* ni s'étend au-delà du lac vers le canton d'Unterralden.

Schnepfengstell est un fauxbourg de Lucerne : il est très-laid ; & on y voyait autrefois des scorpions, plus hideux que nuisibles.

On divise le territoire en trois parties, l'*Entlibuch*, le *Veggi*, & le *Lucernois* proprement dit : toutes ces parties réunies forment quinze bailliages, dont trois seulement obligent celui qui en est chargé à y résider. Le caractere du peuple & ses mœurs, ne sont pas les mêmes dans les trois parties : le Lucernois proprement dit, a son idiome allemand qui le distingue : son habit est long, peu agréable, mais commode ; il est sincere, laborieux, point subtil, & cependant industrieux ; il aime la liberté, & cet amour, lorsqu'il est inquiet, l'a quelquefois armé contre le gouvernement.

Nous décrirons d'abord les villages extérieurs.

Willisau, ancien comté vendu par les comtes d'Arberg à la ville de Lucerne en 1407. C'est un petit pays long de six lieues, large de trois, très-fertile en blés & fruits, abondant en gibier, riche par ses monts couverts de pâturages. Là est le mont *Enzi*, d'où sortent le Luthern, la Wiggern & le Buch-Wiggern. On compte 70 antiques châteaux dans ce bailliage, & ce ne sont plus que des ruines. Au midi le pays est plat & ouvert : au nord, il est couvert de monts séparés par d'étroits vallons. Son baillif est pris dans le petit conseil, il siége quatre ans, & réside dans le château. *Wirtsau* est une petite ville sur le Wigger : ses environs sont rians & fertiles ; mais resserré au fond d'un vallon, elle ne jouit pas d'une perspective étendue : l'église est belle, le château est vaste, la grande rue est agréable & propre ; sa chapelle du sang de Jesus-Christ est fréquentée par les pélerins. Elle a divers priviléges, & de l'aisance procurée par l'agriculture. Le secrétaire de la ville le grand sautier sont bourgeois de Lucerne: le premier est membre du grand conseil & siége six ans ses autres magistrats sont choisis parmi les propres citoyens. Son avoyer peut assister à la cour de justice du baillif, mais ne peut y délibérer: elle a ses revenus particuliers, & la jurisdiction civile sur son district. *Luthern*, vallée, village, près duquel sont les bains. Les habitans de cette vallée sont actifs leur pasteur, * vieillard vénérable, y a reveillé l'industrie ; on y fabrique des toiles de diverses espèces & on y fait recueillir l'or que roule avec ses eaux le torrent qui arrose la vallée. *Ebersex* avait un couvent de bernardines qui a été incorporé à celui de Rathausen. *St. Urbain*, monastère de Citeaux, superbe & riche, situé sur les frontieres de Berne, sur la riviere de Roth, fondé par les barons de Langenstein, & gouverné par un abbé. Il a de beaux domaines dans les cantons de Berne, de Soleurre, de Lucerne & dans la Turgovie; il fut autrefois sous la protection immédiate de l'Empire, & est aujourd'hui sous celle du canton. *Reiden*, commanderie de l'ordre de Malthe: on y voit un château, deux églises; c'est là qu'on trouva, en 1577, ces os qu'on a cru être d'un homme qui auroit eu environ dix-neuf pieds de haut. *Castelen*, seigneurie & fief de Lucerne. *Egliswyl*, village voisin d'un petit lac. *Ettisweil* est un village paroissial où est une chapelle qui attire des pélerins. *Fammersellen* est étendu, mais laid. *Aetishoffen* est une seigneurie: il en est plusieurs autres encore.

---

* Mr. Frerer.

DE LA SUISSE 415

Wykon, bailliage ou châtellenie : le baillif est pris dans le grand conseil, réside dans le château & siége pendant six ans. On voyait autrefois quatre châteaux presque contigus que les Bernois détruisirent : le quatrieme pris sur les Autrichiens en 1415 par les Lucernois leur est demeuré : il est assis sur un roc rempli de coquillages pétrifiés : à son pied est le village de son nom.

Sempach, bailliage qui ne s'étend que sur le lac de ce nom : son baillif ou *seevogt* réside à Sempach où il n'a aucun pouvoir : il est choisi dans le grand conseil, siége six ans, perçoit les revenus de la pêche, impose des droits sur elle, & en rend compte à Lucerne. Ce lac est agréable, long de deux lieues, large d'une & fort poissonneux : ses poissons très-délicats, & sur-tout ceux qu'on appelle *Ballen*, font un objet de commerce considérable.

Bailliages intérieurs, ou dont les baillifs ne résident pas.

Rotenburg, bailliage qui paraît être plus étendu que ne l'était l'ancien comté de son nom : il fut conquis par les Lucernois, & ensuite vendu par l'Autriche : son baillif est membre du petit conseil, siége deux ans, réside à Lucerne. Quelques-unes de ses parties sont séparées, il est étendu, fertile & sur-tout en grains ; la Roth & l'Eschenbach l'arrosent, l'Emmen le sépare du bailliage de Malters : par-tout on y voit des ruines d'anciens châteaux ; sur les frontieres des bailliages libres on a trouvé des monnaies romaines ; il touche au lac de Sempach, & renferme ceux de Rathausen & de Baldegg. *Rotenburg* est une ville que quelques Lucernois détruisirent en 1385 : elle n'est plus qu'un bourg où l'on voit

deux églises, un château, & un pont sur la Roth, long de 157 pieds, large de 25, bâti en pierre de taille, couvert avec art, & reposant sur des piliers hauts de 68 pieds; épais de 37. *Emmen*, village paroissial près du confluent de l'Emmen dans la Reuss. *Rathausen*, couvent de bernardines, ou religieuses de Cîteaux, fondé par les bourgeois de Lucerne, enrichi par l'Autriche & les nobles des environs, il fut soumis à des changemens considérables en 1592, qui l'ont rendu florissant. *Eschenbach*, village paroissial sur le petit lac de ce nom, vient du lac de Baldegg, & se décharge dans la Reuss. Au-dessous du village était la ville de ce nom détruite pour venger l'assassinat de l'empereur Albert. Il renferme un couvent de religieuses de Cîteaux fondé par les barons d'Eschenbach. *Hochdorf*, paroisse très-peuplée, & dont les habitans sont d'une taille majestueuse. *Baldegg*, château, village auprès d'un petit lac: là fut autrefois une ville. *Wartensée*, siége noble, au bord du lac de Sempach, sur une hauteur, dans la situation la plus riante. *Neukirch*, couvent de dominicaines, incorporé à celui de Ratthausen; tous ces couvens sont dirigés par l'abbé de St. Urbain. *Huenrein*, commanderie unie à celle de Reyden, & qui a le droit de bourgeoisie à Berne. *St. Michaelis*, ou *Munster*, bailliage qui touche aux bailliages libres & à celui de Rotenbourg, il est long d'environ cinq lieues, large de trois, est arrosé par la Wina, le Sur, le lac de Sempach: il est fertile en grains, fut conquis sur la maison d'Autriche en 1415, est gouverné par un baillif qui siége 2 ans & qui est choisi dans le petit conseil. Il juge les affaires criminelles & civiles. *Munster* est un grand & beau bourg: il a de belles maisons, une belle église bâtie en 1776, une autre église encore: son cha-
pi-

pitre composé d'un prévôt & de vingt chanoines, fut fondé par Bero, comte de Lenzbourg au huitieme siecle * : le canton en est avoyer, il nomme à la place de prévôt & à celles d'expétans, qui se choisissent parmi les bourgeois de Lucerne, & deviennent chanoines par l'ancienneté & sans confirmation de Rome **. Ce chapitre a encore des domaines, des droits, des jurisdictions très-étendues; il peut frapper des médailles en l'honneur de son fondateur, & il en doit présenter 40 chaque année au sénat, sous le titre d'hommage. Le prévôt est co-seigneur avec le canton dans de certains districts, il est son vassal dans tout le reste, reçoit la moitié des amendes, des péages, de différens autres droits; mais est chargé de l'entretien des chemins, les frais des causes criminelles, &c. Là fut établie la premiere imprimerie qu'on ait eu en Suisse. Le bailliage est divisé en sept justices; il renferme un grand nombre de villages & de maisons de campagne. Ceux d'*Ermensée* & de *Schongau* sont entourés du territoire de Berne : celui d'*Oberkirch* est au bord du lac de Sempach.

Merischwand, bailliage séparé du reste du canton, dont la Reuss fait la borne commune avec Zurich. Il a une lieue & demi de long, une de large, & est très-fertile en blés. Les comtes de Henneberg le possédaient, mais à l'extinction de cette famille, le peu-

---

* Selon le Dictionnaire de la Suisse, c'est au neuvieme.
** On donne ces places à des jeunes gens qui y voient une ressource pour fournir à leurs plaisirs; il serait mieux d'en faire la récompense du mérite & des travaux, en les donnant à d'anciens professeurs, à des curés respectables par leur âge & leurs mœurs.

Tome VI.   D d

ple se donna volontairement à Lucerne, qui lui accorda de grands priviléges : il choisit librement son baillif & le prend ordinairement dans le petit conseil sans y être adstreint : ce baillif est en charge deux ans ; il ne doit se rendre qu'une fois à son bailliage, ne gouverne pas, mais préside & retire le tiers des amendes, les deux autres tiers sont au profit du pays. Le peuple y est gouverné par quatre juges qu'il choisit. On y compte plusieurs villages ; c'est dans celui de *Merischwand* que s'assemble la communauté & que siégent les juges.

Buron ou *Buren*, bailliage qui appartint en partie aux comtes de Willisau, en partie à ceux d'*Arbourg* : Lucerne acheta l'une en 1407, l'autre en 1455 : sa plus grande étendue est d'une lieue & demi; il est très-fertile en blés : son baillif est pris dans le grand-conseil & siége deux ans. On y voit les villages paroissiaux de *Buren*, *Triengen* & *Wynicken*, avec d'autres villages.

Knutweil, petit bailliage qui fit partie de celui de Willisau, & n'en fut séparé qu'en 1579 : son baillif est membre du grand-conseil & change tous les deux ans. *Knutweil*, St. *Erhard* sont d'assez grands villages, le premier a des bains qu'on croit bons pour les paralytiques. *Mauensée*, village, château dans un petit lac.

Russweil, bailliage qui eut différens possesseurs : Lucerne le conquit sur l'Autriche, qui l'avait hypothéquée ; elle le céda au canton qui paya l'hypothéque : l'Emmen & divers ruisseaux l'arrosent, & on y trouve deux petits lacs : sa plus grande étendue est de quatre lieues, il est montueux & très-fertile en blés ; les ruines d'anciens châteaux y annoncent encore la tyrannie des anciens gouvernemens. *Russweil* est un bourg : son église est jolie, sa ture rapporte annuellement 8000 livres : ses bains sont stomachiques, purifians & sudorifiques : leurs eaux mêlées de sel volatil, de soufre, de bitume, de fer, furent trouvées en 1693 ; mais elles se mêlerent ensuite à d'autres dont on a sçu les séparer en 1717. *Ventenstein*, couvent de Franciscains, jadis siége des barons de ce nom : il y a un pélérinage à la Vierge. *Soppensée*, où un riche paysan employe des canaux de terre cuite & vernissée pour conduire ses eaux : le vernis peut quelquefois être dangereux, mais l'usage en est plus œconomique que celui des canaux de bois. *Munkelen*, village qui a un château qui appartient à un laboureur. *Menznau*, village où l'on voit un paysan aveugle faire des pendules portatives, ornées, & bien réglées ; la paroisse de ce nom renferme des monts riches en pâturages, & des ruines remarquables. *Buttisholz* est un grand village paroissial, orné d'un château : il s'appellait autrefois *Buttensulz*.

Entlibuch, pays formé par deux longues vallées, qui se réunissent & où diverses montagnes en forment de plus petites : soumis d'abord aux barons de Wollhausen, l'empereur Albert l'acheta : hypothéqué par ses enfans aux barons de Thorberg, qui le gouvernait en tyran, il rechercha la protection de Lucerne, qui l'acheta enfin en 1405. Il a huit lieues de long, & environ quatre de large. L'*Entlen* qui y coule lui donna son nom ; l'*Emmen* l'y reçoit ainsi que la *Bibern*, la *Fontâne* qui roule de l'or dans son sable, mais qu'on néglige, ainsi que celui de l'Emmen ; d'autres ruisseaux y coulent & plusieurs torrens, dont les lits demeurent à sec une grande partie de l'année, & delà vient leur nom *Seltenbach*. Resserré entre les cantons d'Unterwalden, de Berne & de Lucerne, les monts qui s'étendent de la source de l'Emmen au Pilate, le séparent du premier; le *Nefsilwœng* ou *Nefselberg*, & une chaîne de monts parmi lesquels on compte l'*Enzi*, le séparent du second. Parmi ces monts, le *Rothorn* situé entre les trois cantons, est le plus élevé de tous ceux qui sont renfermés dans les limites des terres soumises à Lucerne : la *Bramegg* est remarquable par la belle vue dont on y jouit, & par le chemin qu'on y a pratiqué. On y trouve beaucoup de bois, des eaux minérales, des bains sulfureux, du charbon de terre, & des indices de mines de fer, d'or, & peut-être de cuivre : la richesse de ses habitans vient de ses pâturages, qui nourrissent beaucoup de bétail & de chevaux : ses bestiaux, ses fromages y font un objet considérable de commerce : l'espèce de laitage, nommé *Fusterli*, y est délicieux & recherché. Les habitans de ces vallées sont grands, bien faits, robustes; c'est-là qu'on trouve les hommes les plus forts de la Suisse : ils sont courageux, sages, ont l'esprit actif & pénétrant, honnêtes, trop indolens au travail, & pour le commerce, trop avides de liqueurs fortes, qui pourront enfin leur faire perdre la force & la santé que leur donne la nature : leur habit est court, commode, & sous une apparence rustique, n'est pas sans agrémens. Ils aiment leur pays, la liberté, l'indépendance qu'ils ont tenté en vain plusieurs fois de se procurer. Ils s'exercent à une sorte de lutte qu'on nomme *Schwingen*, & ils y excellent. Leurs habitations sont grandes, assez propres, dispersées, & forment peu de villages. Le baillif pris dans le petit-conseil, change tous les deux ans, & ne vient y siéger que lorsque les affaires l'exigent. Le pays est divisé en quatre justices: celle d'*Eschlimath*, ou l'Oberland, renferme quelques montagnes, une des deux vallées, & les villages paroissiaux d'*Eschlimath* & de *Marpac*.

Celle de *Schüpfen*, qui renferme le bourg de ce nom, où l'Emmen reçoit la *Weissemen*, & où les deux vallées se réunissent pour n'en former qu'une : on y voit deux églises, un couvent de capucins, & une tour antique où l'on conserve les bannieres du pays, & les drapeaux enlevés aux ennemis par ses habitans. Sa paroisse s'étend dans un espace de sept lieues, c'est la plus grande de l'Entlibuch, où sont les plus grandes du canton. A *Sœrenberg*, il y avait une verrerie : c'est près de *Rorigmos* qu'on prétendait trouver les indices d'une saline.

Celle d'*Entlibuch* renferme quatre paroisses, celle de *Romos*, est dans un pays hérissé de monts, & semé de précipices ; il y a une verrerie : le district le plus uni est renfermé dans la paroisse de *Dopplischwand*. On a trouvé dans celle de *Hasli*, dans les montagnes, en un lieu élevé & sauvage, deux pierres de moulins, & des ruines d'un édifice, qui ne pouvait être un moulin. Il y a une chapelle à Wittenbach, où l'on va en pélérinage. La 4e paroisse est celle de *Wollhausen im Markt*: le bourg de ce nom est petit & fut une ville ; près de lui est un château : il prête serment de fidélité à Lucerne, séparément des autres, quoique soumis au même baillif.

Malters, bailliage situé entre l'Entlibuch, & le territoire de Lucerne, long de deux lieues & demi, large d'une & demi : son sol inégal & montueux, est souvent ravagé par la Rümlig & l'Emmen qui l'arrosent : il est abondant en pâturages & en fruits. Le baillif choisi dans le grand-conseil siége deux ans. On y remarque le bourg de *Malters*, où se tient une grande foire de bestiaux. Le village de *Littau*, près duquel on trouva 1200 bractéates en 1574, qui furent remis à Lucerne, & celui de *St. Joſt*, où eſt une belle égliſe & une chapelle que la piété fait viſiter par des pélerins.

Kriens ou *Horw*, bailliage qui parvint à Lucerne avec le comté de Rotenbourg : on y voit beaucoup de bois, de blés, de pâturages, de vergers. Le mont Pilate en fait partie, & le ſépare d'Unterwald : on conçoit donc qu'il doit être abondant en gibier : ſes habitans ſont auſſi d'excellens arquebuſiers. On y remarque les villages de *Kriens* & de *Horw*, tous les deux aſſez grands. *Herrgoltſwald*, chapelle où ſe font de fréquens pélérinages ; la vallée d'*Eigenthal*, long promontoire au pied du mont Pilate : elle eſt agréable, médiocrement fertile en blés, mais riche en pâturages. Une métairie qui y nourrit 25 vaches, rend à ſon poſſeſſeur depuis le milieu de may juſqu'au mois d'octobre 150 Krones, ou 240 Fl. Elle appartint à l'abbaye de Murbach, qui la vendit à l'Autriche : Lucerne la poſſéde depuis 1453 : ces lieux agreſtes avaient beaucoup de nobles, & de châteaux : on y voit encore de jolies campagnes. Ce bailliage eſt borné par le lac, il renferme une papeterie. Son baillif choiſi dans le grand-conſeil eſt en charge pendant deux ans.

Ebicon ou *Ebiken*, petit bailliage entre le territoire de Lucerne, & Rotenbourg, conquis ſur la maiſon d'Autriche en 1415, fertile en fruits, blés & pâturages, gouverné par un baillif, membre du grand-conſeil, qui ſiége deux ans : il renferme le lac de Rathauſen ou *Rotſée*, long d'une demi lieue, abondant en écreviſſes, en poiſſons, & qui fut un fief de l'empire. Sur ſes bords ſont de jolies maiſons de campagne. Le village d'*Ebikon* eſt le ſeul qu'on y remarque.

Habsbourg, bailliage qui du territoire de Lucerne,

étend jusqu'aux cantons de Zug & de Schwitz ; il trois lieues de long, & la moitié de large, a quelques montagnes, des pâturages, est abondant en fruits. Embelli par des campagnes riantes, on y trouve du charbon de terre, des indices de mines de métaux, & des eaux minérales près de *Meggen*, village paroissial. Son Baillif se prend dans le grand-conseil & siége deux ans : il doit son nom au château de Habsbourg, dont on ne voit plus que les ruines, sur une colline nommée *Ramefluh*, à 50 pas du lac de Lucerne ; ce fut autrefois un comté, souche, selon les uns de la maison de Habsbourg, selon les autres ç'en était seulement une maison d'été, & pour le distinguer de celui que nous avons décrit, on l'appellait *Neu-Habsbourg*. Il fut détruit par les Lucernois, qui acheterent le pays en 1406. On y compte cinq paroisses.

Weggis, bailliage peu étendu, mais c'est un pays charmant & très-fertile ; un vaste jardin où croissent les plantes les plus recherchées, & tous les fruits de la Lombardie ; situé entre le lac de Lucerne, qui le sépare de ce canton, il s'étend sur le mont Riggi, qui lui donne d'excellens pâturages : on peut y avoir dans le même repas, le laitage gras nommé *Fusterli*, qui se fait dans les montagnes élevées, & tous les fruits tardifs de l'automne réunis à ceux du printems, des raisins, des chataignes, à côté des fraises & des cerises. Il est très-peuplé : on y compte plusieurs villages ; celui de *Weggis* ou *Wäggis* est grand, situé au bord du lac, & a des environs rians, où prosperent la vigne, le figuier, l'amandier, &c. & les plus belles fleurs, qui font un grand objet de commerce : tout autour sont de jolies maisons de campagne. Au village de *Lutzlatt*, il y a des bains dont les eaux chargées d'alun & de soufre, guérissent les obstructions, les catharres, la jaunisse, les ulceres, & sont sur-tout salutaires aux femmes: elles sont froides. Les habitans jouissent de plusieurs privilèges; ils ont l'habillement & le langage de leurs voisins du canton de Schwitz & Unterwalden, sont pêcheurs, ou cultivateurs, accoutumés aux plus durs travaux; mais la bonté du sol qu'ils possédent les rend indolens. Leurs femmes plus diligentes, cultivent, embellissent leurs jardins, & occupent leurs enfans à filer de la soie pour les marchands de Zurich. Ce fut une ancienne seigneurie. Lucerne l'acheta en 1380. Le baillif est membre du grand-conseil & siège deux ans.

Deux villes libres sont sous la protection & la souveraineté du canton de Lucerne: ce sont Sempach & Surfée.

Sempach, petite & ancienne ville, la plus laide peut-être de la Suisse; mais ses environs sont beaux: elle est au bord du lac de son nom, & fut d'abord alliée de Lucerne, qui devint sa souveraine après la bataille célebre de son nom en 1386. Au lieu où elle se donna, s'éleve une chapelle dans laquelle on célebre chaque année la mémoire des héros, qui s'y sacrifierent pour la liberté de leur pays. Sempach a son propre avoyer, son conseil, ses droits, une jurisdiction étendue, dans laquelle on trouve les ruines de plusieurs châteaux antiques.

Surfée ou *Sourfée*, petite ville, sur les bords du lac de Sempach, arrosée par la riviere de Sur & environnée d'un territoire fertile & riant: elle renferme de beaux édifices, & est en général bien bâtie. Elle eut les mêmes maîtres, & le même sort que Sempach; mais elle ne se soumit à Lucerne qu'en 1415: son gouvernement est un mélange d'aristocratie & de démocratie. Elle a un avoyer, un petit-conseil de douze membres, un grand de vingt, a les revenus, beaucoup de priviléges, le droit du glaive dans sa banlieue, un clergé nombreux, quelques nobles, plusieurs maisons de campagne autour d'elle. Près de ses murs est un couvent de capucins. C'est à Sursée qu'on imprima en 1500, le premier ouvrage rélatif à l'histoire Helvétique : il était en vers & son auteur était *Schradin*, citoyen de Sursée.

Lucerne possède encore plusieurs domaines & jurisdictions dans la partie supérieure du *Freyœmter*, comme *Klein-Dietwyl*, *Rüsegg*, *Heideck*, *Hizkirch* & *Reichensée* ; la seigneurie de *Griesenberg* dans le Turgaw lui appartient, & elle a une portion dans les bailliages communs. Les Lucernois ont divers grades de distinction à Rome & à Luques.

LE CANTON D'URI.

Dans d'anciens titres, on lui donne le nom de *Vallis Urania*, & de *Vallis in Urah*. Il est borné au couchant par les cantons de Berne, d'Unterwald, & par le Vallais ; au nord par les cantons de Schwitz & de Glaris, au levant par le canton de Glaris, les Grisons, au midi par le bailliage de Riveria. C'est le premier en rang entre les cantons qui n'ont que des bourgs & des villages ; son histoire est liée à celle des deux autres, par leur commune confédération, & on a lû plus haut tout ce que notre plan nous permet d'en dire.

On dit que ce pays fut peuplé par les *Taurisci*, dont le nom en vieux langage allemand est *Urner* ; d'autres ont prétendu qu'il le fut par les Goths fugitifs, qui y cherchèrent & y trouvèrent un asyle sûr contre leurs vainqueurs : ces recherches obscures sont peu utiles, & nous les abandonnons. On fait remonter aussi l'origine de la liberté de ces peuples, à celle de l'empire des Francs : on dit qu'ils fe donnerent volontairement à l'empire Allemand : tout ce qu'on en peut dire, c'eſt que d'anciennes chroniques l'aſſurent, que telle eſt la tradition conſtante reçue parmi eux, & que des monumens, des titres anciens, & la ſituation du pays rendent cette opinion vraiſemblable ; mais qu'importe, lorſqu'on jouit d'un bien tel que la liberté qu'on l'ait eu quelques ſiécles plus tôt, ou plus tard ; ſe l'aſſurer dans l'avenir, doit être l'objet de nos ſoins.

Ce pays le plus méridional de la Suiſſe, eſt formé par de hautes montagnes, & de profondes vallées ; il peut avoir 18 lieues de long ſur 8 de large. Parmi ſes montagnes, la plus célebre eſt le St. Gotthard ; ſa baſe s'étend juſqu'à la vallée du Stœg, d'où il s'éleve pendant un eſpace de ſept lieues : on lui a donné 2750 toiſes de hauteur perpendiculaire au-deſſus du niveau de la mer ; il faut en retrancher 5 à 600 : il n'eſt pas le mont le plus élevé de l'ancien monde, mais il eſt un des plus vaſtes, un de ceux où plus de fleuves prennent leur ſource, & la vallée qu'il forme, vallée ſtérile, ſemée de ſept lacs & d'énormes rochers de granit, eſt probablement la plus haute de l'Europe. Le chemin qui y conduit, eſt le paſſage le plus fréquenté de la Suiſſe en Italie : il eſt coûteux à entretenir, mais le produit du péage que le canton en retire, eſt conſidérable : il s'éleve le long d'une vallée profonde, couronnée d'arbres qui l'obſcurciſſent, & où la Reuſs fait entendre ſes mugiſſemens, il eſt pavé, large de ſix pieds, eſt joint par différens ponts ſur la riviere, qui ne l'abandonne point. Les chevaux, les mulets, les chars mêmes peuvent y paſſer ; mais des maſſes énormes de neige, tombant des monts qui le couvrent, y ont ſouvent pendant l'hyver étouffé des voyageurs. Deux lieues au-dessus de *Gestinen*, est une chûte d'eau effroyable, formée par la Reuss & un ruisseau, qui tombe du sommet chauve d'un mont : là est un pont de pierres, dont l'étendue circulaire est en partie collé à la montagne par des soutiens de briques, qu'on y a enchassé ; & joint deux montagnes par une arche grande & solide : il est élevé de 70 pieds au-dessus de l'eau, qui couvre les passans effrayés d'une épaisse poussiere de pluie ; on l'appelle le *pont du Diable*, comme s'il eut été bâti par lui : le peuple montre encore une vaste pierre sur laquelle est imprimée la main noire de cet épouvantable être malfaisant. Une montée rapide le suit, on arrive à une ouverture dans la montagne: on y trouve un chemin très-obscur, long de 300 pas, assez large pour que deux chevaux y passent de front : au centre est un trou qui l'éclaire, par-tout l'eau suinte au-travers les rocs qui le forme, & le rend humide & glissant : on sort de cet antre prolongé, & on entre dans une vallée riante, qui semble n'être qu'une vaste prairie, arrosée par diverses branches de la Reuss, & peuplée de quelques villages rians. Près de celui de l'Hospital, ce chemin rentre dans un vallon aride, escarpé, que couronnent des montagnes chauves ; là, il est pavé encore, & il présente diverses cascades de la Reuss, dont l'eau pure & bleue blanchit d'écume & fait entendre un bruit continuel ; avant d'arriver au sommet, on voit sur la droite le lac d'où elle sort : on découvre le couvent & l'église des capucins, comme environnés de petits lacs très-profonds, où nul poisson ne peut vivre, & qui sont glacés une grande partie de l'année : ce couvent n'a que deux moines, qui dépendent de l'archevêque de Milan, ils ne peuvent donner que des secours spirituels ; c'est dans un hôpital voisin, que les voyageurs sont nourris ;

mais ils payent : là quelquefois, dans le commencement du mois d'Août, le vent du nord amène un froid glaçant & la neige. De ce lieu le chemin descend dans la vallée profonde de *Livenen*; on y parvient en suivant le cours du Tesin ; on voit les lacs d'où sortent les ruisseaux, qui viennent s'y joindre: nous décrirons cette vallée plus bas.

Les rivieres qui arrosent ce pays, descendent presque tous de monts chargés de glace, coulent dans d'étroites vallées, & se jettent dans la Reuss. Telle est le *Meienbach*, qui sort du vallon de *Meien* près de Wasen ; le *Kerstelenbach*, qui sort du val de Maderan, le *Schœchen*, plus grand que les deux autres, qui donne son nom à la vallée étendue qu'il arrose. Tous ces vallons sont creusés entre des monts ceints de forêts, mais chauves à leurs sommets, & la plupart couverts de neige : ces rochers énormes semblent y opprimer la nature qui végéte dans leur sein, y forme des mines de cryftal * & de fer, les couvre de pâturages excellens, dont se nourrissent plusieurs milliers de vaches & de bœufs : il n'est point de vallon où l'on n'entende murmurer un torrent ; l'hyver y accumule la neige, la durcit, l'eau coule au fond & forme une voute, qui soutient un pont de glace. Mais l'été, le pont s'écroule, on sent dans la vallée une chaleur brûlante, & l'herbe, en quelques endroits les fruits, y croissent avec rapidité, & c'est dans ce canton qu'ils sont les plus précoces. On ne trouve point de villes dans ce canton ; mais seulement des bourgs, des villages, & des maisons

---

* Le plus connu des morceaux de cryftal qu'on y ait trouvé est le *sandbalm*, dans une montagne qui est à une lieue & demi au couchant de Gestinen.

[...]persées : on fait monter le nombre de ses habitans [à] 25 ou 26000 hommes. On y parle un allemand [c]rrompu, qui est commun aux cantons populaires, & [l']on nomme pour cette raison *Lændersprach*; on y [par]le & entend l'italien : la maniere de vivre y est [sim]ple, dure, laborieuse, mais cette simplicité de [mœ]urs, ces corps que le travail endurcit, protégent [&] conservent la liberté. Ces Uriens si courageux, sont [da]ns leurs maisons francs, bons & honnêtes ; leur [am]itié est sûre, comme leurs discours sont sinceres : [leu]r commerce consiste en chevaux, en bétail, en [fro]mages, dont ils achetent les grains, & les autres [de]nrées que le sol leur refuse : le grand chemin qui [co]nduit en Italie y fait circuler de l'argent, mais [to]ut y ternit la franchise naturelle de leur caractere. [To]us sont soldats, peu disciplinés, propres à se [dé]fendre dans leurs montagnes qu'ils gravissent [av]ec facilité, sont bons arquebusiers, & manquent [ra]rement leur coup : ils acquierent de l'agilité & de [l'a]dresse à la chasse, qui y est abondante ; on y [tr]ouve tous les animaux qui vivent dans les Alpes. [Ils] ont un arsenal bien fourni à Altorf.

Ils sont zélés catholiques : des frontieres de [Sc]hwitz à la vallée d'Urseren, ils sont du diocèse [de] Constance ; Urseren est du diocèse de Coire, & [Li]*vinen* dépend de l'archevêché de Milan. Le gou[ve]rnement y est démocratique : le pouvoir souverain [ré]side dans l'assemblée générale de tous les Uriens, [qu]i se tient à Bozlingue, prairie qui s'éleve en [a]mphithéâtre, à une demi lieue d'Altorf, & dès [qu']ils ont * seize ans, ils y ont voix & séance : elles [se] tiennent ordinairement en rase campagne ; on y

---

* Busching dit quatorze ans.

renouvelle les charges, on y fait les élections, on décide toutes les affaires importantes. Le préside[nt] de l'assemblée s'y tient debout, & appuyé sur s[a] sabre ; il est environné de ses officiers ; les citoye[ns] sont répandus autour avec l'épée au côté. Ce so[nt] les habitans d'Uri qui sont les plus paisibles da[ns] leurs assemblées ; rarement se refusent-ils aux dés[irs] de leurs magistrats, qui forment un conseil de [ces] personnes, résidant à Altorf, rendent la ju[s]tice, veillent sur la police, expédient les affair[es] ordinaires ou pressantes. Tout le pays est divisé [en] 10 communautés ; chacune fournit six conseille[rs]. Le *Land-Amman* en est le chef ; c'est le premi[er] magistrat du pays, c'est le chef de l'assemblée géné[né]rale, & il est en charge pendant deux ans.

La monnaie courante est celle de France : on bat des doubles ducats ; la petite monnaie la pl[us] commune est le *Schilling* qui vaut un sol de Fran[ce].

Il nous reste à parcourir les dix communautés o[u] *Genossame*, qui composent ce canton.

Fluelen & *Sisikon* font deux villages qui forme[nt] une demie communauté : tous les deux sont au bo[rd] du lac des quatre cantons ou de Lucerne : Flüelen [a] de belles maisons, une église & un château ; c'est [le] port où l'on débarque les passagers & les marcha[n]dises, qui vont de Lucerne en Italie. A demi lie[ue] plus au nord, est une chapelle élevée à l'honneur [de] Guillaume Tell, au lieu où s'élançant à terre, repoussa dans le lac le bateau qui portait le bail[li] Gessner.

Altorff est un bourg, chef-lieu du canton, don[t il] forme une communauté & demie. Il est situé à qu[el]que distance de la Reuss & du lac, au pied d'u[ne] haute montagne couverte dans sa pente de bea[ux] sapins. Il est bien bâti, a une rue large & prop[re]

e grandes & belles maisons. Là, est le siége des
tribunaux du pays & de la régence, l'arsenal, un
grand magasin de blés, une maison d'arquebusiers,
une maison de ville qu'une place assez belle décore,
où l'on voit peint, mais assez grossièrement, Tell
perçant la pomme sur la tête de son fils : c'est ici
qu'on punit les malfaiteurs. Près de-là, sur un rocher
qui semble à chaque instant devoir s'écrouler, est
élevé un couvent de capucins. Le couvent de St.
Charles est habité par des religieuses. Ce bourg fut
le berceau de la liberté Helvétique : quand le vent du
midi y souffle, il est dangereux, & quelquefois défendu
de faire du feu dans les maisons ; deux fois il le livra
aux flammes qui le consumerent ; il souffle avec violence, & c'est le seul qui cause des tempêtes sur le
lac, & en rende la navigation dangereuse : on y
taille fort bien les cryſtaux. Sa longitude est 26
degrés, 10 minutes ; sa latitude 46 degrés, 55 minutes.

Séelisberg, village paroissial, forme une communauté : elle est au bord du lac, renferme encore les
villages d'*Isenthal* & de *Bauwen* ; plusieurs châteaux
dont il ne reste que des ruines, excepté celui de
Beroldingen, situé dans les montagnes & auprès d'un
petit lac. Là est aussi *Grütlen*, prairie qui touche au
lac, où les trois auteurs de la liberté des Suisses,
jurerent de se sacrifier pour elle, & où les trois
cantons ont renouvellé leur alliance en 1713 : tout
Suisse, tout ami de la liberté ne verra plus ce lieu
sans être ému, sans bénir ces généreux patriotes, &
les cantons qui donnerent de si grands exemples
d'union & d'amour de la patrie.

Altinghausen ou *Ettinghausen* & *Séedorf*, deux
villages paroissiaux, qui font une communauté. On
y voit deux couvens aujourd'hui réunis, sous l'inspection du nonce, & dont le canton est avoyer :

l'un de bénédictines doté par Baudouin, roi de Jéru[salem], l'autre de bénédictins. La famille d'*Alting[hausen]* éteinte depuis long-tems, donna d'excellen[ts] patriotes, & on en bénit encore le nom.

Bürglen ob dem Gräbleim, & *Bürglen unter de[m] Gräbleim*, deux villages paroissiaux, qui donne[nt] leur nom à deux communautés que sépare un pet[it] fossé qui sert à les distinguer par leurs noms : l[e] premier fut la patrie de Tell, qui y périt dans un[e] inondation, & c'est dans sa communauté, que com[mence] le grand vallon de *Schœchen* : le second ren[ferme] dans sa communauté *Schaddorf*, village p[a]roissial où est un pélérinage, une partie de cel[ui] d'*Ersfelden* & la *Clus*.

Ersfelden, grand village paroissial sur les deux rive[s] de la Reuss : la partie qui est au couchant de [la] riviere avec *Meitschlingen* & *Gurtnellen*, forment un[e] communauté.

Spuringen, *Unterschœchen*, deux villages paroi[s]siaux qui forment une genossame ou communauté dans la vallée de *Schœchen*. Les seigneurs de Spu[ringen] n'existent plus ; mais ils ont laissé la réputatio[n] d'avoir été de bons patriotes : c'est assez pour leu[r] gloire, & pour que leurs noms soient conservés.

Silenen, paroisse à l'orient de la Reuss, commu[nauté] qui renferme le vallon de *Maderane*, & a[u] *Stœg* : on y voit une tour très-antique : les nobl[es] de *Silenen* étaient de bons républicains.

Wassen, village paroissial, situé sur une hauteu[r] près de la Reuss ; il n'est pas beau ; mais il a de[s] maisons commodes : de là, part un chemin qui con[duit] dans le canton de Berne. La communauté de c[e] nom renferme la vallée de *Mayen*, le village o[u] *Geslinen* ou *Geschenen*, le pont du Diable, l'*Urne[r]loch*, & on y trouve les plus beaux cryltaux.

DE LA SUISSE.

Tout ce pays est semé de chapelles où l'on remercie Grand-Etre de la liberté dont il a fait jouir les [Suis]ses, en les délivrant de leurs tyrans.

Ce canton a des sujets en Italie : ce sont les habitans [d]e la vallée de *Levinen* ou *Livenen*, vallée qui du [p]enchant méridional du St. Gothard où elle com[m]ence, s'étend l'espace de huit lieues entre des [m]ontagnes hautes & escarpées, jusqu'au duché de [M]ilan, dont elle fit partie jusqu'en 1466. C'était le [p]rincipal siége des *Lepontii*, nation Rhetique. Elle [e]st arrosée par le Tesin, par divers ruisseaux qui s'y [re]ndent, par un grand nombre de petits lacs : fertile [e]n pâturages, en châtaigniers, dont il y a des forêts [en]tieres, on y cultive le blé & y recueille du vin. [E]lle est abondante en gibier ; on y voit encore beau[c]oup de tours pour défendre son passage, & des restes [d]'édifices romains. On y compte 12000 ames : ses [h]abitans parlent un italien corrompu, sont sobres, [ro]bustes, & ont plus de génie que d'activité : gouvernés avec trop de rigueur en 1713, ils se révolte[re]nt, & obtinrent de grands priviléges ; une nouvelle [re]volte les leur fit perdre en 1755 : accablés sous le [p]oids de la puissance de tous les cantons, ils perdi[re]nt leurs loix, leur gouvernement, perdirent le [d]roit d'avoir des armes, d'aller à la chasse, d'être [go]uvernés par leurs magistrats. L'archevêque de [M]ilan est leur juge spirituel. On trouve dans ce [p]ays deux séminaires, de beaux chemins, des gre[n]ats à douze faces, très-durs, d'une belle couleur & [d]e la grosseur d'une noisette, des crystaux, des [e]aux minérales, des glaciers sur les monts qui le [c]ressent. On le divise en huit *Vicinanz* ou districts.

Airolo, district qui prend son nom du village pa[ro]issial d'*Airolo*, ou *Eriels*, ou *Orienz* : situé au pied

Tome VI.   E e

du St. Gotthard, il est formé de sept autres petits villages.

Quinto est formé de la paroisse de ce nom, & de celle d'*Ambri*.

Prato renferme quatre paroisses, & un péage sur la haute montagne de *Platifer*. Il doit son nom à celle de *Prato*.

Faido ou *Pfaidt*, bourg où demeure le bailli, & où la communauté s'assemble tous les ans : il a un couvent de capucins. Son district s'étend encore sur deux paroisses.

Chicogna, district formé de trois paroisses, & qui doit son nom à l'une d'elles.

Giornico, en allemand *Irnis*, grand bourg que traverse le Tesin, & qui a deux églises paroissiales on y conserve l'artillerie qu'y laisserent 15000 Milanois vaincus par 600 Suisses, sous la conduite d'un Lucernois.

Chironico ou *Calonico*, district qui ne renferme que peux paroisses.

Di-Basso, est un des plus grands districts : on y compte sept paroisses. *Pollegio*, l'une d'elles, est le lieu désigné pour juger des différends qui peuvent s'élever entre les Milanais & les Suisses.

La Vallée d'*Urseren* ou *Urseler*.

Son nom latin est *Vallis Ursella* : elle est libre sous la protection & la souveraineté du canton d'Uri. Elle s'étend de l'*Uner-loch* par lequel on y entre jusqu'au pied de la Fourche, dans l'espace de quatre lieues : elle a demi lieue de large : elle présente la perspective la plus riante du haut de la Fourche : deux chaînes de monts très-élevés, escarpés, entiérement chauves, & presque toujours couvertes d neiges à leurs sommets, la bordent; elle-même ne paraît qu'une longue prairie en mignature, ornée du plus beau tapis verd, très-unie, arrosée par la Reuss, ou plutôt par le Sidelembach, qui descend de la Fourche, & y coule paisiblement. Delà on découvre trois villages, & diverses habitations éparses. Ce vallon est un des plus élevés qu'il y ait au monde, & son peuple est un des plus heureux. Cependant il n'a que des pâturages; ses flancs n'ont ni arbres ni arbustes; & les hyvers y sont longs & rudes; l'été n'y dure que trois ou quatre mois. On n'y voit qu'un petit bois de sapin au-dessus d'*Ander-matt*, & qu'on y conserve, parce qu'il est son boulevard contre les avalanches qu'y forme la neige. On tire le bois à bâtir de *Gestinen*, & de lieux plus bas encore, & on ne l'y amène qu'avec grande peine & à grands frais : on n'y brûle que le rosier sauvage & la bruyere, qu'on trouve encore au bas des monts. Le bétail fait la richesse des hommes simples & honnêtes qui l'habitent. On les croit descendus des anciens *Lepontii* : ils sont libres, mais avec des restrictions : le canton doit confirmer leur *Thalaaman* & les magistrats qu'ils élisent, il reçoit les appels de leurs jugemens civils, il envoye deux de ses conseillers pour assister aux jugemens criminels; sa banniere lorsqu'elle paraît, fait abaisser celle d'Urseren. Ce pays fut un fief de l'empire, il se mit sous la tutelle du canton en 1410; l'abbé de Dissentis y conserva des droits, que les Urserens acheterent en 1649 *. Leurs possessions s'étendent jusqu'au voisinage du couvent de St. Gotthard, & du Crispalt. On y fait d'excellens fro-

---

* Le chef du pays devait lui présenter chaque année une paire de gands.

mages, & on y commerce en bétail, qui y eft grand, & beau. Leurs meilleurs pâturages font ceux de la montagne d'Oberalp, & c'eft là que fe font les fromages les plus eftimés. Derriere ce mont eft un lac long de deux cents pas, abondant en poiffons, & dont les rives font charmantes. C'eft de ce même mont que defcendent deux ruiffeaux, dont l'un coule au couchant & forme une fource de la Reufs, l'autre au levant, vers le pays des Grifons, & c'eft une des fources du Rhin.

On compte quatre villages dans la Vallée d'Urferen. *Ander-Matt* ou *Urferen*, eft le plus grand & le mieux bâti : il eft au pied des monts, à l'embouchure de la Vallée d'Oberalp, d'où un chemin conduit chez les Grifons. Son églife eft fort ornée, il a de jolies maifons & n'en a pas de laides. *Hofpital* eft bâti fur un terrein inégal : il a eu un château, dont les murs demeurent encore ; bâti fur le chemin qui conduit au St. Gotthard, les voyageurs viennent s'y repofer ; les pauvres y font rechauffés, nourris, médicamentés & c'eft de là que vient fon nom. *Zumdorf* a fes maifons difperfées fur les deux rives du Sidelenbach, qui s'unit à une lieue de là à la Reufs. *Realps* eft au pied de la Fourche, & a une miffion de capucins.

Nous n'avons pas befoin de dire qu'Uri a part aux bailliages communs.

CANTON DE SCHWITZ.

Il eft au nord de celui d'Uri, au couchant de Glaris, au midi d'Utfnacht & du lac de Zurich, à l'orient du lac des quatre cantons, de Gerfau, & de Lucerne. Il a environ onze lieues de long, & huit de large. Par-tout montueux, vers l'orient il touche aux Alpes,

& l'on y trouve des glaciers : ailleurs les monts s'abaissent & la fertilité est variée. Il présente une perspective riante à ceux qui navigent sur le lac de Lucerne : le pays s'éleve depuis le lac, présente divers villages, au centre desquels semble s'élever Schwitz au milieu d'une plaine riante, & au-delà sont des monts élevés en pyramides, dont l'un sur tout, frappe par sa stature & par une couleur rouge, qui contraste avec la neige qu'on y voit répandue çà & là. Les pâturages sont la richesse des habitans ; leur bétail est de grande taille & recherché, leurs bœufs sont les plus beaux de la Suisse. Près d'*Albrig*, on trouve des pierres rares, diversement figurées, & qui semblent parsemées de grains d'anis. On compte 22000 ames dans ce canton, un tiers est composé de sujets ; on y compte mille habitans étrangers : on ne fait monter qu'à 4000 ceux qui ont droit d'assister à l'assemblée générale en qui réside le pouvoir souverain. Ils se divisent en six quartiers auxquels chaque famille est invariablement attachée : tout membre de ces quartiers a droit d'entrer & de voter dans l'assemblée lorsqu'il a seize ans : elle s'assemble toutes les années le dernier dimanche d'Avril, dans une grande plaine environnée d'arbres, à demi-lieue de Schwitz : tous y ont l'épée au côté : là on élit les magistrats, & on traite des intérêts de la patrie. A leur tête sont le *Landamman*, le *Statthalter*, le *Pannerherr*, (banneret), chefs de l'état, & en même tems ses généraux. Ordinairement le landamman siége deux ans. Ils président aussi sur un conseil permanent, composé de 60 conseillers, dont on prend dix dans chaque quartier. Il est chargé d'exercer la police générale, la justice criminelle, l'œconomie politique. Une fois par année, ce conseil est doublé, pour juger sommairement des choses fiscales. Deux fois il est triplé ; c'est lorsqu'il s'agit de donner des instructions aux députés qu'on envoye à la diette, d'entendre ce qu'ils en rapportent & de décider sur des affaires générales. Lorsqu'il s'agit de doubler ou de tripler le conseil, chacun de ses membres choisit, ou un, ou deux citoyens de son quartier. Quelques tribunaux inférieurs expédient les affaires journalieres. Tels sont le *Geheimerrath*, le *Siebner*, & le *Neunergerich*, qui administrent les finances, la justice & la police.

Ce canton a acquis les droits de souveraineté sur quelques districts voisins, nous en parlerons plus bas : on n'y trouve point de villes : ses habitans sont répandus dans des bourgs, des villages, ou des habitations dispersées ; ils sont bons chasseurs, & le gibier y est abondant. Pour passer les lieux où la neige est profonde, ils attachent à leurs pieds une espece de cerceaux : ils sont robustes, pleins de courage & d'impétuosité, & c'est chez eux qu'on voit les excès de la liberté & ses avantages, les vices & les vertus qui en naissent. Inquiets & impatiens, le magistrat qui n'a pas fait ce qu'ils veulent, ne fait pas ce qu'il doit, & il doit les craindre s'il ne veut leur plaire. Leur orgueil républicain leur fit faire de grandes actions, & souvent il les rend injustes : ils le nourrissent dans la solitude, en veillant sur leurs bestiaux ; mais c'est dans leurs assemblées générales qu'ils le déploient. Ils se croyent descendus des Goths battus par Marius, & qui trouverent un asyle dans ces monts hérissés. Ils sont catholiques romains, & le grand nombre de chapelles & de croix élevées dans leur pays prouve leur dévotion. Leur plus haute montagne est le *Haggein*, remarquable par sa triple cime, & son aspect effrayant : de là s'étend une chaîne qui le sépare d'Uri au sud, de Glaris à l'est, & forme plusieurs vallées dans le Waldstädt d'Einsidlen, la Marche & les Hoefs où elle s'abaisse, & devient plus agréable : d'elle sort l'*Aa*, qui arrose la Marche & se perd dans le lac de Zurich; la *Sil* qui reçoit l'*Alp* & divise les cantons de Zurich & de Zug : la *Mueta* qui donne son nom à la vallée qu'elle arrose, reçoit le ruisseau qui serpente dans la vallée de Fisi, & celui qui sort du lac de *Lauwertz*, situé dans un vallon entre les monts *Riggi*, *Haggen* & les montagnes de Zug.

La milice est réglée comme celle d'Uri, & divisée en quatre régimens. On n'y trouve aucun établissement pour la culture des sciences : ceux qui veulent étudier, vont à Lucerne, à Einsidlen ou ailleurs : les habitans ne tirent pas même de la terre qu'ils possédent, tous les avantages qu'ils en pourraient tirer : ils ne manquent pas cependant de génie, & dans leurs antres sous un extérieur agreste, on trouve quelquefois des machaniciens ingénieux : il en est un qui a inventé des canons d'une structure singuliere, & qui disperse au loin les cartouches.

Nous avons dit que les familles étaient divisées en six quartiers, qui sont ceux de *Neue-Viertel*, *Alte-Viertel*, *Nieder-Wasser-Viertel*, *Anter-Viertel*, *Steiner-Viertel Muttenhaler-Viertel*; mais leur territoire ne l'est pas. Sans adopter donc aucune division, nous remarquerons les lieux les plus dignes de l'être.

Schwitz est le chef-lieu du canton, & le siége de ses conseils. Il est situé au pied de la montagne de Haggein, d'où découle une source d'eau fortement soufrée, & il a devant lui une belle plaine qui s'étend jusqu'au lac. Il est bien bâti, a des beaux édifices, un arsenal bien fourni, une église majestueuse, deux couvens & un hôpital. La maison de ville est remarquable par son antique tour. Les curieux visitent à Schwitz le cabinet de feu Mr. *Heglinguer*, antiquaire célebre. Sa longitude est de 26 degrés, 16 minutes : sa latitude de 47 degrés, deux minutes.

Ingenbol, paroisse sur la rive gauche de la Mueta ou Muotha, composée de maisons dispersées.

Brunnen, village ou bourg sur la rive du lac, & qui sert de port à Schwitz. Sa situation est agréable ; on y voit de jolies maisons : c'est là que les trois cantons formerent une alliance éternelle ; & il est quelquefois le lieu d'assemblée des quatre anciens cantons, & aussi des cantons catholiques. Sur le bord du lac est encore le village paroissial de *Morschach*.

Muethenthal, paroisse & vallée qui comprend celle de *Bisi* ou *Fisi*: la Mueta lui donne son nom & l'arrose : on y voit un couvent de femmes de l'ordre de St. François.

Illgau & Iberg, sont des paroisses dans les montagnes.

Morgarten, montagne célebre par la victoire des trois cantons par le duc d'Autriche *Leopold* ; près d'elle est le petit lac d'*Eger* : elle appartient en partie au canton de Zug.

Sattel, *Steinerberg*, *Sternen*, villages paroissiaux dans les montagnes : le dernier était la demeure de *Werner Stauffach*, ce libérateur des Suisses : sa femme n'était ni moins courageuse, ni moins indignée contre les tyrans.

Lauwertz est dans une vallée qui doit son nom à un lac, où l'on voit deux petites îles : sur l'une était le château de *Lauwertz*, sur l'autre celui de *Schwanau* : ce sont aujourd'hui des hermitages.

Art ou *Unterart*, bourg sur le bord méridional

du lac de Zug. Il fit toujours partie du canton : il a une église & un couvent de capucins, dont deux vont pendant l'été fur le mont Riggi deffervir une chapelle & recevoir les offrandes des pélerins. De ce bourg, les Suiffes avaient tiré une profonde ligne jufqu'à *Roten-Thurm*, dont on voit encore les reftes : on y remarque encore un grand baffin de fontaine ; il eft de pierre, très-grand & d'une feule piece.

Sujets du canton.

Les *Hœfen* furent conquis par le canton fur celui de Zurich, dans la guerre fur la fucceffion de Tockembourg : ils fe divifent en *Vorder-Hof*, & *Hinten-Hof*. Dans le premier, l'abbaye d'Einfidlen exerce la baffe juftice, & on y voit le village de *Pfäfficon* au bord du lac de Zurich, orné d'un château. *Freyenbach*, paroiffe dans laquelle on recueille du bon vin. *Bach*, village partagé en haut & en bas. *Feufisberg*, paroiffe ; l'île agréable d'*Ufnau*, fituée dans le lac de Zurich, & nommée en latin *Augia acus Tigurini* : quelques auteurs la nomment *Hulteni Infula*, parce que le poëte *Ulrich de Hulten* fut enfe-veli dans l'églife qu'on y voit. Dans le fecond on trouve la paroiffe de *Wollrau*, dont la commune y exerce la baffe juftice : ces différens lieux forment un bailliage adminiftré par le tréforier de Schwitz.

Kuffnacht, grand bourg entre le lac de Lucerne & celui de Zug, au pied du mont Riggi : il eft affez bien bâti, eft commerçant & jouit de grands privi-leges ; fes environs font rians, fa fituation commode & agréable. Il a fon *Amman* & fon confeil, mais foumis à l'infpection du tréforier de Schwitz : près de ce bourg eft *Moerlifchachen*, paroiffe où l'on voit les débris d'un château antique. *Holę-Gaff*, lieu où une chapelle attefte que Tell y ôta la vie au bailliſ Geſsler.

La *Marche*, *Terminus Helvetiorum*, fut autrefois la borne de l'Helvetie : elle s'étend le long du lac de Zurich & les monts de Glaris, l'eſpace de trois lieues & demi : elle eſt diviſée en haute & baſſe, ſes habitans ont de grands priviléges, & ont leur conſeil & leur juſtice, mais ils doivent être confirmés par l'aſſemblée générale de Schwitz. * Cette ſeigneurie appartint aux comtes de Rapperſchweil, & d'eux il parvint à la maiſon d'Autriche, ſur laquelle les Appenzellois la conquirent, & ceux-ci la donnerent à Schwitz qui les avait ſecourus.

On remarque dans la Marche inférieure le bourg de *Lachen*, *ad lacum*, chef-lieu de tout le pays, où ſon conſeil & ſa juſtice s'aſſemblent, & près duquel l'aſſemblée générale ſe tient ſous des tilleuls. Près de lui ſont des eaux minérales, & dans ſes environs on trouve des cryſtaux & des pétrifications. Les barques qui viennent de Zurich y doivent aborder. Il a une belle égliſe. *Altendorf*, village placé dans un enfoncement, au-deſſus duquel s'éleve un mont qui menace ſans ceſſe de l'écraſer, & dont un roc détaché en 1704 lui fit éprouver de grands dommages. Etrange effet de l'habitude qui ferme les yeux ſur le danger, & ne laiſſe voir que les inconveniens de s'en mettre à l'abri ! Au-deſſus du village était le château maſſif des comtes de Rapperſchweil. *Galgenen*, *Wœgithal*, ſont des villages paroiſſiaux. Près de ce dernier ** on voit un roc où eſt une mine d'un cuivre jaune, qu'on n'a pu parvenir à fondre. *Grinau*,

---

* La Marche inférieure appartint aux comtes de Rapperſchweil, la ſupérieure à ceux de Tockenbourg.

** Buſching le place dans la Marche ſupérieure.

hâteau connu par un combat ; il a une chapelle, & le Lintz y passe & va se perdre dans le lac : il y a un péage.

Dans la Marche inférieure, on voit les paroisses de *Nuolen*, de *Schubelbach*, de *Reichenbourg*, de *Vangen*, & de *Tuggen* ou *Togguen*, en latin *Tunia*, lieu connu, parce que Gallus & Colomban y fixerent leur demeure pour convertir les payens.

La *Waldstadt Einsidlen* est un petit pays qui touche au midi, au canton de Schwitz, au levant, aux monts de Glaris, au nord, aux pays que nous venons de parcourir, au couchant, au canton de Zug : il est arrosé par le *Sil*, l'*Alp*, & le *Biber* ; est montueux, mais riche en pâturages, & fut long-tems une pomme de discorde entre le canton de Schwitz & l'abbaye d'Einsidlen : celui-là prétendait que la souveraineté en appartint aux comtes de Rapperschweil, que d'eux il passa à la maison d'Autriche & d'elle au canton : l'abbaye nia le premier point & par conséquent tout le reste ; elle prétendit qu'elle tenait ce pays des empereurs, & l'avait reçu en toute souveraineté. Quoiqu'il en soit, Schwitz comme un administrateur sur l'abbaye, exerce le droit du glaive dans la Waldstadt, & depuis 1414, fait des loix en commun avec ses habitans : il prétend avoir le droit d'y lever des soldats, d'y établir des impôts, & l'y exerce. C'est le trésorier de Schwitz qui est chargé de l'administration, & qui y nomme un sous-baillif : l'abbé y exerce les droits qui sont demeurés à l'abbaye, & les exercerait tous sans doute, s'il était le plus fort. Ce pays est divisé en sept quartiers. L'on y remarque *Einsidlen*, grand bourg très-peuplé, sur le bord du Syl ; il a de belles maisons.

Près de lui est l'abbaye d'*Einsidlein* ou de *notre*

Dame des Hermites, *Eremus deiparæ matris*, au pied d'une chaîne de monts. Autrefois, ce pays n'était qu'une vaste forêt où St. *Meinrad* ou *Meginrad* se retira l'an 838, & où l'abbesse Hildegarde de Zurich lui fit bâtir une cellule & une chapelle : il y fut assassiné. *St. Benno* rétablit la chapelle & la cellule qu'on avait abandonnées, posa les premiers fondemens de l'abbaye en lui donnant tous ses biens, & par ceux qu'il obtint de la piété des riches. St. Eberhard, duc de Franconie, fut, dit-on, son premier abbé : il y fonda une église, il y introduisit l'ordre de St. Benoit. On dit que lorsqu'en 948, l'évêque de Constance voulut consacrer, une voix le lui défendit, parce qu'elle l'avait été par Dieu même : on fit descendre cette voix du Ciel. Bientôt elle obtint des empereurs & des papes des priviléges considérables ; les grands s'empressèrent de l'enrichir, ses domaines devinrent vastes, ses richesses immenses ; elle fut la Lorette de la Suisse. L'abbé devint prince de l'empire en 997, titre inutile à un Suisse : les bâtimens sont vastes & magnifiques ; il renferme une belle salle peinte, une bibliothéque, un bel appartement pour l'abbé, une chambre commode pour chacun des moines, & des appartemens propres pour les étrangers. La chapelle sainte renferme l'image de la Vierge, objet d'un pélérinage célebre & fréquenté encore. On remarque dans la sacristie un grand nombre d'*ex-voto* précieux, tels qu'un saint-ciboire de 160 onces d'or, enrichi de 1174 perles, de 303 diamans, de 38 saphirs, de 154 émeraudes, de 857 rubis, de 44 grenats, de 26 hyacintes, de 19 ametistes & d'autres diverses pieces précieuses. Le canton est avoyer de l'abbaye, elle ne dépend que du pape pour le spirituel, quoique dans l'enceinte du diocèse de Constance, ainsi que

chwitz, elle nomme à un grand nombre de cures
ans les 2 religions & en divers cantons, a des
ossessions & des droits considérables dans le canton
e Zurich, dans le cercle de Souabe, dans la Marche
e Schwitz, dans le comté de Bade, dans le Gaster,
ans le landgraviat de Thurgau, &c. Elle a le second
ang dans la congrégation de son ordre en Suisse, &
inspection sur les religieuses de *Séédorf*, de *Fahr*,
 d'*Einsidlen in der auw* : ce dernier couvent fut
ondé dans le treizieme siécle, à demi lieue du pré-
édent, il s'enrichit des dons des fidéles, & eut aussi
n trésor qu'il conserve avec diverses reliques. Il est
oumis à l'abbaye de notre dame, dont l'abbé nomme
 mere, & la change tous les trois ans.

La Waldstadt renferme encore *Grofs*, district
ompofé de deux villages; *Weilerzell*, formé de
aisons dispersées ; *Essel* & *Egg* dans lequel est com-
ris une partie de la haute montagne d'Etzel, où
emeura *St. Meinrad*. *Bennau* village. *Euthal* &
Trachslaub.

Nous parlerons ailleurs des bailliages que Schwitz
osséde en commun.

CANTON D'UNTERWALDEN.

Il touche à l'orient au lac des quatre cantons,
 l'abbaye d'Engelberg, & au canton d'Uri ; vers
e nord, à ce même lac & à celui d'Alpnach; au
anton de Lucerne qui le borne encore à l'occident;
u midi, au canton de Berne : il a dix lieues de long,
& environ neuf de large, est semé de chaînes de
montagnes, qui laissent entr'elles des vallées arro-
ées par des lacs & des rivieres. Le mont Brunig
'éleve au midi; là sont d'énormes glaciers, & se
livisent l'Eingelberg, le haut & le bas Unterwalden:

de là encore partent de grandes chaînes d'autres montagnes très-hautes & toutes couvertes d'excellens pâturages. L'une va du midi au nord, sépare l'Entlibuch du haut Unterwalden, & se termine au mont Pilate : on y voit des précipices affreux, & des rochers noirs, escarpés, suspendus pour ainsi dire, & tels qu'on ne peut les voir sans ressentir une secrette horreur. L'autre va du Brunig & d'Engstler jusqu'à Saxlen, forme avec la premiere la vallée d'*Obwalden* dans laquelle on remarque le lac de *Lungern*, & celui de *Saxlen* ou *Sarnen*. Du premier sort l'*Aa*, qui arrose les marécages de Gyswil où était autrefois un lac ; il se jette dans le second, en sort à Sarnen, reçoit la *Meth*, & se perd enfin dans le lac d'*Alpnach*, qui est un golfe profond de celui des quatre cantons. Une troisieme chaîne se détache de la seconde, & forme la vallée de *Melch*, étroite & sauvage, où coule la *Melch*, qui sans doute l'a formée, & prend sa source aux Glaciers. Cette chaîne avec la forêt de *Kerns*, sépare le haut du bas Unterwald, s'abaisse près du lac d'*Alpnach*, & laisse entr'elle & lui une plaine, qui s'ouvre entre Sarnen & Stanz, & se termine à une petite montagne qui s'étend des rives du lac à Stansstadt.

Entre cette derniere montagne & les chaînes dont nous avons parlé, s'ouvre la grande vallée d'Unterwald proprement dit, qui confine à celle d'Engelberg, formée par une quatrieme chaîne la plus orientale, qui les sépare l'une & l'autre du canton d'Uri, & qui se termine au-dessous de Stanz sur les rives du lac de Lucerne. Cette grande vallée est aussi arrosée par une branche de l'*Aa*, qu'on nomme aussi la *Suren*, & qui se jette dans le lac de Lucerne au pied du mont *Burgen*.

Sur les confins d'Uri, d'Unterwalden, & de

DE LA SUISSE. 447

Berne, entre de hautes montagnes, est le *Truphsée*, près de l'Entlibuch & le territoire de Berne est l'*Arnisée*, deux petits lacs qui n'ont rien de remarquable.

Ce pays n'est pas étendu, mais il est riche en fruits & en bestiaux. Les montagnes ont de bons pâturages ; les vallées sont belles & fertiles en fruits. Au printems, dès que la neige y disparait, les monts sont couverts de troupeaux ; l'herbe y végéte avec force, & deux fois on peut la faucher & faire des provisions pour l'hyver. Les fruits y sont beaux, & très-abondans : les forêts sur-tout y sont nombreuses & étendues ; on s'apperçoit cependant qu'elles diminuent. On y semait autrefois des grains ; on y en sème encore, mais très-peu ; la vie simple & tranquille des pasteurs a eu plus d'attraits pour les habitans de ces lieux, que les travaux variés & pénibles du laboureur. Il n'y croît point de vin ; on a trouvé du marbre à demie lieue de Stanz & dans le Melchthal ; on soupçonne qu'il y a du sel au mont *Lopper*, qui fait partie de la chaîne du Pilate : entre Stanz & le lac l'Alpnach sont trois fontaines d'eaux soufrées, voisines l'une des autres.

Ce canton n'a que des bourgs, des villages, des maisons écartées. Sa population est à-peu-près égale à celle de Schwitz. Ses habitans sont robustes, sinceres, pieux, pleins d'amour pour la liberté, & de vénération pour les citoyens qui la leur assurerent : il est peu d'édifices publics, peu de chapelles où ils n'ayent tracé quelques actions héroïques de leurs ancêtres. Ici, on voit un *Winkelrieds*, combattre & délivrer sa patrie d'un énorme serpent : là *Nicolas Flue* descend de sa solitude pour ramener la paix parmi ses concitoyens ; tout apprend à ces hommes simples, ce qu'ils furent & ce qu'ils doivent être; les meres racontent les grandes actions de leurs peres à leurs enfans rassemblés; devenus grands, ceux-ci aiment à s'en entretenir avec l'étranger qui les visite : ils font chasseurs, & excellens arquebusiers.

Le commerce de ce canton consiste en bestiaux, en fromages, & en beurre : on y parle un allemand corrompu, semblable à celui de Schwitz. Il est du diocèse de Constance; & forma autrefois le comté de *Surin* & le *Suringau*, auxquels la Suren donna son nom. Devenu un état libre, il forma en 1150 deux républiques indépendantes l'une de l'autre; mais réunies & n'en formant qu'une à la diete générale des Suisses, les deux grandes vallées du canton forment ces deux républiques : l'une s'appelle *Thal obdem Walde*, (vallée au-dessus de la forêt) l'autre *Thal nid* ou *Unterdemwalde*, (vallée au-dessous de la forêt.) Leur gouvernement fut d'abord commun, & résidait à Stanz; mais la premiere payait les deux tiers des frais du gouvernement, & elle se plaignit d'être trop chargée, ce qui les fit séparer : elles ont depuis ce tems leur Landamman, leur conseil, leur territoire, leur sceau, leurs bannieres particulieres. Tour-à-tour, elles nomment aux bailliages communs. Dans toutes les deux le gouvernement est démocratique; le pouvoir souverain réside dans l'assemblée générale, & tout citoyen âgé de 16 ans y a sa voix : le conseil de chacune de ces républiques est formé de 60 personnes, présidé par le Landamman, qui est en charge pendant deux ans, & peut être élu de nouveau quatre ans après : le gouvernement de l'*Ob dem Walde*, siége à Sarnen : celui de *Unter dem Walde* à Stanz : s'il s'agit de délibérer en commun, Sarnen envoye des députés à Stanz : chacune envoye les siens à la diete, mais ils n'y ont ensemble qu'une voix.

I. *Thal ob dem Walde.*

Son nom latin est *Sylvania superior* : elle renferme six paroisses ou communes, l'assemblée générale se tient tous les ans à Sarnen : c'est-là que siége le gouvernement, formé d'un *Landamman*, de *Stalhalter*, & de 58 membres, dont les paroisses de Sarnen & de Kerns élisent chacune 15, & les quatre autres chacune sept. Dans des cas importans on le double; quelquefois on le triple, comme lorsqu'il s'agit de prononcer en matiere criminelle. Chaque paroisse a sa cour de justice composée de sept juges, dont quatre sont membres du conseil, & trois sont choisis dans la commune : elle décide des procès civils; mais lorsque leur objet excéde la valeur de six gouldes, on en appelle au tribunal des *Funfzchier*, formé par huit membres du conseil & des communes, que préside le Landamman : le jugement de ce dernier est sans appel.

Sarnen est le chef-lieu de cette vallée; il est au bord de l'Aa, près du lac de son nom : on y remarque la maison où le conseil s'assemble, l'antique tour où les archives sont déposées, l'église qui est belle & assez vaste, & deux couvens, l'un de capucins, l'autre de bénédictines de l'ordre de St. André : on y trouve encore un séminaire ou gymnase, qui ne dispense pas ceux qui aiment l'étude d'aller à Lucerne pour s'y satisfaire. Au-delà de l'Aa, sont les ruines du château de *Sarna* où resida le tyran Landenberg.

Alpnach, ou *Altnacht*, bourg & paroisse au pied du *mont-Pilate*, près d'un golfe formé par le lac de Lucerne, où l'Aa vient se perdre.

Kerns, paroisse étendue qui renferme le Melchthal, vallée dans laquelle Nicolas Flue vint vivre en hermite dans sa vieillesse, après avoir rempli tous les devoirs de citoyen, de magistrat, d'époux & de pere. Il n'en sortit que pour reconcilier les Suisses, armés les uns contre les autres. Epargnez l'ennemi vaincu & le pays conquis, soyez les appuis des veuves & des orphelins, respectez la religion, que le prisonnier ne trouve plus en vous un ennemi : tels furent les conseils qu'il donna à ses concitoyens qui l'honorent encore aujourd'hui comme un saint : sa maison a le nom de *Ranft* & quatre chapelles ont été élevées près d'elle.

Sachseln & *Steinen* deux villages qui forment une paroisse : l'église du premier est un bâtiment auguste où l'on vénere Nicolas Flue : son tombeau est placé devant l'autel.

Gyswil, paroisse étendue qui donne son nom au lac voisin formé par l'Aa, & qui avait sur ses bords plusieurs châteaux ; l'air y est mal sain.

Lungern, grande paroisse: le village est au pied du Brunig, au-dessus du lac de son nom, qui est long d'une lieue sur la moitié de large, profond & poissonneux. Le petit village de Kaifersthul est situé sur ses bords; & de là on passe au pays de Hasli par le Brunig.

II *Thal unter dem Walde.*

Subsylvania, ou *Sylvania inferior* : son étendue n'est que la moitié de celle que nous venons de décrire, mais elle est plus peuplée: son assemblée générale se tient annuellement à *Wyl* ou *Weil* près de Stanz : son gouvernement est composé d'un *Landamman*, d'un *Statthalter* & de 58 conseillers; son siége est à Stanz; & comme celui du haut Unterwald, il se double & se triple selon que les affaires l'exigent. L'ancien Landamman sorti depuis deux ans de charge, assiste aux jugemens criminels : le tribunal des sept, décide des procès civils dont la valeur n'excéde pas dix florins : les plus importans le font par l'*Eilfnegericht*, où préside le Landamman. On divise la vallée en onze *Veternen* qui forment six communautés.

Stans, *Statio*, en est le chef-lieu, & le fut de tout le canton. Il est grand, dans une situation agréable, bien bâti, au pied d'une haute montagne : sa maison de ville est belle, ainsi que son église, dont l'intérieur est fort orné : on y voit de belles statues de marbre noir ; il a deux couvens, l'un de capucins, fondé en 1587 par le colonel Lussi ; l'autre de femmes du tiers ordre de St. François. Pendant une partie de l'hyver, les monts y cachent le soleil. *Stanstad*, village au bord du lac de Lucerne, ainsi que *Kirsiten*, où est un pélérinage. Ce dernier village posséde un petit territoire au pied du Burgen, qui est admirable par sa fertilité : il est couvert d'arbres fruitiers, & dans le tems des cerises, on dirait qu'il n'est couvert que de cerisiers ; lorsque les noix mûrissent, il semble qu'elles sont la seule production du pays ; au tems des châtaignes, on croirait que tout arbre y doit être châtaignier : cependant ce lieu est au nord-ouest du mont, la partie au nord est aussi riche & agréable.

Buchs, paroisse sur la rive du lac de Lucerne : l'abbaye d'Engelberg y exerce quelques droits ecclésiastiques. *Beggenried* est encore sur les bords du lac ; c'est une paroisse où les quatre cantons s'assemblerent autrefois. *Emmetin*, paroisse dont les maisons sont dispersées sur les montagnes. *Wolffenschies*, paroisse, village partagé en haut & bas : c'est dans ce dernier qu'est l'église. *Hergiswil*, paroisse au delà du lac Alpnach, au pied du mont Pilate. *Winkelried*, château antique connu par le patriotisme de ses anciens possesseurs. *Rozberg*, château voisin d'une caverne qui fut l'asyle d'un serpent énorme. *Ennemos* ou *St. Jaques*, est dit-on, la plus ancienne église du pays.

Ce canton n'a point de sujets en particulier : nous parlerons ailleurs de ceux qu'il possède en commun.

CANTON DE ZUG.

Il touche au nord & à l'orient, au canton de Zurich ; à l'orient & au midi, à celui de Schwitz ; au midi encore & au couchant, à celui de Lucerne, & aux bailliages libres. Il a cinq lieues de long, sur trois de large ; son sol est semé de beaux pâturages, & de champs féconds : il produit un peu de vin, beaucoup de fruits, les rives du lac de Zug sont ombragées de châtaigniers, qui fournissent aux habitans un grand objet de commerce. Ce lac est long de 4 lieues, mais il est étroit *. On y pêche des carpes de 50 à 90 livres, des brochets de 50 liv. beaucoup de braimes, & une espece de truite ou de saumon d'un goût excellent, longue d'une palme & demi, du poids de six livres. Le *Loretz* sort de ce lac & se jette dans la Reuss ; avant de parvenir au lac de Zug, il traverse celui d'*Aegeri*, *Egerius*, long d'une lieue, très-profond, fort poissonneux, où se trouve le *Kotel* ou saumon. Au levant de ce lac, est la montagne de *Morgarten*, dont nous avons parlé ailleurs.

Ce canton ne renferme qu'une ville : on y compte

---

* Le Dictionnaire de la Suisse dit qu'il a quatre lieues de long & quatre de large.

DE LA SUISSE. 453

20000 ames, il est du diocese de Constance, & n'a que des catholiques parmi ses habitans. Ce fut le pays des anciens *Tugeni*; des comtes de Habsbourg, il était venu à la maison d'Autriche. La ville fut assiégée par les Suisses en 1352: abandonnée de l'archiduc Albert, elle se rendit à ceux qui l'assiégeaient, lesquels pouvaient y commander en maîtres, & se contenterent d'en faire un état libre : Zug devint le septieme canton, & c'en est le moins étendu : il a une alliance particuliere avec Uri, Schwitz & Unterwalden.

Le gouvernement y est démocratique : le souverain pouvoir réside dans l'assemblée générale, qui chaque année se convoque à Zug; tout citoyen âgé de seize ans en est membre, & l'on y nomme à tous les emplois. On divise le pays en cinq communautés, & Zug en contient deux. Le chef de l'état s'appelle *Ammann*; il est choisi tour-à-tour dans les cinq communautés, mais avec la différence que lorsqu'il est élu dans l'une des communautés de la ville, il regne trois ans, & que lorsqu'il l'est dans les trois autres, il n'est en charge que deux ans. Il réside toujours à Zug; après lui est le *Statthalter* qui fait l'office de chancelier; la regence qu'ils président est formée de 40 conseillers, dont treize sont choisis parmi les habitans de Zug, & 27 dans les trois communautés du plat pays. La ville & les communautés ont chacune encore un conseil particulier, & un secretaire : des juges choisis par elles, présidés par l'Amman y décident les causes criminelles : les civiles le sont par un petit & un grand-conseil lesquels siégent dans la ville, qui fournit la moitié de leurs membres; l'autre moitié l'est par les deux communautés de Bar & d'*Aegeri* : la troisieme qui est celle de *Menzingen*, a son tribunal particulier.

F f iij

Zug, Tugium, ville sur la rive orientale du lac de ce nom au pied d'une colline qui s'élève insensiblement, & environnée d'une campagne riante & fertile; les rues en sont grandes & larges, & les maisons bien bâties : on y compte deux couvens, & deux églises; sur le portail de l'une d'elle sont les statues de 4 empereurs; au-dedans est celle d'un roi d'Angleterre, patron de l'église. Elle est estimée une des plus anciennes villes de la Suisse, & est divisée en deux parties, dont l'une s'appelle *Neustadt*; c'est celle qu'on bâtit depuis qu'une rue de l'ancienne ville fut écroulée dans le lac en 1435 : 4 maisons y furent englouties encore 150 ans après; on a cru que les carpes du lac avaient causé ces désastres, en creusant le terrein qu'il baigne, & sur lequel ces maisons étaient assises. Sa longitude est de 26 degrés, 14 minutes; sa latitude de 47 degrés, 12 minutes.

Le bailliage est composé de trois quartiers ou communes. Celle d'*Aegeri* ou *Aegere*, *Aquæ regiæ*, renferme la montagne de Morgarten, deux paroisses qui sont *Ober-Aegeri*, où siége le conseil de la commune & *Unter* ou *Wyl-Aegeri*: elles sont au bord du petit lac de ce nom, long d'une lieue, profond & poissonneux.

Celle de *Menzingen* doit son nom à un village paroissial situé sur une montagne : là est encore la paroisse de *Nuheim* : sur la montagne de Zug : dans l'enceinte de cette commune est le *Guber*, lieu fameux par un combat.

Celle de *Bar* prend son nom d'un bourg bien bâti, très-peuplé, où s'assemble le conseil de la commune: ses environs sont rians, parés de prairies fécondes, enrichis par le gros bétail qu'on y nourrit. Dans l'enceinte de ce quartier, est encore *Walterschwyl*, *Villa-Gualteriana*, hameau au pied de la montagne de Barburg, couverte de bois : il a une église, & un beau bâtiment pour des bains recherchés : ce lieu solitaire est environné de prairies & de petits bois ; les eaux sont salutaires pour diverses maladies, surtout pour les rhumatismes & les douleurs qui viennent d'humeurs froides. *Teinicken*, petit village connu par un traité de paix.

Les sujets particuliers de Zug sont partagés en cinq bailliages : ceux qui y président sont choisis dans la bourgeoisie de la ville.

Cham ou *Kahm*, bourg agréable & ancien, sur la rive méridionale du lac de Zug, arrosé par le Loretz ; il fut autrefois une ville ; & les maisons qui sont autour de son vieux château portent encore ce titre : ce château s'appelle *St. André* : là est encore une chapelle : ce lieu fut autrefois le siége d'un bailliage distinct de celui de *Cham*. *Frauenthal*, couvent de dames de l'ordre de Cîteaux, sur la rive du Loretz ; fondé en 1231 : il a diverses possessions & quelques fiefs. Ce bailliage renferme encore quinze villages ou hameaux.

Gangolschwyl ou *Rysch*, bailliage qui appartint aux barons de Hunenberg ; on y voit le village paroissial de *Rysch*, situé près du lac ; celui de *Meyers-Capell*, qui appartient en partie à Lucerne. *Buonas*, château, village & seigneurie ; quatre autres villages, &c.

Hunenberg, bailliage qui forma une seigneurie, dont les sujets se rachetèrent en 1417, & qui en 1419 s'unirent au canton de Zug, qui conserve leurs priviléges & leur donne un bailli tous les deux ans. Le château de ce nom était élevé sur les bords de la Reuss.

Walchwyl, bailliage qui prend son nom d'un village paroissial.

Steinhausen, est le nom d'un village paroissial

étendu & agréable : il donne son nom au bailliage : c'est un district qui a eu différens maîtres, que Zug acheta & conquit en partie, & sur une portion duquel Zurich exerce encore la haute jurisdiction.

Nous verrons plus bas les sujets communs à Zug & aux autres cantons.

CANTON DE GLARUS, OU GLARIS.

On l'appelle aussi *Glanerland*, Pagus Glaronensis : il confine vers l'orient au comté de Sargans & à la Ligue-Grise, qui joint au canton d'Uri, le borne aussi vers le midi : Uri & Schwitz le bornent au couchant ; les bailliages de Gaster & le Wahlestatt le terminent au nord : de hautes montagnes l'environnent, & la plupart sont toujours couvertes de glaces & de neiges ; tels sont le *Glarnisch*, le *Blattenberg*, le *Freyberg*, & sur-tout le *Todiberg*, un des plus hauts monts de la Suisse, & presqu'inaccessible ; mais par lequel cependant Glaris communique avec les Grisons. Le pays n'est ouvert que vers le nord : il a dix lieues de long, sur sept à huit de large : vers Schwanden, le Freyberg le divise en deux vallées, l'une appellée la *grande*, l'autre la *petite* ; la premiere arrosée par la Lint, la seconde par la Sernft qui toutes deux naissent au midi du mont qui les sépare : ces vallées ont des deux côtés des vallons couverts de pâturages, & on remarque de la grande, qu'elle est le canton de la Suisse où l'on éprouve le plus de tremblemens de terre ; de 1703 à 1705, on y en compta 30 à 40. Ces deux vallées produisent des grains, tels que l'orge, des pois, différens légumes ; mais la véritable richesse de leurs habitans, est dans leurs pâturages, & leurs troupeaux. Les plantes variées qui naissent sur ces monts élevés, sont excellentes par leur goût & le parfum qu'elles répandent; & parmi celles dont les Glaronnois composent leur thé, il en est qu'on ne trouve pas ailleurs : elles sont pour eux l'objet d'un bon commerce, ainsi que les fromages nommés *Schabzieger*, ou *Casei-Rasiles*, composés de crème & de plantes, dont la principale est le lothus ou lothier odorant : on trouve encore sur ces monts des métaux, des minéraux, des crystaux, des sources minérales, des pétrifications & diverses curiosités naturelles : telles sont les compensations que la nature accorde à ce pays froid & montueux, semé de rocs, de précipices, de forêts de sapins presqu'inaccessibles, de glaces éternelles, de bruieres steriles, & sujets aux inondations, à des grêles fréquentes, aux avalanches de neige, aux éboulemens de terre.

On compte qu'on nourrit sur ces Alpes élevées 10 à 11000 bœufs, vaches ou chevaux & environ 4000 moutons. Le Blattenberg y fournit des feuilles d'ardoise, dont on fait des tables, des tablettes & divers autres ouvrages : le Freyberg nourrit un grand nombre de chamois & de daims : il est défendu d'y chasser sous peine de mort ; mais lorsqu'un citoyen se marie, quelques-uns des douze chasseurs assermentés pour cet usage, vont y tuer un de ces animaux pour l'époux, & un autre pour l'épouse ; la peau est le prix de leurs peines. Cette chaîne de monts est encore abondante en gibier. Le Gouppen eut autrefois une mine d'argent & une de fer.

La *Lintz* est la riviere la plus considérable de celles qui arrosent le canton de Glaris ; les autres sont les torrens de *Sernft*, de *Lontsch*, qui sort du lac de Klonter, & la Seez qui sort de celui de Wahlenstad ou de Wesen : toutes ensemble forment la Limmat. Le lac dont nous venons de parler fut appellé en latin

Lacus rivanus ou *ripensis* : il a plus de quatre lieues de long sur moins d'une de large : vers le nord & le sud il est resserré par des rocs très-hauts & escarpés : vers l'orient & le couchant il touche à des vallées unies : il y regne des vents réglés que le nautonnier attend & prévoit, & dont il profite pour rendre son trajet facile & prompt : du moment où l'aurore se fait appercevoir, jusqu'à dix heures, le vent d'orient en agite la surface; le calme lui succéde jusqu'après midi, que le vent souffle du couchant : vers le soir & durant la nuit le lac est tranquille : le vent du nord seul interrompt quelquefois cette alternative réglée.

Ce pays fut long-tems soumis à l'abbaye de Seckingen en Souabe; ses habitans étaient serfs; quelques-uns seulement étaient libres, & étaient regardés comme les nobles du pays : l'abbesse en nommait les magistrats; son chatelain présidait à tous leurs jugemens, ses officiers recueillaient les revenus, consistant en dixmes, censes & diverses contributions. Le peuple cependant avait des assemblées, des hommes qui parlaient & agissaient pour eux; les emplois devaient être donnés à des hommes choisis parmi eux, ils avaient une bourse publique, qu'ils dirigeaient à leur gré : mais la maison d'Autriche ayant successivement acquis les fiefs de cette abbaye, elle les réunit, & voulut gouverner despotiquement. Glaris vit ses usages, ses immunités & sa police changées ou abolies. Les troupes Autrichiennes y étaient en quartier durant l'hyver, pendant la guerre qu'elles faisaient aux premiers cantons; les armes victorieuses de Schwitz vinrent les en chasser; elles rendirent au peuple ses droits, son administration publique, & bientôt les Glaronois devinrent des alliés libres de leurs libérateurs : une armée Autrichienne vint pour les soumettre, un petit nombre d'entr'eux la chassa & la

rça à la fuite : ils se racheterent des diverses sujet-
ons auxquelles ils étaient soumis envers l'abbaye,
formerent un canton qui fut le huitieme par son
ng : associé à leur succès, à leurs travaux, il le
it à leurs conquêtes, & ce peuple qui peu de tems
aparavant était serf, devint indépendant, fut le
uverain du comté de Werdenberg & posséda avec
chwitz les petits pays d'Uznach & de Gaster.

Le gouvernement y est démocratique : le canton
t divisé en quinze communautés ; chacun de leurs
lembres, dès qu'il a seize ans est membre du souve-
ain, qui s'assemble chaque année au mois de may
ans une place ouverte, près du bourg de Glaris :
est là qu'on fait des loix, impose des contributions,
it des alliances, & déclare la guerre ou la paix. Un
onseil de 63 membres y exerce le pouvoir exécutif,
 le judiciaire ; il y veille sur l'œconomie publique
 sur la police. En 1523 la réformation fut embrassée
ar le plus grand nombre des habitans : cette division
ans le culte en fit naître dans le gouvernement.
es emplois alternent entre les deux croyances : les
eformés qui ne firent d'abord que le tiers des habi-
ans, & qui en font aujourd'hui les ⅔, nomment
8 membres du conseil, les catholiques 15 : tour-à-
our le Landamman ou chef du pays est élu parmi
ux ; quand il est reformé, il regne trois ans, &
rsqu'il est catholique, seulement deux : quand ce
remier magistrat est catholique, son lieutenant ou
 Stalthalter est réformé. Chaque croyance a ses
semblées particulieres où elle élit ses magistrats ;
lles se tiennent huit jours avant l'assemblée générale,
 Schwanden pour la réformée, à Nœfels pour la
omaine : celle-ci préside en commun avec Schwitz
ur Uznach & Gaster ; celle-là seule sur le comté de

Werdenberg. La population du canton peut monter à 15000 ames.

Les habitans de Glaris font inftruits & fort induftrieux : nous avons dit qu'ils nourriffaient des chevaux & du bétail, qu'ils font du beurre & des fromages ; nous dirons encore qu'ils préparent des cuirs, filent le coton, & fabriquent de petites étoffes, des draps, des rubans ; ces objets avec quelques curiofités naturelles, comme des pierres noires & fingulieres, des pétrifications, &c. font ceux de leur commerce : ils tirent de l'étranger, ou de leurs alliés des grains, du vin, du fel, & divers objets de commodités. C'eft une erreur de croire, que le fuicide eft commun parmi ces hommes fimples & heureux ; les regiftres du pays n'en montrent que deux exemples pendant un fiécle. Hubner l'a dit, mais, ou fur de fauffes informations, ou fur quelques faits particuliers lqu'il peut avoir vu à Hambourg ; ces faits ne devaient pas faire décider en général, & fans qu'aucune raifon phyfique pût appuyer cette décifion. Un des principaux hiftoriens Suiffes, *Egide Tschoudi*, naquit & vécut parmi eux.

Parmi les loix de Glaris, il en eft qui paroîtront fingulieres : l'une oblige par ferment de reconcilier ceux qui fe battent ou fe querellent : une autre ordonne que lorfqu'il naît un enfant illégitime, un fénateur fe tranfporte chez la mere, fuivi d'un appariteur & d'un greffier, & que lui faifant approcher fon enfant de la mamelle gauche, il l'oblige par ferment de déclarer qui en eft le pere. Tout jeu intéreffé y eft défendu ; on ne peut perdre ou gagner de l'argent qu'à celui de tirer au blanc ; cette loi y forme d'excellens tireurs. Le créancier qui demande en vain l'acquittement de fa dette, fait vendre une

rtie des biens de son débiteur égale en valeur à sa
éance, & un tiers en sus pour les frais, &c.

Le banneret, le capitaine général, le grand-maître
rtillerie, le porte banniere, &c. y dirigent les
litaires. Les protestans ont un conseil de guerre
rticulier, composé de sept membres. Tous ses
bitans en état de porter les armes, & qu'on croit
e au nombre de 4500, sont partagés en compa-
ies; & le pays même l'est en quinze communautés

Tagwen, (corvées) : il est d'autres divisions
core, mais nous nous bornerons à celle-là. Chaque
gwen nomme quatre membres du conseil; Glaris
Nœffels en nomment, le premier 6, le second 5.

Tagwen de Glaris.

Les membres du conseil qu'il nomme sont pris,
is dans les catholiques, trois dans les reformés :
loit son nom au bourg de *Glaris*, *Glarona*, qui
le chef-lieu du canton, dont il occupe presque
centre, situé entre la Lint, & le mont de Glar-
sch toujours couvert de neige. Ce bourg est grand
bien bâti; ses rues sont larges, ses maisons assez
lles; une campagne riante s'ouvre devant lui
rs le midi & le nord; le fleuve l'arrose, la rend
tile & quelquefois la ravage : il a une église au-
dans de ses murs, & une autre au-dehors sur
e hauteur, au-dessous de laquelle est une caverne
ofonde, où l'on remarque des figures grotesques,
méès par des sédimens pierreux, que l'eau y
pose en s'évaporant. Les protestans y sont en plus
nd nombre que les catholiques; mais tous y
vent paisiblement, & les deux cultes s'exercent
ns la même église. C'est là que siége le conseil, &
e demeurent les principaux magistrats : nous

avons dit que les assemblées générales se convoquaient près de ses murs. Sa longitude est de 2 degrés, 46 minutes; sa latitude de 46 degrés 6 minutes.

Tagwen d'Enneda.

Il est réformé, & les quatre conseillers qu'il nomme le sont aussi. Le village de ce nom est à l'orient de la Linth, vis-à-vis de Glaris, au pied des monts Schint.

Tagwen de Mitlodi, Sool & Schwende.

Il y a quelques catholiques dans ce district, & sur les quatre conseillers qu'il nomme, il en est un de cette croyance. Mitlodi est un couchant de la Linth, entr'elle & le mont Glarnisch; au midi du bourg de Glaris.

Tagwen de Schwanden & Thon.

Il est reformé, & les conseillers qu'il nomme le sont aussi. Schwanden est un bourg situé au lieu où la Linth & la Sernft se réunissent: il est grand, bien bâti, & a eu des barons célebres; sa paroisse est une des plus grandes du pays: il y eut jadis une forteresse elle a été démolie depuis long-tems: près de lui sont les monts Gouppen: nous avons dit que les reformés s'y assemblent pour délibérer en commun.

Tagwen d'Eschen.

Il renferme les villages d'Eschen, de Luchsingen, de Nilsuren d'Adlenbach & de Laugelbach: ce dernier tire son nom d'un ruisseau qui se jette dans la Linth

sort de la fente d'un rocher : plus haut est le petit
d'*Oberblegi*, dont l'enceinte est de demie lieue,
est poissonneux, & renferme sur-tout beaucoup de
brochets : il n'a point d'issue extérieure ; on suppose
qu'il pénétre dans l'intérieur des rocs qui l'environnent, & forme le ruisseau dont nous venons de
parler. Près de Luchsingen, au bord de la Linth, est
un bain d'eau minérale, impregnée d'alun & de
sulfre : des canaux de bois la conduisent du rocher
où elle sort, au village. Ce district au couchant de
la Linth, est reformé, & ses conseillers le sont aussi.

Tagwen de *Bettschwand*, de *Diesbach*, *Hazingen* & *Hasslen*.

Il est situé à l'orient de la Linth, au pied du Freyberg : il est reformé, & c'est un des plus étendus.
Il y a cependant quelques catholiques à Bettschwand,
village paroissial, & ils y ont une église particuliere.

Tagwen d'*Ennetlindt* & *Reute*,

Il est situé au midi du précédent, est reformé,
& comme lui nomme quatre conseillers de cette
croyance.

Tagwen de *Linthal*, de *Malt* & *Dorf*.

Une partie de ses habitans sont catholiques, & ils
nomment un des quatre conseillers qu'envoye la
communauté. *Linthal* est un grand village situé au
couchant de la Linth. Ce district est dans la partie
la plus méridionale de la grande vallée. Là est le
Bodiberg, par lequel on communique aux Grisons.
Au nord de ce mont est une mine de cryftal, voisine
d'*Oehl-Blanken*, où l'on croit que la montagne recéle

e l'huile de pierre, dont on sent l'odeur en été. La montagne voisine nommée *Limmeren*, exhâle la même odeur, & on y trouve du talc transparent & blanc comme de l'argent. Ses chamois ont tous, dit-on, une boule dans le ventre, tandis que ceux de la montagne voisine n'en ont point. On nomme cette derniere *Kamer-Stock*. Plus haut on trouve le mont *Sand-Alp* : c'est de là que sort le Sandbach, origine de la Linth ; on le passe sur un pont d'une seule arcade, qui repose sur deux rochers : le Sandbach y coule dans un lit profond de 2 ou 300 pieds.

Tagwen d'*Elm*.

Il est dans la petite vallée, celle-ci n'est pas si peuplée que la premiere. *Elm* est situé entre des montagnes très-élevées : près de là est le *Kaldt-Bad* bain qui cesse d'être célébre, & le mont de Falzuber qui sépare Glaris des Grisons, & est placé à jour au commencement de mars & vers la St. Michel, le soleil lance ses rayons sur le rivage par cette ouverture.

Tagwen d'*Engi* & *Malt*.

Il est reformé comme le précédent. Malt est un grand village : parmi les monts qui l'environnent il en est une qui ne semble être qu'un vaste monceau d'ardoises.

Tagwen de *Nettstal*.

Il est situé au nord de Glaris, entre le mont Wiggis au couchant, & la Linth au levant. Les catholiques y nomment trois des quatre conseillers que la communauté élit, quoique le grand village de Neustad soit tout protestant & fasse les deux tiers du district.

Tagwen

Tagwen de *Mullis*.

Il est à l'orient de la Lintz, & ses habitans sont reformés. *Mullis* ou *Mollis* est un grand village, ou un bourg. Près de lui est le petit village de *Beglingen*, arrosé par un ruisseau qui sort du mont Schint : au-dessus on voit les ruines d'un mur, qui s'étendant d'un mont à l'autre, ceignait la vallée entiere ; il fut élevé pour se garantir d'une invasion subite.

Tagwen de *Naffels*.

Il est au couchant de la Lintz, & il nomme cinq membres catholiques pour le conseil du pays. *Naffels* est un grand bourg : un pont sur la riviere facilite sa communication avec Mullis. On prétend que le lac de Wallenstatt s'étendait autrefois jusqu'en ce lieu, qu'il y formait un port, & que de là vient son nom latin de *Navalia*. On y remarque le palais de la maison célebre de Frœulers, & un couvent de capucins bâti sur les ruines du château qu'habitaient les gouverneurs nommés par la maison d'Autriche : on le nomme *Mariebourg* ; il est grand, beau & placé au-dehors des murs sur une hauteur.

Tagwen d'*Ober* & *Nieder-Urnen*.

Situé au nord du précédent, au couchant de la Lintz : le sol y est fertile en grains & en fruits ; on y cultive même la vigne : entre ces deux villages, est un bain d'eaux minérales, fort légeres, utiles pour différens maux ; elles sont restaurantes, ordinairement froides ; l'hyver elles sont chaudes, & on ne peut, dit-on, les boire que lorsqu'on les a laissées refroidir. Près de Nieder-Urnen, était autrefois le château *Windeck* qui a été célebre ; ce village a éprouvé une inondation destructive en 1703 : ses maisons furent remplies d'eaux, ses champs & ses prairies couverts de sables & de débris de rocs. Près du village d'Ober-Urnen exista aussi le château de Vorbierg. Les catholiques & les protestans y nomment chacun deux conseillers.

Tagwen de *Bilten.*

Il renferme le village de ce nom & celui de *Kerenzen* ou *Kirrensen* : celui-là est au nord du Tagwen précédent, l'autre est à l'orient, au bord du lac de Wellenstads ; on a taillé dans le roc un chemin près de Kerenz : là est encore un mont percé à jour.

Les sujets particuliers de Glaris, sont renfermés dans le comté de Werdenberg que nous allons décrire ; ceux qu'il a en commun avec d'autres cantons se trouveront plus bas.

Comté de Werdenberg.

Il est situé sur la rive du Rhin, est long & large d'une grande lieue : joint à la seigneurie de Wartau, il enferme environ 1200 habitans en état de porter les armes. Le comté de Sargans le sépare du canton de Glaris ; ses comtes furent autrefois redoutables : Glaris l'acheta en 1517 de ses derniers possesseurs de la maison de Hewen pour 21500 florins : ses habitans aiment l'indépendance dont ils ne peuvent jouir, & ils sont inquiets : ils suivent le culte reformé, cultivent quelques champs, ont quelques beaux vergers, commercent en bétail & en chevaux nourris dans leurs féconds pâturages : durant l'hyver, s'occupent à filer du coton. Dans l'enceinte de ce comté, on voit un petit lac poissonneux, & des eaux soufrées. Le canton en est le souverain; mais les seuls protestans y nomment un baillif qui siège pendant trois ans : les causes criminelles se jugent à Glaris; les civiles s'y portent en dernier ressort.

Werdenberg, petite ville au bord du Rhin, dans une petite plaine riante : près d'elle est un mont sur lequel est le château où résident les baillifs : il fut bâti dans le onzieme siécle & renferme un arsenal bien fourni. Le baillif a droit de pêche & de chasse. La ville n'a point d'église paroissiale ; ses habitans se rendent à celle de *Grabs*, grand village situé à un quart de lieue de ses murs : ce village s'appella autrefois *Quadravedes*, *Quadratis*.

Buchs, autrefois *Buogo*, village paroissial : *Sevelen* le même titre : il est voisin des ruines de l'antique château de Herrenberg.

LA VILLE ET LE CANTON DE BALE.

Ce canton confine vers le nord au margraviat de Bade-Dourlach, à l'orient au territoire de Rhinfeld & au Frickthal, vers le midi au canton de Soleurre, au couchant à l'évêché de Bâle & au Sundgau : il a environ huit lieues & demi de long, & six de large.

De Bâle à Lichstal & Sissach, c'est un pays plat, fertile en grains, abondant en vins & en fruits : tout ce qui est au midi est montueux, rude & froid : cependant ces monts & les vallées qui les séparent, sont riches en pâturages & on y nourrit beaucoup de bestiaux : quelques vallons ont des champs féconds : ces monts sont un prolongement du Jura, des forêts couvrent leurs sommets & s'étendent dans les vallées; l'été y fait disparaître la neige. On y trouve de nombreufes pétrifications naturelles, des sources d'eaux minérales, & il en est une dans Bâle même: la marne y est commune & y fertilise les prairies artificielles. Le *Rhin* arrose la partie septentrionale du canton; d'Augst à la montagne de Horn: il reçoit près d'Augst l'*Ergess* ou *Ergolz*, près de Bâle la *Birs*, dans la ville même la *Birsig* ou *Birseck*, & près du petit Huningue la *Wiesen*, qui arrose une partie du canton.

Il renferme 3 villes, & environ 37000 habitans: tous sont réformés, & on y compte 27 paroisses réparties en trois décanats, qui sont ceux de Lichtal, de Farnspurg, & de Wallenburg. Ce pays fut celui des Rauraques; *Basilea* succéda à leur chef-lieu. Les Romains établirent une colonie dans le voisinage; elle fut détruite par Attila; & ses restes se réfugierent à Basilea qu'on avait détruite & qu'on relevait. Elle eut le nom de *Basula*: sa situation avantageuse, son sol fertile la rendirent bientôt florissante; l'évêque des Rauraques y siégea, & mit le pays à couvert des divisions & de l'ambition des nobles; sa domination plus douce & plus paisible que celle des princes voisins y attira beaucoup d'habitans, y favorisa l'industrie; la petite noblesse tirannisée par les grands barons s'y réfugia, & y exerça les emplois: les bourgeois se bornaient aux arts méchaniques; mais l'exemple & peut-être l'abus du pouvoir les en sortit. En 1210, ils demanderent & obtinrent de former douze abbayes dont chacune fournissait un tribun, qu'on joignit au conseil formé par douze gentilshommes, dont quatre étaient chevaliers. Le bourguemestre & le grand-tribun furent cependant toujours choisis parmi les nobles. Quelque tems après les bourgeois exercés aux armes devinrent les protecteurs de l'évêque contre les nobles, ils étendirent leurs privileges; ils acquirent en 1373 le droit de battre monnaie; en 1377, ils formerent la moitié d'un tribunal qui décida des guerres privées : ils exercerent la justice civile en 1388 : bientôt ils acheterent la partie de Bâle qui est au-delà du Rhin & trois bailliages : ils formerent différens conseils, mais l'époque de leur établissement est incertaine : ils furent d'abord probablement des représentans amovibles; puis ils devinrent permanens, & retinrent l'exercice de la plus grande partie des pouvoirs de la souveraineté : les liaisons des nobles avec l'Autriche les fit expulser, & en 1516, les bourguemestres ne furent choisis que dans le peuple. La reformation rendit Bâle indépendante de l'évêque qui se retira à Porentru, on augmenta le nombre des abbayes, & celui des membres des conseils; la plupart furent des artisans, & ils porterent dans le gouvernement les petites vues de leurs corps, l'intolérance mercantile, la présomption d'hommes peu éclairés : ils ont fermé l'entrée à de nouveaux citoyens, qui pouvaient devenir leurs rivaux; l'activité s'est éteinte en partie, l'esprit de famille a vaincu, & Bâle est bien moins peuplée, bien moins riche qu'elle ne l'a été, & qu'elle ne pourrait l'être : on y compte à peine 13000 ames, & l'étendue de son enceinte, ses maisons désertes, prouvent que sa population fut autrefois double de ce qu'elle est.

Les seuls citoyens peuvent y parvenir aux charges : les deux conseils réunis y exercent le pouvoir souverain : le petit est formé par 60 membres, dont chacune des 15 tribus de la grande ville fournissent un nombre égal : le grand l'est par 216 membres tirés des 18 tribus de la grande & de la petite ville : celles-là en élisent chacune seize; celles-ci chacune douze : ces deux conseils joints aux deux bourguemeſtres & aux deux grands tribuns, (*Obriſtzunft-meiſter*), font 280 perſonnes : ils décident de tous les grands intérêts de l'état, exercent la législation & la haute police, diſpoſent des principaux emplois, s'aſſemblent deux fois le mois : le grand-conſeil choiſit dans ſon corps ceux qui doivent ſuccéder aux membres du 60 qui décédent ; mais il doit les prendre dans les mêmes tribus ; les membres du grand-conſeil, ſont élus par les membres des deux conſeils réunis, qui ſont de la tribu de celui qui eſt mort : le ſort eſt mêlé au choix libre, excepté pour la charge de bourguemeſtre, dont un grand-tribun eſt toujours le ſucceſſeur déſigné.

Six des quinze tribus de la grande ville n'admettent que des maitres de leurs profeſſions : les autres ſont ouvertes aux militaires, aux gens de lettres, aux avocats, ainſi qu'aux maîtres de la profeſſion, qui lui donne ſon nom. Le petit-conſeil s'aſſemble deux fois la ſemaine, les cauſes criminelles, celles d'appel, la police, l'égliſe, ſont ſoumiſes à ſon inſpection ; il eſt partagé en deux diviſions : l'une regne pendant un an, l'autre n'a que voix délibérative juſqu'à ce qu'elle ſuccéde & décide à ſon tour. Les différens objets de gouvernement & d'œconomie politique ſont réglés, ou préparés par divers tribunaux ſubalternes. Tel eſt le *Dreyzehnerherren*, ou *Geſſeimerath*, qui délibere ſur tous les objets de guerre & de police, mais ſoumet ſa déciſion aux deux conſeils : le *Dreyerherren*, qui veille ſur les revenus & le tréſor de l'état : le *Deputaten*, qui a la ſurintendance ſur les égliſes, les écoles de la ville, du canton & dirige leurs revenus. Chacune des deux villes a un tribunal particulier, préſidé par un Schultheiſs, pour veiller aux affaires du commerce. Le conſeil de guerre eſt formé par les deux bourguemeſtres, un commiſſaire, un lieutenant & un major de ville, & par les capitaines des deux villes & des cinq fauxbourgs.

Toutes les années le petit-conſeil eſt confirmé par le grand : celui-ci l'eſt en détail : chaque membre eſt examiné & confirmé par les autres membres des conſeils qui ſont de la même tribu. Après cette confirmation, les bourgeois leur prêtent ſerment de fidélité dans les mains du grand-tribun. Le canton eſt diviſé en ſept bailliages ; ceux qui y préſident, ſont choiſis les uns dans le petit-conſeil, les autres dans le grand : deux peuvent l'être dans les ſimples citoyens. C'eſt le grand-conſeil qui les nomme : les baillifs ſont exclus des conſeils pendant le tems de leur régence.

Il ne reſte plus à Bâle que quatre familles nobles, qui ſont celles de *Reichenſtein*, de *Barenfels*, de *Rotberg* & d'*Eptingen* : elles y jouiſſent de tous les priviléges des citoyens, mais elles ne ſont liées à aucune tribu & n'ont aucun accès dans le gouvernement.

La ville & les fauxbourgs ſont diviſés en ſix quartiers, & ſix compagnies : la milice du pays l'eſt en deux régimens, chacun de neuf compagnies de fuſiliers, d'une de grenadiers & d'une de dragons. Le clergé forme un *conventus* dans la ville, & trois chapitres à la campagne : le paſteur de la cathédrale eſt cenſé en être le chef ; c'eſt le ſort qui décide du choix des paſteurs, de celui-même des profeſſeurs : un tel choix n'honore pas celui qui en eſt l'objet : mais ſouvent le ſort eſt plus juſte que les hommes ne l'auraient été.

Ce canton s'unit aux autres en 1501, & par le rang, il en eſt le neuvieme.

Bâle, *Baſilea*, capitale du canton, eſt ſituée dans

une campagne riante & fertile, aux bords du Rhin qui y forme un canal large, profond, peu rapide, & la divife en grande & petite ville : dans la grande ville, il reçoit la Birfeck, & un quart de lieue plus haut la Birs, de laquelle on a formé un canal qui traverfe la ville. Les deux villes font jointes par un pont long de 600 pieds : la grande eft divifée en vieille ville & en 5 fauxbourgs ; elle eft ceinte de murs, de tours, & de foffés ; ils le font par un rempart & quatre baftions : les maifons y font plus grandes que belles ; elles font fimples & propres. On y compte 220 rues, 6 places publiques, 46 belles fontaines, 31 moulins dont 21 fervent à moudre le blé, & 6 à faire du papier. La grande ville a 7500 pas de circuit : la petite en a 3000. On compte dans l'une & dans l'autre treize églifes, dont huit font paroiffiales : les princes de Bade y ont un beau palais ; il eft fitué près de la promenade de St. Pierre. La cathédrale nommée le *Munfter*, eft un beau bâtiment gothique: elle eft grande, ornée de deux beaux clochers qui s'élèvent des 2 côtés de fon portail ; au-dedans, on remarque un autel de marbre & un beau batiftere : les orgues y font peintes par Holbein : elle renferme les tombeaux de l'impératrice Anne, femme du premier empereur de la maifon d'Autriche, d'un de fes fils, de plufieurs favans, parmi lefquels nous nommerons Erafme, dont l'épitaphe eft fur une table de marbre, & qui avait pour devife *cedo nulli* : cette devife peu modefte n'empêche pas que ce favant ne mérite fa gloire. Près de l'églife eft une terraffe qui fert de promenade publique ; elle eft très-élevée & l'on y jouit d'une vue fort étendue : à côté eft une galerie couverte, remplie de tombes, chargée d'épitaphes entaffées, d'où s'exhale une odeur fœtide. La danfe des morts, peinte par Holbein fur les murs

l'un péristile dans l'ancien couvent des dominicains, st toujours visitée des étrangers : la maison de ville, à bibliothéque publique, est encore ornée de tableaux stimés de ce peintre ; dans la premiere, on remarque la passion de Jesus-Christ, ouvrage de ce peintre : au haut de son grand escalier, est peint : jugement dernier ; les diables y poussent les damnés dans les enfers, & parmi ces damnés on emarque des ecclésiastiques & un pape : ce tableau ut fait en 1510, avant la réformation. Le bâtiment st bâti sur pilotis & sur la Birseck. C'est dans la salle e la bibliothéque que s'assembla le concile qui y ut convoqué en 1431 : on y trouve un grand ombre de manuscrits grecs & latins, qu'y ont issé les peres de cette assemblée : elle a un cabinet e médailles. L'église de St. Pierre est à une des xtrêmités de la ville ; on y voit une place longue de 89 pieds, large de 255, ombragée de tilleuls : de maronniers, & qui le fut autrefois d'un chêne norme, dont les dix longues branches soutenues ar trois rangs de piliers, offraient une ombre paisse & vaste. Sur un des côtés est l'arsenal, grand âtiment bien fourni d'armes, & où l'on voit ncore la cuirasse, les trompettes, les timbales & l'équige de cheval du duc Charles de Bourgogne: vis-à-vis t le cabinet de curiosités naturelles & d'antiquités : Remigieus Feesch. La communauté Française, erce son culte dans une église d'un ancien monastre. Bâle a une société physico-médicale, & une niversité : fondée avant la réformation, elle fut rès elle formée sur un nouveau plan, & partagée quatre facultés : elle se gouverne sans être sou-ise aux conseils. La petite ville a peu de bâtimens marquables : celle de St. Théodore est belle : chartreuse peut encore exciter la curiosité. Remarquons qu'il est midi à Bâle, quand il est une heure dans le pays & ailleurs : on ne s'accorde point sur l'origine de cet usage. On y trouve deux bains d'eaux minérales. Bâle est encore commerçante : ses vingt fabriques de rubans répandent dans le pays 300,000 florins par année : on y fabrique des étoffes de soie, des toiles peintes, des bonnets, des gants, du papier : on y trafique en toiles de lin, en drogues, en fer travaillé, en peaux préparées. Les fruits plus hâtifs dans ses environs que dans le voisinage, & les légumes, y forment une branche utile de commerce : la culture y est encouragée, les communes partagées, le bétail y est encore une source de richesse. La longitude de Bâle est de 25 degrés, 15 minutes : sa latitude de 45 degrés.

Bailliage de Munchenstein.

Il fut acheté en différens tems de la maison d'Autriche, de la famille de Munch, & de l'évêque de Bâle : il est grand & renfermé : le village paroissial de ce nom, qu'arrose la Birs, au pied d'un roc qui fait partie du mont Jura a été ceint de murs : au-dessus du roc est le château où réside le baillif, nommé par le grand-conseil tous les huit ans, & pris parmi ses membres, ou dans les simples citoyens. Ce château défend le passage dans la Suisse par le mont Jura. *Muttenz*, village paroissial, dans une plaine fertile que domine le mont Wartenberg, sur lequel on voit les ruines de trois châteaux qui y furent élevés : on trouve des antiquités à Muttenz, & il y eut un couvent & un prieuré. *Prattelen*, paroisse, château dont les environs sont rians & fertiles. *St. Jaques* est célebre par

in combat : on y voit une infirmerie, une maison
le péage, une église & une briqueterie. Sur l'autre
bord est un fort désert en tems de paix. Dans le
Limmenthal qu'arrose la Birseck, on voit sur une
colline l'église de Ste. Marguerite, & près d'elle le
village de *Bottmingen*, qui a un château : près de là
est le village de *Binnengen*, qu'on croit être l'ancien
Arialbinnum, marqué dans les tables de Peuttinger.
Iolée, petit village, fut, dit-on, autrefois l'*Olino* des
Romains : on y a trouvé plusieurs antiquités : on
prétend que ses eaux minérales dissolvent la pierre
de la vessie. *Biel-Benken* est formé de deux villages
séparés par la Birseck : *Biel* est le village au nord de
la riviere : *Benken* est au sud : ils ont été achetés
de l'évêque de Bâle. Ce bailliage a de jolies maisons
de campagnes, de beaux champs, beaucoup de
vignes, de vastes prairies : on y nourrit beaucoup
de bétail, & diverses fabriques y sont actives : on
cultiva autrefois le safran : on trouve des eaux
minérales à *Bruglingen* : celles de *Gundelfingen* sont
acidules : les bains de *Neu-Schauenbourg* sont célebres encore & leur bâtiment fut un monastere : le
château de *Schauenbourg* était plus élevé sur le
mont de l'Aigle, & on en voit encore les ruines
dans le bailliage de Liestal.

Bailliage de Petit-Huningue.

Il est situé de l'autre côté du Rhin, & touche à
la Souabe : son bailli est pris dans le petit-conseil,
& le terme de sa préfecture n'est point limité. *Klein-
huningue*, est un village paroissial, sur une hauteur
que borne la rive du Rhin : près de lui coule le
Wiesen : plus haut est une hôtellerie, où l'on fait
la quarantaine quand une maladie épidémique désole

les pays voisins. Ce bailliage fut acheté en partie dans l'année 1385, & en 1640 : il est fertile, on y cultive le tabac, on y pêche le saumon, poisson estimé quand il est jeune.

Bailliage de Riehen.

Riehen, bailliage au nord & à l'orient du Rhin & qui touche à la Souabe : il prend son nom d'un bourg à l'entrée de la vallée que la Wiesen arrose : à quelque distance est *St. Chrischona*, chapelle sur une montagne. *Betiken* est un village. Ce bailliage appartint à l'évêque de Bâle, qui l'a vendu au canton. Les campagnes sont ornées de belles maisons & de grands jardins. Le bailif est pris dans le petit-conseil : cet office est à vie, à moins qu'il ne préfere une charge plus élevée.

Bailliage de Liestal.

Il appartint à l'évêque qui renonça à toutes ses prétentions en 1585. Il est généralement fertile, & fait partie du Sisgau : le bailif réside dans un château ; il est pris dans le petit-conseil, & peut exercer sa préfecture pendant sa vie. *Liechstall* est une petite ville formée par trois rues parallèles : un temple en occupe le centre : elle avait de grands priviléges qu'elle a perdu : de ses deux avoyers l'un est pris dans les bourgeois de Bâle, & ils alternent chaque année pour présider au conseil. La ville est bien bâtie, peuplée, riche : ses habitans exercent différens métiers : ses champs fertiles, ses vignobles féconds sont sa principale richesse : l'Ergetz coule près d'elle, & forme une cascade au-dessous. Sur la rive opposée est *Fülinsdorf*, village qui joint à ceux de *Munzach* & de *Frekendorf* rma une seigneurie des comtes de Schauenbourg : n y voit encore des restes d'un aqueduc immense, onstruit par les Romains : aux environs, on a rouvé des médailles & des urnes. On a trouvé ncore dans le *Knœffenthal*, un vaporaire, un pavé la mosaïque & d'autres ruines antiques. A *Bruendorf* & *Alt-Schauenbourg*, sont des bains d'eaux iinérales. *Laufen* est un grand village paroissial. *Iülften* est un fort près de l'Ergetz, mais il n'est abité que dans la guerre.

Bailliage de Farnspurg.

C'est le plus étendu de tous ceux du canton ; il enferme onze paroisses : son baillif est choisi dans es membres du petit-conseil : le tems de sa charge st fixé à 8 ans, & sa demeure au château de Farnsurg situé sur un haut rocher. Ce pays est fertile en âturages, en blés, en vins : il s'étend sur la plus rande partie du Sissgau. Bâle l'acquit en 1461. On y remarque la cascade de *Gressen* près de Kircherg, le *Wiesenthal*, vallée charmante, où les jeunes ens s'exerçaient à la course & à la joute ; les filles la danse : le bourg de *Sissach* qui donna son nom u pays qui du Rhin s'étend dans le canton de oleurre, & eut le nom de landgraviat. *Zégligen*, illage qui a des antiquités romaines ; le mont er *Lœlten*, *Aristorf*, *Widwald*, d'autres villages qui n possèdent encore, sur-tout *Aeugst*, jadis *Augusta auracorum*, ville très-ancienne, rétablie par Munaius Plancus, détruite dans le cinquieme siécle, & qui l'est plus qu'un village partagé par l'Ergetz : la artie orientale est à la maison d'Autriche ; l'occiientale seule appartient à Bâle, & ne renferme u'une hotellerie, un moulin & quelques maisons :

on y trouve un grand nombre de masures, neuf tours élevées en demi cercle, qu'on croit avoir fait partie d'un amphithéâtre, des anciennes monnaies, des inscriptions, des instrumens pour le monnaiage, des statues, des ruines de temples, de grandes voûtes souterraines revêtues de pierres de taille où deux hommes peuvent marcher droit & de front, qui s'étendent jusqu'à Liestall : on croit qu'elle servait de canal à l'Ergetz pour laver & emporter les immondices des rues d'Augusta. Peu d'endroits sont plus riches en ruines antiques. Ce bailliage renferme encore des eaux minérales à *Oltingen*, qui est l'extrèmité orientale du pays, à *Bruglingen*, à *Eptingen*, dans la vallée que forme le haut & le bas Hauenstein, qui fait partie du Jura : les eaux d'Eptingen charrient du cuivre & un peu de bitume ; on les prend pour l'étisie, les convulsions, &c. On trouve des incrustations curieuses à *Werene-Wasser*, & des indices de mines de fer dans les montagnes.

Bailliage de Wallenbourg.

Son baillif se prend dans le petit-conseil, & siége huit ans. On y recueille du blé, du vin, des fruits ; mais sa principale richesse est dans ses pâturages : *Wallenbourg* ou *Waldenbourg* est une petite ville dans un vallon étroit au pied de l'Ober-Hauenstein : son château la commande, & c'est la demeure du baillif : on croit que cette ville fut une forteresse des Rauraques : un chemin rendu commode & sûr en 1740 la traverse : elle n'a point d'église ; ses habitans se servent de celle d'Oberdorf, qui en est à un quart de lieue au nord, & qui a des bains d'eaux minérales fort légeres. Bâle acheta ce pays de son

…êque en 1400 : on y remarque encore le château … Wildenſten, ſur un haut rocher : la paroiſſe … Zyffen, qui renferme les villages de *Lupſingen* … de *Bubendorf*, où ſont des bains d'une eau miné-
…le auſſi légere que celle de Pfeffers : elle eſt un peu …vonneuſe & fortifie les nerfs. *Langenbruck* eſt … village paroiſſial ſur le Hauenſtein. *Breoweil*, …*nweil*, ſont des paroiſſes ; *Ramſtein*, un château & …e ſeigneurie.

Bailliage de Hombourg.

Son bailliſ peut être un membre du grand-conſeil, … un ſimple citoyen, & le terme de ſa préfecture …t de huit ans : ce pays appartint aux évèques de …le, qui l'hypothéquerent à la maiſon d'Autriche, …le vendirent à la ville en 1400. Ses richeſſes ſont …ns ſes pâturages : un grand chemin très-com-…ode & bien entretenu le traverſe, elle va de …llemagne par le bas Hauenſtein à Lucerne, & …là en Italie par le St. Gothard. *Hombourg* eſt un …âteau fortifié, ſur un rocher, au bas de la mon-…gne : au-deſſus eſt le bain d'eaux minérales nommé …amſer-Bad : il eſt ſalutaire pour les obſtructions, … maladies de la peau, la débilité des nerfs. …mlingen & *Leufelfingen* ſont deux paroiſſes dans … montagnes, ſur le chemin qui conduit d'Olten … Lieſtal.

Bâle a ſa part à quatre bailliages d'Italie : nous … parlerons plus bas.

VILLE ET CANTON DE FRIBOURG.

Ce canton est entouré par celui de Berne, except[é] dans la partie resserrée qui touche au lac de Neu[f]châtel : du nord au midi il a quatorze lieues d'é[]tendue : sa largeur du couchant au levant est d[e] neuf lieues. Sa partie la plus unie est vers le nor[d] & le couchant ; là il rapporte beaucoup de grain[s] & de fruits : l'autre partie est montueuse, ma[is] riche en excellens pâturages ; le fromage qu'on fa[it] dans le bailliage de Gruyeres s'envoye au loin, [&] est estimé le meilleur qu'on fasse en Suisse : cel[ui] du Sannen & du Simmenthal est vendu aussi sou[s] le nom de fromage de Gruyeres. En quelque[s] lieux de cette derniere partie, on recueille du vin[,] on y trouve quelques eaux minérales, telles qu[e] celles de *Bonn* qui ont trois sources, & dont l'ea[u] charie du soufre & de l'alun. Les rivieres les pl[us] considérables qui l'arrosent sont la *Sanen*, la *Sen*[] & la *Broye* ou la *Bruw*. La premiere naît da[ns] le territoire de Berne, son lit s'élargit dans cel[ui] de Fribourg, devient dangereux, semé de roche[s] hauts & escarpés : elle se jette dans l'Aar : la de[r]niere prend sa source dans le territoire de Fribourg[,] près de Châtel St. Denis, arrose alternativeme[nt] les terres des deux cantons, & se jette dans le l[ac] de Morat près de Wiflisbourg ou Avenches : elle [en] sort près de Sugy, & vers la Sauge elle se joint [au] lac de Neufchâtel où elle perd son nom. On comp[te] sept villes dans le canton de Fribourg ; ses habita[ns] sont au nombre de 72800 : on parle allemand da[ns] ses conseils ; les actes publics s'expédient dans cet[te] langue ; mais le plus grand nombre des habita[ns] parlent le patois roman ; une partie même de [la]
capita

capitale le parle, & sur 4 églises où le culte public est exercé, il n'en est que deux où l'on se serve de l'allemand. Tout l'ancien territoire de la ville parle cette derniere langue, mais un Saxon l'entend avec peine. Tout le canton est catholique, & cette religion seule y est tolerée : il dépend de l'évêque de Lausanne qui réside dans Fribourg même : on y compte 103 paroisses, partagées en 12 décanats ou doyennés. Fribourg fut fondée par Berthold IV, duc de Zœringen, en 1179 : ces ducs étaient les vicaires de l'Empire dans l'ancien royaume de Bourgogne, & pour soutenir leur autorité contre les grands vassaux, ils augmentaient les privileges des communes & bâtissaient des villes fortes : telle fut l'origine de Fribourg, & celle de Berne bâtie six ans après. Ces deux villes furent ennemies & rivales, parce que Berne fut la premiere indépendante, & que Fribourg fut longtems encore soumise à l'autorité des comtes de Kibourg, puis des ducs d'Autriche & enfin des ducs de Savoye. C'est après l'invasion de Charles le Témeraire, duc de Bourgogne, favorisée de la Savoye, que Fribourg se rendit indépendante: bientôt des circonstances heureuses l'appellerent à se joindre aux ennemis de ses anciens maîtres, & à partager leurs dépouilles avec eux : c'est ainsi qu'elle étendit sa domination en diverses parties du pays de Vaud : elle se joignit aux autres cantons en 1481, & par son rang elle en est le dixieme.

L'autorité souveraine y est exercée par un grand conseil de 200 membres qui se divise en différens tribunaux : 71 familles patriciennes ont seules le droit d'y entrer : les autres citoyens ne peuvent aspirer à la magistrature : ils ont cependant encore droit de suffrages pour l'élection du premier chapelain, d'un chancelier & d'un bourguemaître, pris tous les trois ans parmi les membres du petit conseil: les bourgeois des 27 paroisses de l'ancien territoire jouissent comme eux, du droit de suffrage dans l'élection d'un nouvel avoyer. Chacune des quatre bannieres, dans lesquelles la ville est divisée, fournit un banneret, quinze membres du conseil des soixante, & vingt-huit autres pour former le conseil souverain; les vingt-quatre membres du petit conseil forment avec ceux-là le nombre 200. Pour être éligible dans ce grand conseil, il faut avoir vingt ans accomplis, être d'une des 71 familles patriciennes, & membre d'une des 13 tribus bourgeoises : tout membre de ce conseil, parvenu à l'âge de 30 ans, peut être élu pour celui de soixante; & il faut être de celui-ci pour entrer dans le petit conseil. Deux avoyers y président alternativement chaque année : le statthalter & *landesobrister* est ordinairement le plus âgé du conseil des vingt-quatre, & est la troisieme personne de l'état ; après lui marchent le tréforier, le bourgue-maître. Le commissaire général, les bannerets ont leur rang après le petit conseil ; ils président au conseil d'état formé de 24 membres du soixante, dont six sont pris dans chaque banniere : ce conseil d'état confirme & complette le grand conseil qui exerce la même fonction pour le petit conseil & celui des soixante. La police, les jugemens civils, les jugemens criminels sont du ressort du petit conseil, mais dans ce dernier cas, si l'accusé est bourgeois de la ville ou de l'ancien district, la sentence est prononcée dans le grand conseil qui peut mitiger la peine ou faire grace.

Parmi les principaux tribunaux de Fribourg, on peut citer les *chambres de droit civil & de droit rural* : ce sont deux corps de justice civile pour la ville, il est présidé par le bourguemestre ; l'autre pour ancien territoire : la *chambre d'appellations*, le *conseil de guerre*, &c. celui-ci est formé par le commandant-général & sept autres personnes : la ville est divisée en quatre compagnies, & le canton en onze régimens de milice.

Les élections se font par le sort : les noms des aspirans sont cachés dans des boîtes, où les électeurs jettent leurs balottes, sans savoir sur qui tombent leurs suffrages : c'est ainsi qu'on élit ceux qui président dans les 19 bailliages, que renferme le canton dans lesquels les 27 paroisses de l'ancien district ne sont point comprises : ils sont en charge pendant cinq ans; trois d'entr'eux ne sont pas obligés de résider dans leurs bailliages.

On trouve dans ce canton des hommes aisés & industrieux : la culture y est le principal objet du travail; les fromages & le bétail forment celui de leur commerce d'exportation : les mœurs y sont simples; ce que furent leurs peres, ils le sont encore; mais la même cause qui les garantit du luxe, les laisse dans l'ignorance : nul autre canton rélativement à son étendue, n'a plus de fondations religieuses que celui-ci. Les monnaies les plus communes y sont les *funfbazen*, ou cinq batz; l'halbe-batz, ou demi batz; le *kreutzer*, & le *schilling* : elles ont la même valeur que les monnaies de même nom dans le canton de Berne.

Fribourg ou *Freybourg*, en *Uchland*, pour la distinguer de la ville de ce nom, située dans le Brisgau, est située sur le Sanen, qui l'environne de deux côtés. Elle est située en partie sur un roc élevé, en partie dans une vallée profonde, & vers le couchant elle occupe une petite plaine. Les rues y sont irrégulieres, rapides, propres, assez larges; les maisons y sont bien bâties, quelques-unes sont belles; il y a des couvens & des églises fort ornées : elle est environnée de murs, de tours, & de rochers escarpés. Ses quartiers sont ceux de *Bourg*, d'*Auge*, de *Neuve-Ville*, & l'*Hôpital* ou les *Places*. Dans le premier on trouve la cathédrale, église grande, dorée en-dedans, & même en-dehors, décorée d'un portail où l'on voit des statues de saints ayant sur leurs têtes des couronnes d'or : son clocher est très-élevé. Près d'elle est la petite église de notre dame. Dans ce quartier, on remarque encore un couvent de capucins, qui y enseignent la philosophie & la théologie; un couvent de femmes de la visitation, la chancellerie & la maison de ville, bâtie sur un roc escarpé, où fut élevé l'ancien château, & d'où l'on voit sous ses yeux la vallée qu'arrose la Sanen. Dans le second quartier, on trouve l'église de St. Jean, un monastere d'augustins Eremites, décoré d'un hôtel magnifique, & l'hôpital de St. Jaques : dans le troisieme sont la grande église de St. Jean, une commanderie de Malthe, un couvent de femmes du tiers ordre de St. François, & le grand magasin à blé; & dans le quatrieme, on voit une église paroissiale, le grand hôpital, la monnaie, la maison de force, un couvent de Franciscains où l'on prêche en français, un d'Ursélines, & celui des Jésuites placé sur une hauteur, fondé en 1604, qui renferme un collège & une église entourée d'un étang profond : on y monte de la ville par un escalier couvert de quelques centaines de marches. Fribourg a quelques manufactures, mais peu importantes. Sa longitude est de 24 degrés, 40 minutes : sa latitude 46 degrés, 50 minutes. A une lieue de cette ville, sur la rive droite de la Sanen, s'élevent des rochers presque perpendiculaires, & hauts de 3 à 400 pieds; au sommet est un bois : à 200 pieds au-dessus de 'eau, le rocher s'avance : c'est là qu'un hermite parvint par une fente, & s'y creusa une chambre où il pouvait se coucher : un second hermite qui succéda à celui-là, creusa avec son valet le roc plus avant, & y fit un couvent, son église, son clocher, sa sacristie, son refectoire, sa cuisine, une salle, deux chambres, une cave, un caveau où coule une source d'eau. L'église a 63 pieds de long, 36 de large, 26 de haut ; les autres parties sont proportionnées à celles-là ; le tuyau de la cheminée de la cuisine a 90 pieds de haut ; au devant il creusa un petit jardin. Le constructeur se noya en 1708. L'ancien territoire s'étend de la riviere de Senfe au ruisseau de Macconens, & de Munchweiler près de Morat jusqu'au ruisseau de Plaffeyen. Il renferme les paroisses de *Marlie*, de *Gyffers*, de *Praroman*, de *Rechthalten*, de *Treyvaux*, d'*Arcanciel*, & d'*Espendes*, de *Plafelb*, de *Tudingen*, de *Taffers*, d'*Ueberstorf*, de *Wunnenweil*, de *Heydenried*, de *Bossingen*, de *Villard*, de *Marran*, d'*Escuwillens*, d'*Onnens*, d'*Antignée*, de *Prez*, de *Givisiez*, de *Barfischen*, de *Gurmel*, de *Cresier*, de *Belfaux*, de *Villarepoz* & de *Courtion*. On y voit le monastere d'*Altenreif* ou de *Hauterive*, fondé en 1137 : il est de l'ordre de Citeaux, dirige trois autres couvens, & a dans sa dépendance cinq églises. On croit que ses moines ont les premiers planté le vignoble de la Vaux : la Sanen passe près de ses murs. Nous avertissons que lorsque les bailliages ont deux noms, le premier est allemand, le second françois.

Bailliage d'*Illengen* ou *Illens*.

C'est une ancienne seigneurie, qui appartint aux

barons de la Tour, aux comtes d'Arberg, à la maison d'Englifperg: l'ancien château de ce nom eft détruit: le bailli réfide à Fribourg: il fut conquis en 1475, lors de la guerre de Bourgogne.

Bailliage de Plaffeyen.

Il fut conquis auffi dans la guerre contre Charles le témeraire, & appartenait alors aux barons de la Roche. *Plaffeyen* eft un bourg fur les bords de la Senfe. Son bailli réfide à Fribourg.

Bailliage de Bellegarde.

Il fut acheté en différens tems, dans le 16e. fiécle pour 17000 florins. *Bellegarde* eft un château détruit, fitué dans les montagnes près du Simmenthal. Près de lui eft le village de *Jaun* ou *Joan*: la feigneurie de Prez en dépend. Son bailli réfide à Fribourg.

Bailliage de Favernach ou du Pont.

Acheté en 1482, il renferme cinq paroiffes: le bailli réfide à *Groff-Favernach*.

Bailliage de Wippengen ou de Waipens.

Il eut d'abord le nom d'*Everdes* ou *Grunenberg*, de la feigneurie de ce nom: étendu par des achats, la feigneurie de Wuipens y fut jointe en 1547. Le bailli réfide dans le château de ce nom: la ville ou le bourg eft auprès: il renferme encore trois paroiffes & le couvent de *Marcens*, ou *Humilis mons* fondé en 1136, habité par des Premontrés, puis incorporé au collège des jéfuites.

Bailliage de *Montenach* ou *Montagny*.

Le village de ce nom fut autrefois une ville ; il est sur une hauteur entre des rochers : le château est la résidence du baillif. Fribourg l'acquit de la maison de Savoye en 1478 : il renferme sept paroisses, & sépare le pays de Vaud du reste du canton de Berne.

Bailliage de *Staffis* ou *d'Estavayer*.

Ce fut autrefois une seigneurie, dont une famille noble porte encore le nom : elle appartint à la Savoye. Le canton l'acheta en 1483 & en 1634. La ville qui lui donne son nom est jolie : sa situation est agréable, sur les bords du lac de Neufchâtel : elle a un grand & un petit-conseil dans lesquels le baillif préside sous le nom d'avoyer : on y voit un couvent de peres des écoles pies, & deux de nones, dont l'un est de l'ordre des Ursélines : le château est sur le bord du lac dont les rives sont élevées & de difficile abord : le bailliage renferme encore six paroisses.

Bailliage de St. Albin.

Il fut acquis d'une famille de Soleurre pour 30500 écus : situé entre le lac de Neufchâtel & celui de Morat, il renferme le village de *Villard les Friques*, & celui qui lui donne son nom : ce dernier a un château où réside le baillif.

Bailliage de *Cheire*.

Il fut acheté en 1704, & fut auparavant une seigneurie. Il renferme le village de *Bollion*, & celui de *Cheyre*, qui a un château & touche au lac de Neufchâtel.

Bailliage de Font & Wuissens.

Il fut conquis en 1536 dans les guerres contre la Savoye, & aggrandi par divers achats : il renferme la seigneurie de *Prevondavaux*, la tour de la *Molleire*, qui est antique, fort haute, & eut le nom de *Helvetiæ oculus*, parce qu'on y jouit d'une vue très-étendue, le village de *Mouret*, celui de *Wuissens*, qui a un château, & celui de *Font*, au bord du lac de Neufchâtel.

Bailliage d'Uberstein ou de Surpierre.

Conquis dans la guerre contre la Savoye en 1536, il doit son nom à un château situé à l'extrêmité d'un roc fort élevé, & comprend les villages de *Mignieres*, de *Fetignes*, de *Ville-neuve*, & de *N. D. des champs*.

Bailliage de Romont.

Il fut conquis comme les précédens, & dans le même tems : c'était un comté. *Romont*, *Rotondus mons*, est une ville médiocre, fortifiée, environnée de campagnes riantes, fondée dans le 6e. siécle. C'est la plus belle ville du canton après la capitale : ses foires sont fréquentées. L'église a 6 chœurs. Elle a 2 couvens, l'un de moines, l'autre de religieuses : près d'elle est celui de la *Fille-Dieu*, monastere de chartreuses, fondé en 1260, & sous l'inspection de l'abbé de Hauterive : le château est sur un mont. Ce bailliage est le plus étendu de ceux que possède le canton ; il renferme les paroisses de *Siviriez*, de *Berlens*, de *Billans*, de *Grangettes*, de *Vurfternens*, & de *Mezieres* : les cinq derniers sont des seigneuries.

Bailliage de *Ruw* ou *Rue*.

Le canton le joignit à son domaine en 1536, par droit de conquête; la ville qui lui donne son nom est petite, mais connue par ses marchés & ses foires. La Broye coule près d'elle; au couchant, sur une hauteur est le château où le baillif réside : cinq villages forment avec elle son bailliage : on croit que celui de *Promacens* est le *Bromagus* de l'itinéraire d'Antonin. Bromagus est un vieux mot celtique, qui signifie *habitation sur la Broye*, & le village est sur la rive de cette riviere.

Bailliage de *Thalbach* ou *Vauruz*.

Il est peu étendu, & ne renferme aucun lieu considérable : il fut acheté en 1538 ou 1548 des nobles de Champions.

Bailliage de *Boll* ou *Bulle*.

Le canton l'acheta en 1537 de l'évêque de Lausanne : il fit partie du comté de Gruyeres. La ville qui lui donne son nom est petite, a un couvent de capucins, & un grand pélérinage à la chapelle de *N. D. de la compassion* : le baillif réside dans son château : on y compte quatre villages paroissiaux.

Bailliage de *Corberz* ou *Corbieres*.

C'était une seigneurie qui appartint aux comtes de Gruieres. *Corbieres* est un bourg qui a plus de priviléges qu'aucun autre lieu du canton; ils lui furent accordés en 1390, & le canton les lui a confirmé : le baillif réside dans son château : le bailliage renferme cinq paroisses : on y remarque *Char-*

mey, en allemand *Gahnis*, village où est une fontaine soufrée : son eau couvre de soufre le bâton qu'on y plonge; dans les montagnes on voit *Vaul-Saint*, ou *Heilig-Thal*, monastere de chartreux.

Bailliage de Gryers ou Gruyeres.

Il fit partie de l'ancien comté de Gruyeres, qui s'étendait des frontieres du Vallais jusqu'à environ deux lieues de Fribourg : ses comtes étaient puissans; mais leurs guerres fréquentes avec les Bernois, les Fribourgeois & les Vallaisans les affaiblirent. Le dernier de ce nom avait des talens & aimait la gloire : on voit sur les monnaies d'or & d'argent qu'il fit fraper, qu'il prenait le titre de prince : il se ruina pour entretenir 5000 hommes au service de la France, qui ne le paya pas; ses dettes accumulées le forcerent à abandonner ses biens à ses créanciers. Berne & Fribourg les payerent & se partagerent ses terres. Berne donna 21000 rixdales, Fribourg 60000; pour satisfaire aux autres créanciers, car le comte était aussi leur débiteur.

Ce bailliage est le plus riche du canton. *Gruyeres* est une ville qui parait ancienne : les comtes y résidaient : on n'y a eu d'eau que celle de puits jusqu'en 1755. Le château est sur une hauteur. On y compte sept paroisses : la *Tour de Treme* est une petite ville *. A *Brox* ou *Broi*, est un antique prieuré de bénédictins. La *Part-Dieu* est une chartreuse fondée en 1307 près de la Trême, au pied de la montagne de Molezon. On connait les fromages

---

* Les Délices de la Suisse le placent dans le bailliage de Bulle.

qu'on fait dans ce pays, le commerce en est considérable, il les doit à ses excellens pâturages; mais malgré ces avantages naturels, il se dépeuple tous les jours.

Bailliage de Châtel St. Denis.

Le canton en était souverain par droit de conquête en 1536; il en acheta le domaine utile en 1574. *Châtel St. Denis*, est un grand village, une paroisse étendue : il a un château où réside le baillif. Ce bailliage renferme encore la paroisse de *Semsales*, *Septem Sales*.

Bailliage d'Attalens & de Bossonens.

Il est formé de deux seigneuries de ce nom. Celle d'*Attalens* fut achetée en 1616 pour 6000 crones; elle renferme deux villages, celui d'Attalens est paroissial & a un château. Celle de *Bossonens* ne renferme qu'une paroisse. Ce bailliage est le plus méridional du pays.

Voyez pour les sujets que Fribourg possède en commun, l'article qui les concerne.

VILLE ET CANTON DE SOLEURRE.

Il confine vers l'orient & le midi, à celui de Berne; vers le couchant, au territoire de Bienne & à l'évêché de Bâle; le canton de ce nom le termine au nord. Sa plus grande longueur est de treize à quatorze lieues; sa largeur varie de quatre à neuf. Il est fertile, sur-tout dans la plaine; car il s'étend en partie dans le mont Jura, & là, les forêts, les pâturages font ses richesses : c'est sur les rives de l'Aar, que sont situés ses champs & ses vergers les plus féconds. Il y a des districts où la vigne prospere, & on y en planterait davantage, si le canton n'en tirait avec facilité & à peu de frais de l'Alsace, de l'Argau, de Neufchâtel, & du pays de Vaud. Du haut du Jura, ce petit pays paraît un parterre charmant. L'*Aar* est la principale riviere qui y coule : elle y reçoit l'*Emmat*. On y compte deux villes, quatre bourgs, environ 45000 habitans. Le seul bailliage de Bucheckberg est reformé ; tout le reste est sous la dépendance spirituelle des évêques de Bâle, de Constance ou de Lausanne.

Sous les empereurs Allemands, Soleurre eut déjà de grands priviléges : elle élisait un conseil qui veillait sur ses revenus, sur sa police ; l'avoyer présidait aux jugemens criminels au nom de l'empereur, bientôt la ville l'élut parmi les nobles attachés à elle, enfin le droit du glaive lui fut cédé : Soleurre étendit ses prérogatives par la sagesse de ses chefs, elle acquit un territoire, le droit de battre monnaie, & divers droits de jurisdiction : elle s'allia avec Berne en 1291 & 1318, avec les cinq premiers cantons en 1393 ; elle en devint un en 1481, & par son rang elle en est le 11e. on y frappe les mêmes monnaies qu'à Berne.

Les seuls citoyens de Soleurre peuvent entrer dans les emplois publics; le grand-conseil est composé de 101 membres : le sénat est compris dans ce nombre, & renferme 35 membres qui sont les 2 avoyers, & 3 membres pour chacune des onze tribus dans lesquelles la bourgeoisie est partagée, dont l'un est un ancien conseiller ; les autres 66 membres du grand-conseil sont pris en nombre égal dans les tribus : les avoyers & le banneret sont élus par les citoyens : l'élection des deux premiers se renouvelle chaque année, mais ils sont presque toujours confirmés ;

l'un préside pendant un an dans les conseils, le second exerce cette fonction à son tour. Les onze anciens conseillers doivent être chaque année confirmés par les 22 autres, & ensuite par les citoyens : le tribun, élu parmi les jeunes conseillers & par eux, est aussi confirmé par les citoyens : c'est le surveillant des loix, l'inspecteur des vivres, des marchés, des poids & mesures. C'est parmi les jeunes conseillers qu'on choisit pour remplacer un ancien & parmi les membres du grand-conseil qu'on choisit les jeunes conseillers, mais toujours dans la même tribu. Le sénat est juge civil & criminel ; il nomme à tous les emplois, excepté à ceux de banneret & de trésorier, qui sont élus par le grand-conseil : ces deux magistrats veillent à l'œconomie des revenus publics. Ces deux conseils forment différens tribunaux, tels que le *conseil secret*, le *conseil de guerre*, la *cour civile*, la *chambre des orphelins*, le *consistoire* qui appelle à lui les causes d'adultere & d'impudicité.

Le canton est divisé en onze bailliages : quatre baillifs sont choisis dans le sénat, & résident à Soleurre, sept dans le grand-conseil, & siégent dans des châteaux ; le terme de leur préfecture est de six ans. Tout le pays est divisé en six districts ou régimens de 12 à 1400 hommes, auxquels il faut ajouter un régiment de dragons.

Soleurre, en allemand *Solothurn*, en latin *Solodurum*, est une ville ancienne, & peut-être la plus ancienne de l'Helvetie ; mais on peut douter qu'elle ait été bâtie du tems d'Abraham, ou dans le siécle d'or de Ninus, comme le disent la tradition & une inscription : on croit qu'elle fut une des douze villes brulées par les Helvetiens du tems de César. Les Romains en parlent sous le nom de *Castrum Solodurense* : on y a trouvé des antiquités, des médailles, des inscriptions. Ruinée par différens peuples barbares, qui n'y laissèrent debout qu'une tour antique qu'on y voit encore, une abbaye fondée en 930 par Berthe, reine de Bourgogne, & dédiée à St. Urse, la fit rebâtir insensiblement. Sa situation est riante, sur une colline qui s'abaisse doucement; les campagnes qui l'entourent sont agréables & fertiles, l'Aar l'arrose & la partage; elle est fortifiée, ses fossés sont étroits, mais profonds; ses bastions sont revêtus de pierre de taille, dont quelques-unes ont dix pieds de long. On y voit l'église collégiale de St. Urse, entourée d'un cimetiere formé en terrasse: on y voit deux colonnes qui servent de piedestaux à des statues de divinités payennes. L'église qui fut autrefois aux jésuites est belle, & son frontispice fut bâti aux dépens de Louis XIV. Le couvent des cordeliers est fort beau, très-vaste, & l'ambassadeur de France en occupe une partie. L'hôtel de ville est orné de peintures relatives à l'histoire des Suisses. Son arsenal est bien fourni, & on y remarque la cuirasse du Bourguignon, qui traversa le lac de Morat avec son cheval pour échapper aux Suisses vainqueurs. Les deux ponts qui unissent les deux parties de la ville sont ornés de balustrades: on y voit de belles maisons, d'agréables campagnes. Sa longitude est de 25 degrés, 5 minutes: sa latitude de 45 degrés, 18 minutes.

Bailliage de Bucheckenberg, ou Buchenberg.

C'était l'ancienne seigneurie des comtes de Buschegg. Le canton de Berne y exerce la haute juridiction, le droit du glaive & divers autres droits: il y établit des pasteurs dans les trois paroisses d'*Aetigen*, de *Lufslingen* & *Messen*: ses habitans sont eformés. L'antique demeure des comtes est détruite ; il n'en reste qu'une tour. *Schnottweil*, est encore un village paroissial. Ce bailliage & les trois suivans sont nommés intérieurs : leur chef est pris dans le sénat & réside à Soleurre.

Bailliage de Kriegstetten.

Soleurre l'acheta en 1466, & l'aggrandit en différens tems : Berne y eut des droits & y a renoncé sous de certaines conditions : ses habitans furent serfs jusqu'en 1517 : il renferme quatre paroisses : on y voit l'Emmat se jetter dans l'Aar près de la maison de plaisance d'*Emmenholz*. Son baillif change tous les deux ans.

Bailliage de Flumenthal.

Il est composé des seigneuries de Flumenthal & de Balm : la seconde achetée en 1385 ; la premiere en 1478 : il se divise en haut & bas. *Flumenthal*, village situé près du lieu où l'Aar reçoit la Siggeren. *Balm*, fut le siége des barons de ce nom : leur château est détruit. Près d'*Altisholz*, est un grand & beau bois de sapin dans lequel est un étang : on y voit des bains d'eaux minérales, impregnées de nitre & de soufre : qu'on chauffe pour en faire usage, ils sont anciens & connus. On fait beaucoup de pélérinages à l'église d'*Oberdorf*. *Bellach*, est un village connu des Romains sous le nom de *Bellæqua* : près de celui de *Waldeck*, sont des carrieres & des antiquités curieuses.

Bailliage de Lœberen.

Il appartint au chapitre de Soleurre : le canton

l'acquit partie en 1389, partie en 1393. Il est peu étendu, mais très-fertile. Le mont de *Lœberberg*, ou du *Jura* dans lequel il est situé, lui donne son nom : les sommets les plus élevés qu'il ait dans ce district, sont l'*Iten* & le *Hasenmatt* : de ce dernier on jouit d'une perspective magnifique ; à son pied est *Selzach*, village paroissial, connu des Romains ; on y trouve des ruines & des médailles : il est probable qu'il y a eu des sources salées & que de là vint son nom, *Salis aquæ*. *Altreu* est un village & fut une ville : les fils de l'empereur Albert la détruisirent en 1309, & les Anglais en 1374. *Bettlach* & *Grenchen* sont encore deux grandes paroisses. Le baillif n'y est en charge que pendant deux ans.

Bailliage de Falkenstein.

Ce fut une baronnie qui passa en différentes maisons, & dont Soleurre acheta les deux parties ; l'une en 1402, l'autre en 1420. Il est riche en pâturages, & on y nourrit beaucoup de bétail ; le gibier fauve & noir y est abondant, ainsi que les faucons & les vautours dont on vend un grand nombre en France. Il renferme le bourg de *Balstal*, autrefois *Pfalzthal*, dans une vallée fertile & bien cultivée ; on y compte trois églises : près de l'église paroissiale est une belle cascade : il a des eaux minérales qu'on néglige : non loin de là est *Neu-Falkenstein*, château où réside le baillif; Alt-Falkenstein fut la demeure des anciens barons : il est situé à l'entrée d'un défilé où est situé le bourg de *Clus*, entre deux sommets du Jura : là passe le grand chemin qui conduit de Bâle par le haut Hauenstein dans la plaine de Buchsgaues. Il fut jadis une ville, mais ses murs sont détruits : on en a élevé un pour défendre

...ndre le défilé sur lequel le château d'Alt-Falkenstein ...mine encore. *Matzendorf* est aussi un bourg; ... autres paroisses forment ce bailliage. A *Mim-weil*, sont des eaux minérales négligées.

Bailliage de *Bechburg*.

Il est situé dans le Burgaw, & fut une seigneurie ...e possederent différentes maisons. Les villes de ...leurre & de Berne l'acheterent & le possederent ... commun jusqu'en 1463 que la derniere le céda ... la premiere. C'est un pays fertile en fruits & en ...turages. On le divise en haut & bas bailliage: ...ns le premier on compte cinq paroisses, & le ...âteau de *Neu-Bechbourg*, demeure du baillif: ...ns le second on n'en compte que trois, avec le ...âteau de *Fridau* aujourd'hui ruiné.

Bailliage d'*Olten*.

Il appartint aux évêques de Bâle, qui le donne-...nt en fief aux comtes de Frobourg: il fut hypo-...équé en 1426, & l'hypothéque changée en acte ... vente en 1532. *Olten* qui lui donne son nom, ...t une jolie ville, bien bâtie, sur une colline ...'arrose l'Aar, qui y reçoit le ruisseau de Dinnere. ...lle a perdu plusieurs de ses priviléges en 1653; ...ais elle a encore deux conseils & une justice infé-...eure, dont les membres sont nommés par le baillif ...ui a le titre d'avoyer. Ses habitans sont indus-...ieux, son terroir très-fertile: il y a un couvent ... capucins & un péage: on y passe l'Aar sur un ...ont long de 372 pieds: il est de bois lié avec des ...rampons de fer. Le bailliage renferme encore 3 pa-...isses: dans celle de *Schœnenwerd* est un bourg & un ...apitre de chanoines que nomme le canton. *Dul-*

liken a une cour de juſtice ; près de lui ſont les eaux de *Junckerbrunn*, utiles pour les dyſſenteries.

Bailliage de Goſghen.

Ce fut une ſeignéurie que Thomas de Falkenſtein vendit à Soleurre en 1458. On y compte ſept paroiſſes : c'eſt un pays fertile en grains, en vins & en fruits. *Ober-Gœſghen* eſt un village paroiſſial, qui près de lui a un château ſur un roc élevé : le baillif y réſide. *Loſtorf* a des bains dont les eaux charient du cuivre, de l'alun & du ſoufre : elles ſont apéritives & diſſolvantes ; on les connaiſſait en 1411. *Aërlisbach* eſt partagé par un ruiſſeau en haut & bas, une partie eſt du territoire de Berne. Le Bas-Aerlisbach a une égliſe catholique : le haut en a une catholique & une réformée ; celle-ci eſt une paroiſſe du bailliage Bernois de Biberſtein.

Bailliage de Thierſtein.

Il appartint aux comtes de ce nom, autrefois puiſſans : ils l'hypothéquerent au canton en 1463, & lui céderent le château en 1499 ; mais ce ne fut qu'en 1519 qu'il le poſſéda entiérement par l'extinction de cette famille. Thierſtein eſt un château dans les montagnes, le baillif y réſide. *Bienweil*, *Oſſa-villa*, eſt ſitué ſur une colline dans une vallée étroite, & eut un couvent de bénédictins fondé en 1124 : il a été tranſporté à *Mariœ-Stein*, & il n'y reſte plus que deux moines, dont l'un a le titre de Statthalter, l'autre de curé. *Buſſerach*, village paroiſſial où on trouve des eaux imprégnées de ſoufre & de vitriol : le curé en a une fontaine dans ſa cave. *Frſchweil* a dans ſes environs des mines de fer & une uſine où on l'y travaille. *Klein-Lutzel* eut un couvent de religieuses de Cîteaux, qui a été changé en chapitre de chanoines.

Bailliage de Gilgenberg.

Le canton l'acheta en 1527 pour 5900 gouldes : il est peu étendu. *Gilgenberg* est un château sur un rocher, dont les murs sont épais de quatorze pieds & d'une solidité étonnante : dans l'ouverture d'une fenêtre, dix personnes à une table peuvent être servis commodément : *Nuigen* a du bon gyps. *Meltingen* a une source d'eaux minérales qui échauffent & fortifient les membres engourdis. C'est dans ce bailliage que passe un chemin très-beau par le Passwang qui est une partie du Jura.

Bailliage de Dorneck.

Il est composé de diverses seigneuries achetées en divers tems par le canton : son terroir est fertile; il est étendu & partagé en deux parties, l'une au devant de la Birs, entre le canton & l'évêché de Bâle, l'autre entre le Sundgau & le même évêché. La premiere renferme des montagnes fertiles, & le château fort de Dorneck placé sur un roc élevé, au pied duquel est la paroisse de ce nom. Le bailli y réside, & l'on y jouit d'une vue très-pittoresque : on voit dans le château un puits très-profond : ce lieu est célebre par un des derniers combats que les Suisses ont livré pour leur liberté : la Birs passe auprès, & on l'y passe sur un pont de pierre magnifique & long de 50 pas. *St. Pantaleon* est une paroisse & un prieuré dans la montagne. Là, est le couvent de Mariæ Stein, ou *Unsere liebe frau im*

Seiu. Buren, paroiſſe & château où réſidait le ſeigneur de ce nom. *Seeven*, paroiſſe & ſeigneurie. La ſeconde n'eſt formée que par une plaine fertile en vins & en grains, & comprend les paroiſſes de *Roderſtorf*, & de *Mezerlen*. Ce bailliage a un bain d'eaux minérales, qu'on nomme *Flyher-bad*, ou le bain du rocher : il eſt dans des prairies au-deſſous du mont-Bleu : ſes eaux ſont imprégnées de ſoufre.

Les ſujets communs à Soleurre & aux cantons ſont décrits plus bas.

VILLE ET CANTON DE SCHAFFHAUSEN.

Il eſt au nord du Rhin, hors des limites de l'Helvetie, & eſt preſque environné de la Souabe. Sa longueur eſt de ſix lieues, ſa largeur de trois; mais vers le nord-oueſt, il eſt très-reſſerré. Il eſt fertile en grains, ſans cependant ſuffire à la conſommation de ſes habitans qui en tirent de la Souabe : on y voit de belles prairies, de bons pâturages : on y recueille des fruits, beaucoup de vins; le rouge ſur-tout y eſt eſtimé, & s'exporte. On n'y remarque point de hautes montagnes : celle de *Randan* eſt la plus élevée, & fait partie de la forêt-noire : on y trouve beaucoup de pétrifications, & des mines de fer : par-tout ailleurs, ce ne ſont que des collines cultivées avec ſoin. Le *Rhin* y rend le commerce floriſſant. Il fut habité autrefois par les Latobriges; il renferme 2 villes, & environ 30000 ames. Un monaſtere de St. Benoit fondé en 1052, fit naître la ville qui fut entourée de murs dans le treizieme ſiécle : ſes habitans obtinrent des immunités, & ſe racheterent des droits que l'abbaye avait ſur eux. Les ducs d'Autriche la poſſéderent, & y formerent un gouvernement municipal, dont la forme était peu différente de celui du canton. L'empereur Sigismond s'en étant saisi, elle devint ville impériale : elle s'allia avec diverses villes, qui avaient le même titre & les mêmes intérêts, & se soutint par elles : son alliance avec les cantons suisses, maintint son indépendance ; elle fut associée à eux en 1501 & devint le 12e. canton. Il devint réformé en 1529.

Son gouvernement est aristocratique quant au territoire du canton, mais mêlé de démocratique relativement à la ville même. Les citoyens y sont divisés en douze abbayes ou tribus ; chacune d'elles nomme cinq membres pour former le grand-conseil, & deux pour former le sénat : ces deux conseils réunis forment un corps de 84 membres présidés par un bourguemestre : lorsqu'il meurt un conseiller, la tribu le remplace à la pluralité des suffrages ; mais l'élu doit être confirmé huit jours après par le sénat, qui examine s'il est digne du choix qu'on en a fait. Ce sont les deux conseils réunis, qui nomment aux charges de bourguemestres, de statthalter, & de trésoriers : ces conseils exercent le pouvoir suprême. Il y a deux bourguemestres qui alternent chaque année : ils peuvent l'être toute leur vie, mais ils doivent être confirmés tous les ans : lorsque l'un résigne sa place à l'autre, son année étant révolue, les conseils se rendent à l'hôtel de ville, & présentent aux citoyens leur nouveau chef, qui leur jure d'observer les constitutions de l'état, & de défendre leurs immunités : les conseils, les citoyens prêtent serment à leur tour. Le statthalter fait la fonction de ces premiers magistrats en leur absence. Les deux trésoriers, ou *Seckelmeister*, veillent sur les finances & sur l'arsenal. Les deux sénateurs de chaque tribu s'appellent l'un *Président*, l'autre *Tribun*. La premiere tribu est formée par six familles nobles. Le *Conseil secret* l'est par sept conseillers, le tribunal de justice de la ville par 25, le *Vogt* ou *Bussengericht* par un préfet impérial & douze juges, le consistoire par le statthalter, cinq membres du sénat, & trois ministres.

Le canton est divisé en 10 bailliages & 19 paroisses, dans lesquelles on ne comprend point celles de la ville.

Schauffhausen, ou *Schaffhouse*, *Scaphusium*, ville sur la rive droite du Rhin, entourée de vignobles & de campagnes bien cultivées. Son origine vient de la grande cataracte que forme le fleuve; elle obligeait les batteliers d'y débarquer les marchandises, & pour la commodité des passagers on y bâtit des maisons, & on y fixa un bateau, *Scaphus*, & de là vient le nom de *Scaphausen* ou *Scafusen*, (maison du bateau): ensuite le comte de Nellenbourg y fonda l'abbaye de bénédictins, dont nous avons parlé. Le sol sur lequel elle est assise est inégal: ses rues sont grandes, belles, propres & larges; ses maisons bien bâties & peintes. Le *Munster* est l'église de l'ancien couvent: il est beau, soutenu par 12 grandes colonnes d'une seule piece, à l'honneur des douze apôtres: elles ont 17 pieds de haut, & 3 de diamètre: son clocher renferme une cloche de 29 pieds de tour, qui a cette inscription: *vivos voco, mortuos plango, fulgura frango*. Lorsque cette église était catholique, on y accourait vénérer un colosse de 22 pieds de haut, placé sous une arcade & nommé le *grand bon Dieu de Schaffouse*. L'église paroissiale de *St. Jean* passe pour la plus grande de toute la Suisse: elle a douze voûtes obscures, une chaire où il faut descendre & non monter, & une bibliothéque à l'usage des ministres, où il y a quelques manuscrits rares. Schaffouse a un hôtel de ville : derriere sont les archives : audevant est un portail magnifique en voûte platte, au-dessus un horloge, qui marque le mouvement du soleil, de la lune & les éclipses : elle a encore une bibliothéque publique, une espece d'académie, où l'on enseigne les sciences nécessaires aux ecclésiastiques, & un cabinet d'antiquités. Elle est ceinte de murs épais, flanqués de tours : plus haut est une forteresse antique, ronde, formée en terrasse par le haut, pour y pointer le canon. Son arsenal est bien fourni. Un pont sur le Rhin, par lequel elle est jointe à la Suisse avait été détruit, il a été rebâti en bois, d'une seule arche ; c'est un chef-d'œuvre ; l'ingénieur qui l'a construit s'appellait *Gruebmann*, & était d'Appenzell. Sur une place s'éleve un tilleul, dont les longues branches repliées vers la terre, forment une grande chambre circulaire, où l'on peut dresser 17 tables, & dans laquelle est une fontaine qui coule sur la table qu'on veut. Hors de son enceinte, elle a trois fauxbourgs : dans l'un d'eux est une source d'eau qui en fournit plus de cent tuyaux, & à quelque distance une grande & belle carriere de pierres de taille. On y compte 7000 ames. Sa longitude est de 26 degrés, 26 minutes ; sa latitude de 47 degrés, 39 minutes.

Les baillifs sont tous du petit-conseil : leur charge est à vie ; ils peuvent les quitter pour un emploi plus élevé, ou qui leur convient davantage.

Bailliage de Buch.

Il est dans le Hegeu, & est séparé du canton par le landgraviat de Nellenbourg. Schaffhouse en acheta la basse jurisdiction en 1529, & la haute en 1723. *Buch* est un bailliage paroissial. Ce bailliage s'étend sur un tiers de la paroisse de *Gailingen*, dans le Nellenbourg.

Bailliage de *Tœyingen*, ou *Thaingen*.

Situé dans le Hegœu; on n'y remarque que le bourg qui lui donne son nom, & le village de *Barzhein* : Schaffouse l'a acquis partie par droit de conquête, partie par achat.

Bailliage de Herblingen & Reyet.

Le canton y acquit peu-à-peu différens droits; il en fit un bailliage en 1524, mais il n'en est le souverain que depuis 1723. On y compte cinq villages; celui de Herblingen a un château.

Bailliage de Meritzhausen.

Il a été formé par la sécularisation de quelques fondations pieuses. Il renferme le bourg de ce nom, & le village d'*Unter-Bargen*. Il est situé dans le mont Randen.

Bailliage de Schleitheim.

Le canton l'acquit en partie par échange : il est sur le Randen, qui y forme une chaîne où l'on trouve des pierres figurées & des échinites : il ne renferme que deux paroisses.

Bailliage de Berengen.

Situé dans le Kleigau, il renferme deux paroisses; aucune n'est remarquable.

Bailliage de Lohningen.

Il fut acquis en 1529 & 1540 du monastere de Paradis & d'un particulier. Il est dans le Klœtgau, & renferme le bourg de ce nom, & le village paroissial de *Guntmadingen*.

Bailliage de Rudlingen.

Le monastere de Rheinau, & l'évêque de Constance y conservent des droits féodaux : il est encore dans le Kletgau : il s'étend sur trois villages, & est sur la rive du Rhin.

Bailliage de Neuhausen.

Il est formé des biens du couvent d'Allerheiligen sécularisé : il est aussi dans le Klœtgau, renferme deux villages, & le petit château de *Werdt*, situé près du Rhin, & du lieu où les marchandises débarquées au-dessous de Lauffen, apportées sur les épaules par Schaffhouse, sont rembarquées de nouveau. C'est à une petite lieue de Schaffhouse qu'est cette cataracte fameuse, formée par le fleuve, se précipite dans toute sa largeur du haut d'un roc de 80 pieds de haut : bientôt après le Rhin redevient navigable.

Bailliage de Neukirch.

C'est le plus grand de tous : son baillif est choisi dans la bourgeoisie, & n'est en charge que six ans. Il a été acheté successivement de divers particuliers, & de l'évêque de Constance. *Neukirch* est une petite ville formée de trois rues paralleles : le baillif réside dans son château. *Wilchengen* est un bourg. *Unter-Hallœu* est un grand bourg encore : il a deux églises, & l'une d'elles est dans la montagne. *Ober-Hallœu* est un grand village paroissial : il a une fontaine minérale : à *Osterfingen* on en trouve qui sont impregnées d'alun & de soufre : on a trouvé à *Gœchlingen* beaucoup de médailles romaines d'or & d'argent.

Nous parlerons plus bas des sujets qui sont communs à ce canton & aux autres.

CANTON D'APPENZELL.

Vers l'orient il confine au Rheinthal, vers le midi à la seigneurie de Sax, qui appartient au canton de Zurich, & à celle de Gambs aux cantons de Schweitz & Glaris; vers le couchant au Toggenbourg, & vers le nord aux terres de l'abbé de St. Gall ; du levant au couchant il a dix lieues & demie de long, & six à sept lieues de large. C'est une masse de collines & de montagnes qui s'élevent en amphithéâtre de l'une de ses extrémités à l'autre : la partie qui confine au Rheinthal, dans la commune d'Oberegg, est fertile, & l'on y cultive la vigne, ainsi qu'à *Lutzenberg*, à *Wolfhalden*, à *Heiden*, à *Walzenhausen*, à *Ruthi* : le vin qu'on en recueille suffit à la consommation du canton: le blanc est aigre; mais le rouge est bon. Le canton reformé touche à ce district, produit des grains, des légumes, du chanvre, donne de bons & d'abondans fourrages : mais les gelées blanches du printems nuisent souvent à ces productions. Le canton catholique n'a guere que des pâturages d'été & des montagnes qui, détachées de la chaîne des Alpes, forment un triple rang dont les sommets sont nuds : les plus élevés conservent de la neige toute l'année, & embrassent des glaciers perpétuels. Sur ces monts, & en d'autres lieux encore on trouve des pétrifications, des cryſtaux, des minéraux, des foſſiles, de la tourbe, des grottes ſingulieres, des ſources minérales, trois petits lacs dont le plus grand eſt l'Alpſée dans un baſſin de roc très-profond, qui a une lieue d'étendue; il eſt poiſſonneux, & la *Sitter Sintria*, la principale riviere du pays, en ſort, elle reçoit la Weiſsbach & l'Urnaſch au deſſus d'Appenzell, & ſe jette dans la Thar qui arroſe le territoire de St. Gall. On remarque encore le torrent d'*Aach* qui ſort de la commune de *Trogen*, coule vers le territoire de St. Gal, où il prend le nom de *Goldbach*, & ſe jette dans le Bodenſée. Ces rivieres & les torrens qui s'y jettent ſont poiſſonneux: on y trouve des truites excellentes, on en trouve même dans les ruiſſeaux & les lacs des montagnes les plus élevées. La plus haute montagne du pays eſt le *Haut Metzmer*, & l'on y jouit d'une perſpective rare, le *Haut Sentis*, le *Girſpitz*, l'*Alpſigleter* ſont comptées parmi les plus conſidérables. Les montagnes qui le ſéparent du Rhinthal renferment trois petits lacs poiſſonneux, qui ſe vuident par des canaux ſouterrains qu'on ne connait pas. Dans le mont *Gamor* on voit une caverne étroite à ſon entrée, d'une largeur au-dedans qui varie de 4 à 15 pieds, ſur une hauteur entre 3 & 20 pieds; au fond eſt une ſource abondante qui coule dans le Rhinthal: on y trouve une eſpece de talc cryſtallin, différent dans ſes parties par la tranſparence & ſa forme, mais il n'eſt pas aſſez dur pour être travaillé: le mont Gamor renferme encore deux cavernes dont l'une percée de haut en bas eſt ſi profonde que le bruit d'une pierre qu'on y lance, s'y fait entendre pendant cinq minutes.

Le climat y eſt froid & ſujet à des changemens bruſques: l'automne y eſt agréable, & le ciel y eſt

est du plus bel azur, tandis que les plaines de la Turgovie & de la Souabe font couvertes de brouillards épais ; mais en hyver les vapeurs enveloppent auffi les montagnes, & la neige accumulée y retarde le printems. L'été on y jouit d'une chaleur tempérée, & c'eft alors que la fraicheur de ces vallons rians, la richeffe des pâturages qui les couvrent, un lait excellent, le miel, les légumes, les fruits exquis qu'on y recueille, la magnificence des points de vue fur un horifon immenfe, des fources falubres y attirent les citoyens des villes des cantons voifins, pour jouir des plaifirs & des travaux champêtres, refpirer un air pur, & recouvrer la fanté qu'ils ont perdue dans des plaifirs, ou des travaux bien différens.

Ce pays paraît avoir été défriché & peuplé par les nations du nord, qui fe répandirent plus au midi ; il a fait partie du duché d'Allemanie, & paffa avec lui fous la domination des rois Francs : les fujets dépendaient les uns immédiatement du roi, les autres de la nobleffe. Sigebert, roi d'Auftrafie, donna le pays en 646 au monaftere de St. Gall : une chapelle, une hotellerie donnerent naiffance à un bourg, qui prit le nom d'*Appenzell*, des mots *Abts-Zelle*, (cellule de l'abbé), & ce bourg le donna au pays. Ses habitans foumis à l'abbé comme la ville de St. Gall, avaient des intérêts communs avec elle; ils s'allierent pour s'oppofer aux extorfions des receveurs de l'abbaye, qui les fatiguaient de la fervitude : ils avaient alors devant eux l'exemple des premiers cantons, & voulurent l'imiter ; quatre paroiffes chafferent en 1400 les officiers de l'abbé, & jurerent d'être libres ; les Appenzellois

DE LA SUISSE.

mirent successivement en fuite les troupes de l'abbé, celles de Souabe, celles du duc d'Autriche, soumirent le Rhinthal, passerent le Rhin, dévasterent le Tyrol : mais leurs succès les rendirent imprudens, & leur imprudence leur fit perdre rapidement tous leurs avantages & les força d'accepter une trève, pendant laquelle ils se lierent aux sept cantons par une combourgeoisie perpétuelle; ces cantons les firent reconnoître comme peuple libre : l'abbé conserva ses censes & ses rentes, mais les Appenzellois eurent la faculté de s'en racheter : ils acquirent le Rhinthal en 1460 ; les cantons de Zurich, de Lucerne, de Schwitz & de Glaris le leur enleverent en 1490, pour les punir d'avoir attaqué l'abbé dont ils étaient les protecteurs : ils les associerent quelque tems après au gouvernement de ce bailliage, pour les récompenser de leur zele pour le bien commun des alliés, & ils furent admis en 1513 au nombre des cantons dont ils firent le treizieme.

Les guerres fréquentes y avaient introduit un gouvernement militaire, au moins par le nom : tout le pays était divisé en douze *Rhodes*, ou compagnies; chacune avait son chef ou capitaine; chacune fournissait un assesseur, deux justiciers, qui réunis, formaient les tribunaux du pays, & siégeaient à Appenzell. La religion y occasionna des divisions, & des changemens dans le gouvernement. Tout le pays fut divisé en canton des *Rhodes intérieurs*, & canton des *Rhodes extérieurs*, qui forment deux petits états indépendans, mais unis d'intérêts, & qui envoyent chacun leurs députés à la diette; ils n'y ont ensemble qu'une voix, & s'ils sont divisés d'opinion, elle n'est point comptée. Dans les deux cantons, le peuple est souverain, & tous les hommes au-dessus de l'âge de seize ans le composent.

L'*Intérieur* est divisé en neuf Rhodes, où la religion catholique est seule exercée; il convoque tous les ans son assemblée générale à Appenzell, en plein air si le ciel est serein, dans l'église s'il est troublé par l'orage ou par la pluie; elle y élit le *Landamman*, qui exerce ordinairement deux ans sa charge, un *Statthalter*, un *Trésorier*, un *Capitaine-géneral*, un *Edile*, ou *Landesbauherr*, un *Inspecteur des églises*, & un *Porte-banniere* : réunis à douze ou quatorze adjoints, nommés par les Rhodes, ils forment le petit-conseil qui s'assemble à Appenzell une fois par semaine : il est juge des affaires civiles & fiscales, il exerce la police inférieure : associé à quelques membres du grand conseil, son pouvoir est plus étendu dans la partie du gouvernement qu'il exerce; il traite des affaires étrangeres, & donne des instructions aux députés. Le grand-conseil ne s'assemble que deux fois par an, le petit en fait partie, & il décide des grands objets civils, des affaires criminelles, publie ou explique les édits. Les causes matrimoniales y sont décidées par l'official de Constance.

Le *Canton extérieur*, plus étendu, est divisé en 19 paroisses, séparées en deux quartiers par la Sitter, la religion y est réformée; le lieu des assemblées est *Grognen*, ou *Urnach*, ou *Herisau*; on y élit deux *Landammans*, deux *Statthalters*, deux *Trésoriers*, deux *Capitaines-géneraux*, deux *Portesbannieres*; ils sont en charge deux ans, & alternent dans l'exercice de leur emploi. Le double conseil du pays est formé par 90 personnes; il ne s'assemble qu'une fois par an, publie les loix de police, élit des édiles & d'autres officiers subalternes. Le grand conseil s'assemble alternativement dans les deux quartiers, qui chacun a son petit-conseil particulier :

leur inftitution, leur pouvoir, eft le même que dans le Rhode intérieur. Un confiftoire y juge les affaires matrimoniales. Le Landammann hors de charge y eft le chef militaire : la milice y eft partagée en cinq divifions, qui marchent fucceffivement lorfque des fignaux les appellent. Les deux cantons enfemble peuvent fournir 13000 hommes d'armes : on y compte 51000 ames, 13100 parmi les catholiques, 38000 parmi les proteftans ; la population était moindre autrefois : le nombre des catholiques a augmenté depuis le 16e. fiecle dans la proportion de 14 à 15 ; celui des proteftans dans celle de 16 à 25. Si l'on retranche des 60 lieues quarrées que peut avoir la furface de ce pays, les glaciers, les rocs, les précipices; fi l'on tient compte de la grande partie où il n'y a que des pâturages d'été, on trouvera plus de 1400 ames par lieue quarrée : c'eft autant & même plus que n'en a le duché de Milan, un des pays les plus peuplés de la terre. Si toute la Suiffe l'était comme ce canton, elle ferait plus redoutable, plus floriffante, peut-être plus heureufe; l'induftrie y repare les défavantages du fol; & des loix fimples, un commerce libre, une propriété affurée, la liberté en général y développent les refforts d'un génie actif, qui fait multiplier fes reffources. Le commerce a pour objet le bétail, les cuirs, le beurre, le fromage, le lin & le coton qu'on y file, les toiles qu'on y tiffe : l'art de la filature y eft fi perfectionné, que l'on fait d'une once de coton 20000 aunes de fil ; & la livre de ce fil fe vend 16 gouldes & davantage. Ordinairement l'Apenzellois n'éleve pas le bétail qu'il engraiffe, il l'achete, & le tire en grande partie de l'Autriche antérieure : le miel qu'il recueille & qu'il vend eft un des plus eftimés de l'Europe : on y néglige le miel sauvage qui y est très-abondant, & augmenterait ses richesses sans beaucoup augmenter ses soins.

Ce peuple est franc & honnête, a un sens droit, l'esprit vif, il est souvent railleur, & quelquefois rusé, il aime la liberté, l'égalité; & c'est là qu'il faut transporter le petit maître sot & vain, qui voit à-peu-près du même œil le paysan qui conduit la charrue & les animaux qui la tirent: il y recevrait des corrections assez vives, mais qui sans doute ne le changeraient pas. Les hommes y sont robustes & bien faits; ils sont exercés dès l'enfance à la course, à la lutte, à lancer au loin des pierres pesantes, à jouer du luth & du cor, à en tirer ces sons simples & touchans, dont la mémoire les rappelle à leur patrie & les fait languir chez l'étranger : ils vivent de pain, de légumes, de fruits, de laitages, & connaissent peu les maladies. On y trouve peu de savans, mais plusieurs artistes ingénieux. Ils sont dignes de la curiosité du philosophe comme leur pays, où l'on ne voit que trois bourgs, cinq villages, point de villes, point de châteaux ; où les habitations éparses dans des situations pittoresques, aident à en rendre l'aspect plus riant & plus animé: ceux qui les habitent sont aisés : il en est peu de riches, & il en est moins encore de pauvres. Chacun d'eux doit avoir son fusil & ses provisions militaires, & être toujours prêt à défendre sa patrie: dans des tems marqués, jeunes & vieux se rassemblent & s'exercent aux armes; des inspecteurs les visitent de maisons en maisons, & dans chaque commune on choisit des jeunes gens, & leurs officiers qui courent au moindre signe où le danger les appelle : des signaux placés sur des hauteurs peuvent en rassembler 1000 en moins d'une heure.

Le canton a fait frapper des pieces de trois batzs,
qui

qui valent quinze fous de France, & des *Oertlein*, qui ont la même valeur que ceux de Zurich.

I. *Rhodes intérieurs.*

Nous avons dit qu'ils font au nombre de neuf: ils renferment quatre paroisses & quelques filiales.

Le Rhode de *Schwendi* doit fon nom à un château détruit; il siége le premier à la diette, parce qu'il fut le premier à chasser les officiers de l'abbé: il renferme *Appenzell*, bourg sur la rive de la Sitter, dans une belle vallée, au pied de la haute montagne d'Alpstein: il est grand, bien bâti, fort peuplé. Son église paroissiale est grande, & sa paroisse comprend 8000 ames: on y voit un couvent de capucins, un de Ste. Claire, la maison où s'assemblent les conseils, l'arsenal, les prisons, les archives, & les ruines de la forteresse de Clanx bâtie dans le huitieme siécle. Il fut un bailliage de l'empire, & avait ses armes, son sceau, ses tribunaux, & divers priviléges: il est florissant aujourd'hui, & on y commerce beaucoup en lin. A quelque distance font *Brullisau* & *Eggerstanden*, églises filiales. Sa longitude est 27 degrés, 6 minutes: sa latitude 47 degrés, 31 minutes.

Le Rhode de *Ruthi* est composé de protestans & de catholiques; ceux-ci forment seuls la communauté d'Oberegg: leur église paroissiale s'appelle *Maria zum Schnée*: on y voit encore deux chapelles sur deux monts.

Le Rhode de *Schlatt* renferme *Hatzlein*, paroisse & communauté dans une vallée qu'arrose le Sitter.

Le Rhode de *Gonten* ou *Ganton* s'étend sur la paroisse de ce nom, située dans une belle plaine resserrée par de hautes montagnes: on y voit un

Tome VI. K k

bain d'eaux minérales, où ceux qui viennent les prendre sont logés commodément. A une lieue de là, vers le midi, près du Cronberg, est la chapelle de St. Jaques, où est une fontaine dont l'eau, dit-on, bout fortement le jour de la fête de ce saint.

Les Rhodes de *Lehn*, de *Kirkenbach*, de *Stecklenegg*, de *Hirschberg* & d'*Oberegg*, ne renferment que des maisons dispersées.

II. *Rhodes extérieurs.*

Nous avons dit qu'ils étaient aujourd'hui divisés en 20 paroisses que la Sitter partage : celles situées au couchant, s'appellent les *communes au-delà de la Sitter*, & sont au nombre de sept.

La commune ou paroisse d'*Urnasch* fut le premier des six Rhodes que renfermait autrefois ce pays : elle donne sa voix avant les autres : c'est-là que sont les Appenzellois les plus instruits, là qu'on voit les campagnes les plus fertiles, & les monts les plus riches. *Urnasch*, *Urnacum*, est une grand village arrosé par la riviere de ce nom, dans une vallée charmante; il a une église paroissiale & une maison de ville où s'assemble le sénat du pays; il fut autrefois un bailliage de l'empire, & a son chef, sa cour de justice, son banneret, ses armoiries & son sceau particulier.

La commune de *Herisau*, autrefois *Herren Au*, *augia domini*, est la plus ancienne paroisse du pays; là furent les premiers chrétiens du canton : le bourg de ce nom est grand & beau; le Brulbach l'arrose : il a une église paroissiale, une maison de ville, & l'arsenal du pays : on y commerce avec l'Allemagne & l'Italie; les fabriques, les arts y fleurissent : les toiles & les mousselines s'y fabriquent d'une finesse extraordinaire : on croit qu'il a été connu des Romains. Près de lui fut autrefois le château de *Rosenberg*, détruit en 1405.

La commune de *Hundweil* a été partagée en deux Rhodes, qui avaient leurs conseils particuliers; le village qui lui donne son nom renferme l'église paroissiale & la maison de ville. Tous les deux ans, les assemblées du pays s'y tiennent dans une place qui décore l'église; il a ses officiers & sa cour de justice particuliere, & fut autrefois un bailliage de l'empire. C'est ici que la réformation s'introduisit d'abord.

Celles de *Schwelbrunn*, de *Zum Stein*, de *Schonen-rund* & de *Waldstadt*, sont moins considérables : cette derniere a un village.

Les paroisses situées au levant de la riviere, s'appellent les *communes au-devant la Sitter*, & sont au nombre de treize : celle de *Teufen* est grande & peuplée, & se partage en haute & basse : le Roth l'arrose, la partage, & s'y joint à la Sitter. Le village qui lui donne son nom, est dans une jolie vallée, & est fort étendu : là est l'église paroissiale, plus bas est le couvent de femmes de *Wonnenstein*, du tiers ordre de St. François : il est compris dans les Rhodes extérieurs, mais sous la protection des intérieurs.

La commune de *Trogen* fut un bailliage de l'empire, eut des barons, puis dépendit des abbés de St. Gall. On y exerce différens métiers, & il s'y tient diverses foires. C'est au village ou bourg de *Trogen* qu'a commencé la fabrique de toile qui fait aujourd'hui la prospérité du pays; il la doit à George Schlepfer qui l'y apporta en 1551 : on a cru devoir la soumettre à des régles pour en soutenir la prospérité. On en envoye en France, en Italie, en Espagne même des milliers de pieces. Le bourg n'est pas grand, mais il est bien bâti; on le regarde comme le chef-lieu des Rhodes extérieurs; tous les deux ans l'assemblée du pays s'y tient: là est la maison de ville, l'arsenal, les prisons, le lieu d'exécution, les archives, le magasin à poudre, l'hopital, le trésor, &c. Là s'assemble encore le synode des pasteurs: le pays a diverses eaux minérales: à un quart de lieue du bourg, il est un bain célebre, dont les eaux sont impregnées de soufre, d'alun & de cuivre.

La commune de *Grub*, touche aux frontieres du territoire de St. Gall: on y fabrique des toiles: ses habitans sont réformés, comme tous ceux des Rhodes extérieurs; mais l'église leur était commune avec leurs voisins catholiques, sujets de l'abbé de St. Gall; ils acheterent en 1751 le droit de s'en servir seuls pour 4500 gouldes.

La commune de *Lutzenberg* n'a aucune église particuliere; mais par d'anciens droits, les habitans se servent de celle qui est dans la vallée du bas Rheinthal. *Tobel, Wiehnacht, Hauffen & Brenden*, sont de petits lieux dispersés qui appartiennent à cette commune: dans le second est une belle carriere.

La commune de *Walzenhausen*, (Cervimontium) est située près du Rhein: elle renferme le couvent de Francifcaines de *Grimmenstein*, protégé par les Rhodes intérieurs.

La commune de *Gaitz*, (Casa) fut autrefois une seigneurie de l'abbé de St. Gall: l'église occupe la place d'une cabane de berger, qui servit d'appui à Ulrich Rotach combattant seul douze Autrichiens: il en tua cinq, & les sept autres désesperant de le vaincre, mirent le feu à la cabane, & il fut brulé avec elle. Vers le levant est une chapelle élevée pour conferver la mémoire d'une victoire, & tous les ans, le treize de Mai, les Appenzellois des Rhodes intérieurs y viennent en pélérinage, & par le confentement des Rhodes extérieurs, un prêtre y dit la meffe & y fait un difcours. *Gaitz* eft un beau village.

La commune de *Rebetobel* eft riche par les toiles qu'on y fabrique : celle de *Wald* eft fur une montagne : celles de *Heiden*, de *Wolfshalden*, de *Buhler*, de *Speicher*, font peu remarquables : la derniere renferme le mont de *Vogelinfeck*, fameux dans le pays par une victoire. La treizieme eft celle de *Ruthi*, dont une partie des biens fonds appartiennent à des catholiques des Rhodes intérieurs. Le canton d'Appenzell a part au gouvernement du Rhinthal : nous en parlerons dans fa defcription particuliere.

SUJETS DES CANTONS.

Ils font partagés en deux villes & 21 bailliages.

I. *Bailliage du Thurgau.*

Il s'étendait autrefois fur les deux rives de la Thour, qui lui donna fon nom, du Rhin jufqu'au lac de Conftance ; c'était la partie orientale de l'Helvetie : les terres de l'abbé de St. Gall, le canton d'Appenzell, le Toggenbourg, le Rheinthal, Zurich même en faifaient partie. Plus refferré aujourd'hui, c'eft encore le plus grand bailliage de la Suiffe, & il a feize lieues de long, fur huit de large : à l'orient il eft borné par le Bodenfée, au midi, par le territoire de St. Gall ; au couchant, par les cantons de Zurich & de Schaffhoufen ; au nord, par la Souabe & l'Unterfée, qui fait partie du lac de

Constance. Au midi, le sol est montueux & a de beaux pâturages; tout le reste n'a que de petites collines, & des plaines fertiles en grains, vins & diverses sortes de bons fruits: la moitié du Bodensée est renfermé dans sa jurisdiction. La Thour l'arrose; elle sort du territoire de St. Gall, reçoit près de Bichofszell la *Sitter*, & la *Murk* au-dessous de Frauenfeld: elle coule ensuite dans le canton de Zurich: elle est rapide, impétueuse, inégale, quelquefois très-haute, bientôt après fort basse. Le pays est peuplé & cultivé avec soin: on y compte cinq villes, plusieurs châteaux, plus de 170 villages, & environ 60000 habitans. Les catholiques sont le tiers de ses habitans, & sont partagés en 31 paroisses, qui font partie du diocèse de Constance: les réformés forment 51 paroisses partagées en trois doyennés: 17 dépendent du chapitre de Frauenfeld, 15 du chapitre de Steckbohr, 19 du chapitre du haut Thurgaw: toutes sont soumises à l'inspection de Zurich. Les quatre principales villes se choisissent elles-mêmes leurs pasteurs. Les huit anciens cantons en sont les souverains, & ils y envoyent tour-à-tour pour deux ans un baillif, dont la résidence est à Frauenfeld; Soleurre & Fribourg ont part à la formation de la cour de justice du pays depuis 1499. Il fut soumis aux comtes d'Alt-frauenfelden, à ceux de Kybourg, à ceux de Habsbourg; il demeura sous la protection de la maison d'Autriche jusqu'en 1460, où le traité de Constance l'assura aux Suisses.

Une partie de cette petite province dépend immédiatement des huit cantons; la plus grande est soumise a des seigneurs qui y ont le droit de basse jurisdiction, & qui forment annuellement une assemblée à Weinfelden, où président les magistrats que le baillif envoye & choisit. Ils y élisent un lieutenant

& un banneret. Les justiciers n'y peuvent imposer d'amendes plus fortes que celles de cinq florins, & la moitié en revient au baillif. On peut appeler des jugemens des justiciers pour des cas plus graves, au baillif, ou au tribunal du pays.

Frauenfeld, *Gynopedium*, ville sur une colline arrosée par la Murk, à demi lieue de son embouchure dans la Thour : son château est le siége du baillif de Thurgau : il est sur un roc qu'il couvre tout entier, les deux tiers des habitans sont réformés, & le tiers de son grand-conseil, comme de son sénat, sont catholiques : ses deux avoyers sont nommés par ses citoyens; & l'un est catholique, l'autre protestant : elle a deux églises pour les deux cultes; mais il en est une encore à quelque distance de la ville, à *Oberkirk*, & c'est la principale : c'est là que les habitans de l'une & de l'autre religion sont ensevelis. Les capucins y ont un couvent, & une église. Les diettes s'y assemblent : elle a de grands priviléges; le baillif n'y a point de pouvoir, & elle se gouverne par ses propres loix : les conseils sont nommés par les avoyers & les bourgeois. Le sénat formé de douze membres, exerce un pouvoir étendu, & la diette seule peut revoir ses sentences pour les procès civils : le grand-conseil composé de 30 membres, décide des procès criminels, non-seulement de la ville, mais encore de tout le pays; dans ce dernier cas, il est présidé par le landamman de Turgovie. Les habitans font hommage à l'abbé de Reichenau, mais à condition qu'il ne vende ni n'aliene ses droits : on croit cette ville ancienne ; rétablie par les comtes de Kibourg, elle fut soumise à la maison d'Autriche, & conquise par les Suisses en 1460. Elle exerce la haute & basse justice sur son territoire, où l'on compte quatre paroisses.

L'évêque de Constance exerce la jurisdiction d'une partie du Thurgau : dans cette partie on remarque *Arbon*, nommée *Arbor infelix*, dans l'itinéraire d'Antonin, ville au bord du Bodensée ou lac de Constance, qui paraît avoir couvert une partie de ses murs ; la plupart de ses habitans sont réformés, les autres sont catholiques : on y trouve encore quelques familles luthériennes. Son château bâti, dit-on, par les Romains, est le siége du châtelain nommé par l'évêque ; il préside aux jugemens civils & criminels, mais sans avoir de voix dans le conseil qui les prononce : ce conseil est formé de douze membres, dont six sont réformés : ils sont élus ou réélus tous les ans & confirmés par l'évêque : le sécretaire de la ville est toujours choisi parmi les protestans : elle fut une ville libre sous les empereurs de la maison de Souabe ; mise au ban de l'empire, possédée par des nobles, elle fut ensuite vendue au chapitre de Constance. Les huit cantons Suisses y ont la domination territoriale, le droit des armes, & d'y mettre garnison : ils sont juges des différends qui s'élèvent entre l'évêque & les sujets. Près d'elle sont les petites jurisdictions d'*Egnach* & de *Horn* : elles font partie de la chatellenie d'Arbon.

Puisque nous sommes sur les bords du lac de Constance, nous dirons qu'il est divisé en trois parties, le *Bodensée*, *Lacus Podamicus*, en est la partie supérieure, & c'en est aussi la plus grande & la plus large ; la partie du milieu s'appelle *Bodmersée*, *Acronius Lacus*, & l'inférieure *Untersée* ou *Zeltersée*, *Venetus Lacus* : il a 12 lieues de long, & près de 4 de large, il est profond d'environ 300 toises à *Merspourg*: il est riche en poissons, & porte des barques chargées de 2500 à 3000 quintaux : ses environs sont rians, cultivés & peuplés : on a dit qu'il ne gelait point ; c'est une erreur : sa jurisdiction appartient en partie soit à la maison d'Autriche, soit à l'abbé de St. Gall, soit encore aux huit anciens cantons, comme souverains du Thurgau : les limites respectives de ces jurisdictions furent fixées en 1685 par un traité.

Nous avons dit *tome* II, *partie* II, *page* 170, le nombre de collégiales, de couvens & de paroisses, que renferme le diocèse de Constance, selon Busching & Lenglet : tous les deux se trompent : dans le dénombrement fait en 1769, on y compte 23 collégiales, 243 monasteres, 1254 paroisses : c'est un des plus grands de l'Allemagne. Nous avons dit encore, *page* 210, que la ville de Constance exerçait la basse jurisdiction dans le Landgraviat de Thurgau ; c'est une erreur de Busching : elle l'exerce seulement sur *Altnau*, paroisse voisine du lac, placée dans la pente d'une colline élevée, sur la métairie de *Buch*, dans le *Tagermoost*, sur l'*Eggen*, qui s'étend de Constance au Bodensée sur une largeur peu considérable : on y compte quinze ou seize villages ou hameaux. L'hôpital de Constance a aussi quelques droits sur *Neuweilen*, *Stein*, & *Wagenhausen*. Cette ville serait florissante, si elle eut resté dans l'alliance des Suisses ; sa situation favorise le commerce, ses environs sont rians & fertiles ; cependant elle n'offre que des couvens & des chanoines riches, des bourgeois pauvres, des rues désertes. Elle possédait autrefois le *Landgericht* de la Turgovie : c'est une espèce de haute jurisdiction ; elle le perdit pour jamais dans la guerre que Maximilien I. fit aux Suisses en 1579.

L'évêque de Constance possède encore les châtellenies de *Bischofzell*, de *Gottlieben* & de *Guttingen*. *Bichofszell* est une jolie ville près d'un bois, sur un mont au pied duquel la Sitter se jette dans la Thur. La plus grande partie des habitans sont protestans : ils sont peu dépendans de l'évêque : son châtelain siége dans le conseil sans y vôter : les chefs de ce conseil sont quatre anciens conseillers dont deux sont protestans, & qui alternent dans l'exercice de leur emploi : douze autres membres mi-parti le composent. La cour de justice est formée aussi par douze juges, dont la moitié sont protestans : tous ces magistrats sont confirmés par l'évêque : les 2 tiers des amendes lui appartiennent, l'autre tiers à la ville. Le châtelain a deux voix dans le tribunal qui juge des maléfices, & les deux anciens conseillers en charge n'en ont qu'une. L'église collégiale de St. Pelage fit naître la ville : ce chapitre est composé de neuf chanoines & d'un prévôt ; l'église sert en commun aux deux cultes : les huit anciens y exercent les mêmes droits qu'à Arbon ; & ces deux villes, rélativement à la religion, sont sous la protection de Zurich & de Berne.

Gottlieben est un bourg & un château, bâtis en 934, là où le Rhin se jette dans l'Untersée, à une lieue de Constance, dans une situation riante ; le châtelain préside aux jurisdictions de *Degerweil*, de *Siggershausen*, & exerce la basse justice dans le bourg.

Guttingen est une paroisse près du lac : l'église sert aux deux cultes ; c'est dans le château que l'officier de l'évêque réside.

L'abbaye de *Reichenau* a un châtelain qui étend sa jurisdiction sur six communes, la plupart situées au bord du Zellersée : on y remarque le bourg d'*Ermattingen*, dont l'église est commune aux deux cultes, & la petite ville de *Steckborn* ou *Steckboren*, sur le Zellersée & placée deux lieues au-dessus de l'endroit où ce lac se dégorge dans le Rhin. Comme l'abbaye de Reichenau a été incorporée à l'évêché de Constance, c'est l'évêque qui nomme ce châtelain : il en nomme un encore qui siége à Frauenfeld.

& préside sur quatre petites jurisdictions qui appartiennent à l'abbaye, & qui renferment la seigneurie de *Wallenberg*, achetée par Zurich. Le chapitre de Constance possède aussi deux jurisdictions peu importantes, & son doyen la moitié de celle de *Pfyn*.

L'abbé de St. Gall possède divers droits & jurisdictions dans le Thurgau : dans celles de *Sommeri*, de *Sitterdorf*, de *Romishorn*, de *Rikenbach*, de *Bergknechten*, de *Ressweilen*, & de *Herrerdorf*; il a l'hommage, le droit des armes, celui d'y faire des défenses & des réglemens, les dernieres appellations dans les causes civiles, & une partie de la jurisdiction criminelle : on ne remarque dans ces districts que le bourg de Romishorn qui a un château.

Il a l'hommage, le droit des armes, la basse justice, les premieres appellations dans les jurisdictions de *Roggweil* & de *Hagenweil*; la basse justice dans celles de *Wengi*, de *Dozenweil* & *Zuben*; l'hommage & le droit des armes à *Heffenhofen*, *Auenhofen*, *Moos*, *Blydeck*, *Zilschlacht* & *Haubtweil*.

L'abbé d'Einsidlen y possède les seigneuries de *Sonnenberg*, de *Gachnang*, & de *Freudenfels* : la premiere doit son nom à un château, situé sur une hauteur d'où l'on a une vue charmante sur la vallée de *Lommisser*, & renferme deux paroisses; la seconde est formée par une seule paroisse : la derniere comprend trois villages, & le château de son nom, situé sur une hauteur qui domine la ville de Stein.

Le chapitre de chanoines réguliers de St. Augustin de *Creutzlingen*, qui fut autrefois un état de l'empire, & siégea aux assemblées du cercle de Souabe, exerce la basse justice dans l'espace qui s'étend autour d'elle, de la ville de Constance au Roggenbach, dans ses possessions de la paroisse de

Sulgen, dans trois autres paroisses, & le bien noble de *Geisberg*. Ce couvent dépend aujourd'hui des huit cantons pour le temporel, & de l'évêque de Constance pour le spirituel. Un hôpital fondé par un évêque de Constance, sur une hauteur voisine de cette ville, lui donna la naissance en 950 : la prévôté de Riedern lui a été incorporée : il est près du lac de Constance.

Rheinau, *Augia Rheni*, ou *minor*, petite ville au bord du Rhin, qui y serpente beaucoup & y a un pont entre Schaffhausen & Eglisau, elle appartient à un monastere de bénédictins, qui y exerce la haute & basse justice : il a encore les seigneuries de *Neuburg* & de *Mammren* : il est séparé de la ville par un bras du Rhin, un bon pont de pierres les joint : il a une bonne bibliothéque & un cabinet de médailles. La ville & le monastere dépendent des huit cantons, & le baillif de Thurgau en reçoit l'hommage : un comte de Kybourg la fonda : sur la presqu'île où la ville est bâtie, & sur l'île où est le monastere, on voit des vestiges des anciennes fortifications qu'y avaient élevé les Romains.

L'abbaye de *St. Urbain*, dans le canton de Lucerne, possède dans le Thurgau la jurisdiction de *Herderen*, entre la Thur & le lac, & la seigneurie de *Liebenfels* qui en est voisine.

Le couvent de *Muri* y possède les jurisdictions d'*Eppishausen*, de *Klingenberg*, & le château de *Sandegg*, élevé sur un mont.

Fischingen, *Piscina*, monastere de bénédictins, * situé sur la Murk, au pied du mont Hornlein : on l'estime le plus ancien du pays, & il fut habité

---

* Le Dictionnaire de la Suisse dit de Bénédictines.

par des hermites dans le 13ᵉ. siecle : de là vient, dit-on, que la forêt voisine s'appelle encore *Bruderswald*, (forêt des freres ou des hermites) : le couvent actuel fut bâti par les comtes de Toggenbourg; ses domaines sont étendus : la jurisdiction d'*Alt-Fifchingen* est un fief de l'évêque, & le couvent y exerce tous les droits épiscopaux : celle de *Tanegg* est assez étendue, & doit son nom à un château, dont il ne reste que les ruines : le monastere l'acheta de l'évêque en 1693. Celle de *Lommis* est plus étendue encore : elle renferme la seigneurie de ce nom, près de la ville de Weil & celle de *Spiegelberg* qui doit son nom à un château détruit.

L'Abbaye impériale de *Zwyfalten*, dans le cercle de Souabe, y possède le siége libre de *Mittler-Gyrsberg*.

Le Chapitre de *St. Pelage* à Bischofzell exerce la basse justice dans un petit district qui l'environne, & où l'on compte quelques villages : le châtelain de l'évêque à Bischofzell, le chapitre & le prévôt partagent entr'eux ses revenus en portions égales.

Munsterlingen, abbaye de bénédictines, située près du Bodensée, possède les trois jurisdictions de *Landschlacht*, d'*Utwilen* & de *Hamisfeld*.

Tobel, commanderie de l'ordre de Malte, fondée en 1228, par un comte de Toggenbourg, y possède la jurisdiction de ce nom qui renferme la paroisse réformée d'*Affeltrangen*, & la jurisdiction de *Herten*.

Ittingen, chartreuse située près de la Thur, & fondée en 1128, habitée par les Augustins jusqu'en 1461 : elle exerce la basse justice sur les paroisses d'*Uetztingen* & de *Huttweilen*.

Danucken, *Tanickon*, *Vallis liliorum*, couvent de femmes de Citeaux, fondé en 1257: elle exerce la basse justice sur son territoire auquel appartient la paroisse d'*Aadorf* : près de lui est le *Bichelsée*, petit lac assez abondant en poissons.

Feldbach ou *Veldbach*, couvent de femmes, sur une langue de terre, qui s'avance dans l'Untersée, près de Steckboren. Il y avait une chapelle & un château dans le dizieme siécle : des religieuses de Constance acheterent l'une & l'autre, & y bâtirent un couvent en 1253 : d'abord beguines, elles embrasserent l'ordre de St. Benoît, puis celui de Citeaux dont elles sont toujours *. Il exerce la basse justice sur *Umweilem*, *Hassloo*, & *Gottschenhauslen*, & possede le village d'*Hemmenhofen* dans le landgraviat de Nellenbourg.

Les abbayes de *St. Etienne* & de *St. Jean* à Constance, exercent chacune la basse justice dans une paroisse.

Paradis, couvent de religieuses de Ste. Claire, située près du Rhin, au-dessous de Dissenhofen : il exerce la basse juridiction dans l'enceinte de ses murs.

Kalchrein ou *Sanct Maria Zell am Kalchrein*, couvent de femmes de l'ordre de Citeaux, fondé en 1230, soumis à l'inspection de l'abbé de Wettingen : il exerce la basse justice dans son enceinte.

St. Catherinenthal, couvent de Dominicaines, près du Rhin & de Diessenhofen : soumis à l'évêque de Constance, il exerce la basse justice au-dedans de ses murs : ces religieuses disent la messe & prêchent.

Le canton de Zurich exerce la basse justice dans les seigneuries de *Huttlingen* & *Wellenberg*, où il envoye un châtelain tous les ans; dans celle de *Pfyn* qui doit son nom à un château & une paroisse

---

* Busching les dit encore Bénédictines.

située au bord de la Thur, sur le lieu où fut autrefois une ancienne ville, détruite par les Allemans. On trouve des médailles romaines dans ses environs : le gouverneur qu'y envoye Zurich y réside quinze ans. Nous avons dit plus haut que le doyen du chapitre de Constance y exerçait des droits.

Zurich a la basse justice de *Weinfelden* depuis 1614 : c'est un gouvernement étendu : celui que le canton y nomme est capitaine ou commandant de milice. Le bourg qui lui donne son nom est très-grand & très-peuplé, situé près de la Thur, au pied de l'Otteberg : il y a des artisans ingénieux, & ils parviennent facilement à l'aisance ; le commerce fleurit ; celui du blé est le plus considérable : ses environs sont riches en vins, en grains, en légumes, en lins, &c. C'est une seigneurie qui comprend trois justices inférieures.

Ce canton a encore la basse jurisdiction dans les districts de *Steinegg*, de *Neunforn* & d'*Ellikon* : le premier est formé des deux seigneuries de Steinegg & de Stammheim : cette derniere est considérable par ses productions, sa population, ses priviléges : les procès criminels sont les seuls objets qui dépendent des cantons souverains du Thurgau. Celui que Zurich nomme pour l'administrer est en charge douze ans : le second est aussi formé de deux seigneuries ; son administrateur l'est pendant neuf ans. Ellikon ne renferme qu'un village.

Dießenhofen, ville sur une hauteur près du Rhin : ses rues sont larges & belles, ses maisons sont bien bâties ; elle a un beau pont sur le fleuve : son église sert aux protestans & aux catholiques : ceux-là nomment deux pasteurs, ceux-ci un curé. La ville prête serment de fidélité aux huit anciens cantons dans les mains de chaque nouveau bailli du Thurgau en présence de l'envoyé de Schauffhausen, qui a des droits sur cette ville, mais elle exerce la haute & basse justice dans son territoire, qui renferme quatre à cinq villages. Son petit-conseil est formé de douze membres dont huit sont réformés: il est présidé par deux avoyers, l'un catholique, l'autre protestant, élus par les bourgeois, & qui alternent pour l'exercice de leur charge. Le tribunal de la ville joint au petit-conseil, décide des procès civils, exerce la police, &c; & ce tribunal est composé comme le petit-conseil. Le grand l'est de dix membres, dont dix sont protestans, cinq catholiques & il peut l'être de seize. Il aide à tous, veille sur les revenus &c. La ville appartint aux comtes de Kybourg, qui l'entourerent de murs en 1178.

La ville de St. Gall possède dans le Thurgau la seigneurie de *Burglen*, district étendu qui renferme onze petites jurisdictions. Le préfet qu'y nomme la ville, y commande pendant six ans & y exerce la basse justice. *Burglen* fut une ville & n'est plus qu'un village. L'hôpital de St. Gall exerce aussi la basse justice sur deux villages.

La ville de *Stein* l'exerce aussi sur son fauxbourg & sur la seigneurie de *Wagenhausen*, située près du Rhin.

Celle de Lucerne y possède depuis 1759 la seigneurie de *Griesenberg*: divers citoyens de Zurich, de St. Gall, & autres lieux voisins y ont aussi des seigneuries; mais déja, nous nous sommes engagé dans de trop grands détails, & nous n'en ferons point l'énumération.

II. Bailliage de Rheinthal.

Le Rhin le borne au levant, le canton d'Appenze-

au couchant, la seigneurie de Sax au midi, le Bodenſée au nord: il a sept lieues de long, sur une largeur qui varie d'une à trois : c'est une vallée fertile; ses vignobles en font une des principales richesses : elle a de beaux pâturages, des fruits, du lin, du bled de Turquie & des pommes de terre, mais peu de fromens & de légumes : on y trouve des eaux minérales, de très-belles carrieres, du cryſtal peu eſtimé. On y compte deux villes & 12800 habitans; en hiver, ils filent du lin, brodent de la mouſſeline qu'on y fait, &c. tous sont induſ‑ trieux; on y fabrique beaucoup de toiles de coton : leur commerce eſt actif & s'étend au loin dans l'Italie, & dans l'Allemagne : la plupart ſont ré‑ formés; les paſteurs de ceux-ci font partie du ſynode de Zurich, le clergé catholique dépend du dioceſe de Conſtance, & eſt incorporé au chapitre de St. Gall.

Ce pays appartient à l'empire : la maiſon d'Autriche s'en empara en 1396. Appenzell l'acquit en 1460, & le perdit quelque tems après; il fut admis en 1500 à partager son gouvernement : les huit anciens cantons joints à ce dernier, en ſont les souverains. Berne & Glaris y envoyent un baillif tous les seize ans : les sept autres cantons tous les dix-huit; & ces baillifs y ſiégent deux ans. Il eſt diviſé en cinq juriſdictions où préſident deux juges, l'un nommé par les neuf cantons, l'autre par l'abbé de St. Gall: on appelle en troiſieme inſtance de leurs jugemens à la diete, & de là aux cantons mêmes. L'abbé de St. Gall exerce la haute juſtice dans le Haut-Rhein‑ thal; il partage le produit des amendes, & reçoit les appels en ſeconde inſtance pour les cauſes civiles. Les habitans ont en tout tems le droit de retrait ſur les terres acquiſes par les étrangers, & au prix

Tome VI. Ll

qu'y mettent les jurés. On le divise en haut & bas : le premier plus étendu renferme quatre jurisdictions.

Haut Rheinthal.

La jurisdiction d'*Altstettin* renferme la petite ville de ce nom : l'abbé de St. Gall y exerce la basse-justice qui doit être administrée par douze juges, & un président choisi par l'abbé dans la bourgeoisie sur trois personnes qu'on lui présente : la ville reçoit le tiers des amendes, le reste est partagé entre les neuf cantons, & l'abbé de St. Gall. La ville a son propre conseil présidé par un *Amman*, qui veille à sa police & sur ses revenus ; elle exerce même quelques droits sur une partie du Haut-Rheinthal ; elle existait dans le dixieme siécle ; ses habitans sont des deux religions ; sa situation est avantageuse & son commerce assez actif : près d'elle est le couvent de religieuses de St. François nommé *Maria-Hulfe*, & quelques villages parmi lesquels on remarque *Leuchlingen*, divisé en haut & bas.

La jurisdiction d'*Oberried* renferme cinq paroisses dont quatre sont catholiques. *Oberried* est grand, mais composé de maisons dispersées. Blatten est un château près du Rhin où réside un châtelain de l'abbé de St. Gall. A *Montligen* les limites des diocèses de Constance & de Coire se touchent : près de là est le mont *Gamor*.

La jurisdiction de *Marbach* contient trois paroisses ; une catholique, les deux autres mixtes. *Marbach* & *Balgach* sont des villages assez considérables.

La jurisdiction de *Bernang* ou *Berneck* s'étend sur six villages & le bourg qui lui donne son nom : il est grand & peuplé, son église sert pour les deux cultes, ses environs sont riches en vins. On y voit le château de Rosenberg où réside un officier de l'abbé.

Bas Rhinthal.

La jurisdiction de *Thal* renferme *Rheineck* petite ville bien bâtie, sur une des rives du Rhin, près de son embouchure dans le lac de Constance : sa situation est très-avantageuse & riante ; on la regarde comme la capitale du pays ; elle a de beaux édifices, un commerce étendu, & est le siége du bailli nommé par les cantons ; il siégeait dans un château ; mais il est tombé en ruines, & n'a plus qu'une simple maison. *Buchen, Stad, Thal* sont des villages : de ce dernier on a une vue magnifique sur le Rhin, le lac de Constance, la Souabe & une grande partie de la Suisse.

III. Comté de Sargans.

Le Rhin le limite à l'orient & au midi, le canton de Glaris au couchant, le Toggenbourg & la seigneurie de Werdenbourg au Nord : il est montueux, mais riche en prairies & en pâturages ; dans le fond de ses vallées, on recueille des grains & des fruits. Dans le mont élevé de *Gunzen*, on trouve du métal noir, du blanc & du rouge, qui fondus ensemble dans une certaine proportion, donnent un véritable acier : on dit que deux ensemble ne produisent que du fer. On y trouve des eaux minérales. La *Sare* lui donne son nom, & le partage en haut & bas ; elle se jette dans le lac de Wahlestatt ainsi que le *Setz* : la *Taminne* qui arrose une de ses vallées, se rend dans le Rhin.

Ce pays renferme deux villes, onze paroisses &

environ 12000 habitans : ils font proteſtans dans la ſeigneurie de Wartau, catholiques dans tout le reſte : ceux-là choiſiſſent chacun leurs paſteurs ſur trois que Glaris leur préſente : ceux-ci ſont du diocèſe de Coire : ils eurent autrefois leurs propres comtes; ils paſſerent d'eux à la maiſon d'Autriche, & d'elle aux comtes de Toggenbourg & de Werdenberg. Ils ſe lierent par une combourgeoiſie éternelle avec Zurich ; leur comte offenſé ſe lia avec Schwitz, Glaris, & mit garniſon Autrichienne dans les châteaux de *Freudenberg* & de *Neidberg*. Le peuple ému, aidé de 2000 hommes que leur envoya Zurich, aſſiégea, prit & détruiſit ces châteaux. Le comte engagea le comté aux cantons de Schwitz & de Glaris pour les engager à faire la guerre à Zurich. Après la paix de 1450*, les ſept anciens cantons l'acheterent, & le gouvernerent ſeul juſqu'en 1712 qu'ils furent obligés d'y admettre les Bernois : tous les deux ans, ces huit cantons y envoyent alternativement un baillif.

Le comté de Sargans propre ſe diviſe en haut & bas.

Le *Haut-Sargans* renferme la ville qui lui donne ſon nom, & qui eſt le ſiége de ſon baillif : elle eſt petite & ſituée au pied d'un mont qui fait partie des montagnes de *Schalberg* ou *Scholberg*, qui la couvrent au nord : le Rhin paſſe près d'elle : ſon château eſt ſur un roc élevé qui la commande. Son conſeil exerce la baſſe juriſdiction ; le baillif en nomme

---

* Le Dictionnaire de la Suiſſe & les *Délices* diſent en 1423 : il paraît qu'ils ſe trompent.

le chef ou avoyer, mais le prend parmi les bourgeois. Près de la ville est un bain d'une eau soufrée & froide. Une lieue plus au midi, vis-à-vis de Meyenfels, on trouve *Ragatz*, grand bourg, passage fréquenté pour le commerce : il est sur la Tamine qui bientôt après se jette dans le Rhin : un tribunal y siége & son autorité s'étend sur *Vattis*, *Pfeffers* & *Valens*. *Pfeffers*, *Ad-Favarias*, *Faviere* est un couvent de bénédictins fondé en 720, situé sur une montagne près du Rhin : son abbé est prince de l'empire & ne releve que du pape : les huit cantons en sont les protecteurs & exercent la justice criminelle dans le territoire qui en dépend : l'abbé exerce la basse justice : l'abbaye est très-belle : elle est incrustée de marbre noir veiné de blanc, & a autour d'elle une plaine divisée en prairies ou couverte de bois. A demi-heure du bâtiment sont des bains célebres : un chasseur en découvrit les eaux dans le treizieme siécle : on y voit la Tamine rouler dans un lit resserré par deux hautes montagnes, & d'une profondeur effrayante : c'est dans le fond du vallon que sont les bains nommés en latin *Thermæ Fabarienses* & *Piperinæ*, sous deux rocs qui forment une arcade : d'abord on y descendit avec des cordes, puis sur des ponts de bois joints ensemble & suspendus sur les rochers : aujourd'hui placés dans un lieu plus commode, au-dessous de la source, un chemin taillé dans le roc y amene les malades ; un aqueduc y conduit les eaux qui sont claires, sans saveur, impregnées de nitre, de vitriol, & elles sont utiles pour les maux de tête, l'épilepsie, l'apoplexie, la surdité, l'affaiblissement de la vue & des nerfs, la paralysie, les obstructions, &c. : elles sont chaudes, tarissent en Septembre & reparaissent en Juin : de l'écume, de petites bulles qui amenent des feuilles de hêtre & des fruits sauvages en annoncent le retour. Près de là est le village de *Valenz*. *Vattis* est une paroisse dans une vallée couverte des plus belles prairies, qu'arrosent des sources limpides : on a trouvé du cuivre dans les environs. Là aussi sont les monts de *Simmelberg* & de *Calveitzen* toujours couverts de glace, & d'où sort la Tamine. *Mels* est encore une paroisse où s'assemble en automne une cour de justice dont l'autorité s'étend sur la contrée entre la Saar & le Widerbach.

Dans le *Bas-Sargans*, est la petite ville de *Vahlenstadt* ou *Vahlestadt* bâtie sur les rives du lac de son nom, mais qui en est aujourd'hui à quelque distance, parce que les eaux s'en sont insensiblement éloignées. Sa situation est agréable ; elle est un grand dépôt du commerce, les Suisses & les Grisons s'y assemblent pour terminer leurs différends : elle a un avoyer choisi par le bailif sur trois bourgeois qu'on lui présente, & un conseil : divers villages voisins ont des noms dérivés du latin & le sien même signifie en Allemand, *ville des Italiens*; cette raison fortifie celles qui persuadent que les Romains y mettaient des troupes en station pour s'opposer aux Rhetiens. On l'appelle aussi *Riva*. *Bertschis* est un village ancien. *Greplang*, château & chapelle bâtie par les anciens Rhetiens. *Flums*, *ad flumina*, bourg sur la Séetz : la cour de justice qui se tient en automne à Mels, siége ici au printems. On y fait l'acier des trois métaux tirés de la montagne de *Gunzen*, dont nous avons parlé. *Mols*, village paroissial aux bords du lac de Wahlestadt.

La seigneurie de *Wartau* est peu étendue, & fait la partie septentrionale du comté de Sargans. *Wartau* est un bourg peu éloigné du Rhin. *Atzmaas* ou

Atzmoos est un village sur le Schalberg : réuni avec quelques hameaux voisins, il forme une paroisse.

IV. Bailliage de Gaster.

Le Gaster s'appellait autrefois la seigneurie de *Windeck*, & plus anciennement encore *Castra rhetica* : il confine à l'orient au pays de Sargans, vers le midi au lac de Wahlestadt, qui même en fait partie, & aux cantons de Glaris & de Schwitz, vers le couchant à Utznach, vers le nord au Toggenbourg : on y trouve des monts élevés & fertiles, de beaux vergers & d'excellens pâturages. La *Lint* l'arrose & le borne : il appartint aux Rhetiens, & eut des comtes particuliers ; un mariage le fit passer aux comtes de Lenzbourg, d'eux aux comtes de Habsbourg & à la maison d'Autriche : le duc Fréderich l'engagea en 1438 aux cantons de Schwitz & de Glaris, auxquels il est demeuré : ils en nomment alternativement le baillif qui y siége deux ans, à qui le peuple prête serment de fidélité, & dont à son tour il jure de maintenir ses droits : ces droits sont de former une assemblée générale tous les deux ans, de nommer à divers offices, d'avoir une cour de justice pour les procès civils, & un conseil pour veiller au bien du pays. Les cantons y sont juges criminels, & quand ils sont partagés d'opinion, le baillif décide. Tout le pays est catholique, & ce sont les catholiques de Glaris qui nomment le baillif quand il doit être Glaronois ; mais c'est tout le canton qui en est co-souverain. Le baillif n'y réside pas, mais il y vient quand les affaires l'y appellent, & alors il habite dans l'abbaye de *Schanis* : il a un lieutenant, un trésorier, un sécretaire & d'autres officiers nommés par les habitans. La cour de justice est formée de neuf juges du pays, elle siége à Schanis, & le baillif y préside trois fois chaque année, il décide sans appel toutes les causes civiles, & fixe le paiement des amendes imposées dont la moitié appartient au pays & le reste aux deux cantons. Le conseil du pays est formé par les officiers du baillif, du banneret, de deux portes-étendarts, des neuf juges de la cour de justice & de neuf conseillers : présidé par le baillif, il veille sur les libertés du pays, les subsides, les ordonnances, les habitans : tous les habitans en état de porter les armes sont au nombre de 300 : deux villages dépendent de l'évêque de Constance ; les autres de l'évêque de Coire.

Schanis, grand bourg au centre du pays sur la rive de la Lint ; il a une église paroissiale, une maison de ville, & une abbaye de dames ancienne, riche, libre, dont l'abbesse est princesse de l'empire, bourgeoise de Zurich, & seule ne peut en sortir pour se marier : les religieuses sont au nombre de sept, & prouvent 16 quartiers : cette abbaye fondée en 806, a de grands biens dans le Gaster, les cantons de Zurich, de Berne, de Lucerne, & dans les bailliages libres. Les deux cantons ont sur elle le droit d'inspection & de protection.

Oberkirk paroisse, & le village de *Kaltbrunn*, sont du diocèse de Constance : l'abbaye d'Einsidlein a le droit de basse justice dans ce dernier : à quelque distance de Kaltbrunn est un pont de pierres où se terminent mutuellement les deux diocèses, & les bailliages de Gaster & d'Utznach. *Ambdem* ou *Amont*, *ad montem*, paroisse sur un mont élevé au bord septentrional du lac de Wahlestadt. *Benken*, *Quarten*, *Murg* sont des paroisses.

Wesen, *Guescha*, bourg sur la rive occidentale du

lac de Wahleſtadt & la riviere qui en ſort, laquelle ſe joint bientôt à la Lint. Ce bourg fut une ville; preſſé entre le lac & les montagnes, il eſt expoſé aux inondations & l'air y eſt mal ſain : c'eſt un lieu de paſſage pour les marchandiſes : on y compte trois égliſes, & un couvent de bernardines * : il n'eſt lié au Gaſter que parce qu'il a le même baillif, car d'ailleurs il a ſa juſtice particuliere, dont les membres ſont choiſis parmi les bourgeois.

Le *Bailliage de Gams* a été uni à celui de Gaſter : il eſt petit & n'eſt riche qu'en pâturages, il fit partie de la ſeigneurie de Sax, ſe racheta de ſes maîtres, & en 1497 ſe donna volontairement aux cantons de Schwitz & de Glaris; ſous la condition de conſerver ſes droits & priviléges : il touche au Werdenberg, au Tockenbourg, & au pays de Sax. Le baillif reçoit le ferment de fidélité des habitans, mais ne demeure pas dans le pays ; il y vient pour terminer les affaires, & loge alors dans une hôtellerie : deux officiers agiſſent en ſon nom dans ſon abſence : la cour de juſtice eſt compoſée de douze juges nommés tous les deux ans, la moitié par le baillif, & le reſte par la communauté : elle décide des procès civils, des criminels même, mais ſes jugemens dans ce dernier cas ſont revus par le baillif & les deux cantons qui ne peuvent que l'adoucir, ou le confirmer : ce pays fait partie du dioceſe de Coire. *Gams, Campſum*, eſt un grand village paroiſſial : autour ſont des habitations diſperſées. *Gampelen* a un bain d'une eau froide impregnée de ſoufre. Le *Gamſerberg* eſt long d'une lieue & demi, & va des frontieres de Sax

---

* De Dominicaines, ſelon le Dictionnaire de la Suiſſe : peu importe.

au Tockenbourg : ce mont est couvert d'habitations & d'une forêt de pins.

V. *Bailliage d'Utznach.*

Il est situé entre le Gaster, le Tockenbourg, & les cantons de Zurich & de Glaris : il eut ses comtes particuliers, qui l'hypothéquerent aux deux cantons de Schwitz & de Glaris en 1438, & le leur vendirent en 1469 : il a quatre lieues de long & presqu'autant de large : il est fertile en pâturages, a de belles forêts, des vignobles & quelques champs. Les deux cantons y envoyent alternativement un baillif qui siége deux ans : quand celui de Gaster est de Schwitz, celui d'Utznach est de Glaris : il a un lieutenant, un secretaire, &c; mais ils n'ont que voix consultative : le baillif peut n'y pas résider. Les habitans forment une assemblée générale tous les deux ans pour régler les affaires du pays, nomment le secretaire baillival, présentent quatre sujets pour la charge de landamman : les cantons jugent les procès criminels, & les tribunaux du pays les procès civils. Les habitans sont soumis à quelques impositions, restes de leur ancienne servitude : ils sont catholiques, & du diocèse de Constance, à l'exception de la paroisse de *Gauen*, qui est du diocèse de Coire.

Utznach, petite ville fondée par un comte de Tockenbourg : elle est à quelque distance du lac de Zurich dans une plaine; détruite par un incendie, elle a été rebâtie plus réguliere & plus belle : elle a son avoyer & son conseil particulier. On y remarque dans l'église de St. Antonin les tombeaux des anciens comtes de Tockenbourg. *Schemiker*, paroisse voisine du lac de Zurich. *Utznaberg*, communauté formée de hameaux dispersés dans les montagnes, & qui a fon avoyer & fon conseil. *Ermenschweil* a des eaux sulfureuses assez fréquentées. *Goldengerthal* ou *Goldenenthal*, paroisse étendue formée de hameaux dispersés : on y trouve la caverne de *Cham*, que quelques bonnes gens croyent conduire à une mine d'or : c'est sans doute ce qui lui donna son nom. *Grynaw*, vieux château situé à l'endroit où la Lint entre dans le lac de Zurich ; il y a un pont, un port & un logis : les marchandises qui viennent du lac y remontent la Lint dans des bateaux traînés par des chevaux jusqu'à Wesen.

VI. *Villa & territoire du Rapperschweil.*

Elle est située au bord du lac de Zurich : ce lac, le canton de Zurich, le bailliage d'Utznach l'environnent : sur une hauteur, dans une position riante, elle a un port très-sûr ; le promontoire où elle est assise & une langue de terre opposée, resserrent assez le lac pour avoir donné l'idée d'y jetter un pont qui est long de 1850 pas ; il le sépare en lac de Zurich & en lac supérieur : ce pont appartient à Rapperschweil, qui y reçoit un péage & l'entretient en bon état ; il est sans barrieres, sans clous, & dans les orages les planches volent, mais le pont demeure : au-dessous l'eau n'est pas profonde, & pour que les bateaux puissent y passer, il faut y creuser des fossés. Elle est gouvernée par un petit & un grand-conseil : le premier formé de douze membres est présidé par l'avoyer : deux autres magistrats siégent près de lui, c'est le sécretaire de la ville, & le grand saultier ; ils disent leur sentiment lorsqu'on délibere, mais leurs voix ne sont pas comptées ; elles le sont dans le grand-conseil formé de vingt-quatre membres, & décident dans le partage des opinions. Une cour de justice formée de douze juges & d'un président décide des procès en première instance pour les objets un peu considérables ; les deux-conseils réunis sont juges des causes criminelles : on appelle aux cantons des causes criminelles & importantes. Le petit-conseil s'élit lui-même : il s'unit au grand pour remplir les places vacantes dans celui-ci & dans la cour de justice : jointe aux bourgeois ils élisent l'avoyer.

La ville est ceinte de quelques fortifications : on y voit un couvent de capucins, qui jouit d'une perspective charmante, & une maison de ville dans laquelle des os de baleine sont déposés : le port est dans l'enceinte des murs. Elle eut autrefois des comtes particuliers, & fut fondée en 1091. Elle se mit sous la protection des cantons d'Uri, Schwitz, Unterwalden & Glaris, qui insensiblement en devinrent les souverains. Par le traité d'Arau, elle a recouvert ses priviléges & ses protecteurs furent les cantons de Zurich, de Berne & de Glaris. Vis-à-vis d'elle exista l'ancien château de son nom.

Son territoire s'étend dans l'espace de deux lieues sur les bords du lac ; il est agréable, fertile en grains & en vins, abondant en bois, en houilles, en carrieres : le lac y est peuplé, & dès le mois d'Août on y pêche l'*Albulen*, poisson de bon goût : on trouve dans ce territoire des scorpions rougeâtres qui ne nuisent point, & beaucoup de médailles romaines, & sur-tout dans le champ de Gubel. Les lieux les plus connus sont *Wurmsbach*, couvent de dames de Cîteaux, près du lac supérieur ; le tems de sa fondation est inconnu ; il est sous l'inspection de l'abbé de Wettingen. *Burtzbach*, village paroissial divisé en haut & bas. *Jonen* ou *Jona*, paroisses ; tous deux sont arrosés par le Jonen ; deux autres villages & la petite île de *Lutzelau*, couverte de riantes prairies.

La ville & le territoire ne renferment qu'environ 5000 ames.

VII. *Comté & bailliage de Baden.*

Il est situé dans l'Argaw, borné à l'occident par l'Aar, à l'orient & au midi par le canton de Zurich, au nord par le Rhin ; la *Reuss* le touche au sud-ouest, la Limmat le partage & s'y jette dans l'Aar, qui à quelques lieues de là se mêle au Rhin près de Coblenz : il a sept lieues du midi au nord & trois lieues de largeur moyenne : quelques villages au de-là de l'Aar & du Rhin sont dans son enceinte : il est fertile en blés & en fruits, & les recoltes y sont plus hâtives que dans les lieux qui les environnent : sur les rives de l'Aar & de la Limmat il y a des vignobles : on y fait de l'acier avec la mine de fer qu'on retire des environs de Tegerfelden : on y travaille le fer qu'on fond à Lauffenbourg sur le Rhin, & qu'on trouve de Capellerhof à Endingen. On y trouve encore des marbres, du gips, des pierres de grès excellentes, diverses marnes, des dés qu'on retire de terre près des bains, produits par la nature, ou par l'industrie avide qui cherche & donne des alimens à la curiosité ; ce dernier sentiment est le plus fondé : ils sont d'os & faits à la main. Ce pays renferme trois villes, & environ 24000 habitans, la plupart tous catholiques & du diocèse de Constance : les réformés occupent quelques villages ; les juifs peuvent habiter en quelques autres.

Il fut autrefois un comté particulier que possédérent ensuite les comtes de Kybourg, & la maison d'Autriche : les cantons le conquirent en 1415 ; les huit anciens cantons y envoyaient tour-à-tour un baillif qui siégeait deux ans : depuis la paix de 1712 les cantons de Zurich & de Berne en sont les seuls souverains, mais Glaris a conservé ses anciens droits, de maniere que les deux cantons y envoyent l'un après l'autre un baillif, chacun siége sept ans, & après eux Glaris en envoye un, qui en siége deux. Ce baillif réside dans le château de Bade, situé à la tête du pont couvert & sans pilotis de la Limmat; son lieutenant choisi par les cantons parmi les bourgeois de Bade, & le sécretaire du bailliage pris alternativement dans un des trois cantons, sont ses conseillers consultans & ne sont en charge que pendant l'espace de dix ans. Il juge des causes civiles en seconde instance, & des bans qui excédent les droits des vassaux. L'appel pour les causes majeures est porté dans la diete des trois cantons, & de là dans les cantons mêmes. Les jugemens criminels sont prononcés par une cour formée de huit châtelains & de seize assesseurs, le baillif peut seul adoucir la peine. Il a le droit d'assembler les conseils de la ville de Bade, & d'y assister; il garde les clefs de ses tours. On le divise en sept parties, la ville, les huit châtellenies qui dépendent immédiatement du baillif, les trois qui dépendent de l'évêque de Constance, & où il exerce la basse justice, l'abbaye de Wettingen, la seigneurie de Weiningen, la jurisdiction d'Uetiken, & diverses petites seigneuries.

Ville de Bade.

Les anciens la nommaient *Vicus thermarum*, *Aquæ Helveticæ*, *Thermopolis*, *Thermæ Helveticæ*, & ensuite on l'a nommée *Bada*, *Badenia*; elle n'est pas grande, est assez jolie, située dans une plaine que resserrent deux côteaux élevés, au bord de la

Limmat : divers monumens prouvent son antiquité, & ses bains l'ont rendue célebre comme ils la firent naître : ses deux églises, son couvent de capucins n'offrent rien de curieux; sa maison de ville est formée de deux bâtimens, dans l'un s'assembloit autrefois la diete des treize cantons, & s'assemble encore celle des trois souverains ; dans l'autre siégent les magistrats & les juges de la ville. Elle a deux conseils ; le petit est formé d'un avoyer, d'un autre qui a cessé de l'être, de dix conseillers & d'un sécretaire. Le grand renferme le petit & quarante membres encore : l'avoyer est choisi par les deux conseils & 60 bourgeois : ils exercent la police , jugent des procès civils, imposent des amendes, exercent la basse justice dans quatre paroisses, dont celle d'Ober-Steimar est dans le territoire de Zurich : la ville a divers revenus, un hôpital riche fondé par la fille d'Albert I ; quelques canonicats, de petits emplois, des profits sur les étrangers qui accourent aux bains, sont les objets où aspirent ses bourgeois, & c'est là que se borne leur ambition.

Ces bains sont construits sur les deux rives de la Limmat, à un quart de lieue de la ville ; avec les maisons qu'on y a élevée, ils forment un bourg séparé. Les sources sont chaudes & abondantes, elles sont au nombre de sept, & célebres dans l'antiquité par leurs vertus; elles forment deux grands bassins publics pour les pauvres, & plus de 100 bains privés sous des voûtes propres & commodes, mais dans des appartemens assez vilains. C'est là que se rassemble une foule de malades, & de désœuvrés qui y cherchent l'amusement & le plaisir. Là aussi est un temple dédié aux trois rois. L'eau n'est pas également chaude dans les diverses sources : celle qui l'est davantage est dehors le bourg sous un roc chaud lui-même : elle est imprégnée d'alun, de soufre, & de nitre : elle sort toujours avec la même abondance, mais c'est au mois de Mai qu'elle est le plus soufrée : les maux de tête, les vertiges, la faiblesse d'estomac & de poitrine, les fièvres, la phthisie, l'asthme, les obstructions sont les maux qu'elle guérit.

On a trouvé dans les environs divers monumens de l'ancienne magnificence de cette ville, des statues d'albâtre ou divers métaux représentant des divinités, des monnaies, des médailles, des restes d'anciens bâtimens & d'une voye romaine, des inscriptions. La statue qui s'éleve du milieu du bain des pauvres, est au sentiment du vulgaire, celle de Ste. Verene, selon les savans c'est celle d'Isis. C'est sur-tout dans les fossés de l'ancien château situé sur une colline qu'on a trouvé les dés dont nous avons parlé plus haut. Les trois cantons ont fait élever une église réformée près de Bade.

Les huit chatellenies immédiates.

Celle de *Gebistorf* doit son nom à une paroisse dont l'église sert pour les deux cultes : il en est de même du *Birmenstorf*, qui donne son nom à une chatellenie dans laquelle le baillif Bernois de Konigsfelden exerce la basse jurisdiction. Celle de *Rordorf* renferme quatre villages ; celui de Stetten est grand & exerce sur lui-même la basse jurisdiction : celui d'*Eggenweil* est sur la Reuss. *Dietikon*, chatellenie, paroisse dont l'église sert aux protestans & aux catholiques, & dont la basse jurisdiction appartient à l'abbaye de Wettingen : on y compte encore quelques villages. *Wettingen* est sur la Limmat, près de lui est l'abbaye de ce nom qui y a la basse justice.

uſtice. *Erendingen* renferme cinq villages parmi eſquels on remarque *Lengnau*, où eſt une commanderie de l'ordre Teutonique qui y a la baſſe juſtice : l'eſt dans ces villages & dans celui d'*Endingen* que les juifs habitent : ils ne ſont ſoufferts nulle part ailleurs dans la Suiſſe. La chatellenie de *Siggenthal* contient quatre villages paroiſſiaux, trois qui ne le ſont pas & le château de *Freudnau*. Celle de *Lutgern*, ſituée au-delà de l'Aar, doit ſon nom à une paroiſſe dans laquelle eſt une commanderie de St. Jean, qui y exerce la baſſe juſtice, & y a le dixme & le patronat : elle les a encore ſur d'autres lieux voiſins, comme ſur *Auw*, hameau dans une île formée par l'Aar. Le château de *Bourſtein* près de l'Aar, celui de *Bernau* ſur le Rhin, ſont encore dans cette chatellenie.

Les trois chatellenies de l'évêque de Conſtance.

Il y exerce la baſſe juſtice : l'une d'elle eſt *Klingnau* qui prend ſon nom d'une petite ville ſur l'Aar qui a des priviléges, deux égliſes, un prieuré de l'abbaye de St. Blaiſe, autrefois indépendant & connu ſous le nom de Sion : le prieur rend compte aux cantons : quelques villages dépendent encore de cette chatellenie achetée en 1269 par les évèques, & parmi eux eſt celui de *Coblentz*, *Confluentia*, ſitué dans l'angle que forment le Rhin & l'Aar en ſe réuniſſant : ſa ſituation le rend important ; les Romains y avaient une garniſon. *Zurzach*, *Certiacum*, ville ou bourg conſidérable près du Rhin, célebre par ſes deux foires qui raſſemblent un grand nombre de commerçans de l'Allemagne, de la Suiſſe, de la France même : dans ce tems, la juriſdiction appartient au baillif de Bade. Elle eut des ponts ſur le Rhin & n'y a plus que des bateaux. On y voit trois églises; l'une est nouvelle, c'est celle des réformés : une autre est la riche collégiale de Ste. Verene : on croit qu'elle fut fondée par Charles le Gros : des bénédictins l'habiterent d'abord : l'évêque de Constance nomme aux places vacantes dans certains tems, le baillif de Bade dans d'autres : elle est sous la protection des cantons. Zurzach a divers monumens d'antiquité, les ruines d'une forteresse qu'on croit bâtie par Drusus, & des médailles. Près de là on voit des ruines qu'on croit les restes de *Forum Tiberii* : au-dessous de Zurzach est une chaîne de rocs qui traverse le Rhin & que le fleuve couvre pendant l'été; il n'est point navigable alors; mais en hyver les eaux s'abaissent & coulent dans un canal étroit où passent les petits bateaux : avec une planche qui repose sur les deux bords du roc, on le peut facilement traverser. *Kaiserstuhl*, petite ville sur un coteau au bord du Rhin, donne son nom à la derniere chatellenie : on croit qu'elle exista sous les Romains : à son entrée, dans le lieu le plus élevé est une antique tour. Son pont sur le Rhin en fait un lieu de passage : elle a son magistrat particulier; ses habitans sont catholiques, l'évêque de Constance l'acheta en 1294. De l'autre côté du Rhin est le château de *Rotelen*, & le village paroissial de *Thengen*.

Abbaye de Wettingen.

Son nom latin est *Maris Stella* : nom que lui donna son fondateur, qui avait long-tems voyagé sur mer : c'est une abbaye célebre & riche, de l'ordre de St. Benoit, fondée en 1227 : l'église est grande, a la forme d'une double croix, & est ornée de trois tours : elle renferme d'anciens tombeaux; l'abbaye toute entiere est bien bâtie, bien située, à l'extrémité d'une vaste plaine, sur une presqu'ile que forme à Limmat, près de l'antique village de ce nom où l'on a trouvé divers anciens monumens, différens vases d'argent & des médailles. L'abbé a l'inspection sur sept autres couvens, & différens droits dans les lieux voisins. Sur une montagne qui lui appartient, on trouve un petit lac abondant en poissons, nommé le *Nœgel-Sée*.

Seigneurie de Weiningen.

Elle touche à la chatellenie de Wettingen, appartint aux barons de Regensperg, & a aujourd'hui des seigneurs particuliers ; elle renferme quatre villages & le *Fahr*, couvert de bénédictines fondé en 1130, soumis à l'inspection de l'abbaye d'Einsidelen qui en nomme la prieure, & exerce la justice civile dans son territoire qui renferme deux villages. Au-dessous de ce couvent fut autrefois la ville de *Glanzenberg*, détruite en 1268. Deux villages voisins forment encore une seigneurie particuliere, qui appartient au possesseur de celle de Weiningen ou Wyningen.

Jurisdiction d'Uetiken.

Elle confine à la chatellenie de Dietikon, quatre villages la forment, & l'un d'eux lui donne son nom : son possesseur exerce la haute & basse justice, excepté dans les jugemens criminels.

Les autres seigneuries sont peu considérables. L'abbaye de St. Blaise exerce la basse jurisdiction sur treize villages, sur le couvent de Sion, &c. & l'administre par un de ses membres qui siège à Klingnau,

& a le titre de prévôt. Le couvent de *Gnadenthal* dans les bailliages libres exerce la jurisdiction sur un village & un hameau. Le possesseur du château de *Schwarzen-Wasserstelz*, bâti dans une île formée par le Rhin, exerce la basse justice sur le village de *Fisibach*: le château de *Weiss-Wasserstelz*, sur la rive opposée du Rhin, dépend du premier.

VIII. *Les Bailliages libres.*

Ils confinent vers le nord, au comté de Bade; vers l'orient, aux cantons de Zurich & de Zug; vers le nord & le couchant, à ceux de Lucerne & de Berne. Ils firent autrefois partie du comté de *Rore* ou *Rohr*, & s'appella aussi le *Wagenthal*, comme ses habitans *Rusthaler*, parce que la Reuss en arrose les frontieres orientales. Ce pays a sept lieues de long sur trois de large, & nourrit 20000 habitans, tous catholiques & du diocèse de Constance: on y cultive les blés & la vigne; on y recueille des fruits: il appartint aux comtes d'Altenbourg, & de ceux-ci il passa à ceux de Habsbourg qui le transmirent à la maison d'Autriche; les Suisses le conquirent sur elle: Zurich, Lucerne, Schwitz, Underwalden, Zug & Glaris le gouvernerent seuls jusqu'en 1532 qu'Uri y fut admis. En 1712 on tira une ligne de Luntskofen à Faarwanguen, & la partie au nord s'appella *Bailliages libres d'en bas*, & appartint aux cantons de Zurich & de Berne: celle au midi appartint aux huit anciens cantons, car Berne y fut admis: Glaris conserva dans l'une & l'autre partie ce qu'elle en avait eu auparavant.

Bailliages libres d'en-haut.

Les baillifs y fiégent deux ans : chacun des huit cantons qui en font fouverains, en nomme un tous les feize ans : Glaris feul en nomme un tous les quatorze ans, parce qu'il jouiffait de cette prérogative lorfque le pays était gouverné par fept cantons, & qu'il n'y avait pas de raifon pour la lui faire perdre. Le baillif n'y réfide pas ; il s'y rend au printems & en automne pour y adminiftrer la juftice, & réfide dans l'abbaye de *Muri*, ou dans la commanderie de *Hitzkirch* : fi des plaideurs le demandent en d'autres tems, il vient à leurs frais : un fécretaire fupplée ordinairement à fon abfence, & fe tient à Bremgarten. Les tribunaux inférieurs y décident les caufes civiles en premiere inftance ; de là on appelle au baillif, puis à la diete des cantons, & quand on le veut, aux cantons mêmes. Pour les caufes criminelles, c'eft un tribunal du pays (*Landgericht*) qui les juge ; le baillif peut adoucir la peine ou faire grace. Cette partie des bailliages libres eft divifée en quatre chatellenies & deux feigneuries.

La chatellenie de *Meyenberg* fut autrefois une feigneurie indépendante : on y remarque le bourg qui lui donne fon nom qui fut jadis une ville, la paroiffe de *Dietweil* où Lucerne a le droit de baffe jurifdiction, ainfi qu'à celle de *Sins* où eft un pont connu par un combat en 1712 ; celle de *Ruti* dans lequel Zug a la baffe juftice, le patronat & les dixmes. Toutes trois font au bord de la Reufs. Il y a encore trois paroiffes dans cette chatellenie : celle d'*Apell* située dans une contrée agréable &

fertile, & celles d'*Auw* & de *Beinweil* : l'abbaye de Muri a la basse jurisdiction dans cette derniere.

La chatellenie de *Muri* doit son nom à une riche & célebre abbaye de bénédictins fondée en 1027, & peut-être déja en 991, près du ruisseau de Bunz : elle ne dépend que du pape, choisit elle-même ses protecteurs & a donné ce titre aux huit cantons. En 1701 l'abbé obtint le titre de prince de l'empire, chacun de ses moines a celui de noble. Elle possède de grands biens en Suisse & en Allemagne, a quatre offices héréditaires, exerce la basse justice dans son enceinte & divers autres lieux. Elle a pris son nom, à ce qu'on assure, de quelques antiques ruines d'un temple payen, ou d'une forteresse romaine. L'abbaye a plusieurs grands corps de logis : on y remarque une salle vaste & magnifique & une belle bibliothéque riche en manuscrits. On connait les *acta Murensia*, publiés à Paris en 1618, objets de beaucoup de disputes, & qui renferment la généalogie la plus certaine de la maison de Habsbourg, ou d'Autriche. Dans le trésor de l'abbaye, on voit le cor de chasse d'Albert le sage, comte de Habsbourg, fait, dit-on, d'une dent d'éléphant : l'église est ornée d'anciens tombeaux. Pour dépendre de l'empire, l'abbaye acheta en Souabe les biens nobles de *Glatt*, de *Diessen*, *Dettensee* & le fief autrichien d'*Egelthal*. Le village de *Muri* a des antiquités curieuses : on peut remarquer encore celui de *Werdt*, dans lequel l'abbaye & la ville de Bremgarten exercent alternativement la basse justice.

La chatellenie de *Hirtzkirch* est formée par la paroisse de ce nom où est une ancienne commanderie de l'ordre teutonique, & par celle d'*Aesch*.

La chatellenie de *Bettweil* ne renferme qu'un village & deux métairies.

Heideck est une seigneurie près du petit lac de Baldeck: son château lui donne son nom, elle appartient à Lucerne & s'étend sur le bourg de *Reichensée* au bord du lac dont nous venons de parler, & auquel il donne aussi son nom : il a été une ville que les Autrichiens détruisirent en 1386. *Grimenberg* est encore un fief qui dépend de cette seigneurie.

Russeck, seigneurie sur la Reuss qui appartient aussi à Lucerne.

Bailliages libres d'en bas.

Les baillifs y siégent deux ans. Dans l'espace de quatorze ans Zurich & Berne y envoyent chacun trois baillifs, & Glaris seulement un. Ils n'y résident pas, mais doivent s'y rendre deux fois par an; l'hôtellerie de Bremgarten est leur demeure; les procès civils & criminels s'y jugent comme dans la partie précédente. On les divise en neuf chatellenies qui sont *Villmergen*, *Sarmenstorf*, *Bossweil*, *Krum-amt*, *Wollen-Niederweil*, *Dottiken*, *Hagügen* & *Bublikon*. On y remarque le village de *Villmergen*, connu par les batailles de 1657 & 1712, celui d'*Eggenweil* situé en partie dans le comté de Bade, & le bourg de *Niederweil* où l'abbaye de Schanis exerce la basse jurisdiction. Le couvent de *Gnadenthal*, *Vallis gratiarum*, est situé dans cette partie ainsi que celui de *Hermanschweil* : le premier est sur la Reuss, des réligieuses de l'ordre de Citeaux l'habitent; il exerce la basse justice dans deux villages : le second est arrosé aussi par la Reuss, habité par des bénédictines, & il exerce le même droit sur sept villages.

Deux villes qui ont leurs propres magistrats sont situées dans ces bailliages libres : *Bremgarten* est la plus considérable : la Reuss y a un beau pont, & la divise en haute & basse : dans l'une placée sur un côteau est un couvent de femmes du tiers ordre de St François ; dans l'autre en est un de capucins. Ses habitans sont catholiques & du diocèse de Constance : elle est ancienne, bien bâtie, environnée de trois côtés par la riviere, commerçante & riche : elle fut conquise sur l'Autriche par les Suisses en 1415, a souffert des guerres civiles, & est depuis 1712 dans la dépendance des cantons de Zurich, Berne & Glaris. Elle a un petit & un grand-conseil : le premier est de douze membres entre lesquels sont deux avoyers, qui entrant en charge prêtent serment de fidélité aux trois cantons : le second est formé de 40 membres, qui forment la cour de justice d'où l'on appelle au petit & grand-conseil réunis, de ceux-ci à la diete, & de la diete aux cantons mêmes pour les procès civils : les procès criminels y sont jugés souverainement par les deux conseils. Cette ville nomme à ses magistratures, & exerce la basse jurisdiction sur quelques villages : elle a une papetterie.

Mellingen est une petite ville bien située, au milieu d'une campagne fertile, à deux lieues de Bade sur la Reuss qui y a un pont : elle a eu le même sort que Bremgarten : le péage de son pont lui est utile, mais il ne l'est pas au commerce. Ses habitans sont catholiques & s'assemblent deux fois par an, pour exercer différens droits, entr'autres celui de recevoir de nouveaux bourgeois. Elle a deux conseils, le petit formé de neuf membres, le grand de dix-huit, tous deux présidés par un avoyer : elle exerce le droit de basse justice sur un village & deux hameaux.

DE LA SUISSE.

IX. *Bailliages d'Italie.*

De la Suisse, il faut passer le St. Gothard pour y arriver : ils sont environnés des Grisons, du canton d'Uri & du duché de Milan : les habitans y parlent un mauvais Italien, & sont tous catholiques romains : trois d'entr'eux appartiennent aux cantons d'Uri, de Schwitz & d'Unterwalden, & l'on y compte environ 33000 habitans : les quatre autres dépendent de tous les cantons, celui d'Apenzell excepté, parce qu'il n'était pas encore dans leur ligue lorsqu'ils furent cédés.

Bailliage de Bellinzone.

Il fut autrefois un comté, appartint à l'évêque, puis à la ville de Come, & ensuite aux comtes de Hohen-Sax ou Masoxer-thal : dans les guerres pour la possession du duché de Milan, les habitans de Bellinzone se donnerent aux trois cantons & Louis XII le leur céda. Le baillif est nommé alternativement par ces cantons ; il siége deux ans & a le nom de commissaire, parce qu'il en remplit les fonctions dans les tems de guerre. Lorsqu'il y a un baillif d'Uri à Bellinzone, il y en a un d'Unterwald dans le Val Brenas, & un de Schwitz à Riviera : de celui-ci le baillif passe à celui de Bellinzone, qui est le plus grand de tous. Tous les ans un député de chaque canton vient à Bellinzone ; ils y voyent les comptes des commissaires, jugent les causes qu'on y porte par appel, & veillent aux autres affaires du pays : du jugement de ces trois députés, on en appelle aux trois cantons.

Ce bailliage touche à l'orient & au sud au duché

de Milan, & par-tout ailleurs aux bailliages d'Italie & aux Grisons : c'est un vallon qui peut avoir cinq lieues de long & deux de large. Le *Tesin* l'arrose, & y reçoit la *Muesa* : on y compte 19 paroisses, trois sont du diocèse de Milan, & les autres de celui de Côme; sur les monts, il a de belles prairies & d'abondans pâturages; les châtaigners y donnent une recolte utile, & dans la plaine on trouve des vignobles : il y a des champs, mais ils ne peuvent nourrir les habitans; le duché de Milan y supplée.

Bellinzone ou *Bellenz*, *Bilitio*, *Belleni-Zona*, ville située près du confluent du Tesin & de la Muesa. Au centre, elle a une grande place, & là est la maison qu'habite le baillif : autour s'élevent trois côteaux sur chacun desquels est un château fortifié à l'antique, trois châtelains dont un est nommé par chaque canton y résident. Dans la ville on voit les églises collégiales de St. Pierre & de St. Etienne : dans les fauxbourgs, sont trois couvens dont un de religieuses. Autour on voit des restes d'anciens murs, & des vignobles estimés.

Bailliage de Riviera ou de Polese.

Il est au nord de celui de Bellinzone, & a quatre lieues de long, sur demi lieue de large : on y compte neuf paroisses, le *Tesin* l'arrose & y reçoit la *Blegno* ou *Brenna*; il parvint aux trois cantons comme celui de Bellinzone, & est gouverné de même : le baillif n'y a que de très-minces revenus, & c'est par cette raison qu'il passe de ce bailliage à celui de Bellinzone : sa richesse est dans ses pâturages. *Riviera* ou *Polese* est un bourg. *Abiasco* est une paroisse qu'arrose le Blegno : elle y a un pont dont le milieu fait la borne commune du bailliage & de la vallée de Livenen : on a trouvé dans les environs des grenats aussi beaux que ceux de l'orient ; mais leur rareté en a fait abandonner la recherche. *Aaro*, couvent de bénédictines dans la paroisse de *Claro*. *Assogno*, ou *Ossogna*, est le lieu où réside le baillif.

Bailliage de Bollenz ou de Val-Brenna ou Palenzerthal.

Il touche au sud à celui de Riviera, au couchant à la vallée de Livinen, & par-tout ailleurs aux Grisons : il a sept lieues de long, & n'en a pas plus d'une demie de large. Cette vallée est fertile en pâturages, en vins, sur-tout en châtaignes & en différens fruits ; on y cultive quelques champs, on y nourrit beaucoup de bétail : la *Blegno* l'arrose & y prend sa source au pied du Vogelberg : pendant l'été, les hommes se répandent dans les pays voisins & sur-tout en Italie, laissant à leurs femmes le soin de leurs champs & des troupeaux, & reviennent y passer l'hyver avec le fruit de leurs travaux : en 1512 les débris de deux monts qui s'écroulerent, arrêterent le cours du fleuve, & changerent la vallée en un lac qui subsista pendant deux ans : en 1747 elle éprouva encore une grande inondation. Elle a appartenu au chapitre de Ste. Marie à Milan, & s'est soumise volontairement aux trois cantons, qui en sont aujourd'hui les souverains ; elle fait partie du diocèse de Milan, & se divise en trois parties qu'on nomme *Faccie* ou *Fallie*. Ses habitans ont de grands priviléges, nomment à différentes charges, & exercent en partie l'autorité que le baillif a toute entiere dans les autres vallées. Sur le chemin, vers Disentis, sont deux hôpitaux à deux lieues l'un de l'autre où l'on reçoit les voyageurs avec une hospitalité singuliere. La basse *Faccie* renferme quatre paroisses : près de celle de *Dongio* est une source d'eau acidule qui purifie le sang : on compte dans la *Faccie* du milieu six paroisses : le baillif réside dans celle de *Lotigna* qui dans son enceinte a une source d'eau minérale qui charie du soufre & du cuivre. La haute *Faccie* ne renferme que quatre paroisses.

Bailliage de Lugano ou de Lauis.

Les Tusques furent ses premiers habitans ; les ducs de Milan le céderent aux douze cantons Suisses en 1513 : il est environné par les bailliages de Locarno, de Mendris, de Bellinzone & le duché de Milan : c'est le plus grand, le plus riche & le plus important des quatre bailliages : il a huit lieues de long, cinq de large, est fertile en pâturages, en blés, en vins, en fruits : l'olivier y fournit un objet de commerce ; le meurier l'enrichit, l'oranger, le citronnier l'embellissent. On y trouve différentes especes de marbre & on les y travaille, on y polit les crystaux qu'on y apporte. On y compte 106 bourgs ou villages & environ 53000 habitans tous catholiques romains : on y voit le lac de ce nom, d'une forme singuliere, ayant * huit lieues dans sa longueur tortueuse, & une demie lieue de largeur moyenne : il se décharge au couchant par la riviere de Tresa, qui deux lieues plus bas se jette dans le lac Majeur.

---

* Busching ne lui donne que deux lieues & demi de long : sa longueur en ligne droite sera toujours le double de celle qu'il lui assigne.

Chaque canton y envoye à son tour un baillif qui y siége deux ans, & a le titre de *capitaine*, parce qu'en tems de guerre il commande les troupes des quatre bailliages communs : son pouvoir est presque illimité ; il est juge civil & criminel ; on en appelle cependant à l'assemblée des députés des cantons : les magistrats inférieurs n'ont sous lui qu'une voix consultative ; son lieutenant a une jurisdiction indépendante de la sienne dans les affaires civiles : il est changé aussi tous les deux ans ; les autres officiers sont à vie & choisis par les cantons. Les habitans jouissent de divers priviléges ; ils font des loix civiles, taxent les denrées & les monnaies, veillent sur la santé, forment des assemblées générales où chaque communauté envoye un député, & où l'on régle les affaires & les dépenses publiques : quelques communautés n'y envoyent pas de députés parce qu'elles ont leurs jurisdictions particulieres. On divise ce bailliage en quatre districts ou *Pieves*.

Celle de *Lugano* renferme 24 paroisses : celles de *Caronna*, de *Morco*, de *Sonvico* & de *Vescia* ont leur jurisdiction particuliere ; le second est un bourg bien bâti, la derniere ne contribue qu'aux frais militaires, & à ceux qu'exigent les soins d'éloigner du pays toutes maladies contagieuses. *Lugano*, *Lauwis*, est un bourg sur la rive septentrionale du lac de ce nom. Il y a six couvens dont trois sont de religieuses, & un chapitre formé de neuf chanoines présidés par un archi-prêtre : on y voit un palais où le baillif demeure, deux églises, plusieurs belles maisons : il est commerçant sur-tout en soie, en bétail dont il a une foire très-fréquentée. De son imprimerie sont sortis d'excellens ouvrages : sa situation est agréable ; il fait partie du diocèse de Côme.

La pieve d'*Agno* fait partie du diocèse de Côme & renferme 36 paroisses : celle d'*Agno* a un chapitre dont les chanoines ne sont pas tenus à résidence: il reçoit son nom d'une petite riviere qui s'y jette dans le lac, & le donne à la partie de ce lac qui l'avoisine : les villages de *Montecchio*, de *Ponte-Treja* & de *Carabietta* sont libres, & ne contribuent qu'aux dépenses militaires, & à celles qu'on fait pour éloigner les maladies contagieuses.

La pieve de *Capriasca* n'a que huit paroisses & le village libre de *Ponte* : elle est du diocèse de Milan.

Celle de *Riva* en renferme 15 : elle est du diocèse de Côme, & est située au sud-ouest du lac de Côme. *Riva* a un chapitre de chanoines. *Codelago* ou *Capo di Lago*, tête du lac, est située sur le golfe du lac opposé à Lugano : près de là est une montagne creuse en divers endroits, & dont les cavernes sont rafraichies par un vent constant : les habitans y bâtissent leurs caves, & leur vin s'y conserve mieux : nous remarquerons ce même phénomène dans quelques autres lieux de l'Italie.

Bailliage de Locarno, ou *Luggarus*.

Il confine aux bailliages précédens, au duché du Milan, au lac Majeur ou de Locarno : il a eu le sort de celui de Lugano, a les mêmes souverains, & un baillif qui y siége deux ans est nommé par eux tour-à-tour, a le titre de commissaire, & y décide des affaires civiles & criminelles : ses assesseurs n'y ont que voix consultative, excepté lorsqu'il s'agit de condamner à mort ; mais alors le baillif a le droit de faire grace : les députés des cantons revoyent ses sentences, & on peut encore en appeller aux cantons mêmes : on y parle Italien,

& y plaide en Allemand : les habitans ont un conseil ordinaire formé de 21 personnes, nommées par eux, & qui veillent aux affaires générales, au prix des denrées, aux poids & mesures, aux chemins, &c. On les croit au nombre de 30000, tous catholiques : le pays a six lieues de long sur une largeur inégale, les monts y sont riches en pâturages, les vallons en fruits, en chataignes, en froment, mais ce dernier ne suffit pas aux besoins des habitans : c'est sur les rives du lac qu'il est le plus fertile : là on recueille du vin, & nourrit beaucoup de vers à soie.

Locarno est un grand bourg, bien bâti, dans une situation riante : ses fortifications ont été rasées : il y a un chapitre composé d'un archi-prêtre & de huit chanoines. Près de lui est le lac & la Maggia qui s'y jette : une plaine l'environne où se réunissent cinq petites vallées : elle est terminée par une haute montagne : l'air y est doux & sain : des monts élevés au nord y arrêtent l'impétuosité des vents qui souflent de cette partie du monde; d'autres au midi temperent la chaleur de ceux qui en viennent: le pays est ouvert vers le couchant & le levant; toutes les semaines de grands marchés y attirent beaucoup de monde : ses environs sont fertiles en vins, en pâturages, en excellens fruits; mais ils n'ont pas assez de champs; sur le bord du lac est une place vaste & commode : là était jadis une porte entourée de murs flanqués de tours, & une ancienne forteresse : les Suisses ont détruit celle-ci, le sable amené par la Maggia, a comblé celle-là : sur cette place est la maison où réside le baillif : on y compte quatre couvens.

Muralto, bourg dans lequel est une église collégiale. *Ascona*, bourg au bord du lac. Bartholomeo

Pappio y fonda un collège dans le seizieme siecle, où l'on nourrit & instruit les jeunes gens : le bourg est du diocèse de Côme & le collège soumis à l'inspection de l'évêque de Milan. *Cento valli*, vallée sauvage formée de plusieurs petites ; c'est de là que vient son nom ; elle est riche en prairies, en chataignes, en bois ; on y compte quatre paroisses ; une petite riviere l'arrose & en reçoit une autre qui vient de la vallée Onsernone ; elle prend ensuite le nom de *Milezze*, & se jette dans la Maggio : la vallée que nous venons de nommer est agréable & peuplée ; elle a des bains chauds peu fréquentés : on y compte quatre paroisses & cinq autres villages : celle de *Verzasca* est longue de 5 lieues, elle reçoit son nom de la riviere qui y serpente, & vient se jetter dans le lac : elle renferme sept paroisses.

Brisago, bourg & communauté gouvernée quelque tems par elle-même, mais qui se soumit volontairement aux Suisses en 1520 : elle n'a de commun avec le bailliage de Locarno que de reconnaître les mêmes souverains & le même bailif : celui-ci y est juge criminel ; les affaires civiles sont décidées par un Podesta qu'elle élit, & qui doit être de la famille Orelli qui descend, dit-on, des anciens comtes de Clermont ; il est assisté de trois juges que nomme aussi la communauté ; on peut en appeller au bailif, puis aux cantons : le bourg est grand, peuplé, a de beaux bâtimens, autour sont douze villages ou hameaux. La communauté est du diocèse de Milan ; tout le reste du bailliage est de celui de Coire.

La *Riviere di Gambarogno* est située sur la rive orientale du lac : on y compte plusieurs villages, quatre sont au bord du lac : tous les deux ans elle choisit son Podesta, qui est le juge civil : les affaires criminelles

criminelles sont décidées par le baillif : la principale église est dans la commune de *Vira*.

Bailliage de Meynthal, ou de Val Maggia.

Il est environné par le duché de Milan, la vallée de Livinen, & le bailliage de Locarno : il a neuf à dix lieues de long, mais il est étroit, & serré par de hautes montagnes : son nom lui vient de la *Maggia* qui l'arrose, & que les Allemands appellent *Meyn*: elle se jette dans le lac Majeur ou de Lucarno: ce pays parvint aux Suisses dans le même tems que les bailliages précédens : il renferme 22 paroisses & environ 24000 habitans : les pâturages font sa richesse. Le baillif qui y siége deux ans, y est juge civil & criminel, & son autorité est absolue. Il réside à *Cevio*, bourg entre deux monts fort élevés, près de la Maggia qui donne aussi son nom à un bourg.

Bailliage de Mendris.

Il est situé entre les lacs de Côme & de Lugano, touche au duché de Milan dont il fit partie, a trois lieues de long sur deux de large, est fertile en vins, en grains, en fruits, & renferme 19 paroisses & environ 16000 habitans. Le baillif y siége deux ans, y est juge civil & criminel; mais on appelle de ses sentences aux députés des douze cantons: Les assesseurs n'ont que voix consultative : le pays prêta serment de fidélité en 1521 sous la reserve de ses droits & priviléges ; & en effet, on lui en a conservé quelques-uns : on le divise en deux *pieves* qui chacune élisent deux regens : chaque commune a aussi son consul. Ils veillent aux affaires œconomiques, sur la police, &c; mais ils rendent compte au baillif. *Mendris* ou *Mendrisio* est un grand bourg qui a trois couvens, & de belles maisons : c'est là que siége le baillif. *Balerna* a une église collégiale. Ce pays fait partie du diocèse de Coire.

Ces bailliages ne sont pas si fertiles que le duché de Milan, mais ils sont plus peuplés : les côteaux y sont la plupart couverts de vignes arrangées symétriquement sur des arbres, & entre lesquels le foin croît & prospere : les lacs & les rivieres y abondent en poissons : les habitans sont industrieux, sobres, actifs, bons commerçans; la forme du gouvernement y fait trop tolérer le crime ; c'est l'assemblée des députés des cantons qui juge les délits, & ces députés voyent plus d'avantage pour eux à consulter l'indulgence que la sévérité, parce qu'on paye la premiere, non la seconde.

Abbaye d'Engelberg.

Elle est située entre les cantons d'Uri & d'Unterwalden ; son fondateur fut Conrad, baron de Sellenburen ; il s'en fit lui-même frere laïs, & fut assassiné au service du couvent : le lieu où il fut fondé s'appellait auparavant *Hanenberg*; on le bâtit sur la fin du onzieme siécle : le pape Calixte II le prit sous sa protection immédiate en 1120 ; l'empereur Henri IV le déclara libre, & voulut qu'il ne reconnût de pouvoir que le sien : son premier abbé fut St. Adelhelme ; plusieurs de ses successeurs eurent aussi une grande réputation de sainteté. Cette abbaye est de l'ordre de St. Benoit ; ses richesses s'accrurent insensiblement ; l'abus de ces richesses la rendit pauvre ensuite : la sagesse & l'œconomie la rétablissent aujourd'hui : les cantons d'Uri, de Schwitz & d'Unterwalden sont ses protecteurs; elle est soumise pour lés affaires ecclésiastiques à l'évêque de Constance. L'abbé prend le titre de *seigneur de la seigneurie libre d'Engelberg*, & lorsqu'il en prend possession, il fait porter devant soi le glaive de l'empire. Il a la supériorité sur le couvent de religieuses de Sarnen, placé autrefois près de lui ; il exerce le droit de patronat en divers lieux, & y possède différens biens, censes & dixmes.

La vallée dans laquelle elle est située, est entourée de hautes montagnes, excepté là où la Souren s'est ouverte un passage qui la fait communiquer avec le canton d'Unterwalden ; elle s'étend dans un espace de quatre à cinq lieues de long, & s'élève insensiblement jusqu'à l'abbaye qui en occupe le lieu le plus élevé ; ses bornes sont dans des glaciers & des rochers inaccessibles : elle est riche en pâturages & en bestiaux ; elle abonde en chevreuils & en marmottes qu'on y mange. Parmi les monts qui l'environnent, on remarque le *Wallenstok*, le *Hennenberg*, sur-tout le *Tiflisberg* plus élevé que les autres & qu'on a cru long-tems être inaccessible : des hommes hardis sont parvenus, mais avec peine à son sommet, & en bravant mille dangers. Près du monastere est une espece de village ; par-tout ailleurs on ne voit que des maisons dispersées : la vallée est divisée en quatre parties qu'on nomme *Ober* & *Nieder-Berg*, *Mullbrunnen* & *Schwand* ; elle est curieuse pour l'amateur de l'histoire naturelle ; ses glaciers sont étendus & diversifiés : on y trouve du beau marbre noir à veines blanches, une terre vitriolique, une ardoise imprégnée de vitriol, des cryftaux à six facettes, du borax, de la craie noire, du lait de lune, une fontaine périodique appellée *Kaltbrunn*. On y compte 1500 habitans, vivant de laitage, & très-industrieux : ils vivent tranquilles sous un gouvernement doux & paternel. Le monastere est assez beau, l'église l'est davantage : on y trouve une bibliothéque assez nombreuse. *Grafenort* est une maison de campagne que l'abbé habite souvent.

ALLIÉS DES SUISSES.

Le bourg de Gersau.

C'est un petit état libre, situé entre Lucerne, Schwitz & le lac des quatre cantons : il est le plus ancien confédéré des Suisses, & était allié d'Uri, Schwitz & Unterwald en 1315 ; cette alliance fut confirmée en 1359, & Lucerne s'y joignit. Son territoire est à peine d'une lieue quarrée : il renferme des prairies & d'excellens pâturages dont les habitans louent une partie à des Zurickois, & de l'argent qu'ils en retirent, ils achetent du blé à Lucerne. Il fut donné en fief par la maison de Habsbourg à celle de Ramstein, & celle-ci la donna en arriere-fief à une famille de Lucerne : il s'est racheté en 1390, & l'empereur Sigismond en 1433 confirma son indépendance. Il renferme une partie du mont Rigi, orné de pâturages & d'arbres fruitiers : le torrent qui en descend ravage quelquefois ses bords. Le gouvernement y est démocratique ; un landamman en est le chef, & il est en charge deux ans ; sous lui sont un statthalter, un trésorier, un saultier, un sécretaire & quelques autres officiers, qui avec un conseil de neuf membres veillent aux affaires politiques & intérieures de la petite république. Ce conseil de neuf membres juge les affaires civiles ; on en appelle à ce conseil doublé & enfin triplé, tous présidés par le landamman : on peut encore appeller de leurs sentences à l'assemblée générale : on n'appelle pas à elle pour les jugemens criminels; le conseil des 27 juges les prononce sans appel. Toute la population de cet état peut monter à 1100 ames; en 1769 on y en comptait 1044, & l'assemblée générale à laquelle assiste tout habitant qui a l'âge de seize ans, ne passe pas le nombre de 300. Il doit aux cantons ses alliés un secours de cent hommes. C'est peut-être le peuple le plus heureux de la terre; les richesses ne peuvent corrompre ses magistrats, ni ses prêtres; son territoire est resserré, mais il sait le rendre fécond par son industrie, & il suffit à ses besoins; l'ambition ne le touche point; les dissentions de ses voisins n'étendent point sur lui leur influence; il n'excite pas l'envie; il n'a rien à craindre & jouit d'une paix profonde : ses Guersauviens sont en effet les hommes les plus tranquilles & les plus libres de l'Helvétie entiere.

Guersau ou *Gerschaur* est situé au bord du lac, au pied du mont Rigi; ses maisons sont simples & assez jolies, son église est sur la rive, sa situation est riante; le mont le garantit des vents du nord. A quelque distance est *Nieder-Guersau* petit village : des maisons dispersées, des cabanes champêtres ornent la perspective qu'offre son petit territoire.

L'abbaye de St. Gall.

C'est une riche abbaye de bénédictins, séparée d'abord par une haie, puis par un mur de la ville de ce nom, liée par des traités aux cantons de Zurich, Lucerne, Schwitz & Glaris, & par là regardée comme alliée du corps Helvétique : elle envoye un député à ses dietes, & il vote immédiatement après ceux d'Appenzell. St. Gallus, Ecossais ou Irlandais, un des premiers apôtres de l'Evan gile, y bâtit une cellule, y prêcha le christianisme, y rassembla quelques nouveaux convertis : les cellules se multiplierent, la dévotion du peuple, le travail des moines, la bénéficence des grands, celle de Sigebert, roi d'Austrasie, assurerent à ces pieux solitaires d'abord une subsistance aisée, puis des richesses. Vers l'an 720, elle prit une forme réguliere & devint une abbaye. Andomare ou Ottmayer en fut le premier abbé. Ses successeurs s'étendirent, acheterent les possessions des nobles oberés par la guerre ou par leur inconduite. Déja en 1204, ils possédaient un territoire étendu, & c'est alors qu'ils obtinrent le titre de princes de l'empire, & les décorations de la dignité épiscopale. La pesanteur des impôts, l'insolence de ceux qui les exigeaient, firent perdre à l'abbaye le canton d'Appenzell : la ville de St. Gall secoua son joug & devint indépendante; mais ces pertes furent compensées par l'achat du Tockenbourg : elle soutint, elle excita des guerres sanglantes sans perdre de son territoire, & se maintient encore aujourd'hui dans un état de splendeur. On compte 91800 sujets dans les terres qu'elle possède. On trouve dans l'enceinte du monastere l'église qui renferme les restes de St. Gall & de quelques-uns de ses successeurs, celle de St. Othmars, le palais qu'habite l'abbé, & les appartemens des moines qui en 1756 étaient au nombre de 55, sans compter 18 profès & 19 freres lais. Là est une bibliothéque riche en livres imprimés & en manuscrits : ceux-ci sont rares la plupart; on y en compte 1030, & beaucoup sont écrits sur du parchemin par la main des moines qui s'amusaient à copier & à peindre des évangiles, d'anciennes chroniques, quelquefois de bons auteurs anciens. C'est de là qu'on a tiré Petrone, Silius Italicus, Valerius Flaccus.

Autrefois la noblesse, les bourgeois de St. Gall, & les moines élisaient l'abbé : ceux-ci trouverent le moyen d'éloigner les profanes, & seuls ils élisent encore leur chef : il dépend immédiatement du pape, est prince de l'empire, mais n'envoye point aux diettes; il a paru dans les assemblées du cercle de Souabe; il ne s'y montre plus depuis long-tems, & ne fournit rien pour les dépenses de l'empire. Les quatre cantons qui sont les protecteurs de l'abbaye, nomment alternativement tous les deux ans un commandant ou capitaine du pays, qui a le rang des conseillers intimes, assiste aux audiences, perçoit la moitié des bamps pour les cantons, veille sur les immunités des peuples garanties par les cantons, siége à Wyl, & prend son rang après l'abbé, ou celui qui le représente. L'abbaye a ses offices héréditaires, un chambellan, un écuyer, un maréchal, un trésorier. L'évêque de Constance exerce sur l'ancienne seigneurie de l'abbaye & sur le Tockenbourg les droits épiscopaux; mais l'abbé y a par ses prérogatives accordées par le pape & par son concordat fait avec l'évêque en 1748, la disposition des bénéfices, le droit de visitation, la jurisdiction ecclésiastique en matiere civile & criminelle sur les curés, conventuels & chapelains de l'ancienne seigneurie, du Tockenbourg, comme dans ses tribunaux du Thurgaw & du Rhinthal : il fait exercer ces droits par un official qu'il nomme, & est composé d'un président & de quatre conseillers consistoriaux pris d'entre ses moines, de quelques assesseurs séculiers, & de quelques autres personnes : il recherche & termine toutes divisions & contestations spirituelles. Le conseil palatin de St. Gall est formé du doyen de l'abbaye qui préside, & du statthalter, du monastere de trois autres conventuels,

& de quelques séculiers : là se portent les appels des justices inférieures, & il décide souverainement : on peut cependant solliciter une revision auprès de l'abbé.

L'abbaye posséde la seigneurie de *Neu-Ravensberg* en Souabe & celle d'*Ebringen* en Brisgau ; elle a la basse justice & d'autres droits dans quelques lieux du comté de Bregentz ; nous avons parlé aussi de ce qu'elle posséde dans le Thourgau & le Rhinthal : il ne nous reste à décrire que son ancienne seigneurie & le Tockenbourg.

Ancienne seigneurie.

Le Rhinthal & le Bodensée la bornent au levant, Appenzell au midi, le Tockenbourg & le Thourgau au couchant qui la limite aussi au nord : de Wyl, à Rorschach, elle a neuf lieues de long, elle en a cinq de large : le terroir, la température de l'air y sont semblables à celles du Thourgau ; ses habitans sont catholiques, & au nombre d'environ 45000 hommes. Chaque fois qu'on a élu un abbé, ils sont assemblés à Lomenschweil, à Rorschach, à Gossau & Wyl, & ils y prêtent foi & hommage à leur nouveau prince, en présence des envoyés des cantons protecteurs, & il y jure aussi de maintenir les droits du pays & ses alliances avec les cantons. On divise cette seigneurie en divers bailliages dans lesquels des tribunaux inférieurs jugent les procès en premiere instance. Nous la diviserons en *Oberamt* & *Unteramt* ; dans le premier les appellations se portent au conseil palatin de St. Galles, & dans le second au conseil de Wyl.

Dans l'*Oberamt*, on trouve le bailliage de *Burg*, ou *Landeshofmeisteramt*, & ceux de *Rorschach* &

d'*Oberberg*. Le premier renferme le château de *Burg* où siége le baillif, huit paroisses, le couvent de *Notkersegg* habité par les Franciscains, & celui de *St. Weybrat* qui l'est par des bénédictines. Dans le second on compte deux châteaux, sept villages paroissiaux, & le bourg de *Roschach*, grand, bien bâti, situé à peu de distance du Bodensée : il a un gymnase, un beau port, de belles halles, un grand magasin de blés : ses environs sont très-beaux, très-fertiles, sa situation riante, ses marchés fréquentés, son commerce florissant : il consiste en toiles & indiennes comparables à celles de Hollande, en grains, fruits, vin, sel, bétail & viandes salées. Le baillif, qui est le pere statthalter, réside au couvent de *Mariaberg*, bâti à un quart de lieue de-là par un abbé de St. Gall : il est dans une belle situation, commande au bourg, a un beau verger, & de grandes caves bien remplies : plus haut est une vieille forteresse : près de là encore est un couvent de religieuses. Parmi les châteaux de ce district, nous remarquerons celui de *Wartensée*, fortifié, dit-on, par les Romains ; & parmi les paroisses, celle de *Grub*, qui touche aux frontieres d'Appenzell, & lui appartient en partie. Le bailliage d'*Oberberg* doit son nom à un château qui a été la résidence du baillif ; il renferme cinq jurisdictions inférieures : le siége de l'une est à *Gossau*, bourg peuplé, bien bâti, dont l'église est plus ancienne que l'abbaye de St. Gall même : le baillif y demeure, & étend son pouvoir sur la jurisdiction de *Sitterdorf*, comme celui de *Burg* dans celle de *Sommeri*, l'une & l'autre située dans le Thurgau.

Dans l'*Inter amt* sont renfermés la ville & le bailliage de *Wyl*. La ville est ancienne, mal bâtie, & fort peuplée : la plûpart de ses maisons sont de bois : elle a un avoyer, un petit & un grand conseil, & divers priviléges. Le palais de l'abbé y est vaste & magnifique ; son bailli y réside. Le capitaine du pays, nommé par les quatre cantons protecteurs, y réside aussi : là siége une cour des appellations dont le jugement est souverain ; l'abbé peut cependant ordonner encore une revision. Les conseils y jugent les affaires civiles ; les criminelles sont du ressort de l'abbaye. Près de la ville sont un couvent de capucins, & un de dominicaines.

Le bailliage est étendu & renferme plusieurs jurisdictions ; son chef doit être pris parmi les conseillers de la ville, qui perçoit le tiers des amendes.

Comté de Tockenbourg ou Toggenbourg.

Il est environné par le canton d'Appenzell, celui de Zurich, le Thourgau, l'ancienne seigneurie, le comté de Sargans, &c. Sa longueur peut être de douze lieues, sa plus grande largeur de cinq ; ses richesses, son climat, sont celles du canton d'Appenzell ; on y compte 45000 hommes dont les deux tiers sont réformés & le tiers catholique : ceux-ci dépendent pour le spirituel, dans la partie supérieure de l'évêque de Coire ; dans la partie basse de l'évêque de Constance. Il a eu autrefois ses comtes particuliers, dont le dernier donna à ses sujets le droit de faire des loix municipales, de choisir leurs magistrats, de faire une association entr'eux & avec les cantons de Schwitz & de Glaris pour se défendre. Ulrich VII, abbé de St. Gall, acheta ce pays en 1469 pour 14500 gouldes du Rhin, & en confirma les priviléges, que ses successeurs respecterent peu, & de là naquit la guerre de 1712 entre les cantons : tous les différends entre le pays & l'abbé furent terminés par un traité que firent en 1718, les cantons de Zurich & de Berne, & l'abbé. Ce dernier y a le titre de souverain du Tockembourg, les sujets lui doivent foi & hommage; mais leurs priviléges ne peuvent être ni changés, ni affaiblis. L'abbé y nomme un baillif qui préside au *conseil criminel* de la province, composé de 24 membres élus par les communes & dont la moitié doivent être catholiques; ce conseil prononce les sentences au nom du prince, & fait des loix & des ordonnances pour le bien du pays : il est convoqué par l'abbé & payé par lui. Les justices inférieures décident souverainement les causes civiles dont l'objet n'excède pas quinze florins : celles dont on appelle, sont portées à une cour formée de douze juges nés dans le Tockenbourg, & dont l'abbé nomme six, trois dans chaque culte. Il y a un *conseil de la province* formé de 60 membres, élus par les communautés, la moitié dans chaque religion, pour veiller à la conservation des droits du pays, porter ses plaintes au prince, & les soutenir si elles ne sont point écoutées; il régle les impôts, les dépenses militaires, & met les comptes en ordre : il peut s'assembler quand il le juge nécessaire; il suffit qu'il en avertisse le baillif un jour auparavant. Dans les affaires importantes, il convoque l'assemblée générale du peuple qui en décide ; lorsque nulle affaire n'exige sa convocation, il doit s'assembler cependant une fois tous les ans ; il reçoit le serment de fidélité des Tockenbourgeois âgés de quatorze ans & au-dessus. Il y a aussi un *conseil de guerre*, dont l'abbé nomme la moitié des membres & le président, & ses sujets l'autre moitié : il a le droit de lever des soldats & de diriger ce qui concerne le militaire. L'abbé nomme le *secrétaire de la province* & l'appari-

teur; mais l'un ne doit pas être de la même religion que l'autre, & tous deux font du pays : leurs fubftituts font d'un culte différent de celui qu'ils exercent, & nommés par le prince fur trois fujets élus par le confeil criminel : le droit de chaffe & de pêche appartient au premier, le droit de commerce à tous les habitans, & il eft illimité ; l'abbé ne peut établir de nouveaux impôts ni hauffer les anciens : il ne peut donner le droit d'habitant dans une communauté fi elle s'y oppofe, ni la naturalifation que la moitié des Tockenbourgeois affemblés pour prêter ferment de fidélité, n'y confente. L'exercice des deux religions y eft également autorifé, également libre.

Ce comté eft divifé en haut & bas : celui-ci eft fertile en grains & en fruits ; celle-là en prairies & en pâturages : il y a des montagnes dans l'une & l'autre partie, mais la fupérieure en a de plus élevées ; celles de l'inférieure ont une pente plus douce.

Dans la partie fupérieure on compte dix communautés & paroiffes, répandues dans le *Thour-Thal*, le *Neckerthal* & la ville de *Lichtenfteig*, capitale du comté, fituée au bord de la Thour, prefque au milieu du pays : c'eft là que réfide le bailif, & que s'affemblent les confeils. Elle a fon avoyer, fon confeil ; fes priviléges que le traité de Bade a confirmés : les deux cultes y font exercés ; ils ont le même nombre de citoyens dans les petits emplois, les cours de juftice, le confeil ; à un avoyer catholique en fuccéde un réformé, à un réformé fuccéde un catholique : les anciens comtes habitaient le château de *Neu-Tockenbourg* fitué fur une éminence voifine.

Dans le *Thour-Thal* eft *Wattweil*, paroiffe fur la Thour, dans une fituation agréable, près de laquelle se tiennent les assemblées générales, & où l'on voit le couvent de bénédictines de Ste. Marie des Anges. Non loin de là est le château d'*Uberg*, ancienne forteresse, bâtie en 1262. *Krummenau* est une paroisse considérable qui s'étend sur le village de *Sidwald*, près duquel, dans une prairie, est situé le monastere de *Neu-St. Jean* occupé par des moines de St. Gall. Le *vieux St. Jean* est une paroisse qui doit son nom à un couvent ancien qui fut incorporé à l'abbaye en 1555 : il fut fondé en 1150 & occupé par des bénédictins.

Le haut *Neckerthal* ne renferme qu'une grande communauté nommée *Peterzell*, où il y a un prieuré : sur ses limites on voit les ruines d'une antique forteresse.

Dans la province inférieure sont quatorze communautés. Celle de *Heifenschweil* est étendue & ses habitans sont réformés. *Lutisburg*, lieu important qui est défendu par un château, & est situé sur la Thour qui y a un pont, & un défilé qui sépare le haut Tockenbourg du bas. *Schwartzenbach* est un bourg qui fut une ville : on y voit un château. *Mogdenau*, paroisse voisine d'une forteresse ruinée : là est un monastere de bénédictines qui exerce la basse jurisdiction sur divers voisins. Les autres villages de cette province n'ont rien de remarquable.

Ville de St. Gall.

Elle est située entre deux montagnes, dans un vallon étroit & sterile, ouvert au levant & au couchant, & à deux lieues du lac de Constance : elle doit son origine à l'abbaye dont elle a dépendu long-tems : la terreur que répandaient les Huns la fit fermer de murs flanqués de tours & de fossés,

& ce font encore aujourd'hui fes uniques défenfes; le ruiffeau de Steinach fait tourner fes moulins; celui d'*Iren*, ou *d'Eau noire* qui defcend du mont Menzelen, remplit fes foffés. Ses habitans font réformés, & l'on en compte 8300 dans fon enceinte ou celle de fes fauxbourgs. Sa principale églife eft celle de St. Laurent : celle de St. Magnus ou Mangen, avec la chapelle de St. Leonard fervent encore au culte public : près de cette derniere eft une maifon d'orphelins. Son hôtel de ville, fon arfenal font de beaux édifices. De l'ancien cloître de Ste. Catherine, on forma en 1598 un gymnafe divifé en neuf claffes, auxquelles font attachés deux profeffeurs & neuf régens. Les citoyens ont une bibliothéque publique : l'hôpital a fon églife particuliere. A demi lieue de la ville, le Goldach a creufé un vallon étroit & profond fur lequel on a élevé en 1467, un pont d'une ftructure admirable : il eft long de 110 pieds, large de 14, & haut de 96.

Elle avait déja au treizieme fiécle fes droits & fes tribunaux particuliers : elle dut fa liberté aux empereurs & à fon courage : la réformation la rendit entiérement indépendante de l'abbé; elle fut peu de tems après le théatre du fanatifme des Anabatiftes; elle s'allia avec les cantons de Zurich, Berne, Lucerne, Schwitz, Zug & Glaris en 1454; elle s'eft accrue & enrichie par la décadence de Conftance fituée plus avantageufement qu'elle : depuis le douzieme fiécle, on y tiffe des toiles, & pour en faciliter la fabrication, le magiftrat y entretient huit blanchifferies avec des aqueducs & des moulins à foulon fur la Sittern. Elles font la richeffe & le reffort de ce petit état adminiftré avec fageffe, avec œconomie, où tout refpire la propreté que donne l'habitude du commerce. Les dépenfes publiques sont prises sur le produit de quelques droits d'entrée & de sortie, & sur une contribution annuelle payée par les citoyens. Son territoire est occupé par des jardins, des vergers & des prairies: elle tire ses denrées des pays voisins de la Suisse, & principalement de la Souabe: c'est dommage qu'on n'y puisse arriver que par des chemins qui en éloigneraient le commerce, si l'industrie ne l'y appellait avec force.

Son gouvernement est un mélange d'aristocratie & de démocratie. Les citoyens y sont divisés en six tribus, qui chacune choisissent trois présidens parmi les nobles ou commerçans qui les composent; ces présidens alternent dans leurs fonctions: douze d'entr'eux siégent dans le sénat avec neuf conseillers choisis indistinctement parmi les citoyens, & ces 21 conseillers joints à trois bourguemestres qui alternent aussi pour l'exercice de leur charge, forment le petit conseil. Celui-ci joint à onze citoyens qu'il choisit dans chacune des six tribus, forment le grand-conseil, ou conseil des 90; qui par la loi doit être convoqué cinq fois par an, & qui l'est toutes les fois que les affaires l'exigent. Tous les bourgeois qui ont passé l'âge de seize ans, sont assemblés eux-mêmes trois fois par an dans l'église de St. Corenz : ils élisent les bourguemestres; assemblés en tribus, ils choisissent leurs tribuns. Ses tribunaux sont celui des cinq : celui de la ville formé par l'*Amman* ou premier magistrat, deux Statthalters & 22 juges, & le consistoire : ils décident des affaires civiles ; le petit & le grand-conseil, présidés par les bourguemestres sont les juges criminels. Un conseil encore préside au militaire : la bourgeoisie y est partagée en neuf compagnies ou quartiers : chacune a son capitaine ; toutes obéissent au major de ville : il y en a une de canoniers, une de bombardiers, deux de grenadiers dont une sert à cheval, & trois détachemens de 200 hommes d'élite, toujours prêtes à marcher.

St. Gall possède dans le Thurgau la seigneurie de *Burglen*, & un hôpital dans la paroisse d'*Ammers-chweil*. Elle envoye un député à la diette.

Ville de Bienne ou Biel.

Cette ville est dans une plaine qu'arrose le Sutz, à cent pas de la rive orientale du lac de son nom, au pied d'un côteau couvert de vignes. L'évêque de Bâle en est souverain par le titre ; mais elle partage avec lui les attributs de la souveraineté, & en est indépendante pour le spirituel. Elle est alliée depuis 1279 avec Berne, depuis 1496 avec Fribourg, depuis 1382 avec Soleurre : sa situation est commode & entre deux rivieres dont l'une se jette dans le lac, & l'autre en sort ; un passage du mont Jura fort fréquenté, fait présumer qu'elle est ancienne ; les premieres maisons qu'on y éleva, occuperent la place où l'on voit aujourd'hui l'arsenal, l'hôtel de ville & la chancellerie : elle a eu ses seigneurs particuliers. Un traité fait à Buren en 1731 a fixé les droits réciproques de l'évêque & de l'abbaye. Ses habitans joints à ceux de son territoire, sont environ au nombre de 5500, ses 400 bourgeois tous réformés sont divisés en six tribus : chaque nouvel évêque reçoit l'hommage de la bourgeoisie & de la milice de la banlieue ; un maire qu'il choisit parmi les nobles ou les conseillers de la ville, préside dans les conseils, veille sur ses droits ; mais il lui jure aussi de maintenir les priviléges & les loix. Elle exerce la justice criminelle, fait des loix, forme

des

DE LA SUISSE. 577

des alliances, leve ou congédie des milices. Le maire peut convoquer le petit-conseil, mais il n'y délibere pas. Ce petit-conseil est de 24 membres ; le grand l'est de 40 : le premier est partagé en deux classes, & est juge civil en premiere instance, il décide sur les procès criminels, veille sur la police, nomme aux emplois civils, exerce le pouvoir militaire, a inspection sur les ecclésiastiques : ce sont les membres du grand-conseil qui élisent les siens : celui-ci juge sans appel les causes civiles, s'occupe de l'œconomie publique, donne des instructions aux députés qu'on envoye, & se fait rendre compte de leur gestion, fait des édits, aidé de douze membres du grand-conseil & de deux membres de chaque tribu ; élit le bourguemestre ; il élit seul les pasteurs & les régens. Le bourguemestre l'est ordinairement pour sa vie, mais on le réélit toutes les années. Le banneret fut le premier magistrat & n'est plus que le second : il garde une clef du trésor, & celle de l'arsenal, reçoit le serment des miliciens, est le protecteur des orphelins, il l'est du peuple qui le nomme sur deux sujets présentés par les conseils. Un conseil des anciens veille sur les finances, sur les tutelles, & discute les matieres qui doivent se porter dans le grand-conseil ; deux pasteurs, six juges présidés par un conseiller, décident les causes matrimoniales.

La ville n'a qu'une église ; c'est celle de St. Bénédict ; & l'on y prêche en allemand * : la plaine que la ville a au nord, est riche en vergers & en prairies : derriere elle est un vignoble abondant en vins fort médiocres ** elle tire du mont Jura des bois de

---

* On y a élevé aussi une église françoise.
** Busching dit en bons vins ; sur ce point, & nous l'avons dit ailleurs, il faut en croire les Suisses.

Tome VI, Oo

construction, les productions ordinaires des Alpes & un miel exquis. La Sutz lui ouvre la communication avec l'évéché de Bâle, & met en mouvement ses moulins, ses fabriques de fil de fer, diverses usines, & lui fournit des eaux pour fertiliser ses prairies. La Thiele qui sort du lac transporte ses marchandises dans l'Aar, & de là dans le Rhin : près d'elle sort du Jura une source d'eau vive qui remplit ses fontaines. On compte cinq villages dans son territoire : son vignoble a douze millions de pieds quarrés de surface. La ville posséde la seigneurie du *Val Saint Imer*, & celle d'*Illfingen* ; l'évêque cependant y envoye un baillif qui doit être protestant, & siége à Curtlari. Enfin sur la rive septentrionale du lac sont six villages dépendans de Berne, mais sur lesquels elle a des droits. Elle envoye un député à la dierte Helvétique.

LES TROIS LIGUES GRISES.

Le pays des Grisons touche à l'orient au Tyrol, au midi aux territoires de Venise & de Milan, au couchant aux bailliages d'Italie & au canton d'Uri, au nord à la principauté de Lichtenstein, aux comtés de Bludenz & de Sargans, au canton de Glaris. Sa plus grande longueur de Munster au mont Crispalt est de trente lieues ; sa plus grande largeur du mont de Morbegno, au comté de Bludenz est de 26 lieues. C'est un pays élevé & semé de montagnes ; il n'est pas même connu par-tout, & entre le Tyrol & les monts Rhétiques, & dans la contrée d'Avey, il est de grands districts entièrement ignorés. Ses petites plaines, ses vallons sont séparés par des gorges & des hauteurs que la neige couvre une grande partie de l'année : au midi ces vallons s'enfoncent dans les hautes Alpes qui se terminent à des rocs dépouillés, ou à des glaces inaccessibles : ces déserts occupent une grande surface, & c'est là que les principales rivieres du pays prennent leur source. Les plaines & les vallons rapportent toutes sortes de grains & de légumes ; ils rapportent même des fruits, du vin, & beaucoup de foin. Sur les monts d'une hauteur moyenne, sont de beaux pâturages, des champs d'orge & de seigle d'été, des châtaignes, & même des cerises. Sur les monts les plus élevés & les plus escarpés, on trouve d'excellens pâturages, & encore des fruits sauvages & sains. La richesse des habitans est dans leurs troupeaux de bêtes à cornes, de brebis, de chèvres & de porcs : c'est leur principale nourriture, c'est le principal objet de leur commerce. Les grains qu'ils recueillent ne fournissent aux besoins que d'une moitié des habitans, quoiqu'ils mangent peu de pain, & qu'il y soit presque un objet de luxe. Le service militaire étranger est une ressource pour les riches ; pour le pauvre, il en trouve encore dans quelques filatures de coton, dans la fabrique des toiles peintes ou de soie, dans celle des poëles, jattes & tasses travaillées autour d'une pierre refractere cendrée ou verdâtre, qu'on trouve dans le comté de la Chiavenne, & nommée *Lavezza*. Le transport des marchandises à dos de mulets pour l'Italie ou l'Allemagne font encore une ressource pour quelques paysans. Ils vendent des bestiaux, du beurre, du fromage ; ils ont peu de chevaux, & les meilleurs viennent de leurs voisins. On trouve dans ce pays beaucoup de gibier ; les animaux y ont été diminués par la chasse qu'on en fait. Les rivieres y donnent la lotte, la truite qui, lorsqu'elle est grosse, s'appelle ici Ilank, parce qu'on la trouve près d'Ilantz, & quelques brochets, toutes les autres espèces sont peu considérables : on trouve des mines çà & là, mais aucune n'est riche ; le sel dont on s'y sert vient du Tyrol. Elle a des sources minérales célebres & utiles : ses plus grands fleuves sont le *Rhin*, l'*Inn* & l'*Adda* & ils y naissent. La source du premier a été décrite ailleurs. L'*Inn* sort du mont Bernina dans la haute Engadine, & coule de cette vallée dans le Tyrol : elle ne prend ce nom qu'à sa sortie du lac de Lungni : jusqu'alors elle s'appelle *Aqua di Pila*. Près de Sils, elle forme le lac de *Siglio*, assez étendu, peuplé de truites excellentes, & annonçant la pluie par les nuages qui le couvre : plus bas, elle forme encore quatre lacs. L'*Adda* sort du mont Braulis dans la seigneurie de Worms, arrose la Valteline & se rend dans le Pô, après avoir traversé le lac de Côme. Parmi les fleuves moins considérables, on peut compter la *Lanquart*, l'*Albula* & le *Plessur* qui s'unissent au Rhin ; la *Mosa* qui prend ensuite le nom de *Calancasca* & se perd dans le Tesin ; la *Maira* qui se jette dans le lac de Chiavenne, le *Maller* qui se joint à l'Adda. Divers petits lacs se forment des sources & des ruisseaux qui découlent des monts.

L'allemand y est la langue dominante, & on l'employe dans les chancelleries ; une grande partie du peuple y parle un Italien corrompu, plus semblable encore au latin vulgaire & qu'on appelle *Ladinum*. On y parle aussi la langue Romance, sur-tout dans l'Engadine. On n'y compte que trois villes, & sa population peut être d'environ 250000 ames : les deux tiers sont réformés ; les deux cultes y sont également libres : les pasteurs réformés sont divisés en six colloques : chaque ligue a son doyen, &

chaque colloque son président. Le synode des trois ligues élit le doyen à la pluralité des voix, quelquefois par le sort, & ils exercent leur emploi aussi long-tems qu'ils vivent, à moins qu'ils ne s'en rendent indignes, ou en deviennent incapables. Ces trois ligues ont un collège à Coire, pour l'instruction de la jeunesse, & chacune d'elles y a un inspecteur séculier, perfectionné en 1763, huit maitres y enseignent les principes des langues mortes & les élémens des sciences. Il est la pepiniere du clergé protestant. Le clergé Romain est en grande partie soumis à l'évêché de Coire; il forme deux chapitres présidés par un doyen; les districts de *Misoxerthals* & de *Calankerthals* le font par des vicaires. Une autre partie des catholiques dépend de l'évêché de Côme.

Ce pays est une partie de l'ancienne Rhetie. Tite-Live conduit à croire que ses premiers habitans furent Toscans: sous les Romains, ils étaient renfermés dans la Vindelicie: leur nom *Grison*, vient dit-on, de la couleur de leurs habits anciens, ou de ce qu'ils ont voulu se distinguer des autres Rhetiens, comme étant les vieux & perpétuels habitans du pays: les Ostrogots les soumirent dans le cinquieme siécle; ils eurent des barons, des comtes, un régime féodal qui les opprimait; de l'excès du mal sortit le remede: les paysans s'unirent, sécouerent le joug & formerent trois ligues différentes. La *Ligue Caddée* ou de la *Maison-Dieu* est la plus ancienne; elle se forma vers l'an 1400. La *Ligue haute* ou *grise* ne le fut qu'en 1424, & celle des *dix droitures* en 1436: les deux premieres s'unirent en 1425; les trois le furent en 1471 à Fatzerol. Ses traités d'union ont été confirmés en 1544 & 1712. Elles s'engagent réciproquement à ne faire aucune nouvelle alliance, aucune guerre, ni traité de paix que d'un commun accord ; de se secourir à leurs propres frais, de posséder en commun leurs conquêtes sur l'ennemi : ils reglent la maniere de terminer les différends entre les communes particulieres ou entre les ligues : si deux d'entre ces dernieres ont des contestations, la troisieme doit les juger : elles se garantissent leurs priviléges, fixent les taxes & les collectes, &c. A la réformation qui fut embrassée par le plus grand nombre, parce qu'elle les délivrait du joug épiscopal, ils reglerent que l'évêque de Coire ne nommerait plus les juges comme il l'avait fait jusqu'alors, que chaque communauté élirait ses magistrats & ses justiciers à la pluralité des voix, & choisirait son pasteur ; que les officiers, les fermiers de l'évêque seraient exclus des diettes ; on regla l'administration des biens des monasteres réformés qui ne purent plus se peupler ; leurs anciens habitans eurent des pensions viageres. Chaque commune eut dans son district, le droit du cours d'eau, de la pêche, de la chasse : les poids, les mesures furent uniformes ; l'évêque ou son conseil ne fut plus juge suprême des causes civiles, on n'en appella plus à lui, & son élection n'est plus valable que lorsque les ligues *Grise* & *Caddée* y ont donné leur agrément.

Ainsi la guerre, la paix, les alliances, l'envoi des députés, les loix rélatives à l'union, à la constitution nationale ne sont soumises qu'à la décision de la pluralité des communautés des ligues : mais l'intérêt œconomique de chaque commune & sa police particuliere ne sont reglés que par elles-mêmes.

Chaque ligue est divisée en grandes jurisdictions, appellées *Hautes-Justices*, (*Hochgerichts*), & chaque haute-justice en justices ou communes (*Gerichte*) : nous supprimons les divers autres noms qu'on leur donne. Chaque commune se donne un chef ou *Amman*, & une douzaine de juges pour décider les causes civiles, & juger des délits légers. Chaque jurisdiction ou hocgericht a un chef nommé *Landamman*, chargé de veiller sur l'œconomie & les intérêts particuliers de son district : il préside aux jugemens des causes civiles importantes ; en plusieurs communautés il préside aux causes criminelles & fiscales ; dans quelques-unes, c'est un *Podesta* qui remplit cette commission. Tous ces emplois sont soumis à une confirmation annuelle de la communauté. Les décisions de communautés particulieres sont appellées *Mehren* ; elles doivent être confirmées par les dietes. Lorsqu'il s'éleve quelques difficultés entre deux communautés, la plus voisine en est l'arbitre ; si elle ne peut les terminer, on les porte à la diette de la ligue.

La *Ligue Grise* jouit à la diette de 28 suffrages ; la *Caddée* en a 23, & celle des dix Droitures en a quinze. Chaque ligue a son chef, nommé dans la premiere *Landrichter*, dans la seconde, *Président*, dans la troisieme *Landamman*. Chaque chef a son suffrage. Les diettes sont de trois espèces : l'ordinaire appellée *Bunds-Tag* se tient une fois par an ; le tems en est fixé par les chefs des trois ligues ; c'est ordinairement dans le mois de Juin ou de Juillet, souvent dans celui d'Auguste : elles s'assemblent alternativement dans le chef-lieu de chaque ligue ; le chef de la ligue où elle se tient en est le président : chaque communauté y députe deux représentans, quelquefois trois ou quatre, munis d'instructions écrites par leurs constituans & le résultat se décide à la pluralité des suffrages : les affaires étrangeres, les revenus communs, l'hommage des sujets qui se prête tous les deux ans, les dernieres appellations sont les sujets ordinaires qu'on y traite. L'assemblée dure deux ou trois semaines ; elle laisse en se dissolvant un comité, composé des trois chefs, & de deux députés de chaque ligue pour en rédiger les actes : il expédie les conclusions sur les objets terminés, & annonce ceux qui doivent être en délibération dans l'assemblée suivante, & le chancelier de chaque ligue en envoye des copies à chaque communauté qui a droit de députation. La diette extraordinaire s'appelle *Beytage* : Coire est le lieu où elle s'assemble, & celui où se gardent les archives de la confédération : le chef de la ligue Caddée en est toujours le président, & cette ligue met son sceau à tous ses actes : chaque communauté n'y envoye qu'un député : dans des cas imprevus, ou pour des affaires secretes, les trois chefs composent seuls la session. C'est ce qu'on appelle le *Congrès*. Les lettres que les souverains envoyent à la confédération sont ouvertes par le président de la Caddée qui les communique aux deux autres : celles qui s'adressent à une ligue particuliere le sont par son chef, & communiquées aux autres par lui.

Tous les habitans en état de porter les armes composent la milice de ces ligues : celle de chaque ligue a son chef & ses officiers particuliers ; elle est partagée en trois divisions : la premiere est composée de la jeunesse & de volontaires, c'est la partie de cette milice la plus redoutable : la seconde l'est des hommes d'environ 25 à 40 ans, la troisieme des hommes plus âgés qui ne marchent que dans les grands dangers, & avec les bannieres des trois ligues : c'est en quelque sorte l'*arriere ban* des Grisons. Cette milice est plus courageuse que bien exercée. En y comprenant celle des sujets, on la fait monter à 50000 hommes. Les rochers, les gorges étroites y servent de forteresses. Tout le produit des impôts monte à * 15500 florins, & ne vient que des péages des pays sujets ; il s'applique aux dépenses publiques indispensables : ce que rapportent quelques offices publics dans la Valteline, quelques petits domaines dans le comté de Chiavenne, servent à défrayer les députés qu'on envoye dans ces provinces, ou à salarier quelques employés des ligues. Des revenus si minimes annoncent que ce pays n'est pas orné de beaux ouvrages publics, de grands chemins, de magasins de blés, qui y sont cependant nécessaires.

Les ligues Grise & Caddée sont alliées des six cantons Suisses, Zurich, Lucerne, Uri, Schwitz, Underwalden & Glaris : celle des dix Droitures est comprise dans le titre de bons voisins & alliés des 3 ligues. Elles se sont alliées encore avec diverses puissances étrangeres, comme Venise, le pape, Milan & la France : elles le furent du Valais en 1600, de Berne en 1602, & elles firent en 1707 une alliance perpétuelle avec Zurich. Elles ont tenté en 1567 & au commencement de ce siecle d'entrer dans la confédération Helvétique, & n'y ont pas réussi : dans le traité de Westphalie, ils sont compris sous le nom d'alliés de la Suisse, & jouissent par leurs traités des droits accordés par la France à cette nation. Elles entretiennent deux régimens, l'un au service de la France, l'autre au service de la Hollande, un bataillon pour le roi de Sardaigne, & quelques compagnies de gardes à Versailles & à Naples.

Ces trois ligues conquirent en 1512 la Valteline

---

* Busching dit 13500 fl.

& les comtés de Chiavenne & de Bormio; ils leur furent enlevés en 1621 & rendus en 1637. Elles possèdent encore la seigneurie de Meyenfeld depuis 1509, & ont acheté les droits de basse justice sur Malans & Jennins. Les baillifs envoyés pour deux ans dans ces différens lieux le sont alternativement par chacune des trois ligues, de maniere que dans la ligue haute, la nomination à ces divers emplois a été exercée successivement dans l'espace de 48 ans, & dans la ligue des 10 jurisdictions celui de 42. On ne suit pas le même ordre dans la Caddée; une division arbitraire qu'on nomme *Comparten* fait que chaque *Hochgericht* ne jouit pas également de cette prérogative, mais qu'elle est donnée à quelques-uns exclusivement. Les baillifs prêtent serment dans les assemblées générales & le reçoivent des sujets. Tous les deux ans les trois ligues députent un président & neuf syndics dans chaque bailliage, pour mettre en possession les nouveaux chefs du pays & les vicaires, revoir les comptes, recevoir les plaintes des sujets, & juger en dernier ressort : on peut cependant appeler de leurs sentences à l'assemblée des trois ligues.

Parcourons successivement le pays des trois ligues & de leurs sujets communs.

I. *Ligue haute ou grise.*

Elle occupe la partie occidentale du pays; elle confine aux deux autres, au duché de Milan, aux bailliages d'Italie, & aux cantons d'Uri & de Glaris. De hautes montagnes, les trois sources du Rhin sont dans son enceinte, & l'on y remarque le mont *Adula* ou *Crispalt*, le *Luckmanier*, le *St. Bernhardin* d'où elles sortent : le premier est lié au St. Gotthard; les seconds ont divers sommets comme le *Vogel*, en latin *Avicula*, en Italien *monte de Ucello*. On y trouve des glaciers.

Elle est divisée en huit grandes jurisdictions ou hochgerichts, partagées en petites communes. Un *Landrichter* en est le chef: on lui donne le titre d'*Excellence*; il est élu tous les ans par la diette particuliere de la ligue assemblée à Truns; l'élection se fait sur 3 sujets que présente la premiere année l'abbaye de Disentis, le *Cau de Sax* ou de *Sacco* la seconde, & dans la troisieme par le seigneur de *Ratzuns* dépendant de la maison d'Autriche. Le *Cau de Sax* est le chef des jurisdictions de Grub, Ilanz, Lugnels & Flimbs qui formerent autrefois l'ancienne seigneurie de *Sax* ou *Mosax* : il est élu tous les ans par ces diverses communautés; deux ans de suite par celles de Grub & Ilanz, celle de Lugnetz l'élit aussi de même pendant deux ans; mais celle de Flimbs ne l'élit qu'un an : on lui donne le titre de *Votre grace*.

Cette ligue a 28 voix dans l'assemblée générale, comme nous l'avons dit : les députés de *Disentis*, celui de *Lugnetz*, celui de *Grab* ont deux voix chacun : *Fleimbs*, *Waltenspurg*, *Vebersax*, *Laax*, *Tusis*, *Heinzenberg*, *Trins* ou *Tamis*, *Schowis*, *Vals*, *Saffien*, *Tschappina*, *Tenna*, *Misox*, *Ruffle*, *Calanka*, ne donnent à leurs députés chacun qu'une voix : *Rœzuns*, *Schams*, *Rheinwald*, leur en donnent deux, & le chef de la ligue a aussi sa voix. On divise cette ligue en haute & basse, ou en obden-walde & unter-dem-walde.

Hochgericht de Grub, Schlowis & Tenna.

Il est situé dans l'*Ob-dem-walde*.

Grub, *Fovea*, est une communauté qui prend son nom d'une plaine circulaire & creuse; elle est étendue & renferme huit communes inférieures, & une demie encore : leur landamman élu chaque année dans une assemblée générale, se prend alternativement dans chacune d'elles : elles élifent chacune deux juges, qui joints à leur chef, à leur tréforier, leur fécretaire, &c. jugent les caufes civiles & criminelles. Elle eut des feigneurs particuliers qui la vendirent à l'évêque de Coire, duquel les habitans fe font rachetés en 1538. Dans la commune de *Vallendas*, on parle allemand : le roman eft la langue commune des autres.

Ilanz, *Ilantium* ou *Antium* en eft le chef-lieu, & celui de toute la ligue : c'eft une petite ville ou un bourg ceint de murs, fitué au pied de la montagne de Mundaun, entre le Glenner & le bas Rhin qui fe réuniffent un peu plus bas. Tous les trois ans les dietes ordinaires s'y affemblent, ainfi que les confeils du Hochgericht : il a un tribunal particulier pour juger les caufes civiles, dont on appelle à celui de la jurifdiction : fes habitans font proteftans : autour de lui font les ruines de trois châteaux.

Vallendas, commune qui a un tribunal particulier duquel on appelle à celui du pays. Il a près de lui une fource d'eaux bitumineufes. *Caftris* eft une commune où il y a beaucoup de goûtreux : il donne fon nom à une montagne d'où fortent différentes fources d'une eau graffe & huileufe. Celles de *Rigein*, de *Ladur* & *Schnaus* font réformées, celles de *Kufchein*, & de *Falera* catholiques. *Sagens* eft mixte.

La communauté de *Schlowis* eft voifine d'*Ilanz*, le château de *Lowenberg* en eft voifin, & fes poffeffeurs y exercent différens droits. Celle de *Tenna* eft fur une montagne dans un enfoncement étroit & fauvage : elle dépend du feigneur de Rœtzuns.

Hochgericht de Difentis.

Situé dans l'*Os-dem-walde*, elle eft arrofée par le

Rhin, s'étend l'espace de huit lieues, est montueuse & fertile : ses habitans sont catholiques & parlent le Roman. Un grand conseil de 40 membres, présidé par le landrichter, y juge les causes criminelles : un petit conseil de quinze personnes y décide les causes civiles.

L'abbé de Disentis y eut des droits dont les habitans se sont rachetés ; il a encore séance & voix dans le petit conseil & dans l'assemblée générale du Hochgericht : on le divise en quatre jurisdictions.

Disentis, *Dissertinum*, abbaye de bénédictins fondée dans le septieme siecle, richement dotée par les empereurs, & dont le chef a le titre de prince de l'empire. Le monastere a le droit de veiller sur la police, celui de battre monnaie, celui de patronat sur plusieurs églises, le partage des amendes &c : les moines élisent l'abbé. Disentis est aussi un bourg où se tient l'assemblée du pays, près du bas Rhin, qui non loin de là, reçoit le Rhin du milieu. La jurisdiction de son nom renferme encore six communes.

Tavetscher-Thal, jurisdiction qui prend son nom d'un village au bord du bas Rhin, ancienne habitation des *Artuatii* : plus bas est la paroisse S. Giocomo. *Gimunt*, nommée communément *Cima del mont*, est située sur le sommet d'une haute montagne d'où sort le bas Rhin, ou le Rhin antérieur. Cette vallée est riche en cristaux.

Brigel, jurisdiction dans la vallée de Tavetsch : elle renferme six villages dont l'un donne son nom à la vallée de *Medel*, arrosée par le Rhin du milieu qui sort du mont St. Bernabé, ou Luckmanier. Au-dessous de celui de *Curallya*, cette branche du fleuve coule avec un fracas effrayant dans un lit très-profond. La vallée de *Medel* rapporte quelques fruits, du seigle & de l'orge.

Sumvix, jurifdiction qui s'étend jufqu'aux frontieres de Glaris : près du village de ce nom eft une chaine de monts couverts de bois, riches en minéraux : on y trouve de l'argent, du cuivre, même de l'or : on en trouve auffi à *Rinckenberg*. Le village de *Fruns* eft le lieu où s'affemble les députés de la ligue Grife, où l'on élit fon chef, où fe tient la cour de juftice, où fe portent les appels des juftices particulieres.

Hochgericht de Waltenfpurg.

Il eft fitué dans l'*ob dem Walde*, le long du bas Rhin, & prend fon nom d'un vieux château. Il eft formé de trois jurifdictions qui chacune ont une voix dans les affemblées, & ont leur part des bailliages & des revenus.

Waltenfpurg, jurifdiction formée de fix communes : fes habitans font réformés & parlent le Romand ; l'abbé de Difentis en était feigneur : fa cour de juftice formée par 25 juges, eft préfidée par un chef élu par le peuple fur quatre perfonnes préfentées par l'abbé : fes environs font fertiles en grains : au-deffous du village, dans le mont *Vepeffio* eft une fource d'une froideur glaçante : on y baigne les maniaques : l'églife de *Panix* attire beaucoup de pélerins.

Laax, jurifdiction dont les habitans fe racheterent de leurs feigneurs en 1424 ; on l'appellait déja la *commune des libres*, ce qui prouve qu'ils n'étaient pas ferfs : il eft fur la rive gauche du Rhin antérieur ; fur la droite eft *Sittis* ou *Siviein* commune qui fit partie d'un comté.

Uberfax, jurifdiction fertile en pâturage, dont les habitans font catholiques & parlent un mauvais allemand : le village eft fur un mont élevé.

Hochgericht de Flims.

Il est dans l'Ob dem Valde, est étendu & curieux par ses productions naturelles. Là est le *Flimserberg* divisé en inférieur & supérieur: la premiere est au midi & est escarpée ; la seconde est plus escarpée encore ; cette derniere éleve un sommet percé par lequel le village d'*Elm* dans le canton de Glaris, voit le soleil le trois de Mars & le jour de la St. Michel : on l'appelle *trou de Martin*. Le Hochgericht se partage en quatre jurisdictions.

Flims, *Flimium*, jurisdiction considérable, arrosée par un grand nombre de ruisseaux ; & c'est de là que vient son nom : telle est leur abondance qu'ils formeraient une grande riviere, s'ils se réunissaient : il y a treize sources dans le seul village de Flims : quelques-unes sont périodiques, toutes sont très-froides, également pesantes, mais plus ou moins saines : on dit qu'elles rendent grisons & chauves les habitans des lieux qui s'en servent. On regarde l'Oberalp qui s'éleve derriere le village, comme l'alembic qui distille ces eaux & qui les éleve du sein de la terre : là encore est une fabrique d'acier dont le mineral se prend au mont de Gunzen. Les habitans sont protestans & se racheterent en 1538 des évêques de Coire.

Frims ou *Hohentrims*, *Trimontium*, jurisdiction qui se racheta en 1610 de la maison de Schauenstein pour 7000 écus : elle avait des seigneurs depuis Charles-Martel.

Tamins, jurisdiction sujette encore, qui renferme la seigneurie de Reichenau : elle est peu considérable : on y remarque un pont de bois singulier construit par un paysan d'Appenzell. Là se réunissent le Rhin antérieur & celui du milieu.

Rœtzuns, *Rhetia ima*, seigneurie assez étendue, qui appartient à la maison d'Autriche qui y envoye un administrateur, recueille des dixmes, perçoit les amendes, présente trois personnes dans lesquelles la ligue choisit son chef, & élit un amman sur trois habitans qu'on lui indique. *Rhœtzuns* est situé à l'extremité d'une vallée ; c'est une des plus anciennes habitations des Grisons ; on y voit une source d'eaux acidules. *Bonadux* près du confluent des deux Rhins. *Embs*, *Amades*, commune considérable qui s'est rachetée des dixmes. *Feldsperg*, *Fagonium*, est la seule commune protestante de cette seigneurie & la seule où l'on parle Allemand.

Hochgericht de Heinzenberg, *Tusis*, &c.

Il est dans l'*unter dem Valde*, dans la partie de la vallée de *Domlefchg* ou *Tomiliasca* qui est sur la rive gauche du Rhin & renferme quatre jurisdictions.

Heinzenberg, *Montagnia* en langue du pays, jurisdiction qui renferme six grands villages ou communes situées à un quart de lieue l'un de l'autre sur la montagne de Heinzenberg, la plus belle, la plus fertile des Grisons, couverte de champs, de prés, de petits lacs, de petites forêts, longue de trois lieues, qu'on ne peut monter qu'en deux heures. On y remarque le lac de Paschol qui fait entendre un grand bruit à l'approche des tempêtes : il est voisin de la commune de *Flevdan*. Les habitans se rachetèrent en 1709 de l'évêque de Coire.

Tusis, *Tuscia*, bourg sur la rive gauche du haut Rhin, que les anciens Toscans ont bâti, & qui est l'entrepôt des marchandises que les pays voisins envoyent en Italie : c'est là que la Nolla qui sépare le Domlefchg de la vallée de Schams, tombe dans le Rhin. Ses habitans sont protestans & se racheterent

rent de l'évêque en 1709. *Mazein* est dans le Hein-zenberg. *Kasis* est au-dessous & a un couvent de dominicaines fondé dans le huitieme siécle, retabli en partie l'année 1666 : une prieure y régit ses sœurs : les habitans sont catholiques & parlent le Romand.

Saffien, jurisdiction peu étendue qu'on nomme aussi *Stussau* : c'est une vallée élevée qu'arrose le ruisseau de Saffier : les habitans n'ont point de seigneurs depuis le dix-septieme siécle : ils sont réformés & parlent allemand.

Cepina ou *Tchappina* est dans un vallon sauvage & solitaire ; la jurisdiction est composée de hameaux & de maisons dispersées dans les montagnes : ses habitans se sont rachetés de l'évêque en 1709 ; ils sont réformés & parlent allemand.

Hochgericht de Schamser & de Rhinwald.

Situé dans l'*unter dem Walde*, il est formé de deux jurisdictions.

La vallée de Schams est longue, fertile, agréable, & tire son nom des six petites rivieres qui l'arrosent ou du mot *Sassam*, rocher : ces rivieres sont poissonneuses : on y trouve des mines d'argent autrefois très-riches, des mines de fer, de cuivre, de plomb & d'antimoine qui égale celui de Hongrie : on ne les exploite point. Le haut Rhin y a creusé son lit de plus de cent pieds. Le chemin qui y conduit est dans un fond étroit, entre deux rochers, long d'une lieue, taillé dans le roc, continué avec des poutres où le roc manque, miné au-dessous par le Rhin. Sur le mont *Arose* est le lac *Calendari*, petit, très-profond & sans issue : il annonce l'orage par un tourbillon d'eau qui se fait entendre au loin, il y a des sources minérales à *Ander* & à *Farnera*. Cette jurisdiction se divise en quatre Droitures qui renferment neuf villages. Ses habitans sont réformés & parlent allemand.

Le *Rhinwald* est une vallée de huit lieues de long, partagée en haute & basse par la commune d'*Ebi* où l'assemblée du pays se convoque : son nom vient du haut Rhin qui l'arrose & y naît de plusieurs ruisseaux qui sortent d'un glacier du *Vogelberg* long de deux lieues ; il se termine vers un lieu sauvage nommé Paradis. Les montagnes qui bornent le Rhinwald sont incultes & escarpées : & lorsque la chaleur a brulé les pâturages d'Italie, on conduit les troupeaux sur ces monts, & ils s'y engraissent : ils sont gardés par des bergers bergamasques qui vivent d'une bouillie de farine, de miel, & couchent dans des rochers couverts de feuillages secs ; du foin fait leur matelas, un tronçon de bois leur oreiller, des guenilles leur couverture. Ces pâturages rapportent, dit-on, 900 mille livres de France : les habitans se racheterent en 1634 de la maison de Trivulce ; ils sont réformés & parlent un allemand corrompu qu'on nomme *Lepontin*, du nom des premiers habitans de ces contrées. *Splugen*, *Speluga*, est un bourg de 200 feux sur le haut Rhin : ses maisons sont bien bâties, ses habitans aisés, & son territoire n'est qu'une prairie au pied du Splugelberg ; mais il est l'entrepôt des marchandises qui passent en Italie, & ceux qui y vivent, les transportent dans le comté de Chiavenne avec leurs chevaux : ce transport est la source de leur aisance. Au sommet du mont est une plaine de deux lieues, partagée en prairies riantes, & où est une hôtellerie. *Nuffenen*, *Novena* & *Kinternnhin* sont encore des villages considérables : ce dernier est aussi un entrepôt de commerce.

Hochgericht de Lugnetz.

Dans *Vunter-dem-walde*, c'est un pays sauvage où l'on cultive cependant le seigle & l'orge. *Lugnetz* s'appelle en langue du pays *Longanizza*, en latin *Vallis Lehuntina*. *Villa* en est le principal village : on y en compte sept autres encore : près de celui de *Lumbelsbaiden* est un bain d'eau acidule qui guérit de la fievre : il en est quelques autres encore. *Vals*, ou *Val de St. Pierre* est un vallon uni à ce Hochgericht, & où l'on trouve des eaux minérales. Les habitans sont catholiques & parlent le romand.

Hochgericht de Misax ou Misox.

Son nom latin est Vallis Mesaucina. Celui du pays est *Valle di Misocco* ; c'est une double vallée qui occupe toute la partie méridionale de la Ligue grise, & est partagée en haut & bas vicariat, divisée en *squadra* qui chacun renferme diverses communes : ce pays n'est fertile qu'en pâturages : ses habitans sont catholiques, & se racheterent en 1549 des droits qu'avait sur eux la maison de Trivulce, qui prend encore le titre de prince de Misocco. Le premier *squadra* est terminé par le mont St. Bernhardin, & arrosé par la Mous. On y compte sept communes ; sur le mont sont quelques maisons dispersées, & une chapelle, près de laquelle, dans une prairie, est une eau acidule d'un goût très-fort que le lieu ne permet d'y aller boire, mais qu'on transporte dans les pays voisins à cause de ses bons effets. Près de la commune de *Cremé* ou *Cremeto* était l'ancien château des comtes de Misox, situé dans l'endroit le plus étroit de la vallée, sur une colline élevée & presque inaccessible : ses murs ont neuf à dix pieds d'épaisseur, & étaient flanqués de fortes tours. Le second *squadra* renferme aussi sept communes : c'est dans celle de *Lostalla* que se font les assemblées générales ou Hochgerichts. Le troisieme en renferme neuf : dans celle de *St. Victor* est un couvent sur lequel un prévôt préside : & dans *Rogeredo* était un palais des comtes. Le quatrieme forme la vallée de *Kalanker* : ceux à qui l'on donne ce nom habitent cette vallée & celle de *St. Jaques* : ce sont des hommes misérables qui voyagent par bandes, sont sales & laids, vendent des corbeilles, de la poix, de la ferraille, du savon, des pierres à aiguiser, &c. s'occupent aux plus vils emplois ; les femmes & les enfans mandient. Le *Calankerthal* renferme sept à huit communes, est arrosée par le torrent de Calancasca ; pauvre en général, rude, montueuse, elle a des endroits fertiles, & on y recueille des fruits & du vin. On y a vu s'élever une dissention violente pour savoir qui d'un capucin ou d'un simple prêtre devait y dire la messe : elle dura deux ans, & il y eut du sang répandu & des morts.

II. *Ligue de la Caddée* ou *Maison-Dieu*.

L'évêché de Coire lui donna sans doute son nom, & on l'appelle en latin *Fœdus cathedrale*. Elle a au couchant le comté de Chiavenne, la Ligue-grise, le comté de Sargans, une partie de la Ligue des dix jurisdictions ; au nord cette Ligue encore & le comté de Tyrol qui la confine aussi à l'orient, au midi la Valteline & le comté de Bormio. Entre ses plus hautes montagnes est le mont *Jules* dont le *Melojen* & le *Septmerberg* font partie. Sur sa cime la plus élevée & la plus facile, des deux côtés du chemin, sont deux colonnes rondes, de cinq pieds deux pouces de tour, faites d'un seul bloc de rocher. Le *Berlinger*, *Bernina*, *Pyrenœus mons*, est couvert d'une glace éternelle. Là cependant est un passage fréquenté pour l'Engadine & la Valteline.

Cette Ligue est divisée en dix Hochgerichts & demi. Son chef était autrefois le Bourguemestre de Coire : mais après de grands débats, au commencement de ce siecle il fut réglé, par la médiation de Zurich & Berne, qu'à la pluralité des voix la ligue choisirait deux personnes entre les quinze sénateurs de la ville, & que le sort déciderait entr'eux lequel serait *président*. Son assemblée générale se tient dans le même lieu, dans le même temps que celle des trois ligues; elle a 23 voix, son président jouit d'une, la ville de *Coire*, *Oberhalbstein* & *Tiefenkasten*, l'*Ober-Engadine*, les quatre *villages*, *Pusclau*, en ont chacun deux, *Pregel ob porta*, *Furstenau*, *Otenstein*, *Bergun*, *Obervass*, *Unter-Engadine ob val Tasna*, *Unter-val-Tasna*, *Remus* & *Schlins*, *Stalla* & *Marmels*, ou *Bivio* & *Marmorera*, *Avers*, & *Munsterstbal* chacun une.

Hochgericht de Coire.

Coire, en allemand *Chur*, en latin *Curiæ Rhetorum*, est la capitale de cette ligue, & celle des trois ligues, la Plassur l'arrose, nettaie ses rues, fait tourner ses moulins, & se jette dans le Rhin à demi-lieue au-dessous de la ville. Elle est au pied de deux montagnes qui s'élevent l'une au levant, l'autre au couchant; au nord & au sud sont des champs, des jardins, des vignobles, de belles prairies; partagée en deux parties inégales, la plus petite & la plus élevée renferme le palais de l'évêque, l'église cathédrale, le cloître des capucins, les maisons des chanoines, quelques autres maisons entourées de murs & de tours, tous fes habitans font catholiques : l'autre partie bien plus étendue n'eft peuplée que de réformés, & a fon gouvernement, fes loix particulieres ; on y voit deux églifes, dont une eft décorée d'orgues : une troifieme églife fert à prononcer des éloges funebres ; nous avons parlé de fon *collége philofophique*, elle a encore une école latine divifée en trois claffes. Dans fa maifon de ville eft la chancellerie & les archives communes des trois ligues : on y voit auffi les halles où les marchands dépofent leurs marchandifes. Sur le *Klofterplaffe* eft l'arfenal où eft renfermé l'artillerie de la Confédération & celle de la ville, & le magafin à blé où fe tient un marché de grains toutes les femaines. Ses deux plus beaux édifices font l'hôtel de *Salis*, orné d'un jardin fuperbe, & celui de *Schwartz* conftruit à l'italienne. Le pouvoir fuprême réfide dans la bourgeoifie partagée en cinq tribus, le confeil s'affemble quand il s'agit de délibérer fur les affaires d'Etat, pour favoir l'avis de chaque tribu : la pluralité des voix décide dans chacune d'elles, & l'opinion approuvée de trois, eft cenfée l'être des cinq. Le grand confeil eft formé de 70 perfonnes, que la bourgeoifie élit chaque année, & dans chaque tribu : ce grand confeil élit le petit confeil compofé de 20 membres, qui font l'ancien & le bourgmeiftre en exercice, l'ancien & nouveau baillif de la ville, le juge préfet, le *Stadfamman*, l'*Oberzunfmeifter* regardé comme le chef de la bourgeoifie, & le gardien de fes droits ; & fept autres confeillers auxquels font joints les tribuns élus par chaque tribu, & parmi lefquels on élit l'*Oberzunfmeifter*. Le bourguemeiftre eft élu tous les deux ans par le grand confeil. Le petit conseil joint aux deux pasteurs forme le consistoire. Le tribunal criminel est formé par quinze sénateurs & quinze membres du grand conseil présidés par le baillif de la ville ; le juge préside le tribunal civil, composé de quinze membres. Les baillifs veillent sur l'économie politique.

Cette ville est ancienne & est mal bâtie, son origine est obscure ; on croit que c'est d'elle qu'Antonin nomme *Curia* dans son Itinéraire : d'autres prétendent qu'elle doit son origine aux trois forteresses de *Spiniola*, *Marsoila* & *Ymbourg*, le sol où fut assise la premiere, *Spinosa in oculis*, est devenu un vignoble : celui de la seconde, *Mars in oculis* est chargé encore d'une vieille tour massive qui fait partie du château de l'évêque ; la troisieme occupait la place où sont bâties aujourd'hui la maison de ville & la douâne. La ville a eu le même sort que le pays, opprimée par des tyrans féodaux, soumise à l'Empire, aujourd'hui république indépendante & démocratique. Elle tient des empereurs le droit de battre monnaie.

Trois communes forment avec elles le *Hochgericht* : celle d'*Araschengen* a des eaux minérales : il y a un bain dans celle de *Lürli*, celle de *Masans*, *Malesanus*, doit son nom à un hôpital de lépreux qui y fut autrefois.

C'est ici le lieu de parler de l'*évêché de Coire*. Son origine est incertaine ; on commence la suite de ses évêques en 440, & quelques-uns en 170, tems où vivait St. Lucius qui en fut, dit-on, le premier Evêque.

La Ligue en est le protecteur, & souvent elle l'a soutenue avec toutes ses forces. Les chefs légitimes du pays furent de tout tems ses trésoriers & ses administrateurs : tels ont été les rois de France,

P p iv

& en leur nom les comtes de Coire. Même, durant les troubles de l'empire, la souveraineté fut inséparable de cet emploi : les ducs de Suabe curent l'un & l'autre pouvoir ; après leur extinction des familles nobles les exercerent. Les communes s'étant rachetées de leurs seigneurs, s'allierent insensiblement, soutinrent leur droit en commun, & la ligue - Caddée devint la souveraine du pays, fut la protectrice de l'évêché, & mérita ce nom dans la guerre avec la maison d'Autriche en 1400, avec l'archiduc Ferdinand en 1475, avec l'empereur Maximilien en 1499 : elle chercha à prévenir la dissipation & le dépérissement des biens de l'évêché & à le favoriser, & elle le fit dans plusieurs occasions. En 1541 il s'éleva un différend entre la ligue & l'évêché qui fut terminé par un traité, par lequel le dernier s'engage à n'élire son chef qu'avec la participation & l'agrement de la ligue, & de concert avec son conseil : on y ajouta six autres articles déclarés inviolables, que l'évêque jura d'observer, & que le chapitre mécontent a déja violé quelquefois.

Ces articles sont, que l'évêque n'entreprendra rien contre l'ordre établi dans le gouvernement, dans la religion, ni dans les loix du pays, qu'il approuvera tout ce qu'a fait la ligue durant l'absence d'un de ses évêques nommé *Paul*, que sans l'arrangement de la ligue & du chapitre il ne pourra aliéner aucune possession de l'évêché ; qu'il rendra compte de ses dettes à la ligue, qu'il ne donnera les emplois dont il dispose qu'à des gens du pays, qu'il n'abdiquera point sans le consentement de la ligue & du chapitre. La ligue promet de confirmer, défendre & protéger l'évêque dès qu'il aura juré l'observation de ces articles ; elle promet encore au nom des communes qui ont avec l'évêché une union particuliere, de chercher son utilité, & d'éloigner ce qui peut lui nuire: ce traité fut juré par deux évêques, mais depuis 1692, le chapitre a élu son chef sans consulter la ligue. En 1754, après la mort de l'évêque Benedict, baron de Rost, la ligue fit souvenir le chapitre de ses droits dans l'élection; elle demanda que le compte rendu par l'administration du dernier évêque fut soumis à l'inspection des députés du pays, que l'élection prochaine se fit de concert avec le conseil, & avec l'aveu de la ligue; qu'on choisit un sujet capable, connu, estimé, né dans le pays, & y possédant des biens, & que le nouvel évêque fût obligé de jurer l'observation des six articles; mais le chapitre s'y refusa & essaya de prouver par des écrits que la ligue n'avoit pas de tels droits. La discution de ce point n'a point été terminée.

Cet évêque prend le titre d'*Evêque de Coire, prince du St. Empire Romain, baron de Furstenberg & de Furstenau*: le titre de prince du St. Empire lui fut donné en 1170 par Fréderic I. Il assiste à la diete entre les évêques de Lubec & de Fulda, & n'est attaché à aucun cercle, quoique la matrice usuelle de l'empire le place dans celui d'Autriche: il l'a été dans celui de Souabe: son mois romain est de 132 fl. mais depuis longtems il ne paye plus rien: il est suffragant de Mayence, & son diocese est partagé en six chapitres dont trois sont dans le territoire des Grisons & les autres dans le Tyrol & la Suisse. Le chapitre de Coire est composé de 24 chanoines, dont six sont titrés & jouissent seuls des revenus qui y sont attachés; les 18 autres nommés *Extra-Résidentiales* ne sont point tenus à résidence, & peuvent posseder des bénéfices étrangers; dans l'élection d'un évêque, ils ont féance & voix comme les autres. Le prévôt est nommé par le pape. L'évêque a fes offices héréditaires, & il exerce en commun avec la ville le droit de battre monnaie.

Son territoire est bien moins étendu qu'il ne le fut autrefois; une mauvaise économie a forcé d'en aliéner diverses parties. Il consiste dans la baronie de Fürstenau; le château de ce nom situé dans le Domlefchgtal sert de résidence au baillif qui perçoit les revenus de l'évêque dans trois jurisdictions de la ligue-grife, & fes environs; dans la baronie de *Furstenburg* qui fait partie du Tyrol & est administrée par un capitaine qui exerce aussi les droits de l'évêque dans la vallée de Munster. L'évêque reçoit aussi tous les deux ans 573 fl. 24 kreutz pour les péages du comté de Chiavenne: il possède encore quelques fiefs dans les pays voisins.

A quelque distance de la partie de la ville où réfide l'évêque, est le cloître de St. Lucius, abbaye de Prémontrés dont on ne connait pas le fondateur: il fut de l'ordre de St. Benoit jusqu'en 1140: il a été incorporé à l'abbaye de Roggenbourg, dont l'abbé fe nomme aussi *abbé héréditaire du cloître de St. Lucie*; cependant il ne lui est pas immédiatement soumis, & il n'en doit être que le *pater domus*: ce couvent est placé fur une hauteur où l'on arrive au travers un précipice: plus haut est une grotte naturelle; là est une petite fontaine dont les catholiques vantent les vertus dans les maladies des yeux, mais eux seuls les vantent.

Hochgericht des 4 villages.

Il est au dessous de Coire, appartint à la maison d'Apremont, puis à l'évêque de Coire, dont les habitans se sont rachetés. *Zizors, Cicere*, l'un de ces villages n'en a que le nom, car c'est un grand bourg, bien bâti, dans une situation heureuse; ses environs sont fertiles en grains, en vins & en fruits : on y remarque le palais de Salis, & l'église ; ses habitants furent tous catholiques jusqu'en 1612 : aujourd'hui une partie d'entr'eux sont réformés. Près de lui sur le mont *Mastrils* sont les bains de *Friewis-bad*, dont les eaux charient de l'argent, du cuivre, du vitriol & de l'alun.

Igis, le second de ces villages, situé dans un pays de pâturage, dont l'aspect a quelque chose de sauvage. Près de là est le château de *Marchelin*; il est vieux, mais bâti dans une plaine fertile, orné de beaux vergers, d'une bibliotheque, d'un cabinet de raretés ; les habitans d'*Igis* sont réformés. *Trimmis, Trimonium* est étendu & doit son nom à trois montagnes qui l'entourent : ses habitants suivent paisiblement les deux cultes. Ces trois villages sont sur la rive droite du Rhin : sur la gauche on voit *Undervatz* ; on y voit peu d'habitans gouêtreux, & il en est peu qui ne les soient dans les trois autres. Ces quatre villages ont chacun leur justice inférieure, leur cour criminelle, leur consistoire. A leur tête est un Landamman qui siege à Zizers.

Hochgericht d'Ortenstein.

Au nord de Coire, situé dans la vallée de Domleschg, ou *Vallis Domestica* : il est partagé en deux jurisdictions : celle d'*Ortenstein* eut différens maîtres, & s'est rachetée en 1527 de la maison de Tschudi. On y compte six villages ; à *Rottebrunn* sont des eaux acidules : les habitans suivent les deux cultes ; la vallée de *Domleschg* est fertile en vins, en grains, en fruits. *Furstenau*, l'autre jurisdiction, est formée de quatre villages, elle s'est rachetée de l'évêque qui la possédait & y possède encore le château : il en nomme le baillif, & assisté de 12 assesseurs, il juge les causes civiles & matrimoniales ; quand il s'agit d'affaires criminelles, quelques juges d'Ortenstein se joignent au premier tribunal. La religion y est mixte ; on y parle l'allemand & le romand.

Hochgericht d'Obervatz ou *Greiffenstein*.

Deux jurisdictions séparées l'une de l'autre le composent ; il s'étend le long du cours circulaire de l'Albula qui descend de la haute Engadine ; les habitans d'*Oberwatz* sont catholiques & parlent le romand : le village de *Mutten* est seul protestant : *Bergun* ou *Brugun* est situé dans une vallée solitaire qu'arrose l'Albula : sa jurisdiction renferme quatre communes, les habitans sont protestans & se sont rachetés de l'évêché en 1535. Près de l'antique château de *Greiffensten* sont des mines négligées d'argent, de plomb, de cuivre & de fer. Ce pays est montueux & souvent aride.

Hochgericht d'Ober-Halbstein.

Il est situé sur les bords d'une riviere qu'on nomme *le petit Rhin* : on l'appella aussi *Surssas* ou

Oberfas; ses habitans sont catholiques, parlent la langue romande, & sont partagés en cinq communes ou pleues; ils se sont rachetés de l'évêché de Coire, leur chef est un baillif qu'ils nomment, qui préside à leurs trois justices inférieures, & aux assemblées du pays, convoquées à *Ream* ou *Rhœtia ampla*. C'est à *Tiefenkasten* ou *Im-Caster* que le petit Rhin se joint à l'Albula.

Hochgericht de Bivio ou Stalla.

Il est formé de quatre jurisdictions. *Bivio*, ou *Stalla*, *Stabula*, est située dans le mont Jules: deux chemins y conduisent & de-là vient son premier nom: l'un descend du mont Jules, l'autre du Septimer où est la source du petit Rhin: on y compte deux paroisses. *Aversa*, jurisdiction, qui comme la premiere, est dans un pays sauvage & dépouillé de bois: les habitans y suppléent par de la fiente de brebis séchée: ils se sont rachetés de l'évêché depuis longtems & forment sept paroisses.

Les deux jurisdictions de *Remus* & de *Schlins* ou *Celino*, sont situées dans la basse Engadine près du Tyrol, à deux journées de chemin des premieres: la premiere doit son nom à un grand village peu éloigné de l'Inn; l'évêque y a un beau domaine: on y voit une voute dans laquelle est une fontaine intermittente. *Calino* est à une lieue & demi de Remus: on y compte trois villages.

Hochgericht de Pregel.

Il est dans un pays montueux; c'est une vallée fertile qui s'étend du levant au couchant, & est divisée en haute & basse. Chaque partie a sa juriscdiction: ses habitans autrefois sous la protection de l'empire, ont toujours été libres, ils sont protestants. Les deux jurisdictions sont séparées par un lieu nommé *Porta* : celle d'*Ober-Porta* renferme sept villages, desquelles on remarque *Casatch*, situé au pied du Septimer, dépôt de marchandises pour l'Italie ; là se fit une chûte de montagne en 1673, là se réunissent deux sources de la riviere Mera qui arrose la vallée ; le corps de St. Gaudance y fut, dit-on, enterré. *Vespran* est un village fort ancien. La jurisdiction d'*Unter-Porta* renferme quatre villages : celui de *Soglio* est le plus grand, il a le nom de bourg. Cette vallée communique au comté de Chiavenne, le climat y est doux ; le vent d'orient y regne jusqu'à midi, qu'il fait place à celui d'occident qui dure jusqu'au soir.

Hochgericht de Pusclav.

Il s'étend dans une vallée longue de six lieues, entre de hautes montagnes, & cependant il est assez fertile en grains : elle a de belles prairies ; c'est le passage fréquenté pour la Valteline qui environne cette vallée de trois côtés ; & le commerce y offre des moyens de subsistance. La souveraineté du pays fut cédée aux Grisons par Louis le More, duc de Milan ; & les habitans se sont rachetés des droits qu'y avoit l'évêque de Coire en 1537. Le plus grand nombre des habitans est catholique. Leur chef est un podesta, élu par 12 conseillers qui l'assistent dans les jugemens criminels, & sont nommés eux-mêmes par un doyen & les deux intendans des finances élus par le fort. Cette vallée, ou plutôt les vallées de *Pesclav* & de *Pisciadel* sont divisées en quatre *Contrada* : celle de

Peſslav ou *Puſchiavo* doit son nom à un bourg grand & bien bâti, peuplé, situé dans une jolie plaine, plus beau, plus riche peut-être que Coire même : une petite riviere de son nom l'arrose : chaque culte y a son église, & l'on y voit encore un couvent de religieuses. Près de lui est un lac qui porte son nom, long d'une lieue sur la moitié de large, peuplé de truites & d'ombres. Les trois autres Contrada renferment une douzaine de villages ; celui de *Bruſaſco* est dans une vallée étroite & triste : à quelque distance, les monts qui la forment semblent se toucher.

Hochgericht d'Ober-Engadine.

Le mont Bernina le sépare du précédent, & le pont *Auta* entre Cinuscal & Brail, lui sert de bornes communes avec la basse Engadine. La vallée en général s'étend sur les rives de l'*Inn*, *Oenus*, dans un espace de 16 lieues : le fleuve lui donna son nom, d'*Encod'Oen*, qui dans la langue du pays signifie tête ou chef de l'Inn, ou des anciens mots Teutons, *Inn-Gaden*. Elle est peuplée, fertile en pâturages, & en blé, sur-tout la basse moins exposée aux vents froids ; on y trouve beaucoup de chamois. Les chemins, les ponts, les villages y sont beaux, les maisons bien bâties, élevées de 3 à 4 étages, plusieurs villages auraient ailleurs le nom de villes. Tous les habitans sont réformés, tous parlent la langue romande, qui surtout dans la partie inférieure, ressemble beaucoup au latin : tous sont instruits, bons calculateurs, entendent avec facilité l'italien & le français, & voyagent beaucoup ; c'est là que sont les meilleurs Théologiens des Grisons réformés. Ils acheterent leur liberté de l'évêque de Coire en 1494 ; ils sont industrieux & sobres : leur nourriture ordinaire est de la farine, de l'orge, de la viande, des pains desséchés au soleil : le transport du sel est une des ressources des habitans de la basse Engadine.

Les monts qui sont aux environs des sources de l'Inn sont appellés *Alpes Juliennes*. Elles forment trois montagnes particulieres : celle de *Maloja* doit son nom à un village, & donne naissance à la riviere de Mera qui arrose la vallée de Pregel : de celle de *Septimer* coule le petit Rhin qui se joint à l'Albula, & une des sources de l'Inn nommée d'abord *Aqua di pila*, qui se précipitant par d'énormes rochers, forme successivement trois petits lacs. Au nord de ces deux montagnes est le mont *Jules*, nom qu'il doit à l'un des deux premiers Césars : là on voit un petit lac, & près de lui deux colonnes grossieres, sans piedestal, sans chapiteau, hautes d'un peu plus de quatre pieds, qui eurent, dit-on, des inscriptions qu'on ne trouve plus, & dont le sommet est plat & percé : on croit qu'elles sont des monumens romains. Le vent du nord dans le milieu de l'été géle l'eau du lac dans une épaisseur de quatre à cinq lignes.

La haute Engadine est riche en pâturages ; mais elle produit peu de grains. Elle est divisée en deux jurisdictions, dont la borne commune est la *Fontana Merla*, & chacune d'elles a ses magistrats présidés par un Landamman qui réside à Zutz : ou lui ou son lieutenant doivent être de la famille *Planta* : 16 députés y composent l'assemblée générale qui se tient à Bevers ou plutôt au lieu nommé *Alles Angies*. La jurisdiction au dessus de *Fontana Merla* est formée de sept communes : dans celle de *Saint Moritzo* est une fontaine d'eaux minerales acidules,

plus

plus fortes qu'aucune de celles de l'Allemagne & de la Suisse, puisqu'elles le font plus que celles de Pirmont, qui l'emportent sur toutes les eaux connues de ces pays. *Samaden* est un grand village, arrosé par une source de l'Inn, & où s'assemble la cour criminelle de la haute Engadine. La jurisdiction au dessous de Fontana Merla ne renferme que trois paroisses. C'est à Zutz que s'assemble son tribunal criminel; c'est un village grand, bien bâti & où l'on remarque une vieille tour. *Scamfs* est près du mont Casanna où l'on trouve quelques mines de plomb.

Hochgericht d'Unter-Engadine.

Il se divise aussi en deux parties différentes, selon qu'on les envisage comme jurisdictions criminelles ou civiles. Dans le premier cas, c'est le mont *Foulon* qui les termine : dans le second, c'est le *Val-Tasna*: nous suivrons cette derniere. Dans la jurisdiction au dessus du Val Tasna, on compte cinq communes : celle de *Cernetz* a pour chef-lieu le bourg de ce nom, grand, bien bâti, dont l'église élevée avec goût, est ornée de colonnes de marbre, & qui a dans ses environs des eaux minérales, & des mines de fer mêlées d'argent : il y a une fonderie où on travaille ce métal. Dans celle au dessous du Val-Tasna, il n'y a que trois communes : celle de *Fettan* ou *Ftaun* renferme deux sources d'eaux minérales. *Schulz* ou *Scuol* est le village le plus grand & le plus beau du pays ; dans ses environs sont 14 sources d'eaux minérales de qualités différentes ; de l'une on tire par évaporation de l'excellent nitre : la vallée de *Scarla* dépend de la commune & a été célèbre par ses mines d'argent & de fer. *Trasp* a une source d'eau salée; ces communes ont beaucoup de pasteurs ou curés, & leur nombre les rend si pauvres, que la plupart sont laboureurs.

Hochgericht de Munsterthal.

Une abbaye de bénédictines fondée, dit-on, par Charlemagne, lui donne son nom, qu'on prononce dans le langage du pays *la Val da Mystair*. Deux chemins y conduisent de la basse Engadine, l'un par le Scarlthal & le mont *Aslas*, l'autre par Cernetz sur la Fuldera : une grande partie de cette vallée a été jointe au Tyrol : on partage ce qui reste en trois *Terzals* dont deux sont protestants : le landamman se prend tour à tour dans chacune d'elles, & chacune lui fournit quatre assesseurs. La vallée de Sainte Marie fait un de ces Terzals. Trois communes forment celui de Munster : le troisieme s'appelle *Tchierf*, & est formé de trois communes. On parle la langue romande dans ce pays.

III. *Ligue des dix Jurisdictions.*

C'est la plus petite des trois, & on ne la divise qu'en sept jurisdictions : au midi & à l'orient, elle confine à la ligue-Caddée, au couchant elle touche le comté de Sargans, au nord à la principauté de Neu-Lichtenstein & au Tyrol. Son chef est élu annuellement tour à tour dans chaque jurisdiction ; celle de *Davos* commence, & trois jurisdictions la suivent : on le prend encore alors dans celle de Davos, puis dans les trois années suivantes, on les choisit dans les trois autres jurisdictions.

Cette ligue n'a que 15 voix dans l'assemblée générale : son landamman jouit d'une. Les communautés de *Davos*, de *Kloster*, de *Schiersch* & *Sceris* en ont chacune deux : celles de *Luzein*, de *Jenatz*, de *Malans*, *Meyenfeld*, de *Belfort* ou *Alvenau*, de *Churwalden*, de *St. Peter in Schallfik* & de *Langwies* n'en ont qu'une. L'assemblée générale se tient à *Davos*, le landamman y préside & recueille les voix : la ligue s'est rachetée en 1652 de tous les droits que la maison d'Autriche pouvait avoir sur elle ; c'est celle des trois ligues qui a été longtems & le plus souvent en danger de perdre sa liberté, son voisinage de la maison d'Autriche en fut la cause principale.

Hochgericht de Davos.

Il s'étend du nord au sud, dans un espace de quatre lieues ; c'est une solitude élevée, où l'on n'ose voyager durant l'hyver que dans quelques endroits : en été il est embelli par la plus riante verdure. En 1251, ces lieux étaient inconnus encore ; un baron de Vatz les découvrit, y trouva une plaine étendue couverte de sapins & de larix, & y établit des Valaisans robustes qui extirperent les bois, & avec quelques autres habitans formerent un beau village, c'est celui de *Davos* ; ils devaient une cense annuelle de fromages, d'étoffes qu'ils fabriquaient, & de 1000 poissons, ils s'en racheterent pour une somme d'argent en 1649. On trouve deux lacs dans cette vallée, l'un est le *Noir*, l'autre le *Grand* ; tous les deux sont riches en poissons, sur-tout en truites que leur couleur a fait nommer *Dorade*. Il y a des mines de plomb, de cuivre & d'argent. L'entretien des bestiaux, le transport du vin, du sel, des grains, & autres productions dans diverses contrées font la ressource des habitans; ils font divers ouvrages en bois, parlent l'allemand accentué comme dans le haut Valais, sont protestans & forment cinq paroisses composées de hameaux & de maisons dispersées, ils ont un grand conseil de 82 personnes qui joint à 32 autres, choisit ses membres, nomme à plusieurs charges & élit un petit conseil de 15 personnes: c'est ce grand conseil qui présente au peuple les candidats pour la charge de landamman, & dans lequel on choisit le consistoire. Près de l'église de *Davos* est la maison de ville où se font les assemblées du Hochgericht, de la ligue, de la confédération entiere.

Il y a des eaux minérales à *Sartig*.

Hochgericht de Kloster.

La maison d'Autriche en nomma longtems le landamman: les habitants acheterent ses droits en 1649: 16 juges présidés par le chef du Hochgericht y décident les affaires criminelles & matrimoniales.

Le pays a des pâturages, peu de champs, est exposé aux orages, aux avalanches; il fait partie de la vallée *Prættigau*, *Vallis Rhetica* qu'arrose le *Lanquart* dont la source est au sommet du mont Rhetico, qui sépare ce pays du Tyrol. Elle prend son nom d'une communauté formée de maisons disperfées, dans l'enceinte de laquelle sont les restes du couvent de prémontrés de St. Jacob. On divise ce Hochgericht en deux parties, l'une renferme deux communes; l'autre en renferme quatre; il y a des bains mineraux à *Zerneus*: la petite riviere de Dalfazer arrose une partie de la vallée St. Antoine.

Hochgericht de Castel.

Il fait partie de la vallée du Prettigau, & touche à celle de Montafun qui appartient à la maison d'Autriche : il prend son nom d'un vieux château qui existait dans la commune de Luzein, & fut la demeure du baillif de Prettigau : les habitans se racheterent en 1649 ; on divise ce Hochgericht en deux Schnitz, & aussi en deux *Stabes*, divisions qui n'ont pas les mêmes limites ; le Lanquart arrose les communes dont elles sont composées ; dans un vallon près de Fidris est une fontaine d'eaux estimées, imprégnées d'alun, de vitriol, de soufre, qui charient du cuivre & de l'ocre, & qui ont le goût & la couleur du vin nouveau. Il renferme encore une partie du Val S. Antoine, couvert des plus beaux pâturages des Grisons.

Hochgericht de Schiersch.

Il est composé de deux jurisdictions, qui se racheterent en 1649. Celle de *Schiersch* comprend deux communes formées de divers villages : celui de *Crieusch* ou *Grusch* est dans la plaine, les autres dans la montagne.

Près de *Grusch* est la *Klaus*, passage étroit qui conduit à la vallée de Prettigau, & qu'il est facile de défendre.

L'autre jurisdiction est celle de *Seewis*, elle a huit lieues de long, est riche en grains, fruits, pâturages, est peuplée de protestans. On y remarque les villages de *Valseia*, ou *Valseina*, & *Faras*. A *Ganey*, sont des bains qui furent célèbres : ses eaux coulent de deux sources, & sont impregnées d'or, de soufre & de vitriol. Les magistrats du Hochgericht, élus par ses habitans, siegent à *Valseina*, *Seevis* est dans les montagnes.

Hochgericht de Mayenfeld ou Meyenfeld.

Il est en même tems sujet des trois ligues qui l'ont acheté, & co-régent de celle des 10 jurisdictions; comme sujet, les ligues lui envoyent tour à tour un baillif, comme co-régent, il nomme un député, a sa part à tous les emplois publics, aux trois bailliages d'Italie, & élit son chef ou podesta. Le baillif n'exerce que la fonction d'accusateur dans les affaires criminelles, il a encore le droit de faire grace; les amendes & les biens confisqués sont à lui, mais il paye tous les frais. Les magistrats du Hochgericht exercent tous les autres pouvoirs civils & criminels. On le divise en deux Schnitz; dans le premier est *Meyenfeld*, *Maja villa*, *Lupinum*, regardée comme la capitale du Hochgericht: elle est située au bord du Rhin, dans une campagne riante, ceinte de montagnes qui s'élevent en amphithéatre, & dont la pente est couverte de vignes: elle a des fauxbourgs & de beaux bâtimens, est régie par un *stad-vogt* & douze conseillers, & est un entrepôt des marchandises qui vont d'Italie en Allemagne, & d'Allemagne en Italie par le *St. Lucii Steig*, sentier de St. Lucius; cette gorge est défendue par un petit fort, les Grisons y perçoivent un péage, son église est dédiée au même saint qui est l'Apôtre des Grisons: le château où réside le baillif est flanqué d'une tour antique & forte. Le vin qu'on recueille aux environs est bon, mais ne se conserve pas. La commune de *Flasch*, *Falisca*, est célèbre par ses eaux minerales, elle a de bons vignobles.

Près de *Lucii Stieg* est une montagne rapide sur la pente de laquelle est située la plus petite république qu'on connaisse : elle n'est formée que de 12 maisons, & ne dépend ni de l'empire, ni des Grisons; ses habitans vont à l'église de Meyenfeld, n'en ayant point eux-mêmes. Ce petit Etat est connu sous le nom de *Guscha*.

Le Schnitz de *Malans* fit partie de la seigneurie d'Apremont, il est riche en vignobles ; *Malans* est un grand bourg, ses rues sont propres, ses maisons bien bâties. *Jennins*, commune qui dépend de ce Schnitz.

Hochgericht de Bellfort.

Il est formé de deux jurisdictions étendues: celle de *Bellfort* ou *d'Alvenau* est formée de cinq communes ou *Loos* : *Alvenaw*, *Alvum novum*, est un grand village aux bords de l'Albula, où sont des bains d'eaux soufrées, salutaires pour divers maux. *Vatzerol* ou *Scolare* est le lieu où les trois ligues s'unirent par un traité perpétuel en 1471. Celle de *Churwalden*, *Vallis Corvantiana*, doit son nom aux *Coriantis*, ancien peuple Rhetin, voisin de Coire ; ces lieux ont encore un aspect sauvage & solitaire : il y a peu de champs, mais beaucoup de pâturages. Un Amman & 12 juges la gouvernent : on y compte quatre paroisses ; celle de *Parpan* est étendue ; celle de *Kloster Churwalden* eut autrefois un monastere de Prémontrés que l'inconduite de ses chefs a détruit : son église seule subsiste & sert aux deux cultes, les curés sont tirés d'un couvent de Prémontrés dans la Souabe ; on s'y sert encore pour l'ordre des fêtes du Calendrier Julien. *Alalix umbilicum* autre paroisse étendue, divisée en basse & haute, & où les territoires des trois ligues se touchent : les trois bornes y soutiennent une table : entre *Coire* & *Malix* est une fontaine minérale qu'on dit être propre à dissoudre les goêtres. *Tschiertschen* est la quatrieme paroisse.

Hochgericht de Schallsik ou *Schanfgg.*

La riviere de Plessur qui sort du mont Strela arrose cette vallée, & se jette ensuite dans le Rhin. L'aspect du pays est sauvage & son sol fertile : c'était un fief de l'évêché de Coire, qui fut vendu ensuite à un archiduc d'Autriche ; les habitans se sont rachetés des droits qu'y exerçaient l'évêque & l'archiduc en 1652 & 1657. Il se divise en deux jurisdictions : celle de St. Pierre en *Schallsik* renferme quatre communes : le petit village de *Schallsik* est sur un roc élevé, d'autres rochers lui servent de toits & le préservent du soleil & de la pluye, mais le menacent sans cesse de l'écraser par leur chûte ; le desir d'être libre a pu seul faire choisir un tel asyle. Celle de *Langweisen* n'a qu'une commune composée de hameaux & de maisons dispersées ; les vallées de *Fanday* & de *Sappun* en dépendent. Tous les habitans de cette ligue parlent allemand, à l'exception de la jurisdiction d'*Alvenau*, dont le romand est la langue dominante.

SUJETS DES GRISONS.

Ils forment une vallée à l'entrée de l'Italie, au pied des alpes Rhetiques qui s'étend du levant au couchant, longue de vingts lieues sur une largeur qui varie de 7 à 2, arrosée par l'Adda qui la fertilise & quelquefois la ravage : ses habitants forment une milice de 20000 hommes. Les Grisons la conquirent sur le duc de Milan en 1512. Au droit de conquête, ils joignirent ceux de l'évêque de Coire qui la reclamait comme un ancien domaine de son église. L'évêque céda ses droits à la confédération pour une rente annuelle de 273 florins. Cette acquisition rendit les Grisons plus puissans, & fut pour eux une source de troubles ; il n'est pas de notre sujet d'entrer dans ces détails.

Cette vallée renferme le comté de *Bormio* ou de *Worms*, la *Valteline* ou *Veltlen*, & le comté de Chiavenne ou *Cleven*.

I. *Comté de Bormio.*

C'est la partie orientale de la vallée : il touche à la ligue Caddée, au Tyrol, au territoire de Venise, & à la Valteline ; deux chaines de montagnes élevées & couvertes de neige l'environnent, & sa longueur est de 10 lieues, sa largeur est presqu'égale ; son sol est semé de monts ; d'étroits passages y conduisent au pays qu'arrose l'Adige, dans la vallée de Munsthel, dans l'Engadine ; mais les neiges les rendent impraticables une partie de l'année ; celui qui conduit à la Valteline nommé la *Serra* est toujours ouvert, mais il est toujours dangereux par sa pente rapide, & par l'Adda qui coule au bas. L'air y est frais, sain & pur : il y croît un peu de fruits, on n'y voit point de vignes, mais ses champs rapportent plus de blés que ses habitans n'en consomment ; ses beaux pâturages y nourrissent 6 à 700 vaches ; les abeilles y donnent du miel d'un goût exquis : ses monts produisent différens minéraux, & sur-tout du fer; mais les mines en général y sont peu considérables. L'Adda y prend sa source, & se forme en partie d'un ruisseau qui tombe d'un haut rocher du mont Braulis, *Juga Rhetica*, dans la vallée de Frayle, & en partie de divers torrens des monts voisins. Les habitans sont au nombre de 14000, tous catholiques & du diocèse de Côme; quoiqu'on donne à ce pays le nom de comté, il n'eut jamais de comtes particuliers, il fit partie de la Valteline jusques dans le 12e siecle, & son histoire est liée à celle de ce pays. Ses habitans jouissent de divers privilèges : les Grisons y nomment tous les deux ans un gouverneur qui a le nom de *Podesta*, qui préside dans les tribunaux criminels & civils, ils nomment encore des lieutenans dans ces deux tribunaux; mais les Bormiens élisent tous les quatre mois leurs autres magistrats, qui consistent en deux officiaux, 16 conseillers & 13 juges; ils ont préféré le sort au choix, & une fève noire ou blanche décide entre les candidats : on appelle des jugemens aux députés des trois ligues & aux ligues mêmes; ils ont leur propre chancellerie, & une des deux clefs des archives. On le divise en cinq communautés.

Celle de *Bormio* doit son nom à un bourg qui est le chef-lieu du pays, situé au confluent de l'Adda & de l'Isolaccia ou Fradolf, dans un vallon profond, au pied du mont Brallio : il a de belles maisons, est bien peuplé, avait un college de jésuites & a encore un chapitre composé de dix chanoines que préside un archi-prêtre. Ses bains sont à demi lieue de ses murs dans la vallée de Premaglia : les eaux en sont chaudes & salutaires pour le rhumatisme, les catarrhes, l'apoplexie, &c. La communauté comprend encore 3 villages.

DE LA SUISSE.

Le *Forbenthal* ou val de *Forba* est la communauté la plus peuplée du pays; le *Fradolfo* l'arrose; de là on peut se rendre dans le Tyrol ou dans le territoire de Venise par quatre différentes gorges fort étroites, que l'hyver rend impraticables. Elle renferme six paroisses; la principale est celle de *St. Nicolas*; l'une d'elles s'appelle *Maglia Vaccha*, ou *mange vache*, parce que son sol rapide fait que des vaches s'y précipitent & y périssent.

La *vallée intérieure* renferme les paroisses de *St. Gallo*, & de *Pedenos* formées de plusieurs villages; dans l'enceinte de la premiere sont les bains de Bormio; dans la seconde sont des mines de fer, une forge, & la plaine de *Campo de luco* dans laquelle on a trouvé diverses armes, & des ossemens humains.

La *vallée inférieure* renferme la paroisse de *Capina* & quelques villages, parmi lesquels on remarque celui de *St. Britio*, voisin de la gorge de *Serra*, par où l'on entre dans la Valteline; l'Adda y roule ses eaux sur un lit profond, pressé par les montagnes, qui se resserrent de maniere qu'il reste à peine un sentier difficile, sur la pente de celle qui s'élève à gauche du fleuve. On nomme encore cette gorge *Seraglio*; il y eut autrefois une barriere qui s'étendait d'une montagne à l'autre, un mur épais & une tour.

Le *Luvinerthal* n'a point de villages. On y voit quatre églises solitaires, près de 200 maisons dispersées, de petits ruisseaux qui coulent dans d'agréables prairies ombragées par de jolis bois.

II. La Valteline.

Son nom latin est *Vallis Tellina*, & vient, dit-on,

d'un château élevé & antique nommé *Teglio* ou *Tellium*: les habitans se nomment *Voltureni*, & des auteurs font venir leur nom d'une ville autrefois située au bord du lac de Côme, & bâtie par les Tyrrhéniens qui lui donnerent son nom: elle est bornée par la ligue Caddée, le comté de Bormio, le territoire de Venise, le duché de Milan & le comté de Chiavenne: elle a 13 à 14 de long sur une largeur qui varie de 3 à 7: l'Adda l'arrose dans sa longueur, y reçoit divers torrens & s'y jette dans le lac de Côme; les montagnes en éloignent les vents glacés du nord; la chaleur est très-forte en quelques endroits & moderée en d'autres, dans quelques vallées & sur les montagnes on éprouve un froid assez vif; les fruits y sont divers comme le climat: la plaine qu'arrose l'Adda, large d'une lieue en quelques endroits, présente un mélange agréable de champs ensemencés, de prairies, de vignobles, couronnés de chataigners & autres arbres fruitiers: on y fait jusqu'à trois recoltes. Sur le penchant des collines & des monts qui la bordent au nord, sont des vignes qui rapportent un vin estimé; vers leur sommet on trouve encore des champs, des prairies, de vastes pâturages: les montagnes qui s'élevent au midi sont couvertes de forêts, de chataigners entés ou sauvages, de champs cultivés & de pâturages. Le vin rouge est le plus abondant & c'est aussi le plus fort & le plus agréable: on peut le conserver longtems; il n'en devient que plus agréable & sain, mais il perd sa couleur rouge: on en transporte beaucoup dans les pays voisins; les poires, les pommes y sont presque insipides; les pêches, les abricots, les figues, les marons, les chataignes, les melons y sont d'un goût exquis: le citron, l'amande, la grenade &

autres fruits recherchés s'y cultivent & y profperent; les grains, les légumes de toute espece y sont abondans, mais la culture de la vigne nuit à la leur, & ils ne suffisent pas à la consommation. On y recueille du chanvre: les plaines & les montagnes y donnent des pâturages abondans; mais le soin des bestiaux n'occupe pas les habitans comme il le devrait; on y entretient beaucoup d'abeilles, on y nourrit le ver à soie; la liberté de la chasse y a rendu le gibier rare. L'Adda y fournit différens poissons, mais surtout une espece de truites, grande, grasse & d'un goût savoureux; quelques-unes pesent 50 à 60 livres. Il y a des mines dans les montagnes, mais on n'en exploite que celles de fer. On n'y voit point de villes, les bourgs y sont considérables & les villages nombreux; on y parle un Italien corrompu.

Ce pays fut donné aux évêques de Coire par les empereurs; les ducs de Milan s'en emparerent, les Grisons le conquirent, diverses nations voulurent la leur arracher; la maison d'Autriche y excita en 1620 un soulévement qui y fit massacrer 300 protestans, elle s'empara des comtés de Bormio & de Chiavenne, & l'Espagne voulait garder la Valteline, le pape fit mettre ce pays en dépôt dans ses mains & espera le changer en propriété; les Français en chasserent les Autrichiens, & leur ministère disgracia le général trop honnête homme, qui l'avaient rendu aux Grisons en 1639; ils traiterent avec la maison d'Autriche, & demeurerent les souverains de ce pays, mais la religion réformée en fut absolument exclue, exclusion qui fait encore un sujet de plaintes pour la Confédération. Ses habitans sont du diocese de Côme; son pouvoir s'y étend au delà de ce qu'il devrait; il assure l'impunité au criminel qui se revêt d'un habit de prêtre, & c'est un meuble qu'on voit dans les maisons pour servir dans le besoin.

 Le gouverneur que les ligues y envoyent tous les deux ans, a le titre de *Landeshauptmam*; il reside à Sonders ou Sondrio : sous lui est un *vicaire* choisi par le peuple sur trois Grisons présentés par les ligues, il est chef des tribunaux criminels du pays, & des tribunaux civils d'un district assez étendu. Quand on en appelle à lui, il se choisit un assesseur sur trois personnes que le pays nomme ; il demeure à Sonders où se convoquent aussi les assemblées générales composées des députés de chaque vallée. Les autres magistrats nommés *Podestats* ont chacun leur territoire, où ils exercent un pouvoir étendu : il en est un à *Tiran*, un à *Morben*, un à *Trahona*, un à *Tell*. Tous les deux ans trois députés de chaque ligue joints à deux secretaires viennent écouter les plaintes contre les magistrats, & revisent les jugemens dont on appelle à eux, & d'eux on en appelle à l'assemblée des ligues. Le peuple y élit un chancelier, un conseil, des consuls qui veillent sur les orphelins & sur les affaires œconomiques du pays ; des Syndics qui prennent soin qu'on observe les loix ; ils ont leurs archives particulieres & leurs officiers militaires qui commandent à 3000 hommes choisis. Le chancelier convoque les assemblées générales.

 La vallée est partagée en trois *Terziers*, & en cinq gouvernemens.

 Le *haut Terzier* renferme 11 communautés : celle de *Tiran* est le chef lieu de ce district, ce bourg est sur la rive gauche de l'Adda, dans une situation agréable : il est bien bâti, peuplé, commerçant, &

le siège d'un Podesta. On y voit un collège de chanoines & un couvent de capucins. Des foires annuelles y répandent aussi des richesses. Sur l'autre rive du fleuve est la magnifique église de *Al la Madona*, bâtie en marbre blanc, très-ornée, ayant de grands revenus, & attirant au loin des pélerins qui n'y viennent pas toujours les mains vuides. Près de là était autrefois une ville qu'on nommait *Villaria* ou *Villaccia*. La commune de *Gross* ou *Grossio* doit son nom à un village où est un prieuré, & où furent autrefois deux châteaux : celle de *Matz* ou *Matzo*, le prend d'un village où siege un archiprêtre, chef d'un chapitre ; il fut environné de murs & flanqués de tours défendues par trois châteaux.

La jurisdiction de *Teglio* ne fait partie d'aucun Terzier ; c'est un petit gouvernement séparé, qui s'étend sur la douzieme partie de la vallée. Elle est divisée en 36 *Contrades* & a autant de conseillers présidés par un Podesta, un chancelier & deux doyens, dont l'un est choisi parmi les nobles. Le chef lieu est *Teglio* ou *Tell*, bourg situé sur une hauteur, & qu'on croit avoir été connu des Romains ; c'est de lui probablement que vient le nom de Valteline. A *Val Bevigio* il y a une usuine de fer.

Le *Terzier du milieu* comprend 18 communes : celle de *Sonders* ou *Sondrio* prend son nom d'un bourg bien situé, bien bâti, au pied du mont Masegrio, sur le torrent de Maler qui se jette dans l'Adda : il est la résidence du Landshauptmann & du vicaire, a un college de chanoines, quelques couvens, parmi lesquels on remarque l'abbaye de bénédictines de *St. Lorenzo*, & une belle église : ses anciens murs n'ont laissé que des vestiges. Ses habitans sont forts & robustes, ils s'occupent de leurs bestiaux dont ils font un grand commerce.

Le *Malenkerthal* est arrosé par le Malenga qui s'y unit au Maler : son chef lieu est la *Chiesa*, on trouve du fer, de l'ardoise, & un lac poissonneux dans cette vallée. *Ponte* est un grand bourg : c'est le plus étendu & le plus beau de la Valteline : il est sur la rive droite de l'Adda, a une église qui fut aux Jésuite, un collège de 16 chanoines, & d'un prévôt : non loin de là est une magnifique église de la *Madona di Campagna* : il était défendu par trois châteaux & fut le chef-lieu du pays sous la faction gibelline. C'est dans la commune de *Castion* qu'on recueille le vin le plus agréable & qui se conserve le mieux de toute la Valteline. *Berbenno* est un bourg chef-lieu d'une commune.

Le *Terzier d'en bas* est divisé en deux Squadra ou gouvernemens : celui de *Morbegno* renferme 12 communes ; il doit son nom au bourg de *Morbegno* ou *Morben* qui l'avait pris de l'air mal sain qu'on y respirait, lorsqu'il était bâti dans les marais voisins ; il est grand, situé sur une hauteur qu'arrose le Bitto, ses maisons sont bien bâties ; il a de grands marchés & a été ceint de murs & défendu par deux châteaux ; un Podesta y réside : Il y a un archiprêtre & 15 chanoines, & un couvent d'hommes, deux de femmes, & quelques fabriques ; on y pêche de bons poissons, & on recueille dans ses environs beaucoup de vins & de blés. *Cosio* est le plus ancien bourg du pays, & il en fut autrefois la capitale ; un château situé sur une hauteur le commandoit ; mais il est détruit. *Delebio* est formé de maisons séparées ; près de lui est une chapelle qui fait souvenir d'un ancien combat ; dans son enceinte est située l'abbaye d'*Aqua-Fredda* : le Lesina le sépare de la commune de *Rogolo*. C'est près de celle

de

de *Piantedo* que fut située *Volturena*, *Vallis Tyrrena* & l'abbaye de Sainte Agathe.

Le gouvernement de *Trahona* renferme 11 communes. *Trahona* est un bourg médiocre, mais bien bâti, situé sur la rive droite de l'Adda, & siége d'un Podesta. A *Bull* on recueille un vin très-doux. *Ardenn* doit son nom à la chaleur brulante que le soleil y fait ressentir. *Clivio* fut bâti par les Grecs qui y étaient venus du tems de l'exarcat. *Mello* a la même origine; on voit dans cette commune, près de *Remeno*, un colosse de pierre, haut de 15 aunes, & qui en a 35 de tour; là sont situés encore les bains salutaires de *Madeno*: l'eau en est tiéde, & charrie de l'or, du fer, de l'alun, du nitre & du soufre. Ils sont situés au fond d'une vallée profonde, vers la source de Masino, qui se précipitant de deux cimes élevées des montagnes, forme une chute effrayante avant de se jetter dans l'Adda. On en boit l'eau, on s'y baigne, on y prend les douches, on en applique les boues: les dames s'y font porter par des chemins affreux: autour de soi tout est désert, les monts y sont horribles & menaçans, de tous côtés des cascades se font entendre, des fleuves entiers y tombent de 200 pieds de hauteur; mais là même où l'eau écumante semble vouloir tout entraîner dans son cours, ou dans ses chûtes multipliées, on trouve des fraises admirables par leur parfum; on entend divers oiseaux, on voit le faisan, la perdrix fuir le chasseur; le françolin vient orner les tables, les chevres y donnent le musc, la marmote y fait entendre ses cris, &c. *Campovia* fut célebre autrefois. Près de *Mantello* était un passage important sur l'Adda, défendu par un château.

Tome VI. R r

III. *Comté de Chiavenne* ou de *Cleven*.

C'eſt la partie occidentale de la vallée: la ligue Griſe, la Caddée, la Valteline, les territoires de Milan & de Côme l'environnent: il a 7 à 8 lieues de long & 6 de large, des montagnes hautes & eſcarpées le terminent, & y forment trois grandes vallées; la chaleur y eſt forte, & le vent du midi y amene du lac de Côme des brouillards mal ſains; les monts & les vallées ſont très-habitées: celle de Saint Jaques l'eſt moins que les autres; la plus grande partie du pays eſt très-fertile: la terre, comme dans les deux pays que nous venons de parcourir, y eſt légere; en divers endroits la charrue trainée par un bœuf ſuffit pour ouvrir la terre, & produit d'abord du blé qu'on moiſſonne en mai, puis du millet ou du blé de Turquie, enſuite des raves; on cueille enſuite les fruits, puis on vendange, & tout cela dans les mêmes champs; les ſeps iſolés y donnent des grapes où l'on compte juſqu'à 460 grains bien nourris; les chataignes, les marrons ſont la reſſource des payſans & des pauvres; le blé leur manque quelquefois. On y fait un vin excellent, & on en tranſporte beaucoup hors du pays. C'eſt là, & ſurtout près du village de *Carotto* qu'on trouve cette eſpèce d'ardoiſe nommé *Lavezzi. Labetes*, dont on fait au tour des pots, des plats, des taſſes, & différentes vaiſſelles; ſa couleur eſt d'un verd noir, elle eſt molle & écailleuſe, on la tire des mines profondes & étroites où on la léve en rond de 18 pouces de diametre ſur 12 à 15 d'épaiſſeur; on la porte à un moulin que l'eau fait mouvoir, & où les ciſeaux lui donnent la forme & la grandeur qu'on desire ; on garnit les vases d'anses & on les orne, on s'en sert dans la cuisine: elle conserve longtems la chaleur, bout plutôt sur le feu, ne s'y fend ni ne s'y casse, ne donne aucun mauvais goût aux alimens ; & s'il faut en croire le peuple, n'y souffre point de poison. Les Romains en connaissaient l'usage ; Pline parle de cette ardoise sous le nom de pierres de Côme. Les rivieres les plus considérables de ce pays sont la *Maira* & la *Lira*; elles s'unissent & se perdent dans la partie du lac de Côme qui est renfermée dans les limites du comté de Chiavennes, & qu'on nomme *Laghietto di Chiavenna* & en allemand *Clevnersée*; ces rivieres, ce lac donnent de bons poissons.

Les habitans sont catholiques & du diocèse de Côme ; les productions du pays ne sont pas leurs seules ressources ; le passage que leurs monts laissent entr'eux, ouvrent au commerce des débouchés pour l'Allemagne ou pour l'Italie ; on y transporte les marchandises à dos de mulets. C'est peut-être de sa situation qui en fait une clé de l'Italie que lui vient le nom de *Cleven*. Il n'eut jamais de comtes particuliers, & a suivi le sort de la Valteline: on le divise en deux *Gerichstabe*, que régissent deux gouverneurs envoyés tous les deux ans par les Grisons. A Chiavenne il a le nom de *commissaire* ; à Pleurs celui de *Podesta* : ils sont présidens des cours civiles & criminelles. Le pays a des loix qu'on observe: chaque fois qu'un nouveau commissaire arrive, le Gerichstabe de Chiavenne élit trois jurisconsultes sur lesquels ce magistrat en choisit un qui exerce l'office de juge criminel. Dans les procès civils, le commissaire est juge de premiere instance ; les appels se portent aux députés que les ligues y envoyent tous les deux ans, & de là aux ligues mêmes. Il en est de même dans le district de Pleurs.

Gerichstabe de Chiavenne.

Il est partagé en trois parties, dont le bourg & la communauté de *Chiavenne* forme une. Ce bourg, chef-lieu du comté, est ancien, assez beau, bien peuplé, sur les bords de la *Maira*, au pied de quelques montagnes dont il est presqu'environné ; il a six églises qui sont belles, & celle de Sinnt Laurent est collégiale, plusieurs maisons élégantes, un hôtel superbe où réside le gouverneur, une douane vaste & bien entendue où les marchandises sedéposent ; il fut environné de murs, & sur un rocher fendu, qui s'éleve perpendiculairement au dessus, il avait deux châteaux que les Grisons ont détruit : quatorze magistrats élus par le fort y exercent la police : il est environné de jardins & de vergers, & est comme au centre où se réunissent les trois vallées. Les habitans creusent des grottes dans ces montagnes, & y déposent leur vin ; l'air y entre par un soupirail, & leur fraicheur est telle que le vin qu'on en tire parait sortir de la glace : au devant de ces grottes sont des bosquets où l'on vient le soir jouir de la fraîcheur ; l'humidité qui se montre à l'entrée de ces antres, sert d'hygromètre aux gens du pays. La seconde partie du Gerichstabe de Chiavenne renferme quatre communes. Dans celle de *Gordona* est le village de *Bodengo* où les habitans des lieux voisins se retirent, pour échapper au mauvais air qui y cause la fievre. Celle de *Prada* est située sur les bords du lac de Chiavenne qui facilite son commerce en bois & en chaux. La troisieme partie du Gerichstabe renferme la vallée de

St. Jaques ou *St. Giacomo*. Ses habitants jouissaient de grands privilèges sous les ducs de Milan, & les Grisons les ont encore augmentés pour les recompenser de leur fidélité ; le *commissaire* de Chiavenne y est le chef de la justice criminelle ; mais il n'en dicte pas les jugemens, & il n'a pas même de voix dans la cour de justice civile ; les appellations se portent aux 12 consuls de la vallée, de là aux députés des ligues. Tous les deux ans le peuple élit son chef, son lieutenant, son conseil ; il a ses loix civiles, différentes de celles du comté de Chiavennes. Il ne croit ni vins ni fruits dans cette vallée, & les habitans s'entretiennent avec peine par le commerce des bestiaux qu'ils nourrissent ; mais la liberté dont ils jouissent les console de la pauvreté. La *Lira* arrose cette vallée, & on y compte neuf communes ; dans celle de *Madesimo*, autrefois *Travesinde* est une source d'eaux minérales. Celle de *Campoldocino* est au pied du mont Splügen, sur lequel on a coupé dans les rochers un chemin si tortueux qu'il donne des vertiges aux voyageurs, des hôtelleries sont disposées à différentes distances pour leur commodité.

Gerichstabe de Plurs.

Un bourg florissant, situé à une lieue de Chiavenne, sur les bords de la Maira, lui donna son nom, & il le devait aux pleurs qu'avait fait verser la ruine du village de Bellfort abimé par les eaux & les rocs qu'elles détachèrent : il avoit été bâti sur ses debris & il fut plus malheureux encore : la campagne y était riante & fertile, l'air y était pur, il était décoré d'hôtels magnifiques, & d'un beau pont ; les riches marchands s'y retiraient pour y jouir paisiblement de leurs richesses; au midi s'élevait la montagne de Conto, dont il se détacha le 25 août 1618 une masse énorme, qui avec un fracas épouvantable & la rapidité de l'éclair, couvrit & abima ce bourg & le village de *Chiton* qui en était voisin; 1500 personnes perirent à Plurs, 930 à Chitan; trois habitans survécurent à leurs demeures dont ils étaient absens; la riviere en couvrit les ruines, parce que les débris de la montagne arrèterent son cours. Ce lieu présente encore des ruines, des rocs nuds, des restes du mont éboulé, mais la fertilité y renaît & la riviere a changé son cours. Le *Podesta* qui y residait a aujourd'hui son siege à *Santa Croce*, village paroissial. *Villa* ou *Ponteila* est une commune considerable dans le territoire de laquelle croît un vin léger & sain.

Baronnie de Haldenstein.

Elle est située à demi-lieue de Coire sur le Rhin & le mont Calanda; elle est libre, indépendante, & son possesseur y a droit de haute & basse justice, les dixmes, le patronat, le droit de faire grace, celui de battre monnaie; il nomme un baillif sur trois personnes que ses sujets lui présentent, & ce baillif assisté de trois juges y termine les procès civils, mais on peut en appeller au baron. Dans les affaires criminelles & dans les matrimoniales, quelques assesseurs de Coire sont joints à ces juges. Tous ses habitans sont protestans; elle renferme le village paroissial de son nom, celui de *Patrānia*, autrefois *Sewils*, les châteaux de *Krottenstein*, de *Lichtenstein*, & diverses maisons & campagnes sur la montagne de Solass. Dans le premier village est un palais où l'on avait établi en 1761 un séminaire pour l'éducation de la jeuneſſe ; il eut d'abord une grande réputation, & c'eſt peut-être pour cette raiſon qu'il n'exiſte plus.

LE VALAIS.

Il confine vers le nord au canton de Berne, & au lac de Geneve, vers le couchant, à la Savoye, vers le midi, au Piémont & au duché de Milan, vers le levant au canton d'Uri & au bailliage de Mayenthal ; il a 33 à 34 lieues de long, ſur une largeur inégale, dont la plus grande eſt de 10 lieues. C'eſt une longue vallée qui s'étend du couchant au levant, & que des montagnes élevées preſſent au nord & au midi ; c'eſt au midi que s'éleve le *grand St. Bernard*, montagne élevée & vaſte ſur laquelle eſt la limite commune du Piémont & du Valais ; d'un côté on en voit deſcendre une des ſources de la Doria Baltea ; de l'autre la Drance ; c'eſt un paſſage fréquenté pour l'Italie, dangereux au printems & en hyver par la neige & les avalanches qu'elle forme ; dans l'endroit le plus élevé du chemin, entre les ſommets pelés du mont, eſt un monaſtere de chanoines réguliers de St. Auguſtin, fondé au dixieme ſiecle par Bernard de Menthon. On y reçoit avec humanité les paſſans, de quelque rang qu'ils ſoient, on les ſoigne, on les conſeille & les guide ; près de là eſt un lac d'une eau limpide, & que l'hyver gèle juſqu'au fond : ſes bords ſont mêlés de cailloux, d'herbe & de neige. Le couvent avait des biens dans les Etats du roi de Sardaigne que des jalouſies d'Etat à Etat lui ont fait perdre ; il ne lui reſte que ceux qu'il avait dans le Valais, le canton de Berne, & les aumônes qu'on lui fait dans les pays voiſins : c'eſt avec ces fonds que les chanoines vivent & exercent l'hospitalité; quelques savans croyent qu'Annibal entra par ce mont en Italie, & appuyent leur opinion sur ce qu'on y trouva des médailles carthaginoises, sur son nom ancien *Mons Penninus*, sur une inscription qui se trouve sur un des côtés du chemin taillé dans le roc qui conduit à Yvree; les Romains y avaient tracé un grand chemin dont on ne trouve plus de vestiges; ils y avaient élevé un temple à Jupiter, qui donna à la montagne le nom de *Mons Jovis*, & par corruption *Mont Joux*: on voit encore quelques ruines de ce temple, & on y a trouvé plusieurs médailles, des monnaies frappées sous différens empereurs, & on les voit au couvent. Ce mont touche aux monts du Faussigny, & à d'autres monts du Valais, tels que le mont *Velan*, vaste colosse couvert d'une glace éternelle. Vers le nord est la *Gemmi*, par laquelle est un chemin qui conduit au canton de Berne: le chemin taillé dans les rocs est large en plusieurs endroits de sept pieds, mais l'hyver le rend impraticable; plus à l'orient est l'*Antonienberg*, & le *Grimsel* par lequel on pénètre dans la vallée de Hasli: celui-ci est joint à la *Fourche*, ou *Gabelberg* nommé ainsi des deux cornes qu'elle éleve vers le ciel, & par laquelle un sentier conduit à la vallée d'Urseren; une croix en marque les limites; de là des monts élevés séparent le Valais de l'Italie jusqu'au St. Bernard: entre le Val de Bagne & celui de Visp est un glacier long de 14 lieues.

A la vallée principale viennent se réunir celles que forment les diverses sinuosités des montagnes; ces petites vallées sont arrosées par des torrens qui viennent grossir le Rhône de leurs eaux blanchies par les rocs, la terre & les cascades qu'ils forment: elles descendent de glaciers situés au pié de monts la plupart inaccessibles. Rien n'est plus varié que les divers sites que ce pays présente au voyageur étonné : il voit les sommets des Alpes s'élever derriere des roches effrayantes par leur hauteur, bientôt un bois touffu nous les cache, un côteau agréable succède, suivi d'un tapis d'une verdure riante qu'ombrage l'ombre humide & allongée des forêts voisines : quelquefois on ne voit qu'un désert aride & sombre, un contour de chemin vous découvre une colonie entourée de champs & de vergers : on parcourt une plaine couverte de troupeaux nombreux ; & tout-à-coup on est arrêté par le bruit d'un torrent qui descend avec rapidité comme du sein des nues, qui se brise, tombe, jaillit au loin, puis serpente paisiblement : tous les contrastes que peut présenter la nature, se trouvent rassemblés dans ce petit pays ; la pente des monts qui le bornent au nord est exposé aux rayons ardens du soleil, & préservée par les monts du souffle glacé des vents du nord. La côte opposée est exposée aux désavantages du vent froid & de l'ombre, & de là vient la diversité des productions du pays. Ici l'on moissonne au mois de mai un froment très-nourri, & l'on recueille en automne des vins dont la force & la chaleur sont supérieures à ceux de la Valteline ; ici des bois, des pâturages, des troupeaux font la seule richesse des habitans ; sur les hauteurs on ne sème qu'au printems quelques champs que la neige couvre quelquefois, après avoir été ensemencés, & à peine les fruits à noyau y meurissent ; dans le fond de la vallée près de Sion, de Siders, de Grundis, la figue, l'amande, la grenade & autres fruits des pays méridionaux croissent en pleine terre. En général, ce n'est pas un pays riche ; la vaste étendue des monts, des glaciers, des rochers, des forêts, des pâturages n'y permettent pas à l'homme de multiplier ses jouissances par son travail. Il y croît du froment, du seigle, de l'orge, des vins muscats; mais ces productions ne suffisent pas à la consommation des habitans: on y recueille beaucoup de fruits, tels que des pommes, des poires, des prunes, des cerises, des chataignes, des mures, des noix, &c. Dans quelques lieux on cultive le safran: il abonde en gibier, en bêtes fauves, & ses diverses rivieres sont riches en poissons. Telles sont ses richesses; les mœurs des habitans sont rudes & grossieres, leur malpropreté est choquante, leur ignorance singuliere. Leur indolence contribue sans doute à y multiplier cette race d'hommes qu'on nomme *Cretins*, imbécilles & muets dès leur naissance, qui étendus à la porte des granges, y roulent des yeux égarés, tordent leurs bras, balancent leur tête, & font entendre des hurlemens sourds & effrayans: ils paraissent ne point éprouver de besoins, & ne ressentent point l'aiguillon puissant de la nature qui excite l'homme à se propager; quelques-uns des plus forts se marient cependant & ont des enfans dont le corps est robuste & l'esprit sain; leurs parens prennent soin de ces hommes dégradés; la superstition les fait regarder comme des êtres heureux & respectables, parce qu'ils sont sans péché, mais cependant on n'y envie point leur sort. Le Valais est encore connu par le goître de ses habitans; les eaux, les alimens, l'indolence, la mal-propreté contribuent ensemble à cette difformité que l'habitude fait regarder presque comme un agrément: cependant elle les fait souvent mourir asthmatiques. Là où cette infirmité n'est pas commune, le peuple est robuste & fort, & il n'est pas rare d'y voir des hommes de cent ans: plus il habite des cantons peu fréquentés, plus on y trouve d'hospitalité, de franchise, de véritable gaité : c'est là aussi qu'on trouve les hommes les plus braves, & les soutiens de la liberté, parce qu'ils ne connaissent pas des biens qui puissent en affaiblir ou éteindre le goût.

Les Lepontiens, les Seduniens, les Veragres en furent les premiers habitans connus. Jules César les soumit, les Bourguignons y régnerent, les Francs leur succéderent : c'est dans ces tems qu'il prit le nom de *Vallesia* ou *Gallesia*. Ils revinrent à l'empire sous Conrad II, qui donna le bas Valais à Humbert de Savoye. Le haut Valais défendit sa liberté contre les ducs de Zœringen, protecteurs de l'évêché de Sion, & contre l'évêque de Sion même ; c'est alors que la confédération des sept dixains qui le composent prit de la consistance : ils devinrent libres & ils peuvent l'être long-tems encore, mais jamais ils ne pourront être conquerans, ni ne l'ont été ; la seule conquête qu'ils ayent faite & conservée est celle du bas Valais ; ils la firent lorsque l'évêque de Geneve, frere du duc de Savoye, vint en 1475 pour les combattre avec 18000 Savoyards ou bas-Valaisans ; mais les sept communautés aidées de 3000 Suisses, les vainquirent près de Glus & conquirent le bas-Valais ; ils y ajouterent en 1536 une petite partie du Chablais : des troubles s'éleverent entre les communautés, & entre des particuliers puissans ; la paix n'exista plus qu'au dehors, & on fut plus malheureux qu'on ne l'aurait été par une guerre étrangère ; les bons patriotes ne virent qu'un remede violent pour remédier à ce mal: ce fut d'établir une espèce d'ostracisme: on plaça dans un lieu public une statue de bois grossierement travaillée, représentant la patrie, couverte de mauvais habits : pourquoi, lui difait-on, êtes-vous fi trifte, fi délabrée ? quel eft le citoyen qui vous a offenfé ? fon avocat expofait fes griefs à celui qui les avait fait naître. Alors le peuple s'affemblait autour d'une maffe de bois élevée en ce lieu ; les mécontens y plantaient un clou, & cette maffe hériffée fe portait devant la maifon du coupable qui y voyait l'ordre de s'exiler ou de fubir un jugement ; s'il fuiait, la populace vivait de fes biens, & lorfqu'il n'y en avait plus, fa maifon était démolie. Ces tumultes devinrent fréquents & firent naître fouvent des troubles fanglans, & c'eft ce qui engagea les cantons Suiffes à demander que cet ufage fut aboli ; il l'eft aujourd'hui avec le mal qui l'avait paraître néceffaire.

La réformation y fit quelques progrès ; mais le zèle de l'évêque & des cantons catholiques l'en a fait extirper. Le haut Valais renferme 30 paroiffes ; le bas en a 25.

La république du *haut Valais* eft partagée, comme nous l'avons dit, en fept communautés ou dixains ; fix de ces fept communautés ont un gouvernement démocratique, le feptieme eft une ariftocratie, c'eft celui de Sion, la feule ville du pays. Chaque dixain député fes plénipotentiaires à l'affemblée générale qui fe convoque deux fois chaque année, au mois de mai & de décembre ; elles fe tiennent dans le château *Magoria*, refidence de l'évêque de Sion ; ce confeil eft le centre qui réunit les diverfes parties de la république ; c'eft le *Landeshauptmann* ou grand baillif qui le convoque, & qui y recueille les voix, mais c'eft l'évêque qui y préfide. Ce confeil d'Etat régle les affaires du pays, relatives à la paix & à la guerre ; élit les baillifs du bas Valais, donne audience aux envoyés des puiffances étrangeres, termine les procès civils & criminels qu'on y a porté par appel. Chaque dixain a son chef qui a le nom de maire ou de châtelain, son gouvernement, sa jurisdiction. La cour de justice est composée d'un juge & de douze assesseurs, elle décide en matiere civile & criminelle : on appelle de leurs sentences au grand baillif & à l'évêque ; de ceux-ci, au conseil du pays ou *Landstath*. Chaque dixain a aussi ses chefs militaires, c'est un banneret & un capitaine ; la république entiere peut former une armée de 20000 hommes ; sa population est de 90 à 100 mille ames.

Dans le haut Valais on parle l'allemand Suisse ; près des sources du Rhône on y a joint des mots emprunté de l'italien Lombard : au dessous de Sion on parle le patois français.

Le peuple du Valais fit alliance avec Berne en 1250, avec les quatre premiers cantons en 1473, avec la France en 1500, avec tous les cantons catholiques en 1586, avec les Grisons en 1600.

Dixain de Gombs, ou Conches.

C'est le plus élevé de tous, il commence à la source du Rhône & même au sommet de la Fourche ; une vallée longue d'environ 10 lieues, arrosée par le Rhône, le forme ; on y trouve des cryftaux, des ametistes, du fer ; il est peuplé, riche en pâturages, en bétail : on y fait beaucoup de fromages ; & les amateurs de l'histoire naturelle y trouvent bien des objets intéressants ; il est partagé en haut & bas : celui-là a pour chef-lieu *Munster* : celui-ci *Aernen*. Son chef s'appelle maire, & s'élit chaque année alternativement dans ses deux parties. *Oberwald*, *Unterwalsen* sur les bords du Rhône, font riches en pâturages; au midi s'ouvre une vallée riante, c'est celle d'*Ageren*, *Agerana Vallis*; elle appartient aux nobles d'*Aragno* qui vendirent leurs droits aux habitans, qui depuis élifent leurs magiftrats : l'Elen ou Elmi l'arrofe : elle fe précipite entre de hautes montagnes & vient fe joindre au Rhône : plus bas eft *Geftilen* ou *Ober-Geftelen*, *Caftelio Superior*, grand village au pied du Grimfel, montagne qu'on paffe fur des mulets dans des fentiers efcarpés & difficiles, que l'hyver rend impraticables. *Ulrichen* eft voifin des lieux où les Valaifans vainquirent le duc de Zœringen en 1211, & les troupes de quatre cantons alliés de l'évêque de Sion en 1419; deux croix de bois ornées d'une infcription annoncent le tems, le lieu & l'événement de ces combats. *Lax* eft fur un torrent : fa fituation eft agrefte & fauvage ; mais fur la rive oppofée on jouit d'une perfpective charmante. *Münfter* eft une efpece de bourg, des prairies l'environnent, & c'eft là que fe font les affemblées de cette partie du dixain : on y trouvoit autrefois beaucoup de goîtres & de Cretins ; depuis qu'on y eft devenu plus propre, ils font auffi devenus plus rares. Vis-à-vis eft le *Val Egine* d'où par deux chemins, on peut fe rendre en Italie, l'un par le mont Lify, l'autre par le mont Griefs. On y trouve fix villages qui formerent le comté de Graniol, où l'on trouve des mines de fer, des pyrites, des grenats. Ses habitans nomment leurs magiftrats civils; mais les affaires criminelles fe portent à *Aernen*. Ce dernier eft un bourg dont les maifons font couvertes d'ardoifes : autour du lieu eft une vafte prairie qui defcend en pente jufqu'au fleuve ; elle eft bordée par de magnifiques bois de fapin. C'eft dans ce bourg qu'eft la maifon de ville, la cour de juftice,

& que se convoquent les assemblées du dixain. Près d'Aernen est le hameau de *Deutschberg* situé sur la montagne de *Deisch*, *mons Dei* ; cette montagne termine le dixain, s'avance sur le Rhône & le resserre, on y voit un pont de pierre d'une arcade, effrayant par sa hauteur, & par la rapidité du fleuve. *Binn* est dans une vallée qu'arrose une riviere de ce nom, & qui descend du mont *Allbrünn*; c'est ici que se font les meilleurs fromages: *Belwald*, *Niederwald*, *Fiesch* sont encore des villages paroissiaux de ce district. En général on n'y voit guere de maisons de pierres: elles sont de sapin, quelques-unes sont peintes, le plus grand nombre sont noircies par le soleil, mais presque toutes sculptées, bien éclairées au dedans, assez vastes ; l'église seule se distingue par son élévation & sa blancheur, elles sont bien ornées au dedans, & rien n'annonce la misere dans les habitans de ces lieux ; ils firent en 1416 un traité particulier avec Uri, Unterwald & Lucerne.

Dixain de Brûg.

C'est le sixieme par son rang: son chef est un châtelain; on y compte trois bourgs, cinq paroisses; il fit en 1417 un traité particulier avec les trois cantons que nous venons de nommer; il est riche en pâturages.

Brig ou *Brûg* est le chef-lieu de ce dixain, c'est un bourg bien bâti & le plus beau du Valais; on y voit de bons édifices, ses maisons sont de pierres, les jésuites y avaient un couvent magnifique & un collège, les ursulines y ont un monastere ; sa situation à l'embouchure d'une vallée fertile qui conduit au Simplon & qu'arrose le *Saltana*, est très-riante:

la riviere descend du mont *Simplon*, *Simpronius*, par lequel est un passage fréquenté dans le duché de Milan : ce passage le rend un peu commerçant : son voisinage d'une montagne escarpée lui a été funeste en 1754 ; il s'en détacha des rocs qui en abbatirent plusieurs maisons. Une lieue plus bas sont les bains de son nom, qu'on nomme aussi *Gliserbad*; les environs sont couverts de vignobles, de prairies, de champs, de vergers ; au dessus s'éleve la montagne escarpée de *Munds*; ces bains soufrés étaient salutaires pour divers maux, & sont cependant abandonnés, peut-être, parce que n'étant séparés du Rhône que par une prairie unie & rapide, il était à craindre qu'en glissant on ne s'y précipitât. *Glus*, ou *Glys* est un joli village, il a peu de maisons, mais la plupart sont bien bâties ; il a une grande & belle église dédiée à notre dame, & on y voit dans une chapelle le portrait de *Fluc*, l'ennemi du célebre évêque de Sion, Matthieu Schinno ; il y est peint avec sa femme, ses 12 fils, & ses 11 filles. Près de là sont les ruines d'un ancien mur qui s'étendait de la montagne au Rhône, élevé par les Romains, ou par les Viberiens dont il marque les limites, ou dans des tems postérieurs pour opposer un obstacle à l'ambition des nobles du pays qui s'étend de là aux bornes du Piémont. Près du mont *Simplon* est la paroisse de *Simpalen*.

Dixain de Visp, ou *Fischbach*.

Il s'étend dans un vallon étroit, long de 10 lieues, arrosé par le Vispa ; il est sur-tout très-fertile en pâturages & renferme 8 paroisses.

Visp, *Vespia* doit son nom à la riviere qui l'arrose, & qui près de là se joint au Rhône : ce bourg a
quelques

quelques belles maisons & deux églises : autrefois il avait le nom d'*Hubschburg* d'un château dont on voit les ruines au dessus de son enceinte ; il y avait beaucoup de nobles dans *Visp*, & on y voyait une église où eux seuls étaient dignes d'entrer pour s'humilier devant Dieu ; il fut le siège des comtes de ce nom : dans ces environs on trouve des mines de crystal, d'amiante & de pierres de *lavezzi* dont nous avons parlé dans la description de Chiavenne.

Derriere *Visp*, deux vallées se forment, toutes deux terminées aux frontieres du Milanais ; dans celle de *Mattin* il est un chemin pour y pénétrer, on y voit cinq villages : dans celle de *Sass*, on franchit la montagne d'*Antrum* & celle de *Maggara* ou *Foa* qui la terminent pour se rendre en Italie ; au pié de la derniere on voit un ruisseau dont les eaux tiedes teignent en rouge la terre & les pierres sur lesquelles elles roulent : elles ont, dit-on, les vertus de l'eau de Leuk : ces deux vallées sont arrosées par des torrens qui, en s'unissant, forment la Vispa : le mont qui les sépare est très-riche en pâturages, c'est là qu'est situé le village de *Grenchen*.

Dixain de Raren, ou Raron.

Il est le quatrieme par le rang : un maire est son chef ; il a quatre grandes paroisses, est partagé en deux parties pour le gouvernement, & en trois pour ce qui intéresse le militaire.

Raren, ou *Raron* a deux églises, & eut autrefois un château de ce nom, siége de ses anciens barons : le bourg est sur la rive droite du Rhône : autour de lui sont des beaux monts, des vignes, des prairies ; plus bas est le village d'*Unter-Gestilen*, situé au pied du mont Geſtilen ſur lequel ſont les ruines d'un château, ſiége des barons de la Tour. Derriere, s'ouvre la vallée de *Letſchthal* longue de ſix lieues, fertile, peuplée, arroſée par la Lonza; on y trouve du ſoufre & du plomb. Un ſentier conduit du Letſchberg dans le canton de Berne. A *Durtig* on trouve des indices de mines d'argent. *Môril*, ou *Morell, Morgia* dépend de ce dixain, & en eſt ſéparé par ſa ſituation: il touche à celui de Gomps & à celui de Brig: c'eſt une paroiſſe compoſée de divers villages, qui fut une ſeigneurie indépendante; elle s'étend de la montagne à la riviere de Maſſa, dans une plaine étroite, mais fertile, couverte de prairies & de champs où croît le ſafran; c'eſt là qu'on rencontre les premieres vignes du haut Valais.

Dixain de Leuck.

C'eſt le troiſieme par ſon rang: ſon chef a le nom de maire; on y compte 8 paroiſſes.

Leuck eſt un bourg dans une ſituation élevée, à un quart de lieue du Rhône: il eſt fortifié par la nature, car le Rhône eſt devant lui, une montagne eſt derriere, à ſes côtés ſont deux torrens qui roulent leurs eaux dans un lit profond; l'un s'appelle la *Dala* & c'eſt le plus grand; de loin il paraît noir & triſte; on y trouve cependant de belles maiſons, deux égliſes, une maiſon de ville vaſte, un château antique qui appartient à l'évèque de Sion, & où ſes députés s'aſſemblent avec ceux des autres dixains; *Leuk* eſt le lieu le plus convenable à ces rendez-vous communs, parce qu'il eſt au milieu de la vallée; ſes habitans parlent la plupart allemand & françois, quelques-uns encore ſavent le latin & l'italien.

A deux lieues au nord de ce bourg font les bains de fon nom, au pied de la Gemmi, dans une vallée étroite & profonde, qu'arrofe la Dala : un paffage étroit au travers d'une forêt y conduit : il y a cinq fources, & leurs eaux font conduites en différens bains; on les boit auffi : elles font claires, inodores, affez chaudes pour cuire un œuf : elles font falutaires pour les rhumatifmes, les maladies de la peau, &c. Ce lieu était inhabité, il y a plus de trois fiecles : infenfiblement il s'y eft bâti un village & une églife ; c'eft de là qu'on monte la *Gemmi* par un chemin tortueux, foutenu en plufieurs endroits par des murs ou des poutres, & qui a plus de 10000 pieds de haut. Au fommet eft un petit lac : un avalanche de neige couvrit une partie de ce village en 1719. *Salgetfch* où croit un vin excellent, où & eft une maifon de Malthe; fur la rive gauche du Rhône eft un bâtiment où l'on dépofe les marchandifes deftinées pour l'Italie, ou qui en reviennent; près de là eft un gouffre profond nommé *Ullgraben*; les torrens l'ont creufé, & on dit que Leuck fut d'abord bâti en ce lieu.

Dixain de Siders ou *Sierre*.

Il eft le fecond par le rang, eft fitué fur les deux rives du Rhône, dans une vallée affez large, fertile, les rayons du foleil concentrés par de hautes montagnes y font meurir d'excellens fruits, & y rendent la vigne abondante : il renferme 11 paroiffes, & fon chef a le nom de châtelain.

Siders eft un bourg fur un ruiffeau qui porte ce nom, il eft fur la rive droite du Rhône, à quelque diftance de fes bords ; fes rues ne font ni propres ni droites ; fes maifons font de pierres, mais affez communes, ses environs sont beaux : entre lui & le Rhône est un couvent de carmes mendians. *Gradetz* fut autrefois défendue par trois forts situés sur un rocher ; ses murs furent détruits en 1375 : sa jurisdiction dépend de Sion. *St. Leonhard* est une paroisse arrosée par une petite riviere qui descend du mont Rablin, par lequel on se rend dans le Sibenthal. La vallée d'*Enfisch* a sept lieues de long, & renferme divers villages qui composent une seule paroisse : c'est à *Visoye* qu'est l'église ; on y voit des champs, de belles prairies, & des mines d'argent : l'évêque de Sion est seigneur d'Enfisch ; & il en nomme les principaux magistrats : près de *Sainte Euphemie*, sur un rocher élevé, était jadis un château fort. On parle allemand à Siders, & un patois français dans ses environs.

Dixain de Sion ou *Sitten.*

Il est le premier dans son rang, & il l'a disputé dans l'élection de l'évêque avec celui de Gomps ; il a deux lieues de long, près de trois en largeur, & a pour chef un grand châtelain.

Sion, ville médiocre par sa grandeur, est dans une situation riante, à quelque distance du Rhône, sur le Sitten qui en lave les rues, assez bien bâtie, elle s'embellit tous les jours ; elle est ancienne & son nom lui vient des *Sadunii* qui l'habiterent : elle a souvent été ruinée ; on y trouve des inscriptions antiques & des ruines romaines : ses environs sont fertiles ; elle est commandée par trois châteaux qui s'élevent l'un au dessus de l'autre : le plus bas & le plus vaste est le château *Mayoria*, il est la demeure de l'évêque, & le lieu où les Landrath ou conseil du pays s'assemblent : de celui-là on monte aux deux autres par un escalier fermé de murs ou par les rocs : l'un se nomme *Valleria* & sert de demeure au doyen du chapitre & à cinq de ses chanoines ; le plus élevé se nomme *Tourbillon* ou *Turbelle*, il appartient à l'évêque : Sion a quelques monasteres, six églises, un collège fondé par les jésuites, une maison de ville assez belle. La ville possede trois seigneuries, est gouvernée par un conseil de 24 personnes présidées par un bourguemestre élu chaque année. Le grand châtelain juge les causes civiles du dixain. On trouve dans ses environs un marbre bleu, un marbre noir à veines blanches, de l'albâtre, de la houille.

L'évêché de Sion ne s'étend pas au delà des bornes du Valais : avant la réformation il comprenait le gouvernement d'Aigle : son siége fut d'abord à *Octodurus*, aujourd'hui *Martigny*. Son chef a le titre de *comte & de préfet du Valais* ; un sénéchal porte l'épée devant lui dans les cérémonies publiques ; on peut appeler à lui, ou au grand baillif des causes jugées par les dixains ; il préside au landsrath, a le droit de faire grace, celui de battre monnaie sous certaines restrictions, nomme les notaires, hérite dans certains lieux de ceux qui n'ont pas de parens à un degré fixe, possède diverses seigneuries dans le bas Valais, & a le titre de prince du St. Empire. Après sa mort, le chapitre composé de 40, d'autres disent de 24 chanoines, présente quatre de ses membres aux envoyés des sept dixains qui choisissent sur ce nombre. Il était autrefois suffragant de l'archevêque de Moûtiers en Tarentaise ; Léon X le fit dépendre immédiatement du St. Siege en 1513.

Ayent, paroisse située sur une montagne fertile ; l'évêque y nomme un grand châtelain. Vers le nord de Sion est le *Sanetsch*, montagne élevée par laquelle on passe dans le canton de Berne : de là sort la Morse, riviere qui coule au pied de rochers presqu'inaccessibles, sur lesquels on voit les masures des deux forteresses de *Seon* & de *Montorge* : sur la rive gauche du Rhône est *Bremis* sur la Bornia, où la ville de Sion envoye tous les deux ans un grand châtelain. Près de là est une église, un monastère avec sa cuisine, son réfectoire, ses cellules, & le tout taillé dans le roc au seizieme siécle : ses premiers habitans moururent tous en même tems, & depuis il est désert. Au delà est la vallée d'*Ursense* ou l'*Eringerthal* : elle s'étend de *Bremis* vers le midi l'espace de 10 lieues ; la Bornia qui sort du mont Silvius l'arrose : sur ses deux rives sont dispersées huit paroisses peuplées ; celle de *Lass* est sur un mont élevé. Au dessus de celle de *St. Martin* s'ouvre la vallée d'*Armenzi* où l'on compte quatre villages : près de celui de *Vosch* ou *Fesch* est une mine de cuivre, & une source d'eau salée dont on a abandonné l'exploitation.

Bas Valais, ou sujets de la république du Valais.

Ses habitans sont les anciens Venagres ; ils parlent français dans les vallées, & allemand sur les hauteurs : libres comme ceux du haut Valais, ils se firent une guerre sanglante dans le quinzieme siecle, qui finit par leur soumission au joug de leurs rivaux ; ce pays est partagé en sept gouvernemens ; le conseil du Valais y envoye tous les deux ans des gouverneurs sous différens noms.

DE LA SUISSE.

Gouvernement de Nenda.

Son chef y prend le titre de *grand-maire* : le pays est fertile en vins & en pâturages : la vallée d'*Armenzi* ou *Heremance* en dépend. Le haut & bas *Nenda* sont deux villages assez grands. L'évêque de Sion exerce la jurisdiction à *Veissona* dans les mois de Mai & d'Octobre : l'abbaye de St. Maurice a le même droit à *Cleibes* & à *Verrey*.

Gouvernement d'Ardon.

Un maire y siege : il appartient à l'évêque de Sion, & renferme trois paroisses : *Ardon*, *St. Pierre* sont de beaux villages, & le pays qui les environnent est couvert de prairies, ombragé par des arbres élevés. *Schamoson* est le nom de la troisieme paroisse. Là est le village de *Magne* connu par ses vins.

Gouvernement de Martigny.

L'évêque de Sion à qui il appartient y nomme un grand châtelain : son chef lieu Martigny fut probablement l'ancienne ville d'*Octodurus* d'Antonin, & le *Vicus Veragrorum* de César : elle est située dans une petite plaine, au bord de la Dranse, qui à un quart de lieue de là se jette dans le Rhône, à la réunion de trois vallées qui conduisent à Sion, à St. Branchier, à St. Maurice : de hautes montagnes la dominent ; on y trouve des mines de fer & diverses curiosités naturelles : elle est divisée en ville & bourg ; celui-ci est plus grand que la ville, dont il est à un quart de lieue : sur la côte rapide des monts on voit des vignes plantées sans ordre, cultivées sans beaucoup de soin ; ce sont les vignobles de la Marque & de Coquempin connus par les excellens vins qu'en en retire. On a trouvé des inscriptions Romaines à Martigny, il n'y reste aujourd'hui de monumens antiques qu'une vieille forteresse élevée sur le penchant d'un rocher. Les marchandises qui vont ou qui viennent du haut Valais par Sion, de l'Italie par le St. Bernard, se réunissent ici pour être conduites au lac de Genève ; le Rhône y détruisit en 1596 près de 300 maisons. Quelques villages répandus çà & là composent cette châtellenie.

Gouvernement de St. Maurice.

Il est fort étendu : tous les deux ans les 7 dixains y envoyent un baillif ; on y compte 14 paroisses. *St. Maurice* est un bourg nommé autrefois *Agaunum*, & plus anciennement encore *Tarnadæ* : les montagnes s'y resserrent & ne laissent entr'elles & le Rhône qu'un espace étroit, par lequel on peut fermer le pays avec une porte ; la montagne qui la resserre semble être coupée à pic, & presqu'au milieu de sa hauteur, sur un rebord, on voit une maison & une église, qui fut la demeure d'un hermite, mais que personne n'habite aujourd'hui : on y monte par des escaliers taillés dans le roc ; on remarque encore à St. Maurice des antiquités romaines, telles qu'un pavé à la mosaïque & trois belles colonnes de marbre ; elles sont dans l'église. En général il est bien bâti ; le sexe y est assez beau parmi le peuple : ses cheveux tressés, son petit chapeau n'ôte rien à ses agremens. Ce bourg est un entrepôt de marchandises ; il est célebre par le massacre vrai ou faux de la légion Thébéenne, & par le monastère de son nom, occupé par des chanoines réguliers de

St. Auguſtin: ſa fondation eſt très-ancienne. St. Sigiſmond, roi de Bourgogne, le rétablit en 515, lui & ſes ſucceſſeurs lui donnerent pluſieurs ſeigneuries, des terres dans le Viennois, le Val d'Aoſte, le pays de Vaud, &c. Il nomme à neuf paroiſſes, exerce la juriſdiction à *Finio*, à *Gryon*, poſſede la ſeigneurie d'*Auborange* dans le canton de Fribourg, & les droits ſeigneuriaux dans les vallées de *Bagne* & de *Servan*. Rodolphe I roi de Bourgogne y fut couronné : on y conſerve, dit-on, les reliques de St. Maurice. Près delà eſt le village d'*Yenne* qu'on croit être l'ancienne *Epauna*, célebre par un concile où ſe raſſemblerent vers la fin du cinquieme ſiecle, 25 évèques, & qu'une montagne éboulée couvrit en 562. C'eſt dans ce gouvernement qu'on voit la belle caſcade du *piſſe-vache*, où l'eau tombe déja écumante d'une hauteur perpendiculaire de 800 pieds.

On y remarque encore quelques paroiſſes : celle de *Gundis*, *Gontey*, *Contegium*, ſituée ſur une montagne couverte de beaux pâturages, & qui fut autrefois une ville : celle de *Cullion*, petit bourg, ſur une éminence d'où coule une fontaine d'eaux tiédes, bonnes pour les maladies de la peau : celle de *St. Branchier*, dans le Val d'Entremont, à l'extrêmité de la vallée étroite qui conduit à Martigny, & de celles qui conduiſent l'une au St. Bernard, & l'autre au Val de Bagne : c'eſt un bourg aſſez grand, au bord de la Dranſe; plus haut, on trouve le bourg d'*Orſiere* ſur la Dranſe encore, dans une ſituation agréable, à l'entrée de deux vallées cultivées & riches : plus haut eſt *Lidde*, grand village ſur la pente cultivée d'un mont; enfin plus haut encore eſt le bourg *St. Pierre*, bâti ſur une pente inégale, entouré de roc & de racines, au pied du grand St. Bernard, à 3 lieues du couvent dont nous avons parlé, & qui nomme à six cures du *Val S. Pierre*.

Gouvernement de Montey.

Les sept dixains y envoyent alternativement un baillif qui y siége deux ans : son sol est fertile, mais peu riant; on y compte huit paroisses, joint à la chatellenie de Bouveret, il forme une des trois bannieres du bas Valais, & chaque banniere est obligée de fournir en tems de guerre autant de soldats qu'un des dixains du Valais.

Montey, *Monteolum*, est situé presque au pied des montagnes, & a devant lui l'ouverture d'une vallée rapide; le baillif réside dans le château qui le commande, il renferme une église & un prieuré; la riviere de Liege qui l'arrose, souvent gonflée par les torrens des monts voisins, en couvre quelquefois les champs & inonde ses rues. Parmi les paroisses qui renferment son gouvernement, nous ne remarquerons que *Lic* situé dans un riche vallon auquel il donne son nom, & celle de *Vauvri* où l'on voit une belle papeterie.

Gouvernement de Bouveret.

Il s'étend du bailliage que nous venons de décrire aux extrêmités du Chablais; son chef est un châtelain que les dixains tour-à-tour envoyent tous les deux ans; il siége au château de *Sax* situé entre un mont inaccessible & le Rhône; le passage est fermé par un mur crenelé : il renferme quelques hameaux; le village de *Port-Valay* situé sur une hauteur qu'environne une plaine qui paraît avoir été couverte des eaux du lac; le *Bouveret*, situé au bord

DE LA SUISSE. 651

du lac, & la partie du bourg de *St. Gingoux* qui appartient au Valais.

Gouvernement du Val de Bagne.

C'est une vallée assez large, très-fertile: elle renferme plusieurs villages & doit son nom à l'un d'eux détruit par une inondation en 1545. *Rablos* est un village assez considérable: c'est l'abbé de St. Maurice qui y exerce la jurisdiction, & y nomme un grand châtelain qui siége dans le village paroissial de *Vollega*.

Ville de Muhlhausen.

Elle est située sur les frontieres de Sundgau dans la haute Alsace, près de l'Ill, à six lieues de Bâle, dans une vallée agréable & fertile; la France l'environne de toutes parts. Elle était un village sous Louis I; elle était devenue une ville sous Frederic II: un moulin lui donna son nom: soumise quelque tems à l'évêque de Strasbourg, Rodolphe I en fit une ville libre & indépendante: ses priviléges furent confirmés par les empereurs qui lui succéderent. Charles IV voulut que l'avoyer de l'empire fut choisi parmi ses bourgeois, & qu'ils élussent leur bourguemestre; elle s'allia aux cantons de Berne & de Soleure en 1466, avec Bâle en 1506, avec les 13 cantons en 1515; mais son union avec les cantons Protestans est la plus intime. Ses habitans sont au nombre de 4000; le service divin s'y fait en allemand dans l'église paroissiale de St. Etienne, & en français dans celle du Cloître de Barfusser. Le couvent des Augustins y a été changé en arsenal: celui de Sainte Claire en hôpital: l'hôtel de ville élevé sur la place St. Etienne est un bel édifice ; il en est d'autres encore qui l'ornent : les fabriques d'indiennes sont une des sources de sa prospérité ; son petit territoire est fertile en vins, en blés, & en fruits ; il forme un bailliage dans lequel on remarque les villages d'*Itlzach* & de *Modenheim*. Tous ses revenus peuvent être de 20000 écus d'empire. Son gouvernement autrefois aristocratique s'est rapproché de la démocratie. La bourgeoisie y est partagée en six tribus : deux conseils la gouvernent. Le petit est formé par trois bourguemestres, neuf conseillers, & les deux chefs de chaque tribu, qui font le nombre de 24. Le grand renferme le petit auquel on ajoute six membres de chaque tribu qui sont les assesseurs des deux tribuns, & trois bourgeois choisis par eux dans chaque tribu encore. C'est ce grand conseil qui élit, & qui juge par appel ; les tribunaux inférieurs consistent en une cour de justice présidée par un *sou-avoyer*, un directoire des marchands, & un consistoire, &c.

Principauté de Neufchâtel & *de Vallengin.*

Elle confine à l'orient aux territoires de l'évêché de Bâle & du canton de Berne, au midi au lac de Neufchâtel, & au bailliage de Grandson ; au nord & à l'occident à la Franche-Comté : il a 11 à 12 lieues de long, quatre à cinq de large. Le mont Jura y étend diverses chaines au couchant & au nord ; le territoire y est en général peu fertile & abonde cependant en productions variées ; les arts y enlevent trop de bras à la terre. Les collines, les vallées, les plaines y rapportent des vins rouge & blanc estimés, des fruits, des grains, du chanvre ; les grains qu'on y recueille ne suffisent pas à ses habitans ; ils y suppléent par le commerce du vin, par celui des bestiaux, surtout par celui que fournissent les arts qu'ils cultivent. La tourbe en quelques endroits permet d'y ménager les bois. On y trouve des eaux minerales. Le roc qui fait la base de ses montagnes est calcaire, rempli de pétrifications : par l'arrangement de ses couches, l'eau de la neige & des pluies s'engloutit dans les hautes vallées & reparait dans les basses en sources abondances ; l'industrie des habitans a pratiqué des moulins au fond des puits qu'elles forment, & l'onde qui fait mouvoir leurs rouages placés sous terre, ou élevés au dessus des abîmes, s'engloutit dans le sein de la terre.

Le lac de Neufchâtel long de neuf lieues sur une & demi de large, est peu profond, gèle quelquefois, mais est fort poissonneux : on y trouve des truites, des brochets, des perches, &c. Vers le midi, il reçoit l'Orbe, vers le couchant la *Reuss* qui nait dans le Val Travers, la *Serriere* qui sort avec impétuosité du pied d'un mont à 4 ou 500 toises du bord du lac, le *Seion* qui se forme de divers ruisseaux dans le Val de Ruz ; vers le nord-est, il reçoit la Thièle, qui le joint ensuite au lac de Bienne. Parmi les monts on remarque le Chasserat & le Chasseron, abondans en simples rares & précieux.

La principauté renferme trois villes, un bourg, 32 paroisses sans celles de la capitale, 13 églises filiales, 64 villages & un grand nombre de maisons dispersées : on y compte 36300 habitans. Autour de Neufchâtel on fabrique annuellement plusieurs miliers de pièces d'indienne & de toiles de coton qui se répandent chez ses voisins, & il s'y fait beaucoup de dentelles ; mais son commerce le plus considérable est l'horlogerie : on compte qu'il en sort tous les ans près de 30000 montres. On y fabrique des couteaux & d'autres ouvrages de méchanique. Ses habitans parlent français, & leur patois est assez semblable à celui de Bourgogne. La religion y est reformée; la seule Châtellenie de *Landeron* est catholique : les pasteurs y forment trois colloques; tous s'assemblent annuellement au mois de Mai dans Neufchâtel, & leur assemblée jouit de grands privilèges, a inspection sur toutes les affaires spirituelles & sur les églises, élit, suspend, dépose les nouveaux pasteurs & consacre les ministres, excepté dans la ville de Neufchâtel où les magistrats partagent son pouvoir.

Ce pays fut soumis au dernier royaume de Bourgogne; il parvint à l'empire Germanique en 1034. Ulric, comte de Phœnix, parait avoir possédé ce pays comme un fief qu'il avait reçu de Rodolphe III; ses successeurs le possederent jusqu'en 1373. Il avait été divisé plusieurs fois sous Rodolphe I, la ville & le château étaient un fief de l'empire; l'empereur le donna à Jean de Châlons, seigneur d'Arlay : Louis, comte de Phœnix, fut le premier qui prit le titre de comte de Neufchâtel en 1324 : il obtint en 1337 le droit de battre monnaie; en 1344 il reçut de Louis de Savoye la seigneurie de Gorgier; il obtint de Jean III de Châlons, en 1367, que ses filles pourraient posseder ses fiefs; & étant morts sans enfans mâles, ses fiefs passèrent successivement au comte de Nidau, époux de sa fille ainée; puis au comte de Fribourg né d'une d'entr'elles. Mais Jean IV de Châlons, prince d'Orange, appuyé sur le droit de fief suivi en France & en Bourgogne, voulut retirer le fief & le laissa cependant à ce comte en 1397, non comme un héritage, mais comme une grace & une marque de bienveillance, & il fut réglé en 1406, que si la postérité mâle s'éteignait, tous ces fiefs retourneraient à la maison de Châlons, comme seigneur souverain. Le comte Conrad de Fribourg fit un traité de combourgeoisie avec Berne en 1398, son fils le renouvella en 1424 : & c'est à ce traité que les princes de Neufchâtel doivent principalement leur conservation ; cette famille s'éteignit en 1458, les mêmes difficultés s'éleverent encore ; la maison de Hochberg hérita par testament du comté, & la maison de Châlons la réclama par le droit & les traités ; la premiere resta en possession en rendant hommage à l'autre ; Louis d'Orléans, duc de Longueville, l'obtint, comme une dot de Jeanne de Hochberg sa femme, & leur postérité s'éteignit en 1707.

Des prétendans se présenterent alors en grand nombre, les Etats de Neufchâtel jugerent de ces titres, & prononcerent en faveur du roi de Prusse, comme héritier des anciens droits de la maison de Châlons.

Les comtés de Nidau & de Vallengin étaient autrefois des appanages de la branche cadette de la maison de Neufchâtel : Vallengin était possédé en 1592 par les comtes de Montbeillard ; le prince de Neufchâtel la racheta cette année, & depuis ce tems elle fut unie à la principauté.

Nous avons indiqué le traité qui allia cette principauté au canton de Berne ; un traité précédent l'avait alliée au canton de Soleure ; elle le fut en 1495 avec Fribourg, en 1501 avec Lucerne. Les cantons la conquirent en 1512 & la rendirent en 1529. En 1499 elle fut reconnue indépendante de l'empire, & par le traité de Westphalie, comme alliée des Suisses, elle le fut de la France.

L'alliance de Berne avec les princes & la ville

de Neufchâtel, appelle cette république à être la médiatrice entre le prince & son peuple, & le juge de ses différends. Elle a souvent exercé ce droit, ou seule ou en commun avec les cantons de Lucerne, de Fribourg & de Soleure.

Autrefois ce pays n'était couvert que d'épaisses forêts; les terres cultivées l'étaient par des mains esclaves; mais bientôt pour étendre la population & animer l'industrie, les maîtres accorderent des franchises aux communautés naissantes. Ces franchises se conserverent & s'étendirent par l'exemple & les traités faits avec les Suisses: les us, les coutumes devinrent des loix. Enfin en 1707, elles furent déterminées d'une maniere claire, & en voici le précis.

La souveraineté a été déclarée héréditaire, transmissible aux femmes, inaliénable, indivisible; mais les Etats sont juges dans les contestations sur les successions: le roi jura la conservation des priviléges & des libertés spirituelles & temporelles des peuples, des us & coutumes écrites ou non écrites, & les représentans lui firent foi & hommage; le gouverneur qui représente le prince peut être étranger ou indigene; les rois nomment à cet emploi, ainsi qu'à tous ceux qui ne sont pas réservés par les priviléges des peuples, tels sont les conseillers d'Etat, le chancelier, le procureur-général, les trésoriers, l'avocat-général, les châtelains, les maires qui président dans les cours de justices, &c., mais ces derniers ne peuvent être donnés qu'à des gens du pays. Les *Etats* sont composés de 12 membres, dont quatre sont nobles, quatre sont châtelains, & quatre conseillers de Neufchâtel: ils sont juges absolus des matieres de féodalités, font des loix, les corrigent, les abrogent, mais leurs opérations

DE LA SUISSE.

rations doivent avoir la sanction du prince, ils jugent irrévocablement les procès civils : le gouverneur y préside, & y décide en cas d'égalité de voix : ils ont des assemblées ordinaires & des extraordinaires que le représentant du prince convoque. Le *Conseil d'Etat* a inspection sur la police générale, exécute les ordres du gouvernement, & les sentences des Etats, veille sur les droits du souverain, est chargé de la correspondance avec les puissances étrangeres ; le prince détermine à son gré le nombre de ses membres. Le prince absent ne peut parler au peuple que par le conseil, ou le gouverneur ; les sujets ne peuvent être jugés que dans l'Etat & par ses magistrats ; ils sont indépendans des autres Etats, & quelque soit ceux auxquels le prince fait la guerre, ils peuvent servir ceux qui ne la font pas à la principauté, & comme allié des Suisses, ils sont à l'abri des hostilités des puissances ennemies de leur prince. Ils sont à l'abri des jugemens arbitraires, & dans les sentences criminelles, le prince n'a que le pouvoir de les adoucir, ou de faire grace. Les Neufchâtelois ne peuvent être soumis à aucune nouvelle contribution ; les redevances sont modiques, & se paient en impôt, ou en nature : le commerce y est libre, & les marchandises qui appartiennent à un sujet, ne paient aucun droit. La défense du pays regarde le prince, la milice y est réglée comme celle des cantons & divisée en quatre départemens ; elle monte à 8000 hommes. Les revenus du prince ne sont pas au delà de 100 mille livres de France.

On compte dans le pays quatre fiefs nobles ; le reste est divisé en quatre châtellenies & 14 mairies. Nous allons les décrire en particulier.

Tome VI.   T t

I. SOUVERAINETÉ DE NEUFCHATEL.

Mairie de Neufchâtel ou Neuenbourg.

Elle a cinq ou six lieues de circuit, & est la premiere de toutes les jurisdictions de l'Etat.

Neufchâtel, *Neocomum*, & qu'on croit être la *Noidenolex Aventica* des notices de l'empire, est située sur la rive septentrionale du lac de son nom, adossée à des hauteurs que le lit du torrent de Seion partage : son enceinte est resserrée, mais elle est peuplée & bien bâtie. Un vaste château la domine : bâti en 1250 sur les ruines d'un couvent de moines blancs, il fut la résidence des comtes, est aujourd'hui celle du gouverneur, & c'est là encore que s'assemblent les Etats & le conseil d'Etat : près de lui est une église assez grande & d'une structure gothique ; il en est une autre plus élégante bâtie dans le dix-septieme siecle où l'on fait le service en allemand. Cette ville a diverses maisons d'une architecture solide & gracieuse, quatre grandes rues, & vers le lac une place ouverte où les commerçans & les oisifs se rassemblent ; elle a un fauxbourg magnifique par ses maisons & ses jardins, & autour d'elle sont des vignobles ornés de cabinets & de petites maisons légeres, construites comme les Bastides de Marseille. Elle manque de promenades publiques, & n'avait qu'un hospice, mais on y construit un hôpital, elle a un collège où les bourgeois étudient gratis. Elle a plusieurs magistrats : tels sont un *maire*, son *lieutenant*, quatre *ministraux* élus tous les deux ans parmi les membres du petit conseil, sur lequel ils président chacun pendant six mois ; un *petit-conseil* qui est la cour de justice de la mairie, & nomme lui-même les membres qu'il choisit dans le *grand-conseil*, composé de 40 membres qui, lorsqu'il en manque trois, sont nommés par le sort : il se joint au petit-conseil dans les cas importans, & est présidé par deux porte-clefs, renouvellés tous les deux ans, & qui joints aux quatre ministraux & le banneret forment un tribunal particulier ; qui veille sur la police, juge les cas de bâtardise & de patronat, accorde des decrets de prise de corps, instruit les causes criminelles, &c. Le *bannerer* est élu tous les six ans par le conseil général formé par toute la bourgeoisie ; il est gardien de ses droits & porte sa banniere. Ces magistrats font des réglemens, des ordonnances qui s'exécutent dans toute l'étendue de la mairie. La cour matrimoniale est composée du maire & de huit assesseurs qui sont deux pasteurs, deux conseillers d'Etat & quatre membres du petit conseil. Les bourgeois ne dépendent que de leurs chefs particuliers rélativement au militaire. La ville possède des forêts & des champs, leve une dixme sur tout le vignoble de la mairie, & exerce plusieurs droits utiles. Sa population est d'un peu plus de 3600 ames ; le commerce y fleurit, on y fabrique des toiles peintes ; les changes & les commissions y font prospérer plusieurs familles : son aspect est riant, & ses habitans industrieux & polis. Il paraît qu'elle a été bâtie dans l'année 1034 par l'empereur Conrad.

Sa mairie renferme un ancien couvent de Prémontrés, situé sur une hauteur, & nommé la Fontaine St. André, le village de *Serriere*, bâti sur les deux rives de la Serriere, qui dans tout son cours y met en mouvement une multitude de rouages qui servent à des moulins, des papeteries, des fonderies de cuivre, des forges & des ꝟeries fer. Elle s'étend encore fur une partie du lac.

Châtellenie de Landeron.

Elle eft la premiere par fon rang & eut le titre de baronnie : fituée à l'orient du pays, elle touche au lac de Bienne, & à la Thiele ; elle a trois ou quatre lieues de circuit, & renferme huit à 900 habitans : au midi eft une plaine où font des vignobles, des champs féconds, des prairies abondantes, & au nord des monts affez rapides couverts de pâturages eftimés & de bois. Sa partie baffe eft quelquefois inondée par la Thiele.

Landeron, petite ville placée entre les deux bras de la Zil ou Thiele, bâtie en 1324, & favorifée dès fa naiffance de priviléges confidérables : elle a fa propre banniere : comme dans toute fa châtellenie, elle profeffe la religion romaine : elle délibera longtems fi elle devait la conferver ou la rejetter, le fuffrage d'un berger détermina les opinions. Elle refufa en 1707 de reconnaitre le roi de Pruffe pour fouverain, & ne fe rendit qu'à la force. *Creffier* eft un village paroiffial à l'occident de Landeron. *Combes*, *Enges*, *Frochaux*, diverfes métairies font encore renfermés dans cette châtellenie.

Chatellenie de la Thielle.

Elle eft la cinquieme par fon rang, & touche à celle de Landeron : fon fol eft peut-être le plus fertile de la principauté ; les vins, les grains, les fruits, les légumes y profperent ; les prairies y font très-fécondes ; on y trouve de la marne qui fertilife les terres, des forêts, du gibier, l'étang de Loquiat dont la profondeur paraît immense & dont la pêche est très-abondante. Le château de Thiele est dans une situation riante & sert de prison : les eaux de la Thiele embellissent les lieux qu'elle arrose, mais quelquefois elle les inonde : elle est navigable & poissonneuse. On compte 17 à 1800 ames dans cette chatellenie, & 10 villages dont 2 seuls sont remarquables : *Cornaux* situé sur le chemin de la Bonneville, dans un lieu élevé à demi lieue du lac, & *St. Blaise* situé près de ses rives. Celui-ci est beau, étendu, sur un sol riche par ses productions variées : il est le siége de la justice ; on y cultive les arts, l'agriculture y prospère, & ses habitans sont aisés : l'usage de la marne y multiplie les recoltes, & les fabriques de toiles peintes, les briqueries, d'abondantes carrieres de pierres de tailles y sont des sources de richesses. Sur les bords du lac, près de la Sihl, exista autrefois la ville d'*Henripolis*, dont on a vu le plan gravé en cuivre en 1626.

Mairie de Lignieres.

Elle est située dans le mont Jura, au nord du pays : son sol est fertile en grains & en pâturages. Son pasteur est nommé par le canton de Berne : l'évêque de Bâle y eût des droits qu'il céda en 1316. On n'y remarque que le village qui lui donna son nom.

Mairie de Colombier.

En venant au midi de Neufchâtel on trouve cette chatellenie. Elle est embellie par le lac, la Reuss qui l'arrofe ; les prairies, les champs, les côteaux de vigne & des allées d'arbres qui l'enrichissent. Elle renferme 770 habitans, & comprend deux villages, un hameau & diverses maisons séparées. Celle de *Biez* est remarquable par sa situation sur un cap, par l'élégance de son architecture, par ses environs où l'on jouit des plus beaux points de vue, & par une fabrique d'indienne. Le château de *Colombier* est vaste, le village bien bâti. C'était autrefois une seigneurie ; la souveraineté de Neufchâtel l'acheta en 1563, & on en fait la cinquieme mairie de l'Etat.

Mairie de Rochefort.

Elle est la quatrieme par son rang : ses habitans sont actifs, laborieux, infatigables. Sa richesse est dans ses bois & dans ses pâturages ; on y trouve de la tourbe : là sont les monts de la *Tourne* & des *Joux*, connus par leur hauteur, les chemins qui les traversent, & les beaux pâturages qui les couvrent : elles renferment cinq communautés, dont la plus remarquable est celle de la *Chaux du Milieu*, située sur un sol uni & formé d'une longue suite de maisons dispersées sur les deux bords du chemin, chacune entourée des possessions de celui qui l'habite, séparées par des murs sans chaux : le temple s'éleve au milieu de cette file de maisons : à côté est une suite de petits vallons qui forment des bassins où les eaux s'arrêtent, puis s'écoulent dans des cavernes souterraines : un canal qui dessecherait ce terrain le rendrait à l'agriculture & y épurerait l'air. Ses habitans s'occupent à faire des pendules, des montres, des dentelles, des instrumens de musique. *Brot* est un petit village entouré de champs & de vignes, dans un terrain semé de pierres calcaires, où l'on trouve quelquefois des corps marins pétrifiés. On compte environ deux mille ames dans cette mairie, dans laquelle on remarque un mont qui semble fermer le Val-travers, du haut duquel on a une vue charmante, où l'on voit la Reuss à ses pieds couler comme dans un abime : là sont les ruines d'un ancien château.

Châtellenie de Boudri.

Elle est la seconde par son rang : la Reuss arrose son sol fertile : ses montagnes renferment des oiseaux & d'autres animaux assez rares en Suisse : on y trouve une mine de gyps; on croit qu'il y a des sources salées. Le vin rouge qu'on y recueille est un des meilleurs du pays. *Boudry* est une petite ville que la Reuss partage en deux parties inégales dont l'une est dans la plaine, l'autre s'étend sur une colline élevée : près d'elle est une fabrique d'indienne; ses bourgeois sont attachés au sol, ils ne peuvent ni échanger leurs possessions, ni les abandonner sans le consentement du prince. Ce district renferme encore le village de *Bosle* ou *Bâle*.

Mairie de Bevaix.

Elle touche à celle de Boudri, est dans une plaine : son étendue est peu considérable, son sol est fertile : il y a des champs, quelques vignes, de bons pâturages; on n'y remarque que le village de son nom, assez étendu & bien bâti.

Mairie de Cortaillod.

Elle touche aux deux précédentes, & est bornée par le lac; c'est la cinquieme par son rang, & c'est une des moins étendues; son circuit n'est guere que de deux lieues; elle abonde en grains, en fruits, en légumes, en vin rouge recherché en Suisse & en France : on y fabrique beaucoup de toiles peintes; & on y remarque encore des restes de l'ancienne simplicité; rien autrefois n'y était fermé; le vin, les denrées, les outils de laboureur, tout était à la disposition de son voisin qui n'en abusait jamais; la probité dictait tous les actes; il y a 50 ans qu'on y trouvait cet âge d'or. Le village de *Cortaillod* est sur le haut d'une colline; il est bien bâti, fort peuplé, & renferme 550 habitans.

Baronnie de Gorgier.

Elle est entre la mairie de Bevaix & le lac: elle renferme cinq villages, & le plus considérable est *St. Aubin* situé au bord du lac.

Baronnie de Vaumarcus.

Elle est encore sur les bords du lac; c'est près de la que Charles le Hardi fut mis en fuite; les barons y exercent la haute & basse jurisdiction.

Seigneurie ou Mairie de Travers.

Elle confine à la mairie de Rochefort; la Reuss l'arrose au midi, elle renferme 1900 ames : malée de valons & de montagnes, elle est plus riche en bois & en pâturages qu'en grains : on y trouve une mine d'asphalte négligée, qui, dit-on, par les vapeurs qui s'en exhalent, donne de la gaité aux habitans voisins. Le village de *Travers* est grand & peuplé : ses habitans sont ingénieux, exercent le commerce, & font divers ouvrages, en bois, en fer, & en dentelles au fuseau. On y compte 3:0 artisans. Là est un château, & c'est au nom des seigneur qui l'habitent, tout comme en celui du roi que la justice s'y administre. On y remarque encore deux villages : celui de *Noiraigue* est sur un ruisseau de ce nom qui fait tourner plusieurs moulins.

On y travaille le fer, on y fait du charbon : avant que d'y arriver, on voit les précipices de la Clusette; après qu'on les a passé, on entre dans une prairie vaste & riante.

Châtellenie du Val-Travers.

Elle est située au couchant de la seigneurie de ce nom, s'étend dans un beau vallon embelli encore par le cours de la Reuss, & dans de hautes montagnes qui le bordent, & sont riches en bois, en pâturages, en minéraux. Elle a 6 à 7 lieues de tour, renferme 3800 habitans, & est la troisieme par son rang.

On y compte six villages, deux hameaux & un grand nombre de maisons dispersées; un grand chemin le fait communiquer à la France, y facilite le commerce qui consiste en dentelles, ouvrages d'horlogerie, utenciles de bois & de fer, des cuirs préparés, du papier, du beurre, du fromage; l'air y est froid, mais sain, & le sol inégalement fertile, dans la plaine on recueille du froment, du seigle, de l'orge, de bons légumes; ses habitans sont vigoureux, gais, accueillans, attachés avec passion à leur patrie. Ce pays a fait partie de la baronnie de Grandson; un comte de Neufchâtel l'acheta en 1218 : on en détacha les *Verrieres* au quatorzieme siecle, la seigneurie de Travers au quinzieme, la mairie de la *Brévine* au 17e.

Lorsqu'on parcourt ce beau vallon, on trouve d'abord *Couvet*, village grand, bien bâti, dans une situation riante; les terres y sont fertiles en blés, & les monts voisins riches en mines de fer. Près du village est une fabrique de toiles peintes; on y trouve encore d'habiles horlogers. Là résida Rousseau qui a honoré le titre de citoyen de Geneve. Plus loin est *Motiers* : chef-lieu du Vallon, résidence de sa cour de justice : il a de belles maisons, & renferme plusieurs artistes ingénieux : il eut un prieuré qu'habitaient 12 chanoines & un prieur : au midi on voit un château antique dont on ignore l'origine : il sert de prison; près de là sont des monts où l'on trouve des grottes singulieres : il en est une qui a près d'une lieue de long, dont l'ouverture est entre deux rochers perpendiculaires qui ont plus de 80 pieds de haut, d'où descend en cascade un torrent qui forme le ruisseau de Sourde; l'intérieur, présente un vestibule dont la voûte est haute de 30 pieds; pour pénétrer plus avant, il faut se coucher sur le ventre, puis guidé par une chandelle, on s'avance sur un terrain inégal, humide; on parvient à des décombres; là, la voûte est de 50 pieds de haut; sur les côtes sont de grosses masses de lac lunæ, qui pressé, se resout en eau, mais qui séché à l'ombre devient poreux, léger, & ne diminue point de volume :

çà & là font des baffins d'eau, des foupireaux, des figures bifarres, des chauves-fouris. On trouve encore dans ce diftrict des eaux minérales, des marcaffites, des pierres figurées, des cornes d'Ammon, des échinites, madrepores, dendrites, petoncles, &c. Près de *Boveresse* on trouve des glacieres naturelles, & une mine qu'on croit être d'ambre noir: on fabrique dans ce grand hameau des armes & des montres.

Fleurier eft dans une campagne unie qu'arrofe un ruiffeau, dans lequel un poiffon qui vit partout ailleurs ne peut vivre: on appelle ce poiffon *Voiron*. Ce village a encore de bons horlogers. *Butte* eft dans un lieu refferré par de hautes montagnes qui lui dérobent le foleil pendant trois mois; cependant la terre y eft fertile : on remarque dans ce diftrict la grotte de la *Bauma* d'où il fort une grande abondance d'eaux après les pluies qu'un bruit effrayant & lugubre y annonce: des maçons & quelques horlogers habitent ce village: celui de *St. Sulpy* eft environné d'une ceinture de rochers: on y parvient par un fentier que les montagnes & la Reufs refferrent; il n'y a pas de terres labourables, fes habitans font horlogers, graveurs en bois, fondeurs, tanneurs, couteliers, font du maroquin, des peaux bronfées. Plus loin eft la fource de la Reufs ou Reuz dont les eaux limpides & abondantes fortent d'un lieu fauvage & hériffé de rochers: aux environs on trouve des pétrifications. En 1764 on compta dans le Val-Travers 90 horlogers, 28 négocians, 136 maçons, 736 faifeufes de dentelles. Il renferme quelque mines d'afphalte.

Mairie de Verriere.

Du Val-Travers on paſſe dans cette mairie qui renferme les village des Bayards & de la Côte aux Fées, & un grand nombre de maiſons éparſes: les pâturages en ſont la richeſſe naturelle, & les fromages le principal commerce. *Verriere* eſt un village grand & bien peuplé, dans un vallon reſſerré par des monts couverts de forêts: le fond en eſt marécageux & on en tire de la tourbe: il eſt habité par des horlogers, quelques commerçans & beaucoup de faiſeuſes de dentelles: il y a une fabrique de toile de coton, des fabriquans de bas, des ſerruriers, des armuriers, &c. On nourrit plus de quatre cent vaches dans ſes pâturages; mêmes richeſſes, les mêmes arts animent le village des *Bayards*. Sur la *Côte aux Fées* ſont épars une dixaine de hameaux & des maiſons diverſes; l'agriculture, le ſoin du bétail eſt le principal ſoin des habitans; les pâturages y ſont fertiliſés par la marne: le ſol montueux y eſt percé de diverſes grottes; il en eſt une ſi profonde, qu'une pierre qu'on y lance ſe fait entendre de rocher en rocher pendant 6 à 7 minutes: la plus ſinguliere eſt appellée le Temple des Fées; on y entre par une voûte ſurbaiſſée qui conduit à un veſtibule dont les voûtes ſont d'un beau blanc: de là on voit trois allées parallèles; celle du milieu eſt la plus élevée, elle a 200 pieds de long, ſix de large; un ſable fin eſt ſon plancher; les pilaſtres qui forment ces allées ont été formés par la diſtillation des eaux, ils ſont canelés & de figures biſarres; dans l'une eſt une fontaine légérement ſalée. A l'extrèmité de l'allée du milieu est une ouverture par laquelle on voit tout le Val-Travers, & un précipice qui la touche profond de plus de 400 pieds. On dit qu'on allait autrefois y consulter Mercure par l'organe des devineresses, & que de là vient son nom.

Mairie de la Brevine.

On la nomme aussi la *Chaux d'Etailleres*: ses habitans au nombre de 1100 s'occupent des arts & métiers: on y trouve des horlogers, des fabricans de bas, des serruriers, des faiseuses de dentelles. La *Brevine* est un village situé au milieu d'un vallon de deux lieues; il est fort étendu, mais ses maisons sont séparées. Ce vallon a deux sources d'eaux minérales; l'une est amere & soufrée; l'autre renferme des parties de fer & de cuivre. Au couchant de la Brevine est le lac d'*Etaillere*, il a une demi lieue de long; en été un marais le partage; la partie orientale est d'une profondeur qu'on ne connait point encore; la partie occidentale fut une forêt de sapin qui s'enfonça dans le quatorzieme siecle; on y pêche des truites & des brochets de 18 livres; au midi sont trois moulins, cinq citernes de pierres de taille ont chacune une roue que l'eau par sa chûte met en mouvement; de l'une elle tombe sur l'autre, & les moulins se suivent en descendant; la derniere voûte est à 100 pieds sous terre: l'eau s'y perd au travers des fentes des rochers pour former, à ce qu'on croit, la source de la Reuze qui en est éloignée d'environ deux lieues. Dans ce district, on remarque encore un marais mouvant & tourbeux dont le fond est jonché de sapins enfoncés; & le *Châtelot*, mont de pierre calcaire jaunatre, riche en coclites, ammonites, litophites, strombites, tubulites, & autres corps marins. Les arts font négliger ici l'agriculture : les forêts y dépérissent, les prés y sont marécageux & auraient pu cesser de l'être.

Mairie de Boudevillers.

Elle s'avance dans la jurisdiction de Vallangin à l'extrémité du Val de Ruz : le village de ce nom est beau ; sa mairie n'est pas étendue ; on n'y compte que deux autres villages.

Mairie de la Côte.

Elle touche à celle de Neufchâtel, & au lac de ce nom dans l'endroit où il est le plus large : elle a trois ou quatre lieues de circuit & renferme les villages d'*Auvernier*, de *Peseux*, de *Corcelles*, & de *Cormondreche*.

Le tribunal de la mairie est dans le premier ; il y eut un prieuré dans le troisieme ; le dernier avait quatre seigneurs vassaux : tous ont de jolies maisons, des places publiques bien tracées, des rues pavées, des fontaines entretenues avec soin : leurs habitans sont honnêtes & charitables ; le sol est fertile : c'est celui de tout le pays qui produit le plus de vin, & les plus beaux sapins. On y voit de grands chênes, des champs féconds, d'abondantes prairies : l'air y est très-sain, & on y parvient à une longue vieillesse : ses habitans ont le titre de *bourgeois externes* de Neufchâtel, & possedent comme tels plusieurs avantages : le territoire d'Auvernier est exempt de dixmes. *Peseux* est au pied d'une montagne couverte de chênes & de saplus, il est environné de champs, de vignes & de vergers. On trouve dans ce district diverses fabriques de toiles peintes.

II. *Comté de Vallengin.*

Avant le onzieme siecle, ce pays était inculte & désert, il faisait partie du comté de Neufchâtel : il devint une seigneurie séparée en 1132 : elle fut un peu défrichée sous ses premiers maitres; mais ce ne fut guere que sous la maison d'Arberg qui la possédait dans le quatorze & quinzieme siecle qu'elle fut cultivée avec soin par des hommes libres; nous avons dit ailleurs dans quel tems elle fut réunie au comté de Neufchâtel pour n'en être plus séparée.

Comme lui, elle a ses trois Etats qui ne décident que des procès civils & matrimoniaux, & sont composés des quatre plus anciens conseillers de Neufchâtel, des chefs de ses cinq mairies, de deux lieutenans du maire de Vallengin & deux justiciers nommés par lui. Le gouverneur y préside : le chancelier y assiste & y fait des demandes, les procureurs-généraux y veillent au maintien de l'ordre, de la décence, de l'autorité du prince. La cour criminelle & le consistoire jugent sans appel, mais on appelle des sentences de l'officialité aux Etats; le prince a le droit de faire grace. Les terres de Vallengin sont sujettes à un droit du sceau dans les cas où les lods n'ont pas lieu : le prince seul peut créer des bourgeois; mais ils ne jouissent des privileges attachés à ce titre que lorsqu'ils se sont fait incorporer dans l'une ou l'autre de ces communautés. Les bornes de ce comté sont l'évêché de Bâle, la France, & les terres de Neufchâtel : il contient 12000 ames & ne renferme qu'un château.

Mairie de Vallengin.

Vallengin, bourg de 30 à 40 maisons, situé dans un fond environné de monts & de rocs couverts de sapins, & arrosé par le Seyon & la Sauge : le premier devient souvent un torrent dangereux ; son château bâti dans le douzieme siecle a été reparé dans celui-ci : son temple gothique est bâti sur une voûte élevée à la jonction des deux ruisseaux ; près de lui est une source d'eau minérale : sa liberté, ses bois, ses pâturages sont ses seules richesses ; son sol resserré ne produit que du foin & des légumes. Tous les trois ans les bourgeois s'y assemblent pour élire trois maîtres-bourgeois & leur boursier ; ils président sur 35 conseillers. Il est encore le siége des tribunaux du comté. La mairie comprend une grande partie du *Val de Ruz*, qui est une des vallées les plus peuplées de la Suisse ; on la voit du haut de la *Tourne*, mont élevé & percé de diverses grottes ornées de cryftallisations ; elle a quatre lieues de long, une de large & 24 villages ; le Seyon & quelques ruisseaux l'arrosent, & on y trouve des écrevisses excellentes ; ses champs, ses prairies sont fertilisés par une marne bleue où l'on trouve des marcassites & des pétrifications ; on y fait le commerce du bétail ; on y fabrique des toiles peintes, & cette occupation ôte des bras à la terre qui les nourrit. La partie qui fait partie de cette mairie renferme *Coffrane* fameuse par un combat, riche par ses champs & ses marnieres. *Engolten* ou *Envollon* près duquel fut une ville. *St. Martin*, *Dombresson* au dessus duquel

quel le Seyon prend sa source & deux autres paroisses.

Mairie du Locle.

Elle a deux lieues de long, une de large, le *Locle* lui donne son nom : c'est la plus grande des paroisses du pays, formée de hameaux, de maisons dispersées & d'un bourg au milieu duquel s'élève un temple vaste & bien bâti. Le vallon qui le renferme est un bassin dont les bords sont escarpés, & qu'arrose le *Bieds*, ruisseau qui forme un étang durant les pluies : le village passe pour être le plus ancien du pays : un paysan de Corcelles avec ses quatre fils en jetta les fondemens en 1303. On n'y voyait auparavant que des monts, des abimes, des bois, des marais, où l'hyver durait sept à huit mois. La paroisse renferme 3095 ames, parmi lesquels sont plus de 300 horlogers, 56 négocians, 70 orfèvres, plus de 700 ouvrieres en dentelles, 15 à 20 fabriquans de bas, un grand nombre d'ouvriers qui travaillent le fer ou l'acier. Le bourg ou village est environné de hauteurs dont les pentes sont cultivées : il est pavé, a des fontaines, de belles maisons, des marchés, des foires de bétail; l'aisance y est commune, l'opulence n'y est pas rare, les mariages y sont fréquens, les familles nombreuses, & si le terroir y est pauvre, l'industrie supplée à tout. L'air y est froid, les brouillards le rendent souvent humide, les neiges y couvrent longtems la terre. Vers le couchant était une caverne profonde, humide & ténébreuse où l'eau tombait & se perdait : on y a construit quatre moulins, les uns au dessus des autres, ils servent aux besoins des habitans. Un rocher calcaire dont la bafe a 770 pieds fur une hauteur égale, fépare le vallon du Locle d'une vallée fertile de la Franche-Comté, & on a propofé de le percer.

Mairie de la Sagne.

C'eft un vallon qui a 4 lieues de circuit, couvert de bois, de pâturages, de quelques champs, de quelques marais; on y compte 1300 habitans, dont les habitations font la plupart difperfées des deux côtés du chemin : deux chaines de montagnes couvertes de fapin le forment; celle du nord eft riche en dendrites, en échinites à mamellons, & en mouffes pétrifiées : divers ruiffeaux en découlent & forment la *Noiraigue*: fon fol eft peu profond, & il n'eft pas fertile; mais on y comptait 316 faifeufes de dentelles, 30 horlogers & plufieurs autres artiftes en tout genre. La paroiffe de la *Sagne* a une chambre de charité. Celle des *Ponts* eft moins riche, mais elle a eu des artiftes célèbres; au deffus eft un mont où l'on nourrit 200 bêtes à cornes, & qui a de beaux fapins; plus loin eft un terrain marécageux, parfemé de fapins rabougris, & d'où l'on tire de la tourbe utile par le dépériffement des forêts qui couvrirent autrefois ce pays; là font deux fources d'eaux minérales, dont l'une eft martiale, l'autre foufrée. A l'extrèmité du vallon vers le couchant, on voit une des plus belles perfpectives fur le *Val Travers*, la *Clufette*, &c.

Mairie de Brenets.

Elle eft à une lieue du Locle, & elle s'abaiffe par une pente infenfible jufques fur les rives du

Doux, qui la sépare de la Franche-Comté, & forme à quelque distance une cataracte de 200 pieds. Le terrain qui environne le village est parsemé de terres labourables & de forêts de sapins : sa paroisse renfermait en 1764, 105 faiseuses de dentelles, 27 horlogers, 26 fabriquans de bas. Près de lui est une caverne qu'on nomme la *Taffiere*, où la nature forma une table & des bancs de pierre : elle a un écho qui répète avec force.

La paroisse des *Planchettes* est peuplée d'ouvriers de différens genres, mais l'agriculture est la principale occupation de ses habitans : on y engraisse beaucoup de bœufs ; on y fait d'excellens fromages. Près d'elle s'élève le *Pouillerel*, montagne où l'on compte plus de 140 fondrieres, d'où l'on tire de la pierre rousse, & qui sur son sommet a un marais & présente une perspective étendue. Sur le bord du Doux est une maison qu'éleverent les seigneurs du pays, & qu'on nomme la *maison du monsieur* : là est un passage fréquenté, & un péage.

Mairie de la Chauds-de-Fonds.

Un vallon contigu à celui du Locle la compose : une partie s'appelle *le Verger*, l'autre *Eplature* ; il a une lieue & demi de long, & présente dans cette étendue une double file de maisons agréables ; son temple est sur un monticule ; le nombre de ses habitans monte à environ 2900 ames ; on y comptait en 1764, 390 horlogers, 597 faiseuses de dentelles, 36 négotians, 20 jouaillers : on y voit des artistes célèbres & des ouvrages de méchanique admirables. Le climat y est froid, l'hyver très-long, le printems & l'automne inconstants & courts, l'été très-chaud ; son sol ne produit guere que de l'avoine

& de l'orge ; il y a de belles prairies & d'excellens pâturages où l'on nourrit beaucoup de bestiaux ; le luxe y rend le bois rare & cher, il y a introduit l'usage des meubles précieux, & des habits riches. Près de là est la *fontaine ronde* qui forme un ruisseau dont on fait un étang, entouré de murs, qui a environ 33000 pieds quarrés en surface : le fond en est marné, & il nourrit différens poissons : à l'extrêmité sont des usines que l'eau qui s'échappe par un grillage de fer fait mouvoir au moyen de rouages cachés sous terre ; on y voit quatre moulins les uns au dessus des autres, & l'un d'eux met en mouvement huit scies à la fois. La Franche-Comté nourrit ce peuple industrieux ; mais quelquefois la recolte y est mauvaise, & il faut qu'il aille chercher au loin ses alimens.

LA VILLE ET REPUBLIQUE DE GENEVE.

Geneve, en allemand *Genf*, autrefois *Gebenna, Janoba* & *Janua*, est située sur une colline qui s'élève à l'extrêmité du lac de son nom, dans le lieu où le Rhône en sort : ce fleuve la partage en trois parties inégales, jointes par quatre beaux ponts. La plus grande partie est située vers la Savoye ; une des autres s'appelle S. Gervais, & est du côté de la France. Entre les deux est la troisieme environnée par le Rhône, longue de 700 pieds, large de 200. Elle eut autrefois six fauxbourgs, réduits à deux par la nécessité de se resserrer pour fortifier la ville : les deux qui existent encore font partie de son enceinte, ce sont ceux de *St. Gervais* & du *Four*. Les maisons y sont toutes de pierres, bien bâties, & plusieurs sont magnifiques. Dans la partie basse, le devant des maisons est couvert par des dômes élevés; c'est là que se fait le plus grand commerce. On y compte cinq églises, dont une seule est moderne: la principale d'entr'elles est dédiée à *St. Pierre*, & fut bâtie sous les empereurs, ou même, sous les derniers rois de Bourgogne; on l'a décorée d'une nouvelle façade, imitée du Panthéon de Rome. Les luthériens y ont aussi une belle salle qui leur sert d'église; ils y ont été protégés par les ducs de Saxe-Gotha. Les catholiques y exercent leur culte dans la chapelle du résident que la France y entretient. L'*hôpital-général* est un édifice vaste & magnifique, ses revenus ne lui ont pas suffi, & ils montent à plus de 100000 livres. Les réfugiés français y ont un hôpital particulier qu'on nomme *bourse-françaîse*. Il en est une encore pour les Italiens. La maison de ville est dans la partie de la ville la plus élevée; elle est vaste, bâtie avec plus de grandeur que de goût; on y remarque un escalier sans degré où l'on peut monter en voiture; on en trouve de semblables en divers autres lieux. Elle a un arsenal, un parc d'artillerie, divers magasins à poudre, munis de conducteurs électriques pour en éloigner la foudre. Son académie est composée de 13 professeurs, & son colége de neuf classes; elle a une école de dessein. Sa bibliotheque est nombreuse & renferme diverses curiosités naturelles. Ses promenades sont charmantes: on y jouit d'un air pur, d'une situation magnifique, le commerce & les arts y prosperent; ses environs sont peuplés & rians, semés de jolies maisons, de palais & de jardins. La nature en a fait un des plus beaux lieux de la terre, & l'art n'y dépare point ce que fit la nature.

Elle fut une ville des Allobroges: César y vint & en parle; dans le cinquieme siecle elle fut soumise aux rois de Bourgogne; & c'est peut-être alors qu'un évêque y établit son siége : elle fit partie de l'empire de Charlemagne, puis du second royaume de Bourgogne, d'où elle retomba à l'empire. Les évêques y avaient acquis le titre de prince ; les comtes du Genevois établis par les empereurs pour rendre la justice, devenus héréditaires par la faiblesse & l'éloignement de leurs maîtres, se firent les vassaux de cet évêque, & bientôt lui disputerent ses droits : ces rivalités firent le bien du peuple, en ce qu'elles préparerent sa liberté ; déja depuis long-tems, il avait ses assemblées générales, composées de tous les pères de familles, citoyens, bourgeois & habitans, convoquées par ses chefs ou les évêques : par elles, il faisait des loix, des alliances, sans consulter l'évêque qui pouvait y accéder pour son compte ; il exerçait une grande partie du pouvoir souverain. Les ducs de Savoye en héritant des possessions des comtes du Genevois devinrent les ennemis du peuple qu'ils voulurent asservir, & probablement ils y auraient réussi, si la réformation, devenue la religion de l'Etat en 1535, n'eut éloigné pour toujours les évêques devenus les instrumens aveugles du duc : Genève tantôt en guerre ouverte avec ce prince, tantôt dans une paix apparente, se maintint libre par son courage & son alliance avec les cantons. Elle fut comme la tête de la religion réformée. Diverses révolutions, surtout dans ce siècle, ont changé successivement quelque partie de son gouvernement ; & ce qu'il est aujourd'hui ne sera plus peut-être dans quelques années : on pense à en perfectionner les loix. Disons cependant un mot de son gouvernement actuel.

Le peuple y est divisé en trois classes : les citoyens, les bourgeois, les natifs & habitans : les premiers font ceux qui font nés dans l'enceinte des murs de peres reconnus bourgeois ; ils parviennent à toutes les charges : les bourgeois font ceux qui en ont acheté le titre & les droits; ils ne peuvent parvenir que dans le grand-confeil : ceuxlà feulement font membres du confeil général dès qu'ils ont atteint l'âge de 25 ans : ils font le *fouverain*. Les *natifs* font nés dans la ville de peres habitans ; ils jouiffent de quelques privilèges dans les arts & métiers ; mais n'ont point de droits politiques.

Trois confeils y forment le gouvernement : le petit confeil compofé de 25 membres exerce la haute police, délibère le premier fur tous les objets politiques & œconomiques, juge des caufes civiles en fecond reffort, & des caufes criminelles en dernier reffort; le grand confeil en élit les membres & doit les choifir dans fon corps. Le confeil des *foixante* eft formé du petit confeil & de 35 membres du grand : il ne fert qu'à donner du poids aux délibérations du petit confeil dans les affaires importantes. Le grand confeil eft formé de 250 membres, dans lefquels font compris ceux du foixante : il eft juge fuprême des caufes civiles, & peut faire grace ou moderer la peine dans les procès criminels : il délibere & décide fur tous les objets qu'on préfente au confeil général, & eft élu en partie par le petit confeil, en partie par le peuple.

Par la loi, le peuple élit divers magiftrats ; tels font les quatre findics, qui font les chefs de l'Etat & préfident à tous fes tribunaux ; ils font élus dans le fénat; mais quand le peuple a rejetté tous les fénateurs éligibles, on les lui préfente tous à la fois joints à quatre membres du grand confeil,

V v iv

& il choisit sur tous : tel est le *trésorier* pris aussi dans le sénat, qui est en charge trois ans, & peut étant confirmé, l'exercer durant six : le *lieutenant*, chef du premier tribunal civil & criminel, & choisi ordinairement parmi les anciens sindics : les *auditeurs* qui sont les assesseurs du lieutenant & sont choisis dans le grand conseil; ils sont en charge trois ans : le *procureur-général* qui veille sur les loix, qui parle pour le public dans les procès, dans les objets qui intéressent la constitution, est le protecteur des pupilles, & le controlleur des tutelles; son office dure trois ans, mais par une réélection, il peut l'exercer pendant six.

Les hommes en état de porter les armes dans la ville y sont partagés en quatre régimens, un corps d'artillerie, un de navigation, & une compagnie de dragons à cheval : elle soudoye une garnison de 720 hommes divisés en 12 compagnies. Ses premiers chefs militaires sont membres du sénat.

Les pasteurs présidés par un syndic, assistés de quelques membres du grand conseil, forment le consistoire.

Les divers conseils se divisent en diverses chambres qui veillent sur différens objets de police : celle des bleds est la plus remarquable : elle doit toujours avoir plusieurs milliers de coupes de blés dans les greniers publics, elle fournit du pain à tous les particuliers qui n'en font pas, & à un prix plus haut qu'il ne doit être dans les tems d'abondance; mais aussi plus bas que dans ceux de disette : si elle gagne, c'est pour l'Etat, mais ses pertes sont aussi à la charge de l'Etat.

Genève est fortifiée régulierement : tous ceux qui l'habitent doivent être soldats : on compte environ 28 mille ames dans l'enceinte de ses murs : il y en à 5 à 6000 dans son territoire divisé en neuf paroisses. Elle a des foires, mais elles ne sont plus comme autrefois le rendez-vous des commerçans Suisses, Français, Italiens. Son commerce a pour base les divers objets qu'on y fabrique ; & il s'en fait encore un de commission qui est considerable. On y comptait 840 maîtres horlogers il y a quelque tems : la jouaillerie y a été florissante & y existe encore, mais sans éclat ; on y fabrique peu de draps : cependant ce commerce y est encore assez florissant. On y travaille les cuirs, on y fabrique des toiles peintes : il en est une manufacture qui seule occupe 600 personnes. Il y a un grand nombre de citoyens qui vivent des rentes qu'ils se sont procurées en Angleterre & plus encore en France, & leurs richesses qui sont un bien pour eux, sont un mal pour l'Etat.

Genève s'allia en 1519 avec Fribourg, en 1526 avec Fribourg & Berne, en 1570 elle eut été membre de la Confédération, sans les intrigues de la Savoye & de l'Espagne ; en 1584 elle fit une alliance perpétuelle avec Zurich & Berne.

Elle est alliée de la France depuis longtems, & enfin la Savoye en 1754 reconnut sa pleine indépendance. Ce petit Etat est heureux, ou peut l'être ; il est libre, il est riche, le peuple y est plus instruit qu'on ne l'est ailleurs, & il a peut-être plus de mœurs qu'il n'y en a ordinairement dans les villes opulentes.

Son territoire n'est pas étendu, il n'a pas plus de six lieues quarrées : ses parties sont dispersées; nous avons dit qu'il formait neuf paroisses. Dans la partie qui lui est jointe, on voit *Cologny*, village charmant, situé sur le sommet d'une colline dont le lac baigne le pied, couverte de vignes sur sa pente, de champs, des vergers, de prairies, de riantes maisons de campagnes partout ailleurs. Plus loin est *Vandœuvre*, village situé au pied d'une colline, & qui voit devant lui une vaste plaine coupée de champs & de prairies : plus au midi est *Chêne* grand village qu'un ruisseau partage, en marquant les limites communes de Geneve & de la Savoye; la partie Genevoise forme une rue, ses maisons y sont propres, & quelques-unes y sont grandes: son église est très-élégante & a la forme d'une ellipse. Delà jusqu'à la riviere d'Arve & au Rhône, on trouve des campagnes fertiles, cultivées avec soin, des hameaux & des maisons qui annoncent l'aisance ou la richesse.

Ce territoire s'étend sur les deux rives de l'Arve dans une de ses parties; mais sur la rive méridionale elle n'a qu'une langue étroite, qui dans la plaine ne présente que des prairies & sur la hauteur qui domine sur la jonction de l'Arve au Rhône que quelques champs & un bois coupé par deux allées: par les traités, la république ne peut y élever de maisons.

De l'autre côté du Rhône est le joli village de *Sacconex* : sa situation est heureuse, ses environs rians, fertiles & peuplés de maisons de plaisance : en se rapprochant du lac & de la ville, on voit ces maisons se multiplier ; & vers *Secheron* & les *Paquis*, lieux embellis par la nature & par l'art, elles semblent se toucher & former une ville, ainsi que sur la rive opposée du lac.

Les parties séparées de ce territoire, sont: le *Mandement de Jussy*, environné par le Chablais, & qui renferme trois villages & quelques hameaux. *Jussy* est grand, dans une situation assez agréable; le sol n'y est pas également fertile; on y voit un bois fort étendu, des champs, des prairies, &

DE LA SUISSE. 683

quelques vignes : il manque d'eau courante : un châtelain est juge de ce district ; il est nommé par le petit conseil, choisi dans les membres du grand, & siége trois ans, on appelle de ses sentences aux tribunaux de la ville.

Vers le midi & le couchant, sur les bords du Rhône, on compte quatre villages & divers hameaux. Celui de *Cartigni* est élevé, *Chancy* est plus bas ; tous les deux sont paroissiaux, ont des maisons assez propres, le sol est aride en quelques endroits : sur le bord du Rhône on voit quelques vignes que le voisinage du fleuve expose à la gelée : ce district, formé des terres qui appartinrent à l'ancien chapitre de Genève & à l'abbaie de Saint Victor, est entouré par le duché de Genevois & par le Rhône.

Sur la rive occidentale du fleuve, est le *Mandement de Dardagny* ; la London l'arrose & on y pêche des truites excellentes : en quelques endroits on y voit suinter du pétrole, ce qui semble y annoncer du charbon de terre : le sol y est médiocrement fertile ; les soins & l'industrie le font seuls prospérer : on le divise en deux paroisses, *Dardagny* & *Satigny* ; le pays de Gex & le Rhône l'environnent. Un châtelain y préside aux jugemens.

Vers le nord, & près des bords du lac, est le beau village de *Gentou* ou *Gentod*, bâti sur une colline ; il voit à ses pieds un vaste bassin bordé par le Chablais, sur lesquels s'élèvent des monts couverts de pâturages & de forêts : des prairies & des vignes l'unissent au lac ; de magnifiques maisons embellies par des jardins, y attirent les regards ; ce district est entouré par la France & le lac. Plus loin, & dans une situation aussi riante, est *Séligny*. Plusieurs riches Genevois y ont des maisons : quelques vignes & des prairies arrosées par un ruisseau qui circulant en différens canaux, coupe l'espace qui le sépare du lac. Ce district est environné par le canton de Berne & le lac.

ÉVÊCHÉ DE BÂLE.

Nous avons parlé de cet évêché, *Tome* II, *Partie* II, *page* 148; nous avons renvoyé la partie des Etats de ce prince ecclésiastique qui font partie de la Suisse à la description de cette partie de l'Europe : c'en est ici la place.

La partie de l'évêché de Bale dont il s'agit, renferme les villes de *Bienne* & de *Bonneville* ou de *Neuveville*, la seigneurie d'*Erguel*, celle d'*Ilfingen*, & quelques villages du *Thesenberg*. Nous avons décrit ci-dessus la ville de *Bienne*, ou *Biel* : la Neuveville ou *Bonneville* est située au bord du lac de Bienne, dans une plaine étroite que termine une montagne assez nue : au dessus de la ville est le château où réside le maire ou châtelain nommé par l'évêque : il paroît qu'elle fut bâtie par les habitans fugitifs de *Neuville*, dans le Val de Ruz; elle est petite & jouit de plusieurs privilèges, a ses propres loix, deux bourguemestres & deux conseils, chacun composé de 24 membres : l'un administre la justice, sous la présidence du maire; on appelle de ses sentences aux deux conseils réunis, & de ceux-ci a l'évêque. Les amendes se partagent entre l'évêque & la ville : ses habitans sont jaloux de leur liberté; ils sont industrieux, ont quelques manufactures, mais trouvent leur plus grande richesse dans la culture de la vigne. Elle est liée avec

Berne par un traité de combourgeoisie fait en 1388 : la réformation y fut adoptée en 1530.

Seigneurie d'Erguel.

On l'appella autrefois vallée de *Sufinge*, & ensuite vallée de *St. Imnier*. C'est Rodolphe III, roi de Bourgogne qui la donna à l'évêque de Bâle : située dans le Jura, elle a 9 à 10 lieues dans sa plus grande longueur, & quatre, mais plus souvent une de large. La haute & basse justice dépend de l'évêque qui y établit un bailif : il siége à Courtlari. La plus grande partie de ce pays est montueuse ; une chaine de monts y forme différentes vallées ; partout il est fertile en pâturages & en fruits ; on y commerce en chevaux & en bétail ; le gibier y est abondant, les mineraux assez communs, le petrole même s'y trouve : l'air y est sain, mais souvent obscurci par les brouillards.

C'est sur les bords de la Suss qu'on voit les plus riches pâturages, & cette riviere y donne d'excellens poissons, & surtout des truites qui ne sont pas grandes, mais très-délicates : ses monts renferment des pétrifications variées ; ses habitans sont grands, forts, laborieux, gais, honnêtes ; ils vivent simplement, veillent sur leur bétail, s'exercent à différens arts, surtout à l'horlogerie. Ils forment 29 communes & neuf paroisses, ou mairies, ils parlent un mauvais français dans sept de ces paroisses, & l'allemand dans la huitieme. Ils sont tous reformés & leurs pasteurs y ont un grand pouvoir. Le bailif y doit juger selon les coûtumes du pays ; les maires présidés par lui décident les causes criminelles ; l'évêque n'a que le droit de faire grace ; la ville de Bienne y a le droit des armes, & les habitans se rassemblent sous sa bannière: on y compte 7000 habitans.

La mairie de *St. Immier* touche au pays de Neufchâtel: elle doit son nom à un bourg bien bâti qui a deux églises, & qui eut autrefois un collège de chanoines réguliers: leur église était dédiée à *St. Immier*, hermite célèbre du septième siecle: sa mairie renferme encore le grand village de *Sonvillers*, près duquel on voit les ruines de l'ancien château d'Erguel, & où étaient des eaux minerales affaiblies par le tremblement de terre de 1755; celui de *Renen*, voisin de la source de Suss, & *les Convers* village dont les maisons à quelque distance l'une de l'autre, s'étendent l'espace d'une lieue.

La mairie de *Pieterlen* renferme le village de ce nom & celui de *Montmeigny*: celle de *Courtlary* doit son nom à ce village, grand, bien bâti, siège du baillif. *Courgemont*, mairie formée de deux villages; c'est à *Courgemont* que le val St. Immier est le plus large. *Ober-Tramlingen*, grand village, mairie: celle de *Buderich* renferme deux paroisses: *Voglisthal*, mairie peu riche. *Souceboz* est considérable: sa situation est singuliere, les productions de la nature y méritent l'attention des curieux. Les diocèses de Bâle, Lausanne & Besançon s'y réunissent. Là est le roc qu'on a percé pour pénétrer dans la vallée de *Moutier*; ce qui est dans la seigneurie d'Erguel fit partie de l'Helvétie; ce qui est au delà du roc, était compris dans l'ancien pays des Rauraques.

Pour communiquer de l'un à l'autre, on avait percé la montagne par une voûte semblable au Pausilipe dont nous parlerons dans la description de Naples: celle-ci est moins étendue, elle n'est que de 50 pieds de long; & en élevant la chaussée,

SYSTÈME DE LA CONFÉDÉRATION HELVÉTIQUE.

Cantons

Canton	Religion	Gouvernement
I. ZURICH	Réf.	Mixte
II. BERNE	Réf.	Aristoc.
III. LUCERNE	Cathol.	Aristoc.
IV. URI	Cathol.	Démoc.
V. SCHWEITZ	Cathol.	Démoc.
VI. UNTERWALD	Cathol.	Démoc.
VII. ZUG	Cathol.	Démoc.
VIII. GLARIS	Mixte	Mixte
IX. BASLE	Réf.	Aristoc.
X. FRIBOURG	Cathol.	Aristoc.
XI. SOLEURE	Cathol.	Aristoc.
XII. SCHAFFHOUSE	Réf.	Mixte
XIII. APPENZELL	Mixte	Démoc.

Alliés des Cantons : l'astérique * montre avec quels Cantons chaque État est lié.

	Religion	État	Gouvernement
I.	Mixte.	Abbaye de St. GALL.	Mélangé div.
II.	Reform.	Ville de St. GALL.	République.
III.	Mixte.	LIGUE GRISE.	République.
IV.	Mixte.	Ligue des dix JURISDICTIONS.	République.
V.	Mixte.	Ligue de la MAISON-DIEU ou de la CADDÉE.	République.
VI.	Cathol.	WALLAIS.	République.
VII.	Reform.	MULHAUSEN.	République.
VIII.	Reform.	BIENNE.	Mélangé div.
IX.	Reform.	NEUFCHATEL.	Mélangé div.
X.	Reform.	GENEVE.	République.
XI.	Mixte.	Evêché de BASLE.	Mélangé div.
XII.	Cathol.	Abbaye d'ENGELBERG.	Monastère.
XIII.	Cathol.	Bourg de GERSAU.	République.

RAPPERSWIL, ville sous la protection des Cantons marqués de l'astérique *.

Sujets des Cantons : l'astérique * montre quels Cantons sont leurs souverains. Ils jouissent de priviléges différens.

	Religion	Territoire
I.	Mixte.	THURGOVIE.
II.	Mixte.	RHEINTHAL.
III.	Mixte.	SARGANS.
IV.	Cathol.	UTZNACH.
V.	Cathol.	GASTER ou GAMS.
VI.	Mixte.	BADE.
VII.	Cathol.	Haut-BAILLIAGE libre.
VIII.	Cathol.	Bas-BAILLIAGE libre.
IX.	Reform.	SCHWARTZENBOURG.
X.	Reform.	MORAT ou MURTEN.
XI.	Reform.	GRANDSON ou GRANDSÉE.
XII.	Mixte.	ORBE & ECHALLENS.
XIII.	Cathol.	BELLINZONE.
XIV.	Cathol.	RIVIERA.
XV.	Cathol.	VAL BRENNA ou BOLLENZ.
XVI.	Cathol.	MENDRISIO.
XVII.	Cathol.	LUGANO ou LAWIS.
XVIII.	Cathol.	LOCARNO ou LUGGARIS.
XIX.	Cathol.	VAL MAGGIA ou MEINTHAL.

N. B. Il n'est pas besoin d'avertir que Réf. signifie Réformé, que Cathol. signifie Catholique, que Mixte, relativement au Gouvernement, annonce un mélange d'aristocratie & de démocratie ; que relativement à la Religion, il annonce que les deux Religions y sont exercées, également protégées par les loix : nous aurions voulu, dans ce dernier cas, trouver un mot plus expressif.

DE LA SUISSE.

on a diminué sa hauteur : elle est cependant encore de 26 pieds & sa largeur de 25. Une inscription romaine annonce qu'elle fut faite sous deux Augustes qu'on croit être ou les Antonins, ou Balbin & Papien. Cette montagne est remplie des dépouilles de la mer, & on en trouve encore dans les vallées de Moutiers & de Delemont où les rochers s'élevent en pyramides & renferment des mines de fer. La Byrse sort encore de cette montagne. La voûte s'appelle *Pierre-Pertuis*, en allemand *Felsenthor*.

Seigneurie d'Ilfingen.

Elle est située dans le mont Jura, à une lieue de Bienne : sa milice doit marcher sous la banniere de Bienne ; elle renferme quelques hameaux & le village paroissial d'*Ilfingen*.

Nous avons parlé dans la description du canton de Berne de divers villages situés dans le district de Diesse, ou le *Tessenberg*.

PRÉCIS DE L'HISTOIRE

DE LA MAISON DE SAVOYE.

ON dit que sur la fin du dixieme siecle *Berald* ou *Berrauld* de Maurienne, neveu d'Othon III, empereur d'Allemagne, ayant surpris la femme de son oncle en adultere, la tua, ainsi que son amant; qu'obligé de sortir de l'empire & de n'y point rentrer pendant dix ans, il voyagea en divers pays, vint à Seissel, ville de la dépendance du royaume de Bourgogne, & qui était alors infestée par de nombreuses troupes de brigans; qu'il les prit ou dispersa tous. Bozon, roi de Bourgogne, étonné de cette action utile & courageuse, voulut se l'attacher: son frère Rodolphe, à qui il rendit de plus grands services encore lui donna le gouvernement de Maurienne, & l'en fit le seigneur; & l'empereur Conrad son héritier créa Humbert fils de Berald, prince ou comte de cette province: son père était mort à Arles, & est, dit-on, encore enseveli dans l'Eglise de Ste. Marie. Humbert fut surnommé *aux blanches mains*; il fit la guerre en Savoye & en Piemont, aggrandit son domaine, fit des dons aux abbayes, & laissa son fils Amedée pour lui succéder: celui-ci eut le surnom de *Queue*, & eut de grands démêlés avec le marquis de Suze; pendant la paix, il craignait la guerre, & la faisait avec succès: l'empereur lui fit don du Chablais, Othon son fils lui succéda, & par son mariage avec la fille du marquis de Suze, fit entrer dans sa famille ce marquisat, une partie du Piémont & le pays d'Aoste: son fils *Amedée II*, reçut de l'empereur Henri III, le pays de Bugey: il eut pour successeur *Humbert II*, surnommé le *Renforcé*, parce qu'il était d'une grosseur extraordinaire, il devint marquis de Suze, posséda Turin, fut un des croisés qui suivirent Godefroi de Bouillon, & mourut en Tarentaise. *Amedée III* lui succéda jeune encore en 1104; il se croisa comme son père & fut moins heureux; il mourut dans l'Isle de Chypre, & son fils *Humbert III* ou le *Saint* régna après lui : l'évêque de Lausanne fut son tuteur; il acquit le titre de Saint assez cher; il fit la guerre sans l'aimer, fut battu par les Milanais, se retira en différens monasteres, & eut quatre femmes. De sa derniere il eut son successeur *Thomas I*. Celui-ci aima la gloire, secourut ses voisins, ajouta quelques villes à ses Etats, telles que Montcallier, & mourut à Aoste en 1233, laissant 15 enfans, dont l'aîné *Amedée IV* lui succéda; il fut l'émule de son père, l'ami de ses sœurs & de ses frères, vainquit les Milanais, les Valaisans, fit ériger en duché le Chablais & le pays d'Aoste, & mourut dans le lieu où il était né. *Boniface I* son fils prit après lui les rênes de l'Etat; il avait une force de corps extraordinaire, un esprit actif & pénétrant; mais présomptueux, il méprisait ses ennemis & ne savait pas les craindre; il fut fait prisonnier par les habitans de Turin, après les avoir vaincu, & mourut en prison : il eut été plus heureux s'il eut été constant ou dans ses avis, ou dans ceux des autres. *Pierre* son oncle, déja connu par sa valeur, lui succéda; il voulut venger son neveu & prit Turin; mais il pardonna aux habitans : il fit la guerre avec succès, joignit quelques nouvelles seigneuries à celle qu'il possedait, fonda quelques villes, eut le nom de *Petit Charlemagne*, reçut de l'abbé de St. Maurice l'anneau de ce Saint avec lequel ses successeurs ont pris possession de leurs Etats, acquit le Faucigny par son mariage avec l'héritiere de cette baronnie, & laissa en 1267 son frere *Philippe* pour gouverner après lui ; celui-ci était évèque de Valence & archevêque de Lyon, sans être engagé dans les ordres sacrés ; il abandonna ses bénéfices pour le comté de Savoye, partagea ses Etats entre les trois fils de son frere Thomas, & mourut comme Mahomet en faisant publier que s'il avait fait injustice à quelqu'un, il pouvait se présenter sans crainte, & qu'il serait satisfait. *Amedée V*, aimé de l'empereur Henri V, devint par lui prince de l'empire ; il fit la guerre aux Dauphins du Viennois & aux comtes du Genevois, & aggrandit sa puissance aux dépens de la leur ; il délivra Rhodes assiégé par les Othomans, & régna 38 ans avec gloire. Son fils *Edouard* ne fit que paraître estimé avant qu'il fût comte de Savoye, il se montra digne d'être regretté, on lui donna le nom de *liberal*. Son frere *Aymond* eut celui de *pacifique*, & ce n'était pas par défaut de courage qu'il aima la paix ; il en donna des preuves dans la guerre avec le dauphin du Viennois, avec qui Philippe de Valois le reconcilia : il mourut à Montmelian en 1343. Son fils *Amedée VI* eut le surnom de *Comte-Verd*, de la couleur de son habit & de ceux de ses domestiques : il fut un guerrier heureux & célèbre : il établit le droit de primogeniture dans sa famille, & par une loi éloigna les filles de la souveraineté : il fonda l'ordre de l'annonciade nommé d'abord *l'ordre du collier*, & mourut de la peste ou du poison. Son fils *Ame-*

dée VII avait montré des talens pour la guerre avant qu'il fût comte, & il ne dégénéra pas. Une blessure qu'il se fit à la chasse & qu'il négligea lui donna la mort. On le distinguait par le surnom de *rouge*. *Amedée VIII.* fut le premier duc de Savoye: l'empereur Sigismond le déclara tel à Montluel; quoiqu'ambitieux, il se montra bon, populaire, équitable même; il ajouta quelques possessions nouvelles à ses Etats, puis dégouté du monde, il remit son duché à son fils, & se retira avec dix de ses courtisans dans le monastere de Ripaille, consacré à St. Maurice patron de ses peuples. Il en sortit pour être élu pape par le concile de Bâle, dignité qu'il sut quitter pour terminer le schisme qu'elle avait fait naître. Il fut administrateur, des évêchés de Lausanne & de Geneve, doyen du sacré college, & mourut en saint dans l'année 1451. Son fils *Louis I* fut peu célèbre par ses talens; il institua le sénat de Turin, & recouvra le saint suaire; il eut les titres de duc de Savoye, prince de Piémont, comte du Genevois; naquit à Geneve & mourut à Lyon. Son fils *Amedée IX* eut le beau nom de *pacificateur*; il voulut le bien de ses sujets, c'est là sa gloire: infirme & faible, il cessa de gouverner avant de cesser de vivre, & mourut en 1472. *Philibert* son fils fut duc à sept ans, & mérita le surnom de *chasseur*; sa passion pour la chasse le conduisit au tombeau à l'âge de 10 ans, n'ayant vécu ni pour sa gloire, ni pour le bonheur de son peuple. Son frere *Charles* eut le nom de *guerrier* sans avoir fait beaucoup la guerre: il eut un démêlé avec le pape pour faire un évêque de Geneve & l'emporta par sa fermeté; c'est peut-être l'action la plus mémorable qu'il ait faite; il prit le titre de roi de Chypre, royaume qu'il ne posséda jamais ; mais que devait posséder sa tante Charlotte de Lusignan; il perdit le pays de Vaud que ses pères avaient acquis. Son frère *Philippe* lui succéda ; prudent, courageux, éloquent, il fut estimé en France, avant que de se faire adorer de ses sujets, auxquels il ne fit que laisser entrevoir ce qu'il aurait pu faire pour eux : son fils *Philibert* les consola, mais pour peu d'années ; on lui donna le nom de *beau*, mais il méritait plus que ce nom ; il était généreux, prudent, courageux; il maintint ses peuples en paix au milieu des guerres d'Italie. Il mourut dans le lit où il était né. *Charles III* son frère eut le titre de *bon*, & sa timidité l'exposa à l'infortune ; il fut persécuté par la France, parce qu'il s'était attaché à l'empereur Charles V son beau-frère ; la Savoye lui fut enlevée, le Piémont devint le champ de bataille des Français, des Allemands, des Espagnols, des Italiens ; & le duc infortuné, dépouillé de ses provinces, accablé de chagrin, consumé par une fievre lente, mourut en 1553. Son fils *Emmanuel Philibert* fut plus heureux ; nourri à la cour de Charles-Quint, il le servit avec gloire, vainquit les Français à St. Quentin, parvint à se faire rendre ses Etats & ses sujets qui vécurent tranquilles, parce qu'il était ferme & respecté. *Charles* surnommé *le grand*, parce qu'il eut de grands talens, forma des projets disproportionnés à ses forces, & fut moins heureux & moins estimé qu'il aurait pu l'être : intrépide dans la guerre, il combattit à Vigo, à Asti, à Châtillon, à *Ostage*, *Verrue*, & ailleurs encore, voulut conquerir une partie de la France, & fut forcé de lui céder la Bresse, le Bugey, le pays de Gex, en échange du marquisat de Saluces, voulut être empereur, roi de Chypre, prince de Macédoine, & ne fit que se rendre le fléau de ses voisins: il surprit Genève qui repoussa ses soldats, & mourut enfin de chagrin en 1630. *Victor Amédée* son fils fut son successeur, & régna sept ans: il eut la guerre avec les Vénitiens pour le titre de roi de Chypre; c'était se battre pour une fumée; attaché à la France, il l'aida contre l'Espagne: il laissa la régence à sa femme sœur de Louis XIII; cette régence fut orageuse : *François Hyacinthe*, nouveau duc de Savoye, mourut encore enfant; son frère *Charles Emmanuel II* aima la paix lorsqu'il put gouverner par lui-même : c'est lui qui perça un rocher qui séparait la Savoye du Dauphiné, & y fit un chemin magnifique pour faciliter le commerce de ses sujets : instruit, aimant les hommes qui l'étaient, sachant préférer l'utile au brillant, il doit être placé dans le petit nombre des grands princes; il mourut en 1677; son fils *Victor Amédée*, neveu de Louis XIV, qui l'aida dans ses guerres contre les Vaudois, se ligua contre lui, fut vaincu deux fois par Catinat, & sut se soutenir par son génie; il fit la paix, puis se ligua contre l'Espagne dont le roi était son gendre, contre Louis XIV encore qui l'avait fait son généralissime en Italie : il sacrifia tous les sentimens du cœur à la passion de s'aggrandir. Il vainquit les Français & délivra Turin, envahi la Provence dont il fut bientôt forcé de sortir, obtint tout le Montferrat, devint roi de Sicile; à la paix, céda ce royaume à l'empereur pour celui de Sardaigne, abdiqua la couronne en 1730, s'en répentit, voulut remonter sur le trône, mais son fils le fit enfermer dans le château de Montcallier, non qu'il fût trop ambitieux pour ne pouvoir céder le trône à son père, mais parce qu'il ne devait pas laisser ses Etats en proye à la femme ambitieuse qui le gouvernait. Ce fils fut *Charles Emmanuel III*, homme sage, pieux dans sa maison, actif, intrépide à la tête des armées, sachant gouverner comme il savait combattre, peut-être trop économe, & dans sa vieillesse sur-tout trop dévot; il aggrandit ses Etats d'une partie du duché de Milan: il mourut en 1773. Son fils *Victor Amedée Marie* regne en paix; & les circonstances ne semblent pas devoir le conduire à faire la guerre.

Les Etats du roi de Sardaigne consistent donc dans le duché de Savoye, le Piémont, le Montferrat, dans quelques portions du duché de Milan & dans l'isle & royaume de Sardaigne. Tous ces pays peuvent avoir 3400 lieues quarrées. Nous parlerons de leurs productions, de leurs habitans, dans la description particuliere que nous ferons de chacun; on estime que le nombre des habitans qu'ils renferment est d'un peu plus de deux millions, sans y comprendre la Sardaigne.

Il y a deux ordres de chevalerie en Sardaigne. L'un est celui de *l'annonciade* fondé en 1362 par Amedée VI; ses chevaliers portent au cou une chaine d'or qui leur descend sur la poitrine; la chaine est large d'un pouce & chacun de ses anneaux porte gravé les quatre lettres F. E. R. T. que les anciens historiens de la maison de Savoye prétendent signifier *Fortitudo ejus Rhodum tenuit*, traduit de l'histoire d'Amedée IV; entre la chaîne de l'ordre pend à une plus petite le signe ordinaire de l'annonciation de Marie, vuidé à jour: le même signe est brodé en or & en argent dans l'intérieur circulaire de l'étoile, avec les quatre lettres marquées ci-dessus: le cercle est environné d'une guirlande tressée d'argent avec des langues de feu en or. Les chevaliers ont tous le titre d'excellence. Nul n'y parvient s'il n'est auparavant de l'ordre de *St. Maurice & Lazare*, fondé par Amedée VIII, celui-ci a des rapports avec l'ordre de Malte ; il a des commanderies, & trois galeres qui vont en course contre les Turcs ; les chevaliers peuvent se marier, mais non à des veuves, & ne peuvent se marier deux fois : ils peuvent cependant pour l'une & l'autre de ces deux défenses & à peu de frais, obtenir dispense de Rome ; la marque de l'ordre est une croix verte, émaillée, bordée de blanc, suspendue à un ruban vert, ou sur la poitrine, ou par un bouton de la camisole.

Le pouvoir du roi n'est point limité, & dans les affaires ecclésiastiques il resserre celui du pape dans des bornes assez étroites ; aucune de ses bulles ne peut y être publiée que le conseil du roi ne l'ait permis, & l'inquisition ne peut saisir & inquieter personne, sans une permission préalable. Le roi a la nomination à tous les bénéfices ecclésiastiques, il peut disposer de la troisieme partie de leurs revenus pour en faire des pensions, & nomme un de ses prélats pour la dignité de cardinal. De la chapelle de la cour dépendent le clergé & l'église de la Superga, & elle n'est point soumise à l'inspection de l'archevêque du Turin, mais à un tribunal particulier où préside le grand aumonier. Tous les biens, mobiliers ou non, doivent des tribus ; on n'en excepte que les biens des couvens concédés avant l'année 1660, comme par fondations royales ; tous les contrats civils, ceux qui interessent les membres du clergé sont comme les autres soumis aux tribunaux temporels, & les procès dans lesquels ils sont enveloppés doivent être portés devant les tribunaux ordinaires. C'est le marquis d'Ormea qui a établi cet ordre, & en l'obtenant de Rome, il s'ouvrit le chemin à la place de premier ministre. Remarquons que l'on compte 390 couvens dans les Etats du roi, & que leurs revenus montent à 2200000 livres de France.

Les affaires d'Etat sont administrées par quatre ministres d'Etat ; il y a un secretaire d'Etat pour les affaires étrangères, un pour les intérieures, & un pour la guerre. Le tribunal supérieur est le *conseil royal* de Sardaigne, composé d'un président, de deux régens, d'un certain nombre de conseillers dont l'un veille sur le fisc, & d'un secretaire : son siege est à Turin. L'*audience royale* de Cagliari est partagée en chambre criminelle & en chambre civile : elle a un président, un régent & divers conseillers. Il y a encore différens conseils, tels que la *chancellerie apostolique & royale*, l'*intendance royale*, le *gouvernement royal* qui siege à Sassari, la *grande chancellerie*, le *conseil royal de Savoye* qui siege à Chamberi, & est composé de deux classes dont chacune a un président ; le *conseil royal de Turin*, la *chambre des finances*, le *conseil royal de Nice*, l'*Uffizio del Vicariato*, ou le *tribunal de police*, & l'*intendance générale*, &c. qui veillent sur les intendans particuliers pour la Savoye, le Piémont, le Montferrat & le Milanais.

Les revenus royaux sont administrés avec sagesse : toute aliénation de domaine sont défendues, & l'on y réunit tout ce que les loix ou l'usage permettent. La somme de ces revenus monte à 30,000000 de livres de France, les revenus du royaume de Sardaigne n'excedent pas de 100000 livres les frais de l'entretien des troupes qui y sont, & celui des officiers civils ; cette isle n'est précieuse à la maison de Savoye que par le nom de roi qu'elle donne à son chef, & non par les richesses ou la puissance qu'elle ajoute à celles qu'il possede. Les revenus du pays ne sont pas en ferme, mais en régie, excepté la vente du tabac; & en général les impôts sont plus pesans pour le Savoyard que pour le Piémontais: celui-ci peut s'enrichir; celui-là vit avec peine.

Cette cour n'entretenait en 1729 que 20 à 22000 hommes de troupes régulières; on ne comprend point dans ce nombre, les gardes à cheval, ni l'artillerie: les milices du pays formaient quinze régimens de 400 hommes exercés comme les troupes: en 1741, le nombre de ces troupes montait à 40000 hommes. En temps de paix, elles sont aujourd'hui composées de vingt-sept régimens d'infanterie, nationaux, Allemands ou Suisses, chacun de deux bataillons de 600 hommes, de trois régimens de cavalerie, & de cinq régimens de dragons, chacun de quatre escadrons; chaque escadrons de quatre compagnies, chaque compagnie de 41 hommes. Le régiment d'artillerie est composé de mille hommes. En 1766, les forces de mer du roi de Sardaigne étaient de trente-deux vaisseaux, fregates ou galeres. Depuis plus de cent ans, ce prince est redoutable en Italie, & son alliance y décide ordinairement des succès de la guerre.

Nous décrirons d'abord les Etats que la maison de Savoye possède dans le Continent, & ensuite dans l'isle de Sardaigne. Remarquons, avant d'entrer dans ces détails, que le royaume de Sardaigne & la principauté de Piémont sont des pays souverains, mais que la Savoye & le Montferrat sont des fiefs de l'empire Allemand.

I. *Duché de Savoye.*

La Savoye n'est liée à l'Italie que par son prince : par sa situation elle n'en fait point partie, c'est pourquoi nous la plaçons ici.

Ce duché est regardé comme membre du cercle du haut-Rhin, comme nous l'avons dit ailleurs : les ducs ont droit de séance aux diettes, & dans les guerres de l'empire contre les Turcs, il doit contribuer aux charges. Dans le fait il n'assiste jamais aux assemblées, quoiqu'il y soit encore appellé. Son nom actuel vient du latin *Sapaudia*, dont on fit dans les siecles qui suivirent *Sabaudia*, puis *Saboia* & *Sabogia* : vers le nord elle touche au lac de Genève, vers le midi à la France & au Piémont, vers le couchant à la France encore & à l'orient aux Suisses, au duché de Milan & au Piémont ; sa plus grande longueur de l'orient à l'occident est de trente-huit lieues ; sa plus grande largeur du nord au midi est de trente-deux. Elle fut autrefois plus étendue. Sa plus grande partie consiste en montagnes élevées, couvertes de rochers infertiles, qui forment entr'elles des vallées étroites, & des abimes ; quelques-unes cependant ont de bons pâturages, de la mousse, des buissons, des arbres. Le buis y est très-commun ; parmi leurs vallées il en est qui rapportent des grains, qui sont embellies de vertes prairies, & où les habitans laborieux cultivent avec soin les petits coins de terre qu'ils trouvent entre les rochers. Vers les bords du lac de Genève, près de Mont-Millan & de St. Jean de Morienne, on recueille un vin estimé : en divers endroits on nourrit beaucoup de bétail qui fe vend en Piémont & dans le Milanais. On y a beaucoup de mulets. Mais elle eft plus remarquable par fes monts que par fes productions : ils font une partie des Alpes : quelques-uns font couverts d'une glace éternelle, & forment des vallées de glaces d'une profondeur immenfe : c'eft ce qu'on appelle *les glacieres*. La plus haute de ces montagnes eft la *montagne maudite*, ou le *mont blanc*; elle eft une des plus hautes de l'univers, & l'on croit qu'elle eft la plus haute de l'Europe : elle a environ 2400 toifes de hauteur perpendiculaire fur le niveau de la mer, elle domine fur celles qui l'environnent, & jufqu'ici on n'a pu parvenir à fon fommet.

La Maurienne eft remplie de montagnes très-vaftes & très-élevées, dont la plus connue eft le *Montcenis*, parce que le chemin qui conduit de la Savoye au Piémont la traverfe : du côté de Lanebourg, il parait très-élevé, fon fommet formé en pain de fucre a 1490 toifes au deffus du niveau de la mer; le chemin s'y éleve en ferpentant ; on y tranfporte fa voiture & fon bagage à dos de mulets dont le pas eft ferme & fûr; on s'y fait porter fur des brancards par des hommes. Ces brancards font femblables à des chaifes de paille : le dos, les deux côtés, les pieds font appuyés & fufpendus, ils font comme une efpece de lit affermi par des cordes : les hommes les portent avec des perches comme les chaifes à porteurs : le prix eft réglé par le roi qui en perçoit une partie. Lorfqu'on eft parvenu fur la montagne, on y trouve la maifon de *la Ramaffe*; on compte une lieue de Lanebourg à cette maifon ; cependant durant l'hyver, armé des patins, on defcend de la maifon au village dans fept à huit minutes fur la glace ou la neige durcie. Au haut du chemin est une plaine de deux lieues couverte d'excellens pâturages quand le soleil y a fondu les neiges qui s'y accumulent en hyver, au milieu desquels s'élevent les plus belles renoncules : le bétail y paît durant trois mois, & les fromages qu'on y fait alors sont une des plus grandes ressources des habitans. Dans cette plaine sont la maison de la poste & un hôpital qui reçoit les pauvres passans, & prend soin d'ensevelir ceux qui y périssent. Là encore est un lac de plus d'une lieue de tour formé par les eaux qui coulent de deux chaines parallèles des monts qui bornent la plaine ; on y trouve des truites dont quelques-unes pesent quinze à seize livres, & qui sont préférées au saumon : le centre du lac est très-profond ; il en coule un ruisseau qu'on nomme *Semar*, ou *Saint Nicolas*, qui forme une cascade agréable, & va près de Suze se rendre dans la petite Doire. Sur cette plaine est une croix qui marque les limites communes de la Savoye & du Piémont. La descente opposée est très-rapide, formée par des rocs entassés sur lesquels les porteurs courent & s'élancent avec adresse ; il est quelques endroits où le sentier lavé par les eaux qui y suintent, est si étroit, que la moitié du fardeau des porteurs est en l'air au dessus de l'abyme. Emmanuel III y a fait pratiquer un chemin plus sûr & moins difficile ; mais les porteurs y sont également nécessaires pendant plus d'une lieue. Simler, Altmann, Grosley, & la Lande après eux, croyent que c'est par ce mont qu'Annibal parvint en Italie.

Les montagnes qui l'avoisinent sont toujours couvertes de glaces & de neiges, & dans les cavernes qu'on y trouve, les habitans cherchent le cryftal vec beaucoup de danger. C'est sur-tout sur celle

DE LA SAVOYE.

qu'on nomme *Bonaife* qu'il eſt le plus abondant ; on y pourſuit auſſi le chamois, au travers des précipices. Les chemins pratiqués dans ces diverſes montagnes, ſont dangereux, triſtes & effrayans, des avalanches de neige ou de pierres y enſeveliſſent quelquefois les paſſans.

Les principales rivieres qui y coulent ou y naiſſent, ſont le Rhône qui ſortant du lac de Genève, ſert de bornes communes à la France & à la Savoye : il reçoit l'Arve qui naît dans la vallée de Chamouni, au pied des glacieres, & roule des paillettes d'or dans ſon ſable. Les *Suſſes*, & le *Sier* naiſſent dans le Genevois qu'ils arroſent & tombent dans le Rhône près de Seiſſel : le dernier reçoit le Seran. L'*Iſère* ſort du mont Iſeran dans la Tarentaiſe, & parcourant le Dauphiné ſe jette dans le Rhône à Valence L'*Arc* naît dans la Maurienne ; ſon cours eſt rapide & ſes eaux écumantes par le grand nombre des chutes qu'il fait : il ſe perd dans l'Iſère. Parmi les lacs, un des plus conſidérables, eſt le lac d'*Annecy*, il a cinq lieues de long ſur une de large ; il eſt entouré de monts, ce qui le rend ſujet à des orages courts & fréquens : il eſt poiſſonneux. Le lac de *Bourget* eſt long de trois lieues, & large d'une demi. On y trouve le *Lavaret*, poiſſon qui lui eſt particulier, dont quelques-uns peſent cinq livres, & qu'on recherche pour ſon goût. Il y a des bains chauds à Aix ; près du lac de Bourget, eſt une fontaine qui s'accroît inſenſiblement, en faiſant entendre un petit murmure, puis elle baiſſe & ſe déſſèche vers le mois d'Avril, on la voit hauſſer & baiſſer cinq à ſix fois dans une heure : en d'autres tems & lorſque la ſéchereſſe règne, elle ne ſe remplit & ne ſe vuide qu'une ou deux fois : elle ſort d'un rocher, & eſt connue ſous le nom de *fontaine de merveille*. Il eſt d'autres sources dans ces contrées qui s'accroissent & se dessechent alternativement ; mais beaucoup moins fréquemment.

En général, les Savoyards sont pauvres ; ils supportent de fortes impositions, & les grands chemins y sont remplis de mendians. Un laboureur y est estimé riche, s'il possede une paire de bœufs, deux chevaux, quatre vaches, quelques chevres & moutons, & quelques arpens de terre. Leur pain est en général d'avoine, à laquelle les plus aisés mêlent du froment: le lait & de bonnes eaux sont leur boisson ; le fromage, le beurre, le pain de noix, les légumes & quelquefois, mais rarement, un peu de viande, sont leur nourriture. Ceux qui demeurent dans les vallées sont les moins pauvres. Cependant on y trouve des hommes contens & gais, des vilages que la santé colore. En de certains cantons, & dans les deux sexes, il est des personnes difformes & chargées de goîtres qui tombent sur la gorge, & s'avancent d'une oreille à l'autre : c'est surtout les femmes qui sont sujettes à ces incommodités dont des eaux chargées de particules calcaires ou métalliques sont probablement la cause. On croit qu'un tiers des Savoyards passe en France pour gagner leur vie, comme décrotteurs, ramoneurs, ou de quelque autre maniere, & reviennent dans leur pays. Le *Mont-Cenis* donne à ceux qui habitent à son pied d'autres moyens de subsistance, ils sont presque tous porteurs ou muletiers : on admire la célérité & l'adresse des premiers ; mais ce travail les épuise tellement qu'ils sont forcés de l'abandonner à l'âge de quarante à cinquante ans. En général les cultivateurs manquaient au pays, & pour en augmenter le nombre, le prince a ordonné à tous les paysans d'élever leurs enfans pour la culture des terres, & leur a défendu de les attacher à d'autres professions. Ce moyen ne pourra être en usage longtems; d'ailleurs c'est parmi les paysans qu'on choisit les soldats, & le grand nombre de soldats dépeuple les campagnes plus que le dégoût de leur état. On aurait fait peut-être plus de bien en cherchant les moyens de leur rendre le travail des champs plus agréable, en le rendant moins avili, & moins chargé d'impôts : en ne leur permettant plus d'en sortir, on ne le leur a pas rendu moins pénible, on ne le leur a pas fait aimer.

La Savoye est partagée en 627 communautés : elle donna à son prince en tems de guerre, 1,521,712 liv. 3 s. 4 den. du pays ; elle donnait de plus aux Espagnols en 1745, 40775 écus par mois pour le droit d'ustencile, & elle a fourni, & elle fournit encore ces mêmes ustenciles en nature ; comme bois, foin, paille, charbon, lit. En 1738, on évalua tout le produit des terres de Savoye ; il monta à 1,804,500 écus de 15 reaux de Veillon, & le prince fixa son revenu à la cinquieme partie de ce produit.

La noblesse de Savoye est comme celle de Piémont dans un état d'abaissement. Pour la soutenir, on y a établi le droit d'ainesse : dans les biens allodiaux, un noble ne peut établir de fideicommis au delà de quatre degrés, & le roturier dans aucun : selon le droit d'aînesse, si les jeunes filles du defunt sont en moindre nombre que quatre, on ne peut leur donner pour appanage au delà du quart des revenus du fief, & si elles sont plus de quatre, on ne peut leur donner que le tiers : les filles ne peuvent prétendre à aucun de ces fiefs aussi longtems qu'il existe encore un homme de la même famille ; mais malgré ces réglemens la noblesse est affaiblie. Le roi retira en 1724 tous les biens aliénés : l'ancienne noblesse a perdu insensiblement sa considération par le grand nombre d'hommes nouveaux qu'on y a aggrégé. Celui qui achete un bien auquel le titre de marquisat, de baronnie, &c. est attaché, devient noble & prend le titre de marquis, de baron, &c. On peut les acheter pour cinq à 8000 livres : chaque noble doit prouver où il a pris ses armes & il doit les renouveller : de nouvelles armes coutent de 10 à 15000 livres, selon l'état des personnes. Pour porter le titre de prince, de duc, de marquisat, &c. il faut encore avoir été inscrit sur le registre par le roi ou ses ancêtres. On perd le titre avec le bien. Le droit de chasse y est fort limité ; les nouvelles mines doivent au roi une certaine portion du produit. Personne ne peut faire du bois dans ses propres forêts sans la permission de l'intendant, ni en conduire hors du pays.

Il est défendu de faire sortir de l'argent du pays, soit en achetant des biens ailleurs, soit en le mettant à intérêt, de recevoir des pensions, & des ordres de chevalerie des princes étrangers, celui de Malthe seul excepté, de servir à la guerre un Etat voisin, d'y voyager sans une permission expresse du roi, de transporter des armes à feu, au delà des limites de son fief, ni même d'en avoir. Le roi peut exiger que les possesseurs de fief le servent en personne, ou recevoir de l'argent pour les en dispenser : les biens & mouvances qui ressortissent d'une jurisdiction lui doivent la sixieme partie des revenus ; ceux qui ne lui appartiennent pas

lui

doivent le quart de leurs rentes & droits ; les nobles payent le tribut pour leurs biens allodiaux, comme les simples paysans.

Un étranger ne peut s'établir dans le pays qu'il n'y soit naturalisé, & n'ait prêté serment de fidélité, & s'il est absent pendant trois ans, il perd tous les droits qu'il avait acquis. Aucun étranger s'il n'est établi & naturalisé, ne peut être l'héritier d'un Savoyard ou d'un Piémontais : il lui est encore défendu d'aquérir un fief ou d'autres biens, à moins qu'ils ne soient sur les limites, ou ne s'en éloignent pas de deux milles, sous peine de les perdre.

On parle communément la langue française en Savoye ; les noms des villes & des villages sont français ; mais le peuple y a l'ame des Allemands, & on y trouve l'ancienne simplicité & la franchise germanique. Tout le pays est catholique Romain ; cependant le concile de Trente n'y est point reconnu & le droit de recours appartient au roi, non à Rome. La Savoye renferme un archevêché & deux évêchés.

Nous avons parlé plus haut du *conseil royal* de Savoye, qui est le tribunal supérieur de la province, & siége à Chambery.

Ce duché se partage en six petits pays qui sont le *duché de Genevois*, le *duché de Chablais*, la *baronnie de Faussigni*, le *duché de Savoie propre*, le *comté de Tarentaise*, le *comté de Maurienne* ; les trois premiers sont au nord, les trois autres au midi.

Duché de Chablais.

Il est situé au bord du lac de Genève : il a dix lieues de long, trois à quatre de large, & est divisé en cinq bailliages & en 110 paroisses. Il s'étendait autrefois jusqu'à St. Maurice ; mais après la conquête qu'en firent les Bernois & les Vallaisans, le duc céda à ceux-ci la partie qui s'étend de la riviere de Morges jusqu'à St. Maurice.

Les *Andates* & les *Veragri* l'habiterent : les Romains y eurent des haras, & l'appellaient *Provincia Equestris* & *Cabellica* : c'est de ce dernier nom que s'est formé celui de Chablais. Il y croît du vin dont il se faisait autrefois un bon commerce en Suisse : mais son haut prix excita les Suisses à étendre leurs vignobles qui l'emportent aujourd'hui de bien loin sur ceux du Chablais par leur abondance, même par leurs qualités, & cette source importante de revenus a presque tari dans ce dernier pays : il en fait cependant encore un bon commerce avec Genève ; les chataignes, le bois sont encore un de ses objets.

Le pays est montueux, assez peuplé, & présente à l'œil un mélange agréable de champs, de prairies, de vignobles & de bois : parmi ses monts, il en est un au sud-ouest de Thonon qui renferme un antre singulier, qu'on nomme la *grotte des fées*.

Thonon, petite ville, sur une hauteur, dont le lac baigne le pié ; elle a le titre de capitale & est toute ouverte ; au dehors est l'ancien palais des ducs ; elle a une paroisse, un collège où enseignent les bernabites, six couvens, dont quelques-uns méritent d'être vus. Elle a beaucoup d'habitans aisés, mais peu de riches : ses environs sont rians & fertiles ; à quelque distance coule la Dranse, torrent quelquefois dangereux, & sur lequel est un pont de bois long d'environ 800 pas communs.

Ripaille, chartreuse célèbre, située à demi-lieue de Thonon, au bord du lac ; c'est là que vint habiter Amedée VIII, après avoir abdiqué ses Etats ; il y vécut en homme du monde avec quelque courtisans choisis, revêtus d'un habit semblable à celui des capucins, couverts d'un bonnet d'écarlate, chargés d'une croix d'or au col, ceints d'une ceinture de même métal. Elu pape par le concile de Bâle, il quitta avec regret sa barbe belle & vénérable, eut pendant quelque tems le nom de Felix V, & finit par être évêque de Geneve & de Lausanne. Le monastère actuel était jadis une écurie du prince, & l'on y a trouvé gravé sur une pierre ces mots latins *ab equis ad asinos*, ce qui n'annonce pas le profond respect du donateur pour les moines. Près du couvent est un vaste parc entouré de murs, & partagé en diverses allées. On vient de réédifier l'église du monastère : elle est de marbre, & assez élégante.

Evian, Aquianum, ancienne cité des Nantuates, petite ville sur la rive du lac de Genève, dans une situation agréable : elle n'est pas laide, mais ses habitans ne sont pas riches, elle a deux paroisses & deux couvens ; ses environs s'élevent rapidement ; ils sont assez fertiles ; vers le nord, en suivant les bords du lac, on voit un vaste bois de chataigniers, dont le fruit est recherché & mérite de l'être ; vers le couchant sont les eaux minerales d'Amphion ; elles sont légérement sulfureuses, les malades ou ceux qui croient l'être y viennent au commencement de l'été, & rendent Evian plus florissante qu'elle ne l'était.

Meillerie, (*La*) village entre la montagne & le lac : les monts voisins le font connaître & en rendent les habitans aisés : on en tire des cailloux excellens pour bâtir.

St. Gingo, St. Gingoulph, Oppidum St. Gingulphi, bourg au bord du lac, dans une espèce de vallée formée par un enfoncement des montagnes : le torrent de Morges le partage ; la partie orientale appartient au Vallais.

Nôtre Dame d'Abondance, petite vallée très-riante & très-fertile : on y recueille d'excellens blés, & on y fait de bons fromages : elle doit son nom à une riche Abbaye.

Les Alinges, ruines d'un vaste fort qui couvrait une petite montagne : il y eut des seigneurs de ce nom, dont la famille était ancienne : la paroisse des Alinges n'est pas considérable.

Yvoire, village sur un promontoire formé par le lac : il fut une petite ville.

Hermance, bourg autrefois plus considérable & plus riche : il est au bord du lac, ses anciens murs, la haute tour qui les défendoient, existent encore en partie.

Dovaine, grand village assez riche, au pié d'un mont : couvert de bois, il a devant lui une plaine fertile ; près de là sont des vignobles estimés, & tels sont ceux de *Crepi*.

Baronnie de Faucigny.

C'est une province qui parvint à la maison de Savoye en 1233 par un mariage : il faisait partie des Etats du Dauphin Humbert II, & de là vient l'hommage que les comtes de Savoye en ont fait à la France, & qu'on prétend qu'ils lui doivent encore. L'Arve l'arrose, & y reçoit la Gifre : toutes deux ont des truites, mais sur-tout la derniere. Les bois, les pâturages font la principale richesse du pays : on y voit de belles prairies & des champs féconds ; là sont des monts très-élevés & des vallées agréables. On le divises en dix mandemens, & en haut & bas. On y compte quatre-vingt-dix paroisses.

Bas-Faussigny.

La Bonne Ville, petite ville sur l'Arve qui y reçoit le ruisseau de Bonne: elle a un ancien château, une église paroissiale & un collège de bernabites: l'intendant du Faussigny y réside, & c'est ce qui l'en fait regarder comme la capitale: elle est au fond d'un beau bassin, au pié du mont du Môle qui est fort élevé; derriere elle est un détroit formé par les montagnes.

Cluse fut le chef-lieu du Faussigny : elle est au bord de l'Arve, au pié des monts qui en resserrent le cours, & voit devant elle un vallon riant de figure ovale, long de trois lieues : une partie de ses habitans s'occupent de l'horlogerie; c'est un Marquisat.

St. Joire, grand village paroissial sur un mont; il est dominé par un château antique, & a eu le nom de ville.

Faussigny, château peu éloigné de l'Arve, il donna son nom au pays.

Bonne, petite ville laide & pauvre, sur le torrent de la Menoge qui se jette dans l'Arve : on croit qu'un chemin Romain y passoit. *Lucinge* est un village charmant par sa situation, sur la pente de la montagne des voirons, riche en pâturages.

Thye, château ruiné sur un roc, qui a donné son nom à un district du pays, appartenant à l'évêque d'Annecy, comme successeur de ceux de Genève, mais ceux-ci en étoient souverains, & il ne l'est pas.

Haut-Fauſſigny.

Salanche, *Salancia Sabaudorum*, petite ville ſur une colline élevée au pié de laquelle coule l'Arve : on y compte 3000 habitans, une égliſe collégiale, un couvent de capucins, un d'urſulines : on y fait quelque commerce, ſur-tout en bétail dont il y a de grands marchés, & en peaux.

Samoens, ou *Samoing*, petite ville ou bourg dans une vallée aſſez étendue : près de là eſt la riche Abbaye de Sixt, occupée par d'honnêtes fainéans qui vivent dans l'abondance & font quelquefois charitables.

Taninge, petite ville, ſur la Giffre, dans une vallée aſſez riche : on y trouve beaucoup de maçons qui vont employer leurs forces & leurs talens à Genève ou dans le voiſinage, & viennent jouir de leurs travaux dans le ſein de leur famille. *Mélan* eſt une Chartreuſe de filles.

Chamouni, *Campimonitum*, village, chef-lieu d'une vallée très-agréable pendant cinq mois, couverte de neige pendant le reſte de l'année ; on y compte quatre autres villages : il y croît peu de fruits : de l'avoine, des pommes de terre, du chanvre, un miel excellent, de beaux pâturages font la richeſſe de ſes habitans ; les monts qui l'environnent ſont curieux ; on y trouve du cryſtal, des chamois, des marmotes, des vallées toujours couvertes d'une glace profonde qui ſemble ſans ceſſe s'accroître, & ſe fend l'été avec éclat : de ces vallées, de ces monts qui s'élevent en pointes aiguës vers le Ciel, deſcendent des ruiſſeaux qui ſe réuniſſent & donnent naiſſance à de grands fleuves. C'eſt là que s'élève le *mont blanc* ou *mont maudit*, le géant des montagnes de l'Europe, qu'on voit de 40 lieues de distance. La vallée dépend de l'église collégiale de Salenche. Ces lieux ont été décrits avec étendue par M. Bourrit.

Flumet, petite ville au milieu des montagnes.

Le duché de Genevois.

Il touche au Rhône, au Faussigny, à la Savoye propre ; il peut avoir 120 lieues quarrées de surface & a eu longtemps ses comtes particuliers, sujets de l'empire : l'empereur Sigismond le fit passer dans la maison de Savoye après l'extinction des derniers comtes : il a été l'appanage d'un cadet de cette maison jusqu'en 1659 qu'il fut réuni à la Savoye. Il y a beaucoup de montagnes, mais elles laissent entr'elles de grandes plaines cultivées avec assez de soin : ses habitans sont laborieux : il y a peu de manufactures : mais il produit beaucoup de fruits, de blés, a des prairies fécondes, & des vignobles. On le divise en 11 mandemens.

Annecy, *Anneciacum*, en est la capitale ; elle est située sur la rive du lac de son nom, au pied d'une montagne : le lac s'y décharge par un grand canal qui traverse la ville, & qui forme ensuite la riviere rapide de Sier. Elle est après Chambery, la plus grande ville de la Savoye, a un château vieux & fort élevé, est le siége d'un évêque, qui fut autrefois celui de Genève, & c'est pour cela qu'il prend encore le vain titre d'évêque & prince de Genève. Son diocèse & ses revenus sont diminués ; ces derniers ne montent guere qu'à 7 à 8000 livres de France dont il retire la plus grande partie de son mandement de Thyes : il est suffragant de l'archevêque de Vienne : son chapitre est composé de 30 chanoines qui ont ensemble 14000 liv. de revenus : les trois quarts doivent être employés au service de l'église ; le reste est partagé entr'eux.

Outre l'église cathédrale, il y en a une paroissiale, cinq couvens de moines, six de religieuses, une commanderie de Malthe ; ses maisons sont bâties sur des arcades, & on peut la parcourir à couvert ; les pélerins y vont visiter le corps de St. François de Sâles, inhumé dans l'église de la visitation.

Annecy le vieux, village qui fut autrefois une ville. *Thosnes* est sur le Sier, *Albie*, grand village sur une côte rapide au bord de la Seran. *Thaloire*, village au bord du lac : on y a trouvé contre un mur un clepsidre d'eau curieux, & fait par les Romains. *St. André* est sur le Sier : c'est un bourg. *Chaumont*, *Clermont*, *Croisille*, sont des petites villes ou bourgs pauvres, mal bâtis, situés sur des monts.

La Roche, jolie petite ville, nommée autrefois *Ruppes Allobrogum* : elle est sur une colline, dans une situation riante : ses environs sont fertiles en blés estimés : on y compte 2000 habitans, deux couvens, & un collège de jésuites ; sa basse jurisdiction, & quelques autres droits de fief appartiennent à une famille noble avec le titre de baronnie.

Beaufort, petite ville, chef-lieu d'une baronnie & d'un mandement.

Ternier, bailliage qui s'étend du Rhône à l'Arve : on y voit quelques beaux villages, tel est *St. Julien* qui a un couvent de capucins, & Karrouge, village nouveau, situé sur les bords de l'Arve,

& que son voisinage de Genève rend peuplé & florissant.

Gaillard, petit village sur une hauteur près de l'Arve : il donne son nom à un bailliage qui s'étend de l'Arve au bord du lac de Genève. Le village le plus étendu qu'il renferme est Chêne, partagé par un ruisseau, & dont la partie méridionale est du territoire de Genève.

La Savoye propre.

Elle a 16 lieues de long, & 10 de large, est fertile en blés & en vins : son terroir est semé de plaines, de collines & de montagnes, mais peu élevées : elle fut érigée en duché l'an 1416.

Chambery, *Camberiacum*, est la capitale de tout le duché : la Lave & l'Albane (*a*) l'arrosent : elle est dans un bassin qu'entourent des montagnes qui y forment trois differentes chaines : ce bassin est agréable & riche par la culture ; la ville est d'une grandeur médiocre ; on y compte 15000 habitans, & elle n'a pour défense que de simples murs. Elle dépend du diocèse de Grenoble ; un grand nombre de nobles y demeurent : & le conseil royal, le gouverneur y résident : on y remarque l'Eglise collégiale qu'on nomme la sainte chapelle, fondée par le duc Amédée l'an 1465 ; elle n'a jamais été finie ; mais on en estime le portail : le chef du chapitre a le titre de doyen de Savoye. Cham-

---

(*a*) L'Albane est un ruisseau qui sort de la montagne de Crote & des monts voisins, à une lieue de Chambery ; il forme une cascade agréable par la limpidité de ses eaux, que les rayons du soleil rendent éblouissantes : cette cascade a 220 pieds de hauteur perpendiculaire.

bery a encore deux églises paroissiales, un collège où enseignerent les jesuites, & le couvent: le senat s'assemble dans celui des jacobins: en général, ses rues sont étroites, son aspect est triste, ses maisons, quoiqu'assez bien bâties, sont peu agréables: on y voit une quantité étonnante de fontaines; le commerce y est assez actif, ses habitans sont doux & honnêtes, quelques femmes y sont belles; mais le sexe n'y est pas beau: sa place de marché & sa promenade du Vernay sont agréables: ses trois châteaux, placés sur une colline, furent bâtis par le comte Thomas. Sa longit. est de 23 dég. 30 min. sa lat. 45 dég. 53 min. Près de là est le village de *Chambery le vieux.*

Rumilly, *Romiliacum*, petite ville dans une plaine élevée, au confluent de la Seran & du Nepha: ces rivieres y coulent dans un lit profond.

Elle peut avoir 2 à 3000 habitans: on y compte quatre couvens, ses environs sont abondans en blés estimés, & l'on y en fait un bon commerce. Elle a été fortifiée: Louis XIII en démolit les murs.

Hautecombe, abbaye célèbre de l'ordre de Citeaux, fondée par Amedée IV en 1125, au bord du lac de Bourget, au pié du mont du Chat; il y est inhumé, ainsi qu'un grand nombre de nobles Savoyards, & les papes Celestin IV & Nicolas III.

Yenne, *Ejauna*, petite ville ceinte de murs, située sur la rive du Rhône, & que quelques savans croyent être l'ancienne *Epauna* où le roi de Bourgogne Sigismond assembla un concile sur la fin du cinquieme siecle, ou au commencement du sixieme: cette ville & celle de St. Genis qu'arrose la petite riviere de Guier le vif, sont dans la partie de la Bresse qui s'étendait en deçà du Rhône, & qui par cette raison fut laissé à la Savoye par le traité de 1601.

Pont-Beauvoisin, petite ville que la riviere de Guier-le-vif partage en deux parties ; la ville proprement dite appartient à la France, & son fauxbourg à la Savoye.

Les Echelles, *Oppidum Scalorum*, petite ville sur le Guier-le-vif, dans un vallon étroit ; les hauteurs qui l'environnent sont couvertes de ruines de châteaux : elle doit son nom à une montagne voisine, coupée par un chemin taillé dans le roc, qu'on atribue à Annibal, & que le duc Charles Emmanuel II fit reparer & rendit plus facile : une inscription faite par l'abbé de St. Réal, gravée dans le roc l'annonce : le Guier passe au pié dans une vallée profonde qui le dérobe à l'œil : un parapet sauve aux passagers la vue des précipices qui bordent le chemin : on l'appelle aussi le *chemin royal de la Crotte*, du nom d'un petit village qui est auprès.

Bourget, château & village paroissial qui est au bord du lac de ce nom.

Aix, *Aquæ Gratianæ* ou *Allobrogum*, petite ville au pié d'un mont, à un quart de lieue du lac de Bourget, connue par ses eaux minerales, imprégnées de soufre & d'alun, & par ses trois bains salutaires, construits par les Romains & reparés par l'Empereur Gratien : on y voit une Eglise collégiale, un hôpital & des ruines d'un arc de triomphe antique.

Chastellar, *Ugine*, *Tournon*, *St. Pierre d'Albigny* sont de petits bourgs. *Miolans* est un château situé sur une montagne, & qui donne son nom à la vallée qui est à son pié, près de l'Isere : il y a un village de ce nom que l'on croit avoir été l'ancienne *Medulum*.

Montmeillan, petite ville connue par ses vins & sa citadelle, celle-ci est sur une hauteur qui commande aux environs, & fut une des meilleures forteresses de l'Europe : ses fossés, ses ouvrages étoient taillés dans le roc : les Français l'ont détruite en 1705 ou 1706 : elle a été reparée depuis : sans être devenue une forteresse importante, la ville est au bord de l'Isere, dans une situation agréable : on y voit une église & deux couvens : ses habitans sont gais, le commerce des vins en fait la richesse, un vignoble qui couvre un côteau long de trois lieues le produit, & c'est le meilleur du pays.

Notre Dame de Mions, ou de *Mians* abbaye de franciscains, située sur un mont, dans la vallée qui conduit de Chambery à Montmeillan : cette abbaye fut célèbre autrefois par les guerisons qu'elle operait & qui attiraient au monastere de grandes richesses : près de là sont *les abymes*, lieu dont l'aspect annonce un renversement causé probablement par quelque tremblement de terre : ce sont des rocs renversés, accumulés, laissant entr'eux des précipices, des marais, de petits lacs : les moines disent que Nôtre Dame arrèta ce fléau, & ils montrent un tableau où l'on voit les diables renversant & dévastant le pays, arrétés subitement par l'image de la Vierge qu'on leur présente ; l'un d'eux crie aux autres : *poussez jusqu'à Chimay*, village de l'autre côté de la vallée, & on lui repond *ne vois-tu pas N. D. de Mians qui nous en empêche* : des banderoles qui sortent de la bouche des diables, nous transmettent ce dialogue.

Les Marches, bourg ou village où l'on voit un

grand château. *Aigues-belle*, petit bourg auquel les eaux claires & limpides du torrent de l'Arc donnent son nom : Aigues est un mot Gaulois : ces eaux y rafraichissent l'air pendant l'été & y font jouir d'une température moderée : on fait beaucoup de soie aux environs : près d'elle & sur l'Arc est le château de *Charbonnieres* : on place aussi ce château & Aiguesbelle dans la Maurienne.

Conflans, *Confluentia* est encore une petite ville : d'autres géographes la placent dans la Tarentaise.

Comté de Tarentaise.

Il est au sud de la Savoye & du Faussigny. C'est un pays de montagnes dont plusieurs sont incultes : on y voit cependant de beaux pâturages, & les vallées ont des champs assez féconds : la montagne de *Darbon* a une source salée abondante, & des mines de charbon de terre : en differens lieux, on trouve du lin incombustible, les habitans laborieux de la Tarentaise en sortent, sur-tout pendant l'hyver, pour ramoner les cheminées des pays voisins, & amuser les enfans par le son de leurs vielles & la danse des marmottes, Le *petit St. Bernard* y est situé.

Monstiers ou *Moustiers*, *Monasterium*, ville qui a le surnom de Tarentaise, & que les anciens connurent sous celui de *Forum Neronis Centronum* : l'Isere l'arrose, & y reçoit la petite riviere de Doren : elle a deux églises & trois couvens : son Archevêque a pour suffragans les évêques d'Aost & de Sion, a le titre de comte, & exerce une partie de la jurisdiction sur la ville, & quelques cantons voisins dont il est Seigneur ; près d'elle est du bon sel fossile. Elle est située dans une vallée étroite, au fond d'une vallée, & l'on n'y parvient que par des défilés bordés de torrens & de précipices.

Centron est un village qui fut autrefois une ville Capitale des Centrons.

St. Maurice a le titre de marquisat: c'est une petite ville. *St. Thomas*, *St. Martin*, *Aixme*, *Aigues-Blanche*, &c. sont des bourgs ou villages: *le Val d'Isere* est assez peuplé. On voit encore dans cette Province le *Fort de Briançonnet*, *le col de Grisance* & le passage du petit St. Bernard.

Comté de Morienne ou Maurienne.

C'est une vallée assez étroite qui s'étend l'espace de 20 lieues, de Charbonnieres au mont Cenis qui la sépare du Piemont: elle fut le premier patrimoine de la maison de Savoye, & du tems de César elle était habitée par les *Brannovices*.

On y voit de beaux pâturages, des prairies, & de beaux arbres pour faire de fortes solives: il y croit du vin, des amandes, du froment, de l'orge & du seigle, differens fruits; on y cultive le safran, elle renferme 120 paroisses,

St. Jean de Maurienne, ville ouverte & peu étendue: son évêque jouit, dit-on, de 20000 liv. de rentes: il est suffragant de Vienne, & prend le titre de comte de quelques lieux qu'il possede en fief: son Diocèse est de 100 paroisses; la ville est pauvre; on y remarque le palais de l'évêque, sa cathédrale, une église paroissiale & deux couvens. On a cherché à faciliter le passage des chemins rudes & pierreux, qu'on trouve dans les monts affreux voisins de cette ville, par divers moyens & par un pont, mais il n'en est pas qui ne soit difficile & dangereux : ça & là dans la vallée, on trouve de petits vignobles. *Argentine* ou *Argentiere*, bourg sur l'Arche : il est connu par ses forges.

La Chambre, bourg composé de vieilles maisons & de chaumieres : on y voit un couvent de cordeliers ; il est arrosé par l'Isere & a le titre de marquisat ; ses habitans & ceux des environs ont presque tous des goîtres.

St. Michel, bourg situé à droite d'une haute montagne, dont l'aspect est très-agréable, & qui dès que la neige est fondue, est couverte de champs & de prairies.

St. André, petite ville près du Mont Cenis : le grand chemin qui y passe est très-incommode & dangereux, sur une montagne voisine : dans un lieu effrayant est la *Chapelle de St. André*. Là est une image qui représente un homme à genoux devant notre Dame de Lorrette, assise sur une nue : on croit qu'il s'agit d'un courier qui traversant la montagne durant la nuit, tomba dans un précipice, & implora dans sa chûte la vierge, qui le soutint & le garantit : son cheval qui ne pouvoit prendre la même précaution, n'eut cependant que les reins cassés. *Modane*, village pauvre, mais étendu : près de lui, au pié de la montagne de St. André dont nous venons de parler, est un hameau nommé les *Fourneaux* : on y exploite des mines de plomb & de cuivre qui donnent six onces & six gros d'argent par quintal : la mine de plomb donne 31 à 32 livres par quintal de minerail.

Termignon, *Soullieres*, *Bramant* sont de petits bourgs ; près du dernier est le village *d'Abries* sur l'Arc, c'est là que mourut Charles le Chauve.

Lasnebourg, bourg ou village au pié du Mont

Cenis; il est peuplé & on y compte 200 maisons: il est à six lieues de la source de l'Arc: on sait que la principale ressource de ses habitans est le passage du Mont Cenis: telle est la situation de ce lieu, que la montagne lui dérobe le soleil pendant deux mois de l'année. On trouve des daims dans les monts voisins; les hommes qui habitent autour & sur le Mont Cenis, s'appellent *Marrons*, ou *Marroniers*.

NOTE

NOTE ET TABLE POUR LE PORTUGAL.

LE roi de Portugal prend le titre de *roi de Portugal & des Algarves en deçà & en delà de la mer, seigneur de Guinée; des conquêtes de la navigation & du commerce en Ethiopie, Arabie, Perse & Indes*, &c. Il a le titre de *très-fidèle*, & lui fut donné en 1749 par une bulle de Benoît XIV. Son Son fils porte le titre de *prince du Bresil.*

Les armoiries du Portugal sont, un écu d'argent chargé de cinq autres écus d'azur en sautoir, dont chacun porte cinq besans d'argent en forme de croix de St. André : l'écu est bordé de sept châteaux pour les Algarves : ils représentent les sept anciens châteaux d'Estombar, de Paserne, d'Aljesur, de Cacella, d'Albufeira, de Sagres & de Castromarin.

Les plus anciennes cartes du Portugal sont celles de *Sanson*, dressées par *Seceus & Texeyra*, celles de *Bellin*, de *D. Pedro Rodriguez*, de *Zannony* sont les meilleures.

TABLE

A

Abrantes	Page 28	Arganiel	Page 32
Agua de Pao	60	Arouca	35
Alagoa	60	Arragiolas	51
Alanguer	24	Arronches	52
Albufeira	55	Ataleya Sortelha	38
Alcaçar do Sal	30	Atouguia	27
Alcobaça	26	Aveiro	32
Alcoutim	50, 55	Avir	53
Alentejo, Pr.	48	Azeitao	30
Alfandega da Fé	46	Azores, Isles	58
Algarves (Les) Pr.	53		
Algezur	55	B	
Algibaretta	26		
Algozo	47	Barcellos	43
Alhandra	24	Bartolomeu de Miffines	56
Aljuftrel	50	Batalha	27
Allegrette	52	Beja	49
Almada	29	Beira, Prov.	30
Almeida	35	Belem	22
Almadovar	50	Bellas	23
Alpalhaon	52	Belmonte	37
Alvarès	28	Belver	53
Alvor ou Albor	56	Benavente	53
Amarante	40	Befca	49
Anciaens	46	Borba	51
Anjega	33	Braga	44
Angra	61	Bragance	47
Arcoz de Valdevez	41	Buarcos	32

C

	Page	
Cacella		55
Cadaval		24
Caldas		25
Cale		42
Calheta		58
Cambra		33
Caminha		44
Campo-mayor		52
Canaves		40
Cascaes		23
Castel-Branco		37
Castello-Mondo		35
Castello de Vide		53
Castel novo		38
Castel Rodrigo		35
Castromarim		55
Castro-verde		50
Castro vicente		46
Cavilhaon		37
Celorico		37
Chaves		47
Chileiros		23
Cintra		24
Coimbre		31
Collares		23
Condexa a Velho		31
Corvo, Isle		64
Crato		53
Curuche		53

E

	Page	
Elvas		51
Elvora		48
Entre Minho & Douro		38
Envendos		53
Esguiera		32
Espofende		43
Estoy		56
Estramadoure Pr.		18
Estrelles, M.		36
Estremos		49
Evora - monte		51

F

Faro	55
Fayal, Isle	62
Ferra	33
Ferreira	50-56
Ferreira de Aves	34
Flores, Isle	64
Fronteira	53
Funchal	57

G

Galveas	53
Gouvea	37
Gratiosa, Isle	62
Guarda	36
Guimaraens	39

H.

Horta	Page 63

I.

Idanha	37

L.

Lagens	64
Lagon	56
Lagos	54
Lamego	34
Lavradio	29
Leiria	25
Linhares	37
Lippe (La)	51
Lisbonne	18
Loulé	55
Louriçal	33
Lourinhaan	24
Lumiares	35

M.

Maçaon	27
Machico	58
Madere, Isle	57
Mattra	23
Magadoura	47
Marialva	35
Melgaço	43
Mertola	50

Miranda	Page 46
Miranda de Corvo	32
Mirandella	46
Monçaon	41
Monçaras	51
Mont Santo	37
Monte Alegre	47
Montegas	37
Montemor o Novo	49
Montemor-o-Velho	32
Montforte de RioLivre	46
Moura	50
Mouraon	52
Mouta	29
Murca de Pannoya	46

N.

Nira	52
Nordesta	60

O.

Obidos	25
Odemira	50
Odilevas	53
Oliveira	34
Olivenza	52
Ourem	28
Outeiro	47
Ovar	33

P.

Paderne	55

LE PORTUGAL.

Pampilhofa	Page 28	**S.**	
Pederneira	26		
Pedrogaon	28	Sagre	Page 55
Penamacor	37	Salvaterra do extremos	38
Penedono	35	Salvaterra de Magos	29
Penëlla	33	San Jean de Pefqueira	35
Peniche	26	San Michel, Isle	59
Pereira de Suza	33	San Thomar	27
Pica de Regalados	40	San Vincente da Beira	37
Pico, Isle	63	Santa-Crux	58, 62, 64
Pinhel	35	Santa Maria	59
Pinho Velho	46	Santo-Jorge, Isle	61
Pombal	26	Santo Roque	63
Ponta Delgado	60	Sardoal	28
Ponta do Sal	58	Sarzedos	38
Ponte de Barca	40	Sebaftien	61
Ponte de Lima	40	Sentaren	28
Portalegre	52	Serpa	50
Portel	51	Setubal	29
Porto, ou Oporto	41	Sourel	26
Porto	59	Souzel	51
Porto Santo, Isle	56	Soveireira	27
Prado	40	Sylves	56
Praya	61. 62		
Punbète	27	**T.**	
		Tancos	28
Q.		Tarouca	35
		Tavira	55
Querteira	55	Tavora	35
		Terceze, voyez Azores	
R.		Tercere, Isle	60
		Termofa	27
Redonda	49	Torre de Dona Charma	46
Ribeira-grande	60	Torre de Moncorvo	46

Z z iij

TABLE POUR LE PORTUGAL

Torres Novas	Page 29	Villa nova de Mil fonte	Page 50
Torres Vedras	23-24	Villa nova de Portimaon	54
Trancoso	35	Villa nova de Porto	42
Traz-oz, Montes, Prov.	45	Villa Real	48
Troya	29	Villa del Rey	27

V.

Valence	43	Villarinho de Castanheira	46
Valhelhas	37	Villas das Lagunas	63
Vianna	40	Villa de Topo	62
Vidigueira	50	Villa de Velus	62
Vihhaes	47	Villa-viçosa	51
Villa de Calheta	62	Vimieiro	49
Villa de Conde	43	Vimioso	47
Villa Flor	46	Virna	49
Villa-Franca	47-60	Viseu	33
Villa-Franca de Xira	24		
Villa do Horta	63		
Villa-nova de Cerveira	40, 44		

Z.

Zurata	43

NOTES ET TABLES
POUR
L'ESPAGNE.

Les titres du roi d'Espagne sont : par la grace de Dieu, roi des deux Castilles, de Léon, d'Arragon, des deux Siciles, de Jérusalem, de Navarre, de Grenade, de Tolede, de Valence, de Galice, de Mayorque, de Seville, de Sardaigne, de Cordoue, de Corfe, de Murcie, de Jaen des Algarves, d'Algezire, de Gilbratar, des Isles Canaries, des Indes orientales & occidentales, Isle & Terre-ferme de la mer Océane, archiduc d'Autriche, duc de Bourgogne, de Brabant, & de Milan, comte de Habsbourg, de Flandres, de Tirol, & de Barcelone, feigneur de Bircaye & de Molina, &c. L'héritier préfomptif de la couronne prend celui de prince des Afturies.

 Lès armes d'Efpagne font écartelées en croix; au premier grand quartier contre-écartelé en croix; au premier & quatrieme de gueules au château d'or fermé d'azur, maçonné de fable, donjonné de trois pièces d'or, chaque donjon crenelé de trois crenaux de même, qui eft de Caftille. Au fecond & troifieme d'argent au lion de gueule, qui eft de Léon, ouvert en pointes d'argent à la grenade de Sinople, feuillée, tigée de même, ouverte & grenée de gueules, qui eft de Grenade. Au fecond grand quartier, parti, au premier d'or à quatre vergettes de gueule, qui eft d'Arragon; au fecond contre écartelé en fautoir; au premier & quatrieme d'Arragon; au fecond & troifieme d'argent à l'aigle de fable becquée & membrée de gueule, qui eft de Sicile. Au troifieme grand quartier, coupé, qui eft d'Autriche. Au fecond bandé d'or & d'azur de fix pièces, à la bordure de gueules, qui eft de Bourgogne ancien. Au quatre grand quartier, coupé, au premier d'azur, femé de fleur de lis d'or, à la bordure componée d'argent & de gueules, qui eft de Bourgogne moderne. Au fecond de fable au lion d'or, pour le Brabant; l'écu ouvert en pointel parti, au premier d'or au lion de sable armé, couronné & lampassé de gueules, pour le Marquisat du St. Empire; surtout de l'écu d'azur à trois fleurs de lis d'or, deux, une, à la bordure de gueules pour brisures, qui est d'Anjou moderne.

Il n'est point de carte générale de l'Espagne qu'on puisse dire exacte : la meilleure peut-être est celle d'Homann ; on en a fait de plus modernes qui ne sont point sans mérite.

TABLE.

A.

A Comur	Page 237	Alava, Pr.	Page 248
		Albacete	201
Aora	193	Albaida	214
Adrian, M.	248	Albarracin	233
Adzenata	213	Albaterra	214
Agathon	278	Albeça	225
Ager	225	Albuferra (Lac d')	267
Agramont	226	Albuquerque	147
Agreda	134	Aloala de Guadaira	169
Aguila	174	Alcala de les Gazules	169
Aguilar del Campo	133	Alcala de Henarès	104
Ahibas	244	Alcala la Real	178
Ainza	237	Alcala del Rio	167
Alagon	236	Alcaniz	236
Alajor	277	Alcantara	146
Alama	236	Alcantarilla	170
Alanis	170	Alcarriaz	115, 225
Alarcon	115	Alcaria, Pr.	97
Alaron	269	Alcaudete	178
		Alcire	211

TABLE POUR L'ESPAGNE.

Alcoer	Page 148	Anover	Page 114
Alcudia	269	Antequerra	196
Alegria do Dulanci	248	Aranda de Duero	132
Alevi	211	Aranda de Ebro	239
Alfaro	121	Aranjuez	113
Algeziras	162	Arauja	265
Alguezar	237	Arcos	239
Alhama	188	Arcos de la Frontera	156
Alhaurin	195	Arebalo	131
Alicante	206	Ariza	236
Almaden	116	Arjona	179
Almagro	112. 117	Arlajona	242
Almanza	201	Arnedo	121
Almaraz	146	Arragon, Pr.	228
Almazara	132	Arvero	212
Almendralejo	149	Arzobifpo	179
Almerie	192	Afpe	211
Almodovar del Campo		Aftorga	136
po	117	Afturies (Les)	255
Almonacin	214	Atienza	132
Almaneçar	191	Aufena, M.	256
Almudevar	237	Avila	258
Alora	195	Aviles	258
Alpuerte	213	Ayamonté	155
Alpujarra, M.	192	Ayerve	237
Altea	214	Aytona	255
Alva de Alifte	142	Azcoytia	248
Alva de Tormes	141	Azpeytia	248
Amaya	133	Azuaga	149
Ampofta	224		
Ampurias	227	B.	
Andaloufie, Pr.	149		
Andujar	177	Badajox	143
Anglefola	224	Badalona	218

Baena	Page 175	Briviesca	Page 133
Baezia	178	Brixa (Le)	156
Bagos	221	Blun-retiro	105
Bajulana	174	Burgo d'Osma	133
Balaguer	225	Burgos	119
Balbastro	234	Burriana	213
Balzain	128	Buytrago	114
Bannolas	227		
Barcelonne	217	**C.**	
Barcoretta	149	Cabezon	141
Batuceas, Val.	135	Cabra	174
Bayonne	263	Cabrera, Isle.	269
Bara	194	Cabreras, Isle.	135
Begon, Isle.	143	Caceres	147
Bejar	146	Cadix	157
Belchite	235	Cahadalso	111
Benabarre	237	Calahorra	122
Benavente	140	Calaroga	123
Benicarlo	213	Calatayud	233
Bergas	221	Calatrava	117
Berja	194	Calavera la Real	149
Bermeo	254	Campredon	226
Berra	225	Caneté	175
Betanços	262	Canta - viega	236
Biar	211	Cantillana	169
Bilbao	253	Caracena	115
Biscaye, Pr.	250	Carascal	114
Blanes	228	Cargagente	211
Bledes (Las)	270	Cardona	221
Bocairente	211	Carion de los Conde	140
Borja	232	Carlotta	166
Bormos	169	Carpio	175
Brega	121	Carraça (La)	160
Brihuega	144	Carthama	191

TABLE POUR L'ESPAGNE. 731

Carthagene Page 199	Cordoue Page 170
Cafal del Campo 106	Corella 243
Cafcante 343	Coria 145
Cafpes 236	Corugna (La) 260
Caftelo de Fellis 219	Corveya, M. 250
Caftelo de la plana 212	Cruna 132
Caftille (Nouvelle) Pr. 96	Cuebas de Abinroma
Caftille (Vieille) Pr. 118	(La) 213
Caftro del rio 175	Cuellar 132
Caftropol 258	Cuença 115
Caftro de Urdiales 255	
Caftro-Xerès 133	D.
Catalogne, Pr. 214	
Cazalla 170	Dialias 194
Cazorta 179	Daroca 233
Cea 141	Denia 207
Celanova 265	Deva 247
Centellas 219	Douro ou Duero fl. 78
Cervera 221	Doveno 214
Chiclana 160	Dragonera, Isle. 270
Chinchilla III. 200	Duenas 141
Ciera 201	Durango 255
Ciudad-Real 117	
Ciudad-Rodrigo 136	E.
Ciudadella 276	Ebre, fl. 80
Coca 132	Ecija 165
Cogolludo 114	Egerica 213
Coldes 266	Elche 213
Colmenar 111	Ellerena 114
Colomer, Isle. 270	Elpadron 284
Conil 167	Elpardo 106
Conftanti 223	Elvire 195
Conftantina 169	Efca ou Exca de los
Confuegra 117	Cavalleros. 238

Escalona	Page 111	Gandia	Page 207
Escurial (L')	107	Garay	126
Espejo	175	Gargançon	249
Espelui	179	Garnica	254
Espera	169	Gatte (cap de)	181
Espinosa	133	Gaza	247
Estelle	242	Gelvès	169
Estepa	168	Gibraleon	166
Estepona	169	Gibraltar	162
Estramadure, Pr.	142	Gijon	258
		Gijona	210

F.

		Girone	227
Falconera	223	Gondomar	264
Felice de Quixolls	228	Grenade	179
Fenelice	269	Grenadilla	149
Fererias	278	Guadalaxaro	105
Feria	147	Guadalcanal	167
Ferrol	265	Guadalcazar	175
Figueroas	228	Guadalquivir fl.	80
Flix	225	Guadalupe	147
Floride (La)	196	Guadiana, fl.	79
Fontarabie	246	Guadix	194
Foradada, Isle	270	Guardamar	210
Formentor, Isle	270	Guardia	249
Formentera, Isle	279	Guetaria	246
Frago	238	Guette, voy. Huette.	
Frias	122	Guispuscoa, Pr.	244
Fromista	133	Gurnea	235
Fuentes	235		
Fuente Osejuna	175	### H.	

G.

		Hardalis	169
		Haro	133
Galice, Pr.	258	Heibar	247

TABLE POUR L'ESPAGNE.

Hılloria	Page 235	Lerma	Page 133
Hita	114	Lers	227
Hontiniente	211	Liebana	257
Huelgas (Las)	121	Linares	179
Huelva	166	Liria	213
Huesca	235	Lluch mayor	269
Huescar	194	Loarre	237
Huette	115	Lobon	149
		Logrono	122

J.

		Logrosan	149
Jacca	235	Lombai	214
Jaen	175	Lorea	200
Javalquinto	179	Lorqui	201
Illescas	114	Loars, Riv.	259
Inca	269	Loyo	264
Iquilada	222	Loyola	248
Isle des faisans	245	Loxa ou Loja	188
Isle fanglante	275	Lucena	174
Isnagar	174	Lugo	262
Iviça, Isle	279	Luna	237
		Lupiana	114

L.

		Lybia	226
Lancugo	249		
Lanquera	201	## M.	
Lara	133		
Laredo	255	Madrid	97
Lebrija	169	Madrigal	134
Lebrilla	201	Majorque, Isle.	266
Ledesma	141	Malaga	190
Leganès	114	Malgat de Ramental	133
Leon (Isle de)	160	Mançanares	111
Leon, Pr. & V.	135	Manceres	258
Lepe	166	Mancha-real	179
Lerida	225	Manche (La	116

Manrese	Page 219	Monblanc	Page 223
Maquedo	112	Moncolobrer, Isle.	280
Maraslon	243	Monde Agudo	132
Marbella	190	Mondonnedo	262
Marchena	169	Mondragon	247
Martorel	219	Monforte de Lemos	265
Martos	179	Mongia	265
Matano	218	Montalvan	175. 236
Mayorga	141	Monte-Mayor	174
Mazarron	201	Montesa	212
Medellin	148	Monreal	236
Medina del Campo	140	Montigo	149
Medina - Celi	132	Monterrai	265
Medina del Pomar	134	Montilla	174
Medina del Rio Secco	137	Mont-senni, M.	227
Medina-Sidonia	161	Monturque	174
Medina de las Torrès	148	Monzon	237
Mendoça	249	Mora	117. 225
Mercadal	278	Morassa, Isle.	270
Merida	144	Morella	212
Mijana, Isle.	270	Moron	150. 168
Milagro	244	Motrico	247
Mingranilla	118	Motril	192
Minho, fl.	78	Mujacras	194
Minorque, Isle	270	Mula	200
Miquinenza	237	Munda	196
Miramar	223	Murcie, Pr.	197
Miranda de Ebro	133	Murga	249
Miragenil	174	Muros	264
Mirevel	149	Murviedro	211
Moguer	155		
Molina	195. 200		
Molina d'Arragon	238		

TABLE POUR L'ESPAGNE.

N.

Nage	Page 243
Navarre, Pr.	239
Navia	253
Nascera	122
Nerja	195
Niebla	166
Ninerola	211
Notre D. de Montserrat	134
Novarette	134
Noya	115. 264
Nules	214
Nueva Taberca, Isle	210

O.

Occana	122
Ognate	248
Olea	80
Olite	243
Oliva	214
Olmedo	131
Onda	212
Orduna	254
Orellana	148
Orense	263
Orgama	226
Orgaz	117
Orgiva	193
Oria	246
Orihuel	208
Orpaz	111
Oslatric	Page 228
Osma	123
Ossera	237
Ossuna	168
Obredo	257

P.

Pradraça	131
Palafugel	228
Palamos	228
Palarada	227
Palencia	140
Palma	174. 267
Palos	167
Pampelune	241
Pancorvo	134
Pantaleu, Isle	270
Paracès	133
Parchene	194
Passage (Le)	246
Paymago	166
Penafiel	132
Penaranda	141
Peniscola	209
Penna Carlada	249
Pennaflor	168
Perralta	244
Pinel	244
Pitres	193
Placentia	247
Plasentia	145
Pobla	223
Poblet	227
Polenza	269
Ponte-Vedra	264

TABLE POUR L'ESPAGNE.

Pont-ferrada	Page 141	Ricote	Page 200
Porcuna	178	Rio Tinto, Riv.	149
Porreras	269	Rioxa, Prov.	118
Port-Royal	161	Ripita	224
Port Sainte-Marie	160	Ripol	226
Portilla	201	Roa	132
Port-Mahon	274	Roca	219
Porto de Torres	195	Rocadillo	164
Portugalete	254	Roda	227
Portugos	193	Ronce-Valles	244
Potes	257	Ronda	189
Prades	227	Rofes	228
Prat del Rey	222	Rota	168
Priego	175	Rute	174
Puebla de Valverde	236	S.	
Puente del Arcobifpo	112	Sadava	238
Puente de D. Gonfalo	174	Salamanque	138
Puente de la Reyna	238	Saldanna	134
	242	Sallent	221
Puerto magno	279	Salobrena	195
Puycerda	226	Salte, Isle	166
		Salvatierra	237. 249
Q.		Satander	255. 257
		Sanguessa	244
Quinto	235	San Anton	279
Quiftamar	117	San Clemente	115
		San Corbo	133
R.		San Domingo de la Calzada	122
Redondela	264	San Domingo de Silos	134
Reyna (La)	149		
Ribadeo	265	San Efteran del Puerto	179
Ribadavia	265		
			San Felipe

TABLE POUR L'ESPAGNE.

San Felipe	Page 209	Seville	Page 150
Sanguessa	244	Sierra Blanca, riv.	79
San Hilaria	279	Siguenza	125
San Ildefonse	128	Simencas	140
San Just	146	Sobrarbe	237
San Lucar de Barameda	156	Solson	221
		Sombraria	199
San Lucar de Guadiana	166	Soria	126
		Sos	238
San Lucar la Mayor	155		
San Pedro d'Arlanza	134	T.	
San Puig	278		
San Sebastian	245	Taejar	214
Santa Crux de Caravaça	200	Tafalla	244
		Tage, fl.	79
Santa-Fé	187	Talaveira de la Reina	112
Santa Maria la Val di nieva	131	Talaveira la Vera	144
Santander	256	Tarifa	161
Santillane	256	Tarinnena	237
San Vincente de la Barquera	255	Tarragona	222
		Tarregas	224
San Vincente de son Sierra	249	Taulte	238
		Tea	218
Saragosse	230	Ter, riv.	216
Sax	214	Termens	225
Segorbe	210	Terraçona	232
Segovie	123	Teruel	234
Segre, riv.	216	Tiermas	237
Segura, riv.	197	Toboso	118
Segura de la Sierra	115	Tolede	101
... uela	107	Tolosa	247
Sepulveda	131	Torbiscon	193
Settenil	195	Tordesilas	138

Tome VI.   A a a

Toro	Page 137	Vespella	227
Torre de Barra	222	Viana	243
Torrose	195	Viana do Bolo	265
Tosa	228	Vigo	264
Totana	200	Villa-Castin.	131
Trefalgar, (cap de)	168	Villa de Don Alvaro	149
Trevisto	249	Villa-franca	175
Truxillo	145	Villa-franca de Panade	222
Tutuegas	214	Villa-franca del Vierzo	141
Tuy	263	Villa Hermosa	213
		Villa Joyosa	211

V.

Valdecona	224	Villalobos	141
Valdeprado	257	Villal-Pando	142
Valdigna	211	Villa nueva de la Serena	148
Valence	204	Villa-Real	212
Valencia d'Alcantara	146	Villa-Rubia	114
Valencia de Don Juan	134	Villa-viciosa	107, 258
Valera	115	Villena	115, 200
Valez	115	Ville-Franche	247
Valladolid	126	Vinaroz	213
Valle de Lectrin	195	Vique	226
Valls	223	Vittoria	249
Valverde	149	Vivar	133
Vantacibay	249	Vivero	265
Ubeda	178	Uncastillo	238
Velilla	235	Urgel	226
Venasque	238	Usurbil	246
Vera	242	Utrera	167
Vergara	247	Uxixa	
Verlanga	134		
Vermez	175		

X.

Xativa	Page 209		
Xavier	244		
Xerès de los Cavalleros	144		
Xerès de la Frontera	157		
Xerès de la Guadiana	166		
Xijar	235		
Xiva de Sella	256		

Y.

Yepaz 112
YrumUrancy 246
Ysla 160

Z.

Zafra	Page 148
Zaharo	168
Zalamea de la Serena	148
Zamora	137
Zuera	237
Zumaya	246
Zurita	114

NOTE ET TABLE

POUR LA

SUISSE ET LA SAVOYE.

La Confédération Helvétique reçoit des princes différens titres inutiles à répéter ici : elle se désigne elle-même sous celui de *Louable corps Helvétique* ; de plus longs titres seraient en effet inutiles.

Chaque canton a ses armes. Celles de *Zurich* sont un écu taillé obliquement d'argent & d'azur ; de *Berne*, un écu rouge avec un ours noir sur une fasce d'or ; de *Lucerne*, un écu partagé du haut en bas d'argent & d'azur ; d'*Uri*, une tête de taureau noire dans un champ d'or avec un anneau de gueules ; de *Schweitz*, un écu rouge avec une petite croix dans l'angle supérieur à la gauche ; d'*Unterwald*, un écu en travers d'argent & de gueules avec deux clés droites & paralleles, dont l'anneau de gueules est dans le champ d'argent & la penne d'argent dans le champ de gueules ; de *Zug*, une bande d'argent dans un champ d'azur ; de *Glaris*, un pélerin noir avec son bâton, dans un champ de gueules ; de *Bâle*, une figure noire dont on ignore la signification, dans un écu d'argent ; de *Fribourg*, un écu coupé dont la partie supérieure est noire, l'inférieure d'argent ; de *Soleure*, un écu coupé dont la partie supérieure est de gueule, l'inférieure d'argent ; de *Schaffausen* un bélier noir couronné d'or qui s'élance dans un champ d'argent ; d'*Appenzell*, un ours noir à pattes de gueules dans un champ d'argent.

On espere une bonne carte générale de la Suisse; mais on ne la possede pas encore: les moins mauvaises entre celles qui sont connues, sont celles de *Philippe Buache*, & de *Robert de Vaugondy*. Mais il est des cartes de chaque canton assez estimées. Parmi les cartes du canton de Zurich, on distingue celles de *Geiger*: toutes celles du canton de Berne qui sont connues, sont plus ou moins mauvaises: les héritiers Homann en ont fait graver une plus remarquable par la multitude des noms qu'on y trouve que par son exactitude. M. Mallet, citoyen de Geneve, en fait une qui rendra inutiles toutes les autres. La carte en relief de M. le général Pfiffer, est sans doute ce qu'on peut avoir de plus exact sur le canton de Lucerne; son lac, ses bords y sont peints avec une vérité frappante, mais on ne peut l'y voir tout entier, non plus que les cantons d'Unterwald, d'Uri, de Zug, dont elle renferme cependant une grande partie, & cette partie seule peut être regardée comme bien connue. La meilleure du canton de Schwitz est celle des héritiers Homann gravée en 1767, imitée de celle de Scheuchser, dans les écrits duquel on trouve la moins mauvaise carte qu'on ait du canton de Glaris. On en a du canton de Bâle toutes assez médiocres. Il en est une qu'on a imprimée & non gravée en 1776: c'est un essai qui pourrait bien n'avoir aucun succès: de telles cartes seraient à bon marché, mais elles n'ont pas la beauté de celles qui sont gravées, elles peuvent difficilement avoir la même exactitude. Walser a fait celles de Fribourg, de Soleure, d'Appenzel. On estime encore celle du canton de Schaffaufen par Peyer. On en imprime à Paris qui feront fupérieures à celles-là.

Nous avons joint la Table des lieux de la Savoye à celles de la Suiffe, parce qu'elle eft trop peu confidérable pour devoir être féparée.

Sanfon, Nollin, le Pere Placide, &c. ont fait des cartes de la Savoye : on eftime encore celles du premier; aucune n'eft exacte, non plus que celle qu'ont donnée les héritiers d'Homann.

Les armes de la Savoye font de gueule à la croix d'argent.

TABLE.

A.

AA, riv.	Page 446
Aar, riv.	310
Aarberg	366
Aarbourg	362
Abentſchen	381
Abiaſco	554
Abries	719
Adelboden	376
Aegeri	454
Aernen	638
Ageren	638
Agno	558
Aigle	381
Aigues-belle	717
Aigues-blanche	718
Airolo	433
Aix	715
Albane, riv.	713
Albie	712
Albis, M.	339
Albligen	402
Albrig	437
Alinges (Les)	708
Alpes, M.	347
Alpnach	449
Alpſée	507
Alſtettein	329
Altendorf	442
Altikon	Page 337
Altingauſen	431
Altisholz	495
Altorf	333-430
Altreu	496
Altſtetin	530
Andelfingen	336
Andermath	436
Annecy	711
---- le vieux	712
Appenzell	506
Arau	403
Arbon	520
Arc, riv.	701
Ardon	647
Arminzi	646
Art	440
Arvé, riv.	701
Arwangen	364
Aſcona	559
Aſſens	399
Attalens	491
Aubonne	385
Aufholtern	369
Augſt	477
Auvernier	670
Avanches	396
Ayent	645

Aaa 4

B.

Baden	Page 541	Binn	Page 639
Bagne	651	Bipp	362
Bailliages d'Italie	553	Birmenstorf	329
Bailliages libres (Les)	548	Blattenberg, M.	457
Baldegg	416	Blonay	394
Bâle	467	Bodengo	628
Bâle, (Evêché de)	684	Bollenz, voyez Val-Brenna	
Balerna	562	Bolligen	357
Ball	625	Boltingen	380
Balstal	496	Bonne	709
Bar	454	Bonne-Ville	684, 709
Bayards (Les)	668	Bonmont	385
Beaufort	712	Bontestein	329
Bechbourg	427	Bosle	663
Beggenried	451	Bosberg	359
Bellach	495	Boudevillers	670
Bellegarde	486	Boudri	663
Bellinzone	553	Bourget	715
Berengen	504	Bouveret	650
Bernang	530	Boveresse	667
Berne	543	Bramant	719
Bettschwand	463	Bramegg, M.	420
Bettweil	550	Brandis	368
Bevaix	663	Bré (Lac de)	395
Bévieux	383	Bremgarten	340, 551
Bex	383	Bremis	646
Biberstein	359	Brenets (Les)	674
Bichofszell	521	Brévine (La)	718
Biel ou Bienne	576	Briançonnet	718
Bienne (Lac de)	346	Brientz	373
Bienweil	498	Brisago	560
Bilten	466	Brol	662
		Brug ou Brig	639

ET LA SAVOYE. 745

Brugg	Page 402	Cevio	Page 561
Brunigen	376	Chablais (duché de)	7, 5
Brunnen	440	Chaivre	390
Bruttelen	366	Cham, voyez Kham	
Bubendorf	479	Chambery	713
Bubikon	338	Chambre (La)	719
Buch	503	Chamouni	710
Bucheckenberg	494	Champvent	397
Buchs	451, 535	Chancy	683
Buchsée	371	Charbonnieres	717
Bullach	330	Charmay	489
Bulle	489	Château d'Oex	381
Burg	568	Châtel S. Denis	491
Burgdorf	367	Chatelard	393
Burglen	432, 528, 576	Chaumont	712
Buren	364	Chaud de fond	675
Buron ou Buren	418	Chaud du milieu	662
Bufferach	498	Chavornai	397
Butte	667	Chêne	682, 713
Buttisholz	419	Chefeaux	391
		Cheyre	487
C.		Chiavenne	625
		Chicogna	434
Callion	649	Chillon	393
Campodoleino	629	Chironico	434
Campovia	625	Clées (les)	397
Capriesca	558	Clermont	712
Carotto	626	Cleven, voyez Chia-	
Cartigni	683	venne,	
Caftelen	359	Clivio	628
Cento-Valli	560	Clufe	709
Centron	718	Coblentz	545
Cerlier	366	Codelago	558

Coffrane	Page 672	**E.**	
Cologny	681	Ebikon	Page 422
Colombier	661	Ebmatigen	332
Conches, voy. Gombs		Echalens	399
Conflans	717	Echelles (Les)	715
Conolfingen	358	Eglisaw	335
Constance (Lac de)	520	Eglifwyl	414
Coppet	384	Ehrlibach	332
Corbieres	489	Eigenthal, Val.	422
Cornaux	661	Eilchberg	329
Corsier	390	Einsidlen	433
Cortaillod	664	Elm	464
Cossonay	387	Ely	334
Côte aux Fées	668	Embrach	333
Couvet	666	Emmath, riv.	344
Cressier	660	Emmethal	368
Croisille	712	Enfisch	644
Cudrefin	396	Engelberg	562
Cully	390	Engi	464
Culm.	361	Engolten	672
		Engstlein, M.	376
D.		Enneda	462
Dardagny	683	Ennemos	452
Datlikon	334	Ennetlindt	463
Di-Basso	434	Entlibuch, Val.	419
Diemtigen	379	Entlibuch	421
Diesse	365	Eptingen	478
Diessenhoffen	527	Erendingen	545
Dombresson	672	Erguel	685
Dongio	556	Erlach, voy. Cerlier	
Dorneck	499	Erlenbach	379
Dovaine	708	Ermensée	417
Dubendorff	331	Ersfelden	432
Durtig	642	Eschen	462

Eschenbach	Page 416	Freyberg, M. Page	457
Eschlimath	420	Fribey	365
Eftavayer	487	Fribourg	480
Etaillere	659	Frienisberg	570
Etivaz	381	Froutiguen	376
Evian	707	Fulinsdorf	476

F.

G.

Fahr	547	Gaesghem	498
Faido	434	Gaillard	713
Falkenstein	496	Gaitz	516
Farnspurg	477	Gambarogne	560
Faussigny	708	Gamor, M.	507
Favernach	486	Gampelin	537
Faviere	533	Gams	537
Feldbach	526	Gaster	538
Feuerthalen	336	Garterthal	377
Fischingen	524	Gebistorf	544
Flaach	336	Geitilen	638
Fleurier	667	Gemmi, M.	377
Fluelen	430	Geneve	676
Flumenthal	495	Genevois, (duché de)	711
Flumet	711	Gentou	683
Flums	534	Georgier	664
Font	488	Gerfau	564
Fontaine de merveille	701	Gergeusée	357
		Gessenai, voy. Sanen	
Forsteck	340	Gersteg	380
Fourneaux (Les)	719	Gestinen	432
Fracmont, ou Mt. Pilate	407	Gilgenberg	499
		Gingins	385
Fraubrunnen	367	Giornico	434
Frauenfeld	519	Glaris	456

Glat	Page 330	Hasle	Page 330
Gliferbad	640	Hafsli	374
Gnadenthal	548, 551	Hallweiler	361
Golfengerthal	539	Haut-Creft	394
Gombs	637	Haute-Combe	714
Gonten	513	Haute-rive	485
Gordona	628	Hegi	337
Goſſau	569	Heideck	551
Gottſtat	566	Helfenſchweil	573
Goumouens	399	Herblingen	504
Grabs	467	Heriſau	514
Gradetz	644	Hermance	708
Grand-Cour	396	Herzogenbuchſée	563
Grandſon	398	Hindelbank	358
Greifenberg	338	Hinweil	338
Greifenſée	337	Hirtzkirch	550
Grimſel, M.	375	Hochdorf	416
Grindelwald	374	Hole-Gaſs	441
Grofs	445	Holée	475
Grub	516	Hombourg	479
Gruningen	337	Hong	330
Grutlen	431	Horgen	328
Gruyere	491	Hoſpital	436
Gundis	649	Hubschburg	641
Gundiſchweil	361	Hundweil	515
Guttanen	376	Hunenberg	455
Gyſwyl	450	Hurden	338
		Hutweil	369

H.

Habkeren	373		
Habsbourg	360, 422		

I.

Haggein, M.	438	Ilfingen	687
Haldenſtein	630	Illens	485
Halweiler	361	Ingenbot	440

Interlachen	Page 373	L.	
Joux (Vallée de)	387	Lachen	Page 442
Isere, riv.	701	Landeron	660
Ittingen	525	Landshuz	364
Jura, M.	303, 348	Langenthal	363
Jurassus, M.	335	Langnau	369
Jussy	682	Lasnebourg	719
		Lauffen	336
K.		Laupen	370
		Lausanne	389
Kahm	455	Lausen	477
Kaifersthul	546	Lauterbrunn	373
Kalchrein	526	Lauwertz	440
Kaltbrunn	536	Lauwinen	381
Kandel, riv.	344	Lauwis	557
Keller-amt	340	Lax	638
Kernenried	367	Lœberen	495
Kerns	449	Lœrlibad	342
Kienholz	373	Leman (Lac)	345
Kinsilen	451	Lenk	380
Klingnau	545	Lenzbourg	361-403
Kloten	333	Letschthal	642
Knœffenthal	477	Leuck	642
Knonau	339	Levinen	433
Knutweil	418	Lic	650
Kœnigsfelden	359	Lichtensteig	572
Konitz ou Kunitz	370	Lidde	649
Kriegstettein	495	Liestal	476
Kriens	422	Lieu	388
Krummenau	573	Lignieres	661
Kussnacht	331-441	Limmat, Riv.	311
Kybourg	332	Limmeron, M.	464

Table pour la Suisse

Linthal	Page 463	Marche (La)	Page 442
L'Isle	387	Marches (Les)	716
Littau	421	Mariaberg	569
Lluchmayor	669	Marrons	720
Locarno	559	Martigny	647
Lochbad	368	Matzendorf	497
Locle	673	Maurienne (La)	718
Lohningen	505	Meilen	332
Loretz, Riv.	452	Meilleria (La)	707
Loſtorf	498	Mellingen	552
Lotigna	556	Mello	625
Lucerne	404	Mels	534
Luchſingen	463	Meltingen	499
Lugano	556	Mendris	561
Luggarus	558	Menzingen	454
Lugnorre	401	Menznau	419
Lungern	450	Meriſchwand	417
Lutgern	545	Meritzhauſen	504
Luthern	414	Meyenberg	549
Lutry	390	Meynthal	561
Lutzenberg	516	Meyringen	376
Lutzlatt	423	Miolans	715
		Mitlodi	462
M.		Modane	719
Madeno	625	Magdenau	573
Madeſimo	624	Monſtiers	717
Magne	647	Montenach	487
Maggia, Riv.	561	Montey	650
Malters	421	Montmeillan	716
Maltin	641	Montprevaire	395
Mannedorf	332	Montreux	394
Mauſigen	358	Montricher	387
Mantello	625	Morat	400
Marbach	530	Morgarten	440

ET LA SAVOYE. 750

Morges	Page 386	Neuville (La) Page	382
Moril	642	Nieder-Gersau	565
Motiers	401-666	Nieder-Lunner	339
Motru, voy. Mon-		Niederweil	551
treux		Nion	384
Moudon	395	Noiraigue	665
Mour	337	Notre D. d'Abondan-	
Muethenthal	440	ce	708
Mulhausen	651	Notre D. de Mians	716
Mullinen	376	Nydau	365
Mullis	465		
Munchenstein	474	O.	
Munkelein	419		
Munloch	408	Oberalp (Lac d')	436
Munster	416-638	Oberberg	569
Munsterlingen	525	Ober-Berken	341
Muralto	569	Oberblegi (Lac d')	463
Muri	357-550	Oberbourg	368
Muttenz	474	Oberhofen	372
N.		Oberkirk	536
Naffels.	465	Oberried	530
Neckenthal	573	Ober-urnen	468
Nenda	647	Oberwald	637
Nettstal	464	Ober-winterthur	342
Neu-Amt	330	Oeticon	332
Neufchâtel (Lac de)	346	Olon	382
- - - - - (Princ.	632	Olten	497
- - - - - (Ville	658	Oltingen	478
Neuhausen	505	Orbe	399
Neukirch	505	Ormont	383
Neu-Regensberg	335	Oron	394
Neu-Schauenburg	475	Orsiere	649
Neuveville, voy. Bon-		Ouchi	390
neville.			

TABLE POUR LA SUISSE

P.

Panney	Page	382
Paradis		526
Payerne		395
Peseux		670
Petit-Huningue		475
Pfaffeyen		486
Pfeffikon		333
Pfyn		526
Piantedo		625
Pierre-Pertuis		687
Planchettes (Les)		675
Pleurs		629
Polese, voy. Riv.		
Pont-Beauvoisin		715
Ponteila		630
Ponts (des)		674
Prada		628
Prangins		384
Prato		434
Promacens		489
Pully		390

Q.

Quinto	434

R.

Ragatz	533
Raperschweil	539
Raren	641
Rathausen	416
Regensberg Page	335
Regenstorf	330
Rehetobel	517
Reiden	414
Reuss, Riv.	310
Reutigen	379
Rheinau	524
Rheineck	531
Rheinthal	528
Rhin, fl.	308
Rhône, fl.	309
Richen	476
Richtenschwyl	339
Ripaille	706
Riva	558
Roche (La)	712
Rochefort	662
Rolle	377
Romain-môtier	387-389
Romont	488
Romos	421
Rotdorf	544
Roschach	568
Rotembourg	415
Rothorn, M.	420
Rotsée	422
Rougemont	381
Rozberg	452
Rudlingen	505
Rue	489
Ruggisberg	358
Rumlang	331
Rumilly	714
Rumlingen	479
Russeck	

Russeck	Page 551	St. Michaelis, Page	416
Russweil	418	St. Michel	719
Ruthi	338-513	St. Pierre	649
Rysch	455	St. Pierre d'Albigny	715
		St. Prex	387

S.

		St. Saphorin	390
Sacconex	682	St. Sulpy	391-667
Sachseln	450	St. Urbain	414
Sagne (La)	674	Salanche	710
St. Albin	487	Salez	340
St. André	712-719	Salgetsch	643
St. Austin	664	Samoens	710
St. Bernard, M.	631	Sanen	380
St. Blaise	661	Sanen, Riv.	480
St. Branchier	649	Sanetsch, M.	380
St. Catherinental	526	Sanct-Steffen	380
St. Cergues	385	Sargans	531
St. Croce	630	Sarnen	449
St. Erhard	418	Sarra (La)	389
St. Gall, Abbaye	565	Sass	641
St. Gall, ville	573	Savoye propre	752
St. Giacomo	628	Sax	340
St. Gingo, ou Gingoux	651-707	Schaddorf	432
		Schanis	536
St. Gothard, M.	300-426	Schaffhausen	500
St. Immier	686	Schenkenberg	388
St. Jaques	474	Schinznach	360
St. Jean, (Isle de)	366	Schlatt	513
St. Jean de Maurienne	718	Schleitheim	504
		Schlatt	513
St. Joire	709	Schœnenwerd	497
St. Julien	712	Schnepfengsstell	413
St. Leonhaad	644	Schwammendingen	331
St. Maurice	648-718	Schwanden	462

Tome VI. B b b

Schwartzenbach	Pag. 573	Stammheim	Page 527
Schwartzenbourg	401	Stans	451
Schwendi	513	Stanstad	451
Schwitz	436	Stefisbourg	372
Schupfen	421	Stein sur le Rhin	341
Seedorf	371-431	Steinhausen	455
Seelisberg	431	Sternen	440
Seftingen	357	Sternenberg	358
Seligny	683	Stettlin	357
Selzach	496	Strutlingen	372
Sempach	415-424	Sublin	383
Serrieres	659	Summiswal	368
Shoren	329	Surpierre	488
Siders	643	Susses, (Les) Riv.	701
Siebenthal, voy. Simmenthal.		Sursée	424
Sier, Riv.	701	T.	
Signau	369		
Siggenthal	545	Tanegg	525
Silenen	432	Tanickon	525
Simmenthal	378	Taninge	710
Simplon, M.	640	Tarentaise	717
Sion	644	Teiniken	455
Sisikon	430	Termignon	719
Sissach	477	Ternier	712
Sitter, Riv.	507	Tessein, Riv.	311
Soleurre	491	Teuffen	515
Sonvillers	686	Teuffel-bruch	427
Souceboz	686	Thaingen	504
Soullieres	719	Thal	531
Spietz	372	Thaleim	359
Spuringen	432	Thalovie	712
Stofen ou Stafa	332	Thengen	546
Stadtkirchgard	412	Thielle	660

Thierstein	Page 498	Vandœuvres	Page 682
Thonon	706	Vattis	534
Thorberg	370	Vaud, (Pays de)	383
Tour	518	Vauillon	388
Thour-Thal	572	Vaumarcus	664
Thuu	371	Vauruz	489
Thurgau	517	Vaux, (La)	390
Thye	709	Vechingen	357
Tiflisberg, M.	563	Verriere	668
Tobel	525	Verzasca	560
Tockembourg ou Toggenbourg	570	Vetiken	547
		Vevay	373
Tomlis-horn	408	Ufnau	441
Tofs	334	Ubrichen	638
Tour de Piel	393	Underwald	446
Tour de Tremes	490	Unspunnen	373
Tournon	715	Unter-Gertilen	641
Traschfelwald	369	Unter-Hallen	505
Trahona	625	Unterseenn	372
Travers	664	Unterschœchen	432
Trogen	515	Vidi	392
Trubschachen	369	Vier-Waldstadtersée	406
Tuggen	443	Villar le Moine	401
		Villarvel l'Evêque	395
V.		Ville-neuve	394
		Villmergen	551
Valais	631	Visp	640
Vahlenstadt	534	Vœgithal	442
Val-Brenna	555	Vogelinsek	517
Val-Egine	638	Vollega	651
Val d'Isere	718	Vollishofen	328
Vallangin	671	Vorden-Hof	441
Val de Ruz	672	Urdorf	354
Val-Travers	665	Uri	425

Bbb 2

Urnasch	Page 514	Wilchengen	505
Ursense	646	Wildenstein	418
Urseren, (Val de)	434	Willisau	343
Ursin	398	Wimmis	9
Uster	337	Winkelried	451
Utznach	538	Winterthur	342
		Wipkingen	331
		Wippengen	486
		Wirtsau	413

W.

Walchwyl	455	Wotlhausen im-markt	421
Wallenbourg	478	Wollrau	441
Walterschwyl	454	Worben	365
Walzenhausen	516	Wygnau	364
Wangen	363	Wyl.	450-569
Wartau	534		
Wartensée	416-569		
Wassen	432		
Wattweil	572		

Y.

Weggis	423	Yenne	649-714
Weinfeldein	527	Yverdun	397
Weiningen	547	Yvoire	708
Weissenburg	379	Yvonans	399
Wenthal	335	Yvorne	382
Werdenberg	466		
Werdt	550		
Wesen	536		

Z.

Wesen, (Lac de)	457	Zegligen	477
Wettingen	544-546	Zoffingen	362-404
Wetschwyl	329	Zollikoffer	358
Widen, (Lac de)	337	Zug	452
Wiedikon	329	Zurich	319
Wiesenthal	477	Zurzach	545
Wietlisbach	363	Zwey-Sinnen	380
Wikon	415		

ERRATA

ET ADDITIONS DU TOME VI.

Pag.	lig.	
4	6	Tirez, *lisez* Retiré
	29	Pasco, *lis.* Vasco
7	10	que superstitieux *lisez* que vertueux
11	17	l'Espagne fut chrétienne. *lis.* le Portugal fut chrétien
12	18	Tercire *lisez* Tercere
13	3	disparues *lis.* disparu
	11	les memoires *lis.* la mémoire
	28	& l'industrie, *lisez* & contre les fruits de l'industrie
15	2	institué par Sueno, roi. *lis.* fut institué par le second roi.
	5	après *fable* on a oublié ces mots: en est la marque distinctive.
	31	palais, *lis. Palais*, ou
16	28	Vigiers *lis.* Viguiers
	18	trois bourgs *lis.* cent onze bourgs
20	25	signifiait, *lis.* signifiaient
51	4	Il a *lis.* Elle a
67	25	*Sueves* peuples, *lisez Sueves* qui étaient des
78	16	& le feu *lis.* & le feu, dit-on;
80	19	fongueux *lis.* fangeux
82	10	elles auraient *lis.* lce Pays aurait
85	1	& de celle *lis.* & celle
135	29	Esta *lis.* Esla;
144	6	Inondation de *lis.* inondation, de
157	23	dont *lis.* d'où
169	13	elle a *lis.* il a

Pag. 210 *lig.* 2 on dit ce riz *lif.* on dit que ce riz
219   27 le haut se forme *lif.* le haut se termine
220   1 & sa vue *lif.* & la vue

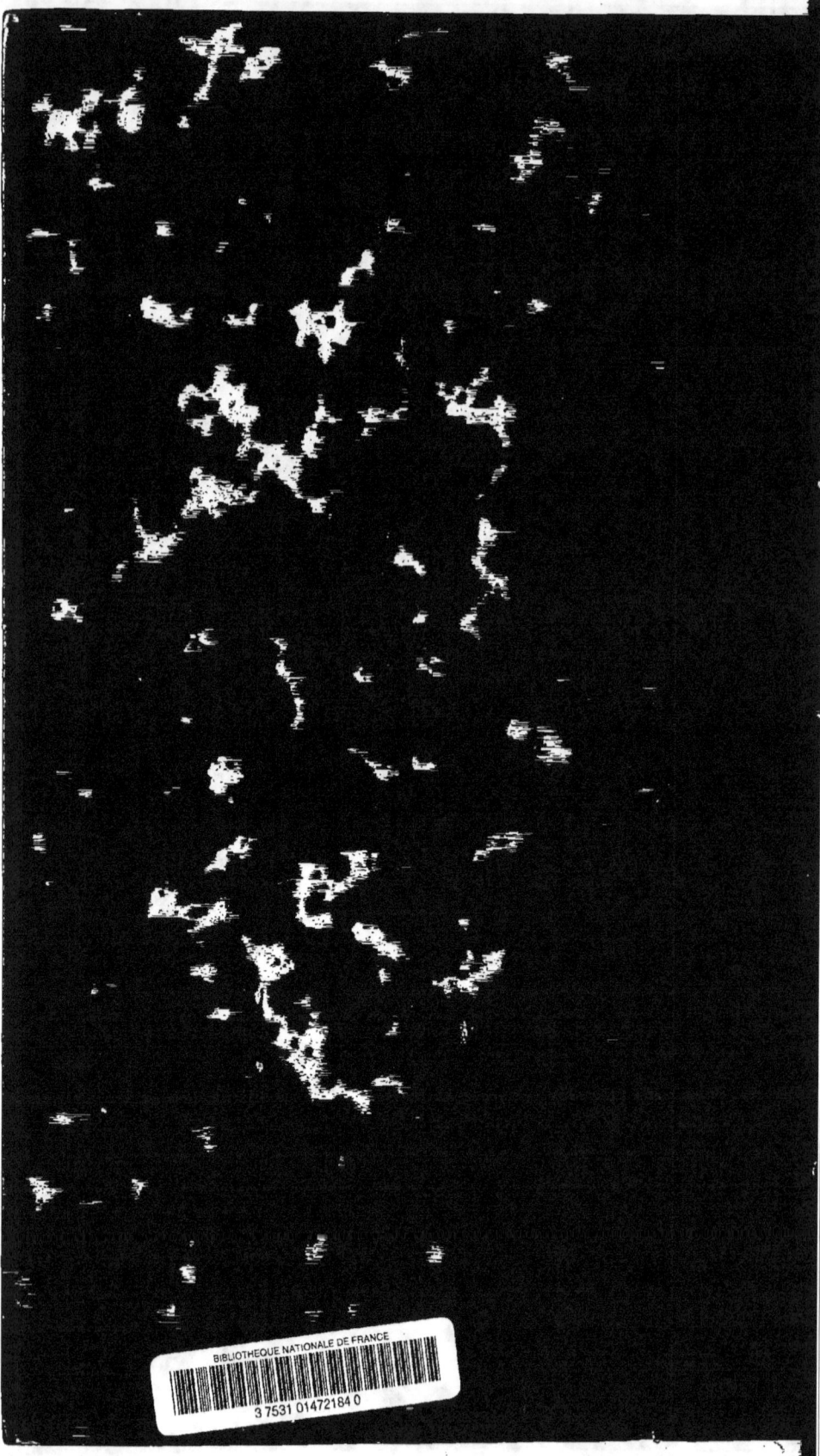

www.ingramcontent.com/pod-product-compliance
Lightning Source LLC
Chambersburg PA
CBHW070717020526
44115CB00031B/1231